KB251216

신라 왕경의 산악과 불교

본 서에 사용된 사진은 국립경주문화유산연구소 김동하 선생으로부터 제공받았습니다. 아울러 교정을 맡아준 최준식군에게 고마움을 전합니다.

신라 왕경의 산악과 불교

주보돈 지음

목차

I

불교와 산악

II

낭산과 불교

III

토함산과 불국토

책머리에

일모도원(日暮途遠), '서산으로 해는 저물고 있는데 아직 가야 할 길은 멀고도 멀었다'는 뜻이다. 요즈음 책상 앞에 앉을 때마다 언뜻 떠오르는 생각이다. 그것이 내심 지나친 노욕(老慾)의 표현이 아닐까 싶을 때도 있다. 모든 문제는 탐욕에서 비롯한다는데 내가 지금 행하고 있는 일이 꼭 그처럼 비치지나 않을까 하는 걱정이다.

되돌아보면 나는 글을 읽고 쓰는 것 이외에 다른 어떠한 일도 제대로 감당하지 못하는 무능력자인 듯싶다. 과거 다른 분야에 잠시 눈 돌려본 적이 없지도 않으나 흥미가 이어지지 않아 일찍 포기하였다. 나이가 어느 정도 들고부터는 아무런 생각 없이 무턱대고 노는 일조차도 쉽지 않다는 느낌이었다. 이제는 노는 데에 감흥도 별로 일어나지 않는다.

지금의 나는 상당한 기간 경주에서 살면서 기왕과는 다른 색다른 경험을 하고 있다. 대학에 재직 중일 때와는 전혀 다른 환경 아래에서 다양한 분야의 젊은 연구자들을 만나 대화할 기회가 무척 많아졌다. 이것이 나의 생활에 적지 않은 활력소로서 작용한다는 느낌이다.

나의 경험도 그들에게 들려주지만 미처 예기치 못한 새 이야기를 그들로부터 자주 듣는 일은 다른 무엇과도 바꿀 수 없는 큰 즐거움으로 다가온다. 문헌연구자들의 만남과는 전혀 다른 면모이다. 어쩌면 본서에서 정리한 내용의 상당 부분은 그들과의 대화를 통해서 생각해 낸 공동의 산물처럼 여겨도 좋을 성싶다.

두루 아는 바처럼 신라 왕경은 유례가 극히 드문 특이한 구조로 갖추어졌다. 그것은 왕경이 처음부터 일관된 기획 아래 조성된 것이 아니며 자연발생적으로 형성된 데서 말미암는다. 언제부터인가 왕궁이 자연 구릉에 인공을 약간 가미한 월성(月城)으로 낙착되었다. 왕경의 남쪽에 지나치게 치우친 유난스런 모양새였다. 이후 왕궁의 외연(外緣)은 차츰 확장되었지만 천도를 하거나 왕궁을 옮긴 적이 없었다. 이로 말미암아 신라 왕경은 물론 왕궁도 동아시아 세계에서는 유례를 찾아보기 어려운 독특한 모습을 띄었다.

오랜 기간에 걸쳐 자연발생적으로 형성된 왕경이 오로지 한곳에서만 명멸한 자체는 주변의 자연 환경과 깊숙하게 밀착해 갔음을 뜻하는 것이기도 하다. 그런 까닭으로 왕경인의 삶을 비롯한 정치 운영도 자연스럽게 주위의 산천 경관으로부터 적지 않은 영향과 제약을 받았을 터였다. 따라서 왕경의 산천에 대한 이해는 왕경인의 삶을 제대로 알아가는 데에 가장 필수적 요소라고 해도 지나치지는 않을 성싶다.

그런 상황에서 왕경을 여러모로 새롭게 보완해 주는 기능을 한 것이 불교란 보편 종교였다. 산천 대상의 토착신앙은 경주분지에 사람이 살기 시작하면서 오랜 과정을 밟아 점진적으로 생성되고 변천하였다. 그러나 정치사회적 발전 과정을 거치면서 뒤늦게 수용된 불교에게 마침내 주류 신앙의 자리를 내어줄 수밖에 없는 흐름이었다. 그렇다고 해서 산천신앙이 곧바로 없어지지는 않았으며 양자가 적절하게 결합하고 융합함으로써 조화롭게 공존하였다.

신라국가는 불교를 수용·공인한 이후 그 힘을 빌려 국가를 유지하고 발전해 가는 길을 도모하였다. 그런 과정에서 궁극적으로 구현해 내고자 한 것이 곧 불국, 불국토였다. 그를 이루기 위해 시기마다 다양한 방안이 모색·동원되었다. 거기에다 바깥 외부세계와의 관계가 크게 작용하였음은 물론이다.

이 책은 신라 왕경에서 산천과 불교가 결합해 나가는 모습의 일단을 나름대로 그려보려는 시도이다. 전체 10편의 글로 이루어졌으나 그 가운데 2편은 이미 오래 전에 발표한 글을 대폭 수정·보완해서 정리해본 것이다. 나머지는 학술지에 발표한 적이 없는 새 글들이다. 이 중 몇 편은 학술회의에서 구두로만 발표한 것을 다시 다듬었지만 다른 몇 편은 이 책을 구상하면서 새롭게 작성한 것이다.

사실 이 책은 경주에서 삶을 꾸린 이후 계속해서 작업해 온 저자의 신라 왕경 연구의 일환으로서 엮은 것이다. 그런 의미에서 이미 내어놓은 『신라 왕경의 이해』(주류성, 2020)의 후속편이라고 하여도 좋을 성싶다.

글을 써서 세상에 내어놓는 일이 갈수록 조심스럽고 더욱 힘들게 느껴진다. 읽는 속도도 더뎌지고 생각만큼 제대로 기억되지 않으며 이해의 정도가 현저히 떨어지기 때문이다. 기왕에 썼던 것도 다시 곱씹어보니 말이 되지 않는 내용과 문장도 적잖이 발견되었다. 간혹 이게 정말 지난날 내가 썼던 글인가 하는 의구심까지 들 때도 있다. 세월의 무상함을 탓할 수밖에 없을 따름이다. 그런 뜻에서 이 책도 독자가 디딤돌이나 고임돌이 아닌 버린 돌로 치부해버려도 별달리 대응할 말은 떠오르지 않는다.

2026. 2
중초서사에서 저자

서론 -신라 초기 불교의 전개-

인간은 어떤 곳에서든 환경의 제약을 강하게 받으면서 자연스럽게 적응해 갈 수밖에 없는 나약한 존재이다. 한편 자연환경을 적절히 극복하고 그를 나름대로 개조(改造)해 냄으로써 스스로도 바꾸어나갔다. 그런 과정을 거치면서 알게 모르게 주변의 자연환경과도 긴밀히 관계를 맺게 마련이었다. 다만, 방식이나 과정은 지역과 시기에 따라 각각 다양한 모습으로 펼쳐졌다.

오랜 기간에 걸쳐 바깥의 여러 방면에서 줄곧 경주분지 일원으로 들어와 정착해 간 사람들도 주어진 여건에 적절히 순응함으로써 마침내 국가를 형성시켜 갔다. 따라서 경주분지 중심부의 신라 왕경 사람들 삶과 전개 양상을 제대로 추적해내려면 아무래도 이곳의 자연 경관(景觀)에 대한 이해가 필수적 요소라 하겠다.

경주분지의 자연 지리 지형은 다른 지역에 견주어 몇몇 측면에서 특징적인 면모가 간취된다. 첫째, 분지(盆地) 지형으로서 사방이 산악으로 겹겹이 에워싸인 점이다. 거주자들은 이들 여러 산악을 각별히 여기면서 다양한 방식으로 관계를 맺어나갔다.

둘째, 중앙부 일원은 동쪽의 토함산(吐含山) 자락에서 발원한 북천(北川)이란 물길이 빚어낸 전형적인 선상지(扇狀地) 지형인 사실이다. 여러모로 거주하기에 적합하였음은 물론 안정적인 농업생산까지도 가능하였다. 특히 이들 물길과 함께 용천수(湧川水)에 의해 생성된 저습지가 곳곳에 만들어져 생활하는 데에 상당한 영향을 미쳤다.

셋째, 평지의 주변부에는 발원지가 각각인 세 개의 큰 시내[川]가 흐르다가 하나로 합쳐진 점이다. 세 갈래의 물길은 중앙부의 평지를 안팎으로 구분해줌으로써 그곳을 마치 별개의 공간처럼 유지하도록 만들었다. 뒷날 이 중앙부 일대가 정치적 중심 세력의 거주지는 물론 정치 행정이 이루어지는 핵심 구역으로서 기능하게 하였다.

넷째, 울산과 양산의 방면으로 각각 달려가는 단층이 만들어낸 두 갈래의 구조곡(構造谷)이 서로 만나는 접점이란 사실이다. 이로써 경주분지 중심부는 바깥에서 들어오고 이곳을 근거로 다시 바깥 세계로 나아가는 주요 거점으로서 기능하였다.

특히 경주분지가 동해바다나 낙동강 하구와도 가까워 내륙 방면에서 내려오는 인간 및 문화와 해양으로부터 들어오는 그것이 두 통로(사실상 4갈래 길)를 거쳐 만나서 융합할 만한 곳이란 사실은 각별하게 유념해 둘 대목이다. 경주분지는 여러 갈래가 만나는 교통상의 결절지(結節地)이면서 동시에 관문지(關門地)로서 기능하는 요지였다.

오랜 기간에 걸쳐 선후(先後)하면서 경주분지 일원으로 들어와 정착해간 사람들은 그와 같은 지형지세를 적절하게 활용함으로써 독특한 문화를 일구어내고 마침내 유력한 정치세력으로 성장·발전해 갔다. 결국 이곳을 주요 무대로 삼아 사로국(斯盧國)이란 읍락국가(邑落國家)가 출범하고 신라라는 고대국가가 탄생되기에 이르렀다. 그런 과정을 거치면서 각지의 주민들은 인근의 산천(山川)과 개별 집단 단위로 긴밀히 밀착해 갔다.

경주분지 내부의 여러 산천에 지금껏 신라 때의 명칭이 그대로 사용되는 사례가 적지 않다. 이런 면모는 다른 지역에서는 찾아보기 쉽지 않은 특이 사례에 속한다. 그와 같은 이름들이 모두 『삼국사기』나 『삼국유사』와 같은 사서 속에서 확인되는 데서 알 수 있다. 이를테면 토함산, 선도산(仙桃山), 남산(南山), 금강산(金剛山), 낭산(狼山), 명활산(明活山), 고위산(高位山), 성부산(星浮山) 등의 산명을 비롯해 북천(北川, 閼川으로도 불렸음), 남천(南川, 沙川, 蚊川 등 여러 별칭으로 불렸음), 서천(西川, 형산강 본류) 등의 이름을 손꼽을 수 있다. 이밖에 삼화령(三花嶺), 해목령(蟹目嶺)과 같은 고개의 이름도 확인된다.

물론 그 밖의 산천 명칭도 적지 않았을 터이지만 일찍이 사라져 버린 탓에 뒷날 새로이 붙여진 경우도 많을 것임은 더 이를 나위가 없겠다. 여하튼 그것은 산천들이 각각 당해 지역 주민들의 삶과 얼마나 깊이 연루되었던가를 여실히 방증해 주는 사실이다.

산천들은 신라인, 왕경인의 생활과 밀착해 감으로써 그와 관련된 온갖 이야기를 만들어냈다. 그 가운데 밑바탕에 깔린 공통적 요소는 어떤 산천에도 신(神)들이 반드시 머물며 어느 때고라도 주민들의 삶과 매우 깊숙하게 연계된다고 생각한 점이다. 그들은 평소 산천의 각종 신들이 자신들을 비호(庇護)해 준다고 여김으로써 숭앙하고 제사하는 대상으로 삼았다.

다만, 그에 대한 인식이나 방식은 한결같지가 않았으며 지역과 대상에 따라 달랐던 데에 뚜렷한 특징이 엿보인다. 이는 각 산천의 이름 속에 담긴 특성으로부터 유추된다. 이를테면 선도산은 도교적 성격을 강하게 지녔으며, 금강산은 불교식 산명이고, 토함산은 토착신앙(산신신앙)적 성격을 띠었다. 각 산악마다 품은 의식이나 배경에서 두드러진 차이를 보였다. 한편 하천의 경우 방위를 기준으로 지은 이름 대신 알천이나 사천, 문천 등처럼 몇몇 별칭을 통해서도 그런 측면이 읽혀진다.

아마도 그런 양상은 산천에 대한 숭앙의 의식이 하나의 체계 아래 일시에 만들어진 것이 아니며 오랜 기간에 걸쳐 지역별로 순차적인 과정을 밟아 자연스럽게 형성되어졌음을 의미한다. 경주분지 일원이 하나의 정치 집단이나 세력권으로 통합되지 못한 분립의 상태 아래 각 구역의 주민들이 거주지와 가까운 산천에 의존하면서 관계를 맺었던 데서 말미암은 현상으로 풀이된다. 그 때문에 각각의 산천, 특히 산들은 나름의 독특한 이름을 갖게 된 것이다.

이들 산천 대상의 인식이나 제의도 시종일관 고정불변한 것이 아니었다. 정치적 변동과 맞물려 적지 않게 변모를 겪었다. 이를테면 정치적 기초 단위인 여러 읍락의 결속을 통해 사로국이 출현하였을 때, 그리고 4세기 중엽 신라국가의 탄생과 맞물려 사로국이 왕경으로 변전(變轉)하였을 때, 나아가 6세기 초 국왕을 정점으로 한 중앙집권적 지배체제가 갖추어졌을 때 그와 같은 정치 변동에 부응해 산천의 성격이나 위상도 저절로 달라져 갔다. 특히 삼국을 통일한 뒤 전국 산천의 제사체계를 전면 재정비함으로써 기존 성격이 일변하였다.

바로 이 무렵 전국의 산천 대상 국가제사는 크게 대·중·소의 세 그룹으로 편제되었다. 그 가운데 최고 위상의 대사(大祀)는 나력(奈歷), 혈례(穴禮), 골화(骨火)의 삼산(三山)으로서 왕경과 그 주변 일원의 산악이 선정되었다. 중사(中祀)의 대상은 여럿이었지만 그 중의 중심축인 오악(五岳)은 왕경의 산악 중에서[1] 오직 토함산만이 동악(東岳)으로 설정되었다.

---

1) 통일기의 왕경에는 대성군(大城郡)과 상성군(商城郡)도 포함된다. 이들 두 군은 원래 왕경의 경

이는 아마도 공산(公山, 또는 父岳으로도 불렸으며 지금의 대구 팔공산)을 전체 영토의 중앙인 듯이 여겨 중악(中岳)이라 설정하고 이를 기준으로 삼은 데서 말미암은 것으로 생각된다. 그밖에 왕경 지역에서는 중사로서 북형산성(北兄山城)이,[2] 소사로서 훼황(卉黃), 고허(高墟), 서술(西述), 삼기(三岐)[3]가 각기 선정되었다.

왕경 중심부에서는 그 외에 제사의 대상지로서 내세워진 특별한 자연물과 인공물도 여럿 보인다. 이를테면 사성문제(四城門祭), 부정제(部庭祭), 사천상제(四川上祭), 사대도제(四大道祭), 압구제(壓丘祭), 벽기제(辟氣祭) 등을 손꼽을 수 있다. 이들은 일상에서 왕경의 운영과 밀접히 연계된 곳이었다. 이들 각각에도 신들이 깃들어 왕경을 보호해 준다는 인식에서 나온 종합적 산물이었던 셈이다. 오랜 기간에 걸쳐 산천이 왕경인의 삶과 밀착된 데서 말미암았다.

사실 통일기에 이르러 국가 주도 아래 하나의 일률적인 체계로 정비되기에 앞서 이미 6세기 초부터 산천의 위상과 인식이 크게 변화를 겪을 만한 계기와 국면을 맞았다. 그것은 아무래도 국가적 차원의 불교 공인과 확산이었다. 이후 불교가 신라국가의 종교로서 뿌리내려가면서 기존 산천 중심의 토착신앙을 차츰 대체해 간 데서 짐작할 수 있다.

물론 그런 양상은 당연히 일시에 다함께 진행되지는 않았다. 게다가 기존 산천신앙 자체가 완전히 소멸하게 된 것도 아니었다. 현실 정치와 강하게 결속한 불교가 점차 주류 종교로서 자리잡아가자 토착신앙은 그

역에 포함되었으나 군사적 필요성 때문에 왕기(王畿)를 설정하면서 분리되어 그처럼 불리었다.
2) 북형산성 자체가 마치 중사의 대상처럼 기록되어 있어 약간 특이하다. 어쩌면 다른 사례로 미루어 사실상 산성이 아닌 북형산을 가리킨 것으로 여겨진다.
3) 삼기도 역시 대성군에 속한다고 하였으나 왕기라 여겨진다. 현재 경주 안강읍에 위치하는데 고승 원광과 관련 있는 금곡사(金谷寺)가 있다. 『삼국유사』4 의해 「원광서학」조 참조.

와 긴밀히 연계함으로써 기반을 면면하게 이어나갈 수 있었다. 이는 사실상 불교가 산천신앙을 적절히 흡수하여 공존한 결과였다.

그와 같은 양상이 토착신앙 전반에 걸쳐서 벌어졌지만, 특히 산악신앙에서 도드라졌다. 이는 자연물 대상의 토착신앙 가운데 산악신앙이 차지하는 비중이 그만큼 컸음을 의미한다. 다만, 양자의 결속 방식이나 시점 및 양상은 각기 다른 모습으로 전개되었다.

물(천)과 관련한 신앙은 대체로 용신(龍神)신앙을 중심으로 수렴되었다. 통일기에 이르러 문무왕이 사후 동해용왕이 되었다고 인식함으로써 용신신앙의 중심축으로 자리하였다. 평지에 마련된 유력한 숲(수목)과 관련한 신앙은 거기에 사찰이 잇달아 들어섬으로써 바뀌어졌다. 이는 이른바 전불(前佛)시대 칠처가람(七處伽藍)이 자리한 곳으로 여겨진 몇몇 물가나 숲에 사찰이 세워진 데서 확인된다. 물론 그렇다고 해서 물이나 숲 신앙이 완전하게 소멸되지는 않았으며 곳곳에 잔존하였음은 물론이다.

불교가 종교 신앙의 주류로 뿌리내리면서 왕경 중심의 기존 토착신앙과 어떤 관계를 어떻게 맺어갔던가를 보여주는 구체적인 실례는 사료의 현황 때문에 산악신앙을 중심으로 더듬어볼 수밖에 없는 형편이다. 사찰이 처음에는 주로 평지 지역에 조영되면서 수목이나 물 신앙과 결합하였다.

이후 불교가 차츰 성장 발전해 가면서 주요 사원이 중심부 바깥의 주변 산지로 확산되어 가자 저절로 산악신앙과 밀착하였다. 전반적인 흐름으로 미루어 신라 왕경 내부에서의 사찰 창건은 평지로부터 시작해 중심부 주변의 산지로 확대되다가 마침내 멀리 떨어진 곳으로까지 나아갔다.[4]

---

4) 이런 현상에 대해서는 이근직, 「경주남산 불적의 형성과정」『경주문화논총』6, 2003 ; 『경주에서 찾은 신라의 불국토』학연문화사, 2017, pp.157~160 참조.

그럴 때 산악신앙과 불교는 자연스럽게 깊은 관계를 맺어나갈 수밖에 없었다. 구체적인 실상은 시기마다 산악마다 각기 다른 모습을 띠었다. 아마도 거기에는 당면의 정치사회적 형편이나 불경(佛經)에 대한 이해의 정도 및 새로운 교리와 이에 입각한 신앙 및 종파 등이 밑바닥에서 작용하였을 성싶다.

신라에서 불교가 전래 수용되어 간 양상은 다른 나라에 견주어 몇 가지 측면에서 두드러진 특징이 엿보인다. 첫째, 삼국 가운데 가장 뒤늦게 전래·수용된 사실이다. 이는 신라국가나 왕경의 지리적 위치에서 비롯한 지극히 당연스런 결과였다. 물론 전래와 수용은 뒤늦었지만, 국가적 공인(公認)을 거친 뒤부터는 급속하게 확산되어 갔다.

둘째, 중앙의 왕경지역에 앞서 지방에 먼저 전래된 사실이다. 중앙정부나, 왕실 주도로 수용한 고구려·백제와는 전혀 다른 면모였다. 몇몇 기록에 의하면 신라 영역으로 편입되기는 하였지만 아직 왕명(王命)을 대행하는 지방관을 직접 파견하지 못한 이른바 간접지배 상태에서 중앙의 지배력이 그리 강력하게 미치지 않는 변경을 중심으로 받아들였다. 이로부터 왕경과 그 주변으로, 나아가 왕실에까지 전파되었다.

셋째, 그러면서도 국가의 정식 공인을 받을 때까지 불교 수용을 둘러싼 논란이 치열하게 전개된 사실이다. 이를테면 사금갑(射琴匣)설화가[5] 시사해 주듯이 수용파와 반대파가 대립 갈등 양상으로 치닫다가 마침내 직접 대결하는 국면으로 전개되었다. 이때 소지마립간(炤知麻立干) 중심의 반대파가 승리한 이후 그를 둘러싼 다툼은 한동안 소강의 국면을 맞았다. 그 사이에 불교가 밑바닥에서 내밀하게 더욱더 확산되는 길을 걸

---

5) 『삼국유사』1 기이1 「사금갑」조.

없었음은 물론이다.

이는 공인 직후인 535년 새겨진 「울산천전리서석」 을묘명(乙卯銘)에 승려를 도인(道人)이라 일컬으면서 비구(比丘)와 사미(沙彌)로 구분된 사실에서 유추된다. 게다가 사찰이 존재한 거지벌촌(居智伐村) 출신자로서 중사(衆士)라고 불린 사람들이 승려들을 따라 현장까지 왔다. 아마도 이들은 그 사찰에 소속한 신도들이었을 성싶다.

이와 같은 실상은 불교가 정식으로 공인을 받기에 앞서 이미 일부 지방에서는 승려와 사찰은 물론 신도들도 적지 않게 존재하였음을 의미한다. 왕경 유력자 출신인 거칠부(居柒夫)가 사환(仕宦)하기에 앞서 출가를 경험한 적이 있는 것도 그런 추정을 보완해 준다.

넷째, 사찰의 건립을 앞세워 공인을 추진해 가는 도정에서 한바탕 다툼이 벌어지고 결국 법흥왕의 궁중 신하인 이차돈(異次頓)이 순교하는 일까지 겪게 된 사실이다. 공인의 과정에서 인근의 고구려와 백제에서는 순교가 벌어지지 않은 점과는 대조적 현상이다.

이는 불교 공인에 앞서 상당한 기간에 걸쳐 정치적으로 대립하고 갈등하는 긴장 국면이 그대로 이어졌음을 뜻한다. 결국 공인된 자체는 적당한 타협의 산물이 아닌 치열한 정쟁(政爭)의 산물로서 적극적인 수용 주도자, 즉 국왕이 승리를 거둔 결과였다.[6] 이후 신라의 불교가 강한 정치성을 띠면서 전개된 것도 바로 그런 사정에서 말미암는다.

이처럼 전래로부터 수용, 공인에 이르기까지 상당한 기간 우여곡절을 거친 사실은 신라 초기 불교의 특성을 결정짓는 중요한 요소였으며, 이후의 양상까지도 규정하는 주된 요인으로 기능하였다. 신라 불교는 바닥

---

6) 주보돈, 「삼국시대의 귀족과 신분제-신라를 중심으로-」『한국사회발전사론』, 일조각, 1992, pp.46~47 참조.

에서부터 다져짐으로써 비교적 짧은 기간에 강한 정치성을 띠고서 급속히 발전해 갔다.

출발 시점의 불교와 정치의 긴밀한 상관관계는 이후에도 해소되지 않고 그대로 이어졌다. 오히려 더욱 단단하게 결속해 가는 양상을 보였다. 그런 의미에서 초기부터 정치와 강고하게 밀착한 사실을 일단 신라 불교의 가장 주요한 특징의 하나로 지적해도 무방할 듯싶다.

불교 공인 이후 중국이나 고구려와는 다르게 신라에서는 단 한 차례의 정치적인 탄압을 경험하지 않았음도 그런 사정과 연관된다. 후술하듯이 불교와 정치 양자는 서로 굳게 결속하면서 줄곧 공생 공존하였다. 이는 국가 운영에서 불교가 적절히 활용되었음을 의미한다. 다른 한편 불교계 또한 정치 상황을 적극 이용함으로써 저변의 확대 확산을 도모하였다. 그런 모습은 불교 공인 직후부터 도드라졌다.

법흥왕의 원래 이름은 모즉지(牟卽智), 무즉지(另卽智)였다. 그런데 불교 공인 직후부터 법흥왕이라고도 불렸는데, 오히려 후자가 점차 공식의 왕명으로 뿌리내렸다. 이는 불법을 일으켰다는 의미에서 붙여진 전형적인 불교식 왕명이었다. 535년에 새겨진 「울산천전리서석」 을묘명에서는 '성법흥대왕(聖法興大王)'이라고 하였다.

이로부터 기왕과는 다른 두 가지의 새로운 의미가 추출된다. 하나는 기존 왕호인 매금왕(寐錦王)을 대신해 이후 대왕이란 왕호가 정착되었다는 사실이다. 이제는 대왕에 어우러질 만큼 지배질서가 갖추어지고 신라 국왕의 위상도 초월자적 지위로까지 확연하게 부상하였음을 뜻한다. 이는 지배체제상에서의 큰 변화가 진행되어 그것이 반영된 결과였다. 대왕이란 왕호는 기왕과는 전혀 다른 새로운 시대가 열렸음을 내세운 표징이나 다름없었다.

　신라 왕경의 산악과 불교

다른 하나는 왕명의 앞에다 구태여 '성(聖)'이란 글자를 내세운 사실이다. 이를 성골(聖骨)의 의미라고 풀이하는 견해도 제기되었지만, 당시는 아직 골품제가 성립되어 가던 초기 단계로서 그런 용어나 관념이 출현하기[7] 훨씬 이전의 일이었다. 따라서 이후의 전개 양상으로 미루어 법흥왕이 전륜성왕(轉輪聖王)임을 드러낸 표현으로 이해함이 온당한 접근일 듯싶다.

전륜성왕은 『장아함경(長阿含經)』을 비롯한 몇몇 불경에 등장하는 매우 신성시된 세속의 왕자(王者)이며, 온 세상을 정법(正法)으로 다스리는 이상적인 군주를 가리킨다. 영원한 깨달음의 세계를 구현한다는 부처에 대응해 속세를 다스리는 왕이 바로 전륜성왕이었다. 인도에서는 정치적으로 분립된 상태가 이어져 온 중부 이북 지역을 통합한 뒤 불교의 홍포에 대단한 적극성을 보인 마우리아왕조의 3대 왕 아소카(Asoka)를 전륜성왕의 전형처럼 여겼다.

그런 인식이 6세기 초 중국으로 들어왔다. 남조 양(梁)나라 무제(武帝)는 불교를 혹신하면서 스스로 보살왕으로 일컫고 전륜성왕임을 겉으로 표방해 이 방면에 엄청난 업적을 쌓아나갔다. 백제에서는 양무제 재위 당시 직접 교류해 문물을 적극 받아들이면서 전륜성왕 의식도 함께 수용하였다.

특히 성왕은 양무제를 본받아 생존 당시 자신의 왕명을 전륜성왕으로부터 따와서 그처럼 불렀다. 양무제가 527년부터 사용하기 시작한 대통(大通)이란 연호를 빌려 웅진(熊津)에 대통사(大通寺)란 대규모의 국가사찰을 창건하였다. 나아가 비슷한 시점에 불법의 수레바퀴, 즉 법륜(法輪)

---

7) 이기동, 「신라 나물왕계의 혈연의식」 『역사학보』 53·54, 1972 ; 『신라 골품제사회와 화랑도』, 한국연구원, 1980.

을 굴린다는 의미의 흥륜사(興輪寺)까지 역시 웅진에다 지었다. 이런 사명은 성왕이 양무제를 본격적인 모델로 삼아 백제의 전륜성왕으로 자처하였음을 시사해 주는 사실이다.

바로 그 무렵인 527년 법흥왕이 불교 공인을 시도한 사실도 결코 우연한 일로 보이지 않는다.[8] 여러 측면에서 한발 앞서 전륜성왕임을 내세운 백제 성왕과의 강한 경쟁의식에서 촉발된 조치였다. 법흥왕 역시 불교를 공인하고 스스로 신라의 전륜성왕이라 표방하였다. 이는 왕명을 '성법흥대왕'이라 일컬은 데서도 드러나지만, 최초의 사찰을 하필이면 흥륜사로 지은 사실에서도 유추된다. 아마도 521년 법흥왕이 백제 사신에 덧붙여 양나라에 파견한 사신이 돌아온 뒤부터 그와 같은 강한 경쟁의식을 품기 시작한 데서 비롯한 것 같다.

법흥왕이 신라 전륜성왕 의식의 첫 문을 열었다면 본격화한 인물은 그를 계승한 진흥왕이었다. 540년 7세의 어린 나이로 즉위한 진흥왕은 어머니 지소(只召)태후의 섭정을 거쳐 551년 성년이 되자 곧장 친정(親政)을 시작하였다. 이때 새로운 연호를 개국(開國)으로 내세운 사실이 주목된다.

개국은 '나라를 연다'는 본래의 의미와는 달리 이미 존재한 신라국가를 새롭게 만들어 나가겠다는 강력한 의지의 표명이었다. 그럴 때 새롭게 열어가려고 표방한 국가의 내용은 이후의 전개 양상으로 참작하면 바로 전형적인 전륜성왕에 의해 다스려지는 불교국가, 곧 불국토(佛國土)였을 것으로 여겨진다.

---

8) 527년 창건된 웅진의 대통사를 『삼국유사』 3 흥법 「원종흥법 염촉멸신」조에는 법흥왕이 창건한 것으로 되어있으나 이는 성왕과 법흥왕이 함께 전륜성왕임을 표방한 사실이 뒤섞인 데서 비롯한 착오라 여겨진다.

진흥왕이 법흥왕의 뒤를 이어 역시 불교식의 왕명을 이어간 데서도 전륜성왕 의식의 승계를 짐작할 수 있지만 특히 그의 두 아들 이름을 동륜(銅輪)과 사륜(舍輪, 곧 鐵輪)으로 지은 데서 저절로 드러난다. 그를 실현시키는 방안으로서 영역 확장을 적극 도모하는 한편 내부의 결집력을 강화하기 위해 궁궐을 새로운 곳에다 지어서 옮겨가려는 계획을 마련하였다. 당시까지의 궁성인 월성(月城)은 지나치게 왕경의 남쪽에 치우쳤을 뿐만 아니라 내부도 너무나 협소해 전륜성왕의식을 구현해 내기에는 그다지 적합지 않은 공간이었다.

새로운 궁궐 대상지는 월성 기준으로 동북쪽 방면의 수백 미터 떨어진 저습지 일대였다. 아마도 개국의 선언과 동시에 전국적 차원의 역역을 동원해 저습지를 메우는 등 기초적인 토목공사를 마치고 건물을 짓기 시작하였다. 그러다가 553년 갑작스레 방향을 틀어 사찰로 고쳐 짓기로 결정하였다.

아마도 바로 그때 고구려로부터 망명해 국통(승통)으로 임명된 혜량(惠亮)의 건의가 작용한 것 같다. 혜량은 북조 불교에서 주창한 왕이 곧 부처[王卽佛]란 인식에 입각해 구심적인 역할을 주도해 갈 사찰의 건립을 주장하였으리라 생각된다. 말하자면 신궁 대신 지어진 사찰은 곧 남조 및 백제 계통의 전륜성왕의식과 함께 고구려를 매개로 한 북조 계통의 왕즉불 의식이 함께 투영된 융합적인 성격을 띤 것이다. 황룡사는 그처럼 정치성을 강하게 띤 사찰이었다. 정치성이란 바로 호국성이었다.

황룡사는 창건 이후 줄곧 호국불교의 구심으로서 기능하였다. 호국불교가 국가의 입장에서 지배체제의 유지를 위해 불교를 활용하려는 것이었다면 불교계의 입장으로서는 정치력의 도움을 빌어 널리 홍포해보려는 의도가 어우러진 데서 나온 것이었다.

법흥왕의 뒤를 이은 국왕들은 한동안 그를 본받아 의도적으로 불교식 왕명을 지었다. 그래서 그 전후와 구분해서 이 기간만을 각별히 중고기(中古期)라고 부른다. 이는 불교가 정치와 얼마나 깊게 밀착하였던가를 입증해 주는 사실이다. 양자의 지향이 합치된 데서 나온 것이 바로 신라국가의 불국토, 불국의 구현이었다. 한동안 그를 실현하여 가는데 구심의 역할을 감당한 곳이 황룡사였다.

황룡사는 신라국가와 불교의 관계가 밀착하여 새로운 국가를 구현해내기 위한 중심적 기능을 맡았다. 새로운 신궁을 지을 예정이던 곳을 사찰로 바꾼 자체가 그런 실상을 여실히 보여준다. 그런 의미에서 황룡사는 단순한 사찰이 아닌 전륜성왕으로서 국왕의 일상생활도 영위하는 마치 궁궐과 같은 성격까지 아울러 지닌 곳으로 보아 무방할 듯싶다.

황룡사는 '황(黃)', 또는 '황(皇)'이란 사명(寺名) 자체가 시사해 주듯이 왕경의 중앙부이면서 동시에 관념상 전체 국토는 물론 신라국가가 지향한 불교세계의 중심인 것처럼 여겨졌다. 신라국왕은 곧 황제이면서 동시에 불교의 전륜성왕이기도 하였다. 신라국가는 황룡사를 주축으로 불국, 불국토의 구현을 희구하였던 것이다.

평지의 중앙부에 위치한 황룡사 창건을 기점으로 왕경은 비로소 체제를 갖춘 도시로 변모하였다. 이는 앞서 신궁의 착공을 기획하면서부터 마련한 것이기도 하였다. 결국 신궁을 대신한 황룡사가 그런 기획까지도 그대로 이어받은 셈이었다.

이제 황룡사를 기준으로 왕경 중앙부 일원은 반듯한 모습의 방(坊)으로 구획되었다. 이로써 왕경 중앙부는 기존의 모습을 벗어던지고 정연한 도시로서 변모할 만한 기반을 갖추었다. 한편 황룡사는 이후 평지에 세워진 사찰 구조의 전범(典範)처럼 기능한 데서 상당한 의미가 찾아진다.

신라 왕경의 산악과 불교

그런데 간과할 수 없는 대목은 평지 중앙부인 황룡사의 위치가 남북 일직선상의 북쪽 금강산과 남쪽의 남산을 강하게 고려한 사실이다. 원래 신궁의 위치를 그곳으로 선정한 것도 바로 그런 사정에서 기인한다. 어쩌면 당의 장안성이 북극성을 남북 일직선 방향의 중심축 기준으로 설정한 인식과[9] 비슷한 선상의 발상에서였을지 모르겠다. 신궁의 위치를 선정할 때 가진 인식이 사찰로 고쳐 지으면서 그대로 승계되었을 성싶다. 이후 금강산과 남산이 불교계 입장에서 유독 신성하게 여겨진 대상이 된 것도 바로 그 때문이었을 것 같다.

　금강산 속에 사찰이 들어선 것은 약간 뒷날의 일이지만 일단 황룡사 중금당(中金堂)이나 9층목탑지에서 북쪽을 바라보았을 때 그 겉모습이 마치 삼존(三尊)인 듯한 느낌을 강하게 풍겨주어 주목해볼 만하다. 이는 금강산이 매우 신성하게 여겨질 만한 요소였다. 순교 당하면서 잘린 이차돈의 목이 날아가 떨어진 곳을 하필 금강산 자락으로 인식한 것이나 뒷날 9세기 초 그를 기리기 위한 사당을 그곳에다 지어 신성한 구역으로 조성하려고 시도한 사실도 그와 같은 추정을 보강해준다. 물론 백률사(栢栗寺)나 굴불사(堀佛寺)가 금강산 자락에 들어선 것도 그런 신성 의식의 소산이었을 듯하다.

　남산은 591년 전국적 차원의 역역동원으로 기존 명활산성을 대신해 임시 피난 왕궁 용도의 신성(新城)을 쌓으면서부터 그 자체 신성한 공간으로서 본격 인식되기 시작하였거니와 이후 온갖 부처가 머무른다고 여겨졌다. 통일기에 이르러서 만불산(萬佛山)이라 인식된 것도 바로 그런 연장선상에서였다.

---

9) 세오 다쓰히꼬(최재성 옮김), 『장안은 어떻게 세계의 수도가 되었나』 황금가지, 2006 참조.

이처럼 황룡사를 기준으로 해서 남북 일직선상에 놓인 이들 두 산악이 불교신앙의 성소로서 의식된 것은 이들 삼자가 각자 별개가 아닌 하나의 세트를 이룬 데서 말미암았을 것으로 여겨진다. 황룡사를 중심축으로 남북 선상의 대칭적인 위치에 자리 잡은 남산과 금강산의 셋은 중고기에 불국토를 구현해 가는 구심이었다. 달리 말하면 황룡사 창건은 곧 불교가 산악신앙과 본격적으로 결속하는 첫 출발점이었던 것으로 여겨진다.

초기 신라 불국토를 겨냥한 황룡사는 이후 호국과 호법 사찰의 구심으로 기능하였다. 금당에는 호국의 두 보물인 장육삼존상이 들어서고 9층목탑이 세워진 것은 그 구체적인 실현 방안이었다. 말하자면 황룡사는 단순히 호국에만 머문 것이 아니며 신라 불국, 불국토 구현의 중심이었다. 거기에다 기존 산악신앙의 남산과 금강산이 결속하여 연동함으로써 하나인 듯이 기능하는 구조였다.

그렇다고 해서 호국과 함께 불국, 불국토 구현 중심이나 대상이 언제나 고정불변하였던 것은 아니었다. 정치사회적인 상황이 변화하면서 호국의 구심도 바뀌어졌다. 통일을 계기로 신라를 위협하는 주적(主敵)이 당과 일본으로 달라지면서 황룡사의 호국 호법적인 기능은 사실상 소임을 다한 셈이었다. 이후 황룡사에게는 호국과는 다른 역할이 주어졌다.

이제 통일기 호국의 구심은 황룡사 동편의 낭산(狼山)으로 옮겨졌다. 여기에 새로운 성격의 국가사찰인 성전(成典)사원으로서 사천왕사(四天王寺)가 처음 세워짐으로써 낭산 일대가 황룡사를 대신해 신라 불국, 불국토 구현의 중심축으로 기능하였다. 새로운 경전과 신앙에 입각해 낭산이 새로운 성지로서 부각되어 갔다. 그에 따라 호국이나 그에 기반한 불국토의 개념에도 저절로 변화가 뒤따를 수밖에 없었다.

8세기 전반에 이르러 당과의 관계는 전시 상태를 해소함으로써 삼국 통일전쟁을 시작할 때의 기존 우호 수준으로 회복되었다. 신라는 패강(浿江) 유역의 지배권을 당으로부터 공식 승인받음으로써 통일전쟁을 시작할 때 앞세웠던 목표지점에 비로소 도달할 수 있었던 것이다. 반면 일본과는 더욱 노골적인 적대관계로 돌입함으로써 왕경의 동쪽 방면 토함산이 호국을 위한 구심으로서 더욱 중시되었다.

이런 대외관계 및 국제정세의 변화는 석굴암(석불사)과 불국사를 창건하는 배경으로 작용하였다. 당시 신라의 정치와 문화가 최고조의 융성기에 도달한 자체가 불국토의 완성처럼 여겨졌던 것이다. 의도적으로 불국이란 사명을 앞세운 데에 그런 실상이 잘 반영되어 있다.

본서는 토착신앙이었던 산악신앙과 불교가 어떻게 접목되고 융합해 갔던 것인가를 불국토의 구현이란 측면에서 추적해보려는 의도로서 정리해 본 것이다. 불교는 수용 과정에서 정치와 깊이 밀착하였으며 그것이 바로 호국이었다. 호국에는 당연히 호법이 포함되어 있었다. 신라국가의 입장에서는 대외적 위협으로부터 국가를 안정적으로 지켜내기 위해 불력을 빌렸다면 불교계로서는 국가의 도움을 받아 교세를 확장하고 신라를 불교 중심 국가로 만들려는 희구에서였다. 양자의 목적이 부합하고 상호적이었던 데서 공존 공생해 나갈 수 있었다.

그런 과정에서 불국토 구현의 수단과 방식이 달라지고 중심지도 바뀌어 갔다. 마침내 불국사를 창건하고 사명을 그처럼 지음으로써 신라국가 스스로가 불국토를 마침내 이루었다고 선언한 셈이 되었다.

불교와 산악

I

1. 황룡사(皇龍寺)의 창건과 그 의도

1. 들어가면서

흔히 신라 중고기(中古期, 514~654)를 각별히 불교식왕명시대(佛敎式 王名時代)라고 일컬으면서 전후의 상고(上古, BC.57~AD.514)와 중대(中代, 654~780)와 구분 지음은 익히 아는 바와 같다. 국왕 생존 당시의 왕명을 불교식 용어를 빌어 사용한 자체는 당대 신라의 정치적 상황이나 국왕의 위상이 불교와 깊게 연루되었음을 의미한다.

그런 실상은 법흥왕(法興王, 514~540)대에 공인된 뒤 진덕여왕(眞德女王, 647~654)대에 이르기까지 불교가 전개되어 간 양상을 더듬어보면 자연스레 드러난다. 기실 중고기를 불교 지배이데올로기의 전성시대라고 단정해도 무방한 근거는 바로 이런 데서 찾아진다.

신라 중고기에서 불교 신앙은 물론 지배이데올로기 구현의 중핵적인 구심으로서 역할을 다한 사찰이 황룡사(皇龍寺)라는 데 대해서는 어떤 이견도 없다. 당시 신라국가를 외세로부터 지켜준다고 여겨온 호국 보물인 [1] 소위 중고기 3보(寶) 가운데 두 점이나 황룡사가 보유한 사실은[2] 그런

---

1) 김상현, 「신라 삼보의 성립과 그 의의」 『동국사학』 14, 1980 ; 『신라의 사상과 문화』, 일지사, 1999.
2) 『삼국유사』 3 탑상 「황룡사구층탑」조.

사정을 뚜렷이 입증한다.

황룡사는 중고기 일대를 통해 불교계의 핵심 기능을 감당하였을 뿐만 아니라 현실의 정치와도 긴밀히 연계한 당대 최고 위상의 사찰이었다. 신라시대에 존재한 여느 사찰에 견주어도 황룡사는 모든 면에서 단연 으뜸이었다. 문헌 기록상으로 가장 빈번히 등장함은 물론이려니와 실제 운용상으로도 그와 같은 사실을 유추해 내기에 충분하다. 오랜 기간에 걸친 발굴 작업을 통해 드러난 면모로도 그런 정황은 여실히 읽혀진다.

이처럼 황룡사가 중고기 신라 불교계의 중추적 기능과 역할을 담당한 사원이었음은 의심의 여지가 없다. 기왕에 하고많은 신라 사찰 가운데 연구자들의 주목을 유난스레 받은 것이 황룡사였음도 바로 그 때문이었다.

그런 결과로써 창건 때부터 본래의 기능을 거의 잃을 때까지 황룡사의 실상에 대한 대체적인 윤곽은 잡히지 않았을까 싶다. 그래서 앞으로 새로운 정보가 담긴 문헌이나 고고자료가 달리 출현하지 않으면 창건의 목적과 배경 등과 같은 기본 사항을 다루는 일이 자칫 도로(徒勞)에 그칠 가능성도 농후하다.

그런데 황룡사 관련 문헌자료를 면밀히 점검해 볼 기회를 가졌다가 기왕에 그냥 스쳐 지나쳐 버린 듯한 부분이 찾음으로써 얼핏 새롭게 접근할 약간의 실마리를 갖게 되었다. 이를테면 당시 황룡사가 위치한 곳이 원래 신궁(新宮)의 설치 예정지였음에도 그 배경과 목적은 제대로 다루어지지를 않았던 것이다. 게다가 신궁의 착공이 한창 진행되던 도중 돌연 사찰로 고쳐 짓게 된 계기나 요인 등도 좀 더 면밀히 추적해 볼 대상임에도 그러지를 못하고 지나쳤다. 무척이나 아쉽게 여겨지는 대목이다.

그래서 이런 몇몇 측면들에 대해 세밀히 접근하면 황룡사의 창건 문

발굴 후 정비된 황룡사 전경

제와 관련한 정보를 한층 더 많이 얻어낼 수 있겠다는 데에 생각이 미쳤다. 이제 황룡사의 창건 배경과 목적 그리고 위상 등을 소박하게나마 더 듬어 실상에 한 걸음 더 가까이 다가가 보려고 한다.

2. 황룡사 창건 관련 기사의 음미

적어도 규모 면(기능 면까지 언제나 그러하였다고 말할 수 없지만)으로 보아 신라 최대 사찰로서의 위상을 시종일관 유지한 황룡사의 창건과 관련하여 『삼국사기』에서는 다음과 같이 지극히 간단한 내용만 전할 따름이다.

A) 14년 봄 2월 왕이 관련 부처에 명령하여 월성(月城)의 동쪽에 신궁을 짓
도록 하였는데 황룡(黃龍)이 그 땅에서 나타났다. 왕이 그를 의심스럽게 여

겨 사찰로 고쳐짓고 이름을 내려 황룡사(皇龍寺)라고 하였다.(『삼국사기』4 신라본기 진흥왕조)

이 기사에는 많은 내용이 압축되어 있는 것으로 여겨지므로 실상을 명확히 추출해 내려면 약간의 분석적인 선행 작업이 요구된다. 일단 크게 둘로 나누어 접근해 볼 필요가 있다. 하나는 진흥왕 재위 14년(553)째 되던 해에 당시 왕궁인 월성의 동편에 새로운 궁을 지으려고 시도한 사실이다. 다른 하나는 그러다가 갑작스레 신궁 건축을 포기하고 대신 사찰로 바꾸어 지었다는 사실이다.

먼저 왜 하필 그 시점에서 신궁을 지으려는 시도를 감행한 것인지는 당연하게 가져봄 직한 의문이다. 기존에 사용해 온 월성을 대체할 새로운 궁궐이 왜 필요하였을까. 이는 뒷날의 어떤 신궁 건설 사례처럼[3] 단지 기존 궁궐 내부에, 혹은 그에 딸린 부속 건물의 하나로서 더 보태는 정도였다고는 생각되지 않는다. 아마도 본궁 자체를[4] 새로 지어 옮겨보려는 의도에서였을 것 같다.

이는 오랜 기간 사용해 온 현실의 왕궁에 무언가 문제가 생겨 한계상황에 봉착하였음을 뜻한다. 이제 새로운 왕궁을 지어 옮김으로써 그를 해결해 보려고 시도한 것이다. 아마도 그렇게 함으로써 단지 왕궁 자체에만 그치지 않고 왕경의 구도 전반의 쇄신까지도 겨냥한 큰 기획 아래 추진된 것일 듯싶다.

---

3) 『삼국사기』8 신라본기 성덕왕 16년조(717)에 따르면 이때에도 신궁을 새로이 만들었다고 하였다. 다만, 이때의 신궁은 『삼국사기』38 잡지 직관 중(中)에 따르면 중앙 관부에 소속한 것 같으며 경덕왕대에 이르러 전설관(典設館)으로 개칭된 사실이 그를 보여준다. 그 직능은 뚜렷하지 않으나 원래는 기존의 본궁(대궁) 내부에다가 덧붙여 새로이 궁궐을 지은 의미에 불과할 가능성이 크다.
4) 국립경주박물관, 『문자로 본 신라』, 2002, p.76 안압지(월지) 출토 토기 명문.

월성 전경

　그것은 후술하듯이 신궁을 사찰로 고쳐 지으면서 그 이름을 하필 황
룡사(黃龍寺), 황룡사(皇龍寺)라고 지은 데서 강하게 묻어난다. 당시 신궁
의 건축이란 곧 왕경의 재건까지 염두에 둔 대단히 정치성을 지닌 일대
역사(役事)였던 셈이다.

　앞서 제시한 사료에 의하면 신궁을 지으려는 정지작업을 진행할 때
그곳에서 황룡이 나타나 이를 의아하게 여겨 사찰로 바꾸어 지었다고 한
다. 황룡이 실제로 현장에서 나타났을 리 만무한 일이지만 굳이 그를 명
분으로 앞세운 데에는 어떤 상징성을 깐 것으로 풀이된다. 달리 말하면
신궁을 사찰로 바꾸면서 상상 속의 용, 그중에서 황룡의 출현을 명분으
로 포장한 데에는 어떤 강한 목적성이 깃든 것처럼 보인다.

　그런데 사료 A)에서 신궁을 지으려다 황룡 출현 때문에 절로 바꾸었
으면서도 사명(寺名)을 구태여 황룡사(黃龍寺)가 아닌 황룡사(皇龍寺)로 불

렀다는 것은 약간 의아스럽다. 이런 의문점을 풀기 위한 약간의 실마리는 다음의 기사에서 찾아진다.

B) - ① ㉠『옥룡집(玉龍集)』및 「자장전(慈藏傳)」과 여러 종류의 전기(傳紀)에는 모두 이르기를 '신라의 월성 동쪽 용궁(龍宮)의 남쪽에 가섭불연좌석(伽葉佛宴坐石)이 있는데 그 땅이 곧 전불(前佛)시대에 절의 터였다.'고 한다. 지금 황룡사의 땅이 바로 일곱 곳 절의 하나이다. ㉡『국사(國史)』를 살피면 진흥왕 즉위 14년 개국(開國) 3년 계유 2월 월성 동쪽에 새로운 궁을 축조하는데 황룡이 그 땅에 나타났다. 왕이 그를 의아스럽게 여겨 고쳐서 황룡사(皇龍寺)를 지었다고 한다. (하략) (『삼국유사』3 탑상 「가섭불연좌석」조)
- ② 신라 제24대 진흥왕 즉위 14년 계유 2월 장차 자궁(紫宮)을 용궁의 남쪽에 지으려 하였는데 그 땅에 황룡이 나타났다. 이에 고쳐서 불사(佛寺)로 만들었는데 황룡사(黃龍寺)라 불렀다. (하략) (동상 「황룡사장육」조)

위의 사료 B)는『삼국유사』에 실려 있는 황룡사 관련 몇몇 기사 가운데 창건 문제와 상관성이 있는 부분을 발췌해 본 것이다. 거기에는 A)보다 창건의 실태를 약간 더 구체적으로 묘사한 내용이 보여 잠시 주목할 필요가 있다.

위의 기사를 근거로 하면 황룡사의 창건 문제는 일단『옥룡집』및 「자장전」그리고 전기류와 함께『국사』등 계통이 다른 몇몇 사료에서 다루었음에 짐작된다. 다만, 그들에서는 내용상 약간씩의 차이를 지니고 있다.

그 가운데 다른 무엇보다도 먼저 직접 인용된 B)-①㉡의『국사』가 주목을 끈다. 이를 사료 A)와 대조하면 약간의 출입(出入)이 간취되지만, 거의 대부분 일치하는 것으로 보아도 무방할 것 같다. 따라서 이 『국사』가 바로 현전하는 『삼국사기』일 것으로 단정하여도[5] 그리 어긋나지는 않을 성싶다.

황룡사 9층목탑 심초석

그런데 B)-②는 B)-①ㄴ이 보여주는 내용과 대동소이하지만, 주요 부분에서는 뚜렷한 차이를 보인다. 이를테면 여기서는 신궁을 자궁(紫宮)이라 표현함으로써 그 성격을 매우 구체적으로 드러내었다.[6] 뿐만아니라 결과적으로 지어진 절의 이름까지 황룡사(皇龍寺)가 아닌 황룡사(黃龍寺)로 표기하였다.

사실상 황룡의 출현을 명분 삼아 왕궁을 사원으로 바꾼 사실을 고려한다면 아무래도 처음의 사명은 후자 쪽이었다고 봄이 옳을 듯하다. 『삼국사기』의 관련 기사를 거의 그대로 전사(轉寫)하다시피 한 『해동고승전(海東高僧傳)』에서도[7] 굳이 황룡사(黃龍寺)로 표기한 것도 바로 그런 추정을 보증해준다.

양자가 비슷한 내용을 다루면서도 구체성에서 그처럼 차이가 나는 것은 결국 『삼국사기』가 활용한 원전(原典)과는 다른 내용이 존재한 데서 말미암았으리라 여겨진다. 한 걸음 더 나아가 억측한다면 막연하게 신궁

---

5) 이강래, 『삼국사기 전거론』, 민족사, 1996.

6) 양정석, 「신라 황룡사·북위 영녕사(永寧寺) 그리고 일본 대관대사(大官大寺) - 5~7세기 동아시아 도성제와 관련하여 -」『한국사학보』9, 2000 ; 최선자, 「신라 황룡사의 창건과 진흥왕의 왕권 강화」『한국고대사연구』72, 2013.

7) 『해동고승전』 1 유통(流通) 「석법운(釋法雲)」전.

이라고 한 것보다는(그래서 궁궐의 일부 부속 건물 가운데 하나로 오해받을 수도 있지만) 좀 더 구체적 성격을 드러낸 자궁 쪽이 한결 더 원상에 가까운 표현처럼 여겨진다. 달리 말하면 원전 자료에는 본래 자궁이라고 하였으나 『삼국사기』 찬자가 정리하는 과정에서 애초의 계획이 결국 실현되지 못한 사실을 고려함으로써 막연한 신궁으로 고치지 않았을까 싶다.

요컨대 본래 『삼국사기』가 활용한 원전에서는 자궁(紫宮)과 황룡사(黃龍寺)라 하였으나 편찬의 과정에서 결과론적 사실에 무게 중심을 두고서 단순하게 신궁과 황룡사(皇龍寺)로 고쳐 처리한 것으로 여겨진다.

이처럼 처음 자궁이란 이름을 붙여 건축을 시작한 데서 유추되듯이 신궁은 결코 예사로운 궁궐 건물은 아니었다. 기획할 당초부터 상당한 목적의식을 갖고서 추진하였으리라 여겨진다.

자궁은 본디 겉모습을 자색(紫色)으로 치장한 궁전을 의미한다. 자색은 황토색 중심의 중원(中原) 지역에서는 흔히 신선(神仙)이나 제왕(帝王)의 주거를 상징하는 색깔이며, 그래서 자금(紫禁)이라고도 일컬었다. 자궁은 곧 제왕의 거소를 뜻하며 자미궁(紫微宮)이라고도 하였다.

신라에서도 법흥왕대에 관료의 공복(公服)을 4색으로 구분하면서 자색을 최고의 위치에 배치하였다. 진흥왕이 새로 지으려는 왕궁을 굳이 자궁이라고 부른 데에는 그에 어울리는 강한 의도가 깃들었을 법하다. 아마도 스스로를 황제라 의식해서 새로 지어 옮겨가려는 궁궐을 의도적으로 자궁이라 부르지 않았을까 싶다. 이는 568년 세워진 「황초령비(黃草嶺碑)」와 「마운령비(磨雲嶺碑)」 등을 통해서도 유추되는 사실이다.

두 비문 속에서는 '제왕건호(帝王建號)', '짐(朕)', '태조(太祖)' 등과 같이 진흥왕이 평소에도 사용하였을 법한 용어가 확인된다. 이들 몇몇 사례에서 진흥왕도 스스로 황제라고 여겼던 듯한 분위기의 일단이 묻어난다.

자궁은 바로 그런 황제 의식으로써 사용한 궁궐의 명칭이었다. 그와 같은 추정을 보완해 주는 것이 바로 황룡사란 사명이다.

황룡이 토목공사의 현장에 나타나 신궁인 자궁을 사찰로 고쳐지은 명분으로서 내세워진 사실로부터 유추되듯이 처음 예정된 사찰은 한동안 황룡사(黃龍寺)라 불렸을 것 같다. 아마도 공사가 최종 마무리될 때까지 잠정적으로 그처럼 부르지 않았을까 싶다. 그러다가 정식 완공을 보았을 즈음에는 자궁에 어울리게 황룡사(皇龍寺)로 고쳐 이것이 정식 사명으로 뿌리내려진 것이었다.

이후 중고기 일대를 통해 황룡사 주변의 일정 범위에 '황(皇)'이라 단어가 들어간 사명이 유난히 많이 세워진 사실도 그런 분위기를 반영한다. 이를테면 황복사(皇福寺), 황룡사(皇隆寺), 황성사(皇聖寺), 분황사(芬皇寺) 등을 손꼽을 수 있다.

이들 사명이 그처럼 지어진 데에는 황룡사를 강하게 의식한 때문으로 추정된다. 사실상 월성을 비롯한 황룡사 중심의 일정 범위 공간을 '황(皇)', 또는 '황지(皇地)'라고 인식한 데서 그런 사명도 나왔을 법하다. 그런 의미에서 신궁을 짓지 못하였을지라도 기존 왕궁도 자궁인 듯이 '황궁(皇宮)'으로 인식되었을 것 같다.

'황(黃)'과 '황(皇)'은 음이 서로 통하며 각각에 내재된 뜻까지 비슷하다. 때론 양자가 통용되기도 한 것도 바로 그 때문이었을 것이다. 황색은 흙(土)에서 나온 색깔로서 방위를 나타내는 오방색(五方色) 가운데 중앙부를 가리킨다. 그 때문에 영역의 한가운데를 중심으로 천하를 지배하는 천자, 즉 황제를 상징하는 색으로서 뿌리내렸다.

그런 연장선상에서 추정하면 황색은 결국 자색과도 상통하며 유사한 의미를 가진 것으로 풀이된다. 자궁을 사찰로 바꾸어 짓기로 결정하면서 굳이 황룡의 출현을 가상(假想)해서 엮은 것도 바로 거기에서 말미암는다. 이는 앞서 언급한 것처럼 신궁이 바로 자궁이었음을 방증해 주는 근거이다. 황룡이 출현하였다는 상징의 밑바닥에는 곧 황제의 존재를 인식한 것이었다. 말하자면 황룡사로의 전환은 바로 신라에서 황제 출현의 정식 선언이었다.

여하튼 '황(黃)'이나 '황(皇)'은 모두 중앙이란 뜻을 품고 있다. 황궁(자궁)과 황룡사는 신라 왕경의 한가운데로서 동시에 관념적이기는 하나 왕경은 물론 전체 영토의 중앙부란 인식에서 비롯한 표현이다. 신궁의 건축을 단순히 새로운 왕궁 건물 마련을 위한 것으로서만 보기 어려운 이유도 바로 여기에 있다. 진흥왕은 신궁을 곧 황궁, 즉 황제의 거처라는 생각을 갖고서 건설 과업을 기획하고 추진하였던 것이다.

법흥왕은 재위 후반기에 정식 왕호를 마립간적 성격의 매금왕(寐錦王)에서 대왕(大王, 太王)으로 바꾸었다. 왕호는 국왕의 위상과 왕권의 성격을 담은 그릇이나 다름없는 만큼 그처럼 바뀐 자체에는 왕권의 성격이나 위상에도 큰 변화가 있었음을 뜻한다.

진흥왕대를 거치면서 실제로 대왕, 태왕을 정점으로 한 지배체제가 제대로 갖추어짐으로써 그런 인식은 한층 더 깊게 뿌리내려졌다. 앞서 소개한 두 비문 속에 담긴 내용은 그를 뚜렷이 입증해 준다. 그런 측면을 당연하게 여기도록 하려는 명분으로서 뒷날 황룡 출현의 설화를 만들어 내어 마치 당시 벌어진 일인 듯이 부회한 것이다.

이상과 같은 의미에서 신라가 신궁, 즉 자궁의 건설을 도모한 것은 부체제로부터 새로운 중앙집권적 지배체제로 전환해가면서 왕호를 대왕, 태왕 즉 황제라고 인식한 사실과 함께 왕궁 자체는 물론 왕경 전반을 그에 어우러지게 꾸며보려는 데에 있었다. 아래에서는 장을 달리해서 그런 측면을 좀 더 구체적으로 점검해 보고자 한다.

3. 신궁 건설의 배경과 의도

결국 황룡사 창건으로 일단락되었지만, 신궁은 진흥왕이 황제적인 성격의 위상에 어울리는 황궁의 건설을 겨냥한 것이었다. 그런 기획의 밑바탕에는 나름의 배경이 작동하고 있었다. 따라서 황룡사의 창건으로 바뀐 궁극적인 연유를 살피기에 앞서 신궁을 건설하려고 시도한 배경부터 명확하게 짚어봄이 바람직한 순서이겠다. 그럴 때 비로소 황룡사로 바꾸게 된 요인이나 의도도 저절로 드러날 터이기 때문이다.

그와 관련하여 먼저 지적해 두고 싶은 사항은 법흥왕이 사망한 뒤 장례를 치르면서 장지(葬地)가 기왕과는 전혀 다른 곳에다 선정된 점이다. 이는 여러모로 왕궁 및 왕경과 연관하여 엄청나게 중차대한 변동을 품은 조치라고 풀이된다.

법흥왕은 재위 27년째 되던 540년 7월 사망하였거니와 『삼국사기』와 『삼국유사』에서는 다 함께 장지를 애공사(哀公寺)의 북봉이라 명시하였다.[8] 법흥왕릉을 애공사 기준으로 삼은 사실은 다소 꺼림칙하게 느껴지는 대목이다. 왜냐하면 그 시점에는 아직 애공사란 사찰이 존재하였을 리 만무하기 때문이다. 당시는 흥륜사(興輪寺)와 영흥사(永興寺)만이 국가적 공인을 얻은 사찰로 창건되었을 따름이다. 그런 의미에서 애공사는 뒷날 창건을 본 뒤 법흥왕의 위치를 밝히는 용도로서만 활용된 데에 지나지 않는다.

---

8) 『삼국사기』4 신라본기 법흥왕 27년조 및 『삼국유사』1 왕력 법흥왕조.

애공사의 현재 위치도 뚜렷하지 않다. 그래서 이를 기준으로 해서는 법흥왕릉의 구체적 대상이나 위치를 가늠하기가 곤란한 실정이다. 법흥왕릉을 놓고 그동안 상당한 혼선이 빚어진 것도 바로 그 때문이다.[9] 다만, 당시의 실상과 함께 현재의 무덤군 및 내부 구조 등을 종합적으로 판단해서 서악(西岳), 선도산(仙桃山) 자락 바로 밑에 남북 방향의 일정한 간격으로 나란하게 조성된 4기의 무덤 가운데 어느 하나로서 진단함이 일반적이다.[10]

그런데 흥미로운 사실은 법흥왕릉의 조성 이전까지는 신라 왕릉의 위치가 기록으로 거의 남지 않았던 점이다. 『삼국사기』 신라본기에 따르면 혁거세 이후 파사이사금(婆娑尼師今)대에 이르기까지의 5대 왕릉이 각각 몰년(沒年)의 기사에 덧붙여 장지가 기록되었다. 하지만 이들은 모두 예외 없이 문제점을 안고 있어 그대로 받아들이기 곤란하다.

그 가운데 석씨 탈해이사금을 제외하고는 모두 박씨이며 무덤은 공통적으로 담엄사(曇嚴寺) 북쪽의 '사릉원내(蛇陵園內)'라고[11] 명시되어 있다. 다만, 탈해이사금의 무덤만은 현재 위치를 파악할 수 없는 '성의 북쪽 양정구[城北壤井丘]'라고 막연히 표현하여 그들과는 전혀 다른 위치임을 보여준다.

한편, 『삼국유사』 왕력편에서는 혁거세 이하 5대까지의 박씨 왕릉에

---

9) 현재 사적 176호로 공식 지정되어 있는 법흥왕릉의 비정이 잘못임은 재론할 여지가 없다.

10) 이에 대해서는 이근직, 『신라왕릉연구』, 학연문화사, 2012 참조. 다만, 법흥왕릉이 서악동 고분군의 4기 가운데 가장 위쪽에 있는 것이냐, 아니면 가장 아래쪽에 있는 것이냐를 놓고 크게 상반되는 두 견해가 대립하고 있다.

11) 『삼국유사』 3 흥법 「아도기라」조에 의하면 전불시(前佛時)의 일곱 개 절이 있던 터 가운데 마지막에 배치된 서청전(婿請田)에다가 담엄사(曇嚴寺)를 세웠다고 한다. 이 일곱 절터가 열거된 순서는 거기에 사찰이 세워진 순서에 따른 것이므로 담엄사는 자연히 바로 앞의 사천왕사가 창건된 679년보다는 뒤늦게 세워졌다고 추정해 볼 수 있겠다.

대한 기록이 보이지 않는다. 오로지 탈해이사금에 한해서만 '왕이 돌아 가시자 미소의 소정구에 수장하였다가 뼈로 소조상을 만들어 동악에 안치하였는데 지금의 동악대왕'이라 하여 장지 및 장례의 대략적인 양상까지 밝혔을 따름이다. 약간의 출입은 있지만 대동소이한 내용이 기이편(紀異篇)의 「제사탈해왕(第四脫解王)」조에서도 확인된다.

그런데 같은 기이편의 「신라시조혁거세왕」조에서는 혁거세의 무덤이 오릉(五陵), 곧 사릉원(蛇陵園)에 조영된 사실과 배경 등을 명기하였지만 나머지 세 왕릉과 관련한 기록은 보이지 않는다. 한편 김씨로서 처음 즉위한 13대 미추왕의 무덤은 겉모습이 특이하게도 대나무로 에워싸고 있어 죽현릉(竹現陵)이라고 불렸지만, 그 구체적 위치는 잘 알 수가 없다.

『삼국유사』 왕력편에서는 김씨인 17대 나물마립간의 무덤에 대해서 '첨성대 서남쪽에 있다.'는 내용이 확인된다. 반면 『삼국사기』에는 나물 왕릉의 위치를 알려주는 내용은 전혀 보이지 않는다. 나물마립간릉을 첨성대, 즉 선덕여왕대에 세워진 첨성대를 기준으로 위치를 운위한 사실을 참작하면 뒷날 비정되었음이 확실시된다.[12]

이상과 같이 『삼국사기』와 『삼국유사』 등을 일별하면 신라 초기의 왕릉에 대해 극히 일부에만 한정하여 선별적으로 기록되었다. 그 가운데 유독 박씨와 석씨 족단의 시조인 혁거세와 탈해의 무덤만이 공통적으로 등장한다. 이후 6대 지마이사금(祗摩尼師今)부터 지증왕대에 이르기까지 소위 상고기에는 왕릉과 관련한 어떤 기록도 없다.

이처럼 이른 시기의 왕릉은 기록으로 남은 반면 오히려 뒷날의 것이 한동안 기재되지 않았음은 너무도 이상스럽다. 이는 거꾸로 전자가 후대

---

12) 그런 점에서 무조건 그런 기사를 결정적 기준으로 삼아 현재 나물왕릉을 비정하려는 시도는 매우 위험하다.

의 어느 시점에 의도적으로 부회, 소급되었을 것임을 시사해 주는 것이다. 따라서 기록된 내용 자체에는 사실성이 전혀 들어가지 않은 조작으로 돌릴 수밖에 없다.

그에 견주어 법흥왕릉을 기점으로 이후부터는 왕릉 관련 기록이 사서에 실려 무척 다른 양상을 보인다. 신라 국왕의 장례나 장지 등은 매우 간략하기는 하여도 거의 빠짐없이 기록된 것이다. 게다가 왕릉의 위치를 밝혀주는 내용은 상대적으로 구체적이어서 각별히 의심해 볼만한 요소는 별로 찾아지지 않는다.

이런 정황은 법흥왕릉의 조영으로부터 시작한 것이다. 이는 신라국왕의 장의(葬儀) 및 장지(葬地) 조성에서 어떤 큰 변화가 야기되었음을 상정하기에 충분하다. 아마도 법흥왕릉의 위치를 기록으로 남긴 데에는 그럴 만큼의 상당한 변화가 일어난 데서 비롯하였으리라 여겨진다. 말하자면 법흥왕릉의 조영과 장의 등에서 직전과 현저하게 달라졌음을 의미한다. 그럴 만한 조짐은 이미 법흥왕의 재위 기간 중에 있었으나 사망을 계기로 본격화했을 것으로 여겨진다.

법흥왕 이전의 신라 왕릉은 오래도록 경주분지 중앙부의 황남동, 황오동, 노동동, 노서동 등 비교적 넓은 범위의 이른바 대릉원지구(大陵園地區)에 조영되어 왔다. 이는 겉으로 드러난 무덤의 분포 현황은 물론 지금껏 치러진 고고발굴을 통해 명백하게 입증되었다.

이 일대의 무덤은 대부분 적석목곽(積石木槨)이란 특이한 내부 구조를 공통분모로 하고 있다. 이는 여타의 지역과는 확연히 대조되는 양상이다. 그래서 흔히 적석목곽분을 당대 신라 중앙의 최고 지배집단이 정체성을 공유하려는 수단으로써 기능한 것이라 풀이해 왔다.

기왕에 적석목곽분의 시원이나 유래 및 계통 등을 둘러싸고서 크게 논란하였다. 그것은 여하튼 경주분지 일대를 기반으로 삼은 읍락국가(邑落國家) 사로국(斯盧國) 주축으로 4세기 중반 무렵 진한의 여러 동료국가를 병합함으로써 출현한 신라국가의 최고 지배집단은 6세기 전반에 이르기까지 적석목곽분을 자신들의 주류적 묘제로 삼았다.

게다가 왕경이라도 그런 형식의 묘제가 경주분지 중앙부 일대와 서쪽의 금척리(金尺里) 일원 두 곳에서만 한정하여 집중 조영된 특징을 보인다. 신라의 영역으로 편입된 지방의 극히 일부에서도 적석목곽분을 모방한 듯한 유사 무덤이 조영되기도 하였음은 고고발굴을 통해 이따금 확인되고 있다. 이는 흔히 피장자, 혹은 조영의 주도자가 신라 중앙정부와 특별한 관계를 맺은 데서 비롯한 사실을 보여주는 증거로서 이해되어 왔다.[13]

전형적인 적석목곽분이 집중해서 조영된 대릉원지구는 상당한 기간 신라 최고 지배집단의 공동 묘역이었다. 그런데 이런 현상을 당시의 정치사회적인 상황과 연관해 점검하면 약간 의아스럽게 여겨지는 대목이 엿보인다.

적석목곽분은 신라국가가 출범한 직후인 4세기 중엽부터 6세기 초반 무렵까지 조영된 묘제였다. 이때의 지배 구조는 정치적인 독자성을 강하게 지닌 정치공동체인 6부(部)가 연합하여 신라국가를 공동 운영하는 방식이었다. 그래서 이런 시기의 지배체제를 흔히 부체제(部體制)라 일컫고 있다.

당시 마립간은 최고 지배자로서 신라국왕이기에 앞서 사실상 6부 가운데 가장 유력 세력이던 탁부(喙部, 梁部) 소속의 부장(部長)에 지나지 않

---

13) 이희준, 『신라고고학연구』, 사회평론, 2007.

앞다. 그래서 바깥으로 인명을 드러낼 때에는 마립간조차 예외 없이 자신의 소속 부를 밝힘이 하나의 굳혀진 관행이었다.[14]

이는 마립간이 아직 배타적인 절대권을 보유하지 못한 상태로서 정치권력의 행사에는 상당한 제약과 한계가 뒤따랐음을 의미한다. 신라국가의 중차대한 일들은 모두 6부 출신의 여러 대표자로 구성된 회의체, 이른바 제간회의(諸干會議)를 통해서 공동 논의하고 합의함으로써 결정·집행되었다. 마립간은 회의 주재자이기는 하였어도 초월적인 절대권자가 아니었다. 말하자면 신라의 부체제는 6부가 다 함께 공동으로 참여해 국가를 운영하던 지배체제를 일컫는다.[15]

이처럼 6부 각각은 강한 독자성을 지닌 정치조직체였다. 그런 까닭에 오래도록 6부 지배세력의 무덤은 흩어져 조영되었으며 각자 별도의 묘역이 마련되었을 것으로 막연히 추정해 왔다. 고고학계에서는 그를 실증해 내기 위해 그동안 상당한 노력을 기울였다.

그렇지만 지금껏 어떤 성과도 올리지를 못하였다. 이는 결국 기본적인 전제 자체가 잘못되었음을 뜻한다. 각 부가 강한 독자성을 지니기는 하였어도 이때의 묘역은 6부의 합의를 거쳐서 공유하게 되었을 공산이 커졌기 때문이다.

국가의 중대한 일을 공동으로 논의하여 결정한 실상을 떠올리면 그런 상정도 충분히 가능하다. 말하자면 6부 지배층의 묘역은 각각 별도로 마련되지 않았으며 공동으로 관리하는 구역에다 다 함께 조성된 것이었다. 그곳이 바로 현재 경주분지의 중앙부에 해당하는 대릉원지구 일원으로 여겨진다.

---

14) 주보돈, 「삼국시대의 귀족과 신분제 - 신라를 중심으로 -」 『한국사회발전사론』, 일조각, 1992.
15) 주보돈, 「신라의 부(部)와 부체제」 『부대사학』30, 2006.

현재까지의 몇몇 단편적인 기록과 아울러 고고학적 조사에 의하는 한 6부 가운데 오직 모량부(牟梁部, 牟喙部)만이 다른 지역에다 별도로 묘역을 마련한 사실이 확인된다. 현재 일반적으로 경주분지 서쪽 건천 방면의 금척리무덤군으로 불리는 일대가 바로 그곳이다. 당시 6부 가운데 가장 약체였을 것으로 추정되고 있는 모량부만이 묘역을 별도로 조성하였다면 이는 6부 내부의 어떤 특수 사정에서 기인한다고 풀이함이 적절할 듯싶다.

하여튼 6부 가운데 모량부를 제외한 여타 5부가 묘역을 공유한 사실 자체는 그들 모두가 최고 지배자집단으로서 신라국가라는 큰 공동체에 소속한 의식을 다 함께 가졌음을 뜻한다.[16] 말하자면 기본적으로 6부 각각에 속하면서도 동시에 신라국가의 구성원임을 의식하기 시작한 초기적인 양상이었다. 이는 언젠가 6부 중심을 벗어나 오로지 신라국가에만 소속하는 의식이 자리 잡아감을 예고해 주는 것이었다. 법흥왕대부터 그런 현상이 구체화되어져 갔다. 왕경 중앙부의 공동 묘역을 벗어나 외곽에다 법흥왕릉이 조성되었음은 그것이 본격화함을 상징하는 일대 사건이었다.

법흥왕릉은 선도산 아래에 조영되었다. 이로써 공동 묘역의 관행에 변화가 일어났다. 오래도록 유지해 온 중앙부의 공동 묘역은 해체되었다. 대신 묘역은 크게는 6부 별로, 다시 그 내부의 작은 혈연적인 단위별로 나뉘어 경주분지 중앙부를 내려다볼 수 있는 주위 산자락으로 흩어졌다.

---

16) 어쩌면 신라국가의 성립으로 과거의 분산적인 개별 읍락국가 시기와는 다르게 지방이라는 하나의 거대한 대상이 탄생한 데에 따른 변화에 적극 대응해 내부 구심력(求心力)을 필요로 한 결과로써 여겨진다. 그런 의미에서 집단 묘역의 운영은 곧 왕경공동체의 출현을 보여주는 것이기도 하다.

이는 곧 6부 자체의 근본적인 성격도 바뀌었음을 웅변한다.

이때 신라 최고 지배집단의 무덤은 왕릉과 함께 선도산 자락 일대에 하나의 큰 군(群)을 이루었다. 그 중앙부의 핵심적 자리에는 왕릉들만이 배치되었다. 이는 대릉원지구의 왕릉(마립간릉) 배치 상태와는 현저하게 달라진 면모였다. 거기에서는 왕릉만으로 하나의 무리를 이룬 것이 아니었다. 물론 내부적으로 여러 집단의 구획은 있었겠지만 마구 뒤섞인 모양새였다.

이제 선도산 자락 중앙부에다 왕릉만으로 나란하게 열 지어 배치한 자체는 곧 국왕권의 위상도 상당히 달라졌음을 상징한다. 그 출발이 기록상은 물론 고고자료상으로도 법흥왕릉이었음이 틀림없다. 왕릉의 위치 관련 기록이 구체적으로 나타남은 그와 궤를 같이한다.

이처럼 6부(사실상는 모량부를 제외한 5부) 지배집단의 무덤 각각이 중앙부의 공동 묘역을 떠나 변두리로 옮겨가면서 왕릉만으로 이루어진 모습을 갖춘 것은 무엇인가 그럴 만큼의 중대한 변화가 내부적으로 벌어졌음을 의미하는 것이다. 그것이 바로 부체제로부터 국왕을 정점으로 삼은 중앙집권적 지배체제로의 전환이다.[17] 국왕의 무덤만이 별개의 공간에다 함께 조영된 사실은 그 위상이 현격하게 달라졌음을 뜻한다.

특정 국왕 및 그 뒤를 이은 후계자들만으로 동일한 공간에서 공동으로 무덤을 조영한 것은 가계의 계승성을 강하게 표방한 사실로서 받아들여진다. 이는 국왕 중심의 일정한 혈연적 범위 내의 직계 존속(尊屬)과 비속(卑屬)만을 정식의 왕족으로 인정하려는 혈연의식이 뚜렷이 형성되었음을 보여주는 것이기도 하다.

이로써 국왕은 사실상 6부를 훌쩍 뛰어넘는 초월자적 지위로 부상한

---

17) 주보돈, 앞의 글, 1992.

셈이었다. 기존 6부의 정치적 공동체성, 즉 부체제적 질서는 약화·소멸을 길을 걸어간 반면 국왕 정점의 집권적 지배체제는 점차 강화되었다. 법흥왕대를 기점으로 새로운 시대가 활짝 열렸으니 바로 불교를 새로운 지배이데올로기로 삼은 중앙집권적 귀족국가의 출현이었다.

물론 그렇다고 기존의 부체제적 질서와 운영체계가 즉시 말끔하게 해소되어 일시에 새로운 체제로 전환된 것은 아니었다. 그 잔재는 이후에도 오래도록 지속되었다. 이를테면 7세기 전반 무렵까지 인명을 표기하는 데에 유력 지배세력 중심으로 반드시 소속한 부를 앞세우려는 의식이 강고하게 이어지고 있었다.

하지만 부에 대한 의식의 약화는 필연의 과정이었다. 반면 거꾸로 중앙집권적 지배질서는 점점 강화, 정착되어 갔다. 이제 중앙집권적 지배체제를 유지하기 위한 주요 기반으로서 마련된 것이 곧 골품제(骨品制) 및 관등제(官等制)와 함께 여럿으로 분화된 관부를 토대로 삼은 관료제(官僚制)였다. 이들은 처음부터 완성된 모습을 갖추어 출범한 것이 아니라 법흥왕, 진흥왕대를 거치면서 순차적으로 정비되었다.

그와 같은 새로이 마련된 지배질서의 중심축은 국왕과 함께 그를 밑받침해 주는 지배이데올로기로서의 불교였다. 이제 현저하게 변모한 국왕의 위상에 어우러지도록 권위와 위엄을 안팎으로 갖출 필요성이 생겨났다.

그럴 때 초월자로서의 국왕이 여타 귀족 관료와 차별짓기 위한 수단으로 활용한 것의 하나가 왕궁을 위엄 있게 보이도록 꾸미고 나아가 왕경 전반을 새로이 재편하는 일이었다. 왕경의 중앙부에 자리한 공동 묘역을 옮기는 것은 그를 도모하려는 선제적인 정지작업이었다.

법흥왕은 왕릉만을 먼저 별도로 조영함으로써 국왕의 달라진 면모를 여실히 드러내려고 시도하였다. 하지만 실질적인 과업 일체는 진흥왕에게 넘겨졌다. 신궁 즉 자궁의 건설이 바로 그 시작이었던 셈이다.

4. 황룡사의 창건과 목적

1) 진흥왕의 즉위와 친정(親政)

왕궁과 함께 국왕의 위엄을 겉으로 드러내는 데 활용한 또 다른 수단이 신전(神殿)으로서의 불교 사원이었다. 하지만 불교를 내세워 국왕의 권위를 그만큼 드러내기 위해 이용하는 데에는 아직 충분하지 못한 상태였다. 당시 불교에 대한 이념적·사상적인 토대가 그리 튼실하지 못하였기 때문이다.

불교 공인의 과정에서 흥륜사의 창건을 시도하였지만 반대파들의 강경한 반발에 부닥쳐 잠시 중단하였다가 공인 뒤 공사가 재개되어 마침내 진흥왕 5년(544)에 일단의 완공을[18] 보았다. 흥륜사는 신라 최초의 공식 사찰로서 대왕사(大王寺), 대흥륜사(大興輪寺), 대왕흥륜사(大王興輪寺) 등으로도 불렸다. 하지만 초기였던 만큼 규모나 내용 등에서 아직 면모가 제대로 갖추어지지 못한 상태였을 성싶다.

흥륜사의 자리는 원래 이른바 전불(前佛) 시대의 칠처가람(七處伽藍) 가운데 하나인 천경림(天鏡林)으로[19] 흔히 전통신앙과 관련된 곳이라 추정되고 있다. 그런 곳에다 흥륜사를 세웠음은 불교가 전통신앙을 대체하던 양상의 일단을 보여준 것으로[20] 풀이된다.

---

18) 『삼국사기』4 신라본기 진흥왕 5년조.

19) 『삼국유사』3 흥법 「아도기라」조.

20) 이기백, 「삼국시대 불교 전래와 그 사회적 성격」『역사학보』6, 1954 ; 『신라사상사연구』, 일조

흥륜사가 진흥왕대에 완성을 보기는 하였어도 불교를 공인하였다는 상징의 수준에 머물렀을 뿐 여러모로 변모한 현실 상황에 어우러질 만큼의 모습을 갖춘 상태는 아니었다. 따라서 국가의 위세

황룡사 발굴 전경

와 함께 국왕의 위상을 적극적으로 과시하는 데에 불교 사원을 이용하려면 한층 더 규모를 갖춘 사원이 필요하였다.

이처럼 신라국가는 물론 국왕의 권위를 상징해 주는 궁궐과 함께 사원을 제대로 꾸미려면 왕경 전반의 체계적인 정비가 큰 전제였다. 하지만 이는 왕경의 전면적인 재편이어서 그리 간단한 문제가 아니었다. 기존 왕경을 장엄하게 재구성해 내려면 상당하게 치밀한 기획 아래 공력과 시간이 엄청나게 투여될 때 비로소 가능해질 일이었다.

기존 왕경은 거의 자연발생적이다시피 한 왕궁인 월성(月城)을 중심축으로 도시 모습이 갖추어졌다. 이런 구조로는 왕경의 근간을 체계화시켜 가기가 무척 곤란하였다. 당시 신라 왕경을 기획적인 구조로 꾸려내는 데에 가장 큰 걸림돌은 아무래도 왕궁이 남쪽에 치우친 사실과 함께 바로 북쪽 일대에 넓게 퍼져있는 공동 묘역이었다.

앞서 언급하였듯이 지배자공동체의 상징인 기존 무덤군은 왕경의 중앙부에 자리해 부체제적인 질서를 유지해 가는 데에 일정한 역할과 함께

각, 1986, p.29.

기여를 하였지만 이제 왕경의 구조를 정비하는 마당에서는 한갓 걸림돌에 지나지 않을 뿐이었다. 불교가 공인되면서 이제 죽음과 관련한 인식의 구심 일체는 점차 사원으로 옮겨갈 수밖에 없었다. 그래서 지배집단의 무덤을 계속해서 거기에다 존속시킬 필요가 없어졌다.

사실 기록상 공동 묘역의 이동이 법흥왕릉의 조영으로부터 시작한 것처럼 비쳐지지만 기실은 법흥왕이 지배체제를 새로이 구축해 가는 과정에서 이미 결정되어 추진한 일로 봄이 적절할 것 같다. 법흥왕릉의 조영은 본격화의 신호였을 따름이다. 이로써 핵심 정치세력의 무덤군이 새로운 곳으로 옮겨가 조성됨으로써 바야흐로 새 지배체제에 걸맞은 왕경 건설의 서막도 올랐던 것이다. 그런 과업을 추진하는 데에 중심을 차지한 것은 아무래도 궁궐의 신설일 수밖에 없었다.

신라국가의 면모는 6세기에 들어와 지증왕의 즉위와 법흥왕의 치세를 거치면서 일신되고 국왕의 위상도 크게 달라졌다. 그런 분위기 속에서 540년 아직 7세의 어린 진흥왕이 큰 아버지이며 외조부이기도 한 법흥왕의 뒤를 이었다. 그 때문에 법흥왕의 딸로서 생모였던 지소태후(只召太后)가 섭정(攝政)하고 당대 명신인 이사부(異斯夫)의 도움을 크게 받았다.

진흥왕은 법흥왕의 업적과 건원이란 연호를 그대로 이어받아 국왕 중심의 지배체제를 한층 더 깊게 뿌리내리는 과업을 과단성 있게 추진하였다. 이사부의 건의로 최초의 신라국가 역사서인 『국사』도 편찬하였다. 이는 새로운 시대 상황에 걸맞게 지난날을 정리하고 앞으로 나아갈 방향을 설정하기 위한 일환이었다.

군사적으로는 병부령(兵部令)을 1인 증치하고, 신라 최고의 핵심 중앙 군단으로서 대당(大幢)을 설치하였다. 국왕 중심의 군사력 집중을 위한 조치였다. 한편 지방에는 뒷날 지방군단의 중핵으로 기능할 10정(停) 가운데 일부를 두었다. 대체로 진흥왕대 전반 지소태후의 섭정기에는 군사조직을 크게 강화하는 데에 초점을 맞춘 정책이 시행되었다.

이런 군사조직의 정비는 얼마 뒤 본격화해 갈 대대적인 영역 확장 추진에 대비한 정지작업이었다. 한강 유역 진출에 따른 영역 확장의 기도는 548년 고구려와 백제의 두 나라가 서로 치열하게 공방전을 거듭한 대상인 도살성(道薩城)과 금현성(金峴城)을 양자가 피폐해진 틈을 노려 급습함으로써 본격적인 서막이 오른 셈이었다.[21] 550년 무렵 건립된 「단양신라적성비」가 밝혀주듯이 신라는 이 시점에 남한강 상류까지 진출하는 성과를 거두었다.

이듬해인 551년 봄 진흥왕은 성년(成年)의 나이가 되자 곧바로 친정(親政)을 시작하였다. 그동안 법흥왕이 마련한 최초의 연호 건원을 당분간 이어서 사용한 사실은 마치 정책 자체까지 전부 그대로 이어 나가려는 입장이나 다름없었다.

그러다가 진흥왕은 친정하면서 즉각 연호를 개국(開國)으로 바꾸었다. 새로운 개국이란 연호 속에 상당한 의지가 담긴 듯한 느낌이 든다. 개국은 글자 그대로 '나라를 연다'는 뜻이어서 이를 내세운 자체가 예사로워 보이지 않는다. 신라국가를 새롭게 만들려는 진흥왕의 의지가 강력하게 깃든 것처럼 여겨지기 때문이다.[22] 그렇다면 과연 진흥왕은 신라국가를 어떻게 열어보려고 희구한 것일까.

결과적인 사실을 근거로 역추산하면 그를 두 가지 측면에서 유추해

21) 주보돈, 「5~6세기 중엽 고구려와 신라의 관계-신라의 한강유역 진출과 관련하여-」『북방사논총』11, 2006.
22) 주보돈, 「거칠부의 출가와 출사(出仕)」『한국고대사연구』76, 2014. p.190.

볼 수가 있다. 하나는 그야말로 활발하게 추진한 외정(外征)으로 영역 확장을 도모해 인적·물적 토대를 늘림으로써 국가의 기반을 튼실하게 해가는 일이었다. 말하자면 개국의 표명 속에는 일단 영토를 광대하게 넓힌다는 뜻을 내포한 것이다.

이로써 뒷날 삼국 가운데 지리적 요인으로 말미암아 출발이 가장 뒤늦을 수밖에 없었던 신라가 앞서 간 두 나라를 따라잡아 최후의 경쟁에서 승자가 될 기반을 마련하였다. 바로 직후에 백제 및 가야와 연합해 고구려의 영역이던 한강 유역까지 진출해 그 일대를 장악하는 데 성공하였음은 그를 뚜렷하게 입증한다.

한강 유역 진출로 촉발된 554년 백제와의 관산성(管山城) 싸움에서 신라가 승리하였다. 바로 직후부터 여세를 몰아 대가야(大加耶)를 비롯한 낙동강 이서 지역 가야 영역 전체를 도륙하였다. 그러는 한편 동해 연안을 따라 북상해 황초령과 마운령 등 고구려 영역 깊숙이까지 진출하는 등 승승장구해 괄목할 정도의 성과를 올렸다.

돌이켜 보면 신라 건국 이후 통일기에 이르기까지 가장 짧은 기간에 그토록 영토를 크게 확장시켜 발전을 급속하게 이룬 적이 없었다. 그야말로 개국이란 연호에 걸맞은 성공을 거둔 셈이다. 이로써 신라는 외형적 영토는 물론 경제적으로도 두 나라와 비등하거나 오히려 능가할 정도의 기반을 갖춘 셈이었다.

다른 하나는 개국에 어우러지는 내정(內政)을 가다듬는 일이었다. 물론 대당 설치를 비롯한 군사조직의 정비는 일찍부터 추진되었지만 이미 언급한 바처럼 그것만으로 고양된 국왕의 권위가 저절로 드높아지는 것이 아니었다. 이제 본격적으로 국왕의 위세를 제왕(帝王)에 걸맞도록 외양까지 그럴 듯하게 포장하고 과시할 필요성이 생겨났다. 그럴 때 가장 긴요하며 시급하게 추진할 대상은 아무래도 국왕의 거처인 왕궁 문제였다.

국왕이 머무는 월성을 그대로 본궁으로 삼아서는 엄청나게 달라진 국가나 국왕의 위상에 어울리는 정령(政令)이 제대로 구현되기 어려웠다. 실제로 월성은 내부가 너무도 비좁아 초기에는 어쩔 수 없었다 하더라도 지배체제가 정비된다면 그대로 이어가는 데에는 한계가 너무도 뚜렷하였다. 그래서 개국을 선언한 뒤 왕궁 쇄신은 가장 절실해진 과업으로 되었다.

왕궁을 정비하는 데에는 곧 왕경 전반의 근본 변화가 불가피하였다. 양자는 별개가 아닌 함께 추진해야 할 성질의 것이었다. 이미 언급하였듯이 왕경의 재정비 작업에 가장 큰 걸림돌은 공동 묘역이었다.

묘역을 바깥으로 옮겨가는 작업은 이미 추진되기 시작하였다. 법흥왕의 사후 기존의 관행을 벗어나 중심 묘역을 다른 곳으로 옮기기로 하였을 때 벌써 왕경 전반의 기획도 구상되었으리라 여겨진다. 다만, 그럴 만큼의 역량이 필요한 일이었으므로 상당한 기간의 정지작업을 거치지 않고서는 실현이 어려웠을 터였다. 그래서 신궁의 건설은 일정 정도의 준비가 갖추어진 뒤로 돌릴 수밖에 없었다.

왕궁을 새롭게 창건하려는 계획이 언제부터 마련된 것인지는 뚜렷하지 않다. 다만, 앞에서 소개한 사료 A)나 B)에서는 553년에 이르러 신궁을 건설하도록 지시하고 이를 추진해 나가던 도중 황룡의 출현을 계기로 불사로 바꾸었다는 사실만이 확인될 따름이다. 따라서 이 해가 어떻든 황룡사의 창건 작업이 시작된 때였음은 의심의 여지가 없지만 궁궐까지도 같은 해에 기획 추진되었다고 선뜻 단정하기는 주저된다.

물론 사료가 보여주는 액면 그대로 553년 새 궁궐을 지으려는 작업 자체도 가능하지만 개국이란 연호의 사용을 고려하면 그를 위한 구체적인 기초 작업은 이미 551년 무렵부터 시작하였을 공산이 매우 크다. 개국이란 연호 사용에는 새 궁궐의 창건 기획까지도 들어가 있었을 법하다.

그래서 신궁의 창건 작업을 실제로 추진해 나가다가 553년에 이르러 어떤 특별한 사유가 생겨나 사찰로 급선회하기에 이른 것이라고 할 수 있다. 현실적으로 왕궁보다 사찰이 오히려 신라국가는 물론 당시 고양된 국왕의 위상을 드러내는 데에 한결 더 유용하며 실질적인 효과를 가져다 주는 일이었기 때문이다. 그런 실상을 추적해 내기 위해 먼저 신궁의 위치 선정 문제부터 살펴봄이 적절하겠다.

신궁의 위치에 대해서는 앞서 제시한 몇몇 사료에서는 막연하게 월성의 동쪽이라고 밝혀놓고 있어 이것만으로는 명확한 지점이나 본래의 상태를 제대로 가늠해 내기 어렵다. 다만, B)-①㉠에서 진흥왕의 말년 만들어진 황룡사의 장육존상(丈六尊像)이 자리한 곳을 가섭불연좌석(伽葉佛宴坐石)으로 지칭하면서 그 위치를 '신라월성동용궁남(新羅月城東龍宮南)'이라 명시한 대목이 눈에 들어온다.

신궁을 대신해서 들어선 황룡사를 월성의 동쪽이라고 한 데서 한 걸음 더 나아가 용궁(龍宮)의 남쪽이란 구체적인 지점을 밝혀둔 것이다. 그렇지만 '용궁남'이란 막연한 표현만으로는 명확한 위치를 가늠하기 곤란하다. 그런데 아래에 소개하는 사료에서 그에 대한 위치나 상황을 좀 더 뚜렷이 확인할 근거가 엿보인다.

C) (상략) 셋째, 용궁의 남쪽이다.(지금의 황룡사로 진흥왕 계유년에 처음 열었다) 넷째, 용궁의 북쪽이다(지금의 분황사로 선덕 갑오에 처음 열었다) (하략) (『삼국유사』3 흥법 「아도기라」조)

이 기사는 신라 통일기, 좀 더 구체적으로는 하대(下代) 초쯤에 세워졌으리라 추정되는[23] 「아도본비(阿道本碑)」에 실린 내용이다. 신라에 불교를 처음 전한 아도화상의 생모 고도령(高道寧)이 출가한 아들에게 미래의 신라 불교 전파를 예견한 내용이다. 석가모니 출현 이전부터 신라가 불교와의 인연을 맺고 있었음을 강조한 대목으로서 든 이른바 '전불시칠처가람'의 터 가운데 보이는 일부이다.

여기에서 주목되는 점은 황룡사가 창건된 곳을 역시 '용궁남'이라고 명시한 반면 선덕여왕대에 창건된 분황사의 위치를 '용궁북'으로 지칭한 사실이다. 이로 보면 용궁을 사이에 두고 황룡사와 분황사가 서로 마주하여 자리한 셈이 된다. 왜 두 사찰의 사이를 그처럼 유독 용궁이라고 부른 것인지 분명하지는 않으나 무엇인가 그렇게 부를 만한 여건이 조성되어 있었기 때문으로 여겨진다.

원래 황룡사의 주변 일대 전반은 용궁은 물론 얼마 떨어지지 않은 곳에 월지(月池, 곧 雁鴨池)가 마련된 사실로 미루어 용천수(湧泉水)가 솟구치는 저습지였다. 그래서 평소 많은 물이 고였을 것으로 짐작된다. 그와 같은 곳에서 황룡이 출현하였다고 설정한 자체가 일단 추정의 적절함을 입증해 준다.

신라인들은 물이 많고 깊은 곳을 각별히 용궁으로 여겨 용이 살면서 출몰하기도 하고 먼 바깥 세계와도 내왕한다고 인식해서 평소 용신(龍

---

23) 「아도본비」는 「아도비」 「아도화상비」 등의 이름으로 『삼국사기』나 『삼국유사』 등에 보인다. 한나마(韓奈麻) 김용행(金用行)이 찬문하였다고 하는데 실물이 남아 있지 않아 명확한 건비 시점은 확정하기 어렵다. 그래서 이를 둘러싸고 논란이 많다. 대나마를 한나마라고 표기한 점, 9세기 초 승려나 초전 불교 관련 현창사업 아래 비문이 많이 만들어진 점 등을 고려하면 이때의 일로 추정해도 그리 어긋나지는 않을 성싶다.

神)신앙의 대상지로 삼았을 공산이[24] 크다. 굳이 그런 곳을 왕궁으로 삼으려고 기획한 데에는 경주분지의 중앙부라 여겼기 때문으로 생각된다. 굳이 용 가운데 황룡의 출현을 내세운 것도 그와 밀접한 상관관계가 있다.

용신신앙의 주요 대상지를 훼손시키지 않고 굳이 바로 그 남쪽 일대를 신궁의 대상지로써 삼은 데에는 일정한 목적성이 들어간 것으로 보인다. 이곳을 기준으로 동서에 명활산과 선도산, 남북에는 남산과 금강산(金剛山, 북악)이 있어 각각을 연결하면 서로 교차하는 지점에 해당한다. 주변을 에워싼 4악을 강하게 의식해서 그곳을 경주분지의 중앙, 왕경의 중앙부라고 여겼던 것이다. 비록 신궁 건설은 성사되지 못하였어도 굳이 중앙의 색을 뜻하는 황룡의 출현을 가상함으로써 그런 의도를 겉으로 드러내었다.

이처럼 용궁, 즉 저습지의 일부를 메우는 대대적인 토목공사를 힘들게 감행하면서까지 왕궁을 지으려고 시도한 데에 강한 목적을 깐 것으로 여겨진다. 약간 높은 구릉지인 자연 지형에 약간의 손질을 가한 정도의 기존 왕궁 월성은 경주분지의 남쪽으로 지나치게 치우쳤을 뿐만 아니라 내부 규모도 한결 고양된 국왕의 권위와 지배체제의 위엄을 과시하기에는 초라하기 그지없는 수준이었다. 따라서 왕궁을 중앙부 쪽으로 옮겨 규모를 크게 하고 외양을 반듯하게 갖추어 치장하려고 기획하였을 법하다.

특히 그런 의도의 밑바탕에는 왕궁을 중앙부로 옮겨감으로써 이를 중심축으로 삼아 왕경 전반을 재편해보려는 과업까지도 기획하였을 것으로 여겨진다. 이제 신궁 중심으로 정연한 도로망을 갖춤으로써 저절로 나오는 소위 방제(坊制)도 의식하였을 듯하다.

---

24) 신동하, 「신라 불국토사상과 황룡사」 『황룡사의 종합적 고찰』(신라문화제학술논문집 22), 2001.

아마도 이때의 왕경 도시계획은 곧 『주례(周禮)』의 고공기(考工記)를 근거로 왕궁을 도시의 한가운데에 배치한 구조였을 것 같다. 거기에서 표방된 이상처럼 왕궁을 왕경의 중앙에 둠으로써 신라국

황룡사 금당지 노출 상태

가와 국왕의 권위를 드높이려고 시도한 것이었다.

그와 같은 정치적 의도를 갖고 추진해 가던 신궁의 건설 계획이 갑작스레 취소되고 곧장 사원으로 바뀌었다. 어떻게 해서 그런 일어 벌어진 것일까. 중앙부에다가 야심찬 목적을 갖고 왕궁을 건설하려다 사원으로 바꾼 것은 그렇게 간단히 보아 넘길 사안은 아닐 듯싶다. 그와 같은 과감한 결정의 밑바닥에는 주요한 정치적 계기나 목적이 작용하였으리라 여겨진다. 어떠한 정치적 목적 때문에 근본적 수정이 일어난 것이었다. 왜, 언제, 무엇 때문에 기획의 수정이 진행된 것일까. 이는 무척 궁금하게 여길 만한 대목이다.

2) 황룡사로의 창건과 목적

이미 커다란 기획 아래 추진 중이던 왕궁을 사찰로 바꾼 데에는 어떤 강한 요인이 작용하였을 것임은 추측기 어렵지 않다. 왕궁 건설의 계획과 포기 및 황룡사 창건으로의 변환, 그리고 그에 따른 도시계획의 근본적 수정은 정치적 상황과 연동된 불교적 요소가 깊숙이 작동한 결과였다.

불교가 공인된 시점은 사실상 당시를 기준으로 삼으면 겨우 이십 년

남짓에 불과하였다. 그러므로 신라인들의 불교 교리나 기본 경전에 대한 이해는 물론 신앙도 그리 높고 깊은 상태가 아니었을 성싶다. 당시 국가에 의해 공식 승인된 사찰은 아직 흥륜사와 영흥사 두 곳 뿐이었다. 544년 흥륜사의 완공과 함께 이제 막 승려의 정식 출가가 허용된 정도였다.

당시 신라 불교는 크게 보면 갓 발을 떼어 걸음마를 시작한 단계에 지나지 않았다. 바로 직전 양(梁)나라로 유학한 승려 각덕(覺德)이 549년 그 사신과 함께 불사리(佛舍利)를 갖고 귀국하였다. 이 무렵이 교리나 신앙의 체계화가 본격화해 간 시점이기도 하였다.

이후 한역(漢譯) 불경도 신라로 직접 유입되기 시작하였다. 550년에는 국서(國書) 조서(詔書) 등의 문서를 전담하였을 법한 직책인 대서성(大書省)을 두어 승려 안장(安藏)을 임명하는 등 승관(僧官) 조직 체계를 갖출 정도의 발판을 마련하였다.

그와 같은 불교계 동향으로부터 짐작하면 신궁 건설을 추진하다가 갑작스레 중단하고 황룡사로 바뀌는 것은 일종의 파천황적(破天荒的)인 일대사건이라고 평가할 만하다. 그럼에도 앞서 소개한 사료들에서는 바뀐 사실 자체에만 한정해서 지극히 간략하게 기술하였을 따름이다. 그렇게 된 배경이나 계기, 목적 등 어느 것 하나도 제시되어 있지 않다.

대신 약간 주목해 볼 현상은 황룡의 출현을 유난스럽게 강조한 사실이다. 이는 당시 실제로 일어난 사실이기보다는 결과론에 입각해 뒷날 부회한 것임이 틀림없다. 다만, 굳이 황룡의 출현을 설정한 점이나 완공된 사찰을 황룡사로 명명한 데에는 어떤 강한 의도가 깃들었다는 느낌이다. 따라서 이에 대해서는 당시의 실정이나 정황을 두루 참작하면서 유추해 볼 필요가 있다.

그럴 때 각별히 주목해 봄 직한 대상으로 떠오르는 것은 고구려 승려 혜량(惠亮)의 망명 사건과 함께 국통(國統, 또는 僧統)으로 임명된 사실이다. 551년 거칠부를 비롯한 이른바 8장군이 이끄는 신라 중앙군단은 백제 및 가야와 연합세력을 이루어 한강 유역으로 진출해서 상류 지역의 고구려 10군(郡)을 장악하는 데 성공하였다. 이때 거칠부는 거기에서 문도(門徒)를 이끌고 마중 나온 혜량을 만났다. 당시 거칠부는 혜량과는 이미 구면(舊面)이었다.

거칠부는 사환(仕宦)하기에 앞서 출가해 천하를 주유하면서 몸소 숱한 경험을 쌓았다. 마침내 고구려 경역으로까지 들어가 고승 혜량이 주석해서 강경(講經)하던 어떤 절에까지 갔다. 이때 혜량이 그를 알아보고 격려와 함께 도움을 줌으로써 거칠부는 무사히 귀국할 수 있었다.

거칠부가 선봉에 서서 한강 유역으로 나아갔을 때 고구려는 한창 극심한 내분(內紛)을 겪던 중이었다. 그 여파가 변두리 지방의 유력한 사찰에까지 미칠 정도였다. 백제와 신라 등의 연합세력이 별로 큰 저항을 받지 않고 한강 유역을 점령할 수 있었던 것도 바로 그런 사정 때문이었다.

거칠부를 따라서 신라 왕경에 들어온 혜량을 만난 진흥왕은 그를 즉시 국통,[25] 혹은 승통[26]으로 임명하는 등 상당한 수준의 예우를 하였다. 비슷한 시점에 진흥왕은 낭성(娘城)에 행차하였다가 탄금대(彈琴臺)에 머물던 대가야 출신의 악사 우륵(于勒)을 하림궁(河臨宮)으로 불러들여 음악을 듣고 이를 배우도록 지시하였다. 얼마 뒤에는 대가야의 음악에 대해 신료들의 강경한 반대를 무릅쓰면서까지 신라의 정식 궁중 음악인 대악(大樂)으로 받아들이도록 결정하였다.

이와 같은 조치는 진흥왕이 외부인과 외래문화를 어떻게 생각하고 어

---

25) 『삼국사기』40 잡지 직관 하 정관조.
26) 『삼국사기』44 열전 거칠부전.

띤 입장을 취하였던가를 여실히 보여주는 대목이다. 진흥왕은 외래문화에 대한 엄청난 포용력과 함께 적극성을 보였다. 그가 영토 확장을 통해서 기도한 것은 그 자체에만 머물지 않고 새로운 인간과 문화에 대한 적극적인 수용을 통해 신라문화의 폭과 깊이를 더해가려는 데에 있었다.

그래서 여하한 외래문화라도 필요하면 가리지 않고 수용하는 자세를 견지하였다. 당시 고구려와 백제를 동시에 적으로 돌리면서까지 한강 유역의 진출이란 모험을 감행한 것도 결국 중국의 선진문물과 직접 접촉해서 수용하려는 생각에서 비롯한 것으로 유추할 수 있다.

국통(승통)으로 임명된 혜량이 구체적으로 어떤 역할을 맡고 수행한지는 뚜렷이 드러나 있지 않다. 다만, 그가 당시 백좌강회(百座講會)와 팔관지법(八關之法)을 처음 여는 데에 영향을 미쳤음은[27] 거의 의심할 바 없는 사실이다.

백좌강회는 백고좌회(百高座會)라고도 하며 이름난 고승을 그 수치만큼 초빙해 대표적인 호국경전(護國經典)으로 널리 알려진 『인왕경(仁王經)』을 강론하면서 국가의 안위를 기원하는 법회이다. 팔관지법은 불교가 토속신앙을 적극 포용해 치르는 혼합적 의식으로서 내부의 결속을 겨냥한 것이었다. 양자는 모두 당시 호국을 대표하는 성격을 띠었다.

혜량이 그밖에 어떤 역할을 하였던 것인지는 드러나지 않으나 위의 사례로 미루어 진흥왕을 대상으로 정치성 짙은 자문역도 적지 않게 행하였을 성싶다. 특히 불교식의 호국을 추구한 내용이 대부분을 차지하였을 것이다. 기록상으로는 더 이상 혜량이 수행한 역할은 확인되지 않지만 그런 실상을 짐작하면 이후 대표적 호국 사찰로서 기능하게 되는 황룡사

---

27) 동상.

의 창건과도 결코 무관하지 않았을 성싶다. 특히 그가 국통, 또는 승통인 데서 그런 추정이 가능하다.

신궁의 건설은 물론 이를 황룡사로 바꾸어 짓는 결정은 진흥왕에 의한 것이었음은 두말할 나위가 없지만, 그처럼 결단해 추진하도록 자문하고 이끈 것은 여러모로 혜량이었을 공산이 크다. 그 자체가 곧 친정하면서 내세운 '개국'에 무척 어우러지는 선택과 결정이기도 하였다.

진흥왕은 혜량을 통해 고구려의 불교 나아가 북방(북조)의 불교를 받아들였던 셈이다. 황룡사 창건 속에 그런 의식이 강하게 투영되었을 것으로 여겨진다. 북방불교인 북위(北魏) 불교의 특징으로서 흔히 왕즉불(王卽佛)이 지적되고 있음은 두루 아는 바와 같다. 선비족 출신이 세운 왕조인 북위가 한족(漢族) 사회를 지배 경영하면서 자신들의 정통성을 확립하려는 수단으로써 황제가 곧 부처라는 강한 의식을 앞세웠다. 혜량의 건의를 받아 실시한 백고좌회 등의 호국법회는 그를 구현해 내기 위한 하나의 방편이었다.

한편 신라는 그에 앞서 남조의 양나라 및 백제 불교의 영향을 강하게 받고 있었다. 법흥왕은 재위 8년(521) 백제의 사신에 딸려서 양나라에 사절을 처음 파견하였다. 당시 불교를 혹신한 양나라 무제(武帝)는 천감(天監) 연간(502~519) 새로 한역된 『아육왕경(阿育王經)』의 영향으로 전륜성왕(轉輪聖王)임을 자처하였다.

양과 외교관계를 돈독히하려던 백제 성왕도 접촉의 과정에서 그런 의식을 적극 수용하였다. 성왕(聖王, 523~554)이 왕명을 스스로 그처럼 칭한 데에서도[28) 유추되거니와 실제로 웅진에다 대통사와 흥륜사를 창건한

---

28) 조경철, 「동아시아 불교식 왕호 비교 - 4~8세기를 중심으로 -」『한국고대사연구』43, 2006 ; 노중국, 「신라 흥륜사 미륵상과 황룡사 장육존상 그리고 진흥왕과 거칠부」『신라 왕경의 사찰 Ⅱ -

사실도 그와 밀접한 상관성이 있는 것으로 여겨진다.

백제에서 당시의 실상으로 보아 처음 양무제의 전륜성왕의식을 접촉한 것은 무령왕(武寧王)이었을 가능성이 크지만 실제적으로 그를 구현하려 한 인물은 성왕이었다. 양과 처음으로 통교하였을 뿐만 아니라 백제와 5세기 중반부터 우여곡절을 거치면서도 밀월관계를 이어 나간 신라도 그로부터 영향을 받았을 공산이 크다.

불교를 공인한 법흥왕이 재위 당시 '성법흥대왕(聖法興大王)'으로 불린 사실이나[29] 신라 최초의 사찰을 하필 흥륜사라고 부른 것도 그런 사정과 전혀 무관하지가 않다. 이처럼 이미 법흥왕은 불교를 공인하면서 어렴풋하게나마 전륜성왕이란 의식을 가졌을 것으로 여겨진다. 다만, 이때는 전륜성왕에 대해 충분히 이해한 상태라기보다는 백제와의 강한 경쟁의식을 갖게 된 데서 나온 일종의 모방 행위였던 듯하다. 사실 신라에서 전륜성왕을 본격 표방한 것은 진흥왕대에 이르러서의 일이었다.

널리 알려진 바와 같이 진흥왕은 스스로 전륜성왕임을 자처하였다. 이는 그의 두 아들 이름을 동륜(銅輪)과 사륜(舍輪, 鐵輪)으로 지은 데서 단적으로 드러난다. 뒷날 진흥왕 말기에 황룡사의 주존불로서 세워진 장육존상(丈六尊像)이 인도 전륜성왕의 전형으로 여겨지는 마우리아왕조의 3대왕 아소카가 만들려다 실패하고서 흘려보냈다는 재료를 갖고 제작에 성공한 설화는[30] 진흥왕이 진정한 전륜성왕으로서는 아소카를 능가한다는 의식까지 가졌음을 뜻한다.

『삼국유사』「탑상」편 연구』(신라문화제학술논문집 37), 2016.
29) 한국고대사회연구소 편, 『역주 한국고대금석문Ⅱ(신라1·가야 편)』, 가락국사적개발연구원, 1992, 「울주천전리서석」을묘명(乙卯銘).
30) 『삼국유사』3 탑상 「황룡사장륙상」조.

진흥왕이 영토 확장으로 거둔 성공에 대해 당대 신라인들은 그처럼 인식하였다. 진흥왕이 아소카를 전륜성왕의 모델을 삼아 경쟁하려 한 것은 확보한 영역 곳곳을 직접 순행한 사실, 그때 승려를 대동해서 민심을 수습한 사실, 가는 곳마다 석비(石碑)를 세워 그를 명시적으로 드러내고 신라 영역임을 확인한 사실 등을 통해 유추된다.

이상과 같이 진흥왕은 이미 친정을 시작할 무렵 법흥왕을 뒤이어 전륜성왕임을 강하게 의식한 상태였다. 아마도 신궁을 중앙부에 창건해 옮기려고 한 것은 그런 의식과도 전혀 무관하지 않았을 듯싶다. 신궁 건설과 그에 토대한 왕경 전반의 재정비는 전륜성왕의식을 현실에서 구현해 내려는 것이었다.

그러던 도중 혜량과 함께 북조 계통의 왕즉불 의식이 들어와 전륜성왕의식과 자연스럽게 융합할 상황을 맞았다. 아마도 혜량은 불교에 대해서는 물론 정치성이 강한 자문까지 하면서 전륜성왕과 함께 왕즉불 의식을 동시에 구현해 낼 수 있는 공간적 구심이 필요함을 역설하였다. 그래서 짓고 있던 신궁을 황룡사로 바꾸도록 강력하게 건의하지 않았을까 싶다. 말하자면 남조불교와 북조불교를 하나로 융합하려 한 강한 호국적인 발상에서였다. 그로부터 한 걸음 더 나아가 전통신앙으로서 그 속에 용신신앙 등속까지 결합시킴으로써 마침내 황룡사가 신라 불국토(佛國土) 의식의 중심지로서 기능하도록 유도한 것이었다.

신궁을 창건할 때부터 목표로 삼은 것은 국왕 정점의 지배체제 구축이었다. 본궁을 중앙 지역으로 옮기려고 시도한 데에는 왕경의 계획적인 경영까지 바닥에 깔려 있었다. 그를 통해서 기존 월성이 지녀온 원천적인 문제까지도 해결하려고 도모한 것이다.

이때 왕궁을 중심부로 옮겨 왕경을 새롭게 운영하는 기준은 『주례』에 두고 있었다. 그를 위한 현실의 모델로서 기능한 것이 당시 교류하던 남조의 건강성(建康城)이 아니었을까 싶다. 『주례』를 근거로 삼으면서 앞세운 것은 왕도정치(王道政治)의 구현이었을 듯하다.

진흥왕이 영역 경계 지역을 순행하면서 세운 순수비의 인명 열거 첫머리에는 대동한 승려를 배치시켰다. 그러면서 비문의 내용은 불교 경전에서 가져온 것이 아닌 유교 경전에 근거한 왕도정치의 표방이었다. 이는 진흥왕 자신이 아소카를 능가하는 진정한 불법 구현자인 전륜성왕이면서 동시에 왕도정치를 실현한다는 발로에서였다.

황룡사는 단순히 불교 신앙만을 구현하기 위한 공간이 아니었다. 당시의 시대상과 함께 진흥왕의 정치적 의지가 강하게 투영된 특이한 성격의 사찰이었다. 정치와 종교가 하나로 묶여지고, 전통신앙과 불교 및 유학이 함께 어우러진 핵심적 공간이 황룡사였다. 황룡사는 온갖 융합된 사상과 종교의 구심 역할을 맡았던 것이다.

이처럼 황룡사는 신라 왕경의 중앙부이자 전국 영토의 중심일 뿐만 아니라 불국토 구현의 중핵이었다. 그러면서 신궁 건설에서 시사받을 수 있듯이 왕궁을 대리하는 기능까지도 맡았다. 말년의 진흥왕이 출가한 사실은 곧 황룡사에 주석하여 왕궁으로 여긴 사실을 상징한다. 진흥왕의 사망을 장육상이 예견하고 눈물을 흘렸음도 바로 그런 의미였다. 황룡사는 진흥왕대의 일체를 품은 특수 성격의 사찰이었다고 할 만하다.

황룡사는 착공한 지 13년 만인 566년 일단 완공을 보았다. 이때부터 호국사찰의 구심으로서 본격 기능한 것이다. 하지만 이후 완공기의 실상이 그대로 이어져간 것은 아니었다. 금당에는 장륙상이 들어서고 진평왕대에 그에 더하여 16구의 각종 존상(尊像)이 덧붙여졌고 선덕여왕대는 9층목탑까지 세워졌다. 이는 호국의 기능을 보완하기 위한 조치가 끊임없

월성과 동궁과 월지, 황룡사

이 이루어졌음을 뜻한다. 그런 의미에서 통일기라는 전혀 새로운 상황을 맞아 황룡사는 또 다른 변모를 기다리고 있었다.

5. 나가면서

황룡사가 진흥왕대에 창건을 본 뒤 규모 면이나 내용 면에서 신라 불교의 구심적 역할을 감당한 사실은 두루 아는 바와 같다. 그런데 황룡사가 자리한 곳은 처음부터 사찰 건립의 예정 대상이 아니었다. 진흥왕은 성년이 되던 551년 친정을 시작하면서 연호를 개국으로 바꾸고 궁궐도 새로운 곳으로 옮겨 지으려다가 갑작스럽게 사찰로 고쳤으니 바로 황룡사였다.

그동안 황룡사를 둘러싼 연구 동향을 점검하면 대부분 창건을 완료한 뒤의 구조나 기능에만 초점을 맞춘 느낌이다. 그나마 고고학이나 불교사와 관련한 분야가 대부분이며 문헌사적인 접근은 거의 없었다. 이로 말미암아 신궁의 창건이나 사찰로의 전환 배경과 연유 등은 거의 드러내지 못하였다. 그래서 적지 않은 사항이 의문으로 남아 있었다.

이 글은 그런 점에 착목하면서 먼저 관련 사료를 면밀하게 점검하였다. 그러면서 원래 신궁을 왜 자궁이란 이름으로 건설하려고 한 것인지 사명을 하필 황룡사라고 지었던지 등등 그동안 별로 관심을 두지 않은 문제점을 부각시켜 다루었다. 그런 사항이 당시의 정치사회적 현상과 깊이 연루된 것으로 보아 실상을 밝혀보려고 한 것이다.

진흥왕대는 이제 막 부체제 단계를 벗어나 국왕을 정점으로 한 중앙집권적 귀족국가로 발돋움해 가던 시기였다. 국왕의 위상은 6부 부장의 성격을 뛰어넘어 초월자적 지위로 부상해가고 있었다. 이제 다양한 측면에서 그를 뒤받쳐줄 만한 정책이나 제도가 요구되고 있었다. 그 가운데 궁궐의 정비나 신전처럼 기능할 사원을 정리하는 일이 무엇보다도 긴요한 상황이었다.

신궁 건설은 단순히 그 자체에만 국한된 일이 아니었다. 왕궁은 왕경의 심장부이므로 후자의 정비를 동시에 수반한 엄청난 대역사였다. 사실상 그를 위한 정지작업은 이미 법흥왕대부터 추진되었다. 대릉원 일대에 집중 조영되던 지배집단의 묘역이 외곽으로 옮겨지기 시작하였으며 540년 법흥왕 사망으로 본격화하였다.

551년 무렵부터 신궁의 건설이 추진되었으나 553년 갑작스레 황룡사로 바꾸어 지었다. 여기에는 고구려 출신 귀화승으로 국통(승통)이 된 혜량이 불교를 비롯한 온갖 정치 자문을 행한 듯하다. 신궁 대신 황룡사가 창건된 것도 혜량의 제안에 따른 것으로 여겨진다.

아마도 혜량은 신라의 당면 현실로 보아 신궁보다는 차라리 사찰의 창건이 한층 요긴하고 시급함을 강조하였던 것 같다. 기존 전륜성왕과 왕즉불 의식을 융합한 호국을 강조하면서 그 구심 도량으로서 황룡사를 삼으려는 기획이었다.

왕경의 한가운데에 사찰을 둠으로써 그곳을 불교뿐만 아니라 왕경의 가장 핵심 구역으로 기능하도록 유도하였다. 그 밑바탕에는 실로 신라국왕을 황제로 간주하려는 인식이 깔려 있었다. 사명을 굳이 황룡사로 지은 것도[31] 바로 그 때문이었다.

이로써 황룡사는 정치와 불교가 융합한 중심지로 기능하기 시작하였다. 진흥왕이 친정하면서 사용한 연호 개국과도 너무나 잘 어우러지는 사찰이 황룡사였다. 아마도 그것이 궁극적으로 신라 불국을 겨냥한 의도가 아니었을까 싶다.

* 이 글은 『한국사연구』176, 2017에 실렸던 것을 대폭 수정한 것이다.

---

31) 고구려가 성장 발전해 가던 초기에 인근의 경쟁하던 정치세력으로 황룡국(黃龍國)이 존재한 사실이나 「광개토왕비」에 주몽이 황룡의 머리를 밟고 승천하였다는 사실이 「문무왕릉비」에도 보인다. 그런 측면에서 호국적 성격이 강한 사찰을 황룡사라고 지은 것은 고구려를 강하게 의식한 데서 비롯한 혜량의 창안에 따른 것일 수도 있다.

2. 남산과 불교, 그리고 천룡사(天龍寺)

1. 들어가면서

우리의 애국가(愛國歌) 속에도 등장하듯이 남산은 서울을 비롯한 평양 등 전국의 몇몇 오랜 역사도시에서 매우 흔하게 접할 수 있는 산의 이름 가운데 하나이다. 대체로 도심(都心)에서 가장 가까운 남쪽에 자리한 자그마한 산을 대상으로 그런 이름이 붙여지기 십상이어서 거기에는 별도로 주목해볼 만한 어떤 각별한 의미가 깃들었을 리 만무하다.

하지만 경주 남산의 경우는 똑같은 이름이더라도 사정이 전혀 다르다. 어디에 견줄 바 없을 정도의 유별나고 독특하며, 그래서 오늘날에도 수많은 사람들이 찾으려는 공간이기도 하다. 이미 2000년 경주역사유적지구란 명칭으로 등재된 유네스코 세계문화유산 속에 포함되었음은 남산의 그런 실상을 여실히 입증한다.

남산은 비록 경주 시가지 중앙부 일원의 다른 4곳과 한데 묶여져 세계문화유산으로 등재된 상태이지만 기실 단독으로 지정해도 하등의 손색이 없을 만큼 풍부한 역사와 문화 자산을 간직한 특유한 공간이다. 아마도 국내는 물론 전 세계를 통틀어서도 유수한 경관을 보유한 자연물이 아닌 인공의 흔적을 품은 산악 자체가 세계문화유산으로까지 등재된 거의 유일한 사례에 속하지 않을까 싶다.

경주 남산에 대해 오랜 기간 적지 않은 사람들이 공적(公的) 혹은 사적(私的)으로 큰 관심을 갖고 꾸준하게 노력을 기울여온 덕분에 남아 전하는 문화유산 관련 자료의 전모는 현재 거의 드러난 것 같다. 물론 근자에 약수곡(藥水谷)의 불두(佛頭)나 열암곡(列岩谷)의 석불좌상과 같은 새로이 발견된 사례처럼 앞으로도 약간은 더해지리라 예상된다. 이로써 아직 충분하다고 단언하기는 어렵겠으나 현황은 남산의 실상에 일정 정도 접근할 수 있을 만큼의 기본 자료가 확보된 상태라 단정해도[1] 지나치지 않을 성싶다.

그에 견준다면 내재한 역사와 문화의 실상이나 흐름의 내막까지 과연 제대로 밝혀진 상태일까. 남산은 언제부터, 어떻게, 어떤 과정을 밟아 오늘에 이르게 된 것일까 등등 적지 않은 사항들이 아직 의문으로 남겨져 있다. 이런 핵심적 주제에 대해 현재 만족스런 수준에 이르렀다고 답하기에는 턱 없이 부족한 실정임은[2] 두루 아는 바와 같다. 그런 의미에서 남산과 관련한 수수께끼는 언제라도 풀리기를 기다린다고 단언하여도 좋겠다.

되돌아보면 그동안 각종 불사를 비롯해 불상, 불탑 등 특정 대상에 대한 개별 연구를 통해 상당한 성과를 거두어 적지 않은 축적이 이루어졌음은 분명하다. 하지만 그런 특정 분야의 개별적 연구로 전반이 선명해

---

1) 국립경주문화재연구소, 『경주남산 - 본문·해설편 -』, 2002 ; 윤경렬, 『경주남산 겨레의 땅 부처님 땅』, 불지사, 1993.
2) 기왕에 그나마 남산의 역사성을 밝혀보려는 몇몇 논고들이 제출된 바 있다. 강우방, 「경주 남산론」『원융과 조화 : 한국고대조각사의 원리 I』, 열화당, 1990 ; 이근직, 「경주남산 불적의 형성과정」『경주문화논총』6, 2003(『경주에서 찾은 신라의 불국토』, 학연문화사, 2017) ; 신종원, 「경주 남산 불교유적의 토착성」『신라문물연구』12, 2019.

졌다고 자신할 만큼 남산이 품은 역사상이 그렇게 단순치가 않다. 현황만으로도 여러 요소들이 매우 복잡하게 얽히고설킨 대단히 복합문화적 성격의 공간이기 때문이다.

이처럼 남산은 특정 분야에 치중된 개별·분산적인 연구만으로는 명백한 한계를 갖게 마련이다. 오로지 다양한 분야에 걸친 다각도의 종합적 접근만이 현재의 단계를 훌쩍 뛰어넘는 성과를 올릴 수 있으리라 기대된다. 이 글이 그를 위한 단초가 되었으면 하는 바람이다.[3]

2. 남산의 현황과 의미

남산은 경주분지의 남쪽 편에 치우쳐 위치한 산이다. 남북의 범위는 주봉인 468m의 금오봉(金鰲峰)을 주축으로 해서 약간 아래쪽에 494m의 우뚝한 고위봉(高位峰)까지도 포괄한다. 신라 시기의 고위봉은 고위산(수리산)이라 불린 데서[4] 저절로 드러나듯이 원래 별개였지만 지금은 남산의 일부로 포함시켜 이해함이 일반적이다.[5]

남산은 다른 산악에 견주어 규모가 그리 큰 편이 아니다. 그럼에도 산세가 비교적 험하며 계곡이 많고 깊은 점이 주요한 특징의 하나로 지적된다. 크고 작은 것을 모두 포함한 계곡의 수치는 줄잡아 60여 개에 달하는 것으로 추산되고 있다. 남산 주변은 물론 그 속의 계곡마다 낱낱이

---

3) 필자도 이미 「남산의 역사성」이란 제하의 글을 쓴 적이 있다.(『신라 왕경의 이해』, 주류성, 2020) 그래서 이 글은 그를 보완하려는 뜻을 갖는 셈이므로 불가피한 경우를 제외하고는 가능한 한 해석상의 중복을 피하려 한다. 남산의 전모는 한 두 편의 글만으로 확연하게 드러날 성질의 것이 아니므로 앞으로도 꾸준히 관심을 가질 필요가 있다.

4) 『삼국유사』 3 탑상 「천룡사」조.

5) 신종원, 앞의 글, pp.68~69.

남산 전경

헤아리기 힘들 정도의 불사(佛事) 흔적이 남아 예사롭지 않은 역사성을 내비친다.

주위의 평지 일대에는 금당과 석탑을 남북 선상으로 배치한 정형 구조의 사찰은 물론 그로부터 약간 비켜난 이형(異形) 구조의 사찰까지 촘촘하게 둘러싼 듯한 모양새이다. 현재까지 『삼국유사』와 같은 문헌 기록은 물론 여러 명문이 새겨진 기와 등을 통해 남산 일원에 위치한 사찰의 이름으로서 확인된 것만 해도 줄잡아 10여 곳에 이른다. 각종의 불사(佛寺)가 총집결된 듯한 느낌이다.

게다가 제의적(祭儀的)이면서 정치성이 강한 나정(蘿井)이나 포석정(鮑石亭) 등과 같은 건조물도 주변에 널려있다. 양자는 서남산자락의 야트막한 구릉에 서로 약간 떨어져 남북 일직선상으로 배치된 모습이다. 이들은 남산이 당대의 정치와도 뗄 수 없이 깊숙하게 연관된 곳이었음을 의

공중에서 내려다본 남산

미한다. 그 외의 빈 공간 일부에는 커다란 봉분을 가진 여러 무덤들이 뒤늦게 들어와 자리를 메웠다. 이는 언제부터인가 남산이 사후세계와도 연결된 곳임을 보여준다.

남산의 계곡과 능선 안쪽으로는 다양한 불상과 불탑은 물론 암벽에 새겨진 온갖 종류의 마애(磨崖) 조각상 등 불사(佛事)와 연관된 유적들이 수치를 헤아리기 힘들 만큼 많이 포진해 있다. 대부분 계곡에 형성된 자연 지형을 적당하게 활용해 조성된 까닭에 각기 나름의 독특한 모습을 띠고 있다. 그들 사이에 공통분모가 선뜻 간취되지 않음이 특징의 하나로서 지적된다.

남산의 가장 북쪽 끝자락에 약간 돌출된 구릉은 흔히 도당산(都堂山)으로 불린다. 약간 솟은 정상부는 바로 북편을 흐르는 남천 건너의 핵심 정치공간인 월성(月城)을 비롯해 중앙부 일원을 온전하게 내려다볼 수 있는 매우 전망 좋은 위치이다.

그런 까닭인지 신라국가 형성기부터 중시되어 중대 사안을 결정짓는 회의가 열리는, 그리고 회의체인 도당(都堂), 혹은 남당(南堂)이 위치한 곳으로 추정되기도 한다. 신라국가 초기의 회의체가 남당회의, 도당회의

등으로 불린 것도[6] 바로 그런 사정 때문이었다. 어쩌면 국가의 중대 사안을 결정짓는 회의 장소라는 4곳의 영지(靈地) 가운데 하나인 남산의 우지암(亐知巖), 혹은 우지산이 바로 그곳일 가능성도 엿보인다.

그로부터 남산 정상부를 향해 조금 더 오르면 비교적 이른 시기에 축조되었음 직한 토성(土城)의 흔적이 확인된다. 다시 약간 더 거슬러 올라가면 진평왕(眞平王, 579~632) 13년(591) 전국적인 역역동원을 해서 쌓았다는 둘레 3km 남짓의 석성인 남산신성(南山新城)이 위치한다.

현재 남산신성의 성벽 상단 부분은 모두 무너진 상태이지만 하단부의 일부는 곳곳에 그대로 남아 원형을 대충이나마 유추하게 해준다. 남산신성은 외부 세력이 언젠가 공격할지도 모를 만약의 사태에 대비한 임시 피난 용도의 왕성(王城)으로서 쌓은 것이다. 이 또한 앞서 소개한 나정 및 포석정과 함께 남산 속에 강한 정치성이 깃들었음을 상징한다.

이처럼 현재까지 남산 일원을 대충 일별하면 전통신앙, 불교와 같은 종교나 그와 연관된 제의는 물론 정치성이 강한 여러 건조물, 사후세계를 품은 무덤까지 다양한 요소가 안팎을 빈틈없이 에워싸고서 마구 뒤섞인 듯한 모양새임을 짐작할 수 있다. 이는 남산의 역사성이 그리 단순하지 않으며 복합문화적 성격의 공간이었음을 시사한다. 오늘날 달리 유례를 찾기 힘들 정도의, 마치 야외박물관 비슷한 면모이다.

남산이 품은 다양한 요소를 종합적으로 진단하면 신라 당대부터 매우 신성한 공간으로 여겨졌음이 단번에 드러난다. 그 가운데 수치상으로는 불사(佛事)가 단연 타의 추종을 불허할 정도의 으뜸을 차지한다. 따라서 언제부터인가 불교 신앙의 주축으로 바뀌었다고 단정해도 좋겠다.

---

6) 이병도, 「고대 남당고」『한국고대사연구』, 박영사, 1976.

신라인들은 남산에는 원래부터 수호해 주는 산신(山神)이 살고 있다고 생각하였으나 거기에 더해 온갖 부처와 보살도 머문다고 여겼다. 그런 의미에서 남산은 신라인들이 세속과는 별개로 분리된 가장 신성시하게 여긴 공간, 종교적인 성소(聖所)라 생각한 공간이었다 하겠다.

남산은 신라국가 출범 이후 신라인의 정신적인 뿌리로 기능한 산악으로서 상당히 오랜 기간 신성시되었다. 그런 의식은 신라의 영역 확장과 함께 바깥으로까지도 널리 퍼져나갔다. 거기에는 남산을 중심으로 지방민까지도 포괄한 신라인 전체가 불교를 매개로 하나 되기를 바란 염원도 깃들어 있었다. 그런 면모는 뒤에서 다루듯이 남산에서 산출(産出)된 돌(화강석)과 관련해서 보여준 신라인의 인식에서 여지없이 드러난다.

남산 안팎에 간직한 온갖 문화유산이 하루아침에 조성되었을 리 만무하다. 처음부터 하나의 통일적인 기획 아래 추진된 것이 아님도 대충만 훑어보아 짐작할 수 있다. 오랜 기간에 걸쳐 하나하나씩 점진적으로 만들어지고 쌓여져갔을 터이다. 따라서 그 속에는 당면 현실의 여러 다양한 요소가 조금씩 스며들 수밖에 없었다.

그런 양상은 신라국가의 형성기부터 멸망에 이를 때까지 이어졌다. 제46대 문성왕(文聖王, 839~857)이 불교경전[『無垢淨光大陀羅尼經』]에 근거해 현세와 내세의 공덕을 쌓기 위한 무구정탑을 855년 창림사(昌林寺)에다 새롭게 세운 사례로부터[7] 유추된다. 제55대 경애왕(景哀王, 917~927)이 927년 여러 신민들을 거느리고 포석정에 행차하였다거나, 당시 그곳을 급습한 후백제왕 견훤(甄萱)에게 피살당하고 얼마 뒤 그 시신이 남산의 해목령(蟹目嶺)에 묻힌 사실도[8] 비록 말기에 이르기까지 온갖 변질을 거

---

7) 「창림사 무구정탑원기」.
8) 『삼국사기』12 신라본기 경순왕 즉위년조.

남산 용장사지

침으로써 강약(强弱)의 차이는 있겠으나 여전히 신성한 공간으로 여겨졌음을 보여준다.

935년 신라가 멸망한 뒤 적지 않은 인구와 함께 물산이 썰물처럼 빠져나감으로써 기존 왕경의 면모는 급속히 퇴락하는 길을 걸을 수밖에 없었다. 그럼에도 남산을 신성하게 여긴 인식은 흐릿하게나마 이어진 듯하다. 이는 신라 때 창건되었다가 폐사(廢寺)하기에 이른 천룡사(天龍寺)가 고려 정종(靖宗) 6년(1040) 얼마 뒤에 문하시중까지 역임한 최제안(崔齊顔)에 의해 대대적인 중창을 거친 사실로부터[9] 유추된다. 하필 이때 남산소재의 사찰이 중창 대상으로 된 것은 앞서 신성시되어 온 데서였다고 하겠다.

---

9) 『삼국유사』3 탑상 「천룡사」조.

성격이 약간 다르지만 남산에 대한 관심은 조선시대까지도 이어졌다. 조선 초기의 천재 시인 김시습(金時習)이 오랜 기간 남산 남쪽 자락의 용장사(茸長寺)에 머물면서 한문소설『금오신화(金鰲新話)』를 지은 사실이나 이후 경주 일원을 탐방하는 수많은 시인묵객들이 이따금씩 다녀가는 대상의 하나로 삼았음은[10] 비록 잔재의 상태로서나마 남산 중시의 인식이 단절되지 않고 면면히 이어졌음을 보여준다. 남산은 일제 강점기를 거쳐 현재까지도 여전히 여러 목적을 가진 많은 사람들이 찾아보는 대상이다. 세계문화유산으로 지정될 수 있었던 것도 바로 그런 과정의 산물이었다.

이상과 같이 남산에 남아 전해지는 문화유산의 흔적은 신라 왕경이 제 기능을 하던 시기의 것이 주축을 이루지만 단지 거기에만 머물지 않는다. 그래서 남산은 좁게 들여다보면 신라의 역사에 국한되겠으나 큰 흐름 속에서 살피면 경주분지란 특정 공간이 오래도록 겪은 경험이 온축된 특이 산악이라 규정해도 좋겠다. 남산을 유다르게 다룰 만한 근거는 이런 데서도 찾아진다.

남산이 품은 역사가 곧 신라의 역사임은 물론 한 걸음 더 나아가 경주의 역사와 등치시켜 이해해도 어긋나지 않을 듯싶다. 특히 신라의 전통신앙과 함께 불교적 세계관의 중심인 점에서 남산은 신라인의 정신세계와 그 흐름을 제대로 읽어낼 수많은 물증을 간직한 점에서 중시해 볼만한 대상이다. 앞으로도 남산이 품은 역사성을 확연히 드러내는 데에 끊임없이 노력을 기울여야 할 필요성은 여기에 있다.

---

10) 경주시·경주문화원,『역주 경주기행문』, 2021 참조. 경주를 다녀간 뒤 쓴 여러 기행문 가운데 남산과 관련하여서는 최수(崔琇)가 1684년 쓴 「유금오산록(遊金鰲山錄)」이 가장 자세하며 현재에도 유용하게 활용할 만한 내용이 보인다.

3. 남산과 황룡사의 창건의 함의

남산은 신라 왕경인에 의해 언제부터 그처럼 불렸고, 어떤 과정을 밟아 불교와 연관된 신성한 공간으로 바뀌기 시작하였으며 이후 어떻게 전개되어 갔을까. 그와 같은 남산 관련 기본 사항조차 아직 충분히 만족할 정도로 해명된 상태가 아니다. 이는 문헌자료가 너무도 빈약해 접근하기가 쉽지 않은 까닭이다. 그렇더라도 여러 기록의 편린들을 가능한 한 종합하고 전후 맥락이 닿도록 세밀하게 살핀다면 일정 정도의 윤곽을 그려내는 일이 전혀 불가능하지만은 않을 성싶다.[11]

『삼국사기』에서는 남산이란 명칭의 첫 기록이 진평왕 9년(587)에 이르러서 확인된다.[12] 진골귀족 출신의 젊은이 대세(大世)가 구칠(仇柒)이란 벗을 만나 큰 뜻을 품고 해외로 나가기에 앞서 남산의 어느 절(寺)에서[13] 놀았다는 내용이다. 기왕에 이 기사는 남산 속에 벌써 산악사찰이 들어선 뚜렷한 사례로서 주목을 끌었다. 이후 『삼국사기』에서는 남산신성을 쌓았다는 내용을 비롯해 이를 수리한 사실 등 몇몇 단편적 기사만이 겨우 확인될 따름이다.

그와는 대조적으로 『삼국유사』에는 남산 관련 기록이 비교적 많이 등장하는 편이다. 물론 그렇다고 해서 그리 만족할 만한 수준은 아니며 다른 여느 산악에 견주어 상대적으로 많다는 의미이다. 이들 대부분이 불교와 연관된다는 점을 두드러진 특징으로서 지적할 수가 있다. 『삼국유

---

11) 앞서 소개해 둔 몇몇 연구를 통해서 일정 부분은 이미 밝혀진 상태임은 물론이다.
12) 『삼국사기』4 신라본기 진평왕 9년조.
13) 이 기사에서는 '南山之寺'라 표현되어 있다. 이 자체를 절 이름으로 풀이하려는 견해도 있지만 산명을 사용한 그런 형식의 사명은 달리 유례를 찾기 어려우므로 남산에 위치한 절(들)로 봄이 자연스러울 듯하다.

사』의 성격을 염두에 넣으면 일견 당연한 일이기도 하겠으나 여하튼 남산이 신라 불교와 깊은 관계를 맺었으며 비중이 어떠하였던가를 어렴풋하게나마 짐작게 한다.

『삼국유사』에서는 남산이 「신라시조혁거세왕」조에 처음 등장하며 5세기 말엽의 사정을 전하는 「사금갑(射琴匣)」조에도 얼핏 내비친다. 하지만 양자 모두 본문의 서술에 달린 주석처럼 덧붙인 내용이어서 이를 근거로 남산이란 산명이 이른 시기부터 실재하였다고 단정해서는 곤란하다. 뒷날의 용어가 소급 적용된 데에 지나지 않기 때문이다.

『삼국유사』속에서 남산의 실재와 관련해서 믿을 만한 첫 용례로서는 「선덕왕지기삼사(善德王知幾三事)」조의 기사를 들 수 있다. 여기서는 선덕여왕(632~647) 재위 당시 백제 장군 우소(于召)가 이끈 병력이 몰래 신라 왕경 깊숙이까지 침투해 잠복하였다가 몰살당한 곳을 남산이라 지목하였다. 이때의 남산이란 산명이 실재하였음을 부정할 만한 근거는 달리 찾기 어렵다.

바로 뒤이은 「진덕왕(眞德王)」조에도 7세기 중엽 당시 알천(閼川)을 비롯한 유력 대신(大臣) 6인이 모여서 회의를 연 곳을 남산으로 특정하고 있다. 앞서 소개하였듯이 그때의 남산 우지암은 평소 신라국가의 중대 사안을 결정짓는 회의가 열린 4영지 가운데 하나였다. 영지란 표현 속에는 남산을 신성한 공간으로 여겼던 듯한 인식이 얼핏 간취된다.

이상의 몇몇 사례들로 미루어 늦어도 진평왕대부터는 남산 관련 기록의 용례는 일단 믿을 만하다고 단정해도 무방할 듯싶다. 그런 추정을 뒷받침해 주는 것은 역시 진평왕 13년 세워져 현재 10기나 발견된 「남산신성비」의 '남산'이란 표현이다. 따라서 남산은 그보다 약간 앞서는 '남산지사'란 기록의 진평왕 7년을 하한으로 해서 늦어도 이전의 어느 시점부터 사용되기 시작하였다고 정리할 수 있겠다.

그런데 남산의 첫 출현 시점을 구체적으로 더듬어볼 만한 주요 실마리는 그것이 방위명의 산명이란 사실이다. 방위명의 지명은 중앙부, 중심부란 특정 구역을 기점(基點)으로 삼았을 때만이 비로소 나올 수 있는 표현이기 때문이다. 이때의 신라 왕경 중앙부란 남천, 북천, 서천 등 세 개의 큰 하천으로 둘러싸여 안팎을 구분해 주는 공간으로서 앞으로 신라 정치가 본격적으로 구현되는 핵심 구역을 한정해서 일컫는다.[14]

남산을 비롯한 북산(북악), 서악, 동악 등과 함께 남천, 북천, 서천 등 경주분지 내부의 주요 산천은 모두 중앙부의 특정 지점을 기준으로 해서 명명된 이름들이다. 이처럼 신라시대에 유난히 많은 산천명에 방위명이 붙여진 이후 지금껏 그대로 이어지고 있다. 이는 다른 지역에서는 그리 흔하게 찾아지는 사례가 아니다. 경주분지의 중앙부가 오래도록 각별한 의미를 지녔음을 시사해 주는 대목이다. 그렇다면 아무래도 가장 먼저 점검해 볼 대상은 왕경의 내부에서 중앙부란 관념이 생겨난 배경과 시점이겠다.

사람들이 집단을 이루어 경주분지로 들어와 생활하면서 정치사회적인 성장을 거듭하고 마침내 기원전 2세기 무렵에 이르러 신라의 모태가 된 초기국가 사로국(斯盧國)을 출범시켰다. 기록에 따르면 사로국의 건국을 주도한 집단이 취락을 일군 지역은 경주분지 중앙부의 평지 일대가 아닌 주변을 둘러싼 산간 구릉지였다.[15] 그런 산간지대가 초기의 거주 구역으로서는 여러모로 적절한 환경적 요소를 갖춘 상태였기 때문임은

---

14) 주보돈, 「신라 왕경의 형성과 전개」『신라 왕경의 이해』, 주류성, 2020, pp.40~49 참조.
15) 『삼국사기』1 신라본기 시조혁거세거서간 즉위년조 ; 『삼국유사』1 기이편1 「신라시조 혁거세왕」조.

물론이다.

이는 고고자료를 통해서도 입증되는 사실이다. 기원전 2세기 무렵부터 경주 일원의 여러 곳에 흩어져 있던 지석묘 대신 새로이 진입해서 주도한 지배집단이 조영한 목관묘(木棺墓)나 이를 바로 뒤이은 초기 목곽묘(木槨墓)가 분지 중앙부에서 발견된 사례는 거의 드물다.[16] 경주분지 안에서 이들이 발굴로 확인된 곳은 북천 북편인 황성동(皇城洞)이나 남천 남편의 탑동(塔洞) 등지에 한정될 따름이다. 이들은 중앙부와는 별도로 주변의 산간 구릉지와 연결될 만한 위치이다. 따라서 그를 조영한 집단은 바로 이웃의 산록을 주요 거주 구역으로 삼았음을 보여준다.

그처럼 경주분지에서 사로국 건국의 주도 세력은 산자락과 그 주변 일대에 걸쳐 정착함으로써 배후지의 산악과는 서로 떼어내기 어려울 정도로 깊게 밀착해 갈 수밖에 없었다. 이후 상당한 기간 경주분지의 중앙부에는 소수의 개별 단위는 어떨지 몰라도 큰 규모의 집단이 본격적으로 거주하지 않은 마치 빈 공간이나 다름없는 모습이었다. 중앙부 일원은 어디까지나 사로국 구성의 여러 하위 집단이 다 함께 점유한 일종의 공유 구역으로서 한동안 공동 관리된 공간이었을 따름이다.

중앙부의 개발이 본격화된 주요 계기는 4세기 중엽 사로국 주도로 진한 소속 여러 동료국가들의 병합에 성공해서 나온 신라국가의 탄생이었다. 그렇다고 해서 이때부터 즉각 중앙부의 개발이 일거에 추진된 것은 아니었으며 조금씩 점차적인 단계를 밟아 진행되어 나갔다. 이를테면 가장 먼저 신라국가 지배세력의 무덤, 즉 적석목곽분(積石木槨墳)이 중앙부 일원에 집단적으로 조영되고, 남천에 기댄 월성(月城)이 정치 공간의 중

---

16) 최근에는 쪽샘지구 일부분이나 황남동 적석목곽분 120호의 하위에 몇몇 목곽묘가 발견되어 주목을 받았다. 하지만 이들은 중앙부를 기준으로 삼으면 아직은 변두리에 불과하다.

심으로 부상하였다. 당시에는 아직 월성이 뒷날처럼 본격적인 왕궁으로 기능하지를 않았던 것이다.

그처럼 지배층의 무덤이 조영되던 초기에 분지의 중앙부는 도시로서의 모습을 겨냥한 개발이 본격적으로 이루어지지 못하였다. 그것은 어디까지나 여러 집단이 공동으로 무덤과 정치 공간을 함께 개발하려는 첫 조짐에 불과하였을 따름이었다.

그러다가 언제 닥칠지도 모를 고구려의 적극적인 공세에 대비해 자비마립간(慈悲麻立干, 456~479) 19년(475) 임시 피난용의 왕궁으로 마련한 명활산성(明活山城)의 축성이 그와 연계된 중요 사건이었다. 이후 명활산성은 무려 13년 동안이나 왕궁으로서 기능하였다.

거기에서 자비마립간이 재위 중 사망하고 뒤를 이은 소지마립간(炤知麻立干, 479~500)도 한동안 머물다가 488년 월성으로 왕궁을 옮겼다. 이를 계기로 월성이 왕궁으로 본격 가동되기 시작함으로써 비로소 중앙부의 평지 전체를 본격 개발할 채비가 갖추어진 셈이었다.

그동안 도심 중앙부 일원에 조영되던 지배집단의 무덤이 6세기 외곽으로 옮겨진 것은 그런 실상을 여실히 입증한다. 이는 도시로서의 왕경 개발이 본격화하였음을 알리는 신호탄이었다. 이로써 월성을 중심으로 한 도심지에 정치 공간을 비롯해 종교, 생활공간이 각각의 구역에 들어서게 됨으로써 신라 왕경의 면모는 점차 일신(一新)해져 갔다.

중앙부 개발이 도시 건설의 기치 아래 적극 추진된 것은 불교 공인의 계기를 제공한 흥륜사(興輪寺)의 창건이나 바로 뒤이은 신라 불교의 구심이라 할 황룡사(皇龍寺)의 창건이었다. 흥륜사의 바로 앞에 동서로 뻗어난 가로 구획의 큰 도로가 왕궁인 월성까지 연결되었다거나 서쪽의 서천을 건너기 위한 용도인 금교(金橋)가 연동해서 가설된 사실은[17] 그런 추정을 뒷받침해 준다. 특히 황룡사 창건은 왕경 전체의 도시 계획은 물론 중앙부 인식의 출현과 관련해서 각별히 유의해 봄직한 대상이다.

황룡사는 사전에 미리 치밀한 기획 아래 창건 과업이 시작된 것이 아니며 도중의 변경으로 급작스럽게 출현한 소산물이었다. 어린 나이에 즉위한 진흥왕(眞興王, 540~576)은 551년 성년에 접어들면서 친정(親政)을 시작하였다. 이때 진흥왕은 법흥왕 이후 사용되어 온 건원(建元) 대신 개국(開國)이란 연호를 내세웠다. 개국의 의미가 암시해 주듯이[18] 젊은 진흥왕은 자신의 웅지(雄志)를 거기에다 실어 어우러지도록 새 왕궁 건설 작업을 추진하였다.

당시 왕궁인 월성은 왕경 전체의 구도에서 지나치게 좁고 남쪽으로 치우쳐 여러모로 한계를 보이고 있었다. 왕궁의 겉모습과 위치는 웅지를 품고서 전륜성왕을 표방한 왕자(王者)의 권위와 위엄을 과시하기에 걸맞지 않았다. 그래서 진흥왕은 왕궁을 왕경의 중앙부 지점으로 옮겨 크고 장엄하게 치장함으로써 왕자로서의 위상이 제대로 발현되도록 시도하였다. 동시에 왕경 전반이 도시로서의 면모를 제대로 갖추는 등 전면적인 공간 쇄신을 도모하였다. 말하자면 왕궁의 웅장한 겉모습과 함께 이를 중심축으로 가로 세로로 구획이 정연한 도시 건설을 겨냥한 것이었다.

그런데 기초적인 토목공사를 대충 끝낸 뒤 왕궁을 지어가던 즈음인 553년 한강 유역 진출을 주도한 거칠부(居柒夫)를 따라온 고구려의 귀화

---

17) 주보돈, 「월정교·춘양교의 가설과 신라 왕경의 구조」 『신라 왕경의 핵심유적 경주 춘양교지』 경북문화재단 문화재연구원, 2023, p.220.

18) 주보돈, 「황룡사의 창건과 그 의도」 『한국사연구』176, 2017, p.19.

황룡사 중금당과 남산

고승 혜량(惠亮)이 왕궁의 이전 건설과 관련한 문제를 제기하였던 것 같다. 진흥왕은 이에 그의 건의를 느닷없이 받아들여 왕궁을 사찰로 고쳐 짓기로 작정하였다. 아마도 거기에는 전륜성왕의식을 구현하는 구심(求心)을 왕궁이 아닌 사찰로 삼으려는 의도에서였을 듯하다.

사찰 창건의 과정에서 황룡(黃龍)이 나타났다는 연기(緣起)설화는 뒷날 만들어 소급 적용시킨 데에 지나지 않겠지만 그 밑바닥에는 거기가 곧 왕경의 중앙부란 인식이 깔려 있었다. 왕궁의 건설 계획이 황룡사로 바뀌었지만 그와 같은 인식은 완공된 사찰에도 그대로 투영되었다. 사찰을 처음에 황룡사(黃龍寺)라 불렀던 데서 그런 사실이 자연스럽게 묻어난다.

두루 아는 바처럼 황색은 오방색(五方色) 가운데 중앙을 뜻한다. 그래서 왕궁을 대신한 황룡사도 여전히 왕경의 중앙부로 여겨졌다. 다만, 이후 황룡사의 위상이나 전개 양상으로 미루어 중앙부 인식은 왕경에만 한정되지 않고 전륜성왕의 이름 아래 장차 일구어낼 신라 전체 영역으로까지 크게 확대된 것으로 여겨진다.

이처럼 황룡사는 정치적인 중심부임과 동시에 불교적 세계관의 구심이라는 이중적 성격을 갖게 된 특별한 사찰이었다. 이미 왕궁 예정지였음이 시사해 주듯이 거기에는 정치와 불교가 더불어 합체(合體)된 특이 공간이란 인식을 바닥에 깐 곳이었다. 얼마 뒤 사명(寺名)을 황룡사(皇龍寺)로 바꾼 사실이 그를 뚜렷하게 방증해 준다.

황룡사에는 '황'(황제, 곧 임금)이란 글자로 상징되는 신라 국왕일 뿐만 아니라 전륜성왕이 머무는 궁궐이란 인식까지 들어가 있다. 그래서 왕궁을 황룡사로 고쳐지으면서부터 여럿 가운데 하나가 아닌 특별한 성격을 부여한 것이었다. 혜량이 앞세운 명분 자체가 바로 그런 내용이지 않았을까 싶다. 그것은 황룡사를 왕궁과 등치시킨 왕즉불(王卽佛) 인식이었다.

진흥왕을 비롯한 이후 신라의 왕명이 모두 불교식이었음은 그를 웅변한다. 황룡사는 정치와 불교가 하나임을 상징하는 국가사찰이자 마치 왕궁처럼 기능한 곳이었다. 중고기의 불교가 정치와 깊게 밀착해 급속히 발전해 간 것도 바로 그 때문이었다.

이처럼 황룡사가 신라 왕경은 물론 전륜성왕 의식에 기반한 불교계의 중추로서 기능할 때 경주분지 일원의 산천은 저절로 그를 기준으로 삼아 새롭게 명명되기 마련이었다. 황룡사를 중앙부라 여겨 둘러싼 주요 산천은 위치에 따라 동서남북의 방위명을 가진 이름으로 고쳐졌다.[19] 남산이

---

19) 아마도 다른 산천명은 원래의 명칭을 그대로 사용하거나 양자가 병용되었지만 남산만은 방위명으로 대체되어 줄곧 그대로 사용한 점에 주요한 특징이 엿보인다. 이를테면 선도산, 토함산, 알천 등의 사례를 손꼽을 수 있다.

정비된 나정의 원경

란 산명도 여기에서 생겨나게 된 것이다. 그 자체가 진흥왕이 추구해 온 왕경 기획의 최종 완결판이었던 셈이다.

이처럼 남산은 다른 방위명 산천과 함께 황룡사를 왕경의 중앙부로 삼은 인식과 맞물려 지어졌다. 경주분지의 방위명을 가진 산천은 단순히 자연발생적으로 명명된 것이 아니었다. 정치와 종교가 합체된 의도적인 중앙부의 설정에 맞추어서 생겨났다. 당시의 산천명이 오늘에 이르도록 그대로 이어진 것도 바로 그 때문이었다. 그 중 남산은 이후 한결 유난스런 길을 걸어갔다.

4. 양산(楊山)과 남산

그렇다면 남산이란 산명이 나타나기 이전에는 어떻게 불렸을까 무척 궁금해지는 대목이다. 이를 추적해 볼 일말의 단초는 건국설화 속에서 찾아진다. 이미 앞서 언급한 바처럼 초기 건국의 주도 집단들은 주로 산자락에 의지해서 생활을 영위하였는데 남산을 가리키는 산명도 그 가운데 하나로서 등장한다.

사람들은 일상생활 속에서 매일 접촉하게 되는 산천(山川)으로부터 저절로 영향을 받게 마련이다. 그래서 거기에 산신(山神)이나 하신(河神)이 언제나 머물면서 자신들을 비호해준다고 여기고 정기적인 제사의 대상으로 삼기도 하였다. 사방이 산으로 둘러싸인 전형적 분지 지형인 신라 왕경에서 특히 그런 양상이 두드러졌다.

이른 시기에 경주분지로 진입하여 주변 산자락에 의존해서 생활한 사람들은 처음에는 자그마한 취락을 일구다가 차츰 이들을 결속시켜 마침내 사로(斯盧) 6촌(村)으로 불리는 큰 촌락으로까지[20] 성장 발전해 갔다. 이들 6촌민들은 각기 현실의 삶과 직결된 배후지의 산악을 매우 신성하게 여겼다. 6촌장이 내려왔다는 표암봉(瓢嵓峰), 형산(兄山), 이산(伊山), 화산(花山), 명활산(明活山), 금강산(金剛山)이나[21] 이후 그들이 사는 촌락과 하나로 묶여진 양산(楊山), 돌산(突山), 무산(茂山), 자산(觜山), 금산(金山), 명활산 등을[22] 그런 사례로서 들 수가 있다. 이들이 당연히 당시에 사용되었던 산명은 아니었지만 여러 집단이 각기 특정 산악과 긴밀하게 연계되어 있었음을 입증해 주는 실례들이다.

---

20) 이들 큰 촌락, 즉 촌이 곧 초기국가의 기초 단위로서 『삼국지』 등의 여러 사서에 등장하는 읍락(邑落)이다. 읍락의 락은 취락이며, 읍은 그 가운데 중심 취락을 의미한다.

21) 『삼국유사』1 기이편1 「신라시조 혁거세왕」조.

22) 『삼국유사』1 기이편1 「신라시조 혁거세왕」조 및 『삼국사기』1 신라본기 시조 혁거세거서간 즉위년조.

물론 거기에는 당연히 뒷날의 부회와 윤색이 많이 스며들어[23] 본래의 실상과 명칭은 일정한 오염과 훼손을 거쳤을 터이므로 원상이 얼마나 보전된 것인지는 논란의 대상이다. 하지만 어떻든 각 집단이 주변의 산악과 밀접하게 연관된 사실 자체를 유추해 내는 데는 아무런 지장이 없다. 그 중 남산의 초명과 관련해서 특별히 눈여겨볼 대상이 양산이다.

널리 알려진 신라 건국설화에 따르면 경주분지 방면의 첫 정착 세력이라 할 6촌장들은 앞으로 자신들이 떠받들게 될 군주(君主)를 맞아들이기 위한 회의를 알천(閼川)의 언덕 위에서 열었다. 그들은 저 멀리 남쪽의 양산 자락 나정 숲 근처에 이상한 기운이 서려 있음을 바라보고서 찾아갔다. 거기에는 흰말이 울고 곁에 알 하나가 놓여있었다. 이를 깨니 기원전 57년 국가의 시조로서 즉위하는 혁거세가 나왔다고 한다. 『삼국사기』와 『삼국유사』 양자에 대동소이한 내용이 실려 있다. 아마도 이들은 재정리된 어떤 공식적인 기록에 의거했을 공산이 크다.

앞서 언급했듯이 건국설화 속에서 일단 남산과 관련해 눈여겨볼 대상은 양산이란 산명이다. 알천이 곧 북천이므로 그로부터 바라본 남쪽 방향이란 바로 남산자락을 가리킴이 분명하다. 사실 박혁거세의 탄강지라 추정되고 있는 나정의 위치로 미루어 흔히 양산을 곧장 남산으로 간주할 수 있는 것도 바로 그 점 때문이다. 이처럼 일단 남산의 원래 이름이 양산이었다고 하여도 무방할 성싶다.

그런데 문제는 과연 처음부터 남산이 양산(楊山)이란 이름으로 불렸을

---

23) 산명이 한문식으로 표기되어 있어 그 출현 시점은 그리 올라가지 않을 것으로 여겨진다. 게다가 명활산으로 내려왔다는 촌장 지타(祗沱)를 금산가리촌이라 하여 금산과 연결시킨 반면 명활산은 정작 촌장이 금강산으로 내려왔다는 고야촌(高耶村)과 직결시킨 점 등이나 알천양산촌의 촌장 알평(閼平)이 양산이 아닌 금강산의 표암봉에 내려온 것으로 기술한 점 등 6촌 위치와 산명이 혼란스럽게 뒤섞여 있어 그처럼 추정하도록 이끈다.

까 하는 점이다. 물론 앞서 지적한 바처럼 남산은 진흥왕 이후부터 사용
되었으므로 원래 양산이라 불렸다고 해서 조금도 어긋날 바는 없다. 다
만, 양산이란 표기만은 달리 이해해 봄직한 소지가 엿보인다.

『삼국사기』에는 양산이 초기기록 가운데 두 차례나 군대의 사열(査閲)
을 치른 곳으로써 등장한다. 이후 나물마립간 24년(379)에는 양산에 살
던 '작은 참새가 큰 새를 낳았다'는 기이한 내용의 기사가[24] 보인다. 그
러다가 경덕왕(景德王, 742~765) 23년(764)에 이르러서 용이 나타났다가
사라졌다는 이변(異變)의 기사를[25] 끝으로 양산이란 산명은 더 이상 등
장하지 않는다. 한편,『삼국유사』에서는 그와 대조적으로 양산이 앞서
소개한 박혁거세 탄생 기사에서만 유일하게 확인될 뿐이다. 대신 남산이
란 산명은 비교적 많이 사용되었다.

이상과 같은 사례로 보아 양산이 남산과 병용되었음은 분명하다. 하지
만 애초부터 과연 그런 이름으로 불렸겠느냐는 다른 의문이다. 왜냐하면
양산(楊山)이 완전한 한문식 표기로서 처음부터 사용되었을 가능성은 거
의 없기 때문이다. 양산이 이른 시기부터 기록상에 등장한다고 해서 표
기까지 꼭 그러하였다고 단정하기는 곤란하므로 달리 이해할 필요가
있다.

그럴 때 주목의 대상으로 떠오르는 것은 유리이사금(儒理尼師今) 9년
(32) 양산부(楊山部)를 양부(梁部)로 고친 사실이다.[26] 양산(楊山)이란 명
칭이 양부(梁部)와도 일정한 상관관계가 있었음을 시사해준다. 이는 6부

---

24) 『삼국사기』3 신라본기 나물이사금 24년조. 여기에는 남산을 주요 거점으로 삼은 작은 사로국
이 커다란 신라국가로 발전하였음을 보여주는 상징을 깔고 있는 듯해 주목해 봄직한 대상이다.

25) 『삼국사기』9 신라본기 경덕왕 23년조.

26) 『삼국사기』1 신라본기 유리이사금 9년조.

(촌) 중 하나인 양부가 신라건국의 주도세력으로서 양산, 즉 남산에 의존해 성장한 집단이었음을 뜻한다. 따라서 양부가 어떤 형태로든 양산(楊山)과 밀착하였음은 의심할 바 없다.

양부(梁部, 또는 及梁部)는 오로지 문헌상에서만 확인되는 표기이다. 6세기의 금석문 상에서는 그런 용어가 전혀 보이지 않는다. 반면 그에 상응하는 표기는 일체 탁부(喙部)라고 하였다. 6부 가운데 탁부에서 파생된 사량부(沙梁部)나 모량부(牟梁部)도[27] 역시 여러 금석문에서는 사탁부(沙喙部), 모탁부(牟喙部)라고 표기 되었다. 이는 일단 '양'이 '탁'과 동일한 뜻이었음을 증명해 주는 사실이다.

'喙'이란 글자는 이상스럽게도 국내의 문헌상에서는 확인되지 않는다. 오로지 금석문에서만 확인될 따름이다. 다른 몇몇 사례로 미루어 보면[28] '喙'은 신라인이 창안한 이른바 조자(造字)였음이 분명하다. 그것의 구체적 의미는 1103년 북송 사신단의 일원인 서장관(書狀官)으로서 고려를 다녀간 손목(孫穆)이란 인물이 귀국한 뒤 일종의 복명서로서 작성한 『계림유사(鷄林類事)』를 통해 알 수 있다.

『계림유사』에는 북송 사신들이 직접 접촉한 고려인에 의해 사용된 353개의 단어를 소개하였거니와 그 가운데 하나로서 '喙'이 등장해 눈길을 끈다. 거기에서는 고려 사람들이 '닭(鷄)을 喙으로 (표기)하고 달이라 발음한다.'라고[29] 풀이해 '喙'이 곧 닭(鷄)의 뜻임을 뚜렷하게 밝혀두고

---

27) 주보돈, 「삼국시대의 귀족과 신분제」『한국사회발전사론』, 일조각, 1992 참조.

28) 이를테면 논을 가리키는 '畓', '武'라는 뜻의 '另' 등의 사례를 들 수 있다. 근자에 삼국의 목간자료나 금석문에 함께 등장해 주목을 끈 '椋'은 고구려에서 만든 글자이며 밭의 뜻인 '白田'의 합자인 '畠'은 백제에서 만들어진 글자이다. 만들어진 방식은 글자마다 달랐다. 이는 좀 더 추적해 보아야 할 중요한 문제로 여겨진다.

29) 원문은 '鷄曰喙音達'.

나정의 내부 모습

있다. 이로써도 '喙'이란 글자가 원래의 한자가 아닌 신라의 조자였음도 분명해진다.[30] 그렇지 않다면 그런 뜻풀이가 굳이 필요하지 않을 터이기 때문이다.

그렇다면 문제는 '梁'과 '喙'의 관련성이다. '梁'의 원래 훈은 '돌(달)'이었다. 양이란 음 자체로는 닭과 아무런 상관성을 갖지 않지만 훈음(訓音)을 고려하면 상통한다. '달(닭)'을 '梁'의 훈음을 빌려서 그처럼 표기한 것이다. 그럴 때 '양(梁)'도 '탁(喙)'과 같은 '닭'의 뜻을 갖게 된다. 아마도 '梁'으로 표기하면서도 읽을 때는 음인 '양'이 아니라 훈인 '달', 또는 '탁(닥)'이라고 하였던 것이다. 마치 '火'로 써두고서 이를 '불'로 발음하거나 '谷'을 '골' 혹은 '실'로 읽는 것과 마찬가지였다.

---

30) 주보돈, 「신라의 達句伐 천도 기도와 김씨족단의 유래」『백산학보』52, 1999 ;『신라 왕경의 이해』, 주류성, 2020, pp.634~635.

신라인들은 닭을 뜻하는 글자로서 鷄를 그대로 빌리지 않고 각별히 '喙'이란 글자를 굳이 새로이 만들어서 애용하였다. 뒷날 문헌 전반을 정리하는 과정에서 '탁(달)'과 관련한 6부명의 글자는 모두 梁으로 대체시켜 버려 '喙'은 문헌상에서는 말끔히 지워지고 말았다. 그럼에도 부분적이나마 약간의 잔재를 남기기는 하였다.[31]

신라건국의 주도세력, 즉 양부 집단은 자신들의 정체성을 닭과 연계시켜 이를 신으로 섬기고 제사하는 대상으로 삼았다. 그래서 닭의 깃을 머리에 꽂아 장식하였다고 한다.[32] 닭의 한자 '鷄'가 버젓이 존재함에도 굳이 같은 뜻의 '喙'이란 글자를 만든 것도 그만큼 닭을 매우 신성하게 여긴 인식의 발로이지 않았을까 싶다.

조상신이라고 생각할 정도로 닭을 신성시한 '양(부)' 집단의 본거지가 남산이었다. 그래서 자기들이 평소의 일상 속에서 크게 의존할 수밖에 없었던 남산을 원래 '달(닭)의 산', 또는 '탁(닭)의 산'이라 불렀을 공산이 크다. 그러면서 어느 시점에 글자를 만들어 이를 '喙山'이라 표기하였을 가능성도 엿보인다. 다만, 그런 표기 사례는 문헌상에서 전혀 확인되지 않는다. 아마도 이는 도중에 '喙'과 마찬가지로 다른 글자로 바꾼 탓일 터였다. 그런 점을 염두에 두면 양산부(楊山部)를 하필 양부(梁部)로 개칭한 사실이 주목된다. 양산(楊山)은 양부와 연관해서 나온 산명임이 틀림없기 때문이다.

이처럼 원래 남산이 정식 산명으로 정착하기 이전 '달산', '탁산' 처럼 '닭의 산'으로 불렸을 것 같다. '喙'이란 글자가 만들어진 뒤에는 한동안

---

31) 이를테면 『삼국유사』 1 기이 1 「진한」조에 최치원(崔致遠)의 주장을 인용하여 사량(沙梁)과 점량(漸梁, 즉 牟梁)의 량(양)이 탁수(涿水)에서 기원한다고 한 사실에서 그렇게 유추된다.

32) 『삼국유사』 4 의해 「귀축제사」조.

그를 '喙山'이라 표기하였을 듯하다. 그러다가 뒷날 문헌으로 정리될 때 '탁(달)'부를 일체 양부(梁部)로 고치면서 산명은 '梁山'이 아닌 약간 아화(雅化)한 '楊'이란 글자를 빌려 양산(楊山)으로 표기한 것으로 여겨진다. 말하자면 양산(楊山)은 탁산, 달산(喙山)에 뿌리를 두었으며 양산(梁山)을 매개로 해서 나오지 않았을까 싶다. 『삼국유사』에서 혁거세의 탄생과 관련한 남산의 나정을 하필 계정(鷄井)이라 부른 사실도[33] 그 점을 생각하는 데에 참고가 된다.

남산 일원은 신라 건국 주도세력의 발상지로서 닭을 자신의 정체성과 연계시킨 양부 집단과 관련된다. 이후 다른 주변의 어떤 산악에 견주어 남산이 각별히 신성하게 여겨지는 유별난 공간이 된 것도 바로 그런 사정 때문이었다. 나정의 남쪽 창림사 부근에 첫 왕궁이 위치하였다거나[34] 국왕의 포석정 행차에 남산신이 나타나 춤을 춘 사실 등도[35] 그를 시사해 준다. 공인 후 정치와 깊숙하게 밀착해 간 불교가 남산을 결국 신앙의 중추로서 설정하기에 이른 것도 그런 사정과 무관하지 않다.

앞서 언급한 것처럼 남산은 황룡사 창건 이후부터 사용되어 점차 공식적인 산명으로서 뿌리내려졌다. 그런 밑바탕에는 남산신성의 축조와 함께 태생적으로 갖게 된 신성함까지도 작용하였을 법하다.

반면 남산의 원래 산명인 '달(탁)산'은 공식적 표기로부터 점차 멀어졌다. 이는 경주분지의 다른 방위명 산과는 차이 나는 면모였다. 선도산(仙桃山), 토함산(吐含山) 등 원래의 산명은 그대로 선호된 반면 방위명 산명이 마치 별칭인 듯이 취급되었다. 남산만이 그렇지 않았음은 원래 산명

---

33) 『삼국유사』1 기이 1 「신라시조 혁거세왕」조.
34) 위와 같음.
35) 『삼국유사』2 기이편 2 「처용랑 망해사」조.

에 내재된 특수성에서 말미암지 않았을까 싶다.

5. 남산신성의 축조와 불교

이미 앞서 몇 차례나 지적하였듯이 남산은 사실상 신라국가의 발상지나 다름없었다. 초기 왕궁의 위치는 물론 국가시조의 탄강지인 나정에 신궁(神宮)이 두어졌으며, 나라의 중대 사안을 결정짓는 회의가 열린 4영지의 하나로서 남산이 선정되고, 상설 회의체라 할 도당(남당)회의도 거기에 위치한 사실이 그런 실상을 방증해 준다. 남산은 원천적으로 정치성을 강하게 띨 수밖에 없는 숙명을 지닌 공간이었다.

남산은 처음에는 전통적인 산악신앙과 밀착하였다. 신라인들은 남산 안에 자신을 비호해주는 산신이 머물면서 때로는 온갖 난관을 해결해 준다는 믿음을 가졌다. 소지마립간 때 불교 수용을 놓고 궁중에서 벌어진 암투와 대립·갈등을 해결해 준 이른바 서출지(書出池) 사건은 그런 측면을 암시한다. 뒷날이지만 국왕이 이따금 부근을 행차할 때 남산신이 나타나서 문제의 해결 방안을 제시해준 듯한 사례도 비슷하다.

그와 같은 전통신앙 중심의 남산에 성격 변화를 불러온 주요 계기는 진평왕 13년(591)의 남산신성 축조였다. 이후 전통신앙의 기반에다 불교적 요소가 새로이 덧씌워짐으로써 남산의 본래 성격도 차츰 변모해 갔다. 이미 소개한 '남산지사'의 사례처럼 남산에는 신성 축조에 앞서 사찰이 들어서던 중이었다. 하지만 이는 아직 극히 부분적인 수준으로 그쳤을 따름이다.

임시피난 용도의 왕궁인 남산신성의 축조는 왕경 내부에서 단지 큰 규모의 산성 하나가 더해지는 정도를 훌쩍 뛰어넘어 남산의 본질적 변화

남산신성

를 추동한 일대사건이었다. 이로 말미암아 신라인의 왕경에 대한 인식은 물론 종교 및 정신세계까지도 바뀌어 갔다.

　그와 연관하여 먼저 남산신성 축조에 보이는 다음의 두 가지는 각별히 지적해둠 직한 사항이다. 하나는 남산신성의 축조가 전국적 차원의 역역동원으로 진행된 왕경 내부의 토목건축 공사 가운데 규모가 가장 컸던 점이다. 이는 신라국가가 남산신성의 축조에 그만큼 큰 힘을 쏟았음을 상징한다.

　다른 하나는 남산신성이 기존의 임시 피난의 왕궁인 명활산성을 대신하면서 하필 '신성(新城)'이라고 명명한 점이다. 이처럼 새로 쌓은 산성의 명칭을 그처럼 부른 사례는 달리 찾아지지 않는다. 이는 신라 중앙정부가 전국적인 역역동원을 통해 축조한 남산신성에 유다른 의미까지 부여하였음을 뜻한다. 여하튼 남산신성의 축조는 단순히 임시피난을 위한 축성 정도가 아니라 상당한 정치적 의도를 깐 일대 사업으로서 추진되었음을 말하는 것이다.

왕경 소재의 토목건축 공사가 전국적 역역동원으로 추진된 첫 사례로서는 551년의 명활산성 축조를 손꼽을 수 있다. 이는 현재 2기 알려진 명활산성비가 뚜렷이 증명해 준다. 아마도 바로 같은 무렵 시도된 신궁(新宮)의 건축이나 그를 대체한 황룡사의 창건도 역시 마찬가지 방식이었을 것으로 여겨진다.

왕경의 토목건축 공사를 위해 지방민이 대대적으로 조직 동원된 데에는 물론 왕경의 인력만으로는 여의치 않은 사정이 작용하였겠지만 다른 한편 급속히 늘어난 영토의 관리와 함께 지방 지배를 강화해 가면서 이들을 신라민으로 안착시키려는 의도도 바탕에 작용하였을 것 같다. 나아가 그를 통해 현저하게 변신한 신라국가는 물론 전륜성왕으로서의 신라 국왕의 위상과 권위를 널리 과시하고 인식시키려는 의미도 지녔을 터이다. 말하자면 지방민까지 전륜성왕 치하의 신라인이란 인식을 공유하려는 기획이었다.

법흥왕의 뒤를 이은 진흥왕도 역시 신라의 전륜성왕임을 내세웠다. 이 때문에 앞서 전륜성왕임을 표방한 백제의 성왕(聖王)을 강력한 경쟁자로 의식함으로써 언젠가 격돌이 불가피해진 상황이었다. 한강 유역의 진출을 계기로 본격화한 두 나라 간의 다툼은 554년 벌어진 관산성(管山城) 전투로서 일단락되기에 이르렀다.

이 싸움에서 대승한 진흥왕은 그동안 경쟁에서 이긴 신라의 전륜성왕 의식을 내부의 지배체제 강화에 적극적으로 활용해 갔을 것 같다. 바로 얼마 뒤에 얻은 자신의 두 아들 이름을 동륜(銅輪)과 사륜(舍輪), 즉 철륜(鐵輪)이라고 지은 것은 바로 그 연장선상이었다.

진흥왕은 전륜성왕의 이름으로 영역 확장에 엄청난 성과를 거둠으로써 자신의 현실 위상까지 한결 드높여나갈 수 있었다. 새로 편입된 지역을 직접 찾아보고 최전선의 몇몇 요지에 이른바 순수관경비(巡狩管境碑)를 세운 것은 그런 측면을 여실히 보여준다. 진흥왕이 변경을 순수한 사실 자체나 입비 행위는 불경(佛經)에서 불법(佛法)으로 통치한다는 전륜성왕의 전형임을 표방한 인도 마우리아왕조의 3대 왕 아소카가 지방민 대상의 칙령(勅令)과 함께 법륜(法輪)을 새긴 석주(石柱)를 곳곳에 세운 사실을 연상시킨다.

진흥왕 역시 신라의 전륜성왕이란 이름 아래 아소카를 모방해 수가(隨駕)할 때 2인의 승려를 대동하고 순행한 지역 몇 곳에다 비를 세웠다. 이런 행위 자체는 비록 내용이 유학적인 왕도정치(王道政治)로 포장되었을지라도 영토와 주민을 모두 신라 국왕, 곧 전륜성왕 치하의 신민으로 포섭해 내겠다는 강력한 의지의 표명이었다.

순수관경비는 지금껏 3기만이 알려진 상태이지만[36] 그 중에서 각별하게 눈길을 끄는 대상은 568년 무렵 북한산의 비봉(碑峰) 정상에 세워진 「북한산비」이다. 비봉 꼭대기 자체는 하나의 거대한 바윗덩어리인데 마치 비좌(碑座)처럼 여겨지도록 거기에다 홈을 파고 주위를 세밀하게 조각해서 비를 꽂아 우뚝하도록 하였다. 그와 같은 작업에는 엄청난 공력이 들어갔을 터이다. 비신과 함께 비개(碑蓋)까지도 온전히 갖춘 입비의 첫 사례로서 대단히 이례적인 조치였다. 이는 사전에 매우 치밀한 기획과 계산 아래 추진된 것처럼 여겨진다.

그와 관련해 특기해 볼 사실은 「북한산비」 석재(石材)인 화강암의 산

---

[36] 「창녕신라진흥왕척경비」도 같은 선상에서 다루기도 하지만 다른 3비와는 전혀 성격을 달리하므로 제외시켜 이해함이 마땅하다.

지(産地)가 바로 남산이란 점이다.[37) 그와 같은 추정이 타당하다면 이는 그냥 예사롭게 보아 넘길 사안이 아니다. 일반적 상상을 훌쩍 뛰어넘는 특이 행태이기 때문이다. 왕경 남산 산출의 돌로서 제작한 석비를 무려 수백km나 떨어진 먼 곳으로 옮겨 세운 데에는 어떤 강한 정치적 목적성을 가졌을 것이란 느낌을 떨치기 어렵다. 「북한산비」 제작에 사용된 돌이 왜 하필 현지가 아닌 남산 산출의 화강암이었을까.

그것은 밑바닥에 남산을 너무도 신성시한 인식이 깔린 사실을 전제로 할 때만이 비로소 이해가 가능해진다. 그렇지 않다면 남산의 석재로 만들어진 석비를 멀리까지 굳이 힘들여 운반해 가고, 다시 엄청난 공력을 들여 높은 북한산 산꼭대기의 바위덩어리를 깎아서 거기에다 세운 사실은 쉽게 이해하기 곤란하기 때문이다. 동시에 입비의 장소 자체가 접근하기 까다로운 위치인 점도 「북한산비」의 입비에는 각별한 의도가 깃들어있음을 뒷받침 해준다.[38) 비문의 내용은 사실상 아무나 읽도록 하기 위한 것이 아니라 하늘에다 알리고자 한 성질의 것이었다.

「북한산비」의 입비는 당연히 한강 일원이 이제 신라 영토임을 안팎으로 선언하기 위한 일종의 표징이었다. 신라의 발상지로서 신성시한 남산 산출의 화강암으로 만든 자체는 그곳이 곧 신라의 영토임을 표방한 것임과 동시에 그 자체 영원하게 지켜내겠다는 강고한 결기를 밝힌 것이기도 하였다. 비봉의 꼭대기에 세워 하늘을 향해 천명한 것도 그 때문이었다.

한편 그 속에는 전륜성왕인 진흥왕이 개국 연호 사용에 어우러진 성

---

37) 한병일·최희수, 「북한산 신라 진흥왕순수비 복제에 대한 연구」『문화사학』26, 2006 ; 노중국, 「신라 진흥왕의 한강 유역 점령과 순수」『향토서울』81, 2012.
38) 이보다 약간 늦은 568년에 세워진 「황초령비」나 「마운령비」의 산지가 어디인지 알 수 없으나 이 또한 남산의 것일 가능성을 배제할 수 없다. 장차 치밀한 조사가 요망된다.

취감과 함께 자신감까지도 깊숙이 스몄을 터였다. 그동안의 흐름을 추적하면 신라에게 삼국 간의 쟁패지인 한강 유역은 장래의 명운을 걸 만큼 정치적 의미가 크며 긴요한 곳이었음이 드러난다.

한강 유역 진출에 성공한 뒤 기념비라 할 「북한산비」를 남산의 돌을 가져다 세운 자체는 곧 남산의 공간적 위상에 커다란 변신을 갖고 온 것이기도 하였다. 남산의 신성성이 이제부터 왕경에만 머물지 않고 전륜성왕의식을 매개로 전체 영역까지 아우른다는 의식을 상징해 주기 때문이다. 이로써 남산은 전륜성왕의식을 기반으로 삼은 불교세계와 본격적으로 결속되었다.

하지만 신라국가가 영원토록 전륜성왕에 의해 다스려지기를 희구하면서 승승장구하던 진흥왕이 갑작스런 난관을 만났다. 566년 태자로 책립한 동륜이 6년 만인 572년 예기치 않게 사망하는 일이 벌어진 것이다. 이름처럼 동륜태자는 진흥왕이 당연히 자신의 뒤를 이을 미래의 전륜성왕으로 생각하였다. 하지만 동륜태자의 갑작스런 죽음은 진흥왕 자신이 세운 전륜성왕 기획의 근간에 큰 차질을 가져올 수밖에 없었다.

진흥왕은 574년 전륜성왕, 즉 자신의 상징이기도 한 장육존상(丈六尊像)을 엄청난 경비와 공력을 들여 주조해서 황룡사 금당에다 봉안하였다. 이것은 전륜성왕으로서의 진흥왕이 추진해 온 기획 전반을 마치 일단락 짓기라도 하려는 듯이 자신도 2년 뒤에 사망하고 말았다. 게다가 전륜성왕의 또 다른 축이라 할 둘째 아들 사륜이 진지왕(眞智王, 576~579)으로서 뒤를 이었으나 재위 4년째 국인들에 의해 폐위 당하였다. 이로써 전륜성왕에 의해 영원히 다스려지는 신라국가의 건설이란 진흥왕의 꿈은 물거품으로 돌아갔다.

동륜태자의 아들 백정(白淨)이 그 뒤를 이었으니 진평왕(眞平王, 579~632)

이다. 진평왕은 즉위 직후 잠시 흐트러진 지배질서 전반의 재정비에 나섰다. 그러면서 이제는 기존의 상징성을 모두 잃은 전륜성왕의식 대신 자신의 직계존비속을 석가모니 일족과 동일하게 여기려는 이른바 신성가족(神聖家族)의식을 대안으로 제시하였다. 거기에는 진평왕이 장차 신라의 석가모니를 낳아야겠다는 강한 염원을 깔고 있었다.

신성가족의식은 기실 진흥왕대에 전륜성왕 표방과 함께 황룡사 창건을 매개로 해서 나온 소위 왕즉불 의식에 뿌리를 둔 것이라 여겨진다. 하지만 진평왕은 끝내 아들 얻기에 실패함으로써 뒷날 그마저도 더 이상 이어 나가기 곤란해지는 상황을 맞았다. 그를 토대로 나온 성골(聖骨) 관념은 뒷날 선덕여왕과 진덕여왕의 출현이 가능하도록 이끌었다.

진평왕은 신성가족의식을 기반으로 왕실과 함께 왕궁의 재정비를 적극 도모하였다. 국가사무에서 왕실을 분리해 내려는 일환으로서 대궁(大宮)을 비롯한 3궁에 별도의 사신(私臣)을 두고 업무를 분장시켰다. 얼마 뒤에는 이들을 모두 통합해 왕실사무 일체를 총체적으로 전담한 별도의 기구인 내성(內省)을 설치하였다. 한편 586년에는 전국적 차원의 역역동원을 통해 왕궁인 월성의 면모를 일신하였다. 이는 월성의 해자(垓字)에서 출토된 몇몇 목간을 근거로 해서 유추되는 사실이다.

이처럼 6세기 이후 신라 왕경의 특정 토목건축 공사에 전국적 차원의 역역을 동원한 것은 그동안 이룬 영역 확장과 함께 지방 지배를 강화함으로써 가능해진 일이었다. 그 무렵 진행된 왕경의 도시 개발은 왕경인의 인력 동원만으로는 감당해 내기 어려운 실정이기도 하였다.

이런 문제점을 일시에 해결하면서 동시에 새로 편입된 영토의 주민을 신라의 민으로 전화(轉化)시키는 의도로 추진된 작업이 지방민 대상의 대대적인 역역동원이었다. 거기에는 국왕을 정점으로 삼은 중앙집권화정책의 추진으로 크게 격상된 국왕의 권위와 위상을 안팎으로 과시하려는 목적도 아울러 지녔음은 물론이다.

그처럼 왕경의 토목건축 사업에 전국적인 차원의 지방민을 가장 많이 동원한 것이 남산신성의 축조였다. 그런 실상은 현재 10기나 발견된 「남산신성비」가 일단 증명해 준다.

남산신성이 축조되던 진평왕 13년(591)의 시점은 두 가지 측면에서 주목된다. 하나는 진평왕의 즉위와 함께 진행된 내부 관료조직의 대대적인 정비가 일단락된 시점이란 사실이다.[39] 그래서 그에 어우러지게 왕궁과 왕경의 재정비까지 필요해진 상황이었다.

다른 하나는 중국 방면에서 수(隋)의 등장으로 오랜 남북의 분열상태가 종식됨과 함께 긴장감이 크게 고조되어 간 시기였던 사실이다. 통일제국 수가 영토를 직접 접속한 고구려에 압박을 가하면서 동북아 지역에 긴장감을 크게 불러왔다. 그로부터 생겨난 파장을 언제 맞닥뜨리게 될지 알 수 없던 신라로서는 만반의 대비책을 미리 마련해 두지 않으면 안 되었다.

그런 안팎의 당면 사정을 동시에 해결할 목적으로 추진한 것이 왕궁과 가까운 곳에 임시피난 용도의 남산신성을 쌓는 일이었다. 앞서 언급하였듯이 문제는 이때 성의 이름을 왜 하필이면 남산신성으로 지었을까 하는 점이다. 일반적인 관례처럼 그냥 남산성이라 하여도 무방하였을 터인데 굳이 '새 성[新城]'으로 명명한 것이 예사롭지가 않다.

그런 표현 속에는 새로운 피난 왕성이란 뜻도 당연히 들어갔겠지만 이를 한층 뛰어넘는 의미가 담겼을 법하다. 일단 성에다 방점을 찍으면

---

39) 주보돈, 「중앙통치조직」 『한국사』 7, 국사편찬위원회, 1997, pp.172~183.

'남산에 쌓은 새 성'으로도 풀이되어 신성가족의식 아래 출범한 새로운 지배체제의 의미를 담은 피난 왕성 정도로 이해된다. 말하자면 신성은 곧 새로운 지배체제의 출범 선언이나[40] 다름없었다.

다른 한편 남산에다 초점을 맞춘다면 '남산을 새롭게 하는 성'이란 뜻풀이도 가능해진다. 그렇다면 거기에는 이후 남산 자체를 새롭게 여긴다는 의미까지 담긴 셈이 된다. 앞서 언급하였듯이 남산이 품은 신성성은 전륜성왕의식과 함께 확장으로 전국화해 갔지만 이제 신성가족의 임시 거소로서 기능할 신성(新城) 축성과도 결합함으로써 본격적으로 변신할 발판이 마련된 셈이었다.

그와 연동해서 이후 남산 내부와 주위에 수많은 불사가 이루어지고 특히 평소 여러 부처와 보살이 머무는 곳으로서[41] 신성하게 여겨온 사실은 각별히 주목해 볼 대상이다. 이는 특히 남산, 남산신성의 축조가 곧 진평왕이 표방한 석가족(신성가족)신앙과도 연계됨을 의미하기 때문이다. 사실 진평왕대에 황룡사의 금당을 중건하면서[42] 진흥왕이 영조에 성공한 기존의 3존상을 기반으로 다시 16구의 존상을 더 안치시킨 것도 비슷한 맥락으로 이해된다.

이제 황룡사 중심의 왕경 중앙부 전체를 내려다볼 수 있는 곳인 남산은 온갖 부처 보살이 언제나 머물고 있는 불교의 신성 공간으로서 새롭게 탄생하였다. 이로써 남산은 불교신앙으로 완전히 덧씌워질 채비가 갖추어진 셈이었다. 이후 각종 불사가 남산의 주변 일대와 함께 그 안쪽

---

40) 주보돈, 「남산신성의 축조와 남산신성비 제9비를 중심으로」 『신라문화』 10·11, 1994 ; 『금석문과 신라사』, 지식산업사, 2002, p.261.

41) 『삼국유사』 5 감통 「경흥우성」조 및 「진신수공」조.

42) 『삼국유사』 4 탑상 「황룡사 장육」조.

깊숙한 데까지 들어선 것은 그를 입증해 준다. 다만, 불교신앙을 주축으로 하면서도 하위에는 기존 전통 산악신앙이 포섭된 상태였다. 이것은 뒷날 남산에 무덤까지 들어서서 복합문화적 공간으로 다시금 변신하게 되는 일종의 명분으로서 작용하였다.

6. 남산과 만불산

남산은 신성의 축조 뒤 평지의 황룡사와 하나로 짝을 이루어 신라 왕경 불교의 중심축으로서 자리를 잡아갔다. 이후 남산의 안팎이 온통 불사로 가득해진 사실은 그를 잘 보여준다. 그러면서 남산이란 명칭이 그대로 이어지고 불교식 산명으로 대체되지는 않았다. 이 점은 황룡사를 기준점으로 남산과 대적적인 위치였던 북산이 금강산이라 불린 사실과는 대비된다.

북산(북악)이 애초에 어떻게 불렸던지는 분명하지 않다. 그런데 남산과 마찬가지의 출현 배경을 가진 북산은 불교의 강한 영향을 입어 언제인가 금강산으로 대체되었다. 금강산이란 이름의 사용 시점(始點)은 분명하지 않으나 이른바 4영지의 하나였던 사실로 미루어 늦어도 7세기 전반 무렵까지는 올려볼 수 있겠다.

불교는 공인을 거친 뒤 현실의 정치와도 더 깊게 연루되면서 종교 신앙의 대세로서 자리를 굳힌 뒤 매우 빠른 속도로 퍼져갔다. 중앙부의 평지 일대에 조영된 사찰의 수가 급속히 늘어나고 차츰 이를 벗어나 주변으로 확산되어 마침내 산악 윗쪽으로까지 올라갔다.[43] 경주분지를 에워

---

43) 이근직, 앞의 글 참조.

싼 주요 산악마다 불사가 들어선 것이다. 그들 대부분은 불교적인 성격을 강하게 띠어갔지만 그럼에도 금강산을 유일한 예외로 하면 나머지는 불교식의 산명을 갖지 않았다. 오히려 선도산, 토함산처럼 원래의 산명이 그대로 뿌리내려졌다.

그런 경향성에 견주면 불교와 남산의 밀착이 한결 두드러진 사례이면서도 방위명의 이름 자체로 굳혀진 점은 무척 이색적 현상이라 하겠다. 남산 주변부에 우후죽순처럼 들어서던 사찰은 점차 속으로 더욱 높고 깊은 곳까지 들어갔다. 마침내 남산 전체가 온통 불사로 뒤덮인 특이한 모습을 갖추기에 이르렀다. 하지만 끝내 불교식의 산명으로 대체되지를 않았다.

이런 현상은 남산이란 산명 자체에 대단히 깊은 의미가 깃들었기 때문이란 추정을 가능하도록 만든다. 신라국가의 발상지인 남산(원래 명칭은 '닭산'이었겠지만)이 너무나 신성 공간으로 여겨진 때문이었을지도 모르겠다. 그런 신성성이 정치와도 한층 깊게 밀착함으로써 이것이 결국 불교식 산명의 출현을 도리어 가로막았을 수도 있다.

누차 언급하였듯이 전통신앙을 바탕으로 신성시된 남산은 남산신성의 축조로 평지의 황룡사에 맞추어 산악 불교의 상징으로서 자리 잡아나갔다. 그런 과정에서 온갖 불교세계를 모두 포용함으로써 대단히 다양하고 복합적인 양상을 띠게 된 것이다. 그래서 금강산과는 다르게 남산만은 특정 성격의 불교로 구태여 한정하기가 어려워졌을지 모른다. 그런 점은 신라인들이 남산을 만불산(萬佛山)으로 여겼던 듯한 사실로부터[44] 유추된다.

이미 소개하였듯이 남산의 원래 명칭인 '닭산'에 뿌리를 둔 양산(楊山)

---

44) 차순철, 「남산불적의 조사상황」 『신라문물연구』 12, 2019, p.101.

과 관련한 기록은 경덕왕(景德王, 742~765)대까지 나타난다. 남산이 정식 산명이었지만 양산(표기는 다름)도 오래도록 함께 병용된 것 같다. 남산이 불교세계의 중심축으로 자리 잡으면서 온갖 부처와 보살이 머문다고 여겼거니와 이를 근거로 해서 신라인들은 만불산이라고 생각한 듯하다. 그런 사실은 아래에 소개하는 이야기를 통해서 유추된다.

경덕왕은 당의 황제 대종(代宗, 762~779)이 불교를 유난히 숭상한다는 정보를 얻어 오색의 모직물을 짜고, 침단목(沈檀木)을 조각해서 온갖 구슬과 옥으로 꾸민 가산(假山)을 만들어서 그 위에다 놓았다. 그러고는 가산 속에 바위나 괴석, 시내와 같은 각종 자연물을 비롯해 벌과 나비가 춤추고 새가 날아다니는 모습을 넣어 마치 진짜 산처럼 보이도록 하였다.

게다가 크고 작은 모습의 만불(萬佛)과 천여 명에 이르는 승려까지 안치하고 불사(佛寺)와 관련된 여러 건축물과 함께 범종 등의 불구(佛具)로 치장하였다. 완성된 공예작품을 당나라에 보내었더니 대종은 신라인의 기교가 사람이 아닌 하늘의 조화라 칭송하였다고 한다.[45]

당나라 말기인 희종(僖宗, 873~888)대에 소악(蘇鄂)이 편찬한 일종의 설화집인 『두양잡편(杜陽雜編)』에도 이와 대동소이한 내용이 찾아진다.[46] 일연은 위의 기사에 별도의 출전(出典)을 밝히지를 않았지만 양자를 대충 대비하면 거기에 근거를 두었을 가능성이 크다.[47]

그런데 만불산의 모형은 과연 무엇을 근거로 해서 만들어졌으며, 왜

---

45) 『삼국유사』 4 탑상 「사불산·굴불산·만불산」조.
46) 장충식, 「『삼국유사』 만불산과 신라공예」 『문화사학』 6·7, 1997.
47) 장충식은 두 기록을 대비하여 구성상 차이를 보이는 점에 초점을 맞추어 일연이 별개의 기록에 근거하였을 것이라고 짐작하였다.(위의 글, p.312) 『삼국유사』 전편을 통해서 확인할 수 있는 원전 인용의 사례로 미루어 그런 정도의 몇몇 차이를 근거로 전거(典據)가 달랐다고 보기는 어려울 듯싶다.

그런 이름이 붙여졌을까. 사실 가산이라 밝혀두었듯이 그 자체 당시 실재한 어떤 산악을 그대로 본떠 만든 것이 아니었음은 명백하다. 그렇지만 어떤 근거도 없는 오로지 단순한 상상력만으로 그 전부를 창안하였다고는 생각되지 않는다. 어떤 특정한 산을 실마리로 삼았다고 가정해도 하등 이상스럽지가 않다. 그럴 때 남산을 빼고서는 달리 상정할 대상은 없다. 어쩌면 만불산을 통해 남산의 현재와 미래를 떠올리려는 의도가 작용하지 않았을까 싶다.

경덕왕대 당시 남산과 주변 일원에는 이미 불사가 적지 않게 이루어진 상태였다. 그 이전부터 온갖 부처와 보살이 머문다고까지 여긴 것도 바로 그런 실상 때문이었겠다. 남산에는 평소 수많은 승려들도 생활하였을 터이다. 따라서 만불산은 남산의 현황을 상상 속에서 다시금 형상화시킴으로써 만들어졌을 듯하다. 당시 실상은 아직 그런 정도에 미치지 못하였지만 신라인들은 장차 그처럼 만들려는 희구를 갖고 있었을지도 모를 일이다.

『삼국유사』 찬자인 일연도 만불산을 무조건 가상의 산으로만 여기지를 않았던 것 같다. 그것은 만불산을 당시 실재한 문경의 사불산(四佛山)이나 금강산의 이칭이라고 할 굴불산(掘佛山)을 함께 엮어 같은 항목 속에 넣어 다룬 사실 자체가 암시해 준다. 사불산이나 굴불산에서는 어떤 이적(異蹟)이 벌어졌고 산명도 그처럼 불렸다.

일연이 만불산을 단지 무조건 가상의 산으로만 여겼다면 그들을 하나의 항목으로 묶어 넣었을 것 같지는 않다. 사실 불교 관련 항목을 무려 39개나 배치해 둔 탑상편에서 신라인들이 온갖 부처와 보살이 머문다고 생각해 가장 신성시해 온 불교 성지인 남산 또는 그곳에 자리한 특정 사찰을 표제어로써 내세워 다룬 항목이 전혀 없음은 너무나 이상스럽다.

일연은 그런 점을 크게 의식해서 의도적으로 남산을 만불산이란 이름으로 해서 다루지 않았을까 싶다. 만불산은 남산이 앞으로 그런 모습으로 바뀐다는 희망을 담은 일종의 별칭이었던 셈이다. 여하튼 남산을 만불산으로 인식하였기에 달리 특정한 불교식의 산명은 끝내 사용되지 않았을 것 같다. 그런 사정과 관련해 왕경 내 사찰의 주요 불상이나 불탑 등에 쓰인 석재의 산지가 남산으로 입증된 사실은 잠시 주목해볼 만한 대상으로 떠오른다.

근자에 행해진 몇몇 지질학적인 검토를 통해 그들에 사용된 화강암이 남산 산출이란 사실이 밝혀졌다. 이를테면 선도산 8부 능선의 삼존상 가운데 두 협시보살, 나원리 5층석탑, 불국사의 다보탑과 석가탑의 주요 부재를 비롯한 연화교·칠보교, 청운교·백운교 등을 대표적 사례로서 손꼽을 수 있다.[48] 그 밖에도 불교와는 직접적인 관련성이 없으나 상당한 정치적 의미를 품은 첨성대나,[49] 월정교(月淨橋)·춘양교(春陽橋) 등에 사용된 석재의[50] 산지도 남산이라고 한다.

이처럼 경주분지의 적지 않은 주요 석물에 소요된 석재의 공급처가 남산임은[51] 예사롭지가 않다. 앞으로도 더욱 치밀한 조사를 더 거치면 그 수치는 한결 늘어나리라 예상된다. 경주분지 일원의 유력한 화강석

---

48) 이찬희 외, 「불국사 다보탑의 암석학적 특징과 보존과학적 진단」『지질학회지』39-3, 2003 ; 조기만, 「경주지역 석조문화재의 석재공급지에 관한 연구」『한국지역지리학회지』11-4, 2005 ; 박성철 외, 「불국사 삼층석탑에 사용된 석재의 암석학적 연구」『암석학회지』24-1, 2015 참조.

49) 국립문화재연구소, 『석조문화재의 안전관리 방안 연구보고서 - 첨성대를 중심으로 -』, 2011.

50) 김동하, 「월정·춘양교의 석재와 신라 석축·석공 기술」『경주의 춘양교지』 경북문화재단 문화재연구원, 2023, pp.110~111.

51) 국립문화재연구소, 앞의 보고서.

산지는 암질이나 구성에서는 일정한 차이가 나지만 남산과 토함산 두 곳으로 추정되고 있다.[52]

7. 남산의 변화와 불국사 창건

왕경 안에서 필요한 각종 석물에 사용된 석재가 거리상 가장 가까운 산지(産地)인 남산으로부터 옮겨졌을 가능성은 일견 당연한 추정으로 비쳐진다. 하지만 앞서 소개한 「북한산비」의 사례를 떠올리면 약간 다르게 이해해 볼 여지가 생겨난다.

게다가 토함산 서편 자락의 불국사에 사용된 석물 가운데 상당수 핵심 석재의 산출지가 남산이란 사실은 그냥 무심코 지나칠 사안이 아닐 것 같다. 토함산 동편자락에 위치한 석굴암의 조영에 소요된 석재가 불국사와는 다르게 남산이 아닌 당해 지역 산출이란 점으로 미루어서 더욱 더 그러하다. 석물의 수요처와 산지가 가깝다는 것은 당연히 가져봄 직한 설정이겠지만 거꾸로 그렇지 않았을 경우 각별한 의미를 부여해 볼 필요가 있겠다.

불국사 석물 제작에 남산의 돌을 활용한 사실은 무척 의미심장하게 느껴진다. 그것은 마치 돌을 매개로 남산의 신성함을 그대로 이어가려는 듯한 인상을 짙게 풍겨주기 때문이다. 불국사의 창건은 곧 그동안 남산이 감당해 온 역할을 그대로 잇겠다는 의도의 표명이 아니었을까 싶다. 달리 말하면 이제부터 불교계의 구심이 남산으로부터 새로이 창건된 토함산자락의 불국사로 옮기는 데에 따른 일종의 상징이나 다름없는 조치

---

52) 조기만, 앞의 글 참조.

로 풀이된다.

결과적으로 불국사와 석굴암의 창건으로 신라 불교신앙의 중심이 옮겨졌음은 틀림없는 사실이다. 석물 제작용으로 굳이 남산의 돌을 사용한 점이나 절의 이름을 하필 불국이라고 지은 사실은 그를 여실히 입증해준다. 이제부터 오래도록 불국토의 구심 역할을 감당해 온 남산의 역할을 불국사가 대신한다는 선언이나 다름없었다. 거꾸로 거기에는 남산의 본래적 기능은 수명을 다했다는 뜻도 담겨져 있었다.

사실 이후 남산 자체에서 두드러진 변화가 일어난 점은 그런 실상을 방증한다. 남산 주변 평지의 출입구에는 그 전후 무렵부터 상당한 규모의 봉분을 가진 대형의 무덤이 빙 둘러가면서 마침내 8기 정도가 들어섰다. 이들은 현재 신라 초기와 말기의 두 시기 왕릉으로 정리되었지만 실제 주인공은 물론 축조의 시점이나 계기 등 기본적 사항 일체가 아직 제대로 밝혀진 상태가 아니다.

남산 자락에 무덤이 조영된 사실을 알려주는 기록은 통틀어서 경애왕릉이 거의 유일하다. 이미 언급하였듯이 후백제 견훤(甄萱)의 불시 급습을 받아 사망한 박씨 경애왕을 남산의 해목령(蟹目嶺)에다 장사 지냈다고 하였다. 아마도 이를 주요 기준으로 삼아 조선 후기에 이르러 서남산자락 큰 규모의 무덤을 모두 박씨 왕릉으로, 반면 동남산 자락 두 기의 큰 무덤을 김씨인 헌강왕릉과 정강왕릉인 듯이 비정한 것이다.[53]

여하튼 현황으로서는 남산에 무덤이 들어서기 시작한 구체적 시점을 판단할 명백한 근거가 달리 없으나 비교적 늦은 시기였다는 점, 규모로 미루어 왕릉이나 그에 준한다는 점 등 약간의 추론은 가능하다. 특히

---

53) 그와 관련한 실상에 대해서는 이근직, 『신라왕릉연구』, 학연문화사, 2012 참조.

남산이 매우 신성시된 공간으로서의 기능이 제대로 발휘된 경우라면 무덤은 들어서기 곤란하였을 터이다. 기왕에 남산 속의 일각에서 화장한 골호(骨壺)가 이따금 발견된 적은 있지만 큰 봉분의 무덤은 아무나 쓸 수 있는 곳이 아니었다. 따라서 특정 시점 이후 유력한 인물의 경우에 국한해서 남산자락에도 무덤이 조영된 것으로 여겨진다.

그런데 최근 남산 일대 무덤 조영 시작의 구체적 시점을 설정할 만한 약간의 실마리가 될 비편의 발견이 주목된다. 기왕에 이미 「찬지비(湌之碑)」로 명명된 근거였던 이수(螭首)편 1점과 함께 2점의 비편이 알려져 있었다. 새로 발견된 비편의 비문은 분량이 그리 많지 않은 데다가 마모까지 심하게 진행되어 내용 파악이 어렵다. 그런데 같은 비의 우측 상단부에 해당하는 100여 글자의 새 비편이 다시 알려졌다.

이로써 「찬지비」의 주인공은 관등이 아찬으로서 성이 김씨, 이름은 공순(恭順), 태종무열왕의 후예이며 약관(弱冠)의 나이에 천령군(天嶺郡) 소속의 어떤 관직을 역임했다는 등 몇 가지 기본적 사항을 알 수 있게 되었다. 다만, 아쉽게도 주인공의 생몰(生沒)이나 가계(家系)를 비롯한 관력(官歷) 등 여러모로 요긴한 요소나 입비의 시점 등을 추적할 만한 근거는 보이지 않는다.

그 때문에 입비 시점을 놓고 서체를 주요 근거로 삼아 9세기 초일 것으로 간주하는 입장과[54] 천령군을 주된 근거로 어떤 특정 사건과 관련지어서 시점을 좀 더 구체적으로 770년대로 추정하는 두 견해가[55] 엇갈려 있다. 아직 구체적 시점을 확정 짓기 곤란하지만 대략 경덕왕 이후 8세기 후반 전후의 것이란 추정은 가능해진 상황이다.

---

54) 박홍국, 「새로 발견된 신라 恭順阿湌碑片의 조사와 碑文 書者」『영남학』81, 2022.
55) 이영호, 「신라 아찬 金恭順 神道碑片 검토」『영남학』81, 2022.

비문 자체에서 신도비(神道碑)라고 밝힌 사실로부터 유추할 수 있듯이 무덤과 일정한 거리를 두고서 세워진 묘비임이 확실하다. 그와 함께 이수의 존재로 미루어 비좌(碑座), 혹은 귀부(龜趺)와 비신을 아울러서 갖춘 정형화한 석비의 사례에 속한다. 하지만 비편이 서로 같은 지점이 아닌 상당한 거리를 두고 발견되어 원래 세워졌던 곳은 물론 비좌나 무덤의 위치도 가늠하기가 힘든 실정이다. 다만, 비편이지만 규모가 크고 무거워서 옮겨 다니기가 쉽지 않았을 터이므로 원위치는 동남산자락 부근에서 그리 벗어나지는 않는다고 보아 무난할 성싶다.

새로 출현한 이 「공순아찬비」는 일단 내용 관련 사항 일체는 젖혀두더라도 무덤이 남산 자락에 조영된 사실을 일러준다는 점에서 주목되는 사실이다. 물론 그 이전 남산에 무덤이 들어서지 않았다고 단정하기는 어렵다. 하지만 남산의 신성성이 제대로 발현되던 시기라면 아무래도 무덤은 들어서기가 곤란하였을 터이다. 만약 사후 세계와 직결된 무덤이 없었다가 처음으로 조영되었다면 이는 남산의 본래적 성격에 근본적인 변화가 벌어지고 있었음을 뜻한다. 「공순아찬비」를 근거로 삼는다면 일단 8세기 후반 전후 어느 시점 무렵부터 남산의 근본 성격에 변화가 일기 시작한 것으로 추정해 볼 여지가 있다.

그렇다면 변화의 상한을 앞서 설정한 불국사와 석굴암의 창건과 관련지어 이해해도 무리하지는 않을 성싶다. 불국토의 구심이 남산에서 불국사로 옮겨지면서 그곳의 신성성은 차츰 빛이 바래져 가고 쇠퇴하는 길을 걸었으리라 여겨진다. 남산의 주변에 무덤이 들어서고 안쪽 깊숙한 곳에서 골호까지 발견된 사례로 미루어 남산은 더 이상 기존의 신성함을 유지하기가 어려워지고 새로운 성격의 복합문화공간으로 바뀌어져 갔다.

천룡사 전경

　경덕왕대에 그와 비슷한 현상이 일어나기 시작한 것은 꼭 남산에만 국한된 일은 아니었겠다. 그동안 경덕왕대에 진행된 한화(漢化)정책을 주요 근거로 삼아 지명이나 관명의 개칭 사실에만 주로 초점을 맞추었으나 56) 동시에 바로 그 시점에 불교계에도 상당한 변화가 벌어지고 있었다. 그것은 설화적인 표현이기는 하지만 『삼국유사』5 의해편의 「현유가해화엄」조에서 유가승 태현(太賢)과 화엄승 법해(法海)가 벌인 모종의 대결 양상은 당시 불교계, 혹은 현실 정치와의 관계에서 드러난 동향을 시사하는 바가 커 주목해 볼 만하다.

　경덕왕 12년(753) 태현이 먼저 내전(內殿)에서 『금광명경』을 강론할 때 왕궁의 우물물을 일곱 길[丈]이나 치솟게 하였다고 한다. 이듬해에는 법

---

56) 이기백, 「신라 혜공왕대의 정치적 변혁」 『사회과학』 2, 1958 ; 『신라정치사회사연구』, 일조각, 1974.

해가 경덕왕을 대상으로 황룡사에서 『화엄경』을 강론할 때 동해의 물을 끌어다 동악(토함산)을 잠기게 하였다.

이 설화에서는 은연중에 양자를 대비해 법해의 승리를 은근히 암시해 주는 듯한데 그 밑바탕에는 기실 화엄종이 불교계 주류로서 부상해가던 분위기가 깔린 것으로[57] 풀이된다. 기존 불교계에 큰 변화가 일어났으며 그 속에 토함산이 등장하는 사실도 눈여겨볼 대목이다. 설화는 경덕왕대에 불교계에서도 상당한 변동이 일어났음을 반영한다. 그동안 왕경으로부터 밀려나 소백산자락에다 둥지를 튼 의상(義相)의 화엄불교가 꾸준한 성장의 과정을 거쳐 마침내 신라 불교계의 새로운 주류로 부상한 것이다.

경덕왕은 불교까지 포함한 전반적인 변혁을 추진하고 있었으며 그 일환으로서 남산의 변질을 동반한 불국사와 석굴암의 창건을 추진한 것으로 이해하여도 지나치지 않을 성싶다. 어쩌면 앞서 잠시 언급하였듯이 경덕왕 23년 용이 양산 자락의 아래에 나타났다가 얼마 뒤 날아간 이변은 그런 상황을 은유적으로 표현한 것이 아닐까?

8. 나가면서 - 천룡사 이해의 일환 -

어떤 생성된 사물도 본래의 모습 그대로를 영원토록 이어나가지는 못한다. 시대의 흐름에 맞추어 변질, 변모해가다가 언젠가는 소멸함이 자연의 이치이기 때문이다. 한때 신라국가의 발상지로서 신령스러움을 간직한 공간, 신라불교 성소로서의 위상과 기능을 감당한 남산도 비슷한 과

---

57) 김복순, 『신라화엄종연구: 최치원의 불교관계저술과 관련하여』, 민족사, 1990, p.66.

천룡사 발굴로 노출된 모습(화랑문화유산연구원)

정을 밟았다. 신라국가의 멸망은 거기에 거의 결정타를 날린 꼴이었다.

그럼에도 남산의 성스러운 기운이 일거에 완전하게 사라지지는 않았다. 미약한 형식으로나마 그런 명맥은 면면하게 이어졌다. 그런 속에서 조금이라도 되살려내려는 움직임이 나오기도 하였으니 바로 천룡사(天龍寺)의 중창이었다.

천룡사는 고위산(고위봉)자락에 지어진 사찰로는 거의 유일하다시피 하였다. 신라 당대에 남산과는 별개 구역으로 여겨진 탓인지 거기에서는 불사가 활발하게 이루어졌던 것 같지는 않다. 그런 점을 고려하면 산중턱의 유다른 넓은 평지인 지형적 이점이 천룡사의 창건을 이쪽으로 유도한 주된 요인이 되었을지 모르겠다.

상대적으로 높은 곳인 탓에 고사(高寺)란 별명까지 얻은 듯한 천룡사가 언제 어떻게 창건된 것인지는 뚜렷하지 않다. 다만, 어떤 단월이 희사해서 절을 짓고 천녀(天女)와 용녀(龍女)란 두 딸의 이름자 하나씩을 따서 사명으로 삼았다는 설화성이 짙은 내용만 전해질 따름이다. 혹여 그것이 원래부터 천룡사가 비구니 사찰이었음을 암시해주는 것일 지도 모른다.

한편 중국의 사신 악붕귀(樂鵬龜)가 언제인가 천룡사를 찾은 뒤 이 절의 파괴를 곧장 신라의 멸망과 연관시켜 발언하였다는 전승을 근거로 짐작하면 그 자체 호국적인 성격을 강하게 띤 사찰로서의 창건은 신라 통일기 초까지 소급될 여지도 엿보인다. 악붕귀가 신라와 당나라 사이의 전쟁이 이제 막 시작되었을 무렵인 문무왕대 후반 신라에 사신으로 파견되어 당과 관련한 호국사찰인 사천왕사를 외교문제로 삼은 일화로서[58] 그처럼 유추해볼 수 있다.

다만, 악붕귀가 당시 중국의 기록에서는 전혀 확인되지 않아 실존 여부 자체가 논란되는 인물이기 때문에 선뜻 그렇게 결론짓는 데에는 일말의 불안감이 남는다. 다만, 고려 초 풍수지리적인 입장에서 편찬된 듯한 『토론삼한집』에서 천룡사를 다룬 사실로 미루어 창건의 시점은 상당히 올라가며, 호국적인 성격을 띤 사찰임은 부정하기 어려울 듯싶다. 중창이 이루어진 배경에도 그런 인식이 암묵적으로 작용하였을 법하다.

고려시대에 들어와 신라의 멸망으로 쇠락한 천룡사의 중창을 도모한 인물은 최제안(崔齊顔)이었다. 그는 고려왕조 제8대 현종(顯宗)대부터 제11대 문종(文宗)대에 이르기는 4대에 걸쳐 사환(仕宦)한 인물이다. 마지막엔 당대 최고위직인 문하시중까지 역임하였으며 사후인 선종(宣宗) 3년(1086)에는 문종의 묘정(廟廷)에 배향되기까지 하였다. 그의 아버지가 최숙(崔肅)이며, 할아버지는 고려왕조 건국의 기틀을 마련하는 데에 공헌한

---

58) 『삼국유사』 2 기이 2 「문호왕 법민」조.

천룡사 삼층석탑

신라 태생의 저명한 유학자인 최승로(崔承老)였다.

　그와 같은 최제안이 하필이면 천룡사를 중창하게 된 사실은 몇 가지 측면에서 약간 의아스럽게 여겨지는 대목이다. 첫째, 최제안, 혹은 그의 집안이 원래 과연 천룡사와 어떤 관계를 가졌기 때문이었을까. 둘째, 기왕의 신라 왕경에는 아직 유서깊은 사찰이 적지 않게 존재하였는데 왜 하필 천룡사를 중창의 대상으로 삼았을까. 셋째, 그의 할아버지 최승로의 탄생과 연관된 중생사가 당시 건재한 상태였는데 이는 왜 중창의 대상으로 고려하지 않았을까. 중생사는 「경주왜구격퇴사실기(慶州倭寇擊退事實記)」란 고려 말 작성된 고문서에[59] 따르면 우왕(禑王) 5년(1379) 경주를 약탈한 왜구에 의해 같은 성격의 관음도량인 민장사(敏藏寺)와 함께

---

59) 이 문서는 『경주부호장선생안(慶州府戶長先生案)』에 실려 있다.(노명호 외, 『한국고대중세고문서연구(상), 서울대출판부, 2000 참조)

불탔다고 한다.

　이상과 같은 몇몇 의문이 언뜻 떠오르지만 특히 왜 고려 왕도인 개경 부근의 사찰이 아닌 지방인 경주였을까 하는 점이 가장 궁금해지는 대목이다. 이들은 신라의 멸망과 동시에 경주를 떠나 고려 왕도로 옮겨가 정착한 지 이미 100여 년이 지난 상태였다. 중앙정부에서는 경주 출신의 최씨 족단이 가장 유력한 가문의 하나로서 부상하였으며 최제안은 조부 및 부와 함께 자신까지 3대가 잇달아 종묘의 배향공신이 될 정도로 현달(顯達)한 인물이었다.

　그럼에도 구태여 본향의 쇠락한 천룡사를 대대적으로 중창한 사실은 당시의 실상을 이해할 만한 어떤 열쇠를 지닌 듯하다. 그와 관련하여 역시 고려 건국에 공헌하여 삼한공신이 된 최언위(崔彦撝)가 오래전 자신의 조상인 최유덕(崔有德)이란 인물이 희사해서 창건하였다는 유덕사(有德寺)에다 그의 진영(眞影)을 내걸고 입비(立碑)까지 행한 사실도 유의할 필요가 있을 듯하다.

　아마도 새로운 왕조에서 현달한 유력한 집안이 어떤 형태로든 연고가 있는 본향과 연관을 맺으려는 일환으로써 천룡사의 중창을 도모한 것으로 여겨진다. 당시 출신지를 성씨의 본관(本貫)으로 삼는 유행이 정착되어 간 사정과 밀접한 상관성이 있을 것이란 추정이 가능하다. 그런 모습은 비슷한 시기에 편찬된 「가락국기(駕洛國記)」에서도 뚜렷하게 나타난다.

　천룡사는 조선시대에 이르기까지 경주 최씨 집안의 원찰로서 활용된 흔적이 보인다.[60] 지방의 특정한 집안에서 특정한 사찰과 맺은 관계가 상당히 오래도록 지속됨을 보여주는 사례로도 여겨진다. 이런 여러 가지

---

60) 김호동, 「최은함·승로 가문에 관한 연구 - 신라육두품가문의 고려문벌귀족화과정의 일례」 『교남사학』 2, 1986.

문제 인식은 천룡사가 앞으로도 계속해서 깊이 천착해보아야 할 과제를
품은 사찰임을 의미한다.

* 이 글은 2024년 신라문화유산연구원과 화랑문화재연구원이 공동으로 주관한
「천룡사지 조사 성과와 과제」란 주제의 학술회의에서 발표한 내용을 수정 보완
한 것이다.

3. 단석산(斷石山)의 역사성

1. 들어가면서

경주분지 일원에서는 외양이 유난스럽게 수려(秀麗)하다거나 그리 웅장하지는 않더라도 전국적으로 널리 알려진 명산(名山)이 적지 않게 찾아진다. 이들은 신라시대 이래 오래도록 켜켜이 쌓여온 역사성을 간직한 까닭으로 지금껏 그에 어우러지는 명성을 이어왔던 것이다. 단석단도 그런 사례의 하나에 속한다.

경부고속도를 타고 서울 방면에서 남쪽으로 경주터널을 막 지나자마자 대단히 흥미로운 이야기를 간직한 유서 깊은 여근곡(女根谷)을 바로 아랫자락에 둔 오봉산(五峰山)이 보인다. 이를 끼고돌아 다시 얼마쯤 더 나아가면 곧장 건천(乾川) 요금소를 만난다. 이곳에서부터 다시 경주 나들목 방면으로 조금 더 내려가면 역시 오른편으로 우뚝한 산괴(山塊)가 나타나는데 이곳이 바로 단석산이다.

단석산은 경주분지 중앙부를 기점으로 해서 서쪽으로 대략 십여 킬로미터 떨어진 곳에 위치한다. 높이는 대략 827미터에 달하는데 경주 일원에서는 가장 높은 산에 해당한다. 저 멀리 동쪽의 맞은편 대척점에 있으면서 경주 시가지와 함께 동해안까지도 내려다볼 수 있는 토함산(吐含山)

이 745m임을 참작하면 단석산의 높이가 어느 정도인지 대충 가늠해볼 수 있다.

그런데 지금껏 널리 알려진 단석산과 관련한 역사적 사실은 알게 모르게 곡해된 부분이 적지 않다. 다른 무엇보다도 먼저 기본 사항이 잘못 알려진 점이다. 이를테면 신라 때부터 줄곧 그처럼 단석산으로 불렸다거나 당시 중심적 산악신앙의 하나인 5악 가운데 중악(中岳)이었다는 등속을 뚜렷한 사례로서 들 수 있다. 이는 실상과는 거리가 먼 잘못된 이해에 속한다.

그렇다면 그와 같은 오해는 곧 일종의 역사 왜곡에 해당하는 셈이므로 바로 잡아 마땅한 대상이다. 그래서 기왕에 그런 점을 인지한 몇몇 연구자들도 시정(是正)을 촉구한 적이 있었다.[1]

또 다른 문제는 그와 같은 잘못을 갖고서 출발해 정작 단석산과 그 주변에 내재된 역사성을 제대로 적시(摘示)하지 못한 채 그냥 지나쳐버린 부분이 적지 않다는 사실이다. 그동안 단석산이 세인의 주목을 크게 끌어온 것은 사실 서쪽 자락의 중턱에 자리한 신선사(神仙寺)라는 사찰 덕분이었다.

신선사에는 특이하게 ㄷ자 모양의 거대 암석이 자리하고 있는데 안쪽 부분의 서로 마주보는 3면을 돌아가면서 각종 마애불(磨崖佛)과 함께 마멸이 심한 상태여서 온전하지는 못하지만 사찰 명칭 및 창건 유래가 새겨진 명문이 확인된다. 이곳이 언제부터인가 유년 시절 화랑으로서 삼국통일의 웅지를 품고서 수련하였다는 김유신(金庾信)의 수도처로 널리 알

---

1) 문경현, 「소위 중악석굴에 대하여」 『신라사연구』, 경북대학교출판부, 1983. 이근직, 「단석산 명칭고」 『경주문화』 4, 1998 ; 『경주에서 찾은 신라의 불국토』, 학연문화사, 2017 ; 박방룡, 「단석산과 김유신 장군 관련 문화유산」(삼국통일의 주역 김유신 학술심포지엄 자료집), 2021.

려지면서 관심의 표적이 되었다. 단석산이란 이름도 김유신의 수련과 관련하여 지어진 것으로 단정해 지금껏 사실처럼 굳혀져 왔다.

물론 신선사와 함께 마애불 및 명문 자체도 당연히 소중하게 다루어져야 할 대상임은 두말할 나위가 없다. 하지만 단석산이 품은 역사성을 오로지 거기에만 맞춘다면 자칫 지나쳐 놓치는 부분 또한 적지 않게 생겨날 터이다. 실제로 단석산 일대와 관련한 역사가 오래도록 온축되어 온 것을 오직 신선사 때문으로 돌려서는 곤란하다. 그보다는 오히려 동쪽의 평지에 사람들이 모여 살면서 뒤편의 우뚝한 단석산을 자신들의 진산(鎭山)이라 여김으로써 역사성이 그 속에 깃들게 되었던 것이다.

이처럼 단석산의 핵심부는 원래 신선사가 아니라 차라리 정상부에서 곧바로 내려다보이는 동쪽 방면이라고 함이 온당할 듯싶다. 단석산의 서쪽 자락은 지금도 그렇지만 당시에도 역시 매우 후미진 곳이었을 따름이다. 중턱에 그럴싸한 바위가 있어 거기에 불상과 명문이 새겨지고 신선사가 창건되었다. 그래서 신선사 일원을 제외하면 사실상 이 방면에는 눈여겨볼 만한 이렇다 할 대상은 거의 없다. 그럼에도 그동안 단석산에 대한 관심의 무게 중심을 서쪽 일원에만 둠으로써 정작 역사성의 상당 부분을 놓치는 결과로 이어진 느낌이 짙다.

이상과 같이 단석산이 품은 역사성에 대해 그동안 잘못 이해하거나 소홀히 해왔다면 이제부터라도 바로잡아야 마땅한 일이겠다. 아래에서는 그런 측면을 깊이 의식하면서 어디에서 무엇이 어떻게 잘못된 것인가를 되짚어보아 나름의 원상에 좀 더 가까이 다가가보고자 한다.

단석산 원경(건천 금척리고분군에서)

2. 단석산 명칭의 유래

단석산은 널리 알려진 것처럼 신라 당대부터 사용된 명칭이 아니다. 일단 신라사의 복원을 위한 기본 사서라 할 『삼국사기』와 『삼국유사』에서는 단석산이란 명칭과 관련한 어떤 편린도 찾아지지 않음은 그를 입증해 준다. 만일 당대에 단석산이란 산명이 실재하였다면 그런 역사서 속에 어떤 형태로건 약간의 흔적이라도 남기지 않았을 리 만무하다. 하지만 이후 고려시대에 이르기까지도 단석산과 관련한 기록의 편린은 어디에도 등장하지 않는다.

당시 그를 가리키는 산명이 따로 실재하였음에도 기록상으로 전해지지 않는다면 이는 당대부터 그렇게 중시되지 않았기 때문이라고 풀이할 수밖에 없을 터이다. 하지만 단석산의 위치로 보아 그럴 리는 만무한 것으로 여겨진다. 이는 단석산이 아닌 다른 산명으로 불린 탓에 찾아내기 무척 곤란해졌으리라 생각된다.

단석산이란 명칭이 처음 등장하는 기록은 『신증동국여지승람』(이하 『여지승람』)이다. 이후 조선 후기에 이르기까지 편찬된 『동경잡기(東京雜記)』를 비롯한 몇몇 지방지류(地方志類)에는 내용상 약간의 출입이 있으나 거의 『여지승람』에 실린 기록 그대로를 옮겨다 실었을 뿐 별다른 새로운 내용이 추가되지는 않았다. 그러므로 단석산의 유래에 접근하려면 아무래도 『여지승람』을 주요 단서로 삼을 수밖에 없는 실정이다. 이해의 편의상 관련 기록을 제시하면 다음과 같다.

A) ① 단석산 : 월생산(月生山)이라고도 한다. 부(府)의 서쪽 23리에 있다. 세간에 전해지기를 '신라의 김유신이 고구려와 백제를 치려고 신검(神劍)을 얻어 월생산의 석굴 속에 몰래 들어가 검을 단련해서 시험 삼아 큰 돌을 베니 산더미처럼 쌓였는데 그 돌은 아직도 남아 있다. 그 아래에다 절을 지어 이름을 단석(사)라 하였다.'고 한다.(『여지승람』21 경주부 산천조)

이 기사를 통해 몇 가지 측면에서 주목해 볼 만한 사실이 추출된다. 첫째, 단석산의 다른 이름으로서 월생산(月生山)이 별도로 있었다는 점이다. 둘째, 단석이라는 이름은 김유신이 월생산에 들어가서 수련을 마친 뒤 신검으로 돌을 벤 데서 붙여진 점이다. 셋째, 베어내어 쌓아둔 돌의 아래에 절을 지음으로써 단석사라 불리게 된 점이다.

이 기록을 순리대로 풀어나가면 일단 단석산이란 이름이 생겨나기에 앞서 원래의 명칭은 월생산이었을 가능성이 크다. 김유신이 들어가 수련한 곳은 단석산이 아닌 월생산의 석굴이라고 한 데서 유추되는 사실이다. 이 기록에 따르면 단석은 어디까지나 김유신이 수련한 끝에 얻은 영험한 신검으로 바위를 벰으로써 비로소 생겨난 이름이다. 이로써 단속산에 앞서 월생산이란 산명이 먼저 존재한 사실은 뚜렷하게 확인된다.

사실 단석산과 월생산을 음운상 서로 연결시킬 만한 단서는 거의 엿보이지 않는다. 그러므로 양자가 그처럼 동일한 대상을 놓고 달리 불렸음은 단순한 이칭이 아닌 서로 다른 배경 아래 만들어졌음을 뜻하는 것이겠다. 월생을 훈음(訓音)하면 달내(달나)가 되겠는데, 이를 부근에 흐르는 시내인 달천(達川)과 연결시켜 보려는 견해가[2] 제기된 바 있다. 일견 그럴 듯하게 여겨지는 풀이다. 하지만 그밖에 단석산을 달생산과 연결지을 만한 다른 기록이 찾아지지 않으므로 더 이상의 추적은 곤란하다.

이처럼 단속산에 앞서 월생산이란 이름이 적어도 조선 초기 훨씬 이전부터 존재하였지만 이를 신라 시대까지 소급해서 적용시킬 수 있을지 어떨지는 선뜻 판단하기 어렵다. 그렇게 추정할 수 있는 근거가 별도로 찾아지지 않기 때문이다.

다만, 동쪽 토함산의 일명을 월함산(月含山)이라고 하였다거나 그 부근 일대에 함월산(含月山), 남월산(南月山), 초월산(初月山) 등과 같이 '달(月)'이 달린 산 이름이 유독 많이 존재한 점을 고려하면 하필 대척되는 지점이 '달이 나온(혹은 탄생시킨) 산'이라는 뜻의 월생산이라고 지어진 것은[3] 무척 흥미를 끈다. 매우 의도성이 짙은 작명으로 여겨지기 때문이다.

앞서 제시한 사료 A)①과 연결시킬 만한 원전은 일단 『삼국사기』의 김유신 열전에서 확인된다. 전체가 너무 길어 번잡할 것 같으므로 여기서는 주요 관련 내용만을 대충 적출해서 제시하면 다음과 같다.

---

2) 박방룡, 위의 글, p.24.
3) 이근직, 앞의 글, p.243 참조.

B) ① 건복(建福) 33년 신미(611)에 공(김유신)의 나이 17세였는데 고구려, 백제, 말갈이 신라의 강토를 침범해 노략질함을 보고 강개(慷慨)하여 도적들을 평정할 뜻을 품고서 홀로 중악(中岳)의 석굴에 들어가 재계(齋戒)한 뒤 하늘에 아뢰어 맹세하였다. (중략) 나흘이 지나자 갑자기 한 노인이 갈포(褐袍)를 걸치고 와서 말하기를 '이곳은 독충과 사나운 짐승이 우글거려 무서운 곳인데, 귀한 소년이 혼자 와있으니 무슨 까닭인가'라고 물었다. 유신이 대답하기를 '장자(長者)께서는 어디서 오셨는지 존명(尊名)을 듣고 싶습니다.'고 하였다. 노인은 '나는 머무는 곳이 없으며 가고 그침을 인연에 따르며 이름은 난승(難勝)이다.'고 답하였다. (중략) 노인은 '그대는 어리면서도 삼국을 병합하려는 마음을 가졌으니 또한 장하지 않은가.'라 말하면서 비법(秘法)을 가르쳐 주었다.(『삼국사기』41 열전1 김유신전)

② 건복 34년(612)에 이웃나라가 한층 핍박하므로 공은 더욱 웅대한 마음을 나타내어 홀로 보검(寶劍)을 차고 열박산(咽薄山)의 깊은 골짜기로 들어가 향불을 피워놓고 하늘에 아뢰어 빌기를 중악에서처럼 하였다. 맹세하고 기도하기를 '천관(天官)이 빛을 내리시어 보검에 영험함을 주소서'라 하였다. 사흘째 되던 날 밤에 허성(虛星)과 각성(角星)의 두 별의 빛이 환히 빛나면서 아래로 내려오자 마치 보검이 움직이는 듯하였다.(위와 같음)

위의 사료 B)①에 의하면 김유신은 용화향도(龍華香徒)란 명칭의 화랑도 조직을 이끈 화랑으로서 17세의 어린 나이에 삼국을 통일하려는 웅지를 품고 잠시 무리를 떠나 대담하게 홀로 심신 수련을 위해 들어간 곳이 중악(中岳)의 석굴이었다. 이는 화랑도 조직에서 구성원들이 다함께 모여서 수행한 단체 활동과는 별도로 개별적 휴가 기간에 진행된 심신 수련의 과정이 있었음을 보여주는 대목이다.

여기에서는 김유신이 수련한 장소가 중악에 있는 석굴인 사실과 함께 그 결과로써 난승(難勝)이란 도인으로부터 삼국통일을 위한 비법을 얻게 된 사실이 보인다. 김유신의 뜻을 가상하게 여긴 도인 난승이 어떤 비법을 주었다는데, 사전에 남에게 발설하지 못하도록 요구한 탓인지 이와 관련한 구체적인 내용은 어디에도 전해지지 않는다.

이 기사에서는 신검은 물론 수련 후 이를 갖고 바위를 베었다는 등속의 내용이 일체 없음은 주목된다. 그러므로 일단 신검(보검)이나 단석 등과 같은 이야기는 중악과는 아무런 관련성을 갖지 않음이 드러난다. 달리 말하면 이 기록 자체만을 근거로 삼으면 중악과 단석산을 연결시킬 만한 아무런 꼬투리도 없는 셈이다.

그런데 그와는 다르게 B)②에는 새로운 내용이 보여 주목된다. 중악에 들어가 1차의 수련을 마친 김유신이 이듬해 18세 되던 612년에도 재차 수련을 위해 이제는 열박산⁴⁾에 홀로 들어갔다고 한다. 김유신으로서는 일종의 제2차 단독 수련으로서 중악에서의 1차 때에 가졌던 웅지를 한층 더 가다듬으려는 계기로 삼으려고 한 셈이었다.

열박산은 흔히 경주분지로부터 낙동강 하구의 양산(梁山) 방면으로 나아가는 길목인 울산광역시 울주군과의 경계 지점 일대에 위치한 것으로 추정되고 있다. 이때에는 중악에서 수련할 때는 없던 보검이 새롭게 등장한 사실이 눈길을 끈다.

김유신은 중악에서와는 다르게 열박산으로 들어갈 때에는 보검을 미리 소지하였고 기도와 수련을 통해서 천관(天官)으로부터 거기에 영험함을 불어넣었다고 한다. 이때의 천관이란 바로 뒤의 허성과 각성이

---

4) '咽'은 열과 함께 인으로도 읽히므로 인박산이라고 불렸을 수도 있다. 여기서는 편의상 열박산으로 한다.

란 별을 지칭하는 것으로 풀이된다. 여기에서는 보검이 별빛을 받음으로써 저절로 움직이는 등의 영험함을 보여주었지만 바위를 자르는 따위의 소위 단석과 같은 행위는 시도되지 않았다. 보검이 영험함을 얻게 된 사실 자체만으로 끝맺음 된 것이다.

이상과 같이 보면 『삼국사기』에서는 김유신이 중악과 열박산 두 곳에서 전후해 단독의 심신 수련과 기도를 수행하였는데 그 결과 도인인 난승에게서 어떤 비법을, 천관으로부터는 차고 간 보검의 영험함을 얻게 되었다는 정도의 내용만 확인할 수 있을 따름이다. 이들에는 단석 행위를 한 모습은 조금도 비쳐져 있지 않다. 이는 곧 『여지승람』의 단석 이야기를 곧장 액면 그대로 받아들이기 곤란함을 시사해 준다.

그런데 열박산에서 행한 것과 비슷한 행태는 『여지승람』에서도 보이므로 잠시 검토해 볼 필요가 있겠다. 논의의 진행을 위해 내용을 소개하면 아래와 같다.

A) ② 열박산(咽薄山) : 부의 남쪽 35리에 있다. 세상에 전하기를 '김유신이 보검을 차고 깊은 골짜기에 들어가 향불을 피워서 하늘에 알리고 병법(兵法)을 기도하던 곳'이라 한다.(『여지승람』21 경주부 산천조)

이 기사는 김유신이 앞서 소개한 B)②에서처럼 열박산에 들어가서 수련한 사실을 전한다. 여기서는 그것이 세간에 널리 알려진 이야기인 듯한 근거를 제시하고 있으나 내용상 B)②를 주요 근거로 삼아 작성되었음은 의심의 여지가 없다. 다만, 병법을(실제로는 병법 얻기를) 기도하였다는 내용만 살짝 덧붙여서 달리 표현하였을 따름이다.

그럼에도 차고 간 보검에 어떤 이변이 각별하게 일어났다거나 바위를 베었다는 등속의 내용은 보이지를 않는다. 아마도 A)①에서 보검의 영험을 얻어서 바위를 벤 사실은 이미 사용해 버린 상태였으므로 여기서는 더 이상 비슷한 내용을 되풀이할 필요성이 없어진 데서 말미암았을 터이다.

이와 같은 내용 전반을 근거로 하면 앞서 소개한 『여지승람』의 A)①도 역시 『삼국사기』 김유신 열전인 B)①에 의거해서 정리되었다고 추정해도 그리 어긋나지는 않을 성싶다. 달리 말하면 A)①은 B)①에 근거해서 작성한 것으로서 단지 그를 내세우지 않고 막연히 세간에서 그런 내용이 전해진다는 명분을 빌어서 문장을 새롭게 작성한 것으로 풀이된다.

그러면서 동시에 B)②의 내용을 근거로 난승의 비법이 아니라 보검(신검)을 단련해서 이를 갖고 바위를 잘랐다는 내용까지 곁들여 넣었다. 아마도 『삼국사기』에서는 단석한 사실 자체가 없으므로 겉으로 그를 인용한 것이라 내세우기 곤란하였으므로 막연히 세상에 널리 떠도는 사실에 가탁한 것이었다. 이때 당연하게도 열박산으로 들어갈 때 가져간 보검이 영험을 얻게 된 것을 단석산으로 옮기고 단석한 사실까지도 만들어낸 것이었다. 일종의 사실 조작 행위라 하겠다.

기실 『여지승람』의 찬자가 『삼국사기』의 관련 내용을 이미 잘 숙지하고 있었음은 두 말할 나위가 없다. 그럼에도 내용을 그대로 인용하지 않고 세간에 널리 전승된 이야기인 듯이 제시한 것은 역시 단석의 이야기를 특별히 강조하려는 데에 초점을 맞추는 수법이었다. 말하자면 보검의 이야기는 정작 열박산에서만 등장하는데 전승이라는 명분을 빌어 이를 단석산의 사례로서 끼워 맞추는 데에 활용한 것이었다.

물론 그렇다고 해서 김유신이 화랑 시절인 7세기 초 단석산에 들어가 수련한 사실 자체까지 의도적으로 조작한 것으로는 여겨지지 않는다. 아마도 김유신이 단석산에서 단석하는 행위는 하지 않았어도 '세상에 전해진다[諺傳]'는 표현이 시사해 주듯이 그곳에서 수도한 자체는 널리 유포되어 있었다. 그래서 B)①을 토대로 A)①과 같은 내용도 나올 수가 있었던 것이다.

다만, 단석 행위 자체도 『여지승람』을 편찬할 때에 찬자가 멋대로 만들어낸 것이 아니며 그런 전승은 이미 세간에서 널리 퍼져 있었다. 그래서 『여지승람』의 찬자도 굳이 『삼국사기』를 인용하지 않고 막연히 전승되던 사실을 근거로써 제시한 것이었다. 그렇다면 언제 어떻게 해서 김유신의 수련을 단석 행위 및 단석산과 연결시키게 되었을까가 문제로 된다.

사실 이와 관련하여 눈여겨볼 대상은 단석사란 절의 이름이다. 거기에 새겨진 명문에 따르면 원래 7세기 전반 무렵[5] 창건된 신선사라는 이름의 사찰이 있었음은 분명하다. 하지만 이후의 신선사 관련 기록은 전혀 나타나지 않으므로 향방을 추적해내기가 곤란하다. 아마도 그 뒤의 어느 시점에 이르러 폐사되어 버렸을 듯하다.

그러다가 A)①가 보여주듯이 거기에 새로운 절이 세워지면서 ㄷ자 모양의 특이한 바위 덩이를 단석이라 부르고 이로부터 단석사란 사명까지 따온 것이었다. 이후 거기에서 단석산이란 산명도 생겨난 것으로 보인다. 그러면서 김유신 열전에 등장하는 열박산과 연관된 칼의 이야기를 이끌어다 단석과 곧바로 직결시켜 마치 단석사가 대단한 연륜을 지닌 사찰인 듯이 내세우려고 시도한 것이었다. 말하자면 단석산이란 산명에서

---

5) 신선사 및 불상이나 명문의 작성 연대에 대해서는 여러 견해가 있으나 대체로 7세기 전반 이후로 내려가지는 않는다고 보는 견해가 유력하다. 이에 대해서는 신종원, 『삼국유사 깊이 읽기』, 주류성, 2019, pp.256~260 및 양은경, 「단석산 불교 유적의 의미와 가치-신선사 마애불을 중심으로」(삼국통일의 주역 김유신 학술심포지엄 자료집), 2021, pp.69~71 참조.

단석사란 사명이 비롯한 것이 아니라 오히려 그 역순이었다. 김유신이 수도한 적이 있는 명분을 근거로 열박산의 보검 관련 내용까지 이끌어와 단석이란 지명과 단석사란 사명을 지음으로써 이로부터 단석산이란 산명이 나온 것이다.[6]

거기에는 뒤늦게 창건된 단석사가 매우 오랜 연원과 역사성을 지녔음을 과시하려는 의도가 밑바탕에 깔려 있었다. 『삼국사기』의 편찬 책임자인 김부식(金富軾)이 김유신을 총평하면서 직접 쓴 사평(史評)에서 언급하였듯이[7] 고려 중엽까지도 사대부는 물론 꼴 베거나 소먹이는 아이까지 그 존재를 익히 알고 있을 정도였다. 이런 실상을 참작하면 단석사를 창건하면서 김유신과 결부시켜 오랜 뿌리를 간직한 사찰로서 부각시키려는 의도를 갖고서 단석 설화를 만들어내었다고 풀이해도 하등 이상스러울 바가 없다.

김유신의 수도 사실을 단석과 결부시켜 사명이나 산명을 만들어내었더라도 단석산이 김유신과 전혀 무관하지는 않았다. 김유신이 이끄는 화랑도 조직인 용화향도가 단석산에서 수련한 적이 있다는 사실 자체까지 구태여 부정할 필요는 없을 터이다. 단석산이 왕경 내에 있어 접근이 비교적 쉬웠을 뿐만 아니라 더욱이 거기에 미륵불상까지 새겨진 사실은 미륵세계인 용화를 내세운 화랑도 조직이 찾기에도 매우 어울리는 곳이었기 때문이다.

단석산의 바로 인근인 오봉산(五峯山) 자락에 있는 엄청난 규모의 부산

---

6) 단석산이 기록상으로 처음 확인되는 것은 『경주부호장선생안(慶州府戶長先生案)』에 실려 있는 「경주왜구격퇴사실기(慶州倭寇擊退事實記)」로서 여기에는 경주에 침입한 왜구가 단석산으로 들어간 사례가 보인다. 이는 고려 말인 14세기에 작성된 문서이다.

7) 『삼국사기』 43 열전 김유신전.

성(富山城)이 암시해 주듯이 이 일대는 교통상의 요충지로서 군사적·정치적으로도 매우 중시된 지역이었다. 과거 이서고국(伊西古國)이 사로국을 공격할 때나 고승 원광(圓光)이 왕경으로부터 청도(淸道)의 운문산(雲門山)으로 들어갈 때도 이용한 통로였다. 따라서 장차 신라국가의 동량으로서 군관이 될 화랑도의 구성원이라면 수련을 목적으로 자주 찾아보고 지리 지형도 철저히 숙지해 둘 대상이었다.

실제로 후술하듯이 화랑인 죽지랑(竹旨郎)이 낭도들을 데리고 이 지역을 찾은 사실은 그런 추정을 보증해 준다. 죽지랑보다 약간 앞서는 시기의 화랑인 김유신이 당연히 여러 차례 이 지역을 찾았다고 해도 지나친 억측은 아니겠다. 『여지승람』에 보이듯이 그런 전승이 실재하였기에 새로운 사찰을 창건할 때에 연계시킬 실마리로써 활용할 수 있었던 것이다. 물론 그렇다고 해서 단석산이 곧 신라의 중악이었던 것은 결코 아니었다.

앞서 제시한 『여지승람』에서도 단석산이 중악으로 불린 흔적은 전혀 확인되지 않는다. 단석산을 김유신의 수도처와 연결시키면서도 이를 중악으로 여기지는 않았던 것이다. 만일 실제로 그렇게 인식하였다면 단석사는 물론 단석산의 위상까지 드높이기 위하여 그를 끌어오지 않았을 리 만무하다.

이처럼 단석산이 신라시대의 산명이 아님은 물론이지만 결코 중악도 될 수 없는 위치였다. 이때의 중악이란 어디까지나 『삼국사기』 제사지에 보이는 공산(公山), 즉 오늘날의 팔공산(八公山)임은 재론의 여지가 없다.[8] 두루 알다시피 당시 팔공산은 중악과 함께 부악(父岳)으로도[9] 불렸다.

---

8) 문경현, 앞의 글.
9) 『삼국사기』 32 잡지 제사.

이처럼 문헌 기록은 물론 실제 위치상으로도 단석산을 중악이라고 단정할 만한 어떤 근거도 없다. 그럼에도 단석산을 중악으로 여기기 시작한 것은 1960년대 이후의 일이다. 이때에 단석산을 『여지승람』에 근거해 김유신의 수도처로서 주목하고 한 걸음 더 나아가 『삼국사기』에 보이는 중악 관련 기록을 터무니없이 거기에 결부시키는 잘못을 범하고 말았다.[10] 양자가 김유신의 수도처였다는 공통성에만 착목한 나머지 사료에 대한 아무런 비판적 점검 없이 너무도 안이하게 합치시켜 버린 데서 빚어낸 근본적인 오류였다. 이는 문헌기록을 명백히 잘못 이해해서 다룬 결과라 하겠다.

사료 비판을 통한 엄중한 실증을 본령으로 삼는 현대 역사학에서 기초 작업을 소홀히 함으로써 그와 같은 초보적 실수를 범하고만 것이었다. 사료에 대한 철저한 비판적 점검을 거치지 않은 채 김유신 열전에 보이는 중악을 단석산과 너무 쉽게 직결시켰다.

이후 단석산을 중악으로 여기는 인식이 널리 받아들여져 왔다. 그렇게 볼 근거는 어디에도 없으므로 이는 심각한 역사 왜곡이었던 셈이다. 앞으로 단석산을 중악이라 하는 무모함을 더 이상 보여서는 곤란하다. 이를 새삼 운위함은 신라사 연구의 퇴보적인 행태나 다름없기 때문이다.

3. 소사(小祀)와 단석산

그렇다면 단석산의 원래 산명이 과연 무엇이었을까는 무척 궁금하게 여겨지는 대목이다. 이미 언급하였듯이 『여지승람』에서 처음 단석산의

---

10) 그와 관련한 제반 사정에 대해서는 이근직, 앞의 글, pp.246~250 참조.

일명으로 등장하는 월생산이었을 가능성이 엿보이나 『삼국사기』나[11]
『삼국유사』에서는 그와 관련한 어떠한 편린도 찾아내기 어려워 단정하
기 쉽지 않다. 월생산에 대해서는 더 이상의 추적이 불가능하다.

신라 당대 단석산의 원래 명칭을 찾을 만한 일말의 실마리는 어렴풋
하게나마 신선사의 바위에 새겨진 명문 속에 엿보인다. 하지만 명문의
마모 정도가 매우 심각한 수준이어서 전체 내용을 구체적으로 파악하는
일이 가능하지 않다. 다행스럽게도 일정 정도까지 판독할 수 있는 부분
도 있어 이를 기준으로 삼으면 대충 3개의 단락으로 이루어진 사실은 짐
작해 볼 수 있다.

첫째, 제일 앞의 신선사란 이름의 절이 창건되기까지의 취지나 배경
및 과정, 주도자 등 기본적 사항을 기술한 도입부이다. 제사(題詞)로서 일
종의 서문에 해당하는 셈이다. 둘째, 사찰의 창건 및 바위에 불상을 새긴
내용 등을 간략하게 정리한 단락으로서 명문을 통해 전해주려는 본문에
해당한다고 보아도 좋을 것 같다. 셋째, 이른바 명(銘)이라고 일컫는 단락
으로서 전체가 지닌 의미를 종합해서 정리한 최종 결론 부분이다. 이 가
운데 논지 전개와 관련하여 주목해 볼 대상은 둘째 단락에서 추출되는
다음과 같은 내용이다.

C) (상략) 이에 산의 바위 아래에 절을 지었다. 신령스런 곳이었으므로 신선
사라 이름하고 높이 △장의 미륵석상 1구와 보살상 2구를 만들었는데 △△
하고 미묘한 모습이었다. (하략)[12]

---

11) 『삼국사기』1 신라본기 시조혁거세거서간 즉위년조 및 유리이사금 9년조.
12) 원문은 다음과 같다. '仍於山巖下創造伽藍 因靈處名神仙寺 作彌勒石像一區高△丈菩薩二區△△微妙相'.

무척 다행스럽게도 명문 전체 중 이 부분만은 판독이 상대적으로 용이한 편이어서 대충의 내용까지 짐작 가능하다. 전후 흐름을 짚어보면 아마도 앞에서는 이미 단석산(물론 당시 실제 산명은 당연히 그렇지 않지만 편의상 그처럼 불러둔다)과 관련한 설명이 미리 제시되었고 그래서 바로 아래에 위치한 신령스런 바위에다 사찰을 창건한 내용인 위의 기사로 이어졌다.

서술 순서나 방법상 논의의 대상인 구체적인 산명은 앞부분에 들어갔을 법한데 아쉽게도 이 문장에서는 그를 되풀이하지 않고 그냥 '산의 바위 아래'라고 줄여서 표현하였다. 앞부분은 마모가 너무 심하여 구체적인 산명을 더 이상 추적하는 일이 불가능한 상황이다.

이로 미루어 보면 사찰이 만들어지기 훨씬 이전부터 산명은 따로 존재하였음이 분명하다. 그 중턱에 자리한 이상하게 생긴 바위를 신령스런 곳으로 여겨 절을 세우고 신선사로 지었다고 한다. 바위에다 높이 △장의 큰 미륵불상 1구와 보살상 2구를 만들었다(실상은 새긴 것이다.). 마치 석굴사원의 존재를 연상케 하는 대목이다.

전후맥락으로 보아 미륵상과 두 협시보살상의 3존을 본존으로 모신 자체를 금당이라고 여겨 이를 신선사의 창건으로 삼은 듯하다. 물론 겉모습은 금당이라는 이름에 걸맞도록 그럴듯하게 꾸몄을 것임이 틀림없다. 일단 현재의 마애불상 배치 상태가 기록과 거의 부합함이 주목된다. 다만, 이 명문대로라면 3존상 이외의 크고 작은 불상을 비롯한 몇몇 그림들은 창건 당시보다 좀 뒤의 어느 시점에 새로 새겨서 보완하였을 공산이 커진다.

그렇다면 명문 속에서 더 이상 찾아내기 어려운 구체적 산명은 과연 무엇일까 무척 궁금해진다. 그에 대해서는 이제 다른 방식으로 접근하는 길밖에 없겠다. 그럴 때 하나의 유력한 단서로 삼을 만한 요소는 단석산의 위치가 6부 가운데 모량부(牟梁部)에 소속한 사실이다.

뒤에서 장(章)을 달리해 약간 더 다룰 기회를 갖겠지만 6세기 전반 이후 신라의 왕경을 세분한 행정 단위인 6부 가운데 오로지 모량부만이 남쪽에서 발원해 경주분지를 가로질러 북류(北流)하는 서천(西川), 즉 형산강(兄山江)을 경계로 서안(西岸)에 위치한 사실이 유의된다. 강이 갖는 성격이나 지리적 위치 등을 고려하면 서천의 서안 일대는 하나의 행정(혹은 정치)단위로서 모량부로 묶더라도 하등 이상스럽지 않다.[13]

사실 모량부는 오늘날까지도 당해 지명의 흔적을 그대로 남겨 중심적 위치와 경역을 대충이라도 짐작 가능하도록 하는 유일한 부이다. 다른 5부의 경우와는 다른 모량부만의 특이한 면모이다.

그래서 6부의 구체적 위치를 놓고 많은 논자들이 각기 다른 주장을 펼치고 있지만 오직 모량부에 대해서만은 약간의 세부적 편차는 있으나 큰 틀에서 합치된 견해를 보임도 바로 그런 사정 때문이다. 근자에 이 지역 일대에서 행해진 발굴을 통해 방제(坊制)를 실시한 사실까지 뚜렷하게 확인함으로써[14] 거듭 입증되었다.

기존의 몇몇 기록만으로도[15] 그처럼 짐작할 여지는 충분하지만 최근 신선사의 명문 속에서도 잠탁(岑喙)이란 부명을 새롭게 판독하는 성과를 거둔 사실도 단석산 일대가 모량부 소속임을 한결 더 명백히 입증해 주

---

13) 다만, 같은 서천(형산강)의 서편이라도 선도산 자락을 경계로 남쪽의 망산(望山) 일대는 모량부에 속하지 않았을 여지가 크다. 이에 대해서는 새로운 점검이 요망된다.

14) 영남문화재연구원, 『경주 모량·방내리 도시유적』, 2015.

15) 이를테면 『삼국유사』 2 기이 2 「효소왕대 죽지랑」조를 들 수 있다.

신선사 마애불

였다. 잠탁부는 모량부의 일명인 점량부(漸梁部)의 이표기(異表記)로서[16] 524년 건립된 「울진봉평신라비」에서 이미 확인된 바 있다.

단석산 일대가 모량부 소속이었다면 이제 그와 연결해 볼 만한 산명을 몇몇 상정해 볼 수 있다. 그럴 때 모량부와 연관하여 가장 먼저 떠오르는 대상은 무산(茂山)이다.

6부의 모태가 6촌이었다는 이른바 6촌=6부설 관계의 기록에 따르면 6부 각각의 거주지, 즉 중심지는 모두 산을 배경으로 삼고 있었다는 점에서 공통적이다. 이를테면 모량부의 무산 외에 여타 5부의 양산(楊山), 돌산(突山), 자산(觜山), 금산(金山), 명활산(明活山) 등을 들 수가 있다. 이들은 사로국이 건국되던 초기 무렵 바깥 세계에서 생겨난 이주민이 끊임없

---

16) 『삼국사기』1 신라본기 유리이사금 9년조 및 『삼국유사』1 기이편 2 「신라시조 혁거세왕」조.

이 경주분지 일원으로 모여들어 '분거산곡지간(分居山谷之間)'해[17] 읍락을 형성하기 시작한 실상을 유추케 한다.

이처럼 국가 형성 초기에는 이를 구성하게 된 집단들이 각기 산을 배경으로 하면서 경주분지 중앙부 평지를 내려다볼 수 있는 산기슭이나 구릉을 주요 근거지로 삼아 생활을 영위해 갔다. 『삼국사기』에 의하면 6부(6촌) 가운데 모량부(혹은 그 전신)의 초기 중심지는 일단 무산을 배경으로 한 주변부 일대라고 추정할 수 있다.

한편, 『삼국유사』에서는 『삼국사기』와 마찬가지로 모량부를 역시 무산 대수촌 일원이라고 하면서도 초대 촌장으로 등장하는 구례마(俱禮馬)가 하늘로부터 처음 내려온 곳을 이산(伊山), 또는 개비산(皆比山)이라고 하였다.[18] 양자 역시 모량부에 위치한 또 다른 주요 산이었음을 보여준다.

무산을 포함한 이들 세 산이 어떤 상관성이 있었던지는 뚜렷하지 않다. 6부나 6촌의 중심지가 고정불변하지는 않았으며 다른 곳으로 옮기기도 하고 때로는 거주구역도 인근 지역까지 확장되기도 하였을 터이므로 각기 다른 곳을 가리킬 수도 있고, 같은 곳임에도 달리 불렀을 수도 있다. 이들 세 개의 산명 가운데 단석산의 원명이 포함될 여지도 있고 전혀 상관성이 없었을 수도 있겠다.

어느 쪽이더라도 이들은 대체로 고려 초기에 전승되던 자료에 의거해서 정리된 것이므로 그 자체를 무조건 신라 건국 시기까지 소급 적용시킬 수 있을지 어떨지는 확신하기 곤란하다. 이후 그와 관련된 자료가 『삼국사기』나 『삼국유사』를 비롯하여 『여지승람』 이후 여느 지방지류에 보

---

17) 『삼국사기』 1 신라본기 시조 혁거세거서간 즉위년조.
18) 『삼국유사』 1 기이편 1 「신라시조 혁거세왕」조.

이지 않는 점도 그런 추정을 보강해 준다. 따라서 이들이 단석산의 원명일지 어떨지는 일단 하나의 가능성으로서만 지적해 두는 정도로 그칠 수밖에 없다.

그런데 주목해 볼 점은 통일기에 이르러 신라 전체 영역 내의 주요 자연물 신앙 대상을 정리한『삼국사기』의 제사 체계에 등장하는 산명들이다. 신라는 삼국 통일을 계기로 전국을 이른바 9주 5소경제라는 이름의 군현제적 질서로 재편하였다. 이때 그와 관련하여 삼국 전체 주민들을 하나의 신라민으로서 포섭, 융합해 내려는 의도 아래 각 지역마다 지녀온 고유한 산천 신앙을 일원적인 제사 체계로 전면 재조정, 정리하였다. 그런 과업을 추진하면서 치폐(置廢)의 과정도 당연히 거쳤을 것임이 예상된다. 일괄 정리된 결과가『삼국사기』32 잡지 제사지에 보인다.

이에 따르면 통일기 신라국가가 마련한 각종 제사 가운데 특히 명산대천(名山大川)을 대상으로 삼은 경우는 크게 대, 중, 소의 셋으로 구분되었다. 대사는 삼산(三山)으로서 왕경 및 인근에 포진한 세 개의 진산(鎭山)이 대상이었다. 아마도 이들은 비교적 이른 시기에 사로국을 거쳐 신라에 편입된 지역의 명산이었던 것 같다.[19]

중사에는 중악으로 지명된 공산(公山, 즉 현재의 팔공산)을 중심으로 사방의 유력한 산악 다섯을 하나로 묶은 이른바 5악을 비롯해 물과 관련한 4진(鎭), 4해(海), 4독(瀆), 그리고 삼년산군(三年山郡)의 속리악(俗離岳) 등 각지의 산천이 하나로 묶여지지 않은 채 개별적인 상태로 포괄되었다.

5악으로 명명해서 구태여 하나로 묶어 중사로 삼은 데에는 그들 사이에 어떤 공통의 속성을 지녔거나 지향성을 같이하려는 의도가 들어갔을

---

19) 이기백,「신라 오악의 성립과 그 의의」『진단학보』33, 1972 ;『신라정치사회사연구』, 일조각, 1974.

법하다. 그래서 이들을 하나로 엮어 중사 가운데서도 특별하게 중시해서 첫머리에 배치시켰던 것 같다. 그밖에 각지에서 흩어져 존재하는 저명한 산들 각각을 중사 속에 포함시켰다.[20]

소사에는 고성군(高城郡)이 위치한 상악(霜岳)을 비롯해 전국에 산재한 24곳이 들어가 있다. 소사의 대상이 된 산천을 몇 개씩 하나로 묶은 중악사와 같은 사례는 없으며 모두 개별 분산적이라는 데에 특징이 엿보인다. 소사 대상 전체 24곳 가운데 지방이 아닌 왕경 6부에는 사량부의 고허(高墟), 모량부의 훼황(卉黃) 및 서술(西述) 3곳이 포함된 사실은 본 논지의 전개와 관련해서 각별히 눈여겨볼 대상이다.

제사지의 첫머리에 등장하는 왕실 조상 대상의 종묘(宗廟)를 비롯한 제사의 주축이 주로 왕경에 몰려있다는 느낌이다. 각종 계절별 제사, 풍흉 등 농사와 관련한 제사, 영성(靈星) 등의 사직 제사가 왕경의 곳곳에 배치되었다. 그밖에 왕경 가운데 특별한 지점에서는 사성문제(四城門祭), 부정제(部庭祭), 사대도제(四大道祭), 일월제(日月祭), 오성제(五星祭), 기우제(祈雨祭), 압구재(壓丘祭), 벽기제(辟氣祭) 등속의 제사가 치러졌다. 이처럼 왕경은 주요 제사가 집중된 대단히 특별한 공간으로 취급되었음을 보여준다.

명산대천 가운데 주요 제사의 상당 부분은 왕경과 그 부근에 몰려있는 양상이었다. 가령 왕경 서쪽의 상성군(商城郡)과 함께 왕기(王畿)에 속하는 동편의 대성군(大城郡)에는 대사인 혈례(穴禮)를 비롯해 중사인 동악 토함산 및 북형산성(北兄山城), 그리고 소사인 삼기(三岐)가 두어짐으로써

---

20) 이들 제사 체계에 대해서는 나희라, 『신라의 국가제사』 지식산업사, 2003 ; 채미하, 『신라 국가제사와 왕권』 혜안, 2008 ; 신종원, 「국가제의 체계」 『신라의 토착종교와 국가제의』(신라천년의 역사와 문화15), 경상북도, 2016 참조.

명산대천 제사에서 차지하는 각별한 모습을 보여준다. 통일신라가 동해안 방면을 얼마나 중시하였던가를 방증해 주는 사례이다.

이렇게 왕경 중심으로 존재한 다종다양한 제사 전체를 중앙정부가 직접 도맡아 치렀을 리는 만무한 일이겠다. 제사의 비중이나 용도, 목적과 위치 등에 따라 여러 갈래의 분담이 이루어졌을 터이다. 가령 3산과 5악과 같은 중요 제사는 국왕이 직접 참례하거나 아니면 대리자를 보내는 등의 형식으로 중앙정부의 관장 아래에 두었을 공산이 크다.

나머지 상당 부분은 성격과 위치나 위상에 따라서 관부별, 지역별, 조직별로 역할 분담을 하였을 듯하다. 가령 왕경의 출입과 관련된 사성문제나 사대도제는 명칭으로 보아 성문과 관도를 관리한 기관이 맡아서 처리하였을 것 같다. 부정제를 왕경 중앙부에 위치한 양부(梁部)가 맡았듯이 나머지 5부 각각도 부별 단위로 담당한 제사가 별도로 두어졌으리라 여겨진다.

그와 관련하여 주목해 볼 것은 명산대천의 소사 대상 가운데 왕경 내부에서 행해진 3곳의 제사이다. 왕경의 소사는 6부마다 골고루 배치시키지 않고 각별히 사량부와 모량부의 2부에만 한정하였다. 나머지 4부에는 소사의 대상을 따로 배정하지 않았던 것이다. 앞서 언급한 부정제를 양부만이 맡은 것처럼 여타 4부도 각기 다른 제사를 담당하였겠지만 사량부와 모량부에만 어떤 특별한 요인으로 명사대천 대상의 소사가 두어졌다.

전국적 성격의 소사가 사량부에는 고허 1곳뿐인 반면 모량부만은 서술과 훼황 2곳을 둔 것이 매우 특이하다는 느낌이다. 이들이 각 부에 속하였지만 국가적 차원에서 볼 때도 각별한 의미를 지녔기에 소사로 선정되었을 터이다. 더욱이 전국을 통틀어서도 소사가 하나의 행정 단위를 대상으로 두 곳이나 설정한 것으로는 모량부가 유일하다는 사실은 각별히 주목해 볼 대목이다. 이는 여하튼 모량부의 산악이 각별하게 취급되었음을 의미한다고 풀이해도 좋을 성 싶다.

사량부에 속한 고허는 명칭상 중심지로 보이는 고허촌(高墟村)과 밀접하게 관련된 듯하다. 고허는 단순히 취락이라기보다는 다른 소사처럼 그를 배경으로 삼은 인근의 산을 가리킬 것이다. 그렇다면 고허는 곧 고허산을 의미하겠다. 고허산은 남산의 최고봉 금오봉(金鰲山)의 남쪽에 우뚝한 고위산(高位山)[21]일 가능성이 크다.

그런데 문제는 모량부에만 소사가 서술과 휘황의 두 곳이 선정된 사실이다. 왕경 6부 가운데 다른 4부에는 하나도 선정되지 않은 반면 모량부에 각별하게 2곳이나 선정된 점은 예사롭지 않다. 여하튼 두 산이 나란히 소사의 대상이 되었음은 이미 통일기 이전부터 그들이 매우 중시되어 왔음을 의미한다.

모량부의 두 곳 소사 가운데 서술이 곧 선도산(仙桃山), 서악(西岳)을 가리킴은 의심의 여지가 없다. 선도산에 6세기 초반 이후 지배층의 주요 무덤이 들어선 사실을 근거로 해서 이곳이 양부 관할 구역일 것으로 간주하고 나아가 모량부에 소속한 서술은 다른 곳으로 비정해야 한다는 주장도 있다.[22] 이는 6부를 잘못 이해한 데서 말미암는다.

이미 언급하였듯이 위치상 서천의 서안 일대가 모두 모량부 관할 구역이었다. 국왕 정점의 중앙집권적 지배체제가 강화되던 6세기 초 무렵부터 6부 자체의 본질적 성격이 정치공동체로부터 행정구획으로 급속히 바뀌는 변화를 겪고 있었다. 이는 503년의 「포항냉수리신라비」(이하 「냉

---

21) 『삼국유사』 3 탑상 「천룡사」조.
22) 이근직, 앞의 글, p.236.

금척리고분군 원경

수리비」)가 보여주듯이 정상적 상황이라면 즉위가 불가능한 비주류의 사탁부 소속 갈문왕인 지도로(至都盧)가 즉위하게 된 사실 자체가 그를 증명한다.

　바로 직후부터 그동안 시가지 중심부에서만 조영해 온 적석목곽분을 내부 구조로 하던 지배층의 공동묘역이 해체되고 점차 외곽 지역의 여기저기로 흩어진 사실 자체는 그런 분위기 아래에서 나온 조치였다. 이제부터 6부는 정치성을 거의 상실하고 차츰 행정구획으로 전화해가고 있었다. 그래서 서천 건너편이 모량부 소속 지역이더라도 최고 유력자들의 새로운 공동묘역으로 조성될 수 있었던 것이다.

　물론 선도산이 동악에 대응해서 서악으로 불린 데서 느껴지듯이 왕경 중앙부의 바로 정서(正西)쪽에 자리해 원래부터 중시될 만한 요소를 충분히 갖추고 있었다. 정상부는 왕경의 중심 시가지를 내려다보기에도 가장 좋은 위치였다. 이 일대가 6세기 전반 지배집단의 새로운 공동묘역으로 선정된 것도 바로 그런 사정에서 말미암는다. 따라서 선도산이 비록 모량부에 속하는 구역이었지만 왕경 중앙부의 입장에서 매우 신성하게 여길 만한 위치였다. 그래서 소사로서 선정된 것이었다.

하지만 현재 금척리(金尺里)고분군 부근 일대에[23) 중심부를 둔 모량부의 입장에서 보면 선도산 일원은 어디까지나 주변부에 지나지 않을 따름이다. 아마 그러한 점이 유독 모량부에만 소사의 대상지가 2곳으로 선정된 명분이 되지 않았을까 싶다. 말하자면 선도산은 후술할 훼황과는 달리 중앙부와 가깝고 또 이곳에서 보았을 때만이 상당한 의미를 지니는 산악으로 인식될 수가 있었다. 당대 신라 최고 지배집단의 새로운 공동묘역의 대상으로 된 자체가 그를 입증해 준다.

제사지에서는 전체 소사 24곳 가운데 서술은 가장 마지막에 배치되어 있다. 이는 서술이 통일기의 새로운 필요성에서 뒤늦게 소사로 선정되었음을 시사한다. 따라서 서술, 즉 선도산 일대는 모량부의 관할이었지만 소사로서의 선정에는 중앙의 입장이 강하게 반영된 결과라고 풀이된다. 말하자면 서술은 통일기 제사체계의 재편 과정에서 부별 관점을 뛰어넘어 왕경 전체의 차원에서 소사로 편제되지 않았을까 싶다.

그와 같은 서술에 견주어 훼황은 약간 다른 성격의 것으로 보인다. 훼황은 모량부 자체의 진산이었기에 소사로서 선정되지 않았을까 싶다. 다만, 구체적 위치를 가늠하게 할 만한 뚜렷한 기록이 없어 어디인지 선뜻 단정하기 곤란한 실정이다. 그와 관련하여 『삼국유사』 왕력편에 보이는 다음의 기사가 눈길을 끈다.

---

23) 금척리고군분의 현황 및 특징에 대해서는 국립경주박물관, 『경주 금척리 신라묘』, 2021 및 심현철, 「금척리고분군에 대한 예비적 고찰」, 『신라사학보』 54, 2022 참조.

D) 정사년(897)에 소자(小子)인 효공왕에게 양위하고 12월에 돌아가셨는데 화장하여 그 뼈를 모량 서쪽의 훼(卉),[24] 또는 미(未)황산(黃山)에 뿌렸다.(『삼국유사』1 왕력편 진성여왕조)

897년 진성여왕이 사망하자 주검을 화장하고 뼈를 모량 서쪽의 훼황산(卉黃山), 또는 미황산(未黃山)에다 뿌렸다고 한다. 이로 보아 훼황산이 미황산으로도 불렸음을 알 수가 있다.

한편 『삼국사기』12 신라본기 진성여왕 11년조에는 여왕이 조카인 효공왕(孝恭王)에게 양위한 지 6개월 뒤 북궁(北宮)에서 사망하자 황산(黃山)에다 장사 지냈다고 한다. 같은 주검의 처리를 놓고서 두 기록이 약간의 차이를 보인다. 그것은 여하튼 진성여왕을 중심으로 진단하면 일단 훼황산, 혹은 미황산을 줄여서 황산으로도 불렸다고 추정해도 무방할 것 같다.

그런데 위의 기사 D)에서 주목되는 사실은 훼황산의 위치를 모량의 서쪽이라고 명시한 점이다. 이는 훼황산의 구체적 위치를 가늠해 볼 수 있게 하는 가장 유력한 단서가 된다. 이때의 기준으로 삼은 모량이 곧 모량부의 중심지를 가리킴은 두말할 나위가 없다. 당시 행정구획으로 기능한 6부의 하위 단위는 리(里)였으며 모량부도 여러 리로 구성되어 있었음은 물론이다.

근자에 출토된 월성해자 9호 목간에 의하면 모량부 소속의 리(里)로서는 중리(仲里), 신리(新里), 상리(上里), 하리(下里) 등의 구체적 지명이 확인

---

24) 이 부분 원문은 '牟梁西卉'로 되어 있는데 기왕에 이를 '卉'가 아닌 '岳'으로 읽는 견해도 있었으나 근자에 알려진 파른본에 따르면 '卉'가 확실하다.

된다.[25] 그 가운데 아마도 첫머리에 보이는 중리가 명칭은 물론 순서상 모량부 전체를 관장하는 6부소감전과 같은 관부가 두어진 곳이었을 공산이 크다. 문헌자료상 모량부를 지칭하면서 간혹 보이는 모량리(牟梁里)도 전체이면서 동시에 구체적으로는 이 중리를 가리키는 것이 아니었을까 싶다.

여하튼 훼황산은 모량부의 중심부로부터 서쪽에 위치하였다. 그것이 중리이건 아니면 모량리로 불렸건 현재 모량리, 방내리를 비롯해 고총고분군이 조영된 금척리 일대를 가리킴은 틀림없다. 근자에 발굴을 통해서 방내리 부근 일대에서 도로망을 갖춘 잘 정비된 방제(坊制)가 확인된 사실도[26] 그를 입증하기에 충분하다.

모량부의 중심부로부터 서쪽 방향이라면 바로 단석산을 제외하고서는 달리 비정할 대상이 없다. 단석산은 서편에 자리하여 위치상이나 규모상으로 보아 모량부의 진산으로 기능하기에 안성맞춤인 산이다. 여러모로 소사의 대상으로 삼기에도 손색이 전혀 없는 명산이었다.

비록 신라 말기이기만 진성여왕의 무덤이 조영된 것도 단석산이기에 가능한 일이었다. 따라서 훼황산이 바로 신라시대의 단석산이었다고 생각한다. 그것이 기록상 거의 등장하지 못하였음은 모량부의 역할이나 기능의 쇠퇴 경향과도 연관될 듯하다. 이 점은 다시 장을 달리하여 살펴보기로 하겠다.

25) 윤선태, 「월성해자 출토 신라 문서목간」『역사와 현실』56, 2005.
26) 영남문화재연구원, 앞의 책 참조.

4. 모량부의 향방과 단석산

신라 왕경의 공간적 범위가 무척 넓기도 하였으려니와 꾸준하게 늘어나는 인구 때문에 이를 체계적으로 관리·운영하려면 다시 몇몇 하위의 지구(地區)로 나눔은 불가피한 일이었다. 마치 오늘날 특별시나 광역시 아래에 구(區)라는 행정단위를 둔 것과 마찬가지였다.

다만, 구획하기에 앞서 신라 왕경은 역사적 전개 과정에서 생겨나서 마침내 6부라고 명명된 여섯 집단이 존재한 까닭에 구태여 인위적으로 다시 나눌 필요가 없었다. 원래부터 존재해 오던 6부 자체가 그대로 행정구획으로 전환·운용된 것이다.

이처럼 신라 6부가 처음부터 행정구역적 성격으로 출발한 것이 아니었다. 4세기 중반 무렵 신라국가가 출현하면서 그 모태였던 사로국(斯盧國)이 곧 왕경으로 전화(轉化)하였다. 사로국을 구성한 기초 단위는 원래 읍락(邑落)이었으나 신라국가가 출범하면서 내부 재편도 함께 이루어져 재탄생한 것이 부라는 단위 조직체였다.[27]

성립 당초의 부는 기존 읍락공동체적인 질서로부터 완전하게 벗어난 것이 아니며 정치적으로 반(半)자립성을 유지한 정치 공동체였다. 이는 아직 국왕을 정점으로 삼은 중앙집권적 지배체제가 갖추어지지 못한 탓이었다. 그러므로 기존 읍락공동체적 질서로부터 중앙집권적인 행정 구획으로 바뀌어 가는 과도기적 단계였다고 하겠다.

애초부터 왕경이 6부로 구성된 것은 아니었으며 원래는 3부로서 출범하였다. 정치적으로 반(半)독자성을 지닌 부들이 서로 치열하게 경쟁함

---

27) 주보돈, 「삼국시대의 귀족과 신분제–신라를 중심으로」『한국사회발전사론』, 일조각, 1992 참조.

으로써 그들 사이의 정치사회적 우열 격차가 점점 더 벌어져갔다. 마침내 유력 우세해진 부는 마치 세포가 분열하듯이 자연스럽게 분화의 과정을 거쳐 5세기 전반 무렵에는 6부가 탄생하였다.[28)

이들 6부 각각은 관할 구역을 따로 가지면서 독자적인 운영 조직과 체계도 갖추었다. 따라서 당시 신라국가는 일원적인 지배체제가 아니라 6부를 중심으로 다원적인 형태의 지배구조로서 운영되었다고 할 수 있다.

이때의 6부 자체가 단순한 행정구획적인 성격일 수는 없었다. 6부는 다 함께 신라의 지배세력이란 정체성을 가진 운명공동체로서 인식해 공존을 위하며 서로 협조하면서도 동시에 치열하게 우열을 경쟁하는 관계였다. 하지만 6부가 원천적으로 지닌 반(半)자립성이란 언젠가 국왕을 배출하는 부를 중심으로 강하게 결속함으로써 일원적인 지배질서를 구축하게 될 경우 저절로 소멸해갈 수밖에 없었다. 그럴 때 6부 자체가 자연스럽게 행정구획으로 전환되어 감은 예정된 수순이었다.

6부가 명실상부한 행정구획으로 바뀐 것은 율령이 반포되고 불교가 국교로서 공인되며 마침내 국왕이 처음 대왕(또는 太王)으로 불린 법흥왕 대에 이르러서의 일이었다. 이때부터 6부는 행정구획으로 개편되었다. 물론 그렇다고 기존 질서나 내부적인 우열의 관계가 즉각 말끔하게 해소된 것이 아니었다. 그 잔재는 6부의 존재 양태에 오래도록 영향을 미쳤

---

28) 주보돈, 위의 글, pp.11~16. 전통적인 6촌=6부설은 시종하여 6개의 집단만을 상정하나 부명(部名)이 3종으로 나뉘는 점, 탁과 사탁부의 2부가 거의 대등하면서 본질적인 차이가 없으며 각기 부장을 매금왕과 갈문왕이라 하면서 세습되고 서로 가까운 혈연관계였던 점, 갈문왕으로서 즉위까지 하는 지증왕의 경우 사탁부 출신이었으나 그 두 아들인 법흥왕과 입종갈문왕이 각각 탁부와 사탁부로 소속 부를 달리한 점 등을 근거로 필자는 진화론적 시각에서 탁의 어미(語尾)를 가진 3부는 탁에서, 본피와 습비 두 부는 하나의 뿌리에서 분화한 것으로 이해하고 있다. 그럴 때 해명되지 못하고 있는 난제들이 적지 않게 해소될 수 있다고 생각한다.

다. 본질적 성격이 달라져 가면서도 신라국가가 멸망할 때까지 계속 6부라고 불리면서 그 명칭 자체가 그대로 이어진 것은 그런 양상을 반영해 준다.

이와 같은 6부의 출현과 전개의 과정 속에서 그 구성의 일원이었던 모량부는 독특한 입장을 보였다. 신라국가가 출범하자마자 모든 부들은 다 함께 새로운 묘제인 적석목곽분(積石木槨墳)을 공동 채택함으로써 정체성을 공유하려는 양상을 드러내었다. 하지만 다른 5부가 모두 함께 왕경 중앙부에 공동의 묘역을 조영하였으나 모량부만은 그에 동참하지 않고 이탈해 굳이 별도의 묘역을 고집하였다. 이런 양상이 6부가 행정구역으로 바뀌는 6세기 초까지도 그대로 이어졌다.

5부가 동일한 내부 구조의 묘제를 수용해서 묘역까지 함께할 정도라면 이는 서로 운명공동체의 성원으로 인식하였음을 뜻한다. 그럼에도 모량부만이 특이하게도 묘역을 별도로 떨어진 곳에다 마련하였다.

이처럼 모량부가 보인 예외적 행태는 단순히 서천의 서안에 있었다는 지리적 요인만으로는 제대로 설명해 내기가 곤란하다. 나머지 5부 각각도 독립된 관할 구역을 지녔음을 고려하면 거기에는 풀어내어야 할 어떤 수수께끼가 있음을 뜻한다. 현재로서는 탁부 및 사탁부와는 같은 뿌리로부터 분화하면서 생겨난 어떤 문제가 깊숙이 작용한 데서 비롯하지 않았을까 하는 정도로만 막연하게 추리해 볼 따름이다. 이후 다른 부에 견주어 모량부가 상대적 약세를 면치 못한 것도 바로 그 때문으로 여겨진다.

그런데 6세기 초반의 변동기를 거치면서 모량부 내부에는 어떤 변화가 일어날 계기가 생겼다. 이를 추적해 볼 약간의 실마리는 아래에 소개하는 무척 흥미로운 설화 속에서 찾아진다.

D) 왕은 음경의 길이가 1척 5촌이나 되어 배우자를 구하기 어려웠다. 사신을 3도(道)로 보내어 구하였는데 사신이 모량부에 이르러 동로수(冬老樹) 아래에서 개 두 마리가 북[鼓] 만한 크기의 똥 덩어리 하나의 양 끝을 물고서 다투는 광경을 보았다. 마을을 찾아가니 한 소녀가 있어 알려주기를 '(모량)부 상공(相公)의 딸이 이곳에서 빨래하다가 숲에 숨어서 남긴 것입니다.'고 하였다. 그 집을 찾아가 살피니 (그녀는) 신장이 7척 5촌이었다. 모든 일을 갖추어서 보고하니 왕이 수레를 보내어 왕궁으로 맞아들여서 황후로 봉하였다. (『삼국유사』1 기이편1 「지철로왕」조)

이는 지증왕이 64세로 즉위한 직후 어린 배우자를 새로이 얻게 되는 과정의 이야기이다. 이것에만 한정해서 보면 지증왕이 대단한 노령으로서 즉위하게 된 사정도 의아스럽지만 이때에 이르러 배우자를 구한 내용 또한 마찬가지이다.

위의 기사에 대해 그동안 지증왕의 신체적 특징에 거의 초점이 맞추어져 한갓 설화적 이야기로 치부함이 일반적이었다. 그러나 503년 작성된 「냉수리비」가 출현함으로써 다르게 음미해 볼 수 있는 길이 트였다. 「냉수리비」에는 기존 문헌 자료와는 전혀 다른 내용이 보인다.

그것은 지증왕이 사탁부 소속의 부장인 갈문왕(葛文王)을 역임한 사실이다. 이에 따르면 지증왕은 정상적인 상황 아래에서는 즉위가 도저히 불가능한 처지였다. 당시 매금왕(寐錦王)이라 불린 국왕은 탁부의 부장이 당연직으로서 세습해 간 자리였다. 사탁부의 부장도 역시 갈문왕이라고 불리면서 별도로 부자(父子) 사이에 세습이 이루어졌다.[29] 그러므로 지증

---

29) 문경현, 「영일냉수리신라비에 보이는 부의 성격과 정치운영문제」『한국고대사연구』3, 1990 및 윤진석, 「5~6세기 신라 사탁부갈문왕」『대구사학』100, 2010 참조.

왕은 사탁부의 부장인 갈문왕으로서 정상적 상황에서라면 탁부의 부장만이 칭할 수 있는 매금왕으로의 즉위가 불가능한 입장이었다.

이는 지증왕의 즉위 자체가 예사롭지 않은 과정을 밟았음을 의미한다. 정상적 과정으로서는 즉위하기 어려운 지증왕이 즉위하게 된 자체는 일종의 정변을 거친 결과로 풀이할 수밖에 없다. 이는 곧 6부의 본질적인 성격까지 바뀌는 계기가 되었음을 뜻하는 것이기도 하다.

물론 그를 그동안 벌어진 6부 사이의 정치적인 대립 갈등의 최종적인 소산물로서 이해한다면 그럴 만한 분위기가 밑바탕에서 꾸준히 움트고 있었다고 봄이 순조롭겠다. 지증왕의 즉위는 그런 다툼에서 마지막 방점을 찍은 일대사건이겠다.

지증왕이 즉위하자마자 다양한 혁신적 시책을 마련해 새로운 지배체제의 정립을 모색해 간 것도 바로 그런 움직임의 연장선상에서였다. 위에서 소개한 특이한 혼인 행태도 그러한 시도의 하나로서 볼 수가 있다. 즉위할 때의 연령이 기록 그대로 64세였다면 일단 이를 초혼(初婚)으로 간주하기는 힘들겠다. 그처럼 초혼이 아니란 자체도 특이하지만 하필 모량부 출신자가 대상인 사실도 유의해 볼 대목이다. 이 혼인은 6부의 본질적 변화에 어우러지는 조치였다.

지증왕의 왕비와 관련하여서는 위의 기사 외에 몇몇 기록이 찾아진다. 『삼국유사』 왕력편에서는 영제(迎帝)부인이며 '검람대한지등허(儉覽代漢只登許)' 각간의 딸이라고 하였다. 반면 『삼국사기』에서는 '박씨 연제(延帝)부인으로 등흔(登欣)' 이찬의 딸로서 등장한다. 양자를 대비하면 이름은 비슷하나 둘 가운데 구체적 사항에서는 어느 쪽에 약간의 착란이 스며든 듯하다.

그것은 여하튼 대상을 박씨라고 지목한 사실은[30] 눈여겨볼 만하다. 지증왕 이전의 국왕들이 모두 김씨 족단과 혼인한 데에는 전혀 예외가 없었다. 이른바 족내혼 또는 근친혼이라 부를 수가 있다. 이에 견주면 지증왕이 모량부 박씨와 혼인한 사실은 예사롭지가 않다. 오랜 관행을 파괴한 일종의 파격처럼 여겨지기 때문이다.

지증왕을 뒤이은 법흥왕의 왕비 보도(保刀)부인도 마찬가지로 박씨였다. 이로 미루어 보도부인 역시 모량부 출신으로 보아도 무방하겠다. 보도부인은 539년의 「울산천전리서석」의 추명(追銘)에 보이는 '무즉지태왕비부걸지비(另卽知太王妃夫乞支妃)', 즉 법흥왕의 왕비인 부걸지비 바로 그 사람이다. 거기에 부걸지비의 출신 부명은 밝혀져 있지 않다. 아마도 이 무렵 국왕과 왕비의 위상이 초월자적인 존재로 부상함으로써 따로 부명을 관칭(冠稱)할 필요가 없어진 사정과 무관하지 않을 것 같다. 이는 거꾸로 6부의 본질이 바뀌었음을 보여주는 것이기도 하다.

일단 보도부인도 부명을 드러내지는 않았으나 원래의 출신지가 모량부였다고 하여도 좋을 듯하다. 법흥왕을 뒤이은 진흥왕의 왕비 사도(思道)부인도 역시 박씨인데, 왕력편에서는 모량리(부) 출신으로 밝힌 데서 자연스레 유추된다. 진흥왕의 둘째 아들인 진지왕도 지도(知道)부인과 혼인하였는데 역시 박씨라 하므로 모량부 출신으로 보아도 무방하겠다. 다만, 즉위하지는 못하였지만 진흥왕의 첫째 아들인 동륜(銅輪)태자가 입종갈문왕의 딸로서 자신의 고모인 만호(萬呼)부인과 혼인한 것은 원래의 족내혼으로 되돌아가려는 현상처럼 보여 주목된다.[31]

---

30) 그렇다고 당시 박씨 성이 사용되고 있었다는 의미는 아니다. 이는 후대의 부회일 따름이다.
31) 진지왕의 즉위와 폐위가 이와 같은 혼인 관계가 변화되는 움직임과 전혀 무관한 것으로 보이지는 않는다.

이상과 같이 보면 지증왕으로부터 이후 4대에 걸친 국왕이 잇달아 모량부 출신의 왕비를 맞아들였다. 이런 양상이 한동안 관행으로 굳혀졌다고 하여도 좋을 것 같다. 그래서 당시 박씨를 왕비족이라고 부르려는 논자까지도[32] 있다.

여하튼 전후에 김씨 족단(여기에는 탁부는 물론 사탁부까지 포함)끼리의 혼인이 주류였던 데에 견주면 주목해 볼 현상으로 여겨진다. 어쩌면 지증왕이 비상적인 방법을 동원해 즉위해 가는 과정에서 모량부의 지원과 후원을 받았고 이후 혁신적인 시책을 추진하는 파트너로 삼았을지도 모른다. 그 자체가 결국 기존 구조의 근간을 바꾸기 위한 혁신책의 일환이었기 때문이다. 말하자면 지증왕이 즉위 후 추진한 여러 시책은 그의 파격적인 즉위 및 혼인과 맞물려서 진행된 일이었다.

그런 과정에서 사실상 6부 지배체제의 중심에서 줄곧 소외되어 온 모량부이 위상이 크게 바뀌어진 것으로 풀이된다. 503년의 「냉수리비」에서는 보이지 않던 모량부의 부장이 524년의 「봉평비」에 등장함은 그런 실상을 어렴풋하게나마 방증해 준다. 하지만 이때는 이미 6부의 본질적 성격이 변화를 겪어가던 막바지 단계였으므로 이를 반드시 모량부의 부상으로 재단하기에는 약간 섣부른 감이 있다. 모량부 소속의 여러 유력한 가계 가운데 특정한 박씨 족단이 부상하는 모습이라고 한정적으로 풀이함이 온당하지 않을까 싶다.

물론 그렇다고 오래도록 이어져 온 6부가 지닌 공동체적 요소가 말끔하게 해소된 상태는 아니었던 것 같다. 그런 사정은 다음의 기사를 통해서 엿볼 수 있다.

---

32) 이희관, 「신라상대 지증왕계의 왕위 계승과 박씨왕비족」『동아연구』20, 1990.

E) 조정의 화주(花主)가 이 말을 듣고 사자를 보내 익선(益宣)을 잡아서 더럽고 추함을 씻어내려 하였다. 익선이 도망해 숨자 그 장남을 잡아갔다. 때는 한겨울로 너무도 추운 날 성내(城內)의 못에서 씻겼더니 얼어 죽었다. 대왕이 듣고서 조칙을 내려 모량리 사람으로서 관리가 된 자는 모두 쫓아내어 다시는 관서에 간여치 못하도록 하고 승복을 입지 못하도록 하였다. 만약 승려가 되어 있는 자라면 종고사(鐘鼓寺)[33]에 들어가지 못하게 하였다. (중략) 이때 원측법사(圓測法師)가 해동의 고승이었으나 모량리 사람이었던 까닭에 승직을 주지 않았다.(『삼국유사』2 기이편2 「효소왕대 죽지랑」조)

이 기사의 바로 앞부분에는 모량부의 당전(幢典)이란 고위직에 있던 아간(阿干) 익선(益宣)이 뇌물을 받고서야 비로소 화랑인 죽지랑이 이끌던 조직에 소속한 낭도로서 부산성(富山城)의 창직(倉直)에 일시 동원된 득오(得烏)의 휴가를 승인해 주었다는 내용이 들어가 있다. 위의 기사는 그에 대해 관료로서 익선이 행한 부정부패한 행태를 중앙정부가 나서서 추궁하고 징계한 내용이다.

익선의 부정행위에 대해 중앙정부에서는 당사자는 물론 그 장남까지 연좌시켜 단죄하였을 뿐만 아니라 모량부 주민 전체에게도 공동의 책임을 지우고 있다. 모량부 사람들이 죄를 지은 것이 아님에도 관직에 나아가지도 승려가 되지도 못하게 조치한 것은 일종의 지역 연좌제를[34] 적용한 셈이었다. 이는 비록 부가 지닌 공동체성이 거의 소멸

---

33) 종고사는 종과 북을 매달 수 있는 유력한 사찰을 가리킨다. 사찰의 수가 급속히 증가해 가면서 사격(寺格)에서도 현저한 차이를 보였다. 아마도 종과 북을 매단 사찰은 그 가운데 유력한 사찰을 가리키는 것으로 여겨진다.

34) 주보돈, 「신라시대의 연좌제」『대구사학』25, 1984.

되어 갔지만 그 잔재가 아직껏 남아 전해짐을 보여주는 사례이다. 그런 양상은 부의 운영 자체에도 반영되어 있었다.

6부 각각에는 행정 업무를 전담한 조직이 별도로 두어졌다. 6세기 이후 6부의 행정 분야를 맡은 기관으로서 전읍서(典邑署)와 6부소감전(六部少監典) 등이 보인다. 양자의 관계는 뚜렷하지 않다. 선후한 것으로 보기도 하고 병존하면서 역할과 기능을 달리한 것으로 보기도 하는 등으로 견해가 엇갈려 있다. 어느 쪽이건 각 부별로 조직을 따로 두어서 관리하였음은 의심할 바 없는 사실이다.

전읍서는 경덕왕대에 전경부(典京府)로 개칭된 데서 저절로 드러나듯이 왕경 전반을 관리한 관부였다. 각 부별로 최고위직의 경(卿) 또는 감(監)으로부터 가장 말단인 사(史)에 이르는 5등관제로 구성되었다. 부별로 조직과 구성원에서 별달리 큰 격차가 없었음이 특징적이다.

그와는 다르게 6부소감전은 6부감전(六部監典)이라고도 불리었을 뿐 따로 특별하게 명칭의 변경을 거친 듯한 흔적은 보이지 않는다. 게다가 각 부별로 직명이나 조직 구성 등에서 약간의 편차가 난다. 대체적으로 양부·사량부, 본피부, 모량부·습비부·한기부의 3그룹으로 등급이 나뉜 듯하다.

실제로 6부 내부는 정치력 경제력 등에서 적지 않은 격차가 있었다. 그런 양상은 6세기 금석문 상에서 뚜렷이 확인된다. 대체로 유력자들은 탁과 사탁부에 집중되었으며 거기에 본피부가 멀리서 뒤따르는 모양새이다. 6부가 형성, 전개되는 과정에서 생겨난 그와 같은 우열의 격차는 행정구획으로 전환된 뒤에도 완전히 해소되지 않은 채 잔존하였다. 그것은 사찰이나 금입택(金入宅)의 존재 양상에서도 엿보인다.

큰 규모의 사찰은 대체로 중앙부 일대에 먼저 집중 조영되다가 차츰 남산 방면으로 옮겨갔다. 서천이나 알천을 건너서는 큰 규모의 사찰이 끝내 창건되지 않았다. 특정한 부를 중심으로 정치력의 쏠림 현상이 두드러졌던 것이다.

한편 부윤대택(富潤大宅)을 가리키는 35금입택의 경우도 마찬가지 양상이었을 터이다. 6부의 부명이 붙은 금입택은 양택, 사량택, 본피택, 한지택은 확인되지만 모량택과 습비택은 따로 보이지 않는다. 아마도 이는 금입택도 특정 부에 편중되었음을 시사한다. 이는 부별로 경제력에서도 상당한 편차가 있었음을 짐작게 한다.

이런 현상은 6부소감전 소속 관리의 인적 구성이 다른 데서도 유추된다.[35] 다 함께 6부라 칭해졌어도 양부와 사량부, 본피부, 모량부 이하 3부의 조직은 달랐다. 이는 6부 사이에 전통적인 세력 격차가 있었음을 의미한다. 이와 같은 격차는 하루아침에 나온 것이 아니며 오랜 신라의 역사 속에서 자연스럽게 만들어진 결과였다.

그 가운데 모량부는 6부 가운데 가장 유력 우세하였던 양부와 사량부와 원래 뿌리를 함께 하였음에도 주축으로서 발전해가지 못한 채 뒤쳐졌던 것이다. 여기에는 아직 풀리지 않은 수수께끼가 남아있다. 통일 이후 훼황산이 소사 대상을 뛰어넘어 왕경의 5악 가운데 하나로 들어가지 못한 사정도 그와 관련될지 모른다.

5. 나오면서

오랜 기간 잘못에 매몰된 나머지 실상이 드러났음에도 쉽게 바꾸려

---

35) 『삼국사기』 38 잡지 직관 상. 이런 양상은 전읍서의 경우에도 비슷하다.

하지 않는 경우를 왕왕 본다. 이런 행태는 결국 그 방면의 진전을 가로막는 커다란 걸림돌로 작용할 수밖에 없다. 단석산을 신라 당대의 산명으로 간주하고 이를 중악으로까지 연결 지어온 풀이도 그런 실례의 하나로서 손꼽을 수 있다.

단석산은 신라 당대의 산명이 아니다. 단석사란 사찰의 창건과 연동해서 만들어진 새로운 산명이다. 오랜 역사에 부회시킴으로써 단번에 위상을 드높이려는 시도는 사찰 창건에서 흔하게 볼 수 있는 일이다. 산의 중턱에 사찰의 존재를 알려주는 불상과 명문이 새겨진 특이한 바위가 있고 거기에 삼국통일의 영웅인 김유신이 수도한 적이 있다는 사실과 결부시켜 단석 행위라는 설화를 창안하고 나아가 사명은 물론 산명까지 이끌어낸 것이었다. 그동안 관련 사료를 면밀하게 점검하는 기초적인 과정을 제대로 밟지 않은 채 후대의 기록을 당연한 사실로서 받아들이고 확대해석하는 잘못을 범하였다.

단석산의 원래 이름은 분명하지 않지만 신라국가의 산악신앙에 대한 소사의 하나로서 선정된 훼황산, 혹은 미황산이라 이해하였다. 훼황산은 화장한 진성여왕의 뼈가 뿌려진 곳으로서 모량부의 서쪽이라는 위치는 단석산을 제외하고서는 이 방면에서 달리 찾을 만한 대상이 없었기 때문이다.

만일 그러하다면 우리의 관심은 이제 모량부 쪽으로 본격적으로 돌려져야 마땅하다. 모량부는 6부 가운데 오늘날까지 그 이름을 남기고 있는 유일한 사례이다. 특히 6부가 적석목곽분을 다 같이 공유하면서도 묘역은 다른 5부와 떨어져 단독으로 조영한 사실은 이 시기 신라사의 이해를 드높이기 위해 반드시 풀어내야 할 과제이다. 게다가 지증왕이 즉위하면서 노령의 나이에 배필을 모량부에서 찾았고 이후 승계한 국왕들이 한동안 같은 박씨 족단에서 왕비를 맞아들인 사실도 눈여겨보아야 할 대목이다.

이 하나의 글로서 단석산과 관련한 의문점이 모두 해소될 리 만무하다. 오히려 더 많은 해명을 기다리는 문제점이 드러났다. 그런 의미에서 이번 작업은 앞으로 본격화시켜 나가야 할 논의의 시작점에 지나지 않는다.

* 이 글은 경북일보가 주관한 2022년 「단석산에서 신라의 정기를 품다」란 주제의 학술회의에서 발표한 내용을 수정 보완한 것이다.

4. 법광사(法光寺)의 중창(重創)과 그 의미

1. 들어가면서

신라 불교는 중앙집권적인 귀족국가로서의 모습을 한창 갖추어나가던 제23대 법흥왕(法興王, 514~540) 14년(527) 궁중 나인(內人) 이차돈(異次頓)의 순교(殉敎) 사건을 계기로 공인(公認)되기에 이르렀다. 신라 땅에 처음 불교가 전래되기 시작한 지 무려 100여 년만의 일이었다. 이후 불교는 빠른 속도로 번져나가 거의 국교이다시피 뿌리내려졌다.

거기에는 불교 수용을 주도한 지배세력이 정치적으로 적극 활용한 전륜성왕(轉輪聖王)이나 왕즉불(王卽佛) 및 석가족 신앙과 같은 의식이 큰 몫을 하였다. 그로부터 다시 100여 년쯤 흐른 뒤인 7세기 중반 당나라에 유학하였다가 귀국한 고승 자장(慈藏)이 불교계 내부의 체계와 질서를 바로 잡음으로써 전체 주민 열 집 가운데 무려 여덟·아홉이나 불교를 신앙하게 될 정도에 이르렀다고[1] 한다.

바로 이 무렵 당대 실력자로서 삼국 간의 전쟁을 예비해 가던 김춘추(金春秋, 제29대 무열왕 武烈王, 654~661)는 새로운 지배이데올로기로서 유

---

1) 『삼국유사』4 의해 「자장정률」조. 다만, 당시 사찰의 분포 상황으로 미루어 그 범위가 신라 전체 주민을 헤아렸다기보다는 왕경과 그 부근으로 한정해서 이해함이 온당할 듯싶다.

학(儒學)을 앞세웠다. 이로 말미암아 불교와 정치의 밀착된 결속 관계는 점차 멀어져갈 수밖에 없었다.

하지만, 그렇다고 해서 이때부터 불교가 정치적으로 배척, 억압을 받거나 소외되었다는 것은 아니다. 불교는 기왕의 덧씌워져 온 강한 정치적 굴레를 차츰 벗겨내고 순수한 종교로서 새로이 자리매김해 갔다는 의미이다. 이는 이따금 불교를 탄압하기도 했던 인근의 몇몇 나라와는 전혀 다른 면모였다.[2] 신라 통일기의 불교는 이제 정치와 일정한 거리를 유지하면서 종교 본연(本然)의 자세라 할 신앙과 교학(敎學)의 두 측면에서 한층 내실화를 도모해 나갔다.

그런 추세 속에서 일부 유력한 귀족들은 삼국통일전쟁의 과정에서 군공 포상 등으로 확보한 엄청난 재력을 희사해 자신과 가족, 집안의 안락과 극락왕생을 겨냥한 원찰(願刹)을 세우는 데에 크게 힘을 쏟았다. 무열왕을 뒤이은 제30대 문무왕(文武王, 661~681)이 재위 4년(664) 여전한 전시(戰時) 상황임에도 재화(財貨)와 토지를 멋대로 사찰에 시주하지 못하도록 조치한 금령(禁令)을 내린 데서[3] 거꾸로 그런 조짐이 읽혀진다.

문무왕의 금령은 차라리 불교가 장차 국가보다 유력 귀족 개인이나 집안과 더욱 더 밀착해 가는 쪽으로 나감을 예고해 주는 일이나 다름없었다. 통일기에 국왕과 근친 왕족을 비롯한 유력 귀족들이 실제로 자신의 엄청난 재력을 동원해 사찰을 다투어 건립하거나 중창하였음은[4] 그

---

2) 중국에서는 흔히 3무(武)1종(宗)이라 일컬어지듯이 몇 차례에 걸쳐 불교를 박해하는 일이 있었다. 고구려에서도 보장왕(寶藏王)대에는 외교적 목적 아래 도교를 적극 수용하면서 불교를 억압하자 고승인 보덕화상(報德和尙)이 본국을 이탈해 백제로 망명하는 사건도 벌어졌다.(『삼국사기』22 고구려본기 보장왕 9년조 및 『삼국유사』3 흥법 「보장봉로 보덕이암」조)

3) 『삼국사기』6 신라본기 문무왕 4년조.

4) 중아찬(重阿飡)의 관등으로 집사시랑을 역임하고서 은퇴한 6두품 출신의 김지성(金志誠)조차

런 추정을 적절히 뒷받침한다.

통일전쟁을 끝낸 후 무열왕의 직계 비속(卑屬)은 자신들 중심의 권력 집중화를 강력하게 추진해 나갔다.[5] 이는 결과적으로 상층 지배귀족의 가계(家系) 분화를 한층 촉진시키는 계기가 되었다. 그런 상황 속에서 유력 귀족들은 각기 원찰적인 성격의 사원 건립을 활발하게 추진해 간 것이다.

최근 9차례에 걸친 발굴을 통해 전모가 거의 드러나다시피 한 법광사도 그런 사례의 하나로서 손꼽을 수 있다. 아직 전면적인 발굴 작업을 모두 마무리 지은 상태는 아니지만 진행된 현상만으로도 일단 법광사가 예사롭지 않은 규모의 대찰(大刹)이었음은 짐작할 수 있게 되었다. 하루아침에 그와 같은 모습을 갖추었을 리는 만무하며 오래도록 여러 차례의 중창을 거친 결과였을 터이다.

그렇다면 법광사가 언제, 어떻게 창건되었으며 어떤 과정을 밟아 중창이 이루어졌을까 등등은 무척 궁금하게 여겨지는 대목이다. 일찍이 알려진 이른바 9세기 중엽의 「법광사석탑기」(이하에서는 「석탑기」로 줄임)를 매개로 어렴풋하게나마 추론된 적은 있었다.[6] 하지만 당시에는 아직 법광사의 존재를 일러주는 일부 흔적만이 겨우 지상에 노출된 상태였을 따름이다. 전모가 아직 제대로 드러나지 않아 적지 않은 사항이 앞으로 풀어내어야 할 과제로서 남겨져 있었다.

이제 정식의 체계적인 발굴을 거쳐서 실태를 대충이나마 짐작할 수

엄청난 규모의 감산사(甘山寺)를 자신의 재력만으로 세운 사실은 그런 동향을 입증하기에 충분한 실례이다.

5) 주보돈, 「남북국시대의 지배체제와 정치」 『한국사』3(고대사회에서 중세사회로), 한길사, 1994, pp.290~292.

6) 황수영, 「신라 법광사 석탑기」 『백산학보』8 1970 ; 『한국의 불교미술』 동화출판공사, 1974.

있게 된 마당이므로[7] 이를 「석탑기」가 들려주는 내용과 적절히 연계시키면 법광사에 대한 이해도를 한층 드높일 수 있으리라 기대된다. 그렇다면 법광사는 전후 시점에 중앙의 유력 귀족들이 왕경은 물론 지방에다 사찰을 창건하거나 중창한 뚜렷한 실례의 하나로서 주목받기에 충분한 대상이 되겠다.

2. 법광사의 향방과 「석탑기」

발굴을 통해 윤곽이 어느 정도 잡힌 법광사의 원래 규모에 견주어 관련 기록은 너무나 희소하고 소략하다. 한국고대사 분야의 기본 사서라 할 『삼국사기』와 『삼국유사』에서는 물론 고려시대 대상의 어떤 기록에도 그와 연계시킬 만한 편린이 보이지 않는다. 겨우 조선 전기의 인문지리서인 『신증동국여지승람』에[8] 이르러서야 비로소 법광사의 실재를 알려주는 기사가 처음으로 등장한다. 그나마도 '법광산(法光山)에 있다'는 위치만 겨우 내비친 정도의 간단한 내용에 불과할 따름이다.

이상스럽게도 『신증동국여지승람』의 모태인 『동국여지승람』이 편찬되던 바로 그 무렵 전국을 떠돌다가 한동안 경주의 남산 자락에 정착해 살아가던 방랑자 김시습(金時習, 1435~1493)이 쓴 '숙신광현법광사(宿神光縣法廣寺)'라는 시제(詩題)가 확인된다. 이를 매개로 김시습이 잠깐이나마 법광사에 머문 사실을 유추해 낼 수가 있다. 다만, 사명의 표기가 '法光'이 아닌 '法廣'으로 되어 있어 약간의 꺼림칙함은 남지만 내용상 양자를

---

7) (재)경북문화재연구원, 『포항법광사지 발굴중간보고』 I ~VI, 2013~2019.
8) 『신증동국여지승람』 21 경주부 불우조. 이 책은 중종 25년(1530) 편찬되었으나 그 모태인 『동국여지승람』은 성종12년(1481)임을 염두에 두어야 한다.

법광사 원경(발굴 전, 일제강점기)

동일시해도 그리 어긋나지는 않을 성싶다. 이로써 당시 법광사가 경주부
의 영현(領縣) 중 하나인 신광현에 위치하며 법광산은 바로 뒷산인 비학
산(飛鶴山)을 가리킴이 확실시된다.

　그런데 17세기 후반 경주부사로 재임하던 민주면(閔周冕)의 주도 아래
1669년 편찬된 『동경잡기(東京雜記)』에는 법광사의 구체적인 위치 및 초
창(初創) 사실과 함께 지극히 간단한 실상까지 기록하고 있어 주목된다.
관련 기사 전체는 다음과 같다.

　'법광사. 신광현 서쪽 비학산(飛鶴山) 아래에 있다. 세상에 전하기를 진평
　왕(眞平王)이 원효(元曉)로 하여금 인연(因緣)을 모아 2층의 불전을 처음 짓
　게 하였는데 이를 금당(金堂)이라 일컬었다 한다. 지금도 여전히 남아 있
　다.'(『동경잡기』2 불우조)

법광사 발굴 후의 금당지

법광사가 신광현의 서쪽 비학산 자락에 위치함을 밝혀두고 있다. 한편, 창건을 제26대 진평왕(眞平王, 579~632)의 지시에 따라 고승 원효(元曉, 617~686)가 추진하였음을 구체적으로 적시한 사실도 주목된다. 이로써 2층의 금당으로 이루어진 법광사가 조선 후기까지 존재하였음을 알 수 있게 되었다.

아마도 『동경잡기』의 편찬에 참여한 사람들이 주로 경주부 일원에서 살았을 터이므로 그런 내용들은 현장을 직접 답사하거나 전해 들은 사실을 토대로 해서 기술하였을 것으로 짐작된다. 법광사의 개창을 진평왕이나 원효와 연계시킨 것의 사실 여부를 떠나[9] 그것이 『동경잡기』 편찬자

9) 박남수, 「신라 「법광사석탑기」와 御龍省의 願堂 운영」 『한국고대사연구』 69, 2013, p.229에서 이미 그것이 실상과 어긋남을 적절하게 지적하였다.

의 일방적인 작위에 의한
것이 아니며 당시 관련
전승이 인근에 널리 퍼져
있었던 데서 말미암았으
리라 추정된다.

법광사 발굴 후 금당 대좌의 모습

18세기 중엽 무렵부터
경주부(慶州府) 일대를 비
교적 자세하게 그린 「해
동지도(海東地圖)」를 비롯한 여러 종류의 옛 지도에 법광사의 구체적인
위치가 처음으로 표기되었다.[10] 이들보다 훨씬 앞선 16세기 초반 제작으
로 추정되는 「동여비고(東輿備攷)」에는 법광사의 위치가 도상(圖上)에는
표기되어 있지 않다.

이런 차이는 당연히 지도의 쓰임새에서 비롯하였을 여지가 있으나 이
후 법광사가 차지하는 위상이 크게 달라진 데서 말미암은 것일 수도 있
겠다. 바로 그 무렵 진행된 법광사의 중창 사실은 그를 방증한다. 조선
후기에 작성된 법광사의 또 다른 석탑기(이하에서는 이를 편의상 「조선석탑
기」로 약칭함)에 보이는 내용이 그 점을 뚜렷하게 보여준다.

「조선석탑기」는 「석탑기」보다도 크기가 훨씬 작으나 겉모양이 매우
비슷한데, 아마도 후자를 직접 보고서 본떠 만들었기 때문으로 추정된
다. 「조선석탑기」에는 강희(康熙) 37년(1698)과 건륭(乾隆) 12년(1747)의 거
의 50년 사이에 2차례에 걸쳐 법광사를 중수한 사실을 밝히고 있다.

---

10) 경주시·경주문화원, 『경주의 옛 지도』, 2016; 함윤아, 「포항 법광사지 금당지의 조사성과」, 『금
당지 발굴 성과와 정비 방향』(포항 법광사지 학술대회), 포항시·경북문화재단 문화재연구원,
2022.

법광사에 대해서는 조선시대에 일부 유자(儒者)들이 단편적 형태로나마 관련 기록을 약간씩 남겼다. 그래서 『동경잡기』가 편찬되던 무렵에는 구체적인 위치와 함께 창건의 전승까지도 비로소 드러낼 수 있게 된 것이라 하겠다. 직후에 두 차례의 중수가 이루어지고 그 결과 지도에까지 위치가 구체적으로 표시되기에 이르렀다.

다만, 「조선석탑기」의 법광사 중수 사실에는 약간 모호한 측면이 엿보인다. 이때 사찰을 전면적으로 중수한 것인지 아니면 석탑으로만 한정한 것인지는 명확하지 않다. 50년 동안 석탑만을 거듭 중수하였다고 보기에는 어딘가 석연치가 않기 때문이다. 표제가 비록 「법광사석탑기」로 내세워졌지만 겉모습은 물론 내용까지도 기존의 「석탑기」를 단순히 모방한 데에 지나지 않는다. 따라서 중수의 대상 자체를 구태여 석탑에만 국한해서 이해하려 함은 단견(短見)으로 적절하지 않을 성싶다.

당시 두 차례에 걸친 중수의 구체적 실상과 대상이 뚜렷하게 명시된 상태는 아니지만 석탑 중심의 불사를 거행하면서 법광사 전반의 중수까지 대상으로 삼았다고 봄이 온당할 것 같다. 그런 과정에서 원래의 석탑 안에 들어있던 기존 「석탑기」를 꺼내보고서 전후 경과를 간단하게 기록한 「조선석탑기」를 비슷한 모양으로 새로 만들어 넣지 않았을까 싶다. 그럼에도 이후 기존 「석탑기」의 존재는 물론 그와 관련한 내용은 1960년대에 도굴로 알려질 때까지 어떤 기록에도 등장하지 않는다.

이처럼 법광사는 창건 이후 조선시대에 이르러서야 비로소 단편적이나마 유관 기록이 등장하므로 이전의 향방에 대해서는 전혀 알 길이 없었다. 신라의 왕경 가까운 곳에 위치한 엄청난 대찰이었음에도 불구하고 기록상에서는 흔적이 거의 남지 않을 정도로 잊히다시피 하게 된 것은 무척 의아스럽다.

법광사 발굴 후의 노출 모습

　특히 법광사가 자리한 비학산은 통일기에 신라국가가 전국의 산천 (山川) 등 주요 자연물 대상의 제사 체계를 전면적으로 재정비하면서 설정한 24곳의 소사(小祀) 가운데 하나였던 사실을[11] 참작하면 더더욱 그러하다. 당시 산명을 비약산(非藥山)이라 표기하였지만 양자가 동일한 곳임이 분명하다. 이미 소사의 대상으로 선정되었기에 비교적 이른 시기부터 비 학산 자락에도 법광사와 같은 사찰이 들어섰으리라 추정되나 창건의 시점, 배경 및 과정이나 이후의 향방 등 기본 사항은 현재로서는 도저히 알아내기 어려운 실정이다.

　다만, 뜻하지 않은 「석탑기」의 출현으로 이제 법광사의 사적(事跡)을 단편으로나마 추적해 볼 일말의 실마리를 갖게 된 것은 무척이나 다행

---

11) 『삼국사기』 32 잡지 제사.

스럽다. 1960년대에 법광사 소재 석탑의 내장품(內臟品) 일체가 도굴되었다가 회수되었으며 얼마 뒤 「석탑기」의 내용이 학계에 정식 보고되었다.[12] 하지만 내용이 너무 소략한 탓인지 「석탑기」는 물론 법광사 자체까지도 이후 별반 주목을 끌지 못하였다. 일각에서 극히 부분적으로만 활용하여 왔을 따름이다.

그러다가 최근 「석탑기」 내용 전반을 면밀하게 분석한 논고가 발표되었다.[13] 이로써 기왕에 알려진 사항과는 상당히 차이 나는 사실을 접할 수 있게 되었다. 그럼에도 거기에는 여전히 철저한 점검을 기다리는 요소가 적지 않게 엿보인다. 아래에서는 그런 측면을 염두에 두면서 「석탑기」의 구성과 내용 전반을 기왕과는 여러모로 다른 시각과 입장에서 좀 더 치밀하게 다루어보려고 한다.

3. 「석탑기」의 분석과 내용 음미

1) 구조의 분석

앞서 언급한 것처럼 법광사 소재의 석탑 안에 들어가 있던 탑기는 두 종류였다. 하나는 이미 소개한 조선 후기의 중수 뒤에 작성해서 넣은 「조선석탑기」이며, 다른 하나는 9세기 중엽 법광사의 석탑을 사찰 내의 다른 곳으로 옮긴 뒤 작성한 「석탑기」이다. 전자와 관련해서는 앞서 내용을 대충 소개하였으므로 여기서는 되풀이하지 않고 대신 후자에만 초점을 맞추어 논의를 진행하기로 하겠다.

「석탑기」의 구체적인 분석을 시도하기 위해 잠시 전문(全文)을 기재된

---

12) 황수영, 앞의 글.
13) 박남수, 앞의 글.

순서에 따라 소개하면 아래와 같다.(알파벳은 문단을 나눈 것이며, 원문자의 숫자는 각 면의 행을 가리킨다)

A. 法光寺石塔記(우측 옆면)

B. ①會昌六年丙寅九月移

　②建兼脩治願代代檀越生

　③淨土 今上福命長遠(이상 앞면)

C. 內舍利卄二枚 上座道興(좌측 옆면)

D. ①大和二年戊申七月香

　②照師圓寂尼捨財建塔

　③寺檀越成德大王典香純(이상 뒷면)

「석탑기」의 소재는 납석(蠟石), 즉 곱돌로서 크기가 대략 세로 10.8cm, 가로 4.0cm, 두께 1.5cm쯤의 육면체 모양이며, 글씨를 쓴 공간은 네 면이다. 자그마함에도 밑쪽에는 대좌(臺座), 위쪽에는 머리[蓋] 부분을 별도로 조각해 완형의 모습을 갖추었다. 전체가 마치 입패(立牌)한 모양이어서 언뜻 전형적인 석비(石碑)를[14] 연상시킨다.

　아마도 제작 당초부터 비록 작은 규모이지만 실제로 석비를 의식하면서 비교적 정성스레 다듬었으리란 느낌이다. 그런 점에서 지금껏 알려진 여느 석탑기에 견주어 겉모습이 매우 세련된 데에 두드러진 특징을 보인다고 해도 좋을 성싶다.[15]

---

14) 황수영, 앞의 글, p.200.

15) 신라 당대에 같은 모양의 석탑기는 달리 찾아지지 않는다. 비슷한 시기에 비슷한 용도로 쓰인 탑기 가운데 장흥 보림사의 남북 두 석탑의 탑지가 주목된다. 신라 제48대 경문왕(景文王)이

글자는 반듯한 네 면에 돌아가면서 북위풍의 해서체(楷書體)로[16] 써서 새겼다. 다만, 위에서 소개한 '법광사석탑기'란 표제(A)는 정작 본문인 앞면(B)을 정면에서 바라보았을 때 우측의 좁은 옆면에다 별도로 새긴 점이 특징적이다. 「석탑기」의 전체 내용은 위에서 제시한 바와 같이 표제를 기점(起點)으로 삼아 좌측으로 돌아가는 순서로 작성되었다.[17]

표제에 해당하는 우측 옆면은 6자뿐임에도 아래의 공간에 더 이상의 글자를 이어 새기지는 않았다. 옆면이 곧 표제임을 강력하게 드러내려는 수법이다. 비문이라면 제액(題額), 또는 비액(碑額)에 해당하는 셈인데 이를 옆면에다 새긴 자체가 무척 독특한 기법처럼 보인다.

이와 같이 표제를 옆면에다 배치하는 명문의 작성 방식은 그다지 흔하게 볼 수 있는 사례가 아니다. 일단 예측해 둔 모든 글자를 써넣기에는 주어진 공간 전체가 매우 협소해 측면까지 적극 활용하지 않으면 안 되는 부득이한 사정에서 말미암은 것으로 여겨진다. 그래서 가능하면 공간 활용을 극대화하기 위해 전면에 내세워야 할 표제를 부득이

자신의 장인인 제47대 헌안왕(憲安王)을 추숭하기 위해 일으킨 불사로서 북탑과 남탑을 동시에 건립하였다. 그런데 그 속에 각각 들어있던 두 탑지는 모두 납석제로서 비슷한 크기인 점은 공통적이나 전자가 정육면체에 가까운 주사위 모양이라면 후자는 직육면체인 점에서 뚜렷하게 차이를 보인다. 특히 전자의 윗면과 아랫면(바닥면), 후자의 뒷면과 네 옆면(바닥면 포함)에는 각각 조선시대에 중창한 사실이 추기되어 있다. 「석탑기」와는 달리 기존 탑기의 남은 부분을 뒷날 이용한 점에서 차이가 나지만 중창 사실을 기록한 점에서는 비슷하다. 양자는 아울러서 세세하게 검토해 볼만한 대상이 될 듯싶다. 한편 대구 팔공산 소재의 동화사(桐華寺) 비로암(毘盧庵) 석탑 안에서 출토된 석탑기도 항아리 모양이어서 흔히 「사리함기(舍利函記)」로 불리나 내용상 석탑기임이 분명하다. 경문왕이 비명에 죽은 민애왕(閔哀王)을 추숭하기 위해 탑을 세운 뒤에 써넣은 것으로서 역시 납석제이나 겉에 흑칠을 한 점에서 차이가 난다. 구체적 내용과 관련해서는 뒤에서 언급하기로 하겠다.

16) 정현숙, 『통일신라의 서예』, 도서출판 다운샘, 2022, p.213.
17) 황수영, 앞의 글, p.200 ; 박남수, 앞의 글, p.221.

법광사 3층석탑

옆면에다 배치시켰던 것이라 하겠다.

　다만, 잠시 앞뒤의 넓은 두 면인 B와 D의 내용을 아울러서 고려하면 그런 사정을 뛰어넘어 또 다른 의도까지 스며든 느낌도 든다. '법광사석탑기'란 표제가 B는 물론 이와 시차를 달리하는 D에도 함께 해당됨을 드러내려는 의도도 아울러서 작용한 것처럼 여겨지기 때문이다.

　후술하듯이 「석탑기」의 앞뒤(B와 D) 내용은 모두 법광사의 석탑과 직접 관련되지만 시차가 뚜렷하게 차이가 나는 데서 유난스런 기재 방식이다.[18] 말하자면 원칙적으로 각기 다른 탑기로 작성함이 마땅하나 뒷면에다 굳이 과거에 일어난 일을 기록하면서 앞의 표제가 거기에도 해당함을 드러낸 것이라 추정된다. 이런 기재는 건탑할 당시에는 탑기가 작성되지 않았던 사정과 맞물린 듯하다.

그래서 표제를 구태여 앞면의 첫머리가 아닌 우측 옆면을 적극 활용함으로써 앞뒤의 양쪽 모두에 함께 연관됨을 드러내려고 하였던 것이다. 그렇다면 일단 상대되는 좌측 옆면, 즉 C의 경우에도 엇비슷하게 앞뒤인 B와 D의 내용과 함께 연관성을 갖는다고 생각해 볼 만한 여지가 생겨난다. 두 측면, 즉 A와 C에는 앞뒤의 양면(B와 D)과도 '동시 상관성'을 가짐을 나타내기 위한 의도적인 기획이 작용한 느낌이 든다.[19] 이런 사실은 본문을 면밀히 검토하면 저절로 드러날 성싶다.

일반적으로 '기(記)'라고 하면 어떤 일이나 사건의 시말(始末)을 기록한 형식의 글을 가리키는 용어이다. 「석탑기」와 내용과 용도가 유사한 사례로서는 뒤에서 소개할 「보림사석탑지(寶林寺石塔誌)」를 들 수 있다. 다만, 여기에서는 법광사처럼 표제가 별도로 붙지는 않았다. 한편 879년 탑을 수리한 뒤에 작성한 「선방사탑지(禪房寺塔誌)」에는 표제로 여길 만한 부분이 보인다. 다만, 연월일을 먼저 제시한 뒤 '선방사탑연치내기(禪房寺塔練治內記)'라는 방식으로 드러내어서 약간의 차이가 난다.

여하튼 이와 같은 몇몇 사례로 미루어 비록 옆면이기는 하나 표제만을 단독으로 내세운 것은 본 「석탑기」에서만 확인되는 독특한 양식이라 할 만하다.[20] 어쩌면 거기에 「석탑기」의 작성을 매개로 드러내려고 한

18) 황수영, 위의 글 ; 박남수, 위의 글.

19) 그런 의미에서 왼쪽 측면의 내용도 표제만큼이나 중요한 의미를 갖는 것으로 생각된다.

20) 나말의 명유 최치원(崔致遠)이 쓴 「해인사묘길상탑지(海印寺妙吉祥塔誌)」에도 제1면 첫머리

I. 불교와 산악

뜻이 함축되었을지 모른다.

본문에 해당하는 앞면(B)과 뒷면(D)의 각 행 글자 수는 일단 9자를 기준으로 삼았던 듯하다. 다만, 적은 경우에는 8자이며, 많으면 10자로서 조금씩 차이를 보인다. 아마도 그렇게 된 데에는 각 행마다 나름의 사유가 깃들었을 것 같다.

앞면인 B②행은 10자로 구성되었는데, 이는 '代代'처럼 중복되는 경우 앞뒤의 두 글자가 같음을 나타내는 작은 중첩 부호(符號)를 사용함으로써 여유 공간이 약간 생겨난 데서 비롯하였다. 그래서 10자 넣기가 가능해진 것이다. 그와는 대조적으로 뒷면인 D③행의 경우 예상해 둔 10개 글자를 한 행에 모두 써넣어야 하였기 때문에 사이의 간격을 약간씩 줄이고 또 글자체도 조금씩 작게 쓰는 방식을 취해 가까스로 채울 수 있었다.

그런데 좌측 옆면(C)의 경우는 역시 동일한 공간에 모두 10자를 써넣었더라도 약간 다르게 이해할 만한 소지가 엿보인다. 10개 글자를 여유롭게 써넣을 만한 공간이 마련된 것은 크기도 상대적으로 작고 가늘게 썼지만 동시에 중간의 '卅二'를 한 글자처럼 밀착시킨 때문으로 여겨진다. 그러면서 오히려 중간에는 의도적으로 한 칸까지 띄우는 여유를 보였다. 전체 공간이 매우 좁았음에도 앞뒤 한 칸을 띄운 데에는 일단 문장을 구분하려는 기획성이 강하게 작동하였음은 의심의 여지가 없다.

그렇다면 거기에도 각별한 의미가 들어갔으리란 추론이 가능해진다. 이미 언급하였듯이 좌측면(C)도 우측면(A)과 마찬가지로 앞뒤의 양면(B와 D)과 동시에 내용이 서로 함께 연계됨을 나타내는 수법일 수가 있다.

에 「묘길상탑기」라 하여 기명(記名)을 앞세우고 있어 비슷한 면모를 보이나 「석탑기」처럼 별도의 면을 활용한 방식은 아니다.

한 칸을 굳이 띄움으로써 짧은 문장을 두 부분으로 나눈 데에는 이를 특별히 취급하려는 내밀한 의도가 들어간 것이다. 이에 대해서는 뒤에서 다시 다루기로 하겠다.

이상과 같이 「석탑기」는 서법이나 필체로 미루어 한 사람에 의해 작성되었음이 틀림없지만[21] 각 면마다 기재 방식에서 약간씩 차이를 보인다. 이는 매우 치밀한 기획 아래 전체 구도를 잡고 내용을 배치시켰음을 뜻한다. 글자는 대체로 가는 편이지만 뒷면(C)만이 상대적으로 굵다는 느낌이다. 이는 단순히 서자(書者)나 각수(刻手)가 달랐던 데서 기인한 것이 아니었다.

기재 방식에서 드러난 또 다른 특징적 면모는 앞면인 B③행에서 찾아진다. 그것은 '정토(淨土)'의 뒤를 한 칸 띄운 다음 '금상(今上)'을 쓴 점이다. '금상'은 곧 「석탑기」가 작성된 현시점의 국왕인 제46대 문성왕(文聖王, 839~857)을 가리킴이 명백한데, 당대에 일반적으로 통용되던 관례처럼 국왕을 특별히 드높이기 위해 바로 앞 글자와 띄워 약간의 공간을 별도로 마련하였다. 그래서 이 행만이 오직 8자로 구성하게 된 것이다.

그런데 한 글자를 띄운 방식은 앞서 소개한 바처럼 우측 옆면인 C의 '상좌(上座)' 바로 앞에서도 확인된다. 이 경우를 즉각 앞면 B③행과 같은 의도로 여기기는 곤란하다. 그것은 '상좌'가 당해 사찰의 직임으로써 구태여 의도적으로 높여서 기재할 필요는 없는 일이었기 때문이다. 실제로 신라 금석문 상에서 그와 같은 사례는 전혀 확인되지 않는다. 따라서 이는 일단 앞부분과 단락을 구분 지으려는 생각에서 띄운 것으로 봄이 적절하겠다.

---

21) 황수영, 앞의 글, p.201.

이처럼 상좌 앞을 한 글자 띄운 것은 앞뒤를 구별하기 위한 것이지만 한 걸음 더 나아가 '內舍利卄二枚'를 각별히 다루려고 하였기 때문이었을 것 같다.[22] 흔히 '內'를 '넣다'와 같은 동사로 풀이해 마치 석탑을 옮기면서 사리를 새롭게 넣은 듯이 이해하나[23] 이는 옮기기 전에 이미 22매의 사리가 들어있었고 이를 옮긴 뒤에도 여전히 그대로 두었다는 의미로 풀이함이 적절하다. 말하자면 사리 22매를 확인한 뒤 이를 변함없이 그대로 넣어두었는데 상좌인 승려 도홍이 이 일을 맡았다는 의미로 풀이된다. 앞서 좌측면 C도 우측면 A처럼 앞뒤의 양면과 동시에 연관됨을 상정해 두었거니와 바로 그런 사실을 가리킨다.

물론 거기에서는 상좌 도홍이 이건(移建)은 물론 건탑의 불사까지도 함께 맡은 사실을 드러내려는 의도가 작동하지 않았을까 싶다. 다만, 후술하듯이 탑 관련 불사의 단월에는 일정한 변화가 있었다. 이런 구조적 특이성은 「석탑기」의 내용을 음미하는 과정에서 자연스럽게 드러나리라 여겨진다.

2) 내용의 음미

「석탑기」의 내용 전부를 하나의 묶음으로 기술하되 각기 시점과 내용을 달리하는 두 부분을 앞뒤 양면에다 의도적으로 배치시키는 특수한 형

---

22) 「석탑기」와 매우 가까운 시점인 872년 쓰인 「황룡사찰주본기」에서는 국왕 관련 부분과 사리 관련 내용이 시작되는 부분의 바로 앞에 의도적으로 공격을 마련해 두고 있다. 한편 뒤에서 소개할 「보림사 북탑 석탑지」의 경우에도 역시 사리의 바로 앞부분에서 한 칸을 띄웠다. 이로 보면 「석탑기」의 경우에도 좌측 옆면의 사리 관련 부분을 각별히 취급하였다고 하여 지나친 억측은 아닐 듯싶다.

23) 황수영, 앞의 글, p.202 ; 한국고대사회연구소 편, 『역주 한국고대금석문 III (신라2·발해편)』, 가락국사적개발연구원, 1992, p.325.

慶州

「석탑기」 뒷면　　　　　　「조선 석탑기」

식을 사용하였음이 문장 구성에서 확인되는 또 하나의 주요 특징이다. 다만, 후술하듯이 뒷면의 마지막 D③의 경우 같은 면이기는 하나 앞의 ①②행과는 다르게 과거사(건탑)가 아닌 현재의 일(이건)인 듯싶으므로 각별하게 유의해서 다루어 마땅한 대상으로 여겨진다.

　앞면(B)은 회창(會昌) 6년, 즉 문성왕 재위 8년(846), 「석탑기」가 작성된 현시점에서 일어난 일의 대강을 압축적으로 정리해서 기록한 부분이다. '탑을 옮기고 아울러 수리하였다(移建兼脩治)'는 데에 초점을 맞춘 셈이다. 말하자면 「석탑기」를 작성한 목적이 기실 이 부분에 놓인 듯해 비록 짧지만 본문 중의 본문이라 이를 만하다.

　이 「석탑기」를 통해 법광사의 현존 3층석탑은 원위치가 아니며 다른 곳으로부터 옮겨졌다는 뜻밖의 정보를 얻을 수 있게 되었다. 만약 이 기록이 아니라면 우리는 법광사의 석탑은 물론 사찰 구조 전반의 변동에 대한 기본적 사항을 모두 놓쳐버려 실상에 대한 적지 않은 오해를 불러올 뻔하였다. 당대 기록의 중요성을 일깨우는 대목이다. 여하튼 3층석탑의 이건 불사는 후술하듯이 법광사의 구조 변동 전반을 상정할 수 있게 하는 소중한 단서이다.

뒷면 D①행과 ②행은 석탑을 현재의 위치로 옮기기 이전 원래의 건탑 관련 사실을 알려주는, 말하자면 과거시점에 벌어진 내용이다. 대화(大和) 2년, 즉 제42대 흥덕왕(興德王, 826~836) 3년(828) 비구인 향조(香照)와 비구니인 원적(圓寂)이란 두 승려가 재원을 희사해 탑을 세운 사실을 알려준다. 오로지 건탑에 국한된 내용일 뿐이지만 이를 매개로 법광사는 이보다 앞선 어느 시점에 창건된 사실까지[24] 자연스럽게 유추된다.

이처럼 「석탑기」는 앞뒤 양면에 일정한 시차를 보이는 두 내용을 대비시켜 탑의 위치 변동 양상을 보여준다. 발생 시점의 시간적 순서를 밟지 않고 현재 벌어진 사실을 먼저 앞세우고 과거에 일어난 일을 뒤에다 배치하는 독특한 기법을 동원하고 있다. 이는 다른 데서는 거의 찾아보기 힘든 특유의 방식이다. 두 옆면에 각각 독립성을 지닌 내용을 배치한 구성도 바로 그런 사정과 연관이 있어 보인다.

이어지는 뒷면의 마지막 D③행인 '寺檀越成德大王典香純'은 매우 짧으면서도 크게 문제로 삼을 만한 내용을 내재한 유별난 구절이다. 얼핏 보아 D①②과 순조롭게 이어질 듯한 것처럼 비쳐진다. 하지만 그렇게 쉽사리 단정하기에는 간단치 않은 문제점을 안고 있다. 그것은 '성덕대왕

---

24) 창건과 함께 건탑이 이루어졌다고 추정할 수도 있겠지만 그런 흔적이 전혀 보이지 않음은 이미 그 이전 법광사가 창건되어 있었음을 의미한다. 후술하듯이 그런 사례는 적지 않게 찾아진다.

(成德大王)'이란 추봉 시호 때문이다. 실상을 제대로 간파해 내려면 이에 대한 약간의 분석적인 음미와 이해가 요구된다.

먼저 이 구절을 끊어 읽는 방식의 문제이다. '사단월(寺檀越)'은 글자 그대로 '사찰의 단월'로서 불사를 위한 재원의 중심 제공자가 되겠다. 이 때의 사찰이란 바로 당해 법광사를 지칭함은 두말할 나위가 없다. 그런데 바로 다음의 '성덕대왕전향순'은 어디에서 끊고 어떻게 읽는 것이 바람직할까 약간 유념해 볼 문제로 떠오른다. 이를 여하히 읽느냐에 따라 전반적인 이해에까지도 크게 영향을 미치기 때문이다.

기왕에 이를 오래도록 단순히 '성덕대왕'과 '전향순'의 둘로 나눔이 대세였다.[25] 그렇다면 일단 절의 단월을 '성덕대왕'과 '전향순'의 두 사람으로도 상정할 수 있게 된다. 다만, 그럴 때 일단 '성덕대왕'에는 별달리 문제가 없는 듯이 보이지만 '전향순'에는 약간의 문제가 뒤따른다. 이를 이름으로 단정하기에는 너무도 어색하기 때문이다.

그래서 '전'을 금석문 상에 흔히 보이는 관례처럼 불사와 관련한 임시의 조직으로 보고 향순은 인명이라 풀이하였다.[26] 「중초사당간석주기(中初寺幢竿石柱記)」, 「(전)황복사금동사리함기」(塔典), 「민애대왕석탑사리함기(閔哀大王石塔舍利函記)」 등등에서도 해당 불사를 맡았던 직임으로써 '전'이 내세워진 사실이 확인된다. 그렇다면 향순은 전에 소속한 이름으로 봄이[27] 자연스런 이해라 하겠다.

그럴 때 문제는 '성덕대왕'에 있다. 여기에는 본 석탑은 물론 한 걸음 더 나아가 법광사의 창건이나 중창을 이해하는 데에 주요 관건으로 삼을

---

25) 황수영, 앞의 글, p.200 ; 한국고대사회연구소 편, 앞의 글, 1992, p.325.
26) 황수영, 위의 글. 한국고대사회연구소 편, 위의 책.
27) 황수영, 위의 글.

만한 실마리가 들어있는 것으로 여겨지기 때문이다. 따라서 이는 한층 깊게 다루어 봄직한 대상이다.

성덕대왕은 제45대 신무왕(神武王, 839)의 아버지인 김균정(金均貞)의 추봉호이다. 836년 흥덕왕이 정당한 후계자를 확정하지 못한 채 사망하자 현직 상대등으로서 혈연 상 왕위 계승에 가장 근접한 위치의 김균정은 동복형제인 헌정(憲貞)의 아들로서 자신의 조카인 제륭(悌隆, 또는 悌顒), 즉 제43대 희강왕(僖康王, 836~838)의 도전을 받아 치열한 다툼을 벌였다.

이 싸움에서 김균정은 자신과 사촌 형제 사이인 충공(忠恭)의 아들 김명(金明)의 강력한 지원을 받은 제륭에게 패배해 살해당하였다. 당시 다툼의 와중에 그의 아들 우징(祐徵)은 살아남아 청해진(淸海鎭)으로 도피하였다. 우징은 몇 년 뒤 청해진 장보고(張保皐)의 군사력을 빌려 자살한 희강왕의 뒤를 이은 김명, 즉 제44대 민애왕(閔哀王, 838~839)과 싸워 승리함으로써 마침내 즉위할 수 있었다. 우징, 즉 신무왕은 839년 즉위하자마자 즉각 아버지 균정을 성덕대왕으로 추봉하였다.

그런데 「석탑기」의 작성 시점, 즉 3층석탑을 이건할 당시인 846년에는 이미 김균정은 사망하고 성덕대왕으로 추봉된 상태였으므로 법광사의 정상적인 단월이 될 수는 없는 일이다. 그렇다면 성덕대왕에 내재된 문제는 두 방향에서의 이해가 가능해진다.

하나는 이 구절 전체를 현재 시점과는 전혀 관계가 없는 과거 사실로 취급하는 경우이다. 그럴 때에는 일단 가로막는 몇몇 장애(障碍)를 뛰어넘지 않으면 안 된다. 당시 김균정은 생존한 상태여서 성덕대왕이란 추봉호는 존재할 수 없기 때문이다. 물론 균정이 들어가야 할 자리에 현재의 추봉호인 성덕대왕을 소급시켜 대체하였을 가능성도 상정해[28] 봄 직하다. 그와 비슷한 사례는 「갈항사석탑기(葛項寺石塔記)」에서 찾아진다.

경북 김천에 위치한 갈항사지의 동서 두 석탑은 원래 승전(勝銓)이란 화엄 계통의 승려가[29] 8세기 초에 창건한 조그마한 절을 758년 대대적으로 중창하면서 새로이 세워진 것이다. 그때 불사의 단월은 뒷날 제38대 원성왕(元聖王, 785~799)으로 즉위한 김경신(金敬信)의 어머니를 비롯한 외가 3남매였다. 758년의 건탑 시점 당시에는 원래 별도의 탑기가 작성되지 않았다.

그러다가 김경신이 785년 즉위한 뒤의 어느 시점에 건탑의 불사가 행해진 과거의 사실을 뒤늦게 동탑의 기단부에다 추기(追記)로 새겼다. 물론 이때 탑기를 써넣는 데에만 머물지 않고 다른 불사도 함께 거행했을 공산이 크다. 당시 김경신의 생모인 박씨 계오부인(繼烏夫人)의 이름 대신 사후(死後) 추봉호인 조문황태후(照文皇太后)를 소급해서 새겼다.

이와 같은 사례처럼 정상적이라면 당연하게 김균정으로 써넣어야 할 곳에다 사후 추봉호인 성덕대왕을 소급 대체하였을 여지가 있다. 그렇다면 이 구절 역시 현시점의 이건 불사와는 아무런 관련성 없는 과거 시점의 사실이 되는 셈이다.

하지만 그렇게 단정하고 보면 몇몇 의문점이 다시 떠오른다. 먼저 「석탑기」의 내용 전체와는 어그러지는 모순이 생겨나는 사실이다. 바로 앞에서 828년에는 두 명의 승려가 이미 재산을 희사해서 탑을 세웠다는데 건탑을 위한 단월이 다시 등장하게 됨은 너무도 불합리한 구조가 된다.

---

28) 황수영, 위의 글, p.201.

29) 주보돈, 『『삼국유사』 승전촉루조의 음미」 『신라 왕경유적과 고승이야기-『삼국유사』「의해」편 II』 (신라문화제학술논문집 34), 2013, pp.35~44.

이는 사실상 실재하기 어려운 일이다.

더구나 비록 과거의 사실이더라도 846년의 이건 불사 자체가 '대대단월(代代檀越)'의 정토(淨土) 왕생과 금상인 문성왕의 수복(壽福) 기원을 함께 목적으로 삼았는데 같은 「석탑기」의 마지막 부분에 할아버지 성덕대왕이 단월로서 내세워짐은 어우러지기가 곤란하다. 그러므로 성덕대왕의 이름은 과거의 사실이더라도 단월로서 명기될 수가 결코 없다.

이와 같은 문제점들은 결국 뒷면 마지막인 D③행을 잘못 끊어 읽은 데서 비롯한 것으로 볼 수밖에 없다. 그래서 그런 문제점을 극복하기 위해 '사단월 성덕대왕전 향순'으로 풀이하려는 새로운 견해가[30] 제기되었던 것이다.

이 견해에서는 먼저 사찰의 단월을 성덕대왕전에 한정시키고 나아가 '전'은 곧 국왕 및 왕실 사무의 일부를 맡은 어룡성(御龍省) 산하의 대부전(大傅典) 및 원당전(願堂典)과 같은 성덕대왕의 추복을 위해 두어진 왕실 소속의 공식기구로 풀이하였다.

이 견해는 원래 중대 성전(成典)의 맥을 이었지만 9세기 중엽 성전사원이 유명무실해진 결과일 것이라는 대담한 추론까지 펼쳤다. 그리하여 석탑의 이건과 함께 거행된 불사의 주관자를 성덕대왕전이라고 간주하면서 향순만은 「조선석탑기」의 구조를 원용하여 별도로 승려로서 「석탑기」의 서자(書者)일 것으로 상상하였다.

앞서 제시해 둔 몇몇 문제점을 염두에 넣으면 일단 그처럼 끊어 읽는 방식에 대해서는 충분히 받아들일 만하다. 그로써 앞서 성덕대왕이 단월로 되는 이상한 문제점들은 저절로 해소가 되기 때문이다. 하지만

---

30) 박남수, 앞의 글.

성덕대왕전과 향전의 역할을 나누어보기에는 약간의 논리적인 비약과 오해가 깃든 듯해 선뜻 받아들이기 곤란하다.

우선 '사단월 성덕대왕전 향순'을 하나의 묶음으로 보면서도 굳이 향순만을 따로 떼어내어 승려로서 서자의 역할을 하였다고 본 점이다. 이는 결과적으로 D③ 전체를 하나의 묶음으로 본 것이 아니라 성덕대왕전과 향순의 두 부분으로 분리시킨 셈이 된다. 그와 같은 이해는 몇 가지 점에서 지나친 추정으로 여겨진다.

첫째, 그렇다면 이건 추진의 단월은 곧 성덕대왕전이 되는 셈인데, 이는 너무도 이상스런 일이다. 성덕대왕전이 단월인 점 자체가 성립 가능하지 않다. 만약 국가의 공식기구라면 결코 단월이 될 수가 없는 일이기 때문이다. 사실 그런 설정은 성전사원의 본래 기능과도 전혀 맥락이 닿지 않는다.

둘째, 향순이 서자라면 역할과 관련 있는 아무런 직임이 명시되지 않은 셈이 되는데 그런 형식의 기재는 금석문 상에서 확인된 바가 없다. 「조선석탑기」과 대조하여 아무런 직임이 없는 이름을 서자라고 결론짓기에는 근거가 너무 박약한 상태이다. 게다가 앞서 언급한 것처럼 좁은 공간의 활용을 극대화해야만 하였던 입장에서 서자의 이름만을 구태여 써넣을 필요성이 과연 있었을지도 의문이다.

불사의 진행 과정에서 담당 역할을 드러내어 새길 경우 거의 예외 없이 전(典)이나 장(匠) 등과 같은 직능, 혹은 직임을 앞에다 밝혀둠이 일반적인 기재 방식이다. 인명만으로 직임이나 역할을 나타낸 사례는 현재의 금석문 자료에 의하는 한 전혀 찾아볼 수 없다.

이상의 문제점들은 결국 D③행의 구절을 굳이 둘로 나누어 해석함이 온당하지 못함을 방증한다. 이는 전체를 한데 묶어 그대로 이해함이 지극히 자연스러움을 뜻한다. 새로운 문제 제기는 기왕과는 달리 끊어 읽는 방식은 옳았으나 이를 애써 다시 두 부분으로 나누어 이해함으로써 결국 잘못을 범하고 만 셈이다.

새로운 견해에서는 '성덕대왕전'의 '전'을 액면 그대로 받아들이지 않고 이를 어룡성 소속의 원당전 및 대부전과 결부시키고 나아가 원래의 성전과도 연계시켜 이해하였다. 이를 근거로 법광사에서 거행한 이건 불사를 국가가 주도하였으며 나아가 성덕대왕의 추복을 위한 것으로 풀이하였다. 그렇다면 결국 법광사를 국가사찰로 귀결시킨 셈이 된다.

법광사가 중창을 거쳐 마침내 성덕대왕의 원찰로서 기능하게 된 것은 받아들일 만하지만 국가사찰이란 결론을 내리기에는 넘어야 할 산이 너무도 많다. 이미 언급한 것처럼 '사단월'이 맡은 역할이 단월인 한 국가 공식기구가 단월로는 될 수 없기 때문이다. 국가기구가 특정 사찰의 단월임을 명시적으로 밝힌 경우는 어디에도 없다. 이는 성덕대왕전을 국가의 공식기구로 풀이한 이해 자체가 근본적으로 잘못임을 방증한다.

물론 국가의 공식기구도 단월이 될 수 있는 전제나 성덕대왕전을 기존 성전을 이은 사실이 명백하게 입증된다면 그런 추정은 받아들여질 여지도 없지 않다. 아마도 기존 성전이 유명무실해져 왕실 소속 기구로 변질되었다는 전제를 깐 것도 바로 그런 부분을 고려한 때문이 아닌가 싶다. 하지만 그런 설정 자체는 심각한 문제점을 불러일으킨다.

제48대 경문왕(景文王, 861~875)대에 이르러 무려 30여 년이나 기울어진 상태의 9층목탑 개건(改建) 불사를 추진하면서 황룡사가 오히려 뒤늦게 성전사원으로 선정되었다. 삼국통일을 계기로 일부 대규모 사원을 국가적 통제 아래에 두고 관리하기 위한 정책을 펼치면서 성전사원을 설정하였다.[31] 이때 이상스럽게도 신라 최대·최고의 사찰이라 할 황룡사는 대상에서 제외되었다. 그 이유가 선명하지는 않으나 삼국통일의 달성으로 그동안 호국 중심 사찰로서의 황룡사 역할과 소임이 다하였기 때문일지 모른다.

그러다가 신라 말기에 이르러 9층목탑의 개건(改建)을 위해 황룡사를 성전사원으로 지정해서 불사를 추진한 것이었다. 이때 성전사원의 관원 구성까지 구체적으로 명시하였다. 이로 미루어 짐작하면 성전이 유명무실해졌다는 상정 자체가 지나친 억측이다. 사원성전은 변질되거나 없어진 것이 아니며 여전히 온존하고 있었다. 다만, 성전의 대상 사원은 고정불변하지 않고 때로는 치폐(置廢)를 거친 것으로 풀이함이 적절하다.

성전은 대규모의 건축물이 요구되는 왕경 소재의 유력 사찰이나 왕궁 등을 대상으로 건축뿐 아니라 사후의 꾸준한 유지, 관리를 맡은 국가기구였다. 따라서 대상이 모두 특정 개인이나 집안의 소유가 아닌 국가 소속이었음은 물론이다. 사찰의 성전은 중앙관부에 편제된 국가의 공식기관이었으므로 대상 사원들은 곧 국가사찰이 되는 셈이었다.

이상과 같은 성전의 성격과 기능을 충분히 감안하면서 성덕대왕전이 다루어져야 마땅하였다. 만약 성덕대왕전이 성전의 성격을 약간이라도 지녔다면 법광사의 위상이나 성격과 관련해 여러모로 새롭게 음미해 볼 요소를 적지 않게 내재한 셈이 된다. 왜냐하면 이제부터 법광사도 국가 사찰로 바뀌며 거기에서 추진하는 일체의 불사 또한 국가가 기획하고 추진한 사업이 되기 때문이다.

그렇지만 현존의 「석탑기」의 내용만으로 그런 결론에 다다르기에는

31) 이영호, 「신라 중대 왕실사원의 관사적 기능」『한국사연구』43, 1983 ; 채상식, 「신라통일기의 성전사원의 구조와 기능」『부산사학』8, 1984.

뛰어넘어야 할 장벽이 너무나 높고 굳다는 느낌이다. 먼저 「석탑기」의 내용 전체를 통틀어 국가의 공식기구가 동원되었다고 추정할 만한 어떤 편린도 보이지 않는 점이다. 만약 국가기구가 불사를 주도하고 심지어 탑기에다 서자의 이름까지 새길 정도였다면 그럴 만한 약간의 단서라도 보여야 마땅하다. 의도적으로 숨기려고 시도하지 않았다면 실재하기 어려운 면모이다.

둘째, '성덕대왕전'이 국가의 공식기구라면 첫머리에 '사단월(寺檀越)', 즉 법광사의 단월로 내세워진 점도 반드시 해명해야 할 과제이다. 앞서 언급한 것처럼 국가의 공식기구가 단월로 되는 일이 과연 가능하기나 하였을까. 있었다고 하더라도 굳이 그런 사실까지 탑기에 명시할 필요가 있었을까. 공식기구가 국가사찰 대상의 대규모 불사를 추진함은 지극히 당연한 일이므로 굳이 단월임을 내세울 필요가 없을 터이다. 실제로 앞면(B)에 보이는 '대대단월'의 극락왕생을 기원하는 표현도 거기에 썩 어울리지가 않는다.

셋째, 원래 귀족 개인, 혹은 집안이었던 원찰이 국가사찰로 전환하게 된 점도 쉽게 납득하기 곤란한 문제이다. 법광사는 후술하듯이 이미 존재한 사찰인데 828년에 이르러 거기에 건탑 등의 중창 불사가 벌어졌고 846년에는 탑을 현재의 위치로 옮기는 불사가 거행되었다. 이제부터 법광사는 개인이나 집안 사찰로부터 국가사찰로 바뀐 셈으로 된다. 그런 사례가 과연 있을 수 있을까.

경문왕은 한창 분열 대립하던 현조(玄祖) 원성왕의 직계 후손들을 대동단결시킬 요량으로 원래 특정 귀족의 원찰이던 곡사(鵠寺)를 대대적으로 중창해서 원성왕의 원찰로 바꾸었다.[32] 이 중창 불사에 종실의 몇몇 중신과 함께 여러 승려들이 동원되었다. 불사를 끝낸 뒤 경문왕의 아들인 제49대 헌강왕(憲康王, 876~886)은 885년 사명을 대숭복사(大崇福寺)로 고치고 사액(賜額)하였다.

이처럼 숭복사는 작지 않은 변모를 겪었지만 그렇다고 국가의 정식 조직을 별도로 두면서까지 불사를 감행한 흔적이 보이지 않는다. 이런 실상에 견주면 추봉된 성덕대왕을 위해 국가가 나서서 공식 기구를 별도로 두었다고 보는 이해는 너무 멀리 나아간 느낌이다.

넷째, 법광사는 왕경이 아닌 지방에 위치한 사찰이므로 국가사찰의 대상이 매우 확대된다는 점 또한 문제가 된다. 지금까지 국가가 직접 나서서 관리한 사찰은 왕경 소재뿐이었다. 만일 법광사가 국가 관리의 사찰이 되었다면 이는 대단히 큰 의미를 지닌 셈이 된다.

이상과 같이 '성덕대왕전'이 법광사의 중창을 위한 국가의 공식기구임을 입증해 내려면 뛰어넘어야 할 커다란 장애를 적지 않게 만난다. 그럴 때 유사한 사례들을 샅샅이 찾아내어 따져봄이 올바른 접근이다. 이를테면 문성왕은 855년 서남산 자락에 위치한 창림사(昌林寺)에 무구정탑의 건립 추진을 매개로 중창하면서도 성전과 같은 별도의 기구를 두지 않았다. 대신 국왕의 종제(從弟)인 웅주(熊州) 기량현령(祁梁縣令)으로 재직하던 사지(舍知) 김예(金銳)가 총책임자로서 도속(道俗) 합작의 조직을 구성해서 불사를 맡았다.

---

32) 「숭복사비문」에 의하면 곡사는 원래 현재의 괘릉(掛陵) 자리에 있었는데 파진찬 김원량(金元良)이 동진의 죽림칠현을 본받아서 지은 절이었다. 김원량은 원성왕의 어머니 계오부인(조문황태후)의 외삼촌이며 왕비 숙정왕후(肅貞王后)에게는 외조부이다. 원성왕이 사망하자 찬반의 논란을 거쳐 곡사 자리에 무덤을 만들고 대신 곡사는 뒷날 현재의 숭복사 위치로 옮겼다. 경문왕이 원성왕의 추복을 위한 원찰로서 곡사를 중창하였다.

전남 장흥 보림사의 경우에도 경문왕 재위 10년(870) 제47대 헌안왕 (憲安王, 875~861)의 왕생을 기원하기 위해 남·북의 두 탑을 세우면서 서원부(西原部, 서원경)의 소윤(小尹)이던 김수종(金邃宗) 주도로 실행하였다. 국왕의 지시로 전왕(前王)을 위한 불사를 거행하면서도 국가의 공식기구가 관여한 흔적은 어디에도 보이지 않는다.

왕위 쟁탈전의 와중이던 839년 비명에 사망한 민애왕을 위해 역시 같은 경문왕의 지시로 863년 대구 동화사(桐華寺)의 비로암에 조탑(造塔) 불사를 거행하면서도 그와 4촌인 심지(心智) 대덕 등 여러 승려들이 주도하였을 뿐 국가의 공식기구가 직접 관여한 흔적은[33] 보이지 않는다.

이처럼 법광사와 비슷한 성격의 불사에는 대체로 성속(聖俗)이 합작해 추진하였으며 국가의 공식기구가 별도로 조직되거나 관여하지는 않았다. 그런 점에서 '성덕대왕전'을 국가기구로 설정함은 너무도 섣부른 판단이다. 글자 그대로 탑의 이건과 같은 법광사 중창을 위해 임시로 구성한 단월 조직으로 봄이 온당하다고 하겠다.

이상과 같이 일단 마지막 행을 기왕과는 다르게 끊어 읽는 방식은 적절하나 이를 묶어서 하나로 보지 않고 다시 둘로 나누어 읽어 세세한 접근을 시도한 입장은 받아들이기 곤란하다. 따라서 문제의 구절은 '법광사의 단월은 성덕대왕전의 향순'으로 풀이함이 자연스럽다. 다만, 이때의 사단월은 석탑과 관련된 불사 일체를 포함한 것으로 보아 무난할 성싶다.

그렇다면 D③행은 당연히 앞의 ①행 및 ②행과는 시점과 내용을 달리

---

33) 다만, 국왕 측근으로 문한(文翰)을 맡은 한림(翰林)으로서 사간(沙干) 이관(伊觀)이란 인물이 유일한 참여자였다. 그는 불사를 위한 도움을 주기 위한 보조자로서 왕명으로 파견되었을 여지는 있다. 그렇다고 국가의 공식기구가 관여한 것이 아니었다.

한다고 봄이 온당하다. 이미 언급하였듯이 뒷면의 내용은 과거 828년의 건탑 불사가 중심이지만 오직 ③행만은 그와는 다르게 846년 현시점의 사실을 기록한 셈이 된다.

4. 중창의 배경과 의미

1) 석탑 불사의 몇몇 사례

앞서 언급한 것처럼 「석탑기」는 하나의 탑기에 시점이 다른 두 가지 내용, 즉 18년 사이에 일어난 탑의 이건과 건탑의 사실을 나누어서 쓴 점이 기재 방식에서 확인되는 주요 특징이다. 게다가 전후 시점의 순차를 바꾸는 방식을 동원하였다. 양자의 작성 시점이 달랐던 것은 아니며 단지 846년에 중점을 두고(B) 그 뒤에 과거의 사실(D)을 덧붙이는 방식이었다. 말미에는 한 행을 할애하여 다시 현재의 불사를 주도한 단월을 기재해서[34] 전부를 마무리 지었다.

이처럼 이미 세워져 있던 석탑을 18년 뒤에 어떤 연유로 사역 내의 다른 곳에다 이건한 뒤 관련 사항 시말(始末)의 대강을 기록한 탑기를 작성하였다. 기존에 세워졌던 탑이 손상되어 수리를 위해 내부를 들여다본 뒤 진행의 결과를 기록한 사례는 몇몇 확인된다. 다만, 그럴 때 탑기의 작성 방식이 한결같지는 않았으며 제각각이었다.

그런데 법광사처럼 탑을 원래 위치에서 경내(境內)의 다른 곳으로 옮긴 사례는 달리 찾아지지 않는다. 내부에서 옮긴 사실을 탑기로서 남긴 본 「석탑기」의 내용이 예사롭지 않았음을 시사해준다. 「석탑기」에 실린

---

34) 이는 '성덕대왕전'이 하나의 조직인 한 다수의 인물로 구성되어 있었음을 의미한다. 따라서 향순은 단월조직의 대표자적 존재였기 때문에 그처럼 표현한 것이다.

내용에 대한 이해도를 드높이기 위해 잠시 유사한 실례를 몇몇 점검해 보기로 하겠다.

(전)황복사탑의 경우[35] 제32대 효소왕(孝昭王, 692~702)이 어머니 신목태후(神穆太后)와 함께 아버지인 제31대 신문왕(神文王, 681~692)의 사망을 계기로 즉위하던 해에(692) '종묘선령(宗廟聖靈)을 받들기 위한 선원가람(禪院伽藍)'으로 삼을 목적 아래 기존 사찰에다 새로운 3층의 석탑을 세웠다. 이 때문에 (전)황복사는 탑원과 금당원이 각각 분립해서 배치되는 특이 구조를 갖추게 되었다. 건탑을 계기로 사원 구조상에 일정한 변화가 일어난 것이다. 이는 법광사의 석탑 이건을 이해하는 데에 참고로 삼을 만한 사항이다.

그러다가 700년 건탑을 주도한 신목태후가, 2년 뒤인 702년에는 아들인 효소왕까지 사망하였다. 이어 즉위한 제33대 성덕왕(聖德王, 702~737)은 재위 5년(706) 신문왕, 신목태후, 효소왕의 3인을 추모한다는 명분을 앞세워 704년 당에서 갓 번역을 마친 『무구정광대다라니경(無垢淨光大陀羅尼經)』을 입수해 그 신앙에 바탕한 불사리, 불상 등과 함께 석탑에 봉안하는 불사를 거행하였다. 특이하게도 이들을 넣은 금동제 사리함의 외함(外函) 뚜껑에다 전후 사정을 기재하였다.(이를 잠시 「사리함기」로 칭함)

이때 석탑을 옮기는 불사를 별도로 거행한 것 같지는 않다.[36] 기존 사찰의 경내에다 새로운 탑을 세웠을 따름이다. 그러면서 금당과는 별도로 탑원을 따로 마련하는 구조로 만들었다. 「사리함기」는 시점을 달리해서

---

35) (전)황복사는 사실상 의상이 출가한 것으로 전해지는 황복사가 아니며, 성전사원의 하나인 봉성사(奉聖寺)로 여겨진다.(김지현, 「경주 황복사지 삼층석탑의 건립과 사지의 관계」『경주 황복사지』, 2022 ; 주보돈, 「낭산과 황복사」『경주 황복사지』, 2022) 다만, 여기서는 자칫 큰 혼동을 불러올 수 있으므로 잠시 기존 명칭을 그대로 따르기로 한다.

36) 이는 여러 차례의 발굴을 거쳐 확인된 사실이다.

벌어진 사실을 한데 묶어 정리한 점에서는 「석탑기」와 비슷하지만 기재 방식에서는 달랐다. 일어난 여러 가지 일을 순차적으로 기록한 것이었다.

보림사의 경우는 그와는 또 다른 사례이다. 경문왕은 재위 10년(870) 자신의 장인인 제47대 헌안왕(憲安王, 867~861)의 극락왕생을 축원하기 위해 남북의 두 탑을 나란하게 세웠다. 그러다가 20년 쯤 지난 제51대 진성여왕(眞聖女王, 887~897) 5년(891)에 이르러 탑과 관련한 불사를 거행하고 그 시말을 간단하게 정리한 탑기(탑지)를 작성해서 안에다 넣었다.

다만, 탑지에는 불사의 시점과 관련해 이상한 면이 보이므로 이에 대해서는 약간 자세하게 점검할 필요가 있을 듯싶다. 먼저 「남탑지」는 한 면만을 활용해서 새겼다는 점에서 특징이 엿보이는데 내용은 다음과 같다.[37]

① 咸通十一祀庚寅
② 立塔 大順二
③ 祀辛亥十一月日
④ 沾記內宮[38] 舍

---

[37] 물론 6면 전체가 금석문으로 활용되었지만 정면을 제외한 나머지 다른 5면은 모두 조선 성종(成宗) 9년(1478) 탑이 기울어져 있었던 까닭에 중수하였으며, 숙종(肅宗) 10년(1684)에는 중창을 한 뒤에 작성된 것이다. 다만, 이때 중창하면서 역시 북탑의 탑지를 확인하였는데 그때 이미 거기에 성종 대에 있었던 중수 사실을 알고서 다시 남탑지에다 그를 되풀이해서 적어 넣었다. 옮겨 적는 과정에서 약간의 착오를 일으킨 사실도 보인다.

[38] 흔히 이를 沾으로 판독해 왔다. '沾記'라면 첨은 '적신다', '더한다'의 뜻이므로 뒤의 내궁과는 잘 연결되지 않는다. 자형은 물론 의미상으로도 '治'로 읽을 여지도 엿보인다. '治記'라면 수리해서 기록한다는 뜻이 되겠다. 798년 「영천 청제비 정원명」의 '菁堤治記之'나, 특히 810년의 「창녕 인양사비(昌寧仁陽寺碑)」의 첫머리에 보이는 '塔金堂治成文記之'와 맥락이 닿는다. 그렇게 보면 바로 이어지는 '內宮'은 사리장치나 혹은 그것이 들어있는 불탑의 안을 가리키는 용어로서 풀이함이 적절하겠다. 어떤 연유에서인지는 잘 드러나 있지 않으나 대순 2년 남탑의 내부를

⑤ 利七枚勅在白(원문자의 번호는 행을 가리킴)

이 「남탑지」는 대순 2년, 즉 진성여왕 5년에 쓰였음이 분명하다. 남탑은 다음에 소개할 북탑과 함께 경문왕 10년에 세워졌지만 「남탑지」는 그로부터 20년이나 지나고서 새로 써넣었다. 이때에 어떤 일이 일어난 것인지는 적시하지 않았으나 내궁(內宮), 즉 남탑의 안을 들여다보아 7매의 사리가 들어있는 사실은 확인하였다. 사리와 관련한 내용은 이보다 먼저 작성된 「북탑지」에서는 전혀 보이지 않는 내용이다. 「남탑지」를 써넣으면서 사리의 존재를 밝힌 점은 법광사의 「석탑기」와 상통한다.

그런데 동시에 같이 세웠으나 「북탑지」의 겉모양은 물론 작성 시점과 내용에서도 「남탑지」와는 뚜렷하게 차이를 보인다. 「남탑지」가 직육면체의 넓은 한 면만을 활용해 5행으로 작성하였다면, 「북탑지」는 정육면체 모양의 4면을 돌아가면서 비교적 큰 글씨체로 듬성듬성하게 새기는 방식이었다. 내용은 아래와 같다.

⑴ ① 造塔時 ② 咸通十一年 ③ 庚寅五月日
⑵ ① 時 ② 凝王 卽位 ③ 十年矣
⑶ ① 所由者 ② 憲王 往生 ③ 慶造之塔
⑷ ① 西原部小尹奈末 ② 金邃宗聞奏 奉 ③ 勅伯士及干 珎鈕
(양 괄호는 면을, 원문자의 숫자는 그 속의 행을 나타냄)

「북탑지」는 ⑴①의 '탑을 만들 때[造塔時]'란 표현이 보여주듯이 함통 11년(870)에 작성되었음이 분명하다. 거기에 사용된 왕명 자체가 입증해 준다. 왕생의 대상인 헌안왕을 '헌왕(憲王)'이라 하여 사후 시호의 첫 글

들여다보고 정리하였음은 의심할 여지가 거의 없다.

자만을 따왔다.[39] 반면, 불사를 지시한 경문왕은 시호가 아닌 왕명 응렴(膺廉, 또는 凝廉)의 첫 글자만으로 응왕(凝王)이라고 표현하였다. 이는 「북탑지」가 경문왕대에 작성되었음을 여실히 보증하는 명백한 증거이다.

이처럼 보림사의 남북 두 탑은 동시에 세워졌으나 탑지까지 동시에 작성된 것이 아니었다. 「북탑지」는 조탑 시점에, 「남탑지」는 그로부터 20년 뒤 새로운 불사를 거행한 뒤 작성된 것이다.

그런데 대순 2년(891) 시점에서는 북탑 대상으로 별다른 불사를 거행한 것 같지가 않다. 다만, 「남탑지」의 첫머리는 「북탑지」를 열어본 듯한 느낌을 주므로 당시 두 탑을 함께 수리하였을 가능성이 엿보인다.

「남탑지」에는 「북탑지」와는 달리 불사의 주도 주체가 기록되어 있지 않다.[40] 거기에 변화가 없었던 때문인지 아니면 작성자가 달랐던 때문인지도 분명하지 않다. 다만, 탑지의 작성자가 동일하지 않았음은 두 탑지의 내용은 물론 필체나 서체에도 현저한 격차가 나는 데서 짐작된다. 게다가 '年'이 들어가야 할 자리에 유난스레 같은 뜻을 지닌 '祀'를 대용한 점도 그런 추정을 보강해 준다.

보림사는 원래 원표(元表)란 승려가 머물던 사원으로서 건원(乾元) 2년, 즉 경덕왕 18년(759) 왕명에 의해 경역을 획정(劃定)하는 장생표주(長生標柱)가 세워졌다. 이에[41] 근거하면 바로 직전의 어느 무렵 창건되었을 것

---

39) 이보다 10여 년 앞서는 헌안왕 3년(858) 주조된 같은 보림사 금당의 비로자나 철불(鐵佛) 조상기(造像記)에는 국왕을 '憤王'으로 표기하여 경문왕과 마찬가지로 헌안왕의 원래 이름인 의정(誼靖), 또는 우정(祐靖)의 뒷 글자 하나만으로 왕명을 나타내었다. 다만, 뒷날의 시호를 사용할 때에는 앞의 글자를 사용한 점과 차이가 난다.

40) 북탑지에서 왕명을 받들어 불사를 추진한 인물이 서원부(西原部) 소윤(小尹)인 나말(奈末) 김수종이었으나 새로운 남탑 불사를 주도한 인물은 기재되어 있지 않다.

41) 「보림사보조선사탑비(寶林寺普照禪師塔碑)」

으로 추정된다. 이후 오래도록 보림사의 동향은 잘 드러나지 않는다. 그러다가 859년 무주(武州) 장사현(長沙縣)의 부수(副守)를 역임한 김수종(金遂宗)이 헌안왕의 지시로 망수택(望水宅), 이남택(里南宅) 등과 같은 왕경 금입택(金入宅)의 재력을 동원하여 철제(鐵製)의 비로자나불상을 조영하였다.[42]

이때에 작은 규모였던 보림사가 대대적인 중창을 거친 것으로 보인다. 바로 이어서 역시 김수종의 주도 아래 남북의 두 탑이 세워졌다. 김수종은 왕경의 유력한 진골귀족 출신자로서 지방관을 역임하였는데 헌안왕과도 가까운 혈연관계였을 것으로[43] 추정된다. 이런 양상은 당시 흔한 사례로서 법광사의 중창을 생각하는 데에도 참고가 된다.

경기도 안성(安城)의 미륵당에서 출토된 「영태이년명탑지(永泰二年銘塔誌)」는 매우 특이한 사례에 속한다. 이는 납석제의 육면체인데, 원래 사리장치의 밑받침 용도였다. 좁은 옆면의 4면에만 돌아가면서 글자를 옆으로 눕혀 새겼다. 영태(永泰) 2년, 즉 혜공왕(惠恭王) 2년(766) 2인의 박씨 승려가 함께 만든 사실을 밝혀놓은 간단한 내용이다.

그런데 그로부터 무려 228년이 지난 송(宋)의 순화(淳化), 즉 고려 성종(成宗) 12년(993)에 이르러 탑을 수리하였다. 이때의 주도자는 우연찮게도 같은 성씨인 박렴(朴廉)이었다. 그런 사실을 같은 탑지의 밑바닥을 활용해 새겼다. 보림사의 「남탑지」와 매우 비슷한 면모이다.

이상과 같이 보면 건탑 이후 여러모로 탑을 재정비해야 할 필요성이 생겼을 때 관련 내용이나 연혁(沿革) 등의 사정은 다시 정리해 써넣었다.

---

42) 「보림사철조비로자나불좌상명(寶林寺鐵造毘盧遮那佛坐像銘)」
43) 이기동, 「신라 금입택고」 『진단학보』45, 1978 ; 『신라 골품제사회와 화랑도』, 한국연구원, 1980, p.190.

탑기의 외양이나 내용 구성은 일률적이지 않았으며 자못 다양하였다. 기존의 탑지를 재활용해 새로운 내용만을 덧붙이는 경우도 있고, 탑지를 따로 만들어서 기왕의 일들과 합쳐 정리해서 새기는 경우도 있었다.

문제의 법광사 「석탑기」는 건탑의 시점이 아닌 새로운 이건 불사 때에 작성되었다. 그래서 이건 중수한 사실을 중심으로 과거의 건탑 사실까지 덧붙여서 「석탑기」 뒷면에다 새겼다. 이후 조선시대에 다시 중수하면서 기존 「석탑기」를 보고 별도의 탑기, 즉 「조선석탑기」를 작성하였던 것이다.

2) 이건 불사의 음미

이상 번잡스럽게 소개한 몇몇 사례에는 일단 법광사의 「석탑기」뿐만 아니라 중창 전후의 사정을 추적해내는 데에 단서로 삼을 만한 내용이 담겨져 있다. 여느 사찰도 창건 뒤 중창을 비롯한 대소의 불사가 언젠가 거행되게 마련이었다. 사찰 자체의 자연스런 쇠락이나 훼손이 뒤따랐을 터이므로 의도적으로 폐사시키지 않는 한 다양한 중창 불사는 불가피하였다.

한편 불교 신앙의 변화나 새로운 경전 도입도 대대적인 불사를 유발하는 요인으로 작용하였다.[44] 간혹 정치사회적인 큰 변동을 겪었거나 창건주나 단월의 세력부침 여하에 따라 사찰 자체의 근본적 성격과 역할까지도 바뀌어 대대적인 수리를 위한 중창 불사가 행해진 경우도 있었을 것으로 여겨진다.[45]

특정 사찰에서 오랜 기간 이어진 다양한 불사의 사례가 있으므로 법

---

44) 예컨대 무구정광대다라니에 입각한 불사와 같은 사례를 들 수 있다.
45) 해인사, 무장사, 숭복사, 황룡사 등의 사례를 들 수 있다.

광사 중창에 대한 이해도를 드높이기 위해 잠시 주목할 필요가 있을 듯 싶다. 810년 작성된 경남 창녕의 이른바 「인양사비」에 보이는 내용은 그런 실상을 여실히 보여준다.[46)]

「인양사비」는 4면비인데 한 면에다 승려로 짐작되는 어떤 인물상을 새겼다. 어쩌면 비문 내용에서 확인되는 일체 불사를 주도한 순표(順表)일 것으로 추정되고 있다.[47)] 이보다 약간 뒤늦은 원화(元和) 13년(818)에 세워진 「이차돈순교비(異次頓殉敎碑)」가 전체 6면 가운데 특정한 면을 할애하여 본문에 세세히 묘사한 내용 가운데 중핵인 이차돈의 목이 잘려나가는 장면을 그린 모습을 연상시킨다. 전반적인 구도가 엇비슷하다.

한편 정반대쪽 앞면에는 원화 5년(810) 인양사의 탑과 금당을 대대적으로 수리한 뒤 이를 매개로 그동안 절에서 벌인 불사 일체를 낱낱이 정리해서 기록하였다. 어디에서도 찾아보기 힘든 매우 이색적인 사례이다. 하나의 사찰에서 어떤 불사가 어떻게 이루어진 것인지의 과정을 잘 보여준다. 나머지 두 옆면은 심하게 결락(缺落)되어 명확하지 않지만 승려의 수행이나 보시의 공덕을 예찬한 송(頌)일 것으로 추정되고 있다.[48)]

비문에서는 인양사의 창건을 비롯한 연혁은 전혀 다루지를 않았다. 인양사 자체와 관련해서는 단지 771년 주종(鑄鐘) 사실로부터 시작해서 810년 탑과 금당의 수리를 모두 마칠 때까지 무려 40년간에 걸쳐 행해진 10여 차례의 대소 불사를 연대순으로 기록하였을 따름이다. 연차(年次)에서 약간의 착오를 빚은 경우도 간혹 찾아진다.

---

46) 이 비에 대한 판독 및 구조 분석과 음미 일체는 하일식, 「창녕 인양사비문의 연구-8세기 말~9세기 초 신라 지방사회의 단면」『한국사연구』95, 1996 참조.

47) 하일식, 위의 글, pp.46~48.

48) 하일식, 위의 글, p.31 ; 남풍현, 「창녕 인양사비의 이두문 고찰」『국문학논집』(단국대)11, 1983, pp.19~20.

인양사에서 행해진 불사의 범위는 매우 폭넓고 다양하다. 이를테면 동종(銅鐘) 주조를 비롯해 정례석(頂禮石) 배치, 금당 수리, 무상사(无上舍)의 낙성, 석탑 노반(盧半)의 수리, 금당의 불상 조성, 탑신의 수리, 불문(佛門)의 사각탁(四角鐸) 설치, 금당 및 몇몇 건물의 개와(蓋瓦), 금당의 수미단(須彌壇), 적호(赤戶)의 계단과 사호(寺戶)의 석재(石梯) 및 정례석, △계족석(△鷄足石)의 설치, 용두(龍頭)의 완성 등등이 순차적으로 이루어졌음을 보여준다.

물론 이런 불사들이 모두 당시 똑같은 비중을 가졌던 것은 아닐 터이다. 어떤 사찰도 창건 시점에 모든 세부적인 사항 일체를 완벽하게 갖춘 상태로 시작되지는 않았을 성싶다. 약간 미흡하고 미진한 부분은 차츰 보완해 가는 과정을 밟았을 듯하다. 「인양사비」는 그런 실상을 여실히 보여준다는 점에서 주목해 볼 대상이다.

여러 갈래의 불사 가운데 아무래도 가장 큰 비중을 차지하는 것은 비문 작성의 계기가 되었음 직한 탑과 금당(및 불상)의 수리였음은 더 이를 나위가 없겠다. 이들이 곧 불교 신앙의 중추였으므로 불사의 핵심이 되었음은 당연하다. 그렇다면 그를 전면적으로 다룬 웬만한 불사는 중창의 일종이 되겠다. 그런 의미에서 인양사로서는 바로 810년 행해지고 내막을 입비까지 해서 남긴 불사가 곧 중창이었다고 하여도 무방할 것 같다.

인양사는 지방 소재의 사찰이기는 하나 왕경의 여느 사찰에 못지않았다. 이는 인양사에서 주종(鑄鐘) 불사가 행해진 사실로부터도 유추된다. 주종은 소요된 재원은 물론 고도의 기술력으로 말미암아 왕경 소재의 사찰도 감당하기 쉽지 않은 불사였다. 그런 의미에서 주종까지 행한 자체는 인양사가 예사롭지 않은 위상을 지녔음을 짐작게 한다.

신라의 사찰에서 주종이 언제부터 어떻게 시작된 것인지는 분명하지 않다. 다만, 현존의 몇몇 자료에 의하는 한 최초의 사례는 725년 제작된 오대산의 상원사종(上院寺鐘)이다. 이 동종이 원래 걸렸던 곳은 분명하지 않은데, 갖은 곡절을 거친 끝에 마침내 상원사로 옮겨져 보존되고 있다.[49]

이 종의 명문에 의하면 주종 불사의 단월은 유휴대사택(有休大舍宅) 부인인 휴도리(休道里)였다.[50] 종의 제작을 맡은 장인은 조남택(照南宅)에 소속한 대사의 관등을 보유한 어떤 인물이다. 명문의 내용 전반으로 미루어 휴도리 부인이 조남택, 혹은 소속의 장인에게 의뢰해서 주조한 것으로 보인다.

조남택의 실체는 뚜렷하지 않으나 주종 기술자를 사적(私的)으로 거느린 점에서 뒷날 금입택(金入宅)으로 총칭되는 부윤대택(富潤大宅)에[51] 버금한 것으로 추정된다. 경덕왕대에 효정(孝貞) 이간(伊干)과 삼모(三毛)부인의 시주로 주조된 황룡사대종의 장인(匠人)이 소속한 이상택(里上宅)이란 대저택을[52] 연상시킨다. 이런 실상으로 미루어 상원사종 주종의 단월인 휴도리를 유력한 왕경인으로 간주함은[53] 지극히 자연스럽다.

이후 8세기의 주종 사례로는 745년 부지산촌(夫只山村)의 무진사종(无盡寺鐘), 754년의 황룡사대종,[54] 771년의 성덕대왕신종(聖德大王神鍾) 등의

---

49) 황수영, 「오대산 상원사 동종의 **搬移事實**」 『역사학보』16, 1961.

50) 이어지는 명문은 어떻게 끊어 읽을지 분명하지 않아 이견이 많다. 김재홍은 「신라 통일기 범종의 명문 분석과 사회상–상원사 범종의 명문을 중심으로」 『한국고대사연구』68, 2012, p.242 에서 단월을 휴도리와 안사(安舍)의 2인으로 보고 바로 앞의 덕향(德香)을 남편의 이름으로 풀이하였다.

51) 『삼국유사』1 기이 「진한」조 및 이기동, 앞의 글 참조.

52) 『삼국유사』3 흥법 「황룡사종·분황사약사·봉덕사종」조.

53) 김재홍, 앞의 글. p.243.

54) 이는 기록상으로만 확인될 뿐 실물은 남아 전하지 않는다. 신라에서 주조된 동종 가운데 가장

사례를 들 수 있다. 이들 사찰의 위치가 여하하든 주종 불사의 주체는 국가 혹은 왕경의 유력자들이란 점에서 공통적이다.

한편 지방의 유력자가 주종의 단월로 등장하는 것은 현재의 사례에 의하는 한 9세기에 들어선 뒤의 일이다. 첫 사례로서는 804년 주조된 강원도 양양의 선림원종(禪林院鍾)이 있다. 단월은 고시산군(古尸山郡) 출신의 대나마 인근(仁近)이며, 장인(匠人)은 당해 사찰의 승려였다. 이후 지방에서도 주종 불사가 적지 않게 이루어졌다. 다만, 지방의 주종 불사는 선림원종을 제외하고는 대부분 많은 지방민이 단월로 집단을 이루어 참여한 점에서 특징적이다.

이상의 사례에 견주어 771년 인양사에서 주종한 자체는 매우 의미 있는 불사였다는 느낌이다. 지방 소재의 사찰인 점에서도 그러려니와 다른 사례에 견주어 주종 시점이 매우 이른 점에서도 그러하다. 이는 인양사, 특히 불사를 주도한 승려 순표가 왕경과 맺은 특별한 인연 때문에 가능했던 일로 여겨진다. 비문 내에서 확인되듯이 인양사(또는 순표)가 왕경의 유력한 사찰인 봉덕사(鳳德寺), 영흥사(永興寺), 천암사(天巖寺), 보장사(寶藏寺) 등과 긴밀한 관계를 맺고 있었던 사실로부터 방증된다.

인양사는 비록 지방 소재의 사찰이었으나 왕경과 관계가 깊었다는 점이 예사롭지 않다. 어쩌면 순표란 승려가 왕경 유력자 출신이었을 가능성이 크다. 이와 같은 사례는 법광사를 이해하는 데에도 크게 도움이 될 성싶다.

법광사가 언제 창건된 것인지는 알 도리가 없다.[55] 다만, 건탑의 불사

큰 규모로 알려져 있다.

55) 발굴을 통해 7세기의 고식 수막새와 귀면문 수막새가 함께 출토된 사실(함윤아, 앞의 글, p.3)을 고려하면 초창은 통일기 초기까지 소급시켜 볼 여지도 있다.

가 행해진 828년을 기준으로 삼는다면 그에 앞선 어느 시점이었음은 분명하다. 지금까지 널리 알려진 지방 소재 대부분의 대찰(大刹)과 마찬가지로 창건 당초에는 작은 규모로 출발하였을 공산이 크다. 이를테면 갈항사, 부석사(浮石寺), 단속사(斷俗寺), 동화사, 해인사(海印寺) 등을 사례로서 들 수 있다. 그러다가 왕경 유력자의 적극적인 후원을 받으면서 대대적인 중창을 거치고 규모를 키워갔음이 일반적인 경향이었다.

이상과 같은 사례로 미루어 법광사의 경우도 일단 828년 건탑 전후 금당도 함께 중창되었을 가능성을 상정해 봄 직하다. 구체적인 실상은 잘 알기 어려우나 기존 금당을 그대로 둔 채 건탑 불사만이 행해졌을 것 같지가 않다. 만일 그렇다면 사찰의 구도 전반이 탑과도 그리 썩 어우러지지 않았을 터이기 때문이다.

건탑의 불사 때에 비구인 향조와 비구니인 원적이란 두 승려가 함께 단월로 등장하는 사실은 약간 의아스럽게 느껴지는 대목이다. 비구와 비구니가 같은 불사에서 함께 희사한 경우는 무척 드문 사례이기 때문이다.

일단 두 승려가 상당한 혈연관계였을 가능성을 상정해봄직하다. 그렇지 않고서는 성별이 다른 두 승려가 동일한 불사에 단월로서 함께 참여함은 매우 이상하고 어색한 장면이다. 갈항사의 건탑 불사 사례에서 보이듯이 현실의 승려를 포함한 삼남매가 같이 단월이 된 경우와도 비슷한 면모이다. 다만, 두 사람의 불사 관련 실제 역할에 대해서는 약간 달리 이해해 볼 여지가 있다.

건탑 불사에 희사할 정도의 재원을 보유한 사실이나 단월로서 현 국왕에 앞서 배치되어 정토왕생의 대상이 될 정도라면 일단 두 승려가 왕경의 유력 귀족 출신자였다고 해도 지나치지는 않을 성싶다. 사실 두 승려가 '대대단월' 속에 다 함께 묶여 금상의 앞에 기재된 자체는 그냥 보아 넘기기 어려운 대목이다.

먼저 이들이 건탑 불사를 실시한 시점은 828년이지만 기록된 시점이 846년이란 사실을 되짚어 봄직하다. 원래 건탑할 당시에는 두 사람이 아직 출가한 상태가 아니었을 가능성이 크기 때문이다. 말하자면 건탑의 시점에서는 그들이 아직 출가 이전이었고 그래서 함께 단월로서 참여할 수 있었다. 그러다가 이건의 시점을 기준으로 해서는 그들은 이미 출가한 상태로서 위치가 달라졌을 공산이 있다. 그런 사례는 앞서 소개한 것처럼 갈항사석탑에서도 찾아진다.[56]

이로 미루어 건탑 시점에서는 두 단월이 원래의 속명(俗名)을 사용하였을 터이나 이건 불사 이후 「석탑기」를 작성하면서 현재의 승명(僧名)을 소급해서 적용하였을 것으로 추정된다.[57] 그럴 때에 비로소 성별이 다른 두 승려가 건탑 불사의 단월로 된 점은 순조롭게 이해된다. 아마도 그들은 당시 속인으로서 남매지간으로서 재원도 공유하였을 것 같다. 이런 추정을 입증해 주는 하나의 단서는 이건의 단월로부터 추출된다.

이건의 단월은 앞서 살핀 것처럼 성덕대왕전의 향전이다. 그런데 이때의 단월이 '사(寺)단월'로 명시된 사실은 대단히 흥미를 끄는 표현이다. 그냥 단월이 아닌 사단월과 같은 방식으로 드러낸 점은 달리 찾기 어려운 희귀 사례에 속한다. 사(寺)를 내세우지 않더라도 가능한데 굳이 그처

---

56) 그런 의미에서 「갈항사석탑기」에 보이는 영묘사의 승려인 언적법사(言寂法師)도 건탑 불사 당시에는 승려가 아닌 속인이었을 가능성이 있다. 조문황태후처럼 뒷날의 지위가 758년에 소급해서 기재되었을 수가 있기 때문이다.

57) 갈항사 건탑 불사의 경우 왕경 영묘사(零妙寺)의 승려 언적법사가 단월로서 참여하였다. 이는 영묘사와 갈항사의 관계 때문이라기보다는 언적법사가 다른 단월 2인과는 남매 사이로서 재산권을 공유한 데서 말미암았을 것으로 여겨진다. 법광사도 마찬가지였을 터이다.

럼 표현한 의미는 '성덕대왕전' 속에 담겨져 있을 성싶다.

이처럼 법광사의 단월을 '성덕대왕전의 향순'이라고 하였지만 사실상 방점은 향순 개인이 아닌 성덕대왕전에 두어진 것으로 보인다. 향순은 단지 성덕대왕전의 대표자였을 따름이다. 그러므로 법광사 관련 불사 일체를 성덕대왕전이 맡아 추진한 것으로 보아도 좋을 듯하다.

성덕대왕전은 명칭상 얼마 전 추봉된 성덕대왕의 추모 불사를 추진하기 위해 결성된 조직이겠다. 원래 신무왕이 즉위하면서 아버지 김균정을 성덕대왕으로 추봉하였으나 바로 직후 사망함으로써 추모 관련 행사 일체는 손자인 문성왕으로 넘어왔다. 문성왕도 한동안 불안정한 정국 때문에 겨를을 갖지 못하다가 846년 무렵 성덕대왕전이란 조직을 결성함으로써 추모사업을 본격화한 것 같다.[58] 일단 성덕대왕전의 구성 주체는 아무래도 그의 가계와 가까운 혈족이며 향순은 그를 대표하는 인물이었다. 일체의 재원은 사의 단월인 그들 일족에게서 나왔을 것임은 두 말할 나위가 없겠다.

그런데 사단월은 곧 당해 불사가 탑의 이건에만 국한된 것이 아니었음을 암시해 준다. 성덕대왕전에서 추진한 불사가 탑의 이건에만 국한된다면 구태여 사(寺)를 붙이지 않아도 충분하다. 사단월이라 한 것은 그들이 당시 이건뿐만 아니라 법광사 관련 불사의 재원 일체를 도맡았음을 나타낸 표현으로 풀이된다.

그러므로 이건과 동시에 다른 불사가 함께 진행되었다는 추정도 가능해진다. 그런 점에서 법광사는 성덕대왕, 즉 김균정, 나아가 그의 집안과

---

58) 일단 국정을 책임질 관료의 임명 문제, 역질의 발생, 일길찬 홍필(弘弼)의 반란 사건, 본인의 혼인, 장보고 딸과의 혼인 문제 등 선결해야 할 과제가 산적하였다. 이로 말미암아 자신의 할아버지 추모 사업은 일단 뒤로 밀릴 수밖에 없었다.

깊게 연루된 사찰이었음을 유추해 낼 수 있는 것이다. 후술하는 '대대단월'로 전후의 단월 모두를 함께 묶어 표현한 속에서도 그런 면모가 찾아진다.

탑을 이건한 의도는 전면(B)에 보이는 '願代代檀越生淨土 今上福命長遠'이란 매우 압축적인 구절 속에 들어가 있다. '대대로 불사한 단월들이 정토에서 왕생하고, 현 국왕의 행복과 수명이 영원할 수 있기'를 바라는 염원이 이건의 주된 목적이었다.

그런데 위의 구절에서 약간 주목해 볼 대상은 국왕보다도 먼저 '대대단월'을 내세운 점이다. 이는 형식적이나마 국왕을 앞세우는 일반적 관행에 견주어 무척 이례적 표현이라고 지적할 만하다.[59] 탑 이건의 주요 목적이 실제로 현실의 국왕보다 '대대단월'에 맞추어졌음을 드러내어 주기 때문이다. '대대단월'이 국왕에 앞서 배치된 자체에는 그들의 현실적 위상과도 관련됨을 내포하고 있다. 그것은 '대대단월'이 그야말로 대단하였음을 의미한다.

'대대단월'의 실체는 뚜렷하지 않으나 일단 동일한 혈족 집단이 여러 차례, 혹은 여러 세대에 걸쳐 단월이었다는 의미를 내재하고 있다. 그들의 최종 결절 지점이 성덕대왕전으로 정리된다. 그 속에는 향순을 비롯하여 두 승려 및 금상(今上)인 문성왕과 그의 윗세대, 즉 할아버지 성덕대왕과 아버지 신무왕까지 포함되었을 것으로 여겨진다.

---

59) 이를테면 「감산사미륵보살 조상기」에도 중아찬 김지성(金志誠)이 사망한 부모를 위하여 가람을 창건하면서도 국왕의 장수와 만복을 먼저 앞세우고 이어서 현직 재직 시 자신과 밀접한 관계를 맺은 이찬 개원(愷元)의 번뇌 탈피를 빌고 이어서 자신의 가족들을 위한 서원을 하였다. 이밖에 충남 연기(燕岐) 소재의 비암사(碑巖寺)에서 출토된 「계유명아미타삼존사면비상」이나 「계유명삼존천불비상」에서는 백제 출신의 유민들로 이루어진 향도 조직이 거행한 불사에서조차 자신들의 '7세부모'에 앞서 국왕과 대신을 발원하고 있다.

이런 사실은 일단 이건에 앞서 불사가 여러 차례에 걸쳐 이루어졌음을 의미한다. 달리 말하면 적어도 김균정(성덕대왕)과 김우징(신문왕) 부자도 법광사의 단월이었고 그 때문에 이들을 아울러서 대대단월이란 표현을 동원하였으며, 그래서 현재의 국왕 앞에다 배치시킨 것이었다.

결국 법광사의 불탑 이건은 곧 문성왕의 직계 존속(尊屬)들인 대대단월의 정토왕생을 겨냥한 불사 추진의 일환이었다. 그 중핵이 불사의 계기인 추봉된 성덕대왕이었음은 물론이다. 그런 의미에서 법광사를 성덕대왕의 집안, 즉 문성왕 집안의 원찰적인 성격의 사찰로서 단정하여도 무방할 성싶다.

대대단월이란 표현 아래 하나로 묶인 혈족집단을 고려하면 826년 건탑의 주체인 두 명의 승려도 당연히 성덕대왕 및 신무왕과 문성왕의 일족에 해당하게 된다. 앞서 추정한 것처럼 그들도 출가하기 이전의 건탑불사에 참여하였다. 출가한 뒤에는 다 함께 혹은 적어도 한 사람은 법광사에 주석하였을 수도 있다. 중도에 출가한 사유는 어쩌면 김언승의 왕위쟁탈전 패배에 따른 죽음과도 연관될 가능성이 짙다.

3) 법광사의 중창 불사의 배경과 의미

성덕대왕전은 법광사에 성덕대왕 김균정을 추모하기 위한 불사 일체를 맡을 목적 아래 문성왕의 지시에 따라 만들어진 조직이었다. 물론 왕명이더라도 그를 국가가 직접 나서서 주도하였다고 보기는 어렵다. 어디까지나 성덕대왕 집안의 차원, 즉 현실 문성왕 주축의 왕가 범주에서 이루어진 것이었을 따름이다.

그런데 탑 이건의 불사만을 위해서 성덕대왕전이 결성되었다고는 생각되지 않는다. 정작 이건의 행사 속에서 성덕대왕을 직접 언급한 내용이 전혀 없음은 그를 방증한다. 만일 이건만을 위한 불사였더라면 성덕대왕이란 이름을 반드시 드러내었을 터이다. 「석탑기」에서는 그도 단지 '대대단월' 속에다 포함되었을 따름이다. 따라서 성덕대왕전이 주도한 성덕대왕을 위한 불사의 중심은 이건을 포함해 별도로 있었으리라 상정함이 올바를 듯싶다.

그런 추정을 보증하는 것이 이미 앞서 몇 차례 지적한 '사단월'이다. 이것이 법광사에서 불탑의 이건 외에 성덕대왕과 관련한 불사가 본격적으로 이루어졌음을 시사한다. 그렇지 않다면 단월이 아닌 '사단월'과 같은 표현이 동원되었을 리 만무하기 때문이다. 이건 불사와 함께 성덕대왕을 위한 불사가 대대적으로 진행되었다고 봄은 지극히 당연한 결말이다.

이는 탑을 다른 곳으로 옮긴 사실이 자연스럽게 웅변한다. 탑의 위치를 바꾼 자체는 곧 기존 사찰 구조에 작지 않은 변동이 뒤따랐음을 뜻하기 때문이다. 이건으로 말미암아 법광사의 기본 구조는 크게 달라졌을 것임은 상정키 어렵지 않다.

탑의 이건은 곧 법광사의 기본 구조 전반을 바꾸는 주요 계기였다. 같은 사역 내부이더라도 법당과 직접 관련되지 않았을 것 같은 위치에다 석탑을 옮긴 사실이 그를 여실히 보여준다. 어쩌면 거꾸로 법광사의 전면적인 구조 개편을 도모하기 위해서 먼저 이건을 별도로 실시하였을 듯한[60] 인상을 짙게 풍긴다. 원래의 건탑과 이건 불사 사이의 시차가 겨우 18년밖에 되지 않는다는 사실도 그런 추정을 적절히 보증한다.

원래의 탑을 사역 내의 다른 곳으로 옮김으로써 법광사의 구조를 근

---

60) 박남수, 앞의 글, pp.231~232.

본적으로 바꾸려고 시도한 데에는 기존과는 크게 달라진 김균정 집안의 위상이 작용하였을 것 같다. 김균정은 직전까지 신라 하대 왕조의 중시조라고 할 원성왕의 셋째 아들인 예영(禮英)의 차남으로서[61] 직계로부터 갈려나온 방계였던 데다가 왕위 다툼에서 패배하기까지 하였다. 말하자면 김균정계는 하대 왕조에서 비주류가 되었고 집안 자체가 몰락의 위기 상황까지 맞았던 것이다.

그런데 아들 신무왕이 재기에 성공해 즉위하기까지 함으로써 김균정의 집안은 이제 새로운 주류로서 기사회생하기에 이르렀다. 이처럼 뒤바뀐 상황에서 집안의 원찰과 같은 성격의 법광사를 대대단월의 입장에서 그대로 둘 수가 없는 일이었다.

그래서 건탑 불사가 행해진 지 얼마 지나지 않은 시점이었음에도 성덕대왕을 본격적으로 추모하기 위한 불사를 명분을 내세워 대대적인 중창을 실시한 것이었다. 이는 마치 갈항사의 건탑 불사 사실을 명시적으로 드러내지 않았다가 원성왕의 즉위를 계기로 어머니를 비롯한 외가의 3남매가 이름을 떳떳하게 밝히면서 중창 불사까지 추진한 상황과 비슷한 면모이다.[62]

법광사의 구조에 큰 변동이 벌어진 사실은 금당원과 탑원이 각기 별도의 구역에다 배치된 데서 저절로 드러난다. 이건한 뒤 별도의 탑을 그 자리에 마련한 흔적은 보이지 않는다.[63] 일반적으로 평지 사원에서는 금

---

61) 예영에게는 기록상 헌정(憲貞)과 균정의 두 아들이 있으나 시중(侍中) 역임의 시점을 기준 삼으면 전자가 형이었을 듯하다.

62) 물론 이때에서도 명문만 새기는 데에 그치지는 않았을 터이다. 적지 않는 불사가 이루어졌을 터이다. 이 무렵 갈항사의 창건주인 승전(勝詮)의 비가 세워졌던 사실은 그런 추정을 보강해 준다.

63) 함윤아, 앞의 글.

당과 불탑을 남북의 일직선상에 배치함이 전형적인 구조이다. 지형상의 요인으로 때로는 약간의 다른 배치도 가능하였다.

그런데 지리 지형과는 전혀 별개로 금당과 불탑을 완전한 별도의 구역에다 마련하는 파격적인 이형 구조가 통일 직후부터 나타났다. 이를테면 고선사(高仙寺)를 위시해 나원리사지, (전)황복사, 창림사 등을 들 수가 있다. 이제 법광사까지[64] 또 다른 사례의 하나로서 더할 수 있게 되었다.

아마도 대부분은 창건 당초부터 그런 독특한 구조를 겨냥하였지만 법광사만은 오로지 새로운 중창 불사를 도모하면서 사원 구조까지 바꾼 점에서 뚜렷한 차이가 난다. 다만, (전)황복사는 건탑함으로써 도중에 그런 구조로 바뀌어졌다. 이처럼 탑의 이건은 자체만으로 그친 단순한 불사가 아니라 대대적인 중창을 도모하기 위한 정지작업의 일환으로서 진행된 것이었다. 그럴 때만이 비로소 법광사 관련 불사 일체를 추진하기 위한 성덕대왕전이 별도의 조직체로서 구성된 데에 대한 이해가 가능해진다.

법광사가 중창 이후 실제로 특이한 구조로 이루어졌음이 발굴 결과를 통해서도 확인되었다. 금당(내부에 봉안된 주존도 마찬가지)은 아주 드물게도 동쪽을 향하며 그곳으로 오르는 주요 계단과 출입문도 같은 방향으로 나 있었다.[65] 이러한 금당 구조 또한 달리 찾기 어려운 독특한 사례에 속한다.[66] 당시 신라 최고 수준의 와공(瓦工)이 동원되어 제작하였을 법한 녹유전(綠釉塼)이 출토된 사실도 아울러 주목된다.

녹유전은 지금까지의 사례에 의하면 왕경의 경우 황룡사, 사천왕사,

---

64) 함윤아, 위의 글.

65) 함윤아, 위의 글.

66) 김동하, 「포항 법광사지 금당의 특징과 불상 봉안」 『금당지 발굴의 성과와 정비방향』(포항 법광사지 학술대회), 2022, p.45.

감은사, 영묘사 등 당대 최고 수준의 국가사찰과 극히 일부 지방 소재의 특정 사찰에 한정해서 사용되었다.[67] 창건 배경이나 주도자 및 이후의 향방도 분명하지 않은 남산(금오산) 남쪽의 고위산(高位山)자락에 위치한 천룡사(天龍寺)를 예외로 하면 대상은 모두 성전이 두어진 적이 있는 국가사찰들이다. 이는 법광사 중창 불사가 어떤 수준과 위상이었던지를 가늠하게 해준다.

또 하나 주목해 볼 사실은 금당 뒤쪽 높은 곳에 석비가 세워진 점이다. 현재 비문이 남아 있지 않아 건립의 시점이나 목적, 성격 등에 대한 파악은 곤란하지만 일단 경내에 세워진 사실을 고려하면 사적비였을 가능성이 크다. 입비와 관련해 현존하는 귀부는 각별한 시사점을 함축한 듯한 느낌이다.

법광사의 귀부는 특이하게도 두 기를 하나로 합체(合體)한 이른바 쌍신두귀부(雙身頭龜趺)이다.[68] 신라에서 최초의 귀부 사례는 두루 알다시피 무열왕이 사망한 661년에서 그리 멀지 않은 시점에 세워졌을 법한 「무열왕릉비」이다. 이후 비를 세울 때 귀부를 사용함이 하나의 관례로 굳혀졌지만 사찰에서는 때론 두 기를 떨어지게 배치하기도 하였다. 이를테면 사천왕사나 (전)황복사지의 사례를 손꼽을 수 있다. 사천왕사에서 「문무왕릉비」를 서편에 배치하는 한편, 동편에 사적비를 세운 사례에 비추어 (전)황복사지의 경우도 비슷하였으리라 짐작된다.

그런데 쌍신두귀부의 경우 창림사, 암골(暗谷)의 무장사(鍪藏寺), 숭복

---

67) 김동하, 위의 글, p.36. 녹유전이 지방에서는 부석사 무량수전, 동화사 금당암 극락전 등에서도 출토되었다.

68) 이와 같은 모습의 귀부를 쌍두귀부라 부르기도 하나 몸이 하나뿐이란 오해를 불러일으킬 여지도 보여 일단 쌍신두귀부란 견해(엄기표, 「신라 쌍신두 귀부에 대한 고찰」 『문화사학』19, 2003, p.98)를 따랐다.

사 등의 사례를 들 수 있다. 이들에는 왕경인 점, 국왕이나 왕실과 밀접한 관련성을 가진 점, 모두 하대 국왕이나 왕족과 직결되는 점,[69] 창건 이후 크게 중창을 경험한 사찰이란 점 등이 공통분모로서 지적된다. 이와 같은 몇몇 요소는 법광사의 경우를 이해하는 데에도 참고로 삼을 만하다.

왕경에 위치한 사찰이 아니란 점을 제외하면 법광사의 사정도 비슷하다. 지금껏 쌍신두귀부가 신라의 지방에서 만들어진 사례는 법광사를 제외하고 달리 찾아지지 않는다.[70] 그런 측면에서 법광사도 일단 왕경 문화권의 범위에 들어간다고 진단할 수 있겠다. 그 가운데 비문이 남아 전하는 숭복사와 무장사의 사례는 법광사의 귀부를 이해하는 데에 참고가 된다.

이미 앞서 언급한 것처럼 「숭복사비」는 경문왕이 곡사를 대대적으로 중창하고 헌강왕이 숭복사란 사액을 내린 뒤 문장가 최치원에게 명령해서 작성한 사적비이다. 그때 크게 중창을 실시한 점이 각별히 유의되는 대목이다. 「무장사비」의 경우도 「숭복사비」보다 한층 빠른 시점에 세워졌지만 비슷한 경우였다.

무장사는 원래 원성왕의 아버지인 대아찬 효양(孝讓)이 자신의 숙부(이름을 밝히지 않은 채 파진찬이란 관등만 보임)를 추모해서 세운 원찰이었다.[71] 원성왕의 뒤를 이은 손자인 제39대 소성왕(昭聖王, 799~800)이 채 1년도 재위하지 못한 채 사망하자 왕비인 계화왕후(桂花王后)가 그를 기리기 위해 아미타불과 함께 신중상(神衆像)을 모신 미타전(彌陀殿)을 새로

---

69) 엄기표, 위의 글, p.120.

70) 엄기표, 위의 글. p.99.

71) 『삼국유사』 3 탑상 「무장사미타전」조.

세우는 등의 대대적인 불사를 거친 뒤 「무장사비」를 세웠다. 현재 비신은 깨어져 버린 채 크고 작은 세 개의 편만이 발견된 상태이다.[72]

「창림사비」는 없어져 버려 세워진 시점 등 일체가 불분명한 상태이나 현전하는 쌍신두귀부만이 같은 사역 내의 3층석탑보다 높은 곳에 위치한다. 법광사와도 관계가 있는 문성왕이 중생 구제를 위한 공덕을 쌓기 위해 『무구정광대다라니경』에 근거해 각별히 탑을 세우고 이를 무구정탑이란 이름을 붙였다. 건탑 관련 사정은 탑 속에 넣어둔 탑지를 통해 짐작할 수가 있다. 창림사탑은 이건한 것은 아니지만 건탑한 뒤에 전후의 시말을 기록한 사적비의 용도로서 세워졌을 공산이 크다.

이상과 같이 보면 쌍신두귀부가 남아 있는 사찰의 경우 무엇보다도 대대적인 중창을 거쳤다는 점에서 공통성이 보인다. 특히 창림사는 탑원과 금당원이 각각 별도의 경역에 마련된 점, 그리고 문성왕이 불사를 추진한 점도 법광사와 공통되는 요소이다.[73]

이런 몇몇 예시를 고려하면 법광사의 귀부가 쌍신두인 점은 대대적으로 중창한 사실을 드러내려는 상징성이 작용하지 않았을까 싶다. 거기에는 원래의 창건과 연혁 내용을 중창 사실과 함께 써넣으려 하였기 때문으로 보인다. 특히 「숭복사비」는 그런 점을 방증하는 두드러진 실례이거니와 그와 같은 구도는 이미 살펴본 「석탑기」와도 맥락이 닿는다.

그렇다면 쌍신두귀부의 「법광사비」는 창건 및 연혁과 함께 중창한 사실까지 자세히 정리한 사적비라고 추정해 볼 수도 있겠다. 경내에 세워

---

72) 비문의 찬자와 서자(書者)를 놓고 논란이 많다. 그 가운데 특히 서자는 왕희지 집자비, 대나마 김육진(金陸珍), 황룡사 승려 등으로 엇갈려 있는데 김육진으로 봄이 유력하다.(이종문, 「무장사비를 쓴 서예가에 관한 고찰」『남명학연구』13, 2002 참조).

73) 엄기표, 앞의 글, p.23.

진 사실은 중창을 거친 결과 사찰 구조상의 큰 변동을 겪은 뒤의 일임을 방증한다. 그렇다면 입비는 846년으로부터 그리 멀지 않은 시점이었다고 보아 무방할 성싶다.[74]

이상과 같이 보면 왕위쟁탈전을 거치면서 비명에 간 김균정의 정토왕생을 기원하고 추모하기 위해 성덕대왕으로의 추봉을 계기로 법광사는 대대적인 중창을 하였다. 비슷하게 죽음을 맞이한 민애왕의 경우 이미 존재하던 대구의 동화사에 별도로 비로자나불을 주불로 모신 원당(願堂)을 짓고,[75] 20년 가까운 세월이 흐른 뒤인 863년 경문왕은 원성왕계 후손들의 대동단결을 도모하기 위한 방면의 하나로 원당 앞에 3층석탑을 세우고 그 속에 사리함기를 넣는 불사를 거행하였다. 이런 실태는 법광사가 김균정 집안의 주도로 대대적인 중창 불사를 행한 것과는 무척 대조되는 면모이다. 양자 모두 비명에 갔더라도 사후에 각기 달라진 위상이 그런 불사 속에 충실히 반영되어 있다.

5. 나가면서

법광사는 대찰이지만 『삼국사기』나 『삼국유사』와 같은 사서 어디에도 관련 기사가 등장하지 않는다. 현재 남아 전하는 기록으로서는 「석탑기」가 거의 유일하다시피 하다. 특히 이것이 당대의 명문(銘文)이라는 점에서 큰 의미를 갖는다. 다만, 매우 단편적인 사실만 전할 뿐이어서 전모

---

74) 엄기표 위의 글, p.111에서는 귀부의 양식론에 의거하여 입비 시점을 828년과 846년 사이로 추정하였으나 양식이 그처럼 짧은 기간의 변화를 보여준다고 보기 어려우므로 받아들이기 곤란하다.

75) 민애왕의 원당을 계기로 동화사는 특이하게 사역이 세 개의 구역으로 나뉘어 3원식의 사찰로 구조가 크게 변동을 겪는 사실도 주목해볼 필요가 있을 듯하다.

파악에는 한계가 뚜렷하다.

　내용이 매우 빈약하고 함축적이라도 치밀하게 음미하면 관련 정보를 적지 않게 얻어낼 여지가 있다. 특히 최근 전면적으로 이루어진 발굴을 통해 거의 전모를 드러낸 모습은 그런 작업이 일정 정도 가능하도록 이끈다. 이를 토대로 「석탑기」는 물론 당시의 정치적 상황과 함께 유사한 불사의 사례까지 아울러서 참고해 종합적으로 진단하면 실상에 어느 정도는 다가갈 수 있으리라 기대된다.

　법광사는 탑을 이건하면서 대대적인 중창을 거쳤다. 그동안 김균정의 집안은 오랜 기간 법광사의 (대대)단월로서 역할 해오다가 신무왕 즉위 직후 비명에 간 김균정의 성덕대왕 추봉을 계기로 대대적인 중창을 기획하였다. 그를 위한 단월 조직으로 결성을 본 것이 성덕대왕전이었다. 문성왕의 지시에 따른 것이었음은 물론이다.

　아마도 위치 자체가 왕경이 아닌 지방이며, 사적인 차원에서 이루어진 점을 염두에 넣으면 본격적인 중창은 건탑한 데서 그리 멀지 않은 시점으로 추정된다. 새로운 절을 짓지 못하도록 조치하고 수리만을 허용함으로써 호화로운 불사를 금지시키는 법령이 반포된 애장왕 7년(806)을 기준으로 삼으면 그 이후였을 터이다. 특히 원성왕의 막내아들로서 김균정의 아버지인 예영과도 관련성이 있을지도 모른다.

　창건은 비교적 초라한 형태로 시작하였으나 미흡한 부분은 줄곧 보완 불사를 실행하고 마침내 828년에는 건탑 불사를 하기에 이르렀다. 바로 이 해에 김균정의 아들이자 문성왕의 아버지인 우징이 대아찬으로서 시중에 보임된 사실은 그와 관련하여 주목된다. 어쩌면 건탑 불사는 이를 매개로 이루어졌을 가능성도 있기 때문이다.

　우징은 3년 뒤인 831년 시중에서 해임되었다. 하지만 특이하게도 3년 만인 834년 다시 시중으로 보임되었다. 그러다가 1년 뒤인 835년 아버지 균정이 상대등이 되자 스스로 시중직에서 물러났다.

아마도 이런 정황으로 미루어 김균정의 집안은 헌강왕과 흥덕왕 왕대에 걸쳐 정치적으로 가장 유력한 세력 가운데 하나였음이 분명하다. 그들의 정치력과 재력이 곧 법광사 창건과 이후 보완 불사의 주요 배경이 되었을 터이다.

하지만 흥덕왕이 836년 후사를 결정하지 못한 채 사망하자 상대등으로서 순조로운 왕위 계승에 가장 근접한 김균정이 동생 헌정의 아들인 제륭, 즉 희강왕의 도전을 받아 패배함으로써 집안은 일대 위기 상황을 맞았다. 다행히 장보고에 의탁한 아들 우징이 살아남아 즉위에 성공함으로써 이후 다시 주류로 부상해갈 수 있었다.

신무왕의 즉위 직후 성덕대왕 추봉을 계기로 김균정을 위한 추모사업이 기획되고 이를 추진하기 위한 조직까지 꾸려 마침내 846년 법광사의 중창 불사를 대대적으로 거행하였다. 「석탑기」에는 오로지 이건 사실만 기록되어 있을 뿐이지만 거기에는 사찰의 구조 변동을 불러오는 커다란 중창이 진행된 사실도 깔려 있다. 쌍신두귀부에 얹은 비신(碑身)은 법광사의 창건부터 연혁 그리고 중창의 실상 등등의 내용을 담은 사적비일 것으로 여겨진다.

법광사는 현 국왕과 직결된 할아버지를 비롯한 집안의 원찰로서 단장함으로써 제대로 면모를 갖추게 되었다. 같은 경내에 탑원과 금당원을 별도로 배치하는 특이한 구조는 법광사가 구태(舊態)를 벗어내고 완전히 일신(一新)하였음을 보여주는 증거이다. 이는 단월이 정치사회적으로 바뀐 위상을 반영한 것이다. 녹유전과 쌍신두귀부 또한 법광사의 달라진 모습을 물증하기에 충분한 증거가 된다.

* 이 글은 경북문화재단 문화재연구원이 2023년 주관한 「포항법광사지」란 주제의 학술회의에서 발표한 내용을 수정 보완한 것이다.

낭산과 불교

Ⅱ

1. 낭산(狼山)의 역사성

1. 들어가면서

월성에서 동편을 바라보면 그리 멀지 않은 곳에 야트막한 산이 남북으로 병풍처럼 펼쳐져 있다. 이를 흔히 낭산이라 부르는데, 그리 크지도 높지도 않다. 그렇지만 사방이 산으로 둘러싸인 경주분지 안에서는 가장 높은 구릉이어서 눈에 확 들어오는 위치이다.

그래서 그런지 신라인들도 일찍부터 낭산을 눈여겨보았던 것 같다. 낭산 관련 기록이 비교적 이른 시기부터 등장함은 그를 보여준다. 낭산 자락과 그 주변 일대에 수백 년 동안 조성된 신라시대의 사적(史蹟)이 적지 않게 분포하고 있음은 그런 실상을 물증하기에 충분하다.

낭산이 학술적인 관심을 끈 것은 1960년대 후반에 이르러서의 일이다. 당시 한국일보사 주관으로 구성된 이른바 삼산오악학술조사단(三山五嶽學術調査團)이 경주 일대의 사적을 대상으로 현장 조사를 실시하면서부터였다.

이후 1980년대 초반에 낭산과 그 주변에 대한 체계적인 학술조사를 본격화하고,[1] 1995년 말에는 낭산만을 전적으로 다룬 학술회의까지 열

---

1) 동국대 경주캠퍼스박물관, 『신라낭산 유적조사』, 1985.

렸다.[2] 이처럼 몇 단계의 과정을 거치면서 낭산이 갖는 역사적 의미와 성격에 대한 윤곽이 어느 정도 잡힌 상태라고 평가해도 좋을 성싶다.

근자에 선덕여왕을 다룬 드라마가 방영되면서 낭산은 이제 일반인의 관심까지 크게 끄는 대상으로 부상하였다. 얼마 전까지만 하더라도 낭산 중턱에 자리한 선덕여왕릉에 대한 탐방이 마치 열풍처럼 번져나가면서 그와 관계된 행사도 줄줄이 이어졌다.

오래도록 전문 연구자들이나 신라 역사의 문화에 대한 약간의 관심과 애정을 지닌 유별난 호사가들만의 방문지에 그쳤던 낭산이 어느새 국민적 관심의 대상으로 떠올랐다. 이제 낭산은 경주분지의 여행에서 가히 필수적인 코스로 자리 잡았다고 하여도 지나치지 않다. 2006년부터 발굴 작업이 시작되어 지금껏 진행 중인 사천왕사(四天王寺)까지도 저절로 그와 연동해서 커다란 관심의 대상이 되었다.

이처럼 낭산에 대한 관심은 전례 없이 높아진 상태이다. 어떻든 신라의 역사, 신라의 문화에 대한 관심이 고양되는 분위기는 더할 나위 없이 바람직한 현상이다. 다만, 이를 지나치게 즉물적(卽物的)으로만 활용하려는 나머지 혹여 실제보다 왜곡·과장시켜 자칫 사실성을 잃게 되지 않을까 하는 걱정도 앞선다. 그와 같은 분위기를 틈타 문화 콘텐츠란 이름을 앞세운 상업성이 고개를 치켜드는 낌새가 나타나기 때문이다.

물론 역사와 문화 분야의 정상적인 육성은 크게 환영할 만한 일이지만 역사성을 도외시한 접근은 결코 묵과할 수 없다. 이는 철저히 경계하고 막아내어 마땅한 대상이다.

그런 경향성이 지나치면 경주는 자칫 신라의 역사나 문화가 없는, 속

---

2) 경주시·신라문화선양회, 신라문화제학술발표회논문집: 『신라와 낭산』, 17, 1996.

빈 강정과 다름없는 짝퉁 도시로 전락할 위험이 뒤따를지도 모른다. 혹여 미구에 닥칠지도 모를 최악의 상황을 예측해서 사전에 차단하려면 모쪼록 철저하고 착실한 학술적 접근을 통해 실상을 제대로 드러내어 뿌리내리도록 하는 데 혼신의 힘을 기울임이 마땅하다.

그동안 진행된 낭산 관련 연구를 일별하면 고고학적, 미술사학적, 불교사적, 설화적 접근은 꽤나 이루어진 편이나 순수한 역사학적 접근은 의외로 미진(未盡)하였음이 확인된다. 사실 여러 시각에서 무차별적으로 다루기에 앞서 관련 문헌에 대한 종합적·체계적인 검토가 선행됨이 바람직하였다.

그럼에도 기왕에 극히 단편적으로만 관련 자료를 활용해 왔다. 이로 말미암아 낭산의 역사상은 아직껏 물밑에 잠겨 제대로 드러나지 않은 상태라고 진단해도 지나치지 않을 성싶다.

여기서는 그런 실상을 염두에 두면서 낭산이 처음 신성한 공간으로 인식되기 시작한 이후 변화를 겪어간 과정과 배경에 대한 역사학적인 접근을 시도해 보고자 한다. 낭산이 갖는 위상과 성격은 줄곧 한결같지가 않았다. 정치적·사회적 사정 여하에 따라 바뀌어갔다. 여기서는 그런 점에다 초점을 맞추어서 낭산의 역사성을 잠시 더듬어보기로 하겠다.

2. 신성시된 낭산

낭산의 주변을 대충이라도 둘러보면 여기저기에 문화유산이 적지 않게 산재함을 단번에 확인할 수 있다. 조금 더 자세히 들여다보면 기왕에 별로 알려지지 않은 흔적까지도 찾아낼 정도로 많이 널브러진 모습이다. 이들의 대부분은 사찰이나 무덤 등이다.

기록상으로는 당시 자연물 신앙의 대상인 신유림(神遊林)이란 숲이 낭산 남쪽 자락에 조성되었음이 확인된다. 이것까지도 한데 엮어서 종합적으로 판단하면 낭산 자체가 신라 사람들로서는 죽음, 사후세계, 산악 신앙 등과 관련하여 매우 신성하게 여긴 공간이었음이 쉬이 느껴진다.

이들 문화 유적의 성격을 약간 더 구체적으로 파고들면 낭산은 결과적으로 어느 특정한 분야의 신앙이나 세계관으로 고착되지 않았으며 복합적·융합적인 성격을 띠었음을 알 수 있다.

다만, 그것이 한꺼번에 이루어지지 않고 상당한 기간에 걸쳐 진행되었다. 이는 곧 낭산의 기본적인 성격에 줄곧 일정한 변화가 뒤따랐음을 방증해 주는 것이다. 그것은 여하튼 낭산이 오래도록 신성한 공간으로서의 자리를 간직해 나갔음은 의심할 여지가 없는 사실이다.

그렇다면 낭산이 언제부터 신성시되었으며, 그 계기나 배경은 어디에 있었을까, 언제 어떤 성격으로 바뀌어져 갔을까 등등은 매우 궁금하게 여겨지는 대목이다. 낭산이 신성한 공간으로 등장하는 배경과 관련해서는 다음의 기록은 각별히 주목해 볼만하다.

A) 12년 가을 8월에 구름이 낭산에서 일어났는데, 바라다보니 마치 누각과 같았다. 향기가 가득하여 오래도록 없어지지 않았다. 왕이 이르기를 '이는 필시 선령(仙靈)이 내려와 노는 것이니, 응당 복지(福地)일 터이다'라고 하였다. 이후부터는 사람들이 수목을 베지 못하도록 하였다.[3] (『삼국사기』3 신라 본기 실성니사금조)

---

3) 이해를 돕기 위해 원문을 제시하면 다음과 같다. '十二年 秋八月 雲起狼山 望之如樓閣 香氣郁然 久而不歇 王謂 是必仙靈降遊 應是福地 從此後 禁人斬伐樹木.

낭산의 원경

이 기사는 실성왕 12년(413)에 벌어진 특정 사건을 다룬 것으로써 낭산과 관련해서 확인되는 구체성을 띤 최초의 기록에 속한다. 일단 내용상세 부분으로 나누어서 이해해 볼 필요가 있다.

낭산에 어느 날 구름으로 덮여져 누각처럼 보이고 향기가 가득 차서 오래도록 흩어지지 않는 이변(異變) 현상이 벌어진 사실, 실성왕이 그를 바라보고서 신선이 내려와 놀랐던 데서 비롯한 것으로 풀이한 사실, 그러고서 앞으로는 누구라도 마음대로 들어가 벌목하지 못하도록 조치한 사실 등이다. 낭산이 신성시되는 배경과 과정을 살피려면 이들 각각을 대상으로 좀 더 구체적인 음미가 필요하다.

낭산 자락에서 그처럼 신이한 자연 현상이 실제로 일어났는지 어떤지는 확인할 도리가 없다. 다만, 변화무상한 구름이 만들어낸 조화로 인한 착시(錯視) 현상으로 말미암아 실제 목격자들이 그처럼 느꼈을 수도 있었음 직하다. 그것의 실재성 여하는 잠깐 젖혀두고 낭산을 신성한 공간으로 만들어내기 위한 명분에서 제시된 내용이라 하여도 무방하겠다.

그런 내용이 당시부터 내세워졌거나, 아니면 낭산이 신성시된 뒤의 결과를 갖고 만들어낸 내용이 거꾸로 소급·부회 되었을 듯하다. 여하튼 실제로 지금 여기서 자연 현상의 사실성 여부를 논의의 대상으로 삼아 추적하는 것은 아무런 의미가 없겠다.

그 다음은 실성왕이 낭산을 신선이 내려와서 논 복지(福地), 곧 복스러운 땅, 복이 뒤따르는(를) 땅으로 풀이한 점이다. 여기에는 실성왕이 언제인가부터 낭산을 신선이 내려와 놀았던 복지, 즉 신성한 구역으로 내세워 그를 추진해 가려는 강력한 의지를 지녔음이 비쳐진다.

실성왕이 낭산을 신성 구역으로 만들어내기 위한 명분으로서 자연 현상을 일부러 이끌어낸 느낌이다. 특히 신선이 놀았다고 해석한 점은 각별히 주목을 끈다. 이는 나중에 확인되듯이 낭산의 남쪽 끝자락 지명처럼 '신유림'으로 불린 숲이 조성된[4] 사실과도 맞물린 것으로 여겨지기 때문이다.

언젠가 낭산에 숲으로 우거진 신유림이 조성되고 신라인들이 그를 신성한 공간으로 여긴 사실 자체는 일단 실성왕이 처음 의도한 목적이 제대로 이루어졌음을 뜻한다. 그것은 어떻든 실성왕은 무슨 연유에서인지는 분명하지 않으나 낭산을 신성 구역으로 만들려고 시도하였고 마침내 뜻대로 이루어졌다고 하겠다.

다음은 사람들로 하여금 낭산 안에 들어가 함부로 나무를 베지 못하도록 조치한 사실이다. 이는 낭산이 신성 구역으로 정리된 출발점이 바

---

4) 『삼국유사』 2 기이 2 「문호왕법민」조.

로 이때였음을 시사해 준다. 이 사실을 뒤집어서 헤아리면 직전까지는 사람들이 별다른 제재를 받지 않고 마음대로 낭산에 출입하였을 뿐만 아니라 그곳의 나무까지 멋대로 베기도 하였음을 뜻한다. 달리 말하면 그 이전까지 낭산은 사실상 그렇게 신성시된 공간으로 기능하지 않았다고 할 수 있다. 결국 실성왕의 무단출입 금지 조치와 함께 수목 보호정책이 성공을 거둠으로써 낭산은 비로소 신성한 공간으로서 뿌리내릴 수 있었던 셈이 된다. 이 숲이 바로 '신이 놀던 숲'이란 의미의 신유림으로서 실성왕이 애초 낭산을 신성하게 여기려는 목적이 달성되었음을 보여 주는 증거이다.

이상과 같이 보면 낭산은 일단 실성왕 12년에 이르러 비로소 신성한 공간으로 정착된 것으로 여겨진다. 그때 신선이 놀았던 복지란 주장이 명분으로 제시되었고, 따라서 마음대로 출입하지 못하도록 통제함으로써 나무가 우거진 숲으로 조성되기에 이르렀다.

그 가운데 특히 낭산의 남쪽 자락에는 어떤 종류의 나무인지 모르지만 유달리 큰 숲이 이루어졌다. 유독 이곳만을 따로 떼어내어 각별하게 신유림이라고 부름으로써 더욱 유난한 신성 공간이라 여겼던 것 같다. 물론 실성왕의 뜻풀이가 뒷날 신유림이라는 이름으로부터 거꾸로 나왔을 수도 있겠다. 그렇다고 하더라도 실성왕이 낭산을 신성시하려는 강한 의지를 가졌고 그를 적극 추진함으로써 마침내 성공하였다는 사실만은 부정하기 어렵겠다.

이처럼 위의 사료 A)에 근거하는 한 낭산이 신성한 구역으로 여겨지기 시작한 시점은 일단 실성왕 12년 이전으로 거슬러 올라가지 않는다. 이는 실성왕 이전까지는 낭산 뿐만 아니라 신유림도 특별히 주목받을 만한 신성한 구역이 아니었음을 뜻한다. 당시까지 신라인들은 낭산에 대해

별반 관심을 기울이지 않았던 것이다. 그래서 신라인들은 자유자재로 낭산에 출입하였고 나무도 함부로 베어서 사용하기도 한 것이다.

하지만 그렇다고 이 지역이 애초부터 신성시된 적이 전혀 없었다고 결론 내리는 것은 대단히 섣부른 판단이다. 왜냐하면 실성왕 당대에는 그렇더라도 처음부터 그러하였다고 단언할 수는 없는 일이기 때문이다.

오히려 멋대로 나무를 베었다는 사실을 내세운 밑바탕에는 그러지 말아야 하는 데도 그리하였다는 뉘앙스를 강하게 풍겨준다. 말하자면 원래는 신성시된 공간이었으나 어느 틈엔가 방치되었다가 실성왕 12년에 이르러서 어떤 일을 계기로 다시금 신성한 공간으로 되돌리려고 시도하였을 가능성도 있을 수 있다. 그와 같은 추정을 가능하게 해주는 것이 소위 전불시대가람(前佛時代伽藍)의 이야기이다.

전불시대가람이란 본래 신라 땅이 석가모니불이 탄생하기 이전부터 부처가 살았던 거룩한 곳이었음을 의도적으로 강조하려는 설화이다. 이는 신라 영토에 불교의 수용과 공인 이전부터 이미 불교가 존재하였다는 이른바 불국토(佛國土) 의식의 한 단면을 보여주는 것이다. 이를테면 황룡사를 창건하면서 바로 이곳이 전세불(前世佛)인 가섭(迦葉)의 설법 장소였다거나,5) 인도 마우리아왕조의 3대 왕으로서 정복군주인 아소카(Asoka)가 만들려고 시도하다가 실패한 불상의 재료가 과거 전불시대부터 인연을 가진 신라까지 와서 황룡사장육상(皇龍寺丈六像)으로 완성을 보았다거나 하는 설화6) 등이 그런 사정의 일단을 반영한다.

불국토 사상은 흔히 자장이 당에서 유학하고 귀국하면서 수용·유포되기 시작하였다고 추정하나 그 이전부터 그럴 만한 씨앗은 이미 존재하고

---

5) 『삼국유사』 3 탑상 「가섭불연좌석」조.
6) 『삼국유사』 3 탑상 「황룡사장육」조.

있었다. 이후 불교교학과 신앙체계가 발전해 가면서 한층 체계화하고 널리 확산되어 나갔을 따름이다.

나말 여초 무렵 쓰였을 것으로 추정되는 『옥룡집(玉龍集)』과 「자장전(慈藏傳)」을 비롯한 여러 종류의 전기뿐만 아니라[7] 통일기에 세워진[8] 아도본비(我道本碑)에도[9] 그런 내용이 실린 데서 불국토 사상이 퍼져나간 정도를 짐작할 수 있다. 결국 불국토 사상은 신라의 불교가 단순히 뒤늦게 전래된 외래종교가 아니라 본디 신라의 고유 신앙과도 밀접한 연관이 있음을 강조한 것처럼 풀이된다. 이것이 불교를 널리 홍포(弘布)시키는데 유력한 수단과 명분으로 활용된 셈이다.

전불시대가람의 이야기는 황룡사를 포함해 신라 왕도의 내부 일곱 군데의 저명한 지역과도 연결되어 있었다. 이는 소위 칠처가람터라고 불리었다. 『삼국유사』에 따르면 금교(金橋)의 동편 천경림(天鏡林), 삼천(三川)의 기(岐, 갈림길), 용궁(龍宮)의 남쪽과 북쪽, 사천(沙川, 남천)의 끝머리, 신유림, 서청전(婿請田)의 일곱 곳이 손꼽히고 있다.[10]

이들 일곱 곳에는 각각 불교가 공인된 이후 순차적으로 사찰이 들어섰다. 천경림에는 흥륜사(興輪寺), 세 내(삼천)가 만나는 지점에는 영흥사(永興寺), 용궁의 남편에는 황룡사, 용궁의 북편에는 분황사, 사천의 끝머리에는 영묘(靈妙, 靈廟, 零妙)사, 신유림에는 사천왕사, 서청전에는 담엄사(曇嚴寺)가 창건되었다. 이들은 모두 중고부터 중대에 걸쳐서 각각 시

---

7) 『삼국유사』 3 탑상 「가섭불연좌석」조.
8) 곽승훈, 『신라금석문연구』, 한국사학, 2006, p.23.
9) 『삼국유사』 3 흥법 「아도기라」조.
10) 위와 같음.

1. 낭산(狼山)의 역사성   223

점을 달리하면서 창건된 것이다.[11]

이른바 칠처가람터가 본래부터 유서 깊은 토착신앙과 관련된 곳이라는 인식에서 나왔다고 풀이한 견해가[12] 널리 받아들여지고 있다. 이때의 토착신앙은 대체로 삼한 시기에 나타나는 소도(蘇塗) 신앙 등과 연관된다는 것이다. 일곱 곳 전부를 그렇다고 단정 지울 수 있을지 어떨지는 주저되는 바가 있으나 그 가운데 토착신앙과 밀접히 연관된 곳도 분명히 존재할 성싶다. 그 점은 신라 최초의 사찰인 흥륜사 창건 과정을 통해서 유추된다.

불교를 공인하기 바로 직전인 법흥왕 14년(527) 왕은 천경림의 나무를 벌목하고서 이를 활용해 그곳에다 흥륜사를 세우려 하였다. 법흥왕과 사전에 내밀하게 상의해 흥륜사 창건을 추진하면서 현장 공사까지 주도한 인물은 평소 머리를 깎고서 생활하던 궁중 나인 이차돈(異次頓)이었다.[13]

그런 소식을 접한 일부 귀족들이 반발하고 나섬으로써 흥륜사 창건은 일시 난관에 부닥쳤다. 그로 말미암아 빚어진 갈등과 마찰이 해결되면서 불교는 국가종교로서 공인되었으며, 흥륜사도 진흥왕 5년(544)에 이르러서 완공을 보았다.[14]

이처럼 흥륜사 창건의 과정에서 추진파와 반대파 사이에 마찰이 크게 빚어졌다. 추진하던 쪽을 불교의 공인파라고 한다면, 기존의 천경림을 그대로 고수하려는 일파는 반대파로 치환해도 좋을 성싶다. 이는 어쩌면

---

11) 일곱 사찰 가운데 담엄사의 창건 연대만이 뚜렷하지가 않다. 다만, 이들이 창건 연대 순서대로 기록된 사실을 참고하면 담엄사가 가장 뒤늦었을 것으로 추정된다.

12) 이기백, 「삼국시대 불교 수용과 그 사회적 의의」『신라사상사연구』, 일조각, 1986, p.29 ; 김재경, 『신라 토착신앙과 불교의 융합사상사 연구』, 민족사, 2007, p.64.

13) 이기백, 위의 글, pp.11~12.

14) 『삼국사기』4 신라본기 진흥왕 5년조.

천경림이 불교 사찰에 대응될 수 있을 정도의 신성시된 숲 공간이었음을 의미한다.

그와 같은 성격의 공간이었기에 신라 최초의 사찰 창건 대상지로 선정되었을 법하다. 천경림에다가 불사를 일으키고 그곳의 나무를 동량(棟樑)으로 활용한 것은 곧 기존의 토착신앙을 불교로 대체해 가려는 의지의 표명으로 해석할 만한 소지가 엿보인다. 마침내 불교가 공인되기에 이르거니와 이는 사실상 토착신앙이 불교 속으로 흡수·융합되었음을 뜻한다.

만일 천경림이 토착신앙의 성소로서 신성시되어 왔다면 다른 전불(前佛)시대의 터는 과연 어떠하였을까. 전불시대의 칠처가람터를 분류하면 숲이 둘, 물가(용궁 포함)가 넷, 밭이 하나이다. 이들 모두가 원래부터 신성구역이었다고 볼 만한 결정적인 근거는 없다.

일반적으로 토착신앙으로서 중시된 것은 산천신앙을 비롯한 수목신앙으로서의 숲, 혹은 용신(龍神)신앙과 관련한 우물 등을 손꼽을 수 있다. 그런 측면에서 보면 다른 곳은 원래부터 신성하게 여겨진 공간인 까닭에 사원이 들어섰을 것으로 풀이된다. 다만, 서청전만은 밭이므로 약간 다른 측면이 엿보인다. 게다가 다른 6곳과는 달리 정치적 중심 구역에서 벗어나 있기도 하였다.

서청전은 거기에 지은 담엄사가 오릉(五陵)의 남쪽에 위치한 사실로 미루어 남천(南川, 蚊川)의 남쪽에 자리하였음이 분명하다. 칠처가람 가운데 다른 6곳이 모두 남천 북쪽의 정치적 중심 구역에 자리한 것과는 대조적이다.

게다가 밭이어서 선뜻 신성시된 공간으로 설정하기 주저되는 바가 없지 않다. 다만, 중고기에 국가의 중대사가 있을 때마다 평소 몇몇 유력한 대신(大臣)들이 모여 회의를 열던 곳으로 설정된 네 곳의 신령스런 장소인 이른바 사영지(四靈地)[15] 가운데 피전(皮田)이 보여 주목된다.

사영지 가운데 다른 세 곳은 모두 산이지만 유독 피전만이 글자 그대로 밭인 듯싶다. 어쩌면 숲, 산, 물가, 우물 등과는 달리 뒤늦게 밭도 때로는 신성한 공간으로 인식되기도 하였음을 보여 주는 것이 아닌가 싶다. 이를테면 종묘(宗廟)나 사직(社稷) 등에 제수용으로 바칠 작물의 경작지와 관련하거나 혹은 농업의 신과 연결될지도 모를 일이다.[16] 그런 의미에서 서정전만이 밭이라 해서 원래의 성소가 아니었다고 단정할 필요는 없을 듯하다.

여하튼 전불시대 칠처가람터는 불교 수용 이전부터 유서 깊은 신성 구역으로서 토착신앙과 연관되었음이 분명하다. 특히 천경림이 신성하였다면 숲이 무성한 측면에서 신유림도 마찬가지로 보아도[17] 무방하겠다.

다만, 신유림이 처음부터 그렇게 불린 것은 아니었다. 그와 같은 방식의 한문식 지명이 이른 시기부터 나왔을 리가 만무하며 실성왕 12년 이전까지 거슬러 올라가기도 어렵기 때문이다. 오히려 실성왕 이전에는 다른 명칭이었다가 이때 이후 숲이 크게 조성되면서부터 신유림으로 불렸을 공산이 크다.

이상과 같이 보면 신유림이 위치한 곳은 전불의 터라고 인식될 정도로 본래 토착신앙과 관련이 깊은 성소였다. 그러다가 어떤 연유로 일시

---

15) 국가의 중대사가 있을 때 대신(大臣)들이 모여 회의하는 곳으로 동 청송산(靑松山), 남 오지산(亐知山), 서 피전(皮田), 북 금강산(金剛山)의 4영지(신령스런 땅이란 뜻)를 대상으로 삼았다고 한다.(『삼국유사』1 기이1 「진덕왕」조)

16) 『삼국사기』32 잡지 제사조에는 밭[田]과 관련한 제사는 보이지 않는다. 농사와 연관된 선농(先農), 중농(中農), 후농(後農)이나 풍백(風伯), 우사(雨師), 영성(靈星) 등도 골짜기나 성문(城門) 등에서 행해져 논밭과는 무관하다.

17) 김상현, 「사천왕사의 창건과 의의」『신라와 낭산』(신라문화제학술발표회논문집 17), 1996, p.130.

방임되어 온 까닭에 일반인이 자유롭게 출입하면서 함부로 나무를 베기도 함으로써 버려진 상태가 되고 말았다. 실성왕대에 이르러 원상 복구를 위한 노력이 기울여졌다. 그 결과 다시 성소로 되살아나면서 이후 숲도 우거져 신유림으로 불린 것이라 하겠다.

원래 토착신앙과 연관된 성소인 신유림이 폐기된 배경이나 계기는 잘 알 수가 없다. 다만, 사로국으로부터 신라로의 전환이란 엄청난 정치사회적 파동, 그 결과로써 부체제(部體制)의 출현, 고구려의 남정을 불러 온 가야와 왜(倭) 연합세력에 의한 신라 왕성(王城)의 함락 사건, 나물계와 실성계의 대립 등 내부 정치적 요인 등속이 혹여 그와 연관되었을지 모르겠다. 말하자면 그런 전반적인 혼란 속에서 생겨난 정치적 갈등과 대립, 그에 따른 세력 교체가 이루어지는 과정에서 성소였던 신유림을 지켜오던 세력이 몰락해 퇴락의 길로 접어들었을 가능성이 크다.

그러다가 실성왕이 나물왕계와의 대립·갈등을 겪고서 즉위한 뒤 신유림의 부활, 복권을 재차 추구한 것으로 보인다. 실성왕은 일종의 복고(復古)정책 일환으로서 낭산을 새롭게 신성시함으로써 신유림이 조성되기에 이른 것이라 하겠다.

아무리 신성한 구역이더라도 정치적 변동과 연계되면 변화는 불가피하다. 그런 측면은 앞서 본 불교를 공인한 뒤 천경림이 흥륜사로 바뀐 데서 뚜렷이 확인된다. 이 점은 이후 낭산과 신유림이 또 다른 변화를 경험한 데서도 보증된다.

3. 낭산의 성격과 그 변화

낭산의 일부를 이루는 신유림의 변화는 동시에 낭산 자체의 변모까지 저절로 동반하였을 것으로 여겨진다. 성소로 인식된 낭산 전체 중에서도 당시 가장 핵심은 아무래도 신유림이었을 터이기 때문이다.

그런데 낭산과 관련한 직접적인 기록은 실성왕 이후 오래도록 찾아지지 않는다. 그러다가 낭산이 다시 등장하는 것은 선덕여왕의 지기삼사(知幾三事) 이야기에서이다. 널리 알려진 것처럼 세 가지의 기이한 일 가운데 선덕여왕의 무덤 조영과 관련한 흥미로운 설화 속에서 낭산이 등장한다.

선덕여왕은 아직 아무런 병에 걸리지 않았을 때부터 자신이 죽을 연월일을 미리 적시(摘示)해 두면서 사후 도리천(忉利天)에 묻어달라는 유언을 하였다. 군신들은 그곳이 어딘지 선뜻 알아차리지 못해 선덕여왕에게 물었더니 '낭산남(狼山南)'이라고만 일러 주었다.

과연 미리 지목한 바로 그 날 선덕여왕이 사망하자 유언대로 낭산의 남쪽 자락 중턱에 묻었다 한다. 이로부터 다시 수십 년이 지난 문무왕대에 선덕여왕릉의 바로 아래 입구에 해당하는 곳인 신유림에다 사천왕사를 지음으로써 과연 오래 전의 예측이 입증되었다 한다. 불경에는 사천왕천의 위에 도리천이 있다고 하였기 때문이라는 것이다.[18]

이 설화는 선덕여왕이 생전 상당한 예지력(叡智力)을 지녔음을 보여주는 실례로서 만들어졌다. 아마도 실제적인 사실과는 별로 큰 상관성이 없을 것으로 여겨진다.[19] 거기에는 다른 의미가 내재되어 있다.

선덕여왕의 왕위 계승 문제는 즉위 당시는 물론이고 사망에 이를 때까지 줄곧 커다란 논란거리였다. 상당한 논의를 거쳐 정치적 타협이 이

---

18) 『삼국유사』 1 기이 1 「선덕왕 지기삼사」조.

19) 신종원, 「『삼국유사』 선덕왕지기삼사조의 몇 가지 문제」 『신라와 낭산』(신라문화제학술회의논문집 17), 1996, p.55.

사천왕사 원경

루어짐으로써 선덕여왕은 즉위할 수 있었다. 그래서 그 재위 기간 내내 정국은 심히 불안정한 상태로 이어질 수밖에 없었다.[20]

　유력 귀족세력들 간의 대립과 갈등은 마침내 647년 1월 즉위를 겨냥한 상대등 비담(毗曇)의 반란 사건으로 비화(飛火)하기에 이르렀다. 당시 병상의 선덕여왕은 반란의 와중에 사망하였다.

　여왕 즉위의 정당성 및 재위 시에 불안정하게나마 정국을 유지하기 위한 방편으로써 예지력을 내세워 선덕여왕이 상당한 능력과 자격도 갖추었음을 강조하기 위해 만들어낸 것이 소위 '지기삼사'였다. 여럿 가운데 우연하게 남아서 전해지는 세 가지의 저명한 사례이다.

　여하튼 여기서 주목하고 싶은 것은 왕릉 조영을 계기로 낭산에 대한

---

20) 주보돈, 「비담의 난과 선덕왕대 정치운영」『이기백선생고희기념 한국사학논총』, 일조각, 1994 참조.

인식이 근본적으로 변화해 간 사실이다. 위의 설화에 따르면 선덕여왕의 재위 시절에서부터 이미 낭산을 수미산(須彌山)으로 여기려는 분위기가 차츰 일어나고 있었던 것 같다.[21]

불경에서는 세계의 중심에 수미산이 위치하고 그 꼭대기에 도리천이 있다고 한다. 물론 그 자체가 사실일 리 만무하지만 일단 낭산을 수미산으로 여기려는 의식의 씨앗이 배태되고 있었음은 보여준다. 선덕여왕의 예지력은 그런 사정을 입증하려는 취지로서 풀이된다. 그런 의식이 부상해 가던 도중에 선덕여왕의 주검이 낭산에 묻혔다. 이는 낭산 자체의 근본적 성격이 변화하고 있었음을 뜻한다.

낭산이 불교식의 수미산으로 바뀐 인식이 본격적으로 정착하는 것은 물론 문무왕대 사천왕사가 창건되면서였겠지만[22] 그 출발은 바로 선덕여왕대였으며 그것이 무덤의 조영을 통해 실제처럼 구현된 것이다.[23]

이처럼 선덕여왕대부터 낭산은 수미산으로 여겨지기 시작하였는데 이는 곧 실성왕 이후 계속 신성시되어 왔음을 의미한다. 달리 말하면 성소로서의 낭산 인식이 그대로 이어져 왔으므로 수미산으로 바뀌어질 수 있었던 것이다. 만약 실성왕 이후 낭산에 세인(世人)의 관심 밖으로 밀려났더라면 선덕여왕대에 갑작스럽게 수미산으로 여기려는 인식이 나타나지 않았을 터이다.

---

21) 신종원은 구체적으로는 선덕여왕 4년 안함(安含)이란 승려에 의한 것으로 추정하였다.(앞의 글, p.56).

22) 사천왕사의 창건이 시작된 것은 『삼국유사』2 기이 2 「문호왕법민」조에 의하면 670년 무렵이나 완성을 본 것은 679년이었다.(『삼국사기』7 신라본기 문무왕 19년조)

23) 원래 이하에서는 몇 개 단락에 걸쳐 (전)황복사와 관련한 내용을 장황하게 다루었다. 당시로서는 그곳을 황복사라 여긴 견해를 받아들인 입장에서 논지를 전개하였다. 하지만 지금은 (전)황복사를 봉성사로 보고 있으므로 관련 부분은 대거 삭제하였다.

선덕여왕릉

　여하튼 낭산은 실성왕 이후 줄곧 신성한 공간으로 여겨짐으로써 거기에 선덕여왕릉도 조영될 수 있었다. 이로써 낭산 자체의 성격이 기존과는 다른 새로운 공간으로 탈바꿈하게 되었다. 낭산은 여전히 신성시된 공간이기는 하였으되 수미산이란 새로운 성격의 공간으로 달라진 것이다. 그렇다면 그 이전까지 낭산이 어떤 상태로 신성시되어 왔던가가 문제가 된다.

　앞서 언급하였듯이 실성왕 이후 선덕여왕대까지 낭산의 향방은 잘 알수가 없다. 그런데 그와 관련하여 일단 통일기에 이르러 전면적으로 재정비된 신라국가의 제사체계 속에 낭산이 등장한다는 사실이 주목된다.

　신라는 삼국통일 직후 기존의 종묘와 사직을 비롯한 시조묘, 신궁 등조상숭배와 관련된 제사와는 별개로 엄청나게 늘어난 영토 내에 있는 산천 전체를 재편하면서 대·중·소사의 3단계 제사체계로 등급을 구분해[24] 자연물 숭배의 대상으로 삼았다. 이는 당의 정관례(貞觀禮)를 모방한 것이나 나름의 독자성을 강하게 보여주는 제사체계라[25] 한다.

그 가운데 왕경을 중심으로 하는 인근의 3산 만이 최고위의 제사인 대사(大祀)의 대상으로 선정되었다. 3산은 나력(奈歷, 習比部), 골화(骨火, 切也山郡), 혈례(穴禮, 大城郡)의 셋을 가리킨다. 이 가운데 왕경 안에 위치한 것은 나력(奈林이라고도 함) 하나뿐이며 그 나머지 둘은 왕경의 바깥에 있다.

나력이 어딘지를 둘러싸고 약간의 논란은 있지만 여러모로 낭산으로 비정함이 일반적이다. 신라 왕경의 중앙부에서는 낭산이 거의 유일하다시피 한 구릉이다. 나력이 3산의 중추라는 점에서도 그러하지만, 낭산의 낭(狼)과 나력의 나(奈)가 발음상 상통한다는 사실도 아울러서 참고가 된다.

낭산은 한문식이므로 원래부터 그런 이름으로 불렸을 것 같지가 않다. 사실 최고로 신성시되던 산의 이름에다가 처음부터 맹수인 '이리[狼]'란 글자를 붙였을 가능성은[26] 극히 낮기 때문이다. 어쩌면 뒷날 주요 지명 전반이 한문식으로 고쳐지면서 나력이란 발음을 고려해 낭산이라 불렸을 것으로 여겨진다. 따라서 원래의 이름이 나력이었을 것으로 보아 무방할 성싶다.

시조신의 탄생지를 나을(奈乙, 蘿井)이라 부르고, 거기에 신궁(神宮)을 둔 사실에서[27] 여실히 드러나듯이 신성한 탄생의 의미를 간직한 '나(奈)'

---

24) 나희라, 『신라의 국가제사』, 지식산업사, 2003, p.44.

25) 윤선태, 「신라 중대의 성전사원과 국가의례 - 대·중·소사의 제장과 관련하여 - 」『신라 금석문의 현황과 과제』(신라문화제학술논문집 23), 2002, pp.107~108.

26) 낭산의 유래를 이리 모양으로 생긴 데서 연유하였다는 견해, 이리가 많이 살았던 데서 비롯하였다는 견해 등이 있으나 이는 한갓 뒷날 붙여진 것임이 명백하다.

27) 『삼국사기』3 신라본기 소지마립간 9년조.

란 단어도 신성한 공간으로 설정된 낭산에 매우 어울린다. 따라서 나력을 낭산에다 비정해도 그리 어긋나지는 않을 성싶다.[28]

3산은 왕경과 그를 둘러싼 주변부에 위치한다. 3산 가운데서도 핵심은 역시 왕경 안에 자리한 나력일 수밖에 없다. 나력을 제외한 골화와 혈례 두 곳은 왕경의 외곽에 위치하면서 그를 수호하는 보조적·상징적 기능을 맡았으리라 여겨진다. 아마도 원래 이곳의 독립된 정치세력이 비교적 이른 시기에 사로국의 세력권으로 편입되면서 정치적·군사적으로 매우 중요시된 탓에 산악숭배의 대상이던 공간을 그대로 신라의 신성 구역으로 전환시켰을 듯하다.

그런 의미에서 3산의 설정은 사로국 마지막 단계 혹은 건국 초기 신라의 영역 범위를 나타낸다. 그렇다면 그 가운데 중추라 할 나력도 그때부터 상당히 신성시 여긴 대상이 되었을 것으로 보아도 좋을 것 같다.

일반적으로 『삼국사기』 제사지의 기록에 의거해서 5악과 함께 3산도 통일기에 이르러서 당제(唐制)의 영향 아래 제사체계가 전면적으로 재편됨으로써 비로소 마련된 것으로 보아왔다.

그러나 3산은 이미 그 이전에 설정된 듯한 흔적이 보인다. 삼국통일 원훈의 한 사람인 김유신이 화랑으로 활동하던 시절 고구려의 첩자 백석(白石)의 꼬임으로 절체절명의 위기 상황에 빠졌을 때 3산의 세 여신이

---

28) 그런 측면에서 나력을 나림이라고 한 점이 주목된다. '나'가 낭산을 지칭하고 림이 글자 그대로 숲을 의미한다면 나림은 그 자체 신유림을 뜻한다고 풀이하여도 무방할 듯하다. 원래는 나력이라 하였다가 상당한 숲이 조성되면서 이를 나림이라고 부르다가 마침내 한문식으로 신유림으로 미화된 것인지도 모른다. 그렇다면 낭산 가운데 가장 중심은 역시 신유림이라고 함이 적절하겠다. 낭산에서도 가장 신성시 여겨진 신유림의 바로 위에다가 선덕여왕의 무덤이 조영되었으므로 이는 곧 신유림의 근본적 성격이 바뀐 사실을 의미한다고 풀이하여도 무방한 일이겠다.

나타나 구원해 줌으로써 그를 벗어날 수 있었다고[29] 한다.

이를 통일기에 들어와 정립된 3산 신앙이 소급된 것으로 보아 그 이전의 존재 자체를 부정하는 견해도[30] 없지 않으나 3산은 그때부터 이미 있었다고 보아도[31] 별로 어긋나지는 않을 성싶다. 백제의 경우[32] 이미 멸망 이전에 3산이 존재한 것도[33] 신라의 그것을 생각하는 데 참고가 된다.

3산뿐만 아니라 왕경에는 5악의 일부도 통일 이전부터 존재하였던 듯하다. 중악은 등장하지 않지만[34] 동악은 토함산(吐含山), 서악은 선도산(仙桃山), 남악은 함월산(含月山), 북악은 금강산(金剛山)으로 등장한다.[35] 이들이 통일 이전에 하나로 묶어져 5악이라 불린 것인지는 불분명하지만, 그 시원적 형태는 이미 존재하였다고 여겨진다. 다만, 명칭이 동일하지만 구체적 대상은 달라졌다.

이상과 같이 보면 통일 이전부터 이미 3산과 함께 5악의 모태는 있었다. 통일 이후 늘어난 영토에 맞춘 통일정책의 일환으로 자연물 신앙에 대한 체계 전반이 재정리되면서 3산과 5악이 국가 주도의 산악제사로

---

29) 『삼국유사』1 기이1 「김유신」조.
30) 홍순창, 「신라 삼산·오악에 대해여」『신라 민속의 신연구』(신라문화제학술발표회논문집 4), 1983, pp.42~43.
31) 이기백, 「신라 오악의 성립과 그 의의」『신라정치사회사연구』, 일조각, 1974, p.206.
32) 『삼국유사』2 기이 2 「남부여전백제북부여」조.
33) 노중국, 『백제사회사상사』, 지식산업사, 2010, pp.531~532.
34) 다만, 『삼국사기』41 열전 김유신전 상(上)에는 중고기에 중악이란 명칭도 등장한다. 하지만 이는 현재 대구의 팔공산(八公山)으로 비정함이 일반적인데 사실상 그것은 후대의 부회로 봄이 적절할 듯싶다.
35) 『신증동국여지승람』21 경주부조. 다만, 남악을 함월산이라고 한 것은 위치상으로 볼 때 오류이며 남산으로 봄이 온당할 듯싶다.

정립되었다.

다만, 3산은 그대로 이어졌지만 영토가 엄청나게 늘어난 만큼 그에 비추어 5악의 구체적 대상은 확연히 달라졌다. 동악은 토함산(大城郡), 남악은 지리산(地理山, 菁州), 서악은 계룡산(鷄龍山, 熊川州), 북악은 태백산(太伯山, 奈已郡), 중악은 부악(父岳, 公山, 押督郡)이었다. 동악만이 그대로 이어졌음은 주목된다.

그런데 통일 이전 왕경을 중심으로 존재한 산악 가운데 중악의 존재가 기록상 뚜렷하게 확인되는 것이 아니다. 그래서 통일 이후 3산과 5악이 정리된 뒤 남은 산악을 대상으로 왕도에 4악이 설정된 것이라 본 견해도[36] 있다.

하지만 이미 언급한 것처럼 통일 이전에도 5악의 모태는 존재하였다. 이들은 대체로 왕경 중앙부에서 올려다 보이는 주변의 비교적 높은 특정 산악을 대상으로 삼았다. 그렇다면 왕경 일대의 5악 가운데 핵심인 중악은 지리적으로 왕경의 중앙부에 위치하였다고 보아도 무방할 성싶다. 그럴 때 위치상 중악이라고 여길 만한 잠정적 대상으로서는 낭산이 언뜻 떠오른다. 낭산은 사방을 에워싼 왕경의 한가운데에 자리해 중악으로 비정하기 적합한 곳이기 때문이다. 뒷날 『신증동국여지승람』에서 낭산을 진산(鎭山)이라고 표현한 데서도 그런 상황이 유추된다.

낭산을 통일 이후 산악신앙의 중심으로 설정할 때 즉각 부닥치는 문제점은 그것이 삼산의 하나였다는 데에 있다. 하지만 3산과 5악이 모두 왕경을 중심으로 설정되고 또 전반적 체계가 아직 제대로 갖추어지기 이전이어서 양자의 중핵이 겹쳤다고 해도 그리 이상할 바는 없을 것 같다.

---

36) 홍순창, 앞의 글, p.47.

이런 사실은 중고기에 이르기까지 낭산이 그만큼 중요시된 데서 말미암은 일로 여겨진다. 불교가 점차 융성해 간 선덕여왕대에 이르러 낭산을 불교적 세계의 중심인 수미산으로 여기는 의식이 나온 것도 결코 우연한 일이 아니었다. 낭산의 비중은 엄청나게 커져 마침내 수미산으로 여겨질 정도에 다다른 것이었다.

4. 낭산의 역사성

이상에서 언급해 온 것처럼 3산, 그 가운데 특히 낭산은 통일 이후에도 왕경 안의 신성한 공간으로서 매우 중요시된 공간이었다. 물론 근본 성격까지 아무런 변함없이 줄곧 그대로 이어진 것은 아니었다. 낭산은 선덕여왕의 불교 진흥책에서 시작해 그 주검이 묻힌 사건을 매개로 성격도 확연하게 달라졌다.

그런데 낭산을 비롯한 3산의 신이 모두 여신(女神)으로 등장함은 각별히 눈여겨볼 대목이다.[37] 어쩌면 선덕여왕이 낭산을 자신의 장지(葬地)로서 선정하게 한 현실적 명분도 그와 연관되었을지 모르겠다.

선덕여왕은 사후에도 신라국가가 외환으로부터 온전하게 지켜지기를 바랐다. 어쩌면 낭산에 묻히기를 유언한 것도 그 때문이었을지 모른다. 그 지킴이가 여신인 까닭에 동일체 의식에서 명분을 찾았을 수가 있었겠다. 낭산을 통일기 초 호국의 구심으로서 첫 횟불을 올린 것도 바로 선덕여왕이었다.

이로써 낭산은 기존 토착신앙의 중심지로부터 불교와 결합한 복합적

---

37) 『삼국유사』1 기이1 「김유신」조.

성격의 공간으로 재탄생하였다. 이는 곧 토착신앙이 점차적인 과정을 밟아 불교로 대체되어 간 하나의 전형을 보여준다.

선덕여왕은 내세(來世)에서도 영원히 낭산에 머물면서 신라를 수호하고 안녕을 도모한다는 생각을 갖고 있었다. 살아생전 내우외환의 위기 상황을 맞아 스스로 신라를 지켜야 한다는 일종의 강박 의식을 가졌을 공산이 크다.

이는 애초부터 즉위 자체가 소위 '여주불능선리(女主不能善理)', 즉 여왕 반대파의 정치 무능론 제기로 말미암아 논란이 있었다. 실제로 재위 중인 642년 백제의 대대적인 공세로 낙동강 이서 지역을 일거에 상실하는 등 큰 위기 상황에 봉착한 사실에서 여지없이 드러난다. 이 때문에 선덕여왕은 이후 외환의 책임을 자신에게 돌려 그에 적극 대비하려는 자세를 취하였을 법하다.

그래서 선덕여왕은 당면 위기 상황의 극복을 위한 방편으로써 643년 당나라로부터 갓 귀국한 고승 자장(慈藏)의 건의를 받아들여 당시 호국의 중심 도량이던 황룡사에다 9층목탑을 세웠던 것이다. 이 탑의 건립을 계기로 해서 안으로는 사분오열로 혼란하고 급속히 이반해가던 민심을 결집시켜 당면한 위기 국면을 벗어나려고 도모하였다.

얼마 뒤 9층목탑은 완공되었으나 그렇다고 해서 원래 희구하던 안팎의 위기가 즉각 종식되지는 않았다. 오히려 상대등 비담이 그를 기회로 647년 정월 자신의 즉위를 겨냥해 반란을 일으킴으로써 위기 상황이 한층 증폭되어졌다.

선덕여왕은 내란이 진행되던 와중에 사망하였다. 비담의 난은 곧바로 진압되었지만 선덕여왕으로서는 사후에라도 신라를 지켜내려는 염원을 가졌을 듯하다. 하필 왕궁과 가장 가까워 바라다 보이는 낭산 자락에다가 영원한 안식처를 마련한 것도 그런 사정이 작용하지 않을까 싶다. 낭산이 이후 실제로 신라 호국신앙의 중심지로서 뿌리내려간 것도 그런 상황과 무관하지 않다.

기실 낭산이 황룡사를 대신해 통일 직후부터 새로운 호국의 중추로서 부상해간 직접적 계기는 당(唐)과의 한판 전쟁을 진행하면서부터였다. 668년 고구려를 멸망시킨 직후 백제의 옛 영토에 대한 처리 문제를 놓고서 상당 기간 연합한 신라와 당의 두 나라 사이에 균열이 생기고 갈등이 노골화하면서 마침내 일촉즉발의 위기 상황으로 치달았다. 670년 전후 무렵에 당은 고구려와 백제의 옛 영토를 모두 장악하려는 의도 아래 신라와의 전면전을 준비해 갔다.

당시 당에 유학 중이던 승려 의상(義湘)은 직전에 사죄사(謝罪使)로 입당하였다가[38] 옥에 갇힌 김유신의 동생 김흠순(金欽純)으로부터[39] 그런 첩보를 입수해 670년 급거 귀국하여 본국에 알렸다. 당의 침공 정보를 접한 문무왕은 그 대비책의 하나로서 당시 유력한 장군으로 활약해 온 김천존(金天尊)이 추천한 밀교 계통의 승려 명랑(明朗)을 받아들였다. 명랑은 낭산의 남쪽 기슭인 신유림에다 사천왕사를 지어 호국의 중심 도량으로 삼도록 문무왕에게 건의하였다.

바로 이때에 당병의 공격이 이미 시작되었다는 소식이 들려왔다. 이에 명랑은 부랴부랴 12명의 유가승과 함께 채백(彩帛)으로서 절을 임시로 가설하고 풀로서 오방(五方)의 신상(神像)을 꾸려 문두루비법(文豆婁秘法)을 지었다.

---

38) 『삼국사기』6 신라본기 문무왕 9년조.
39) 그런 정보를 의상에게 알려준 인물이 김인문임을 지목한 기록도 있으나 김흠순이라고 한 기록을 따른다.

그렇게 하자마자 즉각 효험이 나타났다. 당군이 신라군과 미처 본격적인 접전도 하기 전에 갑자기 풍랑이 크게 일어나 그 군선(軍船)은 모두 침몰하였다. 이후에도 비슷한 상황이 이어졌다.[40] 문두루비법, 즉 임시로 지은 사천왕사가 즉시 효력을 발휘한 것이다. 이후 676년 소부리주(所夫里州) 기벌포(伎伐浦)를 비롯한 대소 싸움에서 패배한 뒤[41] 당의 본진은 안동도호부와 함께 요동 방면으로 철수하였다. 당과의 싸움이 대체로 잠잠해진 679년 사천왕사는 마침내 모습을 온전히 갖춘 정식의 사찰로서 창건을 보았다.[42]

사실 사천왕사가 완공되던 무렵 당장의 대내외 위기 상황은 사실상 종결된 상태나 다름없었다. 이후부터 사천왕사가 명실상부한 호국 중심의 사찰로서 자리를 굳혀나갈 수 있었다.

그처럼 낭산 중심으로 호국의 단초가 마련된 것은 사실상 선덕여왕의 무덤이 조영되면서부터였다. 토착신앙의 중심지인 3산의 중핵인 낭산에 불교 사찰이 들어선 사실은 이제 후자가 전자를 포섭하고 한층 우위에 섰음을 의미한다. 이로써 낭산은 기존 토착신앙의 수준을 훌쩍 뛰어넘어 불교의 수미산으로서, 그 아래의 사천왕사가 새로운 호국의 중심 도량으로 자리 잡아 간 것이다. 사천왕사가 호국의 중심 도량으로서의 한층 더 확고하게 기반을 갖춘 것은 신문왕대에 이르러서였다.

문무왕은 통일 이후의 과업을 마무리 짓기 위해 여러 방면에 걸친 다양한 시책을 펼치던 도중에 사망하였다. 그는 죽음이 가까워졌음을 의식하고 임종하기 직전 태자인 정명(政明, 신문왕)으로 하여금 앞으로 추진해

---

40) 『삼국유사』 2 기이 2 「문호왕법민」조.
41) 『삼국사기』 7 신라본기 문무왕 1년조.
42) 동상 19년조.

야 할 기본 정책 방향의 대강(大綱)을 유언으로 남겼다. 그에 덧붙여서 자신의 주검을 서국식(西國式, 곧 불교식)으로 화장해서 장례를 크게 간소화하도록 간곡하게 당부하였다.[43] 신라에서 공식적인 화장제(火葬制) 실시의 효시였던 셈이다.

문무왕은 화장을 유언하면서 특히 '사후 10일이 지나 고문(庫門)의 바깥 뜰[屬纊之後十日 便於庫門外庭]'이라고 하면서 장례의 방법은 물론 시점 및 장소까지도 특정해 주는 치밀함을 보였다. 이는 화장에 대한 자신의 강력한 실천 의지를 내비친 것이었다.[44] 심지어는 화장한 유해를 동해 연안의 큰 바위에 묻도록 유언하기까지 하였다.[45]

문무왕은 평소에도 사후에 호국의 대룡(大龍)이 되어 불법을 받들고 나라를 지키겠다는[46] 공언을 하였다고 한다. 생전에 불법을 받들면서 나라를 지키려는 의지를 강하게 보였던 것이다. 문무왕이 불법과 나라를 지켜내려는 중심 도량으로 삼으려는 의도 대상이 바로 사천왕사였다. 이는 사천왕사와 관련한 몇 가지 사항을 통하여 충분히 가늠된다.

문무왕은 이미 살아 있을 때 불력(佛力)을 빌어 나라를 지켜낸다는 생각으로 동해 바닷가에다가 감은사(感恩寺)의 창건을 추진하였다. 하지만 미처 완공을 보기도 전에 사망함으로써 뜻을 이루지 못하였다. 뒤이은 신문왕이 즉위 2년(682) 감은사를 완공하였다. 화장한 문무왕의 유해를 대왕암에 안치한 뒤 행해진 장례의 최종 마무리 작업인 셈이었다. 그런

---

43) 동상 21년조.
44) 물론 화장에만 국한된 일이 아니었다. 문무왕이 그처럼 화장과 관련해 실천적 의지를 강하게 내비친 것은 당연히 다른 시책도 철저히 행하도록 하려는 당부에서였다.
45) 『삼국유사』 2 기이 2 「문호왕법민」조 및 「만파식적」조.
46) 위와 같음. 그 내용은 다음과 같다. '朕身後願爲護國大龍 崇奉佛法 守護邦家'.

의미에서 감은사는 사실상 문무왕의 원찰적 성격을 가진 것이라 보아도 무방할 성싶다.

이처럼 문무왕과 관련해 일단 사천왕사와 감은사의 두 사찰은 함께 주목해 볼 대상이다. 사천왕사는 당과의 싸움, 감은사는 바다로부터 왜(倭)의 침공을 막기 위한 염원을 담아서 지은 전형적인 호국사찰이었다.

다만, 감은사가 왕경이 아닌 변경에 두어진 점, 왜를 주된 대상으로 삼았다는 점에서 사천왕사와는 뚜렷한 차이를 보인다.[47] 그렇지만 감은사와 사천왕사 두 사원이 전혀 별개로 운용된 것은 아니었다. 문무왕을 중심으로 하나로 연동해서 운용되었을 공산이 크다. 이는 일단 문무왕의 사후 치른 장례를 통해서 확인된다.

앞서 소개한 것처럼 문무왕은 자신의 주검을 '고문(庫門) 밖의 뜰'에서 화장하도록 유언하였다. 그럴 때 고문의 위치가 어디였을까가 문제가 된다. 막연히 고문이라고만 하였을 뿐 구체성을 띠지 않아 분명하지 않기 때문이다. 고문은 글자 그대로만 보면 단순한 창고의 문을 뜻하지만, 여기서는 국왕의 주검을 화장한 터를 가리키므로 그보다는 왕궁과 관련한 문을 지칭한다고 봄이 옳을 듯싶다.

『주례(周禮)』에 따르면 제후의 궁(宮)에는 3문이 가설 가능한데 그 중 가장 바깥의 문이 고문이다. 천자의 경우에는 로(路), 응(應), 치(雉), 고(庫), 고(皐)의 다섯 문 가운데 바깥에서 둘째 문을 고문이라고 하였다. 신라의 경우 스스로 5묘제를 받아들인 상태였으므로 고문은 여러모로 왕궁의 가장 바깥쪽 문으로 풀이함이 온당할 듯싶다.

특히 동궁(東宮)이 창건된 문무왕 19년(679) 바로 그해에 처음으로 내

---

47) 그런 차이로 말미암아 황룡사가 성전사원에 선정되지 못한 것으로 여겨진다.

慶州 388.

문무왕릉비 밑부분

외의 모든 문에 대한 액호(額號)를 확정 지은 사실에 견주어서도[48] 그러하다. 아마도 신라에서는 전후(戰後)의 처리 과정에서 제후왕의 수준에 준해서 왕궁의 가장 바깥 출입구 문을 고문으로 불렀던 것 같다.

그런데 고문이 왕궁의 가장 바깥문을 가리킴은 분명하지만 화장터인 '고문외정(庫門外庭)'이 문 바로 바깥의 앞뜰을 가리키는지 아니면 막연히 바깥으로부터 한층 떨어진 방향에 위치한 어떤 뜰인지 확실하지가 않다. 1960년대의 삼산오악학술조사단에서는 낭산 자락이며, 사천왕사로부터 북쪽으로 약간 떨어진 곳인 현재 능지탑(陵旨塔)으로 불린 곳을 문무왕의 화장터로 비정하였다.[49] 1970년대 말에 이르러 거기에다가 원상까지 추정해서 복원해 둔 상태이다.

사실 능지탑을 화장터로 비정할 만한 약간의 근거는 '고문의 바깥 뜰'이라는 사실에 대한 해석 이외에는 어디에도 없다. 능지탑의 복원도 또한 현상과 어긋나서 너무나 많은 문제점을 안고 있다. 복원 모델을 인도의 산치 대탑으로부터 가져온 것 같은데,[50] 이를 기준으로 삼은 이유는

---

48) 『삼국사기』 7 신라본기 문무왕 19년조.
49) 황수영, 「신라 낭산의 능지탑에 대하여」 『신라와 낭산』(신라문화제학술회의논문집 17), 1996, p.74.
50) 황수영, 위의 글, p.75.

도저히 납득하기 어렵다.

능지탑의 복원에 사용하고 난 뒤 석재(石材)가 엄청 많이 남았다는 데서도 그러려니와 그에 활용된 12 지신상이 새겨진 석물의 제작 시점은 능지탑 조성 추정 시점과도 동떨어져 전혀 어울리지가 않는다는 점에서 복원의 잘못은 여실히 드러난 상태이다.

지금껏 행해진 수많은 문화유산 복원 사례 가운데 잘못의 전형으로 손꼽히고 있음이 실상이다.[51] 그 뿐

또 다른 문무왕릉비 편

만이 아니라 이제 그 성격조차 새롭게 철저히 구명되지 않으면 안 될 과제로 남겨졌다.[52] 여하튼 문무왕의 화장터를 확정할 만한 결정적 근거는 어디에도 없다.

문무왕의 화장터로 비정하려면 그의 죽음 및 사후 세계와 일정하게 연관된 사실을 간직한 곳에 주목해야만이 조금이라도 설득력을 얻을 수 있다. 그럴 때 눈여겨볼 만한 대상은 「문무왕릉비(文武王陵碑)」의 존재이다. (능)묘비는 당자의 생전은 물론 죽음과도 직접적인 관련성을 가진 대상이기 때문이다.

신라에서는 통일기에 이르러서 비로소 (능)묘비 문화가 수용되거니와

51) 강우방, 「능지탑 사방불 소조상의 고찰 : 능지탑의 복원시론」 『신라와 낭산』(신라문화제학술회의논문집 17), 1996, 참조.

52) 강우방, 위의 글.

처음부터 귀부(龜趺)와 이수(螭首)를 완전히 갖춘 형태였다는 데에 주된 특징이 찾아진다. 그 최초이자 전형적인 사례로서는 「태종무열왕릉비(太宗武烈王陵碑)」를 들 수 있다. 이후 7세기 말 「김유신비(金庾信碑)」「김인문비(金仁問碑)」등이 세워진 데서도 드러나듯이 왕릉만이 아니라 유력한 귀족들의 무덤에도 극히 일부이기는 하지만 완전한 형식을 갖춘 비가 세워졌다.

물론 그렇다고 (능)묘비가 모든 무덤마다 다 세워졌던 것은 아니었으며 특수한 경우에만 국한되었다.[53] 특별한 계기나 사유가 있을 경우에 한정해서 국가로부터 승인을 얻어 (능)묘비를 세울 수가 있었기 때문이다.

「문무왕릉비」의 경우 현재 파손되어 완형이 아닌 부서진 2점의 큰 조각만이 전해질 따름이다. 18세기 후반 사천왕사 근처에서 처음 발견되었지만 이후 오래도록 종적을 감추었다가 하나는 1961년, 다른 하나는 2009년 재발견됨으로써 이목을 끈 바 있다.

「문무왕릉비」가 본래 위치한 곳이 어디인지가 확실하지 않으나 대체로 사천왕사에 남아 있는 동서 2점의 귀부 가운데 서쪽 편일 것으로 추정되고 있다. 현재 비의 단편 하단부를 그곳의 귀부에 끼워 맞춰본 결과 딱 들어맞는 것으로 판명되었기 때문이다.[54] 이로써 「문무왕릉비」가 애초 사천왕사 입구에 세워졌다는 사실은 입증된 셈이다.

최근 동편 귀부 부근의 발굴을 통하여 사천왕사의 사적비로 추정되는 제법 큰 비편이 다시 출토된 바 있다. 과거 이 부근에서 수습된 2점의 비편이 이미 사적비의 일부일 것으로 추정된 바 있으나 이번의 정식 발굴

---

53) 주보돈, 「통일신라의 (능)묘비에 대한 몇 가지 논의」 『목간과 문자』9, 2012, pp.46~56 참조.
54) 홍사준, 「『신라 문무왕릉 단비』추기」 『고고미술』3-9호, 1962.

사천왕사의 귀부

로 동쪽의 귀부는 사적비가 세워진 곳이었음이 확실시되기에 이르렀다. 사천왕사 앞에 남아 있는 2점의 귀부는 동쪽은 사천왕사의 사적비, 서쪽은 「문무왕릉비」의 것이다.

「문무왕릉비」가 사천왕사 입구에 사적비와 나란하게 세워진 것은 찾아보기 힘든 특이한 사례에 속한다.[55] 일반적인 관례에 비추면 오히려 감은사지에 세워짐이 썩 어울리는 조치이다. 비문의 모두(冒頭)에 '신라 문무왕릉지비(新羅文武王陵之碑)'라고 쓰였으므로 능비임은 거의 의심할 여지가 없기 때문이다.

그럼에도 무덤이 아닌 사찰의 입구에 세워진 자체는 이상스럽기 그지없다. 사천왕사가 문무왕이 창건한 사찰로서 당면한 당과의 전쟁을 예비

---

55) 이상하게도 그런 사례는 또 (전)황복사에서 찾아진다. 둘 다 낭산과 관련된다는 점에서 특이하다. 그밖에 다른 사례는 보이지 않는다.

하기 위한 호국의 용도로서 세워졌음은 이미 언급한 바 있지만 왜 그곳에다 하필 사적비와 나란히 능비까지 세워졌는지는 밝혀짐이 마땅한 의문이다.

사실 능비가 죽음을 비롯한 사후와 관련됨을 고려하면 사천왕사지가 문무왕의 화장이 이루어진 곳일 가능성이 큰 것으로 여겨진다.[56] 능비가 하필 사천왕사 입구에 세워진 사실만으로도 그와 같은 추정은 충분히 가능하다.

국왕의 시신을 화장하면서 특정 사찰의 경역 내 혹은 바로 앞에서 거행한 사례도 여럿 보인다.[57] 각 국왕들이 각 사찰과 어떤 관계였던지는 분명하지 않다. 문무왕이 사천왕사와 각별한 관계가 있음은 이미 앞서 언급하였다.

따라서 사천왕사 일원에서 화장했다고 하여도 하등 이상할 바가 없다. 그곳을 '고문외정'이라고 한 사실과도 어긋나는 점은 없다. 아마도 문무왕이 유언으로서 그처럼 지시하였지만 이를 집행한 신문왕은 바로 직전 완공한 사천왕사 앞으로 판단해서 추진하였을 공산이 크다.[58]

이상과 같이 보면 신라 사람들은 문무왕의 백(魄)이 동해의 바다에 영원히 잠들어 있지만 그 혼(魂)은 차라리 사천왕사와 관련한 낭산 자락 즉

---

56) 今西龍, 「新羅文武王陵碑に就きて」 『신라사연구』, 近江書店, 1933, p.413 ; 김상현, 앞의 글, p.143 ; 주보돈, 앞의 글(2012), p.54.

57) 『삼국사기』나 『삼국유사』에서 국왕을 화장한 사례는 많지만 그중 사찰과 관련된 곳으로는 원성왕, 효성왕, 효공왕, 경명왕 등을 손꼽을 수 있다.

58) 기왕에 능지탑으로 비정한 입장은 '고문외정(庫門外庭)'의 방향에 집착하여 사천왕사는 전혀 고려하지 않았다. 그런데 그 위치를 지정한 것은 문무왕의 유언을 통해서이지만 실행에 옮긴 것은 신문왕이란 사실을 고려함이 마땅하다. 신문왕으로서는 '庫門外庭'을 사천왕사로 여겨도 무방하다고 여겼을 터이기 때문이다. 실제로 신문왕은 사천왕사가 문무왕과 밀접한 관계가 있다는 사실을 염두에 넣었다. 여기서는 이 점을 각별히 강조해 두고 싶다.

수미산, 혹은 그 입구에 해당하는 사천왕사에 머문다고 생각하였을지도 모르겠다. 문무왕의 혼은 거기에 머물면서 자신이 김유신과 힘을 합쳐 이룬 삼국통합의 신라 왕조를 영원히 지켜내는 호국의 신으로서[59] 역할 하려고 하였다. 그런 점은 사천왕사가 이른바 성전사원(成典寺院)의 으뜸 으로 자리한 데서도 보증되는 사실이다.

통일 이전에는 황룡사가 줄곧 신라 호국불교의 중심지로서[60] 기능하 였다. 외환의 위기에 직면해 그를 극복하기 위하여 거기에 9층의 목탑을 세웠던 것도 바로 그 때문이었다.

그런데 통일 이후 황룡사의 위상은 기왕과는 다르게 크게 낮아졌다. 황룡사에 집중되어 있던 호국의 역할과 기능은 여러 성전사원으로 분산 되어졌다. 이는 특별한 사찰에만 힘이 쏠리는 집중 현상을 피하려고 시 도한 중대 정권의 불교 통제 일환이었을 것으로 여겨진다. 황룡사가 비 대화해진 탓에 불교가 정치와 지나치게 유착관계를 맺어 여러모로 문 제를 불러일으키기도 하므로 이를 사전에 방지하려 의도에서였을 성싶 다.[61]

통일 이후 황룡사는 국가에서 관리하는 호국 용도의 성전사원으로 지 정되지 못할 정도로 기능이 달라졌다.[62] 그 대신 호국 사찰로서 부상한 것이 다른 여러 성전사원들이었다. 이제 여러 성전사원들이 국가사찰로 서 호국의 기능을 분담하였다.

---

59) 『삼국유사』2 기이 2 「만파식적」조.
60) 이기백, 「황룡사와 그 창건」『신라사상사연구』 일조각, 1986, pp.54~57.
61) 그런 측면에서 문무왕 4년(664) 멋대로 재화(財貨)와 전지(田地)를 불사에 희사하지 못하도 록 한 조치가 참고 된다.
62) 채상식, 「신라통일기의 성전사원의 구조와 기능」『부산사학』8, 1984, pp.108~112.

『삼국사기』에서 확인되는[63] 7개의 성전사원 가운데 사천왕사는 각별한 위치였다. 관원의 구성으로 보면 성전사원을 크게 세 그룹으로 분류할 수 있거니와 그 가운데 구성으로 볼 때 사천왕사가 단연 수위를 차지하였다.[64] 이는 통일기 성전사원으로서 기능하는 한 사천왕사가 제일급의 호국 사찰로서 자리매김 되었음을 뜻한다. 사천왕사가 가장 먼저 성전사원으로 지목되었으므로 이후의 사찰은 차라리 그를 보조해 주는 성격이 강하였다고 보아 무방할 정도이다.

낭산이 수미산으로 인식됨으로써 호국불교의 구심은 저절로 황룡사로부터 사천왕사로 옮겨졌다. 신라를 지켜주어 불국으로 기능하도록 한 곳이 낭산이었으며, 그 가운데서도 특히 사천왕사가 중심적인 역할을 맡게 된 것이다.

이처럼 문무왕대에 이르러 사천왕사가 창건됨으로써 낭산은 새로운 호국불교의 중심지가 되었다. 이후 교학불교, 신앙체계가 변화해 간 과정 속에서 또 다른 불국토관이 새롭게 싹텄다. 이에 따라 낭산은 물론 사천왕사의 성격도 황룡사처럼 또 다시 바뀌어야 할 운명을 지니고 있었다.

5. 나가면서

『구당서(舊唐書)』 신라전에는 신라인들이 '호제산신(好祭山神)'하였다는 기사가 실려 있다. 물론 산신을 대상으로 삼아 즐겨 제사 지내는 행위

---

63) 『삼국사기』 38 잡지 직관 상(上).
64) 이영호, 「신라중대 왕실사원의 관사적 기능」 『한국사연구』 43, 1983, p.90 ; 채상식, 앞의 글,
   p.103.

가 꼭 신라에서만 국한된 것이 아닐진대 그를 유독 특기(特記)하였음은 거기에 각별한 요소가 깃들었기 때문일 터이다. 어쩌면 삼국통일 이후 국가적 대사(大祀)를 지낸 대상인 3산, 중사(中祀)의 수위에 놓인 5악을 두고서 나온 표현일 성싶다.

그런데 3산과 5악이 오로지 줄곧 산신하고만 연결된 것은 아니었다. 산악숭배의 초창기에는 당연히 그러하였을지 몰라도 불교가 공인·정착·확산되면서 이와도 결합해 갔다. 토착신앙과 불교는 하나의 일체로서 굳게 결속한 것이다. 물론 그런 과정에서 후자가 점차 우세해지고 전자는 그 하위로 포섭되어갔다. 그런 양상은 신라의 산악숭배 가운데 가장 중핵적인 위치를 차지한다고 할 낭산의 사례에서 뚜렷하게 확인된다.

낭산은 신성시되기 시작한 이후 여러 차례의 변모 과정을 거쳤다. 이를테면 실성왕 12년, 선덕여왕의 무덤 조영, 사천왕사의 창건 등을 기점으로 해서 거기에 내재된 성격이 약간씩 바뀌어져갔다.

특히 통일 이후 문무왕대에 사천왕사가 완공되어 신라 호국 도량의 본산으로 자리함에 따라 낭산의 성격도 확연히 달라졌다. 낭산 자체가 단순한 산악신앙의 범위를 뛰어넘어 불교적 세계관의 수미산으로 인식되었음은 그를 뚜렷이 입증한다. 낭산 주변에 무덤이나 사찰 등 신앙과 연관된 기념물이 적지 않게 들어서게 된 것도 그런 사정과 깊이 연관된 것이다. 오늘날도 현장에서 실물로써 쉽게 확인할 수 있음은 그런 실상을 여지없이 보여준다.

* 이 글은 원래 『신라문화』44, 2014에 실렸으나 부득이하게 많은 부분을 수정 보완하였다.

2. 낭산과 ㈜황복사(皇福寺)

1. 들어가면서

신라사를 체계적으로 이해하는 데에 불교가 차지하는 역할이나 비중은 아무리 강조해도 지나치지 않을 성싶다. 5세기 전반 무렵부터 신라에 전래·수용되기 시작한 불교는 백 년쯤 뒤인 6세기 초 공인(公認)의 과정을 거쳐 재빠른 속도로 번져나갔다.

불교는 때마침 갖추어지기 시작하던 국왕을 정점으로 삼은 중앙집권적 지배체제와 적절하게 연계됨으로써 단순한 종교의 차원을 훌쩍 뛰어넘어 시대를 이끌어가는 강력한 지배이데올로기로써 기능하고 입지를 굳혀나갔다. 이후 불교는 한동안 신라국가 전반을 움직이는 기본 동력으로 작용하였다. 그 결과 신라사회는 외양은 물론 밑바닥까지도 기왕과는 전혀 다른 모습으로 탈바꿈하였다.

그동안 신라 불교 관련 연구는 여러 분야로 나뉘어 진행되었다. 가령 동일한 대상을 놓고서 정치사나 사회사를 비롯하여 불교사, 불교사상사, 불교미술문화사, 불교고고학, 고건축 등 여러 방면으로 나뉘어 접근함으로써 내용이 한결 풍부해지고 이해도는 매우 깊어져 갔다. 물론 아직 미진하고 미흡한 부분도 적지 않기는 하나 성과를 크게 올린 사실 자체는 부정하기 어렵겠다.

그렇지만 현재 자료가 지극히 빈약한 실상과는 별개로 각 분야 사이에 근본적인 시각과 접근 방법의 차이로부터 생겨난 여러 의문이 적지 않게 남아 있다. 거기에는 서로 다른 분야에 대한 기본적 이해의 결여나 소통의 불충분함이 불러온 오해도 상당하게 작용한 듯한 느낌이다.

이런 현황은 이제 각 분야별로 지나치게 세분화된 분석적 접근이 한계에 다다랐음을 의미하는 것이기도 하다. 바꾸어 말하면 여러 분과 학문 간의 긴밀한 소통과 공조를 통한 학제적인 접근이 절실해졌음을 의미하는 것이다. 여기에서 관심의 대상으로 삼으려는 (전)황복사[1] 관련 문제도 장차 그런 지향을 취할 때만이 비로소 제대로 풀릴 수 있으리라 기대된다.

(전)황복사와 관련한 자료 전반의 양상을 대충 점검하면 비록 단편적, 파편적 형태로서이기는 하지만 당대 사료가 일정 정도 남은 사실이 확인된다. 게다가 다섯 차례에 걸친 발굴을 통해서 전모(全貌)도 거의 드러난 상태이다.[2] 그럼에도 발굴이 시작되기에 앞서 가졌던 숱한 의문이 일정하게 해소되기는 커녕 오히려 더욱 더 늘어나 마치 심연(深淵) 속에 빠져든 듯한 느낌조차 든다.

그렇게 된 직접적인 요인이 어디에 있건 매개 분야가 각자 해결해야 할 과제로 마냥 남겨두어서는 더 이상의 진전은 기대하기 어렵다. 기왕

---

1) 일단 여기서는 기존에 사용되어 온 (전)황복사란 용어를 부득이하게 사용하지만 사실상 필자는 당해 사원은 봉성사라 여기고 있다. 이는 이어지는 다른 여러 글에서 본격적으로 논의를 진행하고 있으니 참고하기 바란다.

2) 성림문화재연구원·경주시, 『경주 전황복사지』, 2020 및 5차례의 현장 설명회 자료. 이하 발굴 현황과 관련된 사항에 대해서는 이들 자료에 의존하였고, 특별한 경우가 아니면 번잡함을 피하기 위하여 별도의 근거를 제시하지 않기로 한다.

과는 달리 여러 분야의 종합적·총체적 접근을 할 때에만 당면 한계 상황을 일정 정도 극복할 수 있으리라 여겨진다.

여기서는 그런 현황을 깊이 되새기면서 잠시 (전)황복사가 안고 있는 몇몇 문제점을 해소할 수 있는 약간의 실마리를 찾아보려고 시도한다. 앞으로 다양한 분야의 지혜를 한데 모으는 하나의 선례가 되었으면 하는 바람이다.

2. 문제의 소재

(전)황복사는 낭산(狼山) 전반의 사정으로 보면 동북쪽 모서리 쪽으로 치우친 입지(立地)이다. 낭산 자락에는 정남방으로 사천왕사(四天王寺)가, 서편의 중턱에는 (전)중생사(衆生寺)와 함께 능지탑(陵只塔)으로 불리는 어떤 사찰이 들어서 있는 모양새이다.

그밖에 낭산의 주변 일대에는 사천왕사의 남쪽으로 약간 떨어져 망덕사(望德寺)가, 서북쪽으로 약간 근접한 곳에는 목탑지(木塔址)만 남았을 뿐인 이름을 잃은 어떤 사찰이 포진해 있다. 서쪽으로 약간 떨어진 곳에는 남북으로 미탄사(味呑寺), 황룡사(皇龍寺), 분황사(芬皇寺) 등이 거의 남북 일직선상으로 낭산과 나란하게 달린다. 동쪽의 보문동 들판 곳곳에도 사찰이 여럿 존재한 흔적이 확인된다.[3]

이상을 떠올리면 적지 않은 사찰들이 낭산을 둘러싸고 포진하였음을 느낄 수 있다. 그에 견주면 낭산의 안쪽으로는 남쪽 기슭에 선덕여왕릉(善德女王陵)만이 유일하게 자리하여 매우 이례적인 경관이다. 두루 알

---

3) 국립경주박물관·경주시, 『문화유적분포지도』, 2008 ; 동국대경주캠퍼스박물관, 『신라낭산 유적조사』. 1985 참조.

려져 있다시피 이 점 또한 낭산의 위상과 운용을 이해하는 데에 주요한 매개 고리가 됨직하다.

이처럼 낭산 자락 여기저기에 흩어져 전해지는 신라문화의 흔적이 분포한 양상을 대략 훑어보면 그리 혼잡스럽지 않고 비교적 정연한 모습을 한 사실이 무척 인상적으로 다가온다. 낭산의 정상을 기준으로 정남 방향의 능선에 선덕여왕릉, 다시 그 남쪽에 사천왕사 및 망덕사가 마치 하나의 중심 기축을 이룬 듯이 자리 잡고 있는 것이다. 이 축선을 기준으로 해서 좌우(동서)로 몇몇 사찰이 짜임새 있도록 배치되어 있는 모습이다.

신라 왕경을 에워싼 주변의 다른 산악, 이른바 4악(토함산, 선도산, 남산, 금강산)의 실상에 견주면 낭산과 주변 일대의 사찰 및 무덤은 어떤 큰 기획 아래 치밀하게 구상된 것 같은 느낌이다. 그럴 때 낭산의 동북쪽 귀퉁이에 위치한 (전)황복사지의 경우 중심 기축선상으로부터 상당히 비켜나 있다. 여기에도 어떤 의도성이 작용하였다는 생각이 든다.

그런 사정과 연관된 때문인지 얼마 전 발굴 작업을 본격화하기 직전까지 (전)황복사 및 그 주변 일원의 사정과 관련하여서는 몇 가지 측면에서 강한 의문이 제기되어 있었다.[4] 첫째, (전)황복사가 어떤 성격과 위상을 지닌 사찰이었을까 하는 점이다. 실제로 문헌 기록에서 존재가 뚜렷이 확인되는 황복사 바로 그것일까 아니면 아무런 관련성이 없는

---

4) 그와 관련하여 그동안 황복사 관련 문제를 다룬 논고를 참고 삼아 소개하면 다음과 같다.
이홍직, 「경주 낭산동록 삼층석탑 내 발견품」『한국고문화논고』, 을유문화사, 1954 ; 황수영, 「경주 傳황복사지의 제문제」『고고미술』9-8, 1968 ; 김복순, 「의상과 황복사」『(신라문화제학술발표회논문집』17, 1996 ; 『한국 고대불교사 연구』, 민족사, 2002 ; 윤선태, 「신라의 사원성전과 금하신」『한국사연구』108, 2000 ; 강봉원, 「신라의 벽화고분과 화상석묘 존재 가능성 고찰 - 신문왕릉과 황복사지 위치 비정을 중심으로 -」『신라사학보』33, 2015. 장호진, 「신라 황복사의 창건과 변천」『역사교육논집』71, 2019.

전혀 다른 사찰일까. 만약 후자라고 한다면 어떤 성격의 사찰일 것이며, 사명(寺名)은 무엇일까. 여러모로 논자에 따라 몇몇 의견으로 크게 엇갈려 오리무중의 상태에 빠져 있다.

둘째, (전)황복사의 원래 가람 배치가 어떠하였을까 하는 점이다. 현장에는 오로지 온전한 3층석탑만이 지상에 노출되어 있을 뿐이어서 사원의 구조 전반을 가늠하기 매우 곤란하였다. 1942년 3층석탑을 해체 복원한 적이 있지만 당시 그것이 다른 곳으로부터 현재의 위치로 옮겨졌을 법한 흔적은 발견되지 않았다. 이 점은 최근 진행 중인 전면 발굴을 통해서도 뚜렷하게 확인된 사실이다.

그렇다면 과연 3층석탑의 존재를 기준으로 삼았을 때 금당의 위치는 어디이며 평면 구조가 어떠하였을까. 그동안 온갖 상상력이 동원되었지만 선명히 밝혀진 바가 없어 무척 궁금하게 여겨진 대목이었다.

3층석탑에서 동쪽으로 얼마 떨어지지 않은 지점에는 특정 건물의 기단부인 듯한 12지(支) 신상(神像)의 일부가 지상에 드러나 있었다. 이 건물은 과연 금당과 어떤 상관관계가 있는 것일까. 한편 사지의 가장 남쪽 편의 밭 귀퉁이에는 목이 떨어져 나간 2기의 귀부(龜趺)가 동서로 나란하게 놓여 있었다. 이러한 정황 전반을 감안하면 사찰의 평면 구조와 변화 양상은 확연하게 해명되기를 기다리는 큰 과제였다.

셋째, 사지에서 동쪽으로 수십m 남짓 떨어진 지점에 제법 많은 석재가 노출되었는데 여러모로 왕릉이 확실한 느낌이나 과연 주인공이 누구였을까 하는 점이다. 기왕에 목탑지라고 추정된 적도 있으나 왕릉으로 여긴 바탕 위에서 주인공을 누구로 보느냐에 관심의 초점이 모여 논란을 거듭해 왔다.

존재 양상으로 미루어 농지의 조성과 오랜 경작 등으로 말미암아 무덤 자체는 도괴를 거쳐 석재가 적지 않게 유출되었으리라 짐작되었다. 그러면서 문헌 기록은 물론 3층석탑에서 출토된 「사리함기(舍利函記)」의 내용을 근거로 해서 신문왕릉(神文王陵)을[5] 비롯한 몇몇 추정이 제기되었다.

이상과 같은 몇몇 의문들은 발굴 작업이 계획·추진되면서 일정 부분 해명할 수 있을 것으로 잔뜩 기대되었다. 하지만 지금껏 5차례에 걸쳐 진행된 발굴의 결과는 예상해 온 기대치를 완전하게 비켜났다. 사명을 (전)황복사가 아닌 황복사로 확정 짓거나 사찰의 성격에 대한 일말의 희망을 조금이나마 충족시켜 줄 만한 어떠한 편린도 나오지 않았던 것이다.

사명과 연계시킬 만한 약간의 여지를 보이는 몇몇 명문 단편이 출토되기는 하였으나 어느 쪽이라고 단정하기에는 아직 미흡한 면이 많다. 특히 기왕에 이미 존재가 알려진 황복(皇福)이나 왕복(王福)과 같은 확실한 명문이[6] 나오기를 은근히 기대하였으나 다른 사명의 명문기와만 출토되었을 따름이다. 혹여 사명과 관련한 비편이나 그를 명백히 입증해 줄 만한 어떤 자료가 출토되기를 바랐지만 확보된 비편의 문자는 오히려 새로운 의문만 더해준 꼴이었다.

문제는 단순히 거기에만 머물지 않는다. 동편의 석재가 흩어진 곳에서는 예상 밖으로 무덤이 조성되었음 직한 흔적은 달리 찾아지지 않았다. 단지 그 석재들로부터 원래 무덤의 용도였던 사실만을 확인하였을 따름이다. 그나마 현재 남은 석재는 무덤에 사용된 것 전부가 아니며 겨

---

5) 강우방, 「신라 십이지신상의 분석과 해석」『불교미술』1, 1973, ;『원융과 조화 : 한국고대조각사의 원리 I 』, 열화당, 1990.

6) 황수영, 앞의 글, p.431.

우 일부에 지나지 않았다. 상당 부분은 파괴되거나 바깥으로 유출된 상태였다.

석재가 흩어진 부근의 일정 범위를 모두 조사하였지만 무덤이 조영되었을 법한 뚜렷한 위치도 드러나지 않았다. 그래서 이들 석재조차 전혀 다른 곳으로부터 옮겨졌다고 추정해도 무방한 지경이 되었다. 게다가 그들 가운데에는 그동안 예측해 온 것과는 다르게 무덤의 호석(護石) 일부로서 직접 사용된 듯한 12지의 신상은 단 한 점도 나오지 않았다.

기왕에 사지(寺址) 내부의 어떤 건물 기단부일 것으로 여겨진 곳에 일부 모습이 드러나 있던 몇몇 12지 신상은 막연히 동편의 무덤으로부터 가져왔으리라고 추정되어 왔다. 하지만 이들을 무덤 추정지에 남은 호석의 일부 석재와 낱낱이 대조해 본 결과 그런 예측도 보기 좋게 빗나갔다. 사지 내부 건물지의 12지 신상은 무덤 추정지에서 가져온 것이 아니었다. 장차 해명을 기다리는 큰 의문이 또 하나 덧붙여진 셈이었다.

그런데 무덤 추정지와 연관되는 12지 신상은 정작 다른 곳에서 확인되었다. 낭산을 기준으로 해서 (전)황복사와는 반대편 서쪽 사면에 위치한 이른바 능지탑의 기단석으로 활용된 9구 가운데 8구의 무복(武服) 12지 신상이 크기에서는 물론 잘린 뒷면의 상태 및 석재의 재질 분석 등등을 매개로 무덤 추정지의 그것과 동일함이 판명된 것이다.

그래서 능지탑 기단부에 사용된 12지 신상의 석재 가운데 8점은 무덤 추정지로부터 가져다 활용한 것이라는 결론이 최종적으로 내려졌다. 다만, 1기의 평복(平服) 호랑이 상만은 사지에서 확인되는 것과 같은 복장이며 크기도 비슷하였다. 이로 말미암아 또 다른 의문이 추가되었다.[7]

---

7) 이상 무덤 추정지 및 12지 신상에 대한 부분의 내용과 논증 결과에 대해서는 성림문화재연구원·경주시, 앞의 보고서 가운데 고찰 부분을 참조.

그렇다면 사찰 건물의 기단부에 사용된 12지 신상은 과연 어디에서 어떻게 가져온 것일까. 처음부터 건물의 기단석 용도로서 평복의 12지 신상을 따로 만들어 사용하다가 그 중 일부가 바깥으로 유출된 것일까.

만약 후자의 경우라면 지금까지의 사원 건축에서는 달리 유례를 찾기 힘든 전무후무한 사례에 속한다.[8] 그렇다면 이는 특기해도 좋을 만한 사항이다. 전자의 경우라면 12지 신상의 일부가 언제 어디에서 가져다 사용한 것인지는 따로 명징하게 해명되어야 할 주요 과제로 부상한다.

한편 발굴 결과로 드러난 사지 전체의 구조도 예상과는 전혀 딴판이었던 점 또한 커다란 의문이었다. (전)황복사 평면의 기본 구도가 시종일관 그대로 유지되지는 않았으며 어느 시점에 이르러 원형이 완전히 변경된 사실까지 드러난 것이다.

사찰이 처음 조성되었을 때의 구도는 중문과 금당 및 강당이 남북 일직선상에 놓인 하나의 정형화된 모습이었던 것 같다. 그러다가 뒷날 어느 시점에 중창을 거치면서 기본 축선이 남북으로부터 동서로 바뀌는 커다란 변동을 겪었다. 그렇다면 언제 어떤 배경 아래 그처럼 구조상의 근본 변동이 일어난 것일까. 이 또한 장차 풀어내어야 할 커다란 숙제이다.

이런 실상을 샅샅이 추적해 나갈 때 금당 중심의 구조와 3층석탑의 관계까지 저절로 커다란 문제점으로 부상한다. 전후하는 두 형태의 구조 가운데 어느 쪽이더라도 3층석탑은 여전히 금당과는 아무런 상관없이 별도로 떨어진 공간에 자리하였기 때문이다. 달리 말하면 3층석탑은 일단 애초부터 금당 중심의 평면 구도와는 전혀 별개로 세워진 셈이 된

---

8) 황수영, 앞의 글, p.431.

다. 어쩌면 그 자체가 창건 당초부터 나름의 기획된 구도였음을 보여준다.

그것은 여하튼 3층석탑이 줄곧 금당과 별개로 운용되었음은 분명하다. 현재의 3층석탑은 발굴을 통해 원래의 위치에서 조금의 이동도 없었음이 확인된 것이다. 처음 남북 선상이었을 때는 물론이고 동서로 구조상에 변동이 일어났을 때에도 역시 3층석탑은 금당과는 별개의 구도 아래 놓여 있었다. 그렇다면 이와 같은 사찰의 평면 구조를 어떻게 이해해야 할 것인가가 새로운 문제로 떠오른다.[9]

사실 (전)황복사지의 발굴이 대강 마무리 지어진 현재 기왕에 품어온 의문은 어느 것 하나 시원스레 풀어지지가 않는다. 오히려 더욱 더 많은 의문만이 덧붙여진 모양새가 되었다. 이는 (전)황복사와 관련하여 전면적이며 본격적인 검토가 차라리 지금부터임을 시사해 준다.

(전)황복사를 대상으로 새로운 접근을 시도해 볼 마당이라면 그 자체는 물론 신라의 사원, 특히 구조 전반에 대한 강고한 선입견을 과감하게 떨쳐내고 새로운 관점과 입장에서 다가가 볼 필요성이 제기된다. 다만, 기왕과 똑같은 자세로 매달린다면 연구상의 진전은 영원토록 전망하기 어려워진다. 이번 발굴의 결과는 기존에 지녀온 의문을 약간만 풀어내기보다는 차라리 전면적인 재검토를 추동하게 하는 계기로 작용한다는 데에 한결 커다란 의의와 의미가 있지 않을까 싶다.

---

9) 이와 관련해서 창림사도 주목해 볼 대상이다. 남산 기슭에 기존의 3층석탑과 귀부가 자리한 사역과는 별도로 바로 서편의 평지에 쌍탑을 중심으로 당탑이 남북 선상에 배치된 새로운 가람이 조성되었기 때문이다. 단지 차이라면 구조가 다른 사찰이 별도로 세워진 데에 있다. 그밖에 비슷한 구조는 고선사, 나원리 사지 등에서도 찾아진다.

3. (전)황복사의 건탑 불사

우리는 어떤 사항에 대해 자칫 완고한 편견과 선입견을 갖고서 비판적 검토를 거치지 않음으로써 내재한 문제점을 제대로 인지하지 못한 채 마냥 지나쳐버리는 경우가 왕왕 있다. 황복사 관련 문헌기록을 (전)황복사지와 쉽사리 연결시킨 데서도 그런 점이 뚜렷이 엿보인다. 말하자면 기왕에 황복사 관련 문헌을 대상으로 시비곡직을 제대로 가려내려고 시도해 보지도 않은 채 안이하게 (전)황복사에다 적용시킴으로써 접근 방법상의 혼선을 빚어내었다. 이제부터라도 기존 편견을 버리고 (전)황복사는 물론 황복사 관련 문헌 기록을 재점검함이 마땅하다.

(전)황복사가 세인의 주목을 끌게 된 것은 1942년 그곳의 3층석탑을 해체·수리하면서부터였다. 이때 순금제의 불상 2구, 금동 및 은제 고배 각 2점, 각종의 구슬, 편철(編綴)된 죽간 묶음, 금동제 사리함과 사리장치 등 많은 유물들이 2층의 탑신부에 마련된 사리공(舍利孔)으로부터 수습 되었다. 사리함 속에는 가장 안쪽으로부터 유리병, 금합, 은합 등의 순서로 들어있었다.[10] 전혀 도굴을 거치지 않은 원래의 상태 그대로였다.

이들 가운데 각별하게 주목을 끈 것은 사리장치 외함(外函)의 뚜껑 안쪽에 새겨진 명문이었다. 건탑과 함께 사리 장치를 비롯한 유물이 안치된 배경과 과정 등에 대한 대략적인 사정을 알려주는 (전)황복사의 이해를 위한 기본적·핵심적 내용이었다. 논지 전개를 위해서 필요한 부분만을 잠시 소개하면 다음과 같다.

---

10) 이홍직, 앞의 글. 전체적인 유물 목록에 대한 정리와 분류는 한정호, 「경주 구황동 삼층석탑 사리장엄구의 재조명」『미술사논단』22, 2006, p.65 참조.

A) 대저 성인은 가만히 혼탁한 세상에 있으면서 백성을 기르고 지극한 덕으로 아무것도 하지 않고 뭇 중생을 구제한다. 신문대왕은 5계(五戒)로서 세상에 부응하고 10선(十善)으로 백성을 다스려 공을 이루다가 천수(天授) 3년(692) 임진 7월 2일에 돌아가셨다. 그 까닭으로 신목태후(神睦太后), 효조대왕(孝照大王)이 '종묘성령선원가람을 받들기 위해(또는 받들어 짓고)(奉爲宗廟[11]聖靈禪院伽藍) 3층석탑을 세웠다.' 성력(聖曆) 3년(700) 경자 6월 1일에 신목태후가 마침내 돌아가셔서 정토의 나라에 높이 오르시고 대족(大足) 2년(702) 임인 7월 27일에는 효조대왕도 돌아가셨다. 신룡(神龍) 2년(706) 병오 5월 30일에 지금의 대왕이 부처 사리 4과, 순금제의 6치 크기 미타상(彌陀像) 1구, 무구정광대다라니경(無垢淨光大陀羅尼經) 1권을 석탑의 둘째 층에 봉안하였다.(이하 생략)

이 명문의 전문은 (전)황복사의 이해를 위한 일차 사료에 해당하므로 가장 먼저 철저한 분석 대상으로 삼아 마땅하였다. 하지만 아쉽게도 그동안 전체를 주의 깊게 음미해 보지도 않은 채 일부 관련 사항만을 이따금씩 떼어서 활용하는 데 머문 경향이 강하였다. 내용 전반을 치밀하게 점검하고 분석한 토대 위에 역사 복원을 위한 자료로써 이용함이 올바른 접근이었다. 여기서는 사정상 일단 전부가 아닌 제시한 명문만을 본격적으로 점검해 보려 한다.

위의 기사는 내용상에서 확인되는 몇몇 주요 시점을 기준으로 삼으면 크게 세 부분으로 이루어졌음이 드러난다. 첫째, 692년 신문왕이 사망한 시점이다. 이를 계기로 신목태후와 효소왕 주도 아래 '받들어 종

---

11) '廟'를 애초에 '曆'나 '祖' 등으로 잘못 판독하여 약간의 혼선이 빚어지기도 하였다.(황수영, 『한국금석유문』, 일지사, 1976 참조)

(전)황복사지 석탑 근경

묘성령선원가람을 위해(또는 짓고)(奉爲宗廟聖靈禪院伽藍) 3층석탑을 세웠다'는 사실이 내세워져 있다.

둘째, 700년에 신목태후가, 2년 뒤인 702년에는 효소왕이 사망한 사실이다. 여기에는 두 시점을 하나로 묶어 처리하였다. 바로 얼마 전 신문왕을 추복하기 위해 3층석탑의 건탑을 주도한 신목태후와 효소왕 2인이 잇달아 사망하였음을 밝힌 부분이다. 이때에는 별다른 불사를 행한 바는 없었으며 오로지 사망한 사실만을 소개해 두고 있을 따름이다.

셋째, 효소왕의 사망으로부터 4년이 지난 706년의 시점이다. 이때 성덕왕(聖德王)의 발원으로 두 사람을 위하여 사리 4과(물론 그것을 넣은 사리장치 일체를 포함), 순금제인 6치의 미타상 1구, 「무구정광대다라니경」(이하 「다라니경」으로 약칭) 1권 등을 3층석탑의 둘째 탑신부에다 봉안하였다고 한다.

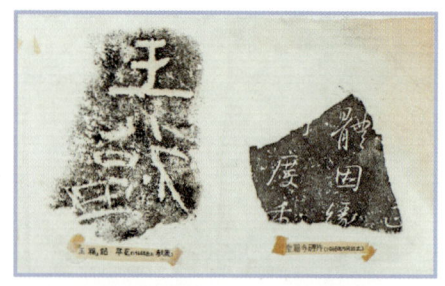
왕복명 암키와 편 및 (전)황복사비 편 명문 탁본

이상과 같이 692년 신문왕의 사망을 계기로 건탑이 추진되었고, 이후 왕비인 신목태후와 아들인 효소왕도 사망하였다. 그러다가 706년에 이르러 신문왕의 또 다른 아들인 성덕왕이 금제의 불상 1구 및 사리 일체를 넣은 사리함과 「다라니경」을 탑 속에 넣는 새로운 불사를 일으켰다.

그런데 위의 내용 가운데 가장 먼저 문제로 삼을 만한 사항은 셋째 부분이다. 「사리함기」의 명문에서 확인되는 내용물과 앞서 소개한 3층석탑으로부터 검출된 유물을 대조하면 서로 합치되지 않는 점이 엿보이기 때문이다. 이를테면 실제로 출토된 순금제 불상은 기록과는 달리 1구가 아닌 2구이며, 「다라니경」 1권은 뚜렷이 확인되지도 않았다. 반면 다른 금제불상 1구와 금은제의 고배 등은 「사리함기」에는 보이지 않는다. 만약 뒷날 어느 시기에 3층석탑 속에 다시 납입하는 불사나 혹은 정리 과정을 거쳤다면 자칫 착오가 들어갔을지 모른다. 혹여 그렇지 않다면 기록 자체의 잘못으로 돌릴 여지도 엿보인다.

그러나 그처럼 쉽게 치부해 버릴 일만은 아닐 성싶다. 왜냐하면 그에 앞서 3층석탑이 세워진 사실을 먼저 떠올림이 올바른 수순이기 때문이다. 명문에서 확인되는 봉안 물품은 오직 706년 추가한 사실에만 국한될 터이다. 거기에 포함되지 않은 내용물은 아무래도 앞서 건탑할 때에 이미 납입된 봉안 물품으로 간주함이 합리적인 추론일[12] 듯싶다.

---

12) 한정호, 앞의 글, pp.74~79.

그렇다면 또 다른 문제는 「다라
니경」 1권에 있다. 3층석탑 출토
의 실물에서는 그것이 명확히 확
인되지 않기 때문이다. 하지만 현
재 행방이 묘연해진 상태나 편
철된 상태로 출토된 죽간은 그와
관련해 주목해 봄 직한 대상이다.
오래도록 죽간이 출토되었다고만
알려졌을 뿐 구체적인 실상은 잘
알 수 없었다.

그런데 당시 발굴 현장 참여자
(실견자)의 증언이 녹취된 바 있
다.[13] 이에 따르면 죽간은 몇몇 묶

(전)황복사 석탑 출토 사리함기

음으로 편철된 상태였다고 한다. 그렇다면 이것이 바로 직전인 704년 당
나라의 미타산(彌陀山)에 의해 갓 번역되어 신라에 곧장 유입되었다가 3
층석탑 속에 봉안된 「다라니경」 1권 바로 그것으로 추정하여도[14] 무방
할 성싶다. 당시 엄청나게 빨리 진행된 문화 교류의 양상을 잘 보여주는
실례이다. 특히 사경(寫經)에 종이가 아닌 죽간이 사용된 점도 매우 특이
하다.

이상과 같이 보면 명문의 내용과 발굴을 통해 확보된 실물 사이에서
차이를 보이는 점은 사실상 없다고 단정해도 무방할 성싶다. 이처럼 추
정하면 오히려 면밀하게 검토해볼 일차적 대상은 첫 번째 사항인 건탑

---

13) 한정호, 위의 글, p.79.
14) 한정호, 위의 글, pp.79~81.

자체의 문제로 돌아간다.

돌이켜보면 지금껏 3층석탑의 건립 시점을 흔히 692년으로 간주하려는 경향이 강하였다. 하지만 엄밀히 말하면 이는 잘못이다. 왜냐하면 692년은 어디까지나 신문왕이 사망한 해에 지나지 않기 때문이다. 이를 계기로 이후 어느 시점에 건탑을 위한 불사가 기획되고 추진되었을 터이다. 따라서 692년은 건탑 시점의 상한을 의미하는 것으로 한정시킴이 적절할 것 같다.

건탑의 기획과 추진이 692년을 상한으로 해서 언제 시작해서 얼마의 기간이 소요되었을지는 알 도리가 없다. 다만, 완공 시점의 하한은 일단 주도자의 한 사람인 신목태후가 사망한 700년 이전으로 보아도 되겠다. 말하자면 건탑을 위한 불사는 692년과 700년 사이에 시작하여 완료된 것이었다.

아마도 그때에는 뒷날 706년 작성된 「사리함기」 속에는 들어가 있지 않은 내용물이 석탑 안에 봉안되었을 가능성이 크다. 「사리함기」에 보이는 불상 1구 및 「다라니경」 1권 등을 제외한 나머지 물품은 이때에 들어간 것으로 봄이 순리이겠다. 말하자면 봉안 작업은 두 차례에 걸쳐서 이루어졌던 셈이다.

이상과 같은 기본적 이해를 토대로 다시 본론으로 되돌아가 다룸 직한 대상은 일단 두 가지 사항으로 정리된다. 하나는 건탑 및 사원의 창건 문제이며, 다른 하나는 706년 석탑 속에 봉안 물품을 납입하게 된 배경과 의도이다.

먼저 제시한 자료 A) 속에서 692년 신문왕의 사망을 계기로 '종묘성령선원가람을 받들기 위해(또는 받들어 짓고) 3층석탑을 세웠다'고 하는 내용은 사찰의 창건 및 건탑과 관련하여 치밀하게 음미해 보아야 할 핵심 사항이다.

이에 대해 A)에서처럼 그동안 건탑의 사실에만 주된 초점을 맞추어 '받들어 종묘성령을 위해 선원가람에 삼층석탑을 세웠다'로 새김이 일반적이었다. 하지만 '종묘성령선원가람'을 '종묘성령'과 '선원가람'의 두 부분으로 나누고 각각을 앞뒤에다 따로 배치해 새기는 방식은 문맥상 썩 매끄럽게 여겨지지 않는다. 앞의 '종묘성령'도 마찬가지로 뒤이어지는 '선원'과 함께 바로 당해 가람(사찰)이 지닌 성격을 한정적으로 규정하는 표현으로 새김이 적절할 듯하기 때문이다.

그러므로 사찰의 본래 성격은 선원가람이었지만 '종묘성령'이란 또 다른 기능이 덧붙여졌음을 나타낸 것으로 풀이함이 좋을 것 같다. 말하자면 사찰은 원래 창건 당시에는 선원으로 출발하였지만[15] 건탑과 함께 이제는 종묘성령까지 아울러서 덧붙여졌다는 뜻으로 풀이되는 것이다. 이렇게 보면 일단 사찰의 창건과 3층석탑은 분리해 볼 여지가 생겨난다.

그렇다면 일단 건탑 불사에 앞서 현장에는 이미 선원사찰이 먼저 세워졌던 셈이 된다.[16] 사찰 창건의 시점을 가장 늦추어 잡으면 신문왕 당대이거나 아니면 그보다 앞서는 어느 시점으로 설정할 수 있다. 그럴 때에는 이 사원이 종묘성령을 대상으로 삼고 있었다고 하더라도 신문왕은 대상에 포함되지 않는다고 봄이 순리이겠다.

그러다가 신문왕이 사망하자 기존의 선원사원과는 별도로 3층석탑을 세우게 된 것이다. 거기에 금제의 불상 1구와 금은제의 고배 등을 봉안하는 조치가 취해졌다. 신문왕의 경우 당해 사찰 자체가 아닌 별도의 3층

---

15) 이때의 선원이란 뒷날 몇몇 선종 계통 사원에 붙여진 선림선원과 같은 의미는 아닐 터이다. 이를 단순히 유가계통을 지칭할 뿐이라고 풀이한 견해가 참고된다.(김복순, 앞의 글)

16) 비슷한 사례는 문성왕 17년(855) 작성된 「창림사 무구정탑지」에서도 확인된다. 여기에도 '숭건탑묘(崇建塔廟)'와 함께 '함령(含靈)'과 같은 표현이 보인다.

석탑과 직접적인 상관관계를 갖는 셈이다. 말하자면 후술하듯이 금당 중심의 완결된 하나의 공간과는 별도로 신문왕의 추복만을 위한 3층석탑 중심의 공간이 따로 마련되었을 것으로 이해된다. 그럴 때 종묘성령의 구체적 실체는 따로 점검함이 마땅하겠다.

그런데 '봉위'를 그와는 약간 다르게 새겨볼 여지도 엿보인다. 이미 제시해 둔 것처럼 글자 그대로 '받들어 지었다'는 뜻으로 새김하면 또 다른 이해가 가능해지기 때문이다. 그럴 때에는 종묘성령을 위한 사원과 3층석탑이 거의 동시에 세워졌다고 볼 수 있다.

이때에는 건탑 추복 행사는 물론 종묘성령의 구체적인 대상을 신문왕에만 국한시킬 여지도 생겨난다. 그렇다면 이 사찰 자체는 신문왕 사망을 계기로 창건된 원찰적인 성격으로 국한된다. 그러면 왜 금당과 별도의 구역에 따로 3층석탑을 세웠던 것인가는 별도로 문제로 삼을 대상이 되겠다.

한편 이상의 가능성과는 약간 다르게 이해해 볼 여지도 보인다. 가령 신문왕 생존 당시 이미 종묘성령을 위한 사원을 창건하기 시작하였지만 미처 끝내지 못한 상태에서 사망하였을 경우이다. 효소왕이 그를 이어받아 완공을 추진함과 동시에 거기에다 신문왕을 위한 건탑 불사를 따로 추가하였을 가능성이다. 말하자면 사원과 건탑이 원래 각기 별도로 시작되었으나 다 함께 효소왕대에 완공을 보았을 경우이다. 이 경우 역시 사원은 종묘성령을 위한 것인 반면 건탑은 신문왕만을 위한 것으로써 분리시켜 이해해 볼 수도 있겠다.

이상 「사리함기」의 내용을 근거로 해서 사원 창건과 건탑의 몇몇 상관성을 상정해 보았거니와 어느 쪽이 타당하다고 즉각 단정하기는 곤란하다. 사찰 창건의 구체적인 시점만이 그를 결정지을 주요 관건이 됨은 분명하다. 따라서 이 문제에 대해서는 좀 더 구체적으로 살펴보지 않을 수 없다. 아래에서는 장을 달리하여 사찰의 창건 시점을 구조의 문제와 연동시켜 점검해 보기로 하겠다.

4. (전)황복사의 창건 시점과 구조

1) 창건의 시점

앞서 잠시 지적하였듯이 (전)황복사의 창건 시점은 신문왕 대상의 건탑에다 초점을 맞추면 다음과 같이 크게 네 가지 입장으로 정리할 수 있다.

첫째, 신문왕보다 한참 앞서는 어느 시점으로 상정하는 경우이다. 이때에는 창건의 구체적인 시점이 언제이더라도 그 자체는 건탑을 위한 불사와는 완전히 별개로 행해진 셈이 된다.

둘째, 신문왕 당대에 사찰의 창건이 시작되어 완전하게 마무리 지어졌을 경우이다. 이때에도 역시 첫째와 마찬가지로 사찰의 창건 자체는 건탑과는 별도로 이루어진 셈이 되겠다.

셋째, 신문왕이 사찰의 창건을 시작하였으나 도중에 사망함으로써 최종 마무리가 효소왕대로 넘겨졌을 경우이다. 그럴 때에는 사찰의 창건과 건탑의 불사가 일정한 상관성을 가질 수도 있고 또는 전혀 그렇지 않을 수도 있겠다.

넷째, 신문왕의 사망을 계기로 해서 효소왕이 사찰 창건과 함께 건탑까지 마쳤을 경우이다. 이때에는 사원 자체와 건탑은 신문왕을 중심으로 서로 매우 밀접한 관련성을 갖는다고 풀이함이 온당하겠다.

현재까지 알려진 문헌과 고고자료상으로는 어느 쪽으로 선뜻 확정

지을 만한 어떤 결정적인 근거가 없다. 그러므로 앞뒤의 상황을 하나씩 따져봄으로써 그 가운데 어느 것이 실상에 가까울지를 진단해 보는 길 뿐이다.

돌이켜보면 그동안 (전)황복사의 창건 시점을 신문왕 이전, 특히 통일 이전으로 추론함이 대세였다. 거기에는 달리 그럴 만한 확연한 근거가 있었기 때문이 아니라 몇몇 문헌 기록상에 등장하는 황복사를 곧장 (전)황복사와 일치시킨 데서 도출한 추정에 지나지 않았다. 만약 양자가 실제로 동일하다면 (전)황복사도 통일 이전에 창건되었음은 의심의 여지가 없게 된다. 황복사는 문헌 기록상 통일 이전 창건되었음이 명백하기 때문이다.

하지만 지금껏 진행된 (전)황복사에 대한 발굴 자료로서는 통일 이전의 창건은 물론 그것을 황복사라고 단정지을 만한 어떤 편린도 확보하지 못한 상태이다. 다만, 발굴을 통해 초창기에 세워진 금당으로 추정되는 건물과 중문의 사이에 사방 6m쯤 되는 정방형의 조그마한 두 건물지가 일정한 간격을 두고 동서로 나란히 배치된 모습이 통일 이전 창건 문제와 연동해서 주목을 끌었다.

발굴 담당자들은 그를 일단 창건기의 쌍탑 목탑지로 추정하였다. 그러면서도 단정은 잠시 유보해 둔 채 종묘 관련 제의(祭儀) 용도의 시설일지도 모른다는 추정을 함으로써[17] 약간의 여운을 남겼다. 제의 용도의 시설이란 추정은 앞서 소개한 「사리함기」에 보이는 종묘성령을 강하게 의식한 데에서 나온 착상일 듯싶다.

만약 그것이 목탑지라면 지금까지의 통설처럼 사찰의 창건 연대는 당

---

17) 성림문화재연구원, 「현장공개설명회자료 3차」, 2019.

(전)황복사지 발굴 모습(공중에서)

연히 통일 이전으로 올려볼 여지가 생겨난다. 물론 그렇다고 해서 그것이 곧장 황복사와 등치된다는 의미는 아니겠다. 양자는 어디까지나 별개의 사안이기 때문이다.

그런데 목탑지로 단정하기에는 약간의 논란을 불러일으킬 만한 소지를 안고 있어 주저된다. 발굴주도자 스스로가 토로하고 있듯이[18] 그것이 중문과 너무 가까운 곳에 위치한 점, 심초석이 확인되지 않고 규모가 일반적인 목탑과는 차이가 뚜렷한 점 등이 문제로 지적된다.

게다가 목제이기는 하나 쌍탑 출현의 시점도 저절로 지금까지의 통례와는 전혀 다르게 통일 이전으로 올려잡아야 하는 근원적인 문제가 뒤따른다. 이런 점은 당해 분야의 커다란 논란거리로 부각되기 마련이겠다.

---

18) 위와 같음.

이처럼 몇몇 문제점들이 제대로 설득력 있게 해명되지 않으면 목탑으로 간주함은 물론 통일 이전의 창건이라고 간주하기도 어려워진다.

기실 목탑지로 보려는 인식의 밑바닥에는 역시 황복사 관련 문헌과 (전)황복사지를 곧바로 직결시킨 데서 나온 기존의 연대관이 암암리에 작용한 것으로[19] 보인다. 하지만 추정 목탑지의 문제는 그처럼 간단하게 처리할 대상은 아니다. (전)황복사의 창건과 내부 구조는 물론 성격까지도 추적해 볼 주요 단초가 될 수도 있으므로 앞으로도 면밀히 살펴봄 직한 과제로 남는다.

요컨대 (전)황복사의 창건 연대를 기왕에 통일 이전으로 올려다봄은 그것을 곧 황복사로 간주한 선입견에서 비롯한 것일 뿐 명백한 근거를 매개로 해서 얻어낸 결론은 아니었다. 황복사와 연관지을 수 있을지 어떨지의 문제는 매우 중요한 사안이므로 뒤에 따로 장을 달리하여 다루기로 하겠다.

앞서 「사리함기」를 소개하면서 하나의 가능성으로서 제시해 두었듯이 건탑 이전에 사찰이 이미 창건된 상태였다고 한다면 그것이 바로 신문왕대였거나(두 번째의 경우), 혹은 신문왕대에 시작해서 효소왕대에 완성을 본 것으로(세 번째의 경우) 상정할 여지가 충분하다. 그렇게 추정할 만한 약간의 단서는 일단 '종묘성령'이란 특이한 표현에서 찾을 수 있다.

신라에서 종묘제가 관심의 대상으로 떠오른 시점은 태종무열왕대부터이다. 즉위하기 직전인 진덕여왕(眞德女王)대부터 정치적 실권을 장악한 무열왕 김춘추(金春秋)는 안팎으로 자신의 정치적 입지를 더욱 튼실하

---

19) (전)황복사를 황복사로 단정하고 목탑의 존재를 상정해 그 초창 연대를 막연하게 600년대 이전으로 거슬러 추정하는 견해도 있다.(황수영, 「낭산의 능지탑」 『황수영전집 5 한국의 불교미술』, 혜안, 1997)

게 굳힐 방안의 하나로서 당나라의 제반 문물과 제도를 적극 받아들였다. 그 일환으로서 법흥왕대부터 시행한 독자적인 연호 사용을 포기함과 아울러 5묘제(廟制)의 수용을 도모하였다. 일종의 지배체제 변혁의 추구였던 셈이다.

전형적인 유학식의 종묘제 도입과 정착을 추진해 가던 도정 속에서 무열왕과 후예들이 그와 맞물려 유난스럽게 관심을 기울인 대상은 안정적인 왕위 승계의 문제였다. 이를 구현해 내는 데에 유력한 방편으로 삼았던 것이 태자책봉제의 정착과 종묘제에 기반한 왕실의 정통성 확립 시도였다.

중대 왕실의 중시조(中始祖)라고도 할 태종무열왕은 원래 정치적인 비주류로서 온갖 난관을 극복함으로써 드디어 즉위하기에 이르렀지만 차후 왕위의 안정적인 계승 방안의 마련에 온갖 신경을 곤두세우지 않으면 안 되는 입장이었다. 이는 당시 안팎으로 그만큼 매우 불안정한 정국에 직면해 있었기 때문이다.

무열왕은 654년 즉위하자마자 즉시 자신의 아버지 용춘(龍春)을 문흥대왕(文興大王)으로 추봉하였다.[20] 기존의 갈문왕(葛文王) 대신 새로운 추봉(追封) 대왕제의 첫 도입이었다. 이는 종묘 입묘(入廟)의 문제와 밀접하게 관련된 특단의 조치였다.

기존처럼 (추봉)갈문왕 자격으로서는 용춘이 아무리 국왕의 아버지이더라도 대왕인 조상들과 대등하지 않아 나란하게 종묘에 입묘시킬 수 없었다. 이로써 추봉대왕제 및 종묘제는 바로 직전까지 왕통에서 비주류의 입장이던 중대 왕실의 정통성을 확립하는 주요 수단으로서 활용된 셈이

---

20) 『삼국사기』 5 신라본기 태종무열왕 원년조.

되었다.

무열왕은 즉위 이듬해에는 장남 법민(法敏)을 태자로 책립하였다.[21] 진흥왕(眞興王)이 재위 27년(566) 장남인 동륜(銅輪)을 태자로 삼으면서 4세기 신라국가 출범 이후 사실상 처음으로 태자책봉제를 실시한 것이었다. 하지만 동륜태자가 도중에 사망함으로써 제대로 정착되지 못하였다. 이후 여러모로 태자를 책립할 만한 기회를 갖지 못함으로써 왕위 계승 때마다 내부 다툼이 벌어져 정국을 심히 불안하게 만드는 근본 요인이 되었다.

647년 상대등 비담(毗曇)이 자신의 즉위를 겨냥해 일으킨 반란 사건을 진압함으로써 명실상부한 실세로 부상하고 마침내 힘겹게 즉위한 무열왕은 제반 사정을 직접 경험해 너무도 잘 알고 있었다. 자신은 국인에 의해 폐위된 진지왕(眞智王)의 손자로서 바로 그런 다툼의 실질적인 희생자이기도 하였다. 왕위의 안정적인 계승을 절절하게 여겨 즉위하면서부터 태자책봉제에 관심을 크게 기울인 것도 바로 그런 배경이 작용한 데에 있었다.

이처럼 종묘제와 태자책봉제 양자는 무열왕 즉위 이후 중대 정권에서 꾸준하게 관심을 기울일 수밖에 없는 중요 사안이었다. 물론 양자가 안정적으로 정착하기까지는 태종 묘호를 둘러싼 논변이나 문무왕이 죽음을 앞두고 태자로 하여금 구전(柩前)에서 곧장 즉위해 공위(空位) 기간이 없도록 유조(遺詔)한 사실로부터[22] 유추되듯이 숱한 난관에 부닥쳐 시간이 상당하게 걸릴 수밖에 없었다.

신라에서 유교식의 5묘제가 정식으로 채택된 시점은 태종무열왕대였

---

21) 동상 2년조.
22) 『삼국사기』7 신라본기 문무왕 21년조.

지만 하나의 제도적 틀을 갖추고서 최고의 의례 대상으로 정립되기에 이른 것은 문무왕대를 거치면서부터였다. 오래도록 진행된 통일전쟁을 마무리 지은 문무왕대에는 여러 정책을 추진하면서 특히 신라국가의 시조(始祖)를 비롯한 3성(姓) 교립의 정리 및 김씨 왕실 중심의 조상세계(祖上世系) 확립 등에 한껏 노력을 기울였다.

일통삼한의 주창과 함께 주요 사안들이 매우 복잡하게 얽히면서 5묘제의 입묘(立廟)도 긴요한 대상으로서 부각되었을 법하다. 신문왕이 문무왕 사후 세운 「문무왕릉비」에 김씨의 조상세계로서 문무왕의 15대조인 성한왕(星漢王)과 중국 계통의 소호금천씨(少昊金天氏) 및 투후(秺侯) 등이 함께 등장함은 그런 정황의 일단을 여실히 보여주는 사례이다.

이와 같이 종묘 및 조상 세계의 정리 과업이 일단락된 것은 신문왕대에 이르러서였다. 신문왕 재위 7년(687) 선조의 사당에 제사를 지내면서 일종의 보고서 형식 제문(祭文)을 종묘에 올렸다. 그 내용 가운데 필요한 부분만 잠시 적출해서 소개하면 다음과 같다.

(B) 왕 아무개는 머리를 조아려 두 번 절하고 삼가 태조대왕, 진지대왕, 문흥대왕, 태종대왕, 문무대왕의 혼령께 말씀 올립니다. 제가 허약한 몸으로 숭고한 터전을 이어 맡아 자나 깨나 근심하고 힘써 편안할 겨를이 없었습니다. 다행히 종묘의 보호를 받들어 의지해서 지켜내고 하늘과 땅이 복록(福祿)을 내림에 힘입어 사방의 변경이 편안해지며 백성들도 화목하고 다른 나라에서 온 빈객이 보물을 실어와 공물로 바칩니다. 형정(刑政)이 밝아지자 송사도 그쳐 지금에 이르렀습니다. (하략) (『삼국사기』8 신라본기 신문왕 7년조)

문무왕은 장남 정명(政明, 신문왕)을 재위 5년(665) 태자로 책립하였다.

이후 정명은 태자로서 전쟁 자체보다는 왕위의 승계를 예비하면서 마침내 문무왕의 뒤를 이었다. 문무왕은 사망에 즈음하여 아직 못다 이룬 정책적 과제들과 관련한 고뇌의 일단을 유조(遺詔) 속에 담아 태자 정명, 즉 신문왕으로 하여금 철저하게 실행으로 옮기도록 당부하였다. 이에 신문왕은 즉위하자마자 본격적으로 삼국통일의 결과를 최종 마무리 짓는 일체의 제도 정비 작업에 박차를 가하였다.

사실 위의 기사는 문무왕의 유조대로 신문왕이 추진해 온 결과를 마무리 짓고 종묘에 최종 보고하는 제문의 내용 중 일부이다. 그 가운데 종묘에 정식 입묘된 태조대왕, 진지대왕, 문흥대왕, 무열대왕, 문무대왕 등 5위의 구체적인 신위가 보여 주목된다. 이들 속에는 특이하게도 묘호와 시호가 함께 뒤섞여 있다. 이 무렵 태조와 태종을 제외한 나머지 묘호는 시호로서 대체되고 이후 그것이 전범으로 굳혀졌다. 당시 5묘 가운데 태조를 제외한 4위가 모두 신문왕의 직계존속임이 주목된다.

무열왕대에 5묘제가 처음 도입될 때에는 태조를 제외한 4위는 법흥대왕, 진흥대왕, 진지대왕, 문흥대왕(용춘)이었다. 이는 6세기 중반 개척된 서악동고분군의 배치 양상을 통해서[23) 뚜렷하게 확인되는 사실이다. 이때의 4위는 적통 승계가 아니었을 뿐더러 재위 도중 폐위되거나(진지대왕) 애당초 즉위하지 못한(문흥대왕) 경우도 있었다. 특히 법흥대왕과 진흥대왕을 기준으로 삼으면 B)에 보이는 진지대왕 이하는 혈통 상 직계가 아닌 방계에 해당한다.

하지만 신문왕대에 정립된 5묘제에서는 그와는 확연히 다른 면모였다. 3성족단 공동의 국가시조인 태조를 제외하면 첫머리에 고조인 진지

---

23) 주보돈, 「선도산과 서악고분군」 『신라 왕경의 이해』 주류성, 2020.

왕을, 마지막에는 아버지인 문무왕을 배치시킴으로써 이제 종묘는 신문왕을 기준으로 해서 직계존속만으로 구성되기에 이른 것이다.

이는 명실상부한 중대 왕실의 직계존속 중심 5묘제가 확립되었음을 의미한다. 달리 말하면 그동안 추진된 신라 종묘제가 비로소 제대로 정립된 셈이었다. 앞서 소개한 B)의 기사는 신문왕이 통일정책을 최종 마무리 지은 성과를 자신의 조상신들에게 공식 보고하는 성격을 띠었음과 함께 중대적인 5묘제의 정식 출범을 공식 선언하는 자리였음을 뜻한다.

이상과 같이 이해하면 「사리함기」에 보이는 선원가람의 종묘성령이란 글자 그대로 당시 종묘에 입묘된 다섯 신위를 가리킬 공산이 크다. 물론 신문왕이 유교식의 종묘에도 이들 신위를 정식으로 모셨겠지만 그와 별도로 불교식의 추복을 겨냥한 선원사원을 동시에 세웠다고 해도 그리 지나친 억측은 아니리라 여겨진다.

이처럼 신문왕이 종묘에 입묘된 성령들을 추복하기 위한 선원사원의 창건을 시작하였지만 당대에 모두 마무리 지어졌을지 어떤지는 확실하지 않다. 다만, 건탑이 그와 분립된 사실로 미루어 그 이전 신문왕대에 자체가 완공된 것으로 봄이 가장 순조로운 이해라 하겠다.[24]

---

24) 그런 의미에서 신문왕 5년(685) 창건되었다는 봉성사(奉聖寺)가 주목된다. 첫째, 사명을 봉성이라고 칭함으로써 종묘성령을 연상시켜 준다. 둘째, 이미 소개하였듯이 (전)황복사지에서 출토된 비문 속에 '▽성신충사'란 사명이 보이는 점이다. 이를 '봉성신충사'일 것으로 추론해서 나원리5층석탑이 위치한 곳으로 보려는 견해가 제기되었지만(윤선태, 「신라 중대의 성전사원과 국가의례 – 대·중·소사의 제장과 관련하여」『신라 금석문의 현황과 과제』(신라문화제학술논문집 23), 2002), 이미 이에 대한 적절한 비판이 있듯이(이근직, 「경주 나원리사지의 가람배치와 석탑건립연대」『경주에서 찾은 신라의 불국토』, 학연문화사, 2017, pp.88~95) 여러모로 온당하지가 않다. 특히 나원리 5층석탑은 건탑의 양식은 물론(이근직, 위의 글) 거기에서 「다라니경」이 출토된 사실은 이 사찰의 창건 연대가 (전)황복사지보다 한층 뒤늦음을 의미하므로(한정호, 앞의 글, pp.68~69) 그를 신문왕대에 창건된 봉성사로 보기는 어렵다. 비문에 보이는 '▽성신충사'가 만일 봉성사라면 이것이 바로 (전)황복사지를 가리킬 가능성이

그래서 바로 얼마 뒤 신문왕이 사망하였을 때 종묘성령들을 모신 (전) 황복사 내부에 별도의 공간을 마련해 건탑 불사를 일으킴으로써 그도 함께 추복할 수 있게 된 것으로 여겨진다.[25] 「사리함기」가 보여주듯이 이미 신문왕을 위해 세워놓은 3층석탑에다가 다시 왕비 신목태후와 아들 효소왕을 함께 추복한 것도 바로 그런 사정과 연관된다.

다만, 706년 탑에 추가로 물품을 봉안한 사실은 따로 음미해 볼 대상이다. 특히 이 불사를 주도한 핵심 인물이 소판 김순원(金順元)인 사실은 그와 관련하여 눈여겨볼 만하다.

김순원은 효소왕 재위 7년(698) 중시 당원(幢元)이 물러나자 대아찬으로서 그 뒤를 이었다. 그러다가 2년 뒤 신목태후가 사망하던 바로 그 해 (700) 5월에 이찬 경영(慶永)이 모반하였다가 참형 당하는 사건이 벌어졌다. 이 사건이 신목태후의 사망과도 일정한 연관이 있었을지 모른다.

순원은 그에 연좌(緣坐)되어 일단 시중직에서 파면 당하였다. 이후 한동안 후임 시중은 지명되지 않은 상태였다가 2년 뒤에 성덕왕이 즉위하면서 아찬 원훈(元訓)을 중시로 삼았다. 김순원은 이후 성덕왕과 효성왕

크다. 다만, '永泰二年奉聖寺'의 명문이 있는 납석제 토기의 뚜껑에 보이는 '北方'과 함께 출토지(박홍국, 『「영태 이년 봉성사」명 남석제 개 소고』『불교고고학』2, 2002)를 근거로 인왕동의 사지로 비정하려는 견해도 있으나(이근직, 「통일신라 봉성사와 절원당」『신라사학보』7, 2006 ; 『경주에서 찾은 신라의 불국토』학연문화사, 2017, pp.124~125) 북방의 기준점이 분명하지 않아 이를 근거로 삼아 그처럼 단정하기는 어렵다.

25) 이와 관련하여 하필 종묘성령들을 모신 사찰에다 효소왕이 신문왕을 추복하기 위한 건탑 불사를 일으킨 사실이 주목된다. 이는 효소왕의 즉위 직후 신문왕이 문무왕과 김유신으로부터 받아 왕궁의 보물창고인 천존고(天尊庫)에 보관 중이던 호국의 상징 만파식적과 거문고를 분실하였다가 백률사를 매개로 되찾은 사건과 연관성이 있을 듯싶기 때문이다. 신문왕이 마련한 양대 보물을 무사히 되돌려 받은 공로로 백률사 주지를 봉성사로 옮기도록 조치하였다는 데에도 상당한 의미가 깃들어 있다. 만일 위의 각주에서 지적하듯이 (전)황복사를 봉성사로 보는 데에는 이 점 또한 깊이 고려해봄 직한 사항이다.

대 양대에 걸쳐 왕비의 아버지로서도 정치적 영향력을 강력하게 행사한 주요 인물이었다.[26]

경영의 난이 발발하게 된 배경이나 원인은 분명하지 않다. 당시 실력자로 부상해가던 순원이 연루되어 파면당한 사실은 그것이 상당한 수준으로 진행되었음을 상정케 한다. 순원이 단순히 시중이었기 때문에 정치적 책임을 지고 물러난 것은 아닌 듯하다. 직무 관계가 아닌 '혈연 상의 연좌'란 뜻의 연좌(緣坐)란 용어가 사용된 데서 유추된다. 한동안 시중의 자리가 공석으로 남았던 점도 석연치 않다.

게다가 성덕왕의 혈연관계나 즉위 배경에도 적지 않은 의문이 뒤따른다. 성덕왕은 『삼국사기』에 보이듯이[27] 신문왕의 둘째 아들로서 효소왕의 동복아우라고 간주하기에는 어딘가 불합리한 측면이 적지 않게 확인되기 때문이다. 그는 중대에 태자 책립이라는 과정을 거치지 않고 즉위한 유일한 사례이기도[28] 하였다.

신문왕이 김흠돌의 딸인 원비가 무자(無子)라는 명분으로 축출한 뒤 두 번째 왕비인 신목태후를 새로 맞아들이기에 앞서 태자가 이미 존재하였음을 보이는 기록이나[29] 신문왕[淨神王]의 두 아들인 보질도(寶叱徒) 태자와 효명(孝明) 태자가 함께 오대산으로 피신하였다가 마침내 후자가 즉위하였다는 설화적 기록들이[30] 암시해 주는 바는 마냥 예사로이 보아 넘기기 곤란한 대상이다.[31]

---

26) 김순원의 활동상에 대해서는 김수태, 『신라중대 정치사연구』, 일조각, 1996, 참조.

27) 『삼국사기』8 신라본기 성덕왕 즉위년조.

28) 김수태, 앞의 책, p.60.

29) 『삼국유사』2 기이 2 「만파식적」조.

30) 『삼국유사』3 탑상 「명주오대산보질도태자전기」조.

31) 신종원, 「신라 오대산사적과 성덕왕의 즉위 배경」『최영희선생화갑기념한국사학논총』, 탐구

특히 효소왕대에 혜통(惠通)과 정공(鄭恭)이 신문왕의 장례 길을 가로막아 반발한 이야기[32] 등도 그런 사정의 일단을 반영해 준다. 이들은 신문왕의 사망과 효소왕의 즉위 및 경영의 모반, 신목태후의 죽음, 그리고 효소왕의 잇단 사망과 성덕왕의 즉위 등 일련의 사실과 전혀 무관하게 진행된 것으로는 보이지 않는다.

결국 성덕왕은 즉위하자마자 내부에 안고 있던 정치적 모순을[33] 말끔하게 정리해 내는 데에 크게 힘썼을 공산이 있다. 그 일환으로서 순원을 복권시키고 신문왕의 위한 3층석탑에 다시 신목태후와 효소왕을 더해 새로운 물품을 봉안하는 불사를 실시함으로써 왕실 내부의 대동단결과 화해를 도모한 것이 아닐까 싶다. 그 구체적 실상은 앞으로 면밀히 재검토해 보아야 할 대상이다.[34]

요컨대 위에서 (전)황복사의 창건 시점과 배경을 두고 몇몇 여지에 대해 살펴보았거니와 일단 신문왕대에 새로이 정립된 종묘의 성령들을 위한 원찰로서 창건하였을 가능성이 크다고 여겨진다. 효소왕은 즉위하자 바로 곁에 별도의 건탑 불사를 일으켜 아버지의 추복을 도모하였다. 성덕왕대에는 다시 3층석탑과 연관된 3인 모두를 위한 불사를 진행함으로써 한층 일신된 면모를 보여주고자 한 것으로 생각된다.

그런 의미에서 (전)황복사는 불교 사원임과 동시에 유교의 종묘 형식

당, 1987.

32) 『삼국유사』 5 신주 「혜통항룡」조.

33) 경영의 난 이후 시중에 한동안 공백이 있었을 뿐만 아니라 성덕왕의 재위 초기 6년 동안 4명이 교체된 사실도 전후 사정에 비추어 예사로이 보아 넘길 사안이 아니다. 그리고 사리 불사가 행해진 직후인 707년 태종 무열왕을 위한 원찰인 봉덕사를 만들기 시작한 사실도 그런 정리와 연동해 추진된 것으로 여겨진다.

34) 한정호, 앞의 글, p.72에서는 이를 자연재해와 연결해서 이해하려 하였다.

을 가미한 복합적·융합적인 성격의 사찰처럼 여겨진다. 당시 지배이데올로기가 불교로부터 유학으로 바뀌어져 가는 과도기적 양상까지 적절히 반영된 모습이다.

2) 구조

5차례에 걸친 발굴 작업을 통해서 거둔 최대의 성과는 아무래도 (전)황복사의 평면 구조 전반이 비교적 확연히 드러난 사실에 두어야 할 것 같다. 창건 이후의 어느 시점에 이르러 다시 한 차례 대규모의 중창이 이루어지면서 초창기의 기본 구도에는 커다란 변동까지 뒤따랐음이 드러난 것이다. 이 또한 (전)황복사와 관련하여 주목해 볼 대상으로 부각된다.

중창의 과정에서 처음의 구도가 부분적인 수정과 보완을 거치는 일반적 수준 정도에 그친 것이 아니라 구조 전반에 걸쳐 달라졌다. 이는 눈여겨보아야 할 매우 이채로운 현상이다. 원래의 중심축선이 남북 방향이었지만 중창하면서 이제 동서 방향으로 완전히 바뀐 것이다.

이처럼 사찰의 기본 구도가 도중에 변화한 것은 달리 유례를 찾아보기 매우 힘든 특이 사례에 속한다. 거기에 어떠한 정치적, 종교사상적, 문화적 배경이 작용한 것인지는 앞으로 치밀하게 따져봄 직한 과제이다.

한편 중창하면서 특정 용도의 건물 기단부에 12지 신상을 배치한 점도 독특한 면모로 지적할 수 있겠다. 앞서 언급하였듯이 이들이 어떤 무덤으로부터 반출된 것인지 아니면 애초부터 그럴 용도로서 마련한 것인지는 확연하지 않으나 어떻든 주목해 볼 대상이다.

사찰의 평면 구도와 건축에서 그처럼 엄청난 변동이 일어났지만 원래의 모습과 위치를 변함없이 그대로 이어 나간 것은 오직 3층석탑뿐이었

다. 3층석탑이 원위치에서 옮겨진 듯한 흔적은 물론 이후 그 속에 봉안
물품이 새로 첨가되었음 직한 기미도 보이지 않았다. 이는 사원 구조상
의 변동과 달리 3층석탑만은 의미나 위상에서 별다른 변화 없이 그대로
이어졌음을 의미한다.

그런 의미에서 (전)황복사에서 3층석탑은 각별한 비중을 차지하는 대
상이었다고 단정해도 좋을 듯싶다. 이는 기존 신문왕을 추복하기 위한 3
층석탑에다가 조영을 주도한 신목태후와 효소왕의 사망을 계기로 성덕
왕이 진귀한 물품을 추가 봉안하는 불사를 행한 데서도 유추되는 사실
이다.

그 가운데 금제의 불상 1구, 「다라니경」 1권, 사리 4구(장치 일체를 포함)
가 들어간 점도 각별하다. 직전까지의 사원이나 석탑의 조영에서는 결코
찾아보기 어려운 유난스런 현상이기 때문이다. 특히 「다라니경」의 경우
이후 왕경에 소재한 유력 사찰의 석탑에 봉안하는 하나의 선례가 되었
다.[35] 그런 측면에서도 (전)황복사에서 3층석탑이 상징하는 바가 결코 작
지 않았을 것으로 여겨진다.

통일기에 이르러 신라 불교가 지닌 특성이나 기능상에 큰 변화가 일
어났음은 널리 알려진 바와 같다. 통일 이전에는 호국적 성격을 무척 강
하게 띠었음이 주요한 특징이었다. 당시 호국 불교의 구심 역할을 맡은
특별한 사찰은 황룡사였다. 황룡사가 호국을 상징하는 대표적인 두 보물
인 장육존상과 9층의 목탑을 보유하였음은 그런 실상을 여실히 보여준
다. 거기에는 전륜성왕 의식이나 석가족 신앙 등과 같이 강한 정치성이
깃들어있었다.

---

35) 한정호, 앞의 글. pp.68~69.

중고기 불교의 호국적 기능은 신라가 통일전쟁에서 최종적 승리를 거두음으로써 설정한 목적을 충분히 이룬 셈이었다. 그동안 신라에게 가장 위협적 적대세력인 고구려와 백제가 소멸하게 된 마당이었다. 이로써 호국의 구심 역할을 한 황룡사는 시대적 소임을 다한 셈이나 다름없었다.

현실의 상황 전반이 그처럼 달라짐으로써 이제 신라에게 위협적인 상대가 당과 일본으로 바뀌었다. 그래서 통일 이후 호국 불교의 무게 중심이 황룡사로부터 새로 창건한 사천왕사와 감은사로 옮겨졌다. 사천왕사는 당을, 감은사는 일본을 겨냥하여 호국의 역할을 나누어 맡았던 것이다.[36] 이런 정황은 불교계 전반에도 크게 영향을 미쳤다.

통일을 이루면서 그동안 불교에 내재한 지배이데올로기로서의 정치성은 차츰 퇴조해져 갔다. 정치사회성과 함께 현실성이 강한 유학이 그 자리를 대신하기 시작한 것이다. 유학이 지배이데올로기의 새로운 중핵으로서 점점 부상해간 반면 이제 불교는 정치성을 탈각하면서 그와는 반비례로 본래적인 기능이라 할 신앙과 교학 중심의 종교성을 점차 회복해가는 길을 걸었다. 그러한 추세 속에서 국왕을 비롯한 유력 귀족들이 생전은 물론 사후의 추복을 위한 원찰적인 성격의 사찰을 여기저기 세우기 시작하였다.

이처럼 신라 불교는 삼국통일을 계기로 호국 중심의 정치성을 벗어나 종교 본래의 기능과 역할을 강화시키는 방향으로 나아갔다. 그런 변화의 양상 전반을 보여주는 사례로서는 새로운 성격의 국가 사찰이라 할 성전(成典)사원이 등장한 것이다.

이른바 성전사원은 신라국가 주도로 창건해서 관리한 사찰을 일컫는

---

36) 주보돈, 「황룡사의 호국 기능과 그 변화」 『신라 왕경의 이해』, 주류성, 2020, pp.259~264.

다.[37] 특정 사원에다 성전이란 이름을 붙여서 특수한 성격의 사원임을 표방한 일은 통일 이전에는 없었던 새로운 현상으로서 이는 달라진 불교의 역할과 기능에 부응한 운용이었던 셈이다. 특정한 일부 사원만을 성전사원으로 지정한 자체가 당시 불교계의 변화 양상을 반영해 준다.

통일기의 중대(中代) 성전사원으로서는 사천왕사를 필두로 전체 7곳 존재하였음이[38] 확인된다. 그 가운데 통일 이전 중고기(中古期)부터 계속 존속한 사찰은 영묘사(靈廟寺)와 영흥사(永興寺)의 둘 뿐이고 나머지 5곳은 통일 이후 새로 창건되었다. 창건 의도에서 특수성을 지닌 감은사를 제외하고 모두 왕경의 중심부에 위치한 점이 공통적이다.

이들은 물론 기본적으로 호국적인 성격을 당연히 지녔겠지만 국왕 대상의 원찰 기능도 함께한 데에 주된 특징이 엿보인다.[39] 사실 현실의 호국적 기능은 문무왕이 창건을 추진한 사천왕사와 감은사에 집중되었고 나머지 사찰은 대체로 국왕과 왕실을 추복하는 데에 초점이 맞추어졌다. 전자의 경우에도 감은사의 사례가 시사해 주듯이 호국 일변도가 아니라 문무왕의 원찰적인 성격까지 아우르고 있었음은 물론이다.[40]

이런 불교계의 변화와 자연스럽게 어우러짐으로써 사원의 구조나 탑의 형식에서까지도 일정한 변화가 뒤따랐다. 그 가운데 겉으로 드러난 두드러진 변화 양상은 먼저 탑파에서 엿볼 수 있다.

널리 지적되어 왔듯이 통일 이전의 불교 사원에서는 극히 예외적이라

---

37) 이영호, 「신라 중대 왕실사원의 관사적 기능」『한국사연구』43, 1983, ; 『신라 중대의 정치와 권력 구조』 지식산업사, 2014에서는 성전사원을 왕실사원으로 이해하였다.
38) 『삼국사기』38 잡지 직관 상.
39) 이영호, 앞의 글 ; 채상식, 「신라통일기의 성전사원의 구조와 기능」『부산사학』8, 1984.
40) 7개의 성전사원 가운데 사천왕사와 감은사를 제외한 통일기에 창건된 3개 사찰이 모두 '봉'을 사용하고 있음도 원찰의 성격과 연관되었을 듯하다.

고 하여도 좋을 (모)전탑이 조영되기는 하였으나 역시 단독의 목탑이 주류였다. 그러다가 통일 초기부터 목탑과 함께 전혀 다른 재질의 석탑도 조영됨과 동시에 기존의 단탑과 함께 쌍탑 양식이 새롭게 출현하는 구조적인 큰 변화가 뒤따랐다. 한편 목탑의 경우 다층이 일반적이었던 반면 석탑은 3층이 기본 양식이었다.[41] 그 이상의 다층은 오히려 예외적 현상으로 보아도 좋을 정도였다.

물론 그렇다고 사천왕사나 망덕사(望德寺)의 사례가 보여주듯이 목탑이 일시에 모두 소멸하고 석탑으로 바뀐 것은 아니었다. 게다가 단탑 형식이 일체 쌍탑 양식으로 일원화한 것도 아니었다. 목탑이 석탑으로 바뀜이 물론 대세였으나 쌍탑과 단탑의 두 형식은 오래도록 공존하였다. 그처럼 통일기에는 불교계 전반의 움직임에 동반하여 탑파의 재질이나 규모 및 양식 등이 매우 다양해진 데에 주요한 특징이 엿보인다.

(전)황복사는 3층석탑이지만 쌍탑이 아닌 단탑의 형식이다. 이 탑의 조영 시점은 7세기 말엽임이 확실하므로 변화의 양상이 비교적 이른 시기에 반영된 사례에 속한다. 석탑의 재질이 목재로부터 석재로 바뀐 데에는 재료의 확보나 내구성(耐久性) 등의 문제가 바탕에 작용하였겠지만 왜 석재의 쌍탑이 새롭게 출현하여 차츰 주류로 정착되어 가면서도 기존의 단탑 형식이 그대로 이어진 배경이나 이유 등은 뚜렷하지 않다. 다만, 이를 사찰 구조상에서 진행된 변화 양상과 관련지어 잠시 주목해 볼 필요가 있을 듯싶다.

황룡사의 사례가 시사해 주듯이 왕경 시가지 중앙부의 평지에 조영된 사찰의 평면 구조는 대체로 중문, 탑, 금당, 강당 등 당탑(堂塔) 중심의 골

---

41) 신용철, 「신라 왕경 불탑에 대한 고찰」 『신라문화』 59, 2021, pp.258~265.

격이 남북 일직선상으로 배치됨이 일반적이었다. 물론 세부적으로 보면 오직 그와 같은 하나의 당탑만으로 정형화된 상태가 아니었다. 이를테면 선덕여왕 3년(634) 창건된 분황사는 처음에 품(品)자형의 특이한 3금당 구조였다가 뒷날 중창 과정에서 1금당으로 바뀌었다. 황룡사의 경우도 처음에는 1금당이었으나 얼마 뒤 3금당 형식으로 달라졌다.

하지만 당시 왕경 평지 사찰의 전형적 당탑(堂塔)은 1탑 1금당을 남북 일직선상에 배치하는 구도가 일반적이었다. 이런 형식의 구도에는 평지라는 자연지형적 요소가 강하게 작용하였음은 부정하기 어려울 듯싶다. 그런데 통일기에 들어와 사찰 건립이 왕경 중앙부의 평지를 점차 벗어나 주변의 산간으로 옮겨지면서 그런 정형성을 벗어난 이형적 양식이 본격적으로 출현하기 시작하였다.

통일기에도 주변부의 산자락, 혹은 그런 곳 가까이에 조성된 사찰이라도 쌍탑인 경우에는 탑과 금당을 일직선상에 두는 구도가 그대로 이어졌다. 예컨대 사천왕사와 감은사를 대표적인 사례로서 손꼽을 수 있다. 하지만 단탑의 경우에는 반드시 그렇지 않았다. 기존 틀과는 완전히 다른 전혀 새로운 형식으로서 출현한 것이다.

산자락에 위치한 고선사(高仙寺), 창림사(昌林寺), 나원리(羅原里) 사지 등을 그런 양식의 두드러진 사례로서 손꼽을 수 있다.[42] 이들은 3층 혹은 5층의 석탑으로서 단탑이지만 금당과 일직선상이 아닌 별도의 공간에 따로 두어졌다. 통일 이전의 단탑 형식은 물론 새롭게 유행하기 시작한 쌍탑 형식이 지닌 가람 배치와는 전혀 다른 면모이다. (전)황복사도 바로 이와 비슷한 사례에 속한다.

---

42) 이근직, 앞의 글, pp.88~95 참조.

1975년 진행된 발굴을 통해 전모가 드러난 고선사는 그런 이형적 사례에 대한 이해도를 높이는 데에 주요 근거가 될 수 있으므로 잠시 구체적인 양상을 점검해 볼 필요가 있다. 현재 덕동댐으로 수몰되어 현장을 직접 확인할 수 없는 상황이지만 수문의 입구에서 암곡동(暗谷洞)으로 들어가는 중간쯤에 자리하고 있었다.

원래 고선사지에는 3층석탑과 귀부 각 1기만이 지상에 노출된 상태였다. 발굴을 진행한 결과 가람의 배치 전반이 달리 유례를 찾기 힘든 특이 유형임이 밝혀졌다. 금당지를 기준으로 삼으면 서쪽 편으로 떨어진 별도의 공간에 따로 3층석탑을 배치하여 당탑이 동서로 나란하도록 한 구도였다. 전체가 회랑이 둘러쳐져 있는데 이들이 단랑(單廊)인 것과는 달리 금당과 탑지의 사이만은 의도적으로 구분지어 양자 사이의 공유 회랑만은 복랑(復廊)으로 조영한 점이 발굴 당시부터 크게 주목을 끌었다.

발굴자들은 이와 같은 형식이 탑과 금당을 다른 경역에 속함을 구별하려는 데서 나온 조치라고 이해하였다. 금당에는 별도의 탑은 없으며 남북 일직선상으로 중문, 금당, 강당이 갖추어졌다. 그래서 이를 금당원(金堂院)이라 명명하고 탑이 있는 곳을 별도로 탑원(塔院)으로 불러 양자의 구역을 구별하였다. 탑원의 서남쪽 모서리에는 정면 3간, 측면 1간의 비각 흔적이 있었는데 그 속에 귀부를 갖춘 석비가 세워져 있었다. 아마도 금당과 탑이 신앙의 대상 및 사찰 구조로서는 대등하다는 의식을 바탕에 깐 구도처럼 여겨진다.

고선사는 3층석탑을 통해서는 물론 『삼국유사』나[43] 거기에서 출토되어 9세기 초에 세워졌음이 분명한 「서당화상비(誓幢和上碑)」를 통해서도

---

43) 『삼국유사』 4 의해 「사복불언」조.

원효가 주석한 사찰임이 확인되었다. 비문에서 원효를 고선대사(高仙大師)라고 부른 사실도 이를 뚜렷이 입증해 준다. 이런 정황으로 미루어 원효가 주석은 물론 불사 창건에까지 깊숙하게 관여한 듯한 느낌도 든다.

고선사의 기본적 구도는 정형성을 완전히 벗어난 일종의 파격임이 틀림없다. 통일기의 불교계 동향과 맞물려 나타난 새로운 현상으로 여겨진다. 여기에는 기성의 질서에 대한 무조건적 순응을 거부하고 새로운 질서를 추구·주장하면서 불교 대중화를 도모하려는 파격을 보였던 원효의 생각과 의지도 강하게 스며들었을 여지도 엿보인다.

고선사는 원효가 주석한 점이나 3층석탑의 양식으로 미루어 7세기 후반에 창건되었음이 틀림없다. 원효의 사망이 686년이므로 이 시점은 곧 고선사 완공의 하한인 셈이다. 흔히 최초의 3층석탑으로 보고 있는 감은사가 신문왕 2년(682)임을 고려하면 양자를 거의 비슷한 때로 단정해도 무방할 듯싶다. 두 3층석탑의 외양이나 규모 및 양식 등이 매우 유사함은 그를 방증해 준다. 창건이 완료된 시점은 원효가 사망하기 바로 얼마 전의 일이겠다.

그렇다면 고선사가 비슷한 시기에 세워진 사천왕사나 감은사와는 달리 단탑 형식으로 또 금당과 별도의 경역에 배치하는 특이한 형식의 효시를 이룬다고 하여도 좋을 것 같다. 말하자면 앞서 소개한 (전)황복사, 창림사, 나원리 사지 등의 형식은 모두 창건 시점으로 미루어 시원이 고선사에 있다 하여도[44] 무방할 성싶다.

이들은 모두 공통적으로 평지가 아닌 산자락이거나 이와 가까운 곳에 위치한다. 그 중 탑원을 산자락 쪽에 배치시킨 점이 특징적이다. 이런 지

---

44) 이근직, 앞의 글 p.87.

형적인 요소가 특이한 가람 배치를 유발하게 한 요인으로 작용하였을지 도[45] 모를 일이다. 하지만 형식 자체가 일종의 파격임을 고려하면 단순히 지리지형적 요인만으로는 충분한 해명이 되지는 않는다. 토함산 자락의 장항리(獐項里) 사지처럼 지형적으로 정형성을 갖추기 매우 어려운 공간 여건임에도 남북 일직선상에 쌍탑과 금당을 배치한 사례가 찾아지기 때문이다.

아마도 고선사나 (전)황복사의 사례에서처럼 그런 사찰의 특이 배치는 창건의 목적이나 지향과도 일정한 상관성이 있을 것 같다. 특히 그 가운데 3층석탑이 남아 있는 고선사, 창림사, (전)황복사의 경우 귀부를 매개로 한 석비가 공통적으로 세워진 사실도 함께 고려해 볼 대상이다. 이런 사찰의 창건에 내재된 의도와 연관해서는 원점으로 되돌아가서 따져봄 직한 문제라 여겨진다.

5. 낭산과 (전)황복사

위에서 (전)황복사지의 발굴을 통해서 확보된 자료를 주요 근거로 삼아 제기할 만한 몇몇 문제점을 대충 살펴보았다. 그 가운데서도 앞으로도 꾸준하게 관심을 갖고서 모쪼록 풀어내지 않으면 안 되는 가장 핵심적인 과제는 아무래도 (전)황복사가 과연 황복사일까 어떨까 하는 점이다.

그동안 (전)황복사의 창건 시점이나 성격을 둘러싼 논란이 벌어져 온 주된 요인의 하나도 바로 이와 직결되어 있다. 이는 곧 사료의 빈곤과 불

---

45) 이근직, 위의 글. pp.91~94.

비(不備)로 말미암아 쉽사리 풀어내기 힘든 수수께끼임을 의미하는 것이
기도 하다.

그래서 발굴이 진행되면서 혹여 명확하게 해명할 만한 어떤 실마리가
찾아질 수 있을지 모른다는 일말의 희망을 품었다. 하지만 아쉽게도 지
금껏 그런 기대를 충족시켜 줄 만한 자료는 전혀 출토되지 않았다. 그래
서 앞으로도 계속 논란거리로 남을 수밖에 없는 대상이다. 여기서는 일
단 기존 문헌 기록을 원점으로 돌아가서 다시 탐색하는 방식으로 접근해
보고자 한다.

돌이켜보면 사실 기왕에 사명과 연관시켜 이해할 만한 명문이 전혀
없었던 것은 아니다. 차라리 너무 많은 점이 도리어 걸림돌이 되고 있다
고 하여도 좋을 정도이다. 이를테면 (전)황복사지 부근 일대에서 이미 수
습된 비편만 하더라도 '▽德大宗寺', '▽聖神忠寺'[46]와 같은 사명이 찾아
진다.

게다가 최근 진행된 발굴로 확보한 목간에서도[47] '上▽寺'란 사명이
검출되었다. 그밖에 1차 발굴에서는 나말여초로 편년되는 명문기와에
서[48] '鄭(?)元寺', 2차 발굴에서는 고려시대로 편년되는 명문기와에서[49]
'仁伯寺'란 사명이 나왔다. 앞서 소개한 「사리함기」에 보이는 '종묘성령
선원가람'까지 포함시키면 무려 6개의 사명 관련 명문이 현재의 사지와

---

46) 한국고대사회연구소 편, 『역주 한국고대금석문Ⅲ(신라2, 발해편)』3, 가락국사적개발연구원,
1992, pp.441~442. 이런 형식의 사명 가운데 최초의 사례로는 대왕흥륜사와 태종봉덕사를
들 수 있다. 대왕흥륜사가 흥륜사 혹은 대왕사(「울산천전리서석」 갑인명)라고도 하였듯이 아마
도 이들도 그처럼 분리해서 약칭하기도 하였을 것 같다. 태종봉덕사의 경우도 마찬가지이다.
47) 성림문화재연구원, 「현장공개설명회자료 4차」, 2020.
48) 성림문화재연구원·경주시, 앞의 보고서, p.291.
49) 성림문화재연구원, 「현장공개설명회자료 2차」, 2018.

(전)황복사지 출토 기와와 목간

부근 일대에서 나온 셈이다. 기왕에 발견지가 선명하지 않아 논란되던 '황복'이나 '왕복'이 새겨진 기와는 단 한 점도 출토되지 않았다.

여하튼 그런 정황임에도 여전히 (전)황복사의 원래 사명은 선뜻 확정 짓기 곤란한 실정이다. 이 또한 유례를 달리 찾기 힘든 특이 사례에 속한다. 정상적인 상황이라면 아마도 사명은 그들 몇몇 명문 가운데 하나로서 확정 지음이 옳을 법도 하다. 그렇지만 선뜻 그렇게 단정하지 못하는 요인은 황복사라고 여기는 입장이 워낙 강세를 보이기 때문이다.[50] 따라서 여러모로 어떤 명백한 결정적 증거가 따로 출현하지 않는다면 결론을 내리기 쉽지 않을 듯하다.

처음에는 단순히 구황동(九黃洞) 사지라고만 일컫다가 차츰 (전)황복사로 바꾸어 불렀고, 이제는 흔히 앞에 붙여온 (전)마저 떼어버리고서 아예 황복사라고 단정하려는 경향이 강하게 나타난다. 애초의 접근이 옳건 그

---

50) 앞서 주3)에 소개된 논고는 거의 대부분 그런 입장이다.

르건 강한 편견이 어떻게 영향을 미치는가를 보여주는 실례이다. 그런 사정 때문에 황복사 관련 문헌으로 되돌아가 그렇게 단정할 만한 약간의 여지라도 과연 찾아낼 수 있을까 어떨까를 새롭게 더듬어보아야 할 필요성이 제기되는 것이다.

황복사 관련 사료는 매우 단편적인 형태로나마 『삼국유사』와 『삼국사기』에서 약간씩 찾아진다. 그 가운데 『삼국유사』에 보이는 간단한 내용의 기록이 (전)황복사를 황복사와 일치시키는 자료로써 유력하게 활용되어 왔다. 이해의 편의상 관련 내용을 잠시 소개하면 다음과 같다.

C) ㉠ 법사 의상(義湘)은 아버지가 한신(韓信)이며 김씨이다. 나이 29세에 서울의 황복사에서 머리를 깎아 승려가 되었다.(『삼국유사』4 의해 「의상전교」조)

㉡ 의상이 황복사에 머무를 때 무리들과 함께 탑을 돌았는데 매번 허공을 밟아 오르고 계단으로 올라가지를 않았다. 그래서 탑에는 계단이 설치되지 않았다. 무리들도 충계에서 3척(尺)이나 떨어져 허공을 밟고 돌았다. 의상이 돌아보며 말하기를 '사람들이 이를 보면 반드시 이상하다고 여길 터이므로 세상에 가르칠 일은 되지 못한다.'고 하였다.(동상)

위의 사료 C)㉠에 따르면 의상은 왕경 출신인 김한신(金韓信)이란 인물의 아들로서 29세에 황복사에서 출가하였다고 한다. 의상의 아버지 이름이 한신인 사실은 예사롭지가 않다. 한문식의 이름으로서 한(漢)나라의 건국 공신이며 뛰어난 명장(名將)이었던 한신을 그대로 빌려왔기 때문이다.

당시 신라에서 기존의 흐름을 벗어나 후직(后稷), 주공(周公), 춘추(春秋), 유신(庾信) 등과 같은 한문식의 이름이 점차 유행해 가던 분위기였다. 거기에는 새로운 유학적 인식에 빠진 세력들이 점점 유력·우세해져 가던 실상이 반영되어 있다. 의상의 집안도 그런 추이와 일정한 연관성을 가졌으리라 짐작된다.

『삼국유사』3 탑상(塔像) 「전후소장사리(前後所藏舍利)」조에 인용된 「부석본비(浮石本碑)」에 의하면 의상은 무덕(武德) 8년(625)에 태어났다고 한다. 한편 『해동고승전』의 「석안함전(釋安含傳)」에 인용된 최치원 편찬의 「의상전」에서도 진평왕 건복(建福) 42년(625)에 태어났다 하므로 이들 두 자료는 일치한다. 의상의 출생인 625년을 기준으로 환산하면 29세로서 출가한 해는 곧 653년이[51) 된다.

하지만, 「부석본비」에서는 그와는 약간 다르게 출가할 때의 나이를 그냥 관세(卅歲)라고만 표현하였을 따름이다. 관세란 대체로 장가들지 않은 어린 총각의 나이를 가리키므로 20세를 넘지는 않았다고 봄이 일반적이다. 이로 말미암아 의상의 출가 연령을 두고 약간의 논란이 벌어져 확정 짓기 곤란한 실정이다.

다만, 의상이 승려로서 650년 무렵 원효(元曉)대사와 함께 입당을 시도하였다가 실패한 적이 있었던 사실을 염두에 넣으면 「부석본비」 쪽이 온당하리라[52) 여겨진다. 그렇다면 출가 시점은 대체로 선덕여왕의 재위시기가 되는 셈이다.

사료 C)ⓛ은 의상이 상당한 기간 동안 황복사에 머물렀을 가능성을 시사해 준다. 다만, 구체적인 시점이나 기간은 명시되어 있지 않아 약간의 의문이 뒤따른다. 출가한 직후부터 입당하기까지 계속 그대로 머문 것인지, 아니면 661년 입당하였다가 10년 만에 귀국한 뒤 잠시 머

---

51) 흔히 654년이라고 하지만 이는 잘못 계산한 것이다.

52) 김두진, 『의상 : 그의 생애와 화엄사상』, 민음사, 1995, p.52.

문 것인지 분명하지가 않다.

의상이 입당하여 새로운 화엄학을 배워 이제 막 귀국하였음을 고려하면 위의 사료가 보여주는 이상한 행태는 그리 썩 어울리지 않는다. 따라서 만약 그것이 기록된 그대로 의상 관련 사실임이 확실하다면[53] 입당하기 이전의 일로 봄이[54] 적절할 듯싶다.

그것은 여하튼 위의 두 기사로 미루어 황복사는 늦어도 의상이 출가하기 훨씬 이전에 창건되었음은 의심의 여지가 없다. 선덕여왕대에 불사가 매우 활발하게 이루어진 상황 전반을 고려하면 바로 이 무렵이었을[55] 공산이 크다. 황복사의 탑에는 오르내리는 용도의 계단이 원래 있어야 하였다는데 이는 석탑이 아닌 목탑의 존재를 예상케 해주는 대목이다. 하여튼 창건 시점은 석탑이 아직 출현하기 이전의 일임은 확실시된다.

이후 한동안 황복사의 향방을 알려주는 기록은 거의 등장하지 않는다. 그러다가 경덕왕대인 760년 무렵 당대의 고승인 표훈(表訓)이 황복사에 주석하면서[56] 불국사와 석불사(석굴암)의 창건을 주도한 각간 대정(大正), 즉 김대성과 만나 경전의 내용을 놓고 내밀히 문답한 사실이 확인된다.[57] 당시 경덕왕과 긴밀한 관계를 맺고 활동하던[58] 표훈이 황복사에 머문 사실을 고려하면 기존의 위상은 변함없이 그대로 이어지고 있었다고 해도 무방할 것 같다.

---

53) 다만, 이를 표훈과 연결해서 이해하는 견해가 있다. 김복순, 앞의 글, pp.131~132 참조.
54) 한국불교연구원, 『신라의 폐사 I』 일지사, 1974, p.62.
55) 장호진, 앞의 글, p.76.
56) 균여, 「십구장원통기」 하.
57) 김복순, 앞의 글, p.131.
58) 『삼국유사』 2 기이 2 「경덕왕 충담사 표훈대덕」조.

이후 황복사 관련 기록이 다시 등장하는 것은 신라 말기인 54대 경명왕(景明王, 917~924)대에 이르러서의 일이다. 『삼국유사』1 왕력에 의하면[59] 경명왕이 재위 8년째인 924년 사망하자 황복사(皇福寺)에서 화장하여 그 뼈를 성등잉산(省等仍山)의 서쪽에다 뿌렸다고 한다. 이에 대해 『삼국사기』에서는 경명왕의 주검을 황복사(黃福寺)에 장사 지냈다 하여[60] 내용상 약간의 차이를 보인다. 정황상 후자가 황복사 인근에서 화장한 사실을 마치 거기에 무덤을 조영한 듯이 잘못 표현하였을지 모르겠다.

위의 사례는 황룡사처럼 황복사의 '황(皇)'도 때론 '황(黃)'으로 표기되기도 하였음을 시사해 준다. 국왕의 주검을 화장할 때 사찰이 활용된 사례는 그 밖에도 몇몇 확인된다. 국왕이 당해 사찰과 각각 어떤 특별한 상관관계를 가졌기 때문에 거기에서 화장한 것인지는 확연히 드러나 있지 않다.

이상의 몇몇 기록에 의거하면 황복사가 7세기 중반 무렵부터 신라 멸망의 시점에 이르기까지 존속하였음은 분명하다. 다만, 그 사이에 어떤 큰 변화를 맞았을 법한 낌새는 보이지 않는다.

게다가 황(黃, 皇)이란 글자를 제외하고는 구체적 위치를 추적할 뚜렷한 단서는 찾아내기 어렵다. 특히 (전)황복사지와 연관시킬 만한 어떠한 편린도 없다. 따라서 당면의 난제에 접근하려면 우회적인 방법을 동원할 수밖에 없겠다. 그럴 때 (전)황복사는 낭산 자락에 위치하므로 무엇보다도 먼저 양자의 관련성을 살펴봄이 바람직한 순서일 터이다.

신라는 통일전쟁에서 승리를 거둠으로써 엄청나게 늘어난 영토와 인민을 전면적으로 재편하는 작업을 추진하였다. 일종의 신라국가 개조(改

---

59) 『삼국유사』1 왕력 경명왕조.
60) 『삼국사기』12 신라본기 경명왕 8년조.

造) 작업이라고 하여도 좋을 정도였다. 그 결과로써 신문왕대에 그려진 큰 그림은 이른바 지방제인 9주(州) 5소경(小京)과 군제인 9서당(誓幢) 및 녹읍제의 폐지와 문무관료전(文武官僚田) 속에 녹아있다.

그와 함께 전국의 명산대천을 대대적으로 정리하여 자연물 대상의 국가 제사체계를 완전히 새롭게 갖춘 사실도 주목해 볼 대상이다. 산천에 대한 제사는 크게 대·중·소의 3등급으로 분류하였는데 그 가운데 가장 큰 제사인 대사(大祀)에는 유일하게 3산(山)만을 배당시켰다. 3산은 나력(奈歷), 골화(骨火), 혈례(穴禮)의 셋으로서 이들은 각각 왕경 중심부와 주변부에 퍼져있었다.[61]

그중 위치를 습비부(習比部)라는 단서를 단 나력이 주목된다. 3산 중 나력만이 왕경을 구성하는 행정 단위인 6부(部) 가운데 습비부에 속하였음을 보여준다. 그런데 나력은 지리적으로나 음운(音韻) 상으로 보아 낭산으로 추정함이 일반적이다.[62] (전)황복사지 일대에서 출토된 명문기와 가운데 습부(習部, 또는 習府)가 적지 않게 확인됨은[63] 그런 추정을 보완하기에 충분하다.

낭산은 사실 경주분지의 평지 속에서 유난스레 우뚝한 구릉을 이룸으로써 크게 돋보이는 곳이다. 왕경의 중심부 어느 쪽에서도 바라볼 수 있을 뿐 아니라 정상부에서는 웬만하면 시가지 전체를 굽어볼 수 있는 거의 유일한 위치에 해당한다. 따라서 왕경 거주자들의 일상과 밀착해 언제든자 바라볼 수 있어 매우 신성한 곳으로 여길 만한 대상이었다. 그런 추정의 일단은 다음의 기록을 통해서 뚜렷이 보완된다.

---

61) 『삼국사기』 32 잡지 제사1.
62) 주보돈, 「신라 낭산의 역사성」 『신라문화』 44, 2014.
63) 성림문화재연구원·경주시, 앞의 보고서, pp.234~243.

D) 12년 가을 8월 구름이 낭산에서 일어났는데 바라보니 마치 누각과 같았다. 향기가 가득하여 오래도록 없어지지 않았다. 왕이 이르기를 '이는 필시 선령(仙靈)이 내려와 노니는 것이니 응당 복지(福地)일 터이다'고 하였다. 이후부터는 사람들이 나무를 베지 못하도록 하였다.(『삼국사기』3 신라본기 실성이사금조)

　이는 낭산과 관련해 상당한 의미가 깃든 최초의 기록이다. 실성왕 12년(413) 이 사건이 일어나기 직전까지 낭산의 구체적인 실태는 알기 어려우나 사람들이 마음대로 출입하면서 나무를 마구 베어낼 정도였다고 하므로 일단 줄곧 신성하게 여긴 공간으로서 적극 보호받는 대상은 아니었을 터이다.[64]
　하지만 그와 같은 신비스런 일이 벌어진 뒤부터 사정은 판연하게 달라졌다. 신라국가는 낭산을 특별한 복지로 인식해서 이후부터 거기에 함부로 들어가 마음대로 나무를 베지 못하도록 조치하였다. 이로 말미암아 일대에는 저절로 상당한 숲이 조성됨으로써 더욱 더 신성시되어졌으리라 추측된다. 실성왕의 말처럼 실제로 선령들이 노는 곳처럼 인식한 것이다. 그것은 낭산 남쪽 산자락이 신들이 노니는 숲이라는 뜻의 신유림(神遊林)으로 불린 데서[65] 유추된다.
　신유림과 천경림(天鏡林)을 비롯한 왕경의 중심 시가지 일대에서 신성시된 자연적 공간 7곳에는 불교가 신라의 국가적 종교로서 공인된 6세

---

64) 주보돈, 앞의 글(2014), p.6.

65) 『삼국유사』2 기이 2 「문호왕법민」조. (전)황복사지에서 출토된 비편 가운데 하나에 '遊林'이란 표현이 보이는 것도 그와 관련하여 주목된다. (전)황복사도 낭산과의 관계 속에서 창건되었을 가능성을 시사해 주기 때문이다.

기 전반부터 흥륜사, 황룡사 등과 같이 각별히 유력시된 국가 사찰이 순차적으로 들어섰다. 그래서 뒷날 신라가 앞으로는 물론 원래부터 불국토(佛國土)였다는 강한 인식을 불어넣음으로써 전불(前佛)시대의 가람 터로도 여겨졌다.[66] 이 가운데 신유림에 통일 이후 호국 불교의 대표적 사찰인 사천왕사가 들어선 사실이 주목된다.

사천왕사가 낭산 자락에 세워지기에 앞서 이미 중턱에는 선덕여왕릉이 조영된 상태였다. 두루 알려져 있다시피 선덕여왕릉의 조영과 관련하여 특이한 설화가 전해지고 있다. 선덕여왕이 아직 병들지 않았을 때 사망할 날짜를 미리 알려주면서 도리천(忉利天)에다 묻어달라는 유언을 남겼다. 신하들이 그 장소가 어딘지 알지 못하자 선덕여왕은 낭산 남쪽이라 일러주었다 한다.[67]

이는 정치성을 강하게 지녀 성격상 약간 차이를 보이는 두 종류의 설화와 함께 엮어 선덕여왕이 평소 남다른 예지력(叡智力)을 지닌 인물이었음을 보여주려는 사례 가운데 하나이다. 그것은 여하튼 낭산의 중턱을 도리천으로 인식하였음은 곧 정상에 상상의 세계인 수미산(須彌山)이 있는 것으로 여겼음을 뜻한다. 그런 선덕여왕의 예지력이 증명된 것은 사후 오랜 세월이 지나서 문무왕이 남쪽에 사천왕사를 창건하면서였다.

이로써 낭산은 단순히 신선이 놀던 신성한 공간의 수준을 훌쩍 뛰어넘어 신라 불국토의 중심지로까지 인식되기에 이른 것이었다. 이는 낭산이 신라인에게 전통적인 산악신앙의 중심임과 함께 달리 유례를 찾기 어려운 최고의 불교 성지라고 여겨졌음을 뜻한다.

이상과 같이 보면 낭산은 실성왕 이후 차츰 신성시되기 시작해 이후

---

66) 동상 흥법 「아도기라」조.
67) 동상 기이1 「선덕왕 지기삼사」조.

남쪽 자락이 신유림으로 불리고 중턱에는 선덕여왕릉이 조영됨으로써 사후세계와도 연결되었다. 마침내 삼국통일 직후 문무왕이 신유림에 호국의 중심 사찰인 사천왕사를 세움으로써 3산은 대표적인 토착의 산악신앙과 함께 불국토의 상징으로까지 나아가는 변천을 거쳤다. 이리하여 낭산은 여러모로 가장 신성하게 여겨진 공간으로서 뿌리내려진 것이다.

그처럼 너무도 신성시된 공간인 낭산의 동북편 귀퉁이에 선덕여왕릉과 호국사찰인 사천왕사가 들어서기 이전에 벌써 다른 사찰이 먼저 창건되었다는 자체는 이해하기 어려운 면모이다. 만일 그렇다면 앞서 소개한 설화 자체가 기실 별다른 의미를 갖지 못하게 되는 것이기도 하다.

게다가 창건이 그렇게 이른 시기였다면 낭산 자락과 주변에 아직 아무런 사찰도 들어서지 않았으므로 공지가 무척 많을 터인데 왜 하필 후미진 곳이 선정되었을까도 의심스럽다. 특히 왕경 중심부에서 바라다볼 수 있는 곳도 아닌 정반대편, 그마저도 동북쪽의 한 귀퉁이에다가 호국의 중추로서 기능한 사천왕사보다 앞서 다른 어떤 사찰이 들어섰다고 보기는 지나친 억측이다.

사실 사명을 근거로 해서도 (전)황복사지를 황복사지로 비정함은 너무도 안이하다는 느낌이다. 황룡사의 창건 설화에서 황룡의 출현 사실이 시사해 주듯이 그 부근 일대는 일반적으로 왕경의 중심부로 인식되어 왔다. 황색은 오방색(五方色) 가운데 중앙을 가리킨다. 그래서 신궁을 사찰로 바꾸면서 하필 황룡이 출현한 설화를 지어내어 사명을 황룡사라 고쳐 지은 것이었다.

왕궁인 월성이 왕경의 남쪽에 치우쳐 더 이상 증대되는 신라국가의 발전에 부응하는 기능을 하지 못하는 임계 상황에 다다르자 이를 극복할 대안으로써 그동안 용궁(龍宮)으로 불려 온 저습지 일원에 대대적인 토목공사를 벌여 신궁을 지으려다가 도중에 황룡사로 바꾼 것이다.[68] 그렇게 된 것은 여러 요인이 작용하였겠지만 일대가 신궁의 대상지로서 선정된 데에는 왕경의 중앙부란 지리적 위치 때문이었다.

이후 황룡사는 호국 사찰의 중심 거점이 되었으며 동시에 왕경의 도시개발을 추진해 가는 구심으로서 기능하였다. 황룡사를 중심축으로 해서 사방의 도로망이 비로소 체계적으로 갖추어져 나갔다. 사찰이 창건된 직후 중앙에 위치한 까닭에 사명을 잠시 황룡사(黃龍寺)라 불렸으나 정치성과 강하게 결합하면서 얼마 뒤부터는 황룡사(皇龍寺)로 고쳐 불렀다. 이후 두 사명은 서로 통용되기도 하였다.

이처럼 황룡사의 황은 원래 중앙부를 가리키면서 이를 토대로 곧 황제의 뜻으로도 치환되었다. 그런 인식을 배경으로 황룡사는 물론 왕궁의 중심지 일원에 세워진 사찰에는 '황'이란 글자가 들어간 사명이 곧잘 사용되었다. 예컨대 바로 인근의 북쪽에 있는 선덕여왕 3년(634) 창건한 분황사(芬皇寺)를 들 수 있다.

한편 왕궁의 현 위치를 나타낼 때 황룡사와 함께 사용된 황성사(皇聖寺)도[69] 그런 사례로서 손꼽을 수 있다. 황룡사와 황성사의 중간에 왕궁이 위치하였음을 보여주는 것이다. 현재 황성사와의 구체적 위치는 확실하지 않으나[70] 왕궁 부근이었음은 분명하다.

이런 몇몇 사례로[71] 미루어 황복사의 위치를 가늠하는 데에도 사명에

---

68) 주보돈, 「황룡사의 창건과 그 의도」 『한국사연구』176, 2017 참조.

69) 『삼국유사』 2 기이2 「문호왕법민」조.

70) 국립경주박물관 동쪽의 구황동 옥다리들의 사지에 비정하는 견해가 있다.(박방룡, 『신라 도성』, 학연문화사, 2013, pp.144~146)

71) 그밖에 고승 원광이 사망하였다는 황륭사(皇隆寺)도 있으나 황룡사로 봄이 적절하므로 대상으로 삼지 않는다.

붙은 황은 크게 참고로 삼아야 할 사항이다. 황이란 글자가 사명에 들어
간 여타의 사찰이 모두 왕궁과 황룡사의 부근에 위치한 사실임에 비추어
황복사가 낭산의 서쪽 자락도 아닌 동북쪽 귀퉁이에 위치한 것으로 봄은
너무도 의아스럽게 느껴진다. 그곳은 중앙부를 바라볼 수 없는 후미진
위치이다.[72] 이는 (전)황복사를 황복사라고 비정하기 힘들게 하는 또 다
른 사례가 된다고 하겠다.

　사실 낭산에 들어선 것으로 추정되는 중생사나 능지탑 등도 사천왕사
이후에 창건되었다. 그럼에도 하필 선덕여왕대에 창건된 것으로 보이는
황복사만이 예외적으로 사천왕사보다 앞서 맨 먼저 낭산에 창건된 사찰
로 봄은 너무도 이상스럽다. 그러므로 (전)황복사를 황복사로 보기는 어
렵다. 이는 신문왕대에 창건된 또 다른 사찰로서 일단 「사라함기」가 보
여주듯이 당시 실상을 잘 보여주는 '종묘성령선원'의 성격을 띤 가람 정
도로 불러둠이 현재로서는 가장 무난할 듯하다.[73]

---

72) 사명에 '皇'이 들어간 사찰의 창건 시점이 통일 이전, 위치가 왕경, 특히 중심부에 한정되는 사
　실은 주목해 볼 대상이다. 신라에서 '皇'이란 단어가 갖는 특수한 용법이 존재하였음을 시사해
　주기 때문이다. 게다가 신문왕대부터 두어진 국가사찰인 성전사원 속에는 '황'이 들어간 사찰
　이 전혀 포함되지 않았음도 특이하다.(그런 의미에서 9세기 후반 황룡사가 성전사원으로 지
　정된 것은 시대적 변화상을 반영한다고 볼 수도 있겠다) 어쩌면 문무왕 4년(664)의 불사에
　대해 멋대로 시주하지 못하도록 조치한 금령(『삼국사기』6 신라본기 문무왕 4년조)도 그런 실
　상과 연관될지 모른다.

73) 필자는 앞서 제시한 주에서 잠시 밝혀두었듯이 (전)황복사의 구체적 대상을 굳이 지적한다면
　현재 수준에서 여러모로 봉성사로 봄이 적절하다는 입장이다. 종묘성령을 모신 (전)황복사가
　봉성사라면 통일기의 7대 성전사원 가운데 서열상 대표적 호국사찰인 사천왕사 다음 가는 위
　치에 놓였음도 이해가 가능해지는 대목이다. 특히 (전)황복사지에서 출토된 비편에서 성전사
　원의 존재를 확인할 수 있다면(윤선태, 앞의 글 (2000), p.11) 이는 (전)황복사가 곧 봉성사임
　을 방증해 주는 또 다른 사례로서 손꼽을 수 있다. 『신증동국여지승람』에 봉성사의 위치를 부
　의 동쪽 4리에 있다는 지적도 참고 사항이 될 듯싶다.

6. 나가면서

새로이 출토된 고고자료가 기왕에 논란해 온 문제점을 부분적이나마 풀어주는 데 기여함이 일반적이다. 그런 경향성에 견주어 (전)황복사지의 발굴로 얻어낸 자료들은 그런 과제를 풀기는 커녕 오히려 더 미궁 속으로 빠트린 듯한 느낌이 든다.

어쩌면 이런 현상이 다른 측면에서 바라보면 바람직한 일로도 여겨진다. 이를 계기로 논의가 한층 무성해져 각종 잘못을 시정할 기회로도 작용할 뿐만 아니라 그런 과정을 거침으로써 전반적인 내용도 한결 풍부해질 수 있을 터이기 때문이다.

그런 측면에서 이번 (전)황복사지 발굴 결과가 던져주는 교훈은 작지 않은 것으로 여겨진다. 먼저 기존에 지나친 선입견에 긴박된 결론이 안고 있는 문제점이다. 그를 마냥 고집하고 집착해서는 더 많은 잘못을 범할 수 있음이 드러난 것이다. 당연시해 온 문헌 기록조차 철저한 점검과 분석을 거치지 않으면 안 된다는 사실을 보여주었다.

구체적으로는 탑파와 사원의 구조 문제이다. 이미 오래전부터 정형화된 상태로 생각해 온 경우에도 반드시 재점검해 볼 필요성이 제기된 것이다. 언제나 일원화된 하나의 유형만이 존재하는 것은 아니다. 기왕에 탑파와 사원 구조를 너무나 단순화시켜 생각하는 오류를 범하였다.

이런 잘못은 이제 여러 분야가 다 함께 소통하고 융합적인 접근을 도모함으로써 시정될 수 있으리라 여겨진다. 그럴 때 (전)황복사지의 사명이나 성격 및 위상 등도 아울러 제대로 드러날 수 있을 것으로 확신한다.

* 이 글은 2022년 3월 성림문화재연구원이 주관한 「경주 황복사지」란 주제의 학술회의에서 발표한 내용을 보완 정리한 것이다.

3. 성전(成典)사원으로서의 봉성사(奉聖寺) 창건과 그 의미

1. 들어가면서

두루 알다시피 첫 단추가 잘못 끼워지면 그 아래는 모두 저절로 어긋나게 마련이다. 두 줄 사이에 생겨난 약간의 간극은 멀리 갈수록 차츰 더 벌어져 끝내 원상태로 되돌리기 어렵게 된다. 신라 통일기의 대표적인 국가사찰 가운데 하나인 봉성사(奉聖寺)와 관련한 현재까지의 논의 내용을 일별하면 그런 사정과 퍽이나 닮았다는 느낌이다.

봉성사는 창건 배경을 비롯하여 성격, 위치 등등 몇몇 기본 사항을 두고 여러 이견(異見)이 마구 뒤얽혀 매우 혼란스럽다. 그렇게 된 근본적인 요인은 사료의 잔존 상태 때문이겠으나 이후 확보한 새로운 자료에 대한 해석의 잘못에서 비롯한 바도 작지 않다.

봉성사는 중대(中代)의 국가사찰인 이른바 7대 성전사원(成典寺院) 가운데 서열상 둘째에 자리할 정도로 당시 매우 중요시된 사찰이다. 성전사원의 성격이나 기능을 놓고 논란해 왔지만 국가사찰이었음은 의심할 여지가 없다. 전체 세 편으로 구성된 『삼국사기』 직관지(職官志) 가운데 신라의 중앙행정관부 전반을 다룬 상편(上篇)에 성전사원이 배치되어 있음은 그를 뚜렷이 보여준다. 이는 창건 관련 기사가 같은 책 신라 본기에 소개된 데에서도 보증되는 사실이다.

그런데 『삼국유사』에서도 창건 관련 기사가 실려 있다. 이에 의하면 평소 건강이 그리 썩 좋지 못한 신문왕(神文王, 681~692)의 병세를 진단한 밀교 승려 혜통(惠通)이 전생(前生)에서 빚어낸 개인적 원한 때문이라고 처방하였다. 이에 신문왕이 혜통의 충고를 받아들여 신충(信忠)이란 인물의 원혼을 달래주기 위해 봉성사를 창건해서 사명(寺名)도 '신충봉성사(信忠奉聖寺)'로 지었다고 한다.[1] 봉성사 창건이 마치 특정 신하를 위한 원찰인 듯이 그려져 있다.

그처럼 봉성사의 기본 성격을 추출해낼 수 있는 두 사서(史書)가 보여주는 내용의 차이는 너무도 크다. 만일 『삼국유사』대로 '신충봉성사'가 곧 봉성사라면 여기에는 적지 않은 문제점이 담겨진 셈이 된다. 성전사원인 봉성사가 액면대로 국왕이 아닌 특정 신하 개인의 추선(追善), 추복(追福)을 위한 원찰이라면 국가사찰로 보기는 어려워지기 때문이다. 그렇다면 성전사원에 대한 전반적인 이해까지도 원천적으로 문제 될 소지가 엿보인다.

봉성사가 창건될 무렵 신문왕이 당면한 현실 문제 및 혜통과의 긴밀한 관계 등 몇 가지 측면을 아울러서 고려하면 설화 속에 아무런 역사성도 담겨져 있지 않을 것으로 단정하기는 어려울 듯싶다. 특히 봉성사의 온전한 원래 이름이 '신충봉성사'였다고 한 데서도 그런 점은 저절로 우러난다.

상당한 전승의 과정을 거쳐 기록되기에 이른 설화는 본질적으로 접근

---

1) 『삼국유사』5 신주 「혜통항룡」조.

방식과 입장에 따라 여러 갈래의 다양한 논의가 이루어질 수밖에 없는 속성을 지니게 마련이다. 만약 거기에 일정한 역사성이 깃들었다면 그로부터 봉성사의 성격이나 기능을 이해해 볼 만한 약간의 실마리 추출도 가능해지겠다. 한편 그와 관련해서 봉성사 안에 절원당(折怨堂)이라는 이름의 특이한 사당이 들어선 점도 그를 이해하는 데에 참고로 삼을 만하다.

봉성사의 기본 성격과 함께 그 위치도 그동안 문제가 되어왔다. 나름의 근거를 가진 여러 추론이 제기되었으나 대부분 방법론에서 근본적인 한계가 엿보인다. 특히 관련 사료에 대한 접근 방식이 상식을 뛰어넘은 탓에 선뜻 받아들여지지가 않는다. 그와 연동해 황복사(皇福寺)의 위치까지 전혀 엉뚱하게 비정함으로써 상당한 혼선이 빚어졌다.

여기서는 봉성사의 창건 배경과 의도를 먼저 점검하면서 성전사원의 기능과 변화를 나름대로 새롭게 구명해 보고자 한다. 한편 봉성사의 위치를 제대로 밝혀 창건의 목적과 그 의미를 좀 더 선명히 밝혀보려고 시도한다. 이는 통일기 신라 불교계의 동향에 가까이 다가가 볼 수 있는 방편의 하나가 될 터이다.

2. 통일기 신라 불교계의 동향

오랜 기간에 걸쳐 국가의 명운이 달린 삼국 간의 쟁패에서 최후의 승자는 신라로 낙착되었다. 신라는 이로써 정치·경제적으로는 물론 사회 전반에 걸치는 엄청난 변모를 겪을 수밖에 없었다. 그 중 직전까지 지배이데올로기로써 기능해온 불교계의 동향은 각별하게 눈여겨볼 대목이다.

사실 신라 불교계에서 어떤 변화가 일어날 조짐은 김춘추(金春秋)가 즉위하면서부터 도드라졌다. 선덕여왕(善德女王, 632~647) 말년인 647년 정월 초 상대등 비담(毗曇)이 일으킨 반란 사건을 영원한 동지 김유신(金庾信)의 도움으로 수습하면서 즉위의 발판을 굳힌 김춘추는 이후 당 문화의 수용에 대단한 적극성을 보였다.

기왕에 당시 그런 시도를 당면의 대외적 위기 상황으로부터 벗어나려는 방편으로서 당과의 군사 동맹 맺기를 겨냥한 수단이었던 듯이 이해하는 경향이 짙었다. 하지만 이후의 진행 경과와 결과를 아울러 참작하면 단지 거기에만 머물지 않았다. 신라 지배체제의 전반을 선진의 당제 도입을 통해서 혁신시켜 보려는 강한 욕구를 드러내었음이 유추된다.[2] 말하자면 신라사회를 전면적으로 재편해보려는 시도의 일환이었다.

특히 그 밑바탕에 기존의 지배이데올로기를 유학(儒學)으로 대체하려는 지향이 깔렸음은 특별히 유의해 볼 대목이다. 그로 말미암아 기존의 국가와 불교의 관계는 전후(戰後) 전반적인 재조정이 불가피해졌다. 그에 어우러지게 불교계 자체 내부도 크게 변모를 겪을 수밖에 없는 국면이었다.

오래도록 즉위를 꿈꾸어온 김춘추는 드디어 진덕여왕(眞德女王, 647~654)의 뒤를 이었으니 바로 무열왕(武烈王, 654~661)이다. 그 즈음 잇단 여왕의 즉위는 물론 정치 운영에 반발한 전통 보수적인 진골귀족들과 대적하면서 동지적 입장을 취해온 고승 자장(慈藏)을 무열왕은 즉위 직후 곧바로 밀어내었다.[3] 중앙에서 내몰린 자장은 이후 오대산으로 들어가서 생활하다가 객사하였다.

---

2) 그런 사정 전반에 대해서는 주보돈, 『김춘추와 그의 사람들』, 지식산업사, 2018 참조.
3) 남동신, 「자장의 불교사상과 불교치국책」 『한국사연구』 76, 1992, p.42.

3. 성전(成典)사원으로서의 봉성사(奉聖寺) 창건과 그 의미   305

무열왕은 뒤이어 장산(獐山) 출신의 승려 원효(元曉)를 사위로 삼아 분황사(芬皇寺)에 머물도록 하고 적극 후원하는 파격을 보였다.[4] 이는 머지않아 불교계에 작지 않은 파장이 벌어질 것임을 예고해 주는 일종의 신호탄이었다. 다만, 갓 즉위해 백제와의 전면전 준비에 박차를 가하던 도중이어서 지배질서의 새로운 구축은 물론 불교계의 본격적인 재편 과업 일체가 뒷날의 과제로 미루어질 수밖에 없었다.

660년 나당연합군의 대대적인 공세로 멸망에 이른 백제의 유민들은 결집을 도모하면서 663년까지 무려 3년에 걸쳐 부흥운동을 치열하게 펼쳤다. 도중인 661년 6월 무열왕이 사망하고 태자 법민(法敏)이 뒤를 이었으니 바로 문무왕(文武王, 661~681)이다.

문무왕은 백제 부흥운동을 제압한 이듬해인 재위 4년(664) 8월 느닷없이 재화(財貨)와 토지를 멋대로 불교 사원에 시주하지 못하도록 하는 조치를 취하였다.[5] 왜 갑작스럽게 그와 같은 결단을 내린 것인지 선명하지가 않다. 다만, 거기에는 앞으로 불교계를 대상으로 삼아 추진해 나가려는 어떤 치밀한 정책이 예비되고 있었을 성싶다.

바로 그 시점이 백제 부흥운동의 제압 직후임과 동시에 같은 해 정월 부인(婦人)들의 공식 의례복을 돌연 당복(唐服)으로 바꾼 사실이 주목된다. 이는 앞서 649년 관료들의 공복(公服)을 당복으로 고친 사실에[6] 상응하는 결정이었다. 아마도 백제 멸망에 따른 내부 체제 정비의 일환이었을 성싶다.

신라 불교계는 중국과 달리 공인 이후 어떠한 정치적 탄압도 겪지 않

---

4) 남동신, 「원효의 교판론과 그 불교사적 위치」 『한국사론』 20, 1988, p.13.
5) 『삼국사기』 6 신라본기 문무왕 4년조.
6) 동상 5 신라본기 진덕왕 3년조.

앞음이 특징적이다. 이런 현상을 염두에 넣으면 문무왕의 통제 조치를 무조건 억압책의 일종으로 해석하기는 곤란하다. 그렇다면 그것은 기존 불교계에서 철저히 배제된 비주류의 원효가 적극 지원 받은 사실과 연계하여 이해해 봄 직하다.

새로운 지배질서의 지향에 어울리게 불교계 전반을 재조정하기 위한 선제적인 조치로서 시행된 듯한 느낌이 강하다. 사실상 신라국가가 불교와의 관계를 정면 재편해보려는 움직임을 본격화한 셈이었다. 그런 추정을 보증해 주는 구체적인 실상은 여러 측면에서 간취된다.

668년 고구려 멸망 후 신라는 점차적으로 동맹국 당과의 전쟁이 불가피함을 느껴갔다. 당은 이미 신라와 연합해 백제와의 전쟁을 시작하면서부터 앞으로 고구려는 물론 신라까지도 장악하려는 야심을 드러내었다. 백제와 싸움을 시작하기도 전에 두 나라 사이에 벌어진 갈등 양상에서 그럴 만한 단초가 엿보인다. 이 사건으로 자칫 이때 두 나라가 당장 전쟁을 치를 뻔하였다.[7] 공동의 적을 당장 눈앞에 둔 마당이어서 일단 타협으로 봉합되기는 하였으나 그렇다고 갈등의 근원까지 말끔히 해소된 상태가 아니었다.

이후 백제의 고토를 놓고 두 나라가 내비친 기본적인 입장의 차이와 그에 따른 대치의 양상, 이를테면 웅진도독부(熊津都督府)의 설치나 백제 유민의 지원, 웅진 취리산회맹(就利山會盟), 뒤이은 전쟁 관계 세력들이 함께 당장(唐將) 유인궤(劉仁軌)에게 이끌려 태산(泰山)의 봉선(封禪)의례

---

7) 바로 눈앞에 백제라는 공동의 적을 둔 상태임에도 당과의 싸움까지 불사하겠다고 분노한 김유신의 자세에서 그런 상황을 읽어내기에 충분하다. 이후 전쟁이 진행되는 데서는 물론 마무리된 뒤에도 여기저기에 그런 사정을 추정할 만한 내용이 엿보인다. 이에 대해서는 주보돈, 앞의 책 참조.

참여 등 일련의 사태에서[8] 그런 구체상이 간취된다.

한편 멸망한 고구려의 왕도인 평양에다 안동도호부(安東都護府)를 설치해 영속적인 영역 지배를 겨냥하고 나아가 이곳을 주요 거점으로 삼아 신라를 강하게 압박하려는 데서도 당의 의도가 드러났다. 당이 전쟁을 추진하면서 신라 지배층의 내분 양상을 적절히 활용하려 한 사실을 통해서도 유추된다.

신라는 부득이 당과 연합해서 백제 및 고구려와의 전쟁을 치렀지만 그 궁극적인 목표가 어디에 놓인 것인지를 제대로 가늠해 가고 있었다. 그래서 줄곧 당의 움직임을 예의주시하면서 여러모로 첩보의 수집에 애썼다. 그러는 한편 고구려 멸망 직후 오랜 기간의 전시(戰時) 동원체제로 생활이 피폐해진 인민들을 위해 그들이 진 부채나 이자를 모두 탕감해 주고, 죄수를 사면(赦免)하는 등 재빠르게 전후(戰後) 처리를 도모하였다.[9] 이는 또 다른 전쟁의 준비를 위한 대비책이기도 하였다.

한편 당으로 하여금 결코 전쟁의 명분을 주지 않으려는 자세로 가능한 한 직접적인 충돌은 피해보려는 유화책도 펼쳤다. 그런 일환으로서 669년 총사령관 김유신(金庾信)의 동생인 각간 흠순(欽純)과 측근인 파진찬 김양도(金良圖)를 사죄사(謝罪使)로 삼아 당나라에 급파하였다.[10]

당에서는 두 사람을 즉각 옥에 가두었다. 당은 신라가 마음대로 백제의 고토와 유민(遺民)을 장악한 사실을 명분으로 삼았다.[11] 감옥에 갇힌 흠순은 귀국 길에 오른 화엄 승려 의상(義湘)에게 당의 본격적인 전쟁 준

---

8) 『삼국사기』6 신라본기 문무왕 5년조.

9) 동상 문무왕 9년조.

10) 동상. 이후 신라의 당나라 대상 사죄사 파견은 한두 차례 더 확인된다.

11) 동상 문무왕 10년조.

사천왕사 목탑지

비 사실을 알렸다.[12] 그 자신도 바로 얼마 뒤에는 풀려나 귀국하였으나 양도는 옥사(獄死)하였다. 의상에게서 얻은 정보를 근거로 당과의 일전 (一戰)이 불가피하다고 판단한 문무왕은 즉각 신료회의를 열어 대비책 마련에 나섰다.

이때 각간 김천존(金天尊)이 밀교승려 명랑(明朗)을 천거하였다. 문무왕 은 명랑으로 하여금 당의 공격에 대한 대처 방안을 강구하도록 명령하였 다. 명랑은 문두루비법(文豆婁秘法)의 구사를 제안하였다. 그를 실행으로 옮기기 위한 임시의 사찰로서 명랑은 부랴부랴 사천왕사를 낭산(狼山)의

---

12) 『삼국유사』5 의해 「의상전교」조. 다만, 같은 책2 기이 2 「문호왕법민」조에서는 의상에게 정보 를 전달한 인물을 김인문이라 하였다. 의상의 귀국 시점이 670년임을 고려하면 전자가 옳을 성싶다.

남쪽 자락 신유림(神遊林)에다 세우도록 건의하였다.[13]

임시적 성격의 사천왕사 창건 무렵 신라의 수군(水軍)은 당군과 맞붙어 몇 차례 수장시키는 전과(戰果)를 올렸다. 이후 명랑을 크게 신뢰한 문무왕은 그가 제기하는 각종 방책을 그대로 받아들였던 것 같다. 이를테면 왕경이나 왕궁을 화려한 모습으로 치장하는 쇄신책을 비롯해 온전한 면모를 갖춘 사천왕사의 정식 창건 및 양지(良志)가 그린 신장상이 새겨진 탑의 조영,[14] 동해 연안의 감은사(感恩寺) 창건, 문무왕의 주검에 대한 불교식 화장과 동해용왕을 겨냥한 대왕암(大王岩)의 산골 등 갖가지의 파격적 조치이다. 문무왕이 당과 싸우면서 추진한 통일정책 대부분에 명랑은 적극적으로 동참하고 주도하였다. 특히 당시에 마련된 새로운 성격의 호국 불교적 시책은 거의 모두 명랑의 발의에 따라 이루어진 것으로 여겨진다.[15]

이런 양상은 적어도 문무왕대에 명랑 혹은 그 중심의 밀교 계통이 신라 불교계의 새로운 구심으로서 부상해가고 있었음을 뜻한다. 명랑은 자장법사의 조카로서 진골귀족 출신이다. 그의 어머니 법승낭(法乘娘), 즉 남간(南澗)부인은 자장의 누나로서 출가한 세 아들을 두었는데, 명랑은 그 중의 막내였다. 632년 당나라에 유학한 뒤 3년 만인 635년 귀국하였다.[16]

---

13) 동상 2 기이 2 「문호왕법민」조.
14) 양지가 사천왕사 목탑에 만들어 넣은 것이 8부중상이라고 하였으나 실제 발굴을 통해 드러난 것은 그와 달라 성격이나 명칭을 둘러싸고 논란하고 있다. 당시로서는 놀라운 수준의 새로운 것이었음은 의심할 바 없다.
15) 주보돈, 「신라 낭산과 밀교」 『신라 낭산의 시간, 미래로 잇다』(경주 낭산 일원 보존 정비와 활용을 위한 학술대회), 국가유산진흥원, 2024.
16) 『삼국유사』 5 신주 「명랑신인」조.

명랑은 귀국하자마자 자신의 집을 희사해 금광사(金光寺)를 지은 사실만 알려져 있을 뿐 천거되기 직전까지의 구체적 활동 양상은 기록상 확인되지 않는다. 이마도 당시 비주류인 밀교계통이었던 까닭에 기존 불교계 주류로부터 철저히 배척당하였을 공산이 크다.

그러다가 당과의 전쟁을 기화로 기왕과는 전혀 다른 호국의 시책이 요구되는 새 국면을 맞아 그에 적절한 대응책 마련에 성공하면서 불교계의 주류로서 부상해간 것이다. 아마도 그 밑바닥에는 앞서 언급하였듯이 중대정권이 불교계를 전면 개편하려는 의도가 강하게 작동한 데서 말미암았을 것 같다.

명랑에 견주어 전쟁 관련 고급의 정보와 함께 가장 최신의 화엄교학을 익히고서 당에서 갓 귀국한 의상은 자신의 공로와 함께 기대에 상응하는 대우를 받지 못하였다. 의상도 유력한 진골귀족 출신으로서 진덕여왕 7년(653) 황복사에서 출가한 승려였다.

의상은 문무왕이 즉위하던 661년 당나라로 유학해 종남산(終南山) 지상사(至相寺)에 머물면서 중국 화엄의 2대조인 지엄(智儼)으로부터 가르침을 받았다. 당시 뒷날 중국 화엄의 3대조가 되는 현수(賢首) 법장(法藏)보다 한층 더 뛰어난 실력을 인정받았던 것 같다.

의상은 귀국 직후 황복사에 잠시 주석하였다. 당의 전쟁 추진 정보와 함께 새로운 화엄교학으로 무장해 귀국하였으나 끝내 주류로서 왕경에 뿌리내리지 못한 채 변방으로 밀려났다. 아마도 거기에는 명랑의 급부상이란 현실 상황이 큰 몫을 하였을 성싶다. 태백산으로 들어간 의상은 676년 국가의 지원을 받아 부석사(浮石寺)를 창건하고 화엄승려를 양성하는 데에 주력하였다.[17) 하지만 끝내 왕경으로 되돌아오지는 못하였다.

문무왕은 통일 이후 진행한 대대적인 왕경 쇄신책의 마무리 작업으로서 새로운 왕성(王城)을 지으려고 추진하였다. 그 소식을 접한 의상은 정교(政敎)만 밝다면 비록 땅에다 대충 줄을 긋더라도 백성들이 함부로 넘나들 수 없고 또한 재앙조차 복이 될 수 있다는 글을 올려 강경한 반대의 입장을 표명하였다.[18) 문무왕은 그 때문인지 왕성의 건설 작업을 더 이상 추진하지 않았다. 그것은 여하튼 문무왕대는 이미 명랑 중심의 밀교에 매우 경도된 탓에 새로운 화엄계통이 뿌리내리지 못하였다.[19)

문무왕은 사후(死後)에 호국의 대룡(大龍)이 됨으로써 불법(佛法)을 받들고 나라를 수호하려는 뜻을 내비쳤다. 지의법사는 용이란 한갓 짐승에 지나지 않음을 내세워 말렸지만 문무왕은 끝내 자신의 뜻대로 강행해 주검을 화장하고 동해의 대왕암에다 묻도록 유언하였다. 이에 지의법사(智義法師)의 대응 태도에서도 의상과 비슷한 면모가 간취된다.

전후 사정으로 미루어 앞서 잠시 지적한 것처럼 문무왕이 대룡 개념을 제시한 것도 명랑의 창안에 따른 호국 대책의 방안이었다.[20) 당으로부터 귀국하던 길에 서해의 용왕을 만난 사실이나 바다의 방어와 관련해 문두루비법을 써서 당군을 수장시킨 일, 사천왕사의 정식 완공이나 감은사의 창건 등이 모두 바다와 연관이 있는 데서 유추되는 사실이다. 지의법사가 어떤 계통, 어떤 성격의 승려인지 분명하지 않으나 원래 불교계

---

17) 『삼국유사』4 의해 「의상전교」조.

18) 『삼국유사』2 기이 2 「문호왕법민」조. 다만, 『삼국사기』6 신라본기 문무왕 9년조에서는 문무왕이 의상에게 직접 자문을 구한 것처럼 되어있어 차이가 난다.

19) 이에 대해서는 김상현, 「신라 중대 전제왕권과 화엄종」『동방학지』44, 1984 및 김복순, 『신라 화엄종연구 : 최치원의 불교관련저술과 관련하여』, 민족사, 1990 참조.

20) 주보돈, 앞의 글 (2024)참조.

의 주류로서 의상과 마찬가지로 명랑에게 밀리자 반발하는 모습의 일단을 드러낸 것으로 여겨진다.

이처럼 신라 불교계 내부에서 진행된 일정한 변화 양상은 무열왕대 자장의 배제와 동시에 행해진 원효의 중용으로부터 시작해 당과의 전쟁이란 새로운 국면을 맞은 문무왕대에 이르러서 본격화하였다. 통일전쟁이 완료된 이후 이제 신라 불교계는 세 가지 방향으로 움직인 것 같다.

하나는 원효의 중용이 시사해 주는 바처럼 강한 불교 대중화의 경향이다. 원효는 장기간의 전쟁으로 지친 대중을 구제해 주기 위해 정토(淨土)신앙을 앞세워 교화에 적극 나섰다. 원효와 뜻을 같이해 친밀한 관계를 맺고 같은 시기에 활동한 비슷한 성격의 혜공(惠空), 진정(眞定), 사복(蛇卜), 대안(大安) 등의 포교도 아울러 주목된다. 이들은 대부분 천민을 비롯한 낮은 신분 계층 출신으로서 원효처럼 당시 불교계의 비주류에 속하였다. 이들의 본격적인 활동으로 여러 갈래의 불교는 기왕의 귀족 중심 일변도로부터 벗어나 새로운 성격의 신앙으로서 널리 성행하였다.

또 하나의 흐름은 백제나 고구려 등 망국의 유민 승려가 중용된 사실이다. 문무왕은 사망할 즈음 백제의 귀족 출신으로서 삼장(三藏)에 통달하였다는 고승 경흥(憬興)을 받아들이면서 후계자인 신문왕으로 하여금 그를 국사(國師)로 삼도록 유언하였다. 하지만 신문왕은 경흥을 국사가 아닌 국로(國老)로 삼고 삼랑사(三郎寺)에 주석하도록 조치하였다.[21]

그 결과는 문무왕의 애당초 의도와 달랐다. 내부 반발이 심하였던 탓으로 여겨진다. 다만, 경흥은 그럼에도 상당한 우대를 받았던 것 같다. 경흥의 사례만이 전해지나 그 밖에도 적지 않은 수의 유민계통 승려가 신

---

21) 『삼국유사』5 감통 「경흥우성」조.

라 불교계에 포섭되었을 것임은 충분히 상정된다. 망국의 유민을 적극 포용해 신라 주민으로 안착시키려는 데서 나온 발상이었다. 이는 자연스럽게 불교계 내부가 한결 다양해지는 데에 직접적인 영향을 미쳤을 것임은 상상키 어렵지 않다.

다음은 이미 언급한 것처럼 밀교계통이 새로운 불교계의 주류로서 급부상한 사실이다. 기존에도 이미 밀교적인 성격을 강하게 지닌 안함(安含)이나 밀본(密本)과 같은 승려가 국왕의 치병 활동 등으로 정계와도 긴밀한 관계를 맺은 적이 있었지만 아직 밀교는 불교계의 주축으로까지 성장하지 못한 상태였다.

그런 측면에서 명랑의 부각은 각별히 주목해 볼만한 대상이다. 그 밑바닥에는 확연하게 달라진 호국의 국면이 작용하고 있었다. 문무왕대의 명랑이나 뒤를 이은 신문왕대에 또 다른 성격의 밀교승려 혜통(惠通)이 부상해간 것도 호국의 성격이나 내용이 바뀐 데에서 가능해진 일이었다.

통일 이전까지 주요 외적(外敵)은 신라와 영토를 직접 접속해 적대시하면서 동시에 오랜 기간 교류·교섭함으로써 서로 동류(同類) 수준으로 인식하기에 이른 백제와 고구려였다. 두루 아는 바처럼 당시 그에 대응하기 위한 호국의 구심 역할은 최고 최대의 국가사찰인 황룡사가 거의 전적이다시피 도맡았다.

그런데 눈앞의 주적인 백제와 고구려가 멸망한 뒤 이제 당과 일본이 그 자리에 대체되었다. 이들 새 적대세력은 신라와 영토를 직접 접속하지 않고 바다를 사이에 둔 점에서 기왕과는 판연하게 달라진 양상이었다. 그 때문에 외적의 위협에 대한 대응방책도 기존과는 달리 육지의 내륙 쪽이 아닌 바다 방면으로 쏠릴 수밖에 없었다.

사실 백제 멸망의 주된 요인 중 하나도 당병이 바다를 건너올 것임을 예측해 내지 못한 채 방심함으로써 허(虛)를 찔린 데에 있었다. 백제의 부흥운동을 지원하기 위해 참전한 왜 또한 바다를 건넜다. 이들이 새로운 주적으로 부상한 마당에 신라로서는 해양 쪽에 중점을 둔 방어대책을 수립하지 않을 수가 없었다.

이처럼 신라로서는 확연히 달라진 국면에서 바다 방어의 중요성을 절실하게 느껴가면서 적절한 대응책을 마련해야 하였다. 당이 머지않아 전쟁을 시작하리란 첩보를 입수하자 즉각 명랑을 자문역으로 발탁한 것도 바로 그 때문이었다.

명랑은 당에서 문두루비법을 익히고 귀국 길에 오르면서 서해(西海)의 용왕을 만나서 그 내용을 전해준 적이 있었다. 그는 서해의 용궁에서 바다 밑을 거쳐 곧장 자신의 집 우물로 나왔다고 한다. 이는 명랑의 밀교, 특히 문두루비법이 물과의 연계가 무척 깊음을 시사해 주는 대목이다. 문무왕 사후 동해용왕이 된 사실, 사천왕사나 감은사가 동해를 겨냥해서 지어진 점, 뒷날 신라의 태평성대를 상징하는 만파식적을 동해로부터 가져왔다는 것 등 대부분 동해와 관련한 사실은 명랑에게서 나온 발상이었음을 유추케 해준다.[22] 그 밑바탕에는 앞으로 해룡(海龍)의 역할이 크게 중시될 것임을 암시해 주고 있다.

문무왕은 사망하기 바로 2년 전인 재위 19년(679) 궁궐 중수 작업의 하나로서 동궁(東宮)을 창조하였다.[23] 아마도 신라에서 태자로서 처음 왕위에 오른 문무왕이 차기 계승권자의 위상을 드높여주고 앞으로도 순조로운 승계를 겨냥해 정치적인 능력 함양을 해주려는 위한 의도에서였을 터이다. 그래서 동해의 용왕이 드나들 수 있는 바다를 상징하는 월지의 일

---

22) 주보돈, 앞의 글 참조.
23) 『삼국사기』7 신라본기 문무왕 19년조.

체 관리 및 용왕 관련 제사를 동궁에서 맡도록 정리한 것 같다.[24)

이미 현장 발굴을 통해 두루 알려졌듯이 동해 대룡의 감은사 출입과 관련하여 금당을 특이 구조로 건축한 것도 같은 맥락이다. 동궁 중심의 용신신앙(龍神信仰)이 바로 동해의 용왕이 된 문무왕 대상의 제사였음도 유의해볼 사실이다. 이후 물과 관련한 각종 용신신앙은 왕경을 중심으로 전국적으로 퍼져나가 널리 성행하였다.[25)

이처럼 통일전쟁이란 격동의 시기를 겪은 신라는 전후(戰後) 처리를 단행함으로써 모든 방면에서 탈바꿈되어 갔다. 그 가운데 지배이데올로기가 불교로부터 유학으로 바뀌고 주류의 교체가 이루어진 사실은 각별히 주목해 볼 대상이다. 이는 불교 관련 구체적 내용까지 확연하게 달라질 것임을 예고해 주는 일이었다.

과연 불교 사원의 운영이나 구조 면에서 커다란 변동이 뒤따랐다. 먼저 사원 구조상에 나타난 변화이다. 그동안 금당과 탑, 강당이 남북의 일직선상에 놓이는 구조가 하나의 정형으로 굳혀져 있었다. 하지만 686년 사망한 원효가 만년에 주석한 고선사(高仙寺)는 처음으로 탑원과 금당원이 나란히 배치된 특이 형식의 구조였다. 이후 (전)황복사지, 창림사, 나원리사지 등도 비슷한 면모였다. 거기에다 이후 종루(鐘樓)나 경루(經樓)까지 경내에 들어서면서 사원의 구조 전반은 단일한 형식이 아닌 매우 다양하고 복잡한 양상을 띠어갔다.

그와 관련하여 원래부터 사찰에 탑을 두지 않거나 혹은 단탑(單塔)이 아닌 쌍탑(雙塔)의 형식이 새로 출현해서 널리 성행하였다. 소요된 재료

---

24) 이에 대한 구체적 내용은 「동궁과 월지」란 별도의 글로 준비해 둔 상태이다.

25) 창녕 화왕산성, (전)인용사지, 태봉 대모산성 등지에서 용왕, 대룡 관련 제사가 행해졌음을 보여주는 목간이 출토된 사실은 그런 사정을 적절히 반영한다.

도 또한 기왕의 목재 일변도로부터 벗어나 화강암재의 석탑까지 두루 퍼졌다. 그렇다고 해서 단탑 형식은 물론 목재의 탑이 소멸한 것도 아니었다. 망덕사(望德寺)처럼 특이하게도 다층(13층)의 목재 쌍탑까지 조영되었다. 탑의 양식도 사원의 구조가 다양해진 것과 마찬가지로 각종 양식이 병존하였다.

여러 다양한 종류의 탑이 조영됨과 아울러 전례가 극히 드문 여러 특이한 치장이 가해진 현란한 모습의 이형탑(異形塔)도 크게 성행하였다. 사천왕사 목제 쌍탑의 기단부에 천왕상의 부조 장식을 비롯해 이후 금강역사상, 8부신중상, 심지어는 십이지신상을 장식하는 등 여러 양식으로 조영되었다. 이런 현상은 여러 갈래의 문화가 결합·융합함으로써 내용이 한층 다양하고 풍부해진 결과였다.

사원의 구조 전반이나 내부 모습이 완연하게 바뀐 데에는 통일을 매개로 고구려나 백제의 양식은 물론 온갖 경전이 소개되고 불교 관련 여러 새로운 신앙이 유입된 사정과도 밀접한 관련성이 있을 성싶다. 여러 계통의 경전에 근거한 다양한 불상도 새롭게 조영되었다. 아마도 구역(舊譯)과 신역(新譯) 경전 사이의 논란이 벌어지는 등 교학불교가 크게 발전해 가면서 나타난 현상과 맞물렸을 것으로 여겨진다. 이는 불교계가 통일을 계기로 질량(質量)의 두 측면에서 엄청난 변화를 겪었음을 뜻한다. 일원화가 아닌 다원화한 양상 자체가 바로 신라 불교의 큰 발전과 변화를 입증해 준다.

그런 의미에서 원효가 특정 계통의 경전에만 굳이 얽매이지 않고 온갖 경전을 섭렵하고 나름으로 해석하고자 한 시도도 그런 분위기에서 나온 것으로서 일정한 의미를 갖는다. 『금강삼매경론』의 주석이나[26) 671년 간행된 『판비량론(判批量論)』을[27) 기준으로 하던 통(通)불교적 성격의 원효를 중고기 불교의 완결판이며 중대 불교의 출발 기점으로 잡는 것도 그런 맥락에서 이해해 볼 만하다.[28)

요컨대 신라는 통일전쟁의 최후 승자가 됨으로써 인구와 영토가 크게 늘어난 현황에 어우러지게 온갖 방면에 걸쳐 변동을 겪었다. 그 가운데 오래도록 신라국가가 중앙집권화해 가는 도정에서 지배이데올로기로 기능해 온 불교계도 예외일 수가 없었다. 지배이데올로기의 자리를 유학에게 내어줌으로써 불교계가 가장 변동을 크게 경험하지 않았을까 싶다. 그런 양상은 주도세력의 교체와 함께 사원의 구조 등 여러 분야에서 드러났다. 그 속에서 신라 국가는 제도적 정비를 통해 더욱 체계적으로 관리해 가려는 움직임에 박차를 가하였다.

통일 이전에도 물론 국가 차원에서 승직 체계를 마련해 운용하는 등 불교를 일정하게 직접 관리하였다. 이를테면 국통이나 승통, 도유나를 국가사찰에 배치해서 불교 운영 전반에 간여하였다. 중앙관직으로서 대서성(大書省)을 두고 승려로 하여금 공식의 문필(文筆) 업무를 담당하게 한 사실도 주목된다. 자장이 당에서 귀국한 뒤 승관제는 한층 체계화되어 갔다.

---

26) 남동신, 「신라 중대 불교의 성립에 관한 연구 『금강삼매경』과 『금강삼매경론』의 분석을 중심으로」 『한국문화』21, 1998.

27) 김복순, 「신라 중대의 불교」 『신라문화』25, 2005.

28) 통일기의 불교계 동향에 대해서는 채상식, 「한국 중세불교의 이해방향」 『고고역사학지』9, 1993 ; 남동신, 앞의 글, 1998 ; 김복순, 위의 글 ; 김영미, 「삼국 및 통일신라 불교사 연구의 현황과 과제」 『한국사론』28, 1998 ; 최연식, 「통일신라 시기 화엄학의 성격과 위상-의상의 화엄학은 어떻게 통일신라 불교계의 주류가 되었나」 『역사비평』128, 2009 등 참조.

그런데 통일기에는 중앙관부의 예부에다 속사(屬司)로서 대도서(大道署, 일명은 寺典, 또는 內道監)를 두고 그와는 별도로 왕실 관련 업무를 관장한 내성(內省) 속에도 사전(寺典)과 아니전(阿尼典), 그리고 동궁관(東宮官)에도 따로 승방전(僧房典)을 두었다. 그밖에 주통(州統) 9인과 군통(郡統) 18인을 두고 승려를 임명해 지방에까지 불교를 관장하려 하였다. 역할 분담이 분야별로 세분화한 특징을 보여준다.

이처럼 통일기에 이르러 직전보다 불교 관련 제도를 갖추어 한결 더 조직적·체계적으로 관리하려고 무척 애를 썼다. 불교가 비록 지배이데올로기로써의 기능은 한층 약화되고 정교 분리가 추진되었지만 질적·양적으로 성장을 거듭하면서 도리어 종교 본래의 기능은 더욱 더 커져갔다. 사실 신라가 통일 뒤 고구려와 백제 유민을 안정적으로 포섭해 낼 수 있었던 것도 불교란 공통된 기반을 가졌던 데서 비로소 가능해진 일이었다. 충남 연기 지역에 위치한 비암사(碑巖寺)에서 673년 조영된 계유명아미타삼존상이나 삼존천불비상의 조성은 그런 실상을 뚜렷이 입증해 주는 사례이다.

중고기의 불교에 대한 국가 관리에 견주어 전혀 새롭게 도입된 제도로서 중대적인 특성을 가장 잘 드러내어 준 것이 이른바 성전사원이다. 성전사원은 정교분리 정책으로 국가와 불교의 관계 정립을 새로이 모색해 가는 가운데에서 마련된 사찰의 관리와 운영의 방식이었다. 말하자면 성전사원은 불교와 국가 관계의 변화 양상이 가장 정점에 다다른 중대 시기 국가불교의 특징을 가장 잘 보여준다고 하겠다. 그런 의미에서 성전사원의 창건과 운영은 중대 불교의 실상을 제대로 이해하기 위한 하나의 방편으로서 주목해 볼 대상이다.

3. 성전사원과 봉성사 창건

『삼국사기』와 『삼국유사』의 두 사서를 점검하면 다 함께 성전사원에[29] 비중을 크게 두었음이 자연스럽게 감지된다. 이는 성전사원이 다양한 계통의 사원 가운데 국가적 차원에서 그만큼 중시하였음을 뜻한다.

『삼국사기』 직관지(상)에서 중앙관부를 열거하면서 재정을 맡은 조부(調府)에 뒤이어 사천왕사(四天王寺)를 비롯한 이른바 7대의 성전사원을 열거하였다.[30] 이는 성전이란 관부를 둔 사원이 신라 중앙정부 주도 아래 창건, 관리된 국가사찰이었음을 의미한다.[31] 당시 국가사찰이 이들뿐이었던 것은 물론 아니다. 하지만 통일기에 그 가운데 특정 몇몇 사원에 한정해서 성전을 설치한 사실은 이들을 각별히 취급하였음을 뜻한다.

7대의 성전사원 속에는 앞서 중고기에 창건된 영묘사(靈廟寺)와 영흥사(永興寺)도 포함되어 있었다. 하지만 그렇다고 해서 사원에다 성전을 배치한 제도가 이들의 창건 시점으로부터 시작된 것이 아니었다. 그것은

---

29) 원래는 ○○사성전이 정식의 명칭이지만 국가가 성전이란 관부를 배치하여 각별히 다루었으므로 일반 사찰과 구별해도 무방하다고 여겨 성전사원이라 부르고 있는 일반적인 견해를 따른다.

30) 『삼국사기』 38 잡지 직관 상.

31) 이를 왕실사원으로 간주하는 견해도 있지만(이영호, 「신라 중대 왕실사원의 관사적 기능」 『한국사연구』43, 1983), 국가사원으로 보는 견해(이성시, 「신라중대의 국가와 불교」 『동양사연구』42-3, 1983 ; 『고대 동아시아의 민족과 국가』 삼인, 2022)가 적절하다. 다만, 후자의 경우가 통일 이전의 사찰을 일괄해서 왕실사원이라 여긴 것은 지나친 추정이다. 당시에는 아직 국가와 왕실 및 그 재정이 서로 확연하게 분리된 상태가 아니었기 때문이다. 국가 재정으로부터 왕실이 분리되어 독자적 재정이 마련되기 시작한 것은 기실 진평왕대부터의 일이다. 이때 왕실사원으로 궁내에 처음 세워진 것이 제석궁(帝釋宮), 즉 천주사(天柱寺)였다. 중고기 신라 국왕의 정통성과 권위를 하늘로부터 부여받은 상징으로 기능한 천사옥대(天使玉帶)도 이곳을 매개로 해서 얻게 되었음은 그런 실상을 반영해준다.(『삼국유사』1 기이1 「천사옥대」조 참조)

영흥사의 성전을 '신문왕 4년(684) 처음 두었다'는[32) 데서 확인되는 사실이다. 관련 기록은 누락되었지만 아마 영묘사에 성전이 두어진 시점도 비슷하지 않았을까 싶다. 여하튼 이들 두 사찰의 창건이 성전사원의 시초와 관련이 전혀 없음은 명백하다. 성전사원은 중대에 들어와서 시작된 사찰 운영의 한 특징을 보여주는 사례라고 할 수 있다.

그렇다고 성전이란 관부의 연원이 중대 창건의 사원에만 한정된 것도 아니었다. 그에 앞서 먼저 문무왕 17년(677) 영창궁(永昌宮)을 창건할 때 성전을 둔 사실이 확인되기 때문이다.[33) 바로 이때가 성전으로 불린 관부의 출발 시점처럼 여겨진다.

영창궁의 구체적인 위치나 성격 및 위상은 뚜렷한 기록이 없어 단정하기 어렵다. 다만, 성덕왕 26년(727)에 수리한 사실이나,[34) 이로부터 30년 뒤인 경덕왕 16년(757)에 다시 수리한 사실[35) 등이 신라본기에 등재된 사실로 미루어 전체 왕궁(대궁) 가운데 가장 핵심적인 궁궐의 하나로서 대단한 비중을 지녔음을 의미한다. 국왕이 주로 생활하는 대전(大殿)이었을 성싶다.

문무왕 17년 전후 무렵 왕경과 왕궁 전반이 대대적으로 개편·정비되었음을 고려하면 영창궁의 창건도 그런 과업의 일환이었음은 쉽사리 유추된다. 그것은 궁명(宮名)이 '영원토록 번창'한다는 의미인 점을 통해서도 짐작된다. 왕경 전반을 쇄신하면서 영창궁 창건 작업도 함께 진행한 것 같다. 그래서 왕궁 정비를 대충 마무리 지은 2년 뒤인 문무왕

---

32) 『삼국사기』 38 잡지 직관 상.
33) 동상 7 신라본기 문무왕 17년조.
34) 동상 8 성덕왕 26년조.
35) 동상 9 경덕왕 16년조.

19년(679)에는 태자의 거소라 할 동궁의 창건이[36] 이루어질 수 있었던 것이다.

그렇다면 원래 성전이란 관부는 궁궐 창건에서부터 시작되었다고 봄이 순조롭다. 이후 성전을 둔 궁궐은 달리 찾아지지 않는다. 반면, 뒤이어 창건된 중대의 몇몇 유력한 사찰에 성전이란 관부가 상설기구로서 두어졌다. 아마도 임시 가설로 시작한 사천왕사를 정상의 사찰로서 고쳐 창건한 것이 주요한 계기가 되었을 것 같다.

이처럼 전반적인 흐름으로 미루어 성전이란 관부의 시원은 궁궐에서 찾아지지만 이후 그 중점이 차츰 사원으로 옮겨졌음이 드러난다. 직관지(상)에 실린 7대 성전사원의 존재는 바로 그런 실상을 뚜렷이 입증해 준다. 말하자면 사원에 성전을 설치한 목적과 함께 운영의 중심축이 중대 초기 비슷한 시기에 창건을 본 사천왕사, 봉성사, 감은사의 3대 사찰에 두어졌다. 이런 점은 일단 관원 조직의 구성을 통해서도 확인된다.

7대 성전사원의 관원 조직과 규모는 일정한 차이를 보인다. 중대에 창건되고 서열상 앞서 배치된 5대 성전사원과 중고기에 창건된 사원으로서 뒤늦게 성전이 배치된 영묘사와 영흥사의 두 사찰은 내부 관원의 구성에서 현저한 차이를 보인다. 5대 성전사원의 장관은 금하신(衿荷臣)이며 이하 차관인 상당(上堂)으로부터 가장 말단직인 사(史)에 이르기까지 최고의 중앙관부와 마찬가지로 5등관제였다. 반면 후자는 최고위가 각각 상당과 대나마에 불과하며, 3등관제 혹은 2등관제의 구성이었다. 이는 성전사원 운영의 무게 중심이 오히려 중대에 창건된 사찰에 두어졌음을 방증해 준다.

---

36) 동상 7 문무왕 19년조.

그렇다고 중대에 창건을 본 5대 성전사원의 위상이 모두 동등한 것은 아니었다. 관부의 조직과 구성은 대략 엇비슷하나 경덕왕대에 다른 성전사원이 모두 수영○○사사원(修營○○寺使院)으로 바뀐 반면 오직 사천왕사만은 감사천왕사부(監四天王寺府)로 고쳐진 데서 알 수 있다. 그렇다면 사천왕사를 창건하면서 처음 성전을 두고 거기에 성전사원 설정의 본래 목적까지 부여한 것으로 단정하여도 무방할 듯싶다.

성전의 성(成) 자체는 본디 수공업을 가리키며, 전(典)은 어떤 특정 업무를 분담한 관부의 뜻이다.[37] 아마도 국가 차원에서 궁궐이나 사찰과 같이 유달리 큰 규모의 건물 축조와 수리 및 관리 등을 목적으로 임시적이며 한시적인 성격의 기구로서 출발하였던 듯하다.

하지만 축조 관련 과업 일체가 마무리된 뒤에도 여전히 그를 장기 지속적으로 유지·관리할 필요성이 생겨나 애초의 한시적 성격을 훌쩍 뛰어넘어 항상적 성격의 관부로서 뿌리내려졌던 것 같다. 아마도 원래 예상한 목적이 한층 더 오래 지속된 데에 따른 것이었을 성싶다.

성전사원은 '전'이란 명칭으로 미루어 중앙정부의 최고기구라 할 부부(部府)의 수준에는 미치지 못하나 비등하였음은 분명하다. 그 점은 지금까지 알려진 성전사원의 장관이 다른 유력한 관부의 장관에 의해 겸직된 데서[38] 드러나는 사실이다.

직관지의 기재 순서상으로 보아 성전사원은 국가 재정을 담당한 조부의 다음에 위치해 그 속사(屬司)였거나 아니면 그와 밀접한 연관관계를 가지면서도 상당한 독자성을 지녔을 터이다. 정식의 중앙관부 중 하나로서 인정된 자체가 성전사원의 사격(寺格)이 대단히 높고 각별하였음을

---

37) 박남수, 「통일신라 사원성전과 불사의 조영체계」 『동국사학』 28, 1994.
38) 이는 771년의 「성덕대왕신종명」이나 872년의 「황룡사찰주본기」에서 확인된다.

뜻한다.

그런데 중대에 창건된 5대 성전사원 가운데서도 직관지의 기재 순서는 물론 조직 구성상에서도 무게 중심은 어디까지나 사천왕사, 봉성사, 감은사의 3대 사찰에 놓였음이 확실하다. 그 중 사천왕사와 봉성사만이 『삼국사기』 신라본기에도 창건의 기사가 간략하게 소개되어 있다. 감은사의 창건 관련 기사만이 보이지 않지만 그 배경은 다른 방식으로 기술되었다.[39)

그렇지만 그들 기사에는 창건의 목적이나 의도를 뚜렷이 드러내는 어떤 내용도 들어가 있지 않다. 그와는 달리 『삼국유사』에서는 비록 설화적인 형태이지만 이들 3대 성전사원의 창건 목적 및 배경과 관련한 매우 흥미로운 내용이 전해진다.

성전사원 중 가장 비중이 큰 사천왕사는 문무왕대에, 감은사는 문무왕대에서 시작해 신문왕대에, 그리고 봉성사는 신문왕대에 창건된 사실이 주목된다. 통일기(중대) 초기의 거의 같은 시점에 창건되었다는 데에 공통성을 갖고 있다. 따라서 특정 사찰에 성전을 배치한 본래의 의도도 이때의 상황에서 추리해 낼 수밖에 없다.

사천왕사와 감은사의 창건은 이미 언급한 것처럼 당과 왜가 신라국가의 새로운 주적(主敵)으로 바뀌는 등 주변 환경과 여건이 크게 달라진 데서 말미암았다. 그래서 이제는 호국의 방법과 방안도 기왕과는 다르게 전면적으로 재조정하지 않으면 안 되는 상황을 맞았다. 말하자면 호국의 기능과 역할을 전적으로 감당할 새로운 국가사찰이 요구된 것이다.

기왕에는 황룡사가 주로 불교계의 호국적 기능을 전적으로 맡다시피

---

39) 『삼국사기』 7 신라본기 문무왕 21년조.

사천왕사지 발굴사진

하였다면 이제는 성격이 다른 당과 왜라는 두 외적(外敵)에 각각 대응해 기능을 분담시킬 필요성이 생겨났다. 이는 여러모로 두 나라와의 관계나 내부 사정이 현저히 달라졌기 때문이다. 일단 당이 원래 군사동맹을 맺은 우호세력이었다면 왜는 뒤늦게 백제 부흥운동을 지원한 적대세력이었다. 그 뿐만 아니라 양자의 군사적·문화적 수준 및 위치도 크게 차이가 났다. 신라를 위협하는 요인과 목적도 뚜렷하게 다를 수밖에 없었다.

그래서 호국의 역할을 각기 따로 분담시키기 위해서 창건한 사찰이 사천왕사와 감은사였다. 그렇다면 이때 두 성전사원의 창건 목적은 일단 호국의 구심 역할을 맡기려는 데에 있었던 것으로 풀이함이 온당하겠다.

호국을 필요로 하는 상황이 종식되지 않고 여전하게 이어지는 한 그 역할을 담당한 사원도 지속적·체계적으로 관리·운영하지 않으면 안 되었을 터였다. 사찰의 성전 자체는 창건을 위한 임시적 필요성에서 두어진 것이지만 아직 원래의 설정 목적 자체가 말끔히 마무리되지 않은 까닭에 항상적인 기구로서 그대로 유지해나가야 하였다.

사천왕사나 감은사는 황룡사와는 달리 왕경의 중앙 핵심부가 아닌 각각 동쪽의 낭산 자락과 이보다 한층 더 먼 곳인 동해 연안에 세워졌다. 이는 당시 동쪽, 동해안 방면이 국방상 매우 중요시된 데에 따른 방어대책이었다. 두 사찰은 모두 명랑이 주창한 호국 대비책을 공동의 기반으로 해서 창건되었다. 위치상으로도 그렇지만 사찰의 구조와 외양도 황룡사와는 크게 다른 특이한 모양새였다. 여하튼 양자는 여러모로 바뀐 환경과 여건 아래 호국을 전적으로 겨냥해서 창건한 국가사찰이었다.

그런 실상에 견주어 봉성사의 창건 목적은 『삼국유사』에서 호국이 아닌 듯이 그려져 있다. 그래서 동일한 성전사원이더라도 앞서 소개한 두 사찰의 경우와는 달리 창건의 배경을 놓고 논란이 분분한 실정이다. 그렇다면 봉성사의 창건 목적을 제대로 살피기 위해 유관 사료를 좀 더 면밀하게 점검해 볼 필요가 있다. 창건과 관련 기사는 다음과 같다.

A) - ① 처음 신문왕은 등창으로 말미암아 혜통에게 살펴주기를 요청하였다. 혜통이 와서 주문을 외니 나았다. 이에 '폐하께서는 옛날 재관(宰官)의 몸으로 장인(臧人)인 신충(信忠)을 잘못 판결하여 노예로 만들었습니다. 신충이 원한을 품고서 환생할 때마다 보복하였습니다. 지금 이 악성 등창도 역시 신충이 재앙을 준 것입니다. 마땅히 신충을 위하여 절을 지어서 명복을 빌어 푸소서.'라고 말하였다. 신문왕은 매우 그럴 듯하게 여겨 절을 창건해서 '신충봉성사(信忠奉聖寺)'라고 불렀다.

- ② 절이 완성되자 공중에서 외치기를 '왕이 절을 지었으므로 이제 고뇌를 벗고 하늘에서 태어나 원한이 이미 해결되었습니다.(어떤 책에는 이 일을

眞表傳에 실었으나 잘못이다) 그 때문에 외침이 있던 땅에다 절원당(折怨堂)을 지었는데 당과 절은 지금껏 존재한다.(『삼국유사』 5 신주 「혜통항룡」조)

위의 두 기사는 원래 하나의 이어진 내용이지만 검토의 편의를 위해 두 부분으로 나누었다. A)①은 신충봉성사의 창건 배경이 중심이라면 A)②는 그와는 별도로 봉성사에 부속된 절원당으로 불린 사당 건축 관련 사실이 다루어졌다.

기사 전반을 얼핏 살피면 설화성이 무척 짙게 배인 내용으로 여러 갈래의 것이 마구 뒤섞인 듯해[40] 제시된 그대로를 사실로서 받아들이기는 곤란하겠다. 다만, 전체가 완전히 창작된 허구가 아니라 일정 정도의 역사성이 반영되었다면 그를 밝혀내는 데에 활용해 봄직한 몇몇 사항을 추출할 수 있다.

첫째, 봉성사가 신문왕대에 창건된 사실이다. 이는 앞서 소개하였듯이 『삼국사기』를 통해서도 입증된다. 여기서는 막연히 신문왕대라고만 하였을 따름이나 일단 구체적인 시점을 재위 5년(685) 무렵이라고 확정 지어도 무방하다.

둘째, 봉성사의 창건이 밀교 승려인 혜통의 발의로 이루어진 사실이다. 밀교 승려인 명랑이 사천왕사와 감은사 창건의 주도자였음을 고려하면 또 다른 밀교 승려인 혜통의 건의로 창건되었다고 해서 실상으로부터 그리 벗어난 것이라 여겨지지는 않는다. 오히려 중대 초기에 창건된 성전사원이 모두 밀교와 밀착하였음을 시사해 주므로[41] 유의해 볼 만한

---

40) 이를테면 봉성사 창건 자체를 신충의 원혼을 달래기 위해서라고 하면서 다시 같은 사찰에다 절원당이란 사당을 지었다는 것 등에서 그러하다.

41) 주보돈, 앞의 글 참조.

대목이다.

혜통도 문무왕대에 당나라로 유학한 경험이 있었다. 당시 당나라에서도 그의 치병(治病) 능력은 널리 알려졌던 것 같다. 때마침 문무왕이 보낸 사신인 정공(鄭恭)으로부터 신라 내부의 소식을 전해 들은 혜통은 그와 함께 귀국길에 올랐다.

그 뒤 혜통과 관련된 동향이 일체 알려진 바가 없으나 정공의 천거로 문무왕은 물론 신문왕과도 밀접한 관계를 맺었을 가능성은 충분히 상정된다. 이는 당에서 쫓겨난 교룡(蛟龍)이 신라로 도망쳐와 문잉림(文仍林)에 머물면서 인명을 해치자 혜통이 내몰았다는 설화로부터 짐작 가능하다. 특히 교룡이 근거지로서 삼은 문잉림은 진흥왕대에 중고기 호국의 중추적 사찰로서 기능한 황룡사 금당에 안치된 주존인 소위 장육존상(丈六尊像)을 주성한 곳인 점을[42] 상기하면 예사롭지가 않다.

그런 측면에서 혜통이 신문왕의 치병을 맡았음도 충분히 있었을 법한 일이다. 아마도 신문왕은 평소 지병을 앓고 있어 혜통이 치유해 주는 과정에서 깊은 유대관계를 맺고 정치적 조언까지 해주었을 공산이 크다. 그때 봉성사 창건의 필요성을 제시하여 성사시켰을 공산도 상정해 봄직하다.

셋째, 봉성사의 정식 이름이 원래 '신충봉성사'로 적시된 사실이다. 여기에는 일정한 문제점이 담겨져 있지만 설화성 짙은 내용 중에서도 역사성을 제대로 풀어낼 만한 유력한 실마리로서 활용할 수가 있을 듯싶다. 그것은 (전)황복사지에서 출토된 비편 속에 '봉성신충사(奉聖神忠寺)'로 추정되는[43] 사명이 보이는 데서 가능하다.

---

42) 『삼국유사』 3 탑상 「황룡사장육」조.
43) 윤선태, 「신라의 사원성전과 금하신」 『한국사연구』 108, 2000.

양자에 동원된 한자와 배치 순서상에서는 차이가 나지만 일단 같은 봉성사를 가리키는 것으로 단정해도 무방할 듯싶다. 원래 '봉성신충사' 가 정식의 온전한 사명인데 뒷날 줄여서 봉성사라 불렸다고 여겨진다. 이는 마치 원래의 대왕흥륜사(大王興輪寺)가 흥륜사, 혹은 대왕사로 줄여서 불린 것과도 비슷한 면모이다.[44] 봉성사의 원래 사명은 '봉성신충사' 였지만 한자 표기는 잠시 젖혀두더라도 앞뒤 순서가 뒤바뀌어 '신충봉성사'로 잘못 불렸던 것 같다. 여기에 여러모로 혼선을 빚어낼 만한 단초가 들어가 있다.

원래 '봉성신충사'가 봉성에 무게 중심을 둔 사명이었으나 '신충봉성사'로 앞뒤가 잘못 뒤바뀌면서 무게 중심이 신충 쪽으로 옮겨간 느낌이다. 그런 과정에서 보통명사로서 수식어인 신충(神忠)이 고유명사인 신충(信忠)이란 인명으로 대체되어 버렸던 것 같다. 봉성사의 창건과 관련해 온갖 착란이 생겨난 근본적인 요인도 바로 여기에서 찾아진다.

신충이 인명으로까지 오해되면서 봉성사의 창건 자체도 마치 그를 추념하기 위한 것이었던 듯이 바뀌었다. 물론 그렇게 되도록 이끈 데에는 '봉성신충사'를 창건할 때의 본래 목적과 성격도 일정하게 영향을 미쳤을 가능성도 엿보인다. 양자의 유사성으로 말미암아 원래의 사명과 함께 창건 배경에까지도 혼선이 빚어진 것이다.

봉성신충사가 봉성사로 줄여서 불렸다면 원래 사명의 무게 중심이 당연히 봉성에 놓였음은 의심할 여지가 없다. 그럴 때의 신충은 사실상 봉성사의 성격을 수식해 주는 표현이다. 봉성에 내재된 의미는 별도로 추

---

44) 물론 「울산 천전리서석」에 보이는 대왕사가 대왕흥륜사라면 대왕사로도 줄여서 부르기도 하였음을 알 수 있다. 한편 (전)황복사지 출토 비편에 보이는 '~德太宗寺'가 곧 봉덕사라면(윤선태, 위의 글) 이 또한 같은 범주에 넣어서 이해해도 무방한 일이겠다.

적합이 마땅하겠지만 뒤에 창건된 성전사원인 봉덕사나 봉은사에도 '봉'이란 단어가 붙은 점이 유의된다. 이들은 명칭으로 미루어 공통의 성격이나 지향을 가진 사찰로서 분류해도 무방하기 때문이다.

그런데 '봉성(奉聖)'은 글자 그대로 '성스러움을 받든다'는 뜻이며, 신충(神忠)은 '신령스런 충성'이란 뜻이다. 이를 봉성사로 줄여도 무방하였다면 '성(聖)'을 곧 '신충'이라고 풀이해도 무방할 듯싶다. 그처럼 성과 신충을 등치시킬 수 있다면 양자는 국가나 국왕을 위해 바친 일체를 가리킨다고 하여도 좋을 듯싶다.[45]

봉성에 담긴 의미를 그처럼 이해할 수 있다면 창건 시점인 신문왕 5년(685)의 상황을 잠시 점검해 볼 필요가 있다. 바로 이때는 신라 영토 전체가 9주(州) 5소경(小京)의 군현제로 정비되어 새로운 지방통치체제가 온전히 갖추어진 시점이다.

신라 영역 전체는 9개의 주와 그 하위의 군현(郡縣) 및 이를 보완해 주는 5개의 소경으로 재정리되었다. 이는 통일 이후 늘어난 영역에 대한 통일·통합을 최종적으로 선언한 조치나 다름없었다. 바로 직전 표방한 일통삼한(一統三韓)에 어우러지도록 전체 영토의 통일적인 지배를 밝혀둔 셈이다.

바로 그런 시점에 창건된 사찰이 바로 봉성사였다는 점은 주목해 볼 대상이다. 이는 봉성사 창건이 일통삼한의 표방이나 9주 5소경제의 실시와도 전혀 무관하지 않은 것으로 여겨지기 때문이다. 시기상 마치 그동안 추구해 온 통일시책의 최종 마무리 과업처럼 느껴진다. 그것은 사

---

45) 그런 점에서 상대등 김군관을 불고지죄로 처형한 직후 교서를 내리면서 '국왕을 섬기는 규범은 충성을 다함을 근본으로 삼고 관직에 있는 뜻은 둘이 아님을 으뜸으로 여긴다'고 하여 각별하게 충성을 강조한 신문왕 당시 분위기의 일단이 강하게 느껴진다.

찰의 원래 이름이 예사롭지 않게 '봉성신충사'라고 명명된 데서 드러난다.

통일을 달성한 신라가 이제 새로운 통합국가가 출범함을 공식 선언하면서 그를 위해 전장에서 헌신하고 목숨까지 바친 무수한 충성스러운 영혼, 즉 성령들을 마냥 그대로 방치해두고 지나칠 수는 없는 노릇이었다. 특히 아버지 문무왕의 유조(遺詔)에 의해 수성(守成)의 강한 책무를 안고서 출발한 신문왕으로서는 내부의 통합을 굳건하게 다져가기 위한 최후의 어떤 조치를 취하지 않으면 그 결실은 온전하게 유지해 가기 어려웠을 터였다.

오랜 기간 이어진 전시 상태를 통해 상당수의 집안에 죽은 전사자나 희생자가 적지 않게 나왔을 터이다. 게다가 아직껏 전시 상태가 지속되고 있기도 한 국면이었다. 그래서 신라국가는 유족들과 함께 목숨을 바쳐 통일에 이바지해 온갖 이들의 영혼을 달래주기 위해 어떤 적절한 조치를 취하지 않으면 안 되었다.

아마 신문왕도 수성을 위한 방책을 추구해 나가면서 그에 대해 줄곧 신경을 썼을 터이지만 그럴 만한 겨를을 갖지 못하였다. 그래서 신문왕의 지병과 같은 등창도 그런 부담 때문에 생겨났을지 모른다. 신문왕의 병을 유발한 원한이 마치 전생의 신하인 신충 개인에 의한 것인 듯이 설정되어 있으나 이는 사실상 전몰자(戰歿者), 전쟁의 희생자와 연관됨을 상징한다. 후술하듯이 신충 개인의 원한과 결부시킬 만한 단초도 이로부터 비롯하였을 공산이 크다.

당면 현실의 호국 문제에 먼저 대비하고 영토 정리까지 모두 마무리 지은 뒤 최후의 과업으로서 통일국가를 이루는 데에 헌신하고 희생된 사람을 위무하고 추선할 목적에서 창건한 사찰이 바로 봉성사였다. 성(聖)

은 곧 신충(神忠)이며, 바로 그를 위해 목숨을 바친 사람들을 총칭한 표현
이었다. 그런 의미에서 봉성사는 또 다른 형태와 성격의 호국사찰이라고
[46] 말할 수 있겠다. 그래서 창건 뒤에도 성전이란 관부를 두고서 국가적
차원에서 지속적으로 관리해 나갈 수밖에 없었다.

사실 국가를 위해 헌신한 성령을 추모하기 위해 사찰을 창건한 사례
는[47] 무열왕 7년(659) 한산주(漢山州)의 장의사(莊義寺)에서 찾아진다. 무
열왕이 백제와의 전면전을 벌이기로 결정하고 군사동맹을 요청하는 청
병사(請兵使)를 보낸 뒤 초조하게 결과를 기다리던 중 장춘랑(長春郎)과
파랑(罷郎)의 영혼이 그의 꿈에 나타나 당이 출병을 결정하였다는 정보
를 미리 알려주었다. 장춘랑과 파랑의 두 젊은이는 바로 직전 벌어진 백
제와의 전투에서 산화한 인물이다. 죽은 영혼이 무열왕에게 현몽하자 이
에 그들의 집안을 포상하고 명복을 빌어주기 위해 장의사를 지었다. 물
론 그렇다고 장의사가 국가사찰로서 지정된 것은 아니었다.

전륜성왕을 표방하면서 영토 확장에 크게 성공을 거둔 진흥왕(眞興王,
540~576)이 정복전쟁을 마무리 짓는 단계에 접어든 재위 33년(572) 10월
20일 전사한 사졸들을 위하여 외사(外寺)에다가 7일 동안의 팔관연회(八
關筵會)를 베푼 것도 비슷한 맥락이다. 진흥왕은 바로 이 해에 연호를 태
창(太昌)에서 '널리 구제한다'는 뜻의 홍제(弘濟)로 바꾸었는데 공교롭게
도 태자 동륜(銅輪)이 사망한 시점도 바로 이때였다. 그런 일련의 사건으
로 말미암아 국가 주도 아래 대대적인 위령제를 거행하였던 것 같다.

---

46) 이근직, 「통일신라 봉성사와 절원당」 『신라사학보』 7, 2006 ; 『경주에서 찾은 신라의 불국토』,
   학연문화사, 2017, p.128.
47) 대동소이한 내용이 『삼국사기』와 『삼국유사』에 모두 함께 실린 사실이 주목된다. 이는 그만큼
   중시된 사건이었음을 시사해 준다.

이상의 사례로 미루어 전후(戰後)를 마무리 짓는 과업 가운데 전몰자나 그 집안을 위무하는 조치도 반드시 필요한 일이었다. 수성과업을 영원토록 이어나가기 위해 오히려 절실한 과제였다. 이처럼 봉성신충사의 창건은 통일정책을 일단락 짓는 최종의 사업으로서 국가를 위해 목숨을 바쳐 신충을 다한 성령(聖靈)들을 위무하기 위한 데에 있었다. 성전을 두어 국가사찰로서 지속적으로 관리하려 한 것도 바로 그런 사정 때문이었다.

　사실 봉성사의 창건을 뒷날에 이르러 신충이란 인물과 연관시켜 보려는 시도가 나온 것도 그처럼 국가를 위해 목숨을 바친 성령을 위한 원찰적인 성격과 연관될 성싶다. 그것은 신충이 가상적 인물이 아닌 뒷날의 실존 인물로서 등장하기 때문이다.

　신충이란 이름은 신문왕대에는 사실상 존재하지 않았던 가상의 인물이다. 전생의 인물로 설정된 사실은 그를 또렷하게 방증해 준다. 이는 신충이 신문왕과 사실상 아무런 관계가 없었음을 나타낼 따름이다. 실제로는 뒷날 문제의 인물을 봉성사에 가탁해서 활용함으로써 신문왕과 관련성이 깊은 인물처럼 그려졌다.

　신충은 실제로 효성왕(孝成王, 737~742) 및 경덕왕(景德王, 742~765)과 긴밀한 관계를 맺은 인물이었다. 효성왕이 태자 시절 신충과 궁궐의 잣나무 아래에서 바둑을 두다가 즉위하면 결코 잊지 않겠다고 약속하였다. 하지만 효성왕은 즉위 직후 공로자를 포상하면서 신충을 잊고서 빠트렸다. 이에 신충이 원망하는 노래, 즉 원가(怨歌)를 지어 잣나무에 붙였더니 나무가 시들었다. 이를 전해 들은 효성왕이 신충을 불러 벼슬을 주자 잣

나무가 즉각 되살아났다고 한다.[48]

『삼국사기』 신라본기에 따르면 신충은 효성왕 3년(739) 1월 집사부의 장관인 중시(中侍)에 임명되어 경덕왕 3년(744) 1월까지 두 왕대에 걸쳐 비교적 긴 기간인 5년이나 재임하였다. 이로부터 10여 년 지난 뒤인 경덕왕 16년(757) 정월에는 상대등에 보임되어 22년(763) 8월까지 6년 7개월 동안 역임하였다. 시중에 취임하기 이전까지의 향방은 확실하지 않으나 신충은 효성왕대 이후 정치적으로 매우 중용되었음이 틀림없다. 일단 신충은 효성왕 즉위 과정에서 원가를 지은 인물로서 등장할 만한 조건을 여러모로 갖추었다.

그런데 신충이 경덕왕대에 상대등 자리를 물러날 즈음에 약간의 문제가 생겨난 것 같다. 그래서 미리 두 벗과 약속해 벼슬을 내어놓고 남악(南嶽), 즉 지리산으로 들어갔다고 한다. 경덕왕이 두 번이나 불러도 끝내 응하지 않으면서 머리를 깎고 단속사(斷俗寺)를 세워 국왕의 수복을 빌며 살아갔다고 한다.[49]

신충은 실제로 같은 해에 시중 김옹(金邕)과 함께 상대등에서 면직 당하였다. 바로 이때에 경덕왕의 총신이던 대나마 이순(李純)도 관직을 버리고 입산하였다. 이순 역시 경덕왕이 불러도 나가지 않고 승려가 되어 국왕을 위해 단속사를 지었다고 한다.[50] 이런 사실을 종합하면 경덕왕 22년에는 중앙정부에 어떤 모종의 정치적 변란이 일어났을 가능성이 크다.

그것은 여하튼 앞서 『삼국유사』에 보이는 신충의 출가와 단속사 창건

---

48) 『삼국유사』 5 피은 「신충괘관」조.
49) 동상.
50) 『삼국사기』 9 신라본기 경덕왕 22년조.

의 이야기는 이순의 사실을 착각해 마구 뒤섞은 데서 빚어낸 혼동으로 보인다. 다만, 신충이 상대등에서 물러난 자체가 아마 그리 자연스런 일은 아니었을 듯하다. 어쩌면 경덕왕을 원망할 만한 억울함이 있었을지 모른다.

이상과 같이 보면 신충은 실제야 어떻든 특이하게도 국왕과의 관계에서 상당한 원망을 가진 인물의 대표자처럼 그려지고 있었다. 어쩌면 그것은 효성왕대에 신충이 원가란 향가를 실제로 지었으므로[51] 그처럼 낙인이 찍힌 듯한 인상을 풍긴다. 단속사의 창건도 사실상 이순의 일이었지만[52] 신충에 가탁하는 설화가 만들어진 것도 바로 그 때문이었다.

신문왕대에 등장하는 신충도 현생이 아닌 전생의 인물로 그려지고 있어 당대는 물론 그 이전에도 실존한 인물이 아님은 확실하다. 신문왕이 전생에 재상을 역임하였다는 설정 자체가 그런 측면을 암시해 준다. 신문왕의 등창을 혜통이 치병해 준 뒤 통일에 이바지한 인물들을 위해 봉성사의 창건을 건의하였다. 이후 어느 시점에 효성왕과 경덕왕대의 인물인 신충을 소급 연계시켜 그와 연관되는 듯한 설화를 만들어 덧붙인 것으로 여겨진다.[53] 따라서 신충과 봉성사의 창건은 실제로는 아무런 상관관계가 없었다.

다만, 신문왕대에는 뒷날 창건 연기설화 속에 원가를 지은 신충을 소급해서 동원할 정도로 봉성사에는 특이한 일이 벌어지고 있었다. 이는 봉성사에 유별나게 '원망을 끊는다'는 의미를 가진 절원당이란 사당을

---

51) 이기백, 「경덕왕과 단속사·원가」 『한국사상』 5, 1962 ; 『신라정치사회사연구』, 일조각, 1974, p.225에서 원가를 경덕왕과 관련지우고 있다.

52) 이기백, 위의 글, p.221.

53) 이미 일연도 신문왕대의 신충을 경덕왕대의 인물과 직결시키는 데에 의문을 갖고 경계를 촉구하고 있다.(「신충괘관」조)

별도로 건립한 데에서 방증되는 사실이다. 따라서 그런 실상 전반을 구체적으로 이해하려면 전후 사정을 잠시 되돌아볼 필요성이 제기된다.

4. 신문왕의 죽음과 봉성사

신문왕은 삼국통일로 일군 성과를 제도적으로 안착시켜 영원토록 지켜내기 위한 토대 마련을 완결지어야 하는 막중한 책무를 지고서 즉위하였다. 문무왕이 사망에 즈음해 태자에게 수성을 당부하는 유조(遺詔)를 내려 자신의 주검을 특이한 방식으로 처리하도록 당부한 데서부터 그런 면모가 강하게 묻어난다. 통일과업을 이룬 문무왕은 다른 무엇보다도 수성의 어려움을 크게 인식해 대책 마련에 나섰지만 재위 기간 내에 온전하게 이루어낼 만큼의 충분한 겨를을 갖지 못하였다. 최종적 마무리 작업은 자연히 태자 정명(政明)에게 넘겨졌다.

56세의 문무왕은 죽음이 차츰 다가오자 태자로 하여금 공위(空位) 시간을 두지 말고 자신의 구전(柩前)에서 즉각 즉위하도록 지시하였다. 그럴 정도로 당시 내부의 정황이 심상치 않게 돌아가고 있었다. 이는 수성의 어려움과 함께 안으로 이미 어떤 심각한 움직임이 실제로 포착된 상태였음을 의미한다.

과연 문무왕의 장례를 치른 지 한 달쯤 지난 뒤 실제로 정변이 벌어졌다. 신문왕의 장인으로서 삼국통일의 유공자이기도 한 김흠돌(金欽突)이 모반사건을 획책한 것이다. 곧바로 진압되기는 하였지만 그 후유증은 작지 않았다. 뒤이어 상대등 김군관(金軍官) 일파가 모반사건을 사전에 알았으면서도 신고하지 않았다는 죄목으로 처형되었다. 아마 두 사람의 정치적 위상으로 미루어 통일 과업을 추진해 나가던 과정에서 불만을 품은 사람들도 그에 동조하였을 것 같다.

사실 신문왕 즉위 직후 일어난 김흠돌과 김군관 사건 이후 또 다른 정변이 일어난 흔적은 더 이상 기록상에 보이지 않는다. 그런 까닭으로 신문왕대의 수성을 겨냥한 제반 제도적인 정비 작업이 대체로 순탄하게 진행되었고 이후 상당한 수준의 안정을 구가한 듯이 추정해 왔음이 그동안의 일반적 인식이었다. 아마도 두 사건의 연루자를 샅샅이 찾아내어 처벌한 기록[54] 또한 그처럼 풀이하도록 이끌었을 성싶다.

그렇지만 과연 통일정책이 마냥 별다른 탈 없이 항진(亢進)하였을 것인지는 의문이다. 그것은 통일 과업의 최종 마무리 수순으로서 기획된 듯한 달구벌(達句伐)에로의 천도 시도가 실패한 자체가 아무래도 심상치 않은 인상을 짙게 풍겨주기 때문이다.

이미 9주 5소경제의 실시로 인해 영토 전반에 대한 재정비 작업은 거의 마무리 수순을 밟고 왕경 중심의 방어망까지 갖춘 상태였다. 그럼에도 굳이 뒤늦게 천도를 기획, 추진한 데에는 그럴 만한 어떤 내부의 속사정이 깊숙하게 작용한 데서 말미암은 부득이한 조치로 여겨진다.

그런 측면에서 바로 같은 해 정월 안팎의 관료 대상으로 주어지던 녹읍제(祿邑制)를 혁파하고 대신 해마다 세조(歲租)를 차등 있게 지급한 시책이[55] 눈길을 끈다. 이는 2년 앞서 신문왕 7년(687) 실시한 문무관료전(文武官僚田)을[56] 보완하기 위한 시도처럼 느껴진다. 이로써 귀족 관료 대상의 재정 개편 작업 전반은 일단락된 셈이다.

아마 그와 같이 새로 도입한 정책을 제대로 안착시키기 위해 달구벌

---

54) 『삼국사기』9 신라본기 신문왕 원년조.
55) 동상 9년조.
56) 동상 7년조.

천도를 막바지에 기획하였을지도 모른다. 문무관료전은 물론 녹읍제의 폐지와 세조제의 실시는 지방에 대한 운영 방식과 밀접하게 연계되었을 법하기 때문이다. 그런 과정을 통해서도 자연히 피해를 입어 불만을 갖게 된 사람들도 적지 않게 생겨났을 터였다.

그것은 여하튼 통일정책의 일환으로서 엄청난 공력을 들여 왕경 전반을 재정비한 마당에 실시하려 한 천도 시도는 결국 그를 완전하게 부정해 버리는 결과로 이어진다. 그래서 천도의 시도와 추진에는 내부의 강한 반발이 뒤따랐을지 모를 일이다.

이는 다른 시책까지도 순순하게 받아들이지 않았음을 뜻한다. 아마도 천도 시도가 실패로 돌아간 데에는 왕경과 그 인근에 오래도록 경제적인 기반을 구축하면서 온갖 특권을 누려온 전통 귀족세력은 물론 신문왕의 통일정책에 동조해 온 세력까지도 반발했기 때문일 터였다.

달구벌 천도 시도의 실패로 신문왕이 받은 타격은 작지 않았을 것이다. 그런 상황에서 재위 12년(692) 당나라가 느닷없이 무열왕의 묘호인 태종의 사용에 대한 시비까지 걸어왔다.[57] 아마도 신문왕 재위 7년(687)에 종묘를 재정비하면서 정식으로 태종이란 묘호를 내건 데[58] 대한 강한 압박이었던 것 같다.

물론 태종이란 묘호가 이때에 처음으로 마련된 것은 아니었다. 「무열왕릉비」의 이수(螭首)에 쓰였듯이 무덤을 조성한 바로 얼마 뒤 입비(立碑)할 무렵부터 공식화되었을 것으로 여겨진다. 이미 오래 전의 일임에도

---

57) 동상 12년조. 다만, 『삼국유사』1 기이편 1 「태종춘추공」조에서는 구체적 기년을 적시하지 않은 채 막연하게 신문왕대라고만 적시하면서 당의 고종이 문제로 삼았다고 하여 차이를 보인다.

58) 동상 7년조.

신문왕 말년 당이 갑작스레 문제를 걸어온 것은 매우 의아스럽다.

아마도 690년 측천무후가 새로 출범시킨 무주(武周)의 황제로 직접 즉위하는 과정에서 크게 고양된 정국의 불안정과 민심 수습의 차원에서 관심을 바깥으로 돌려 신라에 강하게 압박을 가해 전쟁 재개를 위한 명분으로 삼으려고 의도하였을지 모른다. 신라 입장으로서도 자칫 한동안 잠잠하던 당과의 전쟁이 재발하는 빌미가 될 수 있음을 우려하는 분위기가 만연하였을 터이다. 신문왕은 그처럼 맞닥뜨린 안팎의 위기 상황이 한창 고조되어 가던 무렵 갑작스레 죽음을 맞았다.

한편 사망하기 얼마 전부터 후계 문제를 두고 내부적으로 논란이 벌어졌을 성싶다. 신문왕의 후계 구도는 즉위하면서 일어난 김흠돌의 모반사건 이후 내재되어 온 커다란 난제였을 법하다. 모반사건이 마무리되자 곧장 자신의 왕비를 연좌(緣坐)시켜 왕궁에서 내쫓았기 때문이다.

김흠돌의 딸은 문무왕 5년(665) 정명이 태자로 책립된 얼마 뒤 혼인해서 태자비가 되었다가 즉위하자 겨우 1개월 남짓 만에 출궁당한 것이다. 왕비로서의 기간은 전례를 찾기 어려울 정도로 극히 짧았다. 정식의 왕비 호칭이 미처 정해지지 않은 것도 바로 그 때문이었다.

그런데 『삼국사기』에서는 왕비의 출궁 사유가 매우 모호하게 처리되어 있다. 이를테면 '왕비에게 오래도록 아들이 없었는데 뒷날 아버지가 일으킨 반란에 연좌해서 출궁시켰다(久而無子 後坐父作亂 出宮)'고[59] 기술하였다. 이 기사의 초점은 당연히 뒷부분의 연좌에 맞추어졌지만 앞에다 '오래도록 아들이 없었'다고 굳이 내세운 부분은 무척 의아스럽다. 연좌 사실과 함께 내세워진 자체가 그리 썩 어울리는 표현이 아니기 때

59) 동상 즉위년조.

문이다.

이는 거꾸로 아들이 있음을 구태여 드러내려는 듯한 인상을 짙게 풍긴다. 왕비의 출궁은 아들이 오래도록 없었던 사실과 아무런 상관성이 없었음에도 앞세운 것은 무척 의도적이란 느낌이다. 이는 오히려 거꾸로 아들이 있었음을[60] 반증해 주는 듯한 필법으로 풀이해 볼 소지가 엿보인다. 기실 그런 추정을 보증할 만한 몇몇 단서도 찾아진다.

신문왕은 재위 2년(682) 동해연안으로 행차해 이제 갓 완공을 본 감은사에서 유숙하였다. 시점으로 미루어 마치 준공식에라도 참석한 듯한 모양새였다. 바로 이때 아버지 문무왕이 묻힌 대왕암 위에서 자란 대나무와 함께 용이 바친 흑옥대(黑玉帶)를 얻었다. 이들은 사후 동해의 용왕이 된 문무왕과 천신이 된 김유신이 보내준 호국의 용도였다고 한다. 신문왕은 왕경으로 돌아오던 도중 기림사(祇林寺)에 들러서 점심을 먹었다. 이때에 맞추어 대궐을 지키던 태자 이공(理恭)이 마중하러 기림사까지 왔다고 한다.

신문왕은 가져간 대나무로 피리를 만들어 왕궁의 보물창고인 천존고(天尊庫)에 보관하였다. 이 피리를 불면 적병이 저절로 물러가며 가뭄에는 비를 내리고 장마나 바람이 잦아들며 물결도 평온해진다고 한다. 그래서 피리를 만파식적(萬波息笛)이라고 불렀다. 이에 만파식적은 통일기의 태평성세를 상징하는 호국의 보물로 삼았다.[61]

여기에 등장하는 태자 이공이 만일 뒷날의 효소왕이라면 이는 오류임이 명백하다. 이때는 이공이 미처 태어나기도 훨씬 이전이기 때문이다.

---

60) 배재훈, 「성덕왕의 왕위 계승 과정 검토」 『한국전통문화연구』 16, 2015, p.267.

61) 『삼국유사』 2 기이 2 「만파식적」조. 이에 대해서는 김상현, 「만파식적설화의 형성과 의의」 『한국사연구』 34, 1981 참조.

신문왕은 즉위 직후 왕비를 출궁시킨 뒤인 재위 3년(683) 2월 일길찬 김흠운(金欽運)의 딸과 재혼하였다. 이로부터 4년이나 흐른 뒤인 재위 7년(687)에야 비로소 이공이 태어나고 5세 때인 재위 11년(691) 태자로 책립되었다.[62]

그러므로 만파식적을 얻는 과정에서 등장하는 태자가 이공일 리 만무하겠다. 만일 기록대로 당시 태자가 실재하였다면 신문왕과 김흠돌의 딸 사이에 태어난 아들로 봄이 적절하다. 사실 정명의 태자 책립이 문무왕 5년(665)이었음을 고려하면 16년 뒤 즉위할 때까지 아들 출생은 충분히 가능한 기간이다. 여러 명까지 설정해도 무방할 정도이다.

그와 같은 추정을 보증해 줄 만한 또 다른 사례는 당나라에 유학한 자장에 의해 시작한 오대산(五臺山) 신앙과 관련한 몇몇 기록 속에 등장하는 정신대왕(淨神大王)의 두 왕자 보천(寶川, 寶叱徒)과 효명(孝明)의 존재이다.[63] 정신대왕은 일연이 이미 적절하게 지적한 바처럼[64] 흔히 신문왕이라고 여겨지거니와 선명하지 않은 사유로 그의 두 아들이 함께 오대산으로 가서 머물다가 돌아가지 않고 마침내 삭발까지 하였다 한다.

이로부터 세월이 한참 흐른 뒤 정신대왕의 아우가 왕위를 다투다가 나라 사람들이 그를 몰아내고 4명의 장군을 보내어 왕자를 맞아들여 즉위시키고자 하였다. 이때 형인 보천은 끝내 거절하였지만 아우인 효명이 돌아와서 즉위했다고 한다.[65] 바로 성덕왕(聖德王, 702~737)이다. 정신대

---

62) 『삼국사기』9 신라본기 신문왕 3년, 7년, 11년조 참조.
63) 『삼국유사』3 탑상 「대산오만진신」조 및 「명주오대산보질도태자전기」조. 두 기록 사이에는 약간의 출입이 있으나 근본적으로 다르지는 않다.
64) 동상.
65) 『삼국유사』3 탑상 「대산오만진신」조.

왕의 아우 이름은 확인되지 않지만 부군(副君)의 지위에 있으면서 왕위를 다투다가 죽임을 당했다는 다른 기록도 보인다.[66]

위의 이야기는 설화성이 매우 짙어 사실성 여하를 놓고 크게 논란해 왔다.[67] 『삼국사기』에서는 그를 사실로서 받아들일 만한 어떤 단서도 포착되지 않는다. 그러나 앞서 언급하였듯이 신문왕의 죽음에 석연치 않은 구석이 있고, 또한 겨우 6세에 불과한 이공(효소왕)이 즉위한 자체가 순리적이며 정상적이라 여기기 어렵도록 만든다.[68] 아마도 온갖 우여곡절을 거친 결과라고 추정해도 무방할 듯싶다.

무열왕에게는 유난스럽게 아들이 많았다. 7명의 적자(嫡子) 가운데 여섯째인 지경(智鏡)과 막내인 개원(愷元)은[69] 형인 문무왕 재위 기간 동안 시중을 거친 바 있고 특히 개원은 효소왕 4년(695)부터 성덕왕 5년(706)까지 상대등도 역임한 바 있다.[70] 그 후예들의 존재를 떠올리면 이공에게는 신문왕의 형제에 해당하는 여러 삼촌을 비롯해[71] 4촌에서 6촌에

---

66) 『삼국유사』 3 탑상 「명주오대산보질도태자전기」조.

67) 신종원, 「신라오대산사적과 성덕왕의 즉위 배경」 『최영희선생화갑기념 한국사학논총』, 탐구당, 1987은 긍정적인 입장에서 이 사료를 활용하였다. 반면 이기백, 「부석사와 태백산」 『김원용선생정년기념사학논총』, 일지사, 1987에서 설화로 치부해서 사료적 가치를 부정하였다. 김복순, 「신라 하대 화엄의 일례 -오대산사적을 중심으로」 『사총』 33, 1988와 김수태, 「신라 중대 정치사연구』, 일조각, 1996 등도 비슷한 입장에서 그를 따랐다. 이후 논자에 따라 다양한 해석이 시도되고 있으나 긍정적인 입장이 주류를 이루어간다는 느낌이다.

68) 신종원, 위의 글.

69) 이기백, 「신라 집사부의 성립」 『진단학보』 25·6·7합병호, 1964 ; 『신라정치사회사연구』, 일조각, 1974.

70) 개원은 『삼국사기』에 의하면 효소왕 4년(695)부터 성덕왕 5년(706)까지 무려 11년 동안이나 시중을 역임한 사실이 확인된다.

71) 이를테면 『삼국유사』 3 탑상 「영축사」조에 굴정현(屈井縣)의 현청(縣廳)을 다른 곳으로 옮기고 여기에 영축사를 짓게 하였다는 재상 충원(忠元)이 『일본서기』에서 왕자라고 한 사실로 미루어 짐작하면 문무왕의 아들로서 신문왕의 아우에 해당한다.

이르기까지 왕위를 승계할 기본 자격을 갖춘 인물들이 적지 않았을 것 같다. 그럼에도 6세의 이공이 비록 태자이기는 하나 즉위하기에 이른 데에는 석연치 않은 과정을 거쳤음이 분명하다.

특히 이공에게 이복형이 있었다면 이들은 정치적 소용돌이 속으로 휘말려 신변을 온전하게 유지하기 어려웠겠고, 따라서 오대산으로 피신해서 은거한 것은 얼마든지 있었을 법하다. 아마도 그를 부정하려는 입장은 앞서 소개하였듯이 아들이 없다는 기록을 내세울 뿐만 아니라 신문왕 이후를 대체로 안정적인 전제왕권기로 추정한 데에 근거를 두고 있다.[72]

신문왕의 후계 구도를 둘러싼 논란을 방증해 주는 또 다른 사례는 밀교 승려인 혜통과 정공의 독룡(毒龍) 관련 설화에서도 찾아진다. 이미 소개하였다시피 당에 머물던 혜통은 자신이 쫓아낸 독룡이 이제는 신라로까지 와서 보복성 행패를 부린다는 사실을 정공으로부터 전해 들었다. 이에 신라로 귀국하자마자 혜통은 즉시 독룡을 또 쫓아버렸다. 내몰린 독룡은 실상을 전해준 정공에게 앙심을 품고서 보복하기 위해 그의 집 대문 밖 버드나무에 몰래 의탁하였다.

그런데 신문왕이 사망한 뒤 무덤을 만들고 장의행렬이 지나가는 길을 닦는데 정공의 집 버드나무가 가로막아 이를 베어내려고 하였다. 독룡의 계책으로 잎이 무성하게 잘 자란 나무를 유난스럽게 애지중지해 온 정공은 자신의 목을 자를지언정 나무는 벨 수 없다고 완강하게 버티다가 결국 죽임을 당하고 말았다.

이 설화적인 이야기 모두를 액면 그대로 받아들일 수는 없는 일이지

---

72) 그런 인식의 연장선상에서 『삼국사기』8 신라본기 성덕왕 즉위년조에도 성덕왕이 신문왕의 둘째 아들로서 효소왕의 동모(同母) 형제임을 내세우고 있다. 하지만 여러모로 이를 그대로 받아들이기는 어렵다.

만 실제로 신문왕의 총애를 받은 혜통과 정공은 신문왕의 죽음과 관련한 어떤 사건에 연루되었음이 분명하다. 마침내 정공이 죽음에까지 이르고 혜통도 신변의 위협을 받았음을 고려하면 이공, 즉 효소왕의 즉위 자체가 순조롭게 진행되지 않았음은 틀림없다. 아마도 그런 설화는 어린 이공의 즉위를 놓고 벌인 치열한 다툼을 은유한 것으로 풀이해도 무방할 듯싶다.

이상과 같이 이공이 6세의 어린 나이로 즉위한 점, 이미 그에 앞서 태자가 실재한 듯한 흔적이 뚜렷이 확인되는 점 등에서 보천과 효명도 신문왕의 아들이지만 후계 구도에서 밀려나 오대산 자락으로 피신하였을 가능성은 충분히 상정해 볼 수 있다.

신문왕의 사망에 즈음하여 두 왕자가 왕위 승계와 관련한 문제에 연루되어 오대산으로 들어간 사실을 설화성이 짙다고 해서 마냥 부정해 버릴 수만은 없다. 성덕왕의 즉위를 『삼국사기』에서 이례적으로 효소왕에게는 아들이 없어 국인(國人)에 의해 세워졌다고 한 사실도[73] 그처럼 이해하는 데에 참고가 된다.

그런 추정을 보완해 주는 사례는 효소왕 즉위 직후 벌어진 만파식적 분실 사건이다.[74] 효소왕의 즉위와 곧바로 맞물려 갑작스럽게 신라국가의 온갖 풍파를 잠재우며 물리쳐준다고 여겨진 호국과 함께 태평성대의 상징이라 여겨온 국보 만파식적이 분실된 사건은 시사해 주는 바가 작지 않다.

비록 잃은 지 얼마 지나지 않아 되찾기는 하였지만 일시적이라도 호국 상징의 보물 분실 자체는 신라국가의 정황이 당시 내우외환의 위기에

---

73) 동상.
74) 『삼국유사』 3 탑상 「백률사」조.

처하였음을 보여준다. 만파식적의 분실 사건에 말갈(靺鞨)이 연루된 사실에서 그 방면의 움직임도 심상치 않았을지 모르지만 여하튼 내부적으로는 효소왕의 즉위 자체가 순조로웠던 것은 아니었다.

그와 관련하여 주목해 볼 또 다른 점은 백률사(栢栗寺)의 관음보살이 만파식적을 돌려받은 매개 고리로서 기능한 점이다. 백률사가 만파식적과 원래 어떤 상관관계를 가졌던가는 분명하지 않지만 주지 승려가 그 공로로서 상급의 봉성사로 자리를 옮긴 사실이 유의된다. 봉성사가 호국의 보물인 만파식적과 긴밀한 관계에 놓였음을 암시해 주기 때문이다.

그렇지 않다면 백률사의 승려가 만파식적을 되찾은 공로로서 하필 봉성사에 옮겨진 사실은 순조롭게 이해되기 어려울 성싶다. 말하자면 봉성사를 호국을 위해 목숨을 바치고 헌신한 성령들을 위무하기 위해 창건하였기 때문에 그를 상징하는 보물을 되찾은 공로를 포상해서 봉성사로 옮겨 살도록 조치한 것이었다.

혜공왕(惠恭王, 765~780) 재위 4년(768) 대공(大恭)·대렴(大廉) 형제가 주도해 반란을 일으켰다.[75] 이 사건에 가담한 범위는 만만치 않았다. 서울과 전국 9주의 96각간이 연루되었다고 함은[76] 그 규모가 어떤 수준이었던가를 반영한다. 바로 직전까지 반란이 일어날 조짐으로서 온갖 이변이 일어났다.

그 가운데 궁궐 북쪽의 변소에서 두 줄기의 연(蓮)이 나타나더니 이어서 봉성사의 밭 가운데에서도 연이 자라났다. 내란의 조짐을 암시해 주는 이변이 봉성사에서 일어난 것은 호국 문제와 무관하지 않았음을 뜻한

---

75) 『삼국사기』9 신라본기 혜공왕 4년조.
76) 『삼국유사』2 기이2 「혜공왕」조. 『당서』220 동이전 신라조에서는 난이 3년 동안 이어졌다고 하니 그 규모가 어떠하였던지는 충분히 짐작하고도 남는다.

다. 한편 신라 왕조가 급격히 기울어져 가던 김씨 효공왕(孝恭王, 897~912)으로부터 신덕왕(神德王, 912~917)으로 넘어가던 시점인 912년 봉성사의 동서 21칸에 달하는 외문(外門)에 까치가 집을 지은 이변이 보인다. 이 또한 봉성사가 호국과 연관됨을 시사해 주는 대목이다.[77]

신문왕이 수성 정책을 열심히 펼쳐 나가던 도중에 적지 않은 문제점이 발생하였으리라 상상된다. 아마도 김흠돌처럼 불만을 표출해서 직접 반란을 도모하거나 그에 동조해서 가담한 경우도 있었겠지만 그렇지 않고 억울하게 누명을 쓴 피해자도 적지 않았을 터이다. 이를테면 평소 가까웠다는 이유로 불고지죄의 죄목을 씌워 죽임을 당한 김군관 및 그의 장남과 유사한 사례이다. 아마도 경제 정책의 강력한 추진이나 천도 기도가 실패하는 과정에서도 억울하게 희생당하는 경우도 상정된다.

이들은 원망의 화살을 신문왕에게 돌렸을 공산이 크다. 어쩌면 뒷날의 인물인 신충이 사실상 신문왕은 물론 봉성사의 창건과 아무런 연관관계가 없었음에도 불구하고 서로 연결시켜 억지로 연기설화를 만들어낸 데에는 그가 지은 원가가 널리 유행하여 마치 억울함의 대표자인 듯이 인식된 데서 말미암았을 것으로 여겨진다. 그 밑바닥에는 봉성사의 본질적인 성격과 직결되어 있다.

이들이 비록 국가에 헌신해서 목숨을 바친 것은 아니었지만 통일정책의 추진 과정에서 억울하게 피해를 입거나 희생된 점에서 다른 방식으로 다독여줄 필요성이 있었다. 하지만 국가를 위한 전몰자가 아닌 까닭에 원혼을 달래주기 위해서 봉성사 안에다 별도의 사당을 마련해서 절원당

---

77) 김재경, 「밀교」『신라의 불교 수용과 확산』(신라 천년의 역사와 문화 13), 경상북도, 2016, p.244. 신라 말기의 사정을 암시하는 온갖 조짐들이 밀교 사찰과 연관된다는 지적은 밀교의 호국을 보여준다는 점에서 주목된다.

이란 이름을 붙였을 것 같다. 이는 봉성사가 원래 호국에 목숨 바친 충성스러운 신령(神靈)들을 축원하기 위한 원찰적인 성격이었기에 선정되었을 성싶다. 하필 봉성사가 낭산의 북편 귀퉁이에 배치된 것도 바로 그와 같은 성격이 작동하였기 때문이다.

5. 봉성사의 위치와 성격의 변화

효소왕이 재위 11년째 되던 702년 아들을 두지 못한 채 사망하자 신문왕 때와 마찬가지로 후계 문제가 다시 불거졌다. 그것은 이미 앞서 제시한 바 있듯이 이제는 정신대왕의 아우, 즉 효소왕에게 삼촌에 해당하는 어떤 부군이란 인물이 조카가 사망하자 왕위를 노리다가 쫓겨난 사실로부터 유추된다. 공식의 절차를 밟은[78] 장군 4인이 병력을 이끌고 보천과 효명을 맞아오도록 오대산에 보내졌던 것도 바로 그런 결과였다.

6세의 어린 나이로 즉위한 효소왕이 11년간의 재위 도중 결혼한 흔적은 보이지 않는다. 따라서 정당한 후계자가 존재하지 않아 왕위 다툼은 터지기로 이미 예정된 시한폭탄이나 다름없었다. 효소왕이 재위하던 기간에도 후계 문제로 심각한 수준의 내부 갈등과 암투가 벌어졌을 공산이 있다. 효소왕 재위 9년(700) 이찬 경영(慶永)이 모반하였다가 죽임을 당한 사건은 곧 그런 다툼의 하나로서 해석할 만하다.

당시 중시로 재직 중이던 순원(順元)은 그에 연루되어 파면 당하였다. 이때 굳이 연좌(緣坐)란 단어가 동원된 데에는 두 사람이 일정한 혈연 관계에 있었음을 유추케 한다. 이후 드러난 행적으로 미루어 순원은 신문

---

78) 『삼국사기』8 신라본기 성덕왕 즉위년조에서도 성덕왕의 즉위를 '나랏사람들이 세웠다[國人 立之]'고 하였다.

왕 및 효소왕과도 혈연 상 매우 가까웠던 듯하다.[79] 경영 또한 마찬가지이지 않았을까 싶다.

　모반사건에 연루된 책임을 지고서 시중 직에서 물러난 순원은 효소왕이 죽은 뒤 다시 중용되었다. 뒷날의 일이기는 하지만 그의 두 딸은 공교롭게도 각기 성덕왕과 효성왕 부자의 후비(後妃)로서 입궁하였다. 출궁당한 엄정(嚴貞)의 뒤를 이은 성덕왕비 점물(占勿)과 효성왕의 두 번째 왕비 혜명(惠明)이 바로 그들이다.[80] 순원은 성덕왕이 즉위한 직후부터 정치적인 실력자로서 부각되었다. 그의 복권 사실은 소위 「(전)황복사사리함기」(이하 「사리함기」로 약칭함)를 통해서도 확인된다.

　「사리함기」에는 (전)황복사가[81] 창건된 뒤 건탑(建塔)과 개탑(改塔)의 두 차례 불사가 진행된 사실을 보여준다. 천수(天授) 3년(692) 7월 2일 신문왕이 사망하자 신목(神睦)태후와 효소왕이 그를 추복하기 위해 3층의 석탑을 세웠다. 이후 8년 뒤인 성력(聖曆) 3년(700) 6월 1일에는 신목태후가, 그로부터 다시 2년이 지난 대족(大足) 2년(702) 7월 27일에는 효소왕이 사망하였다. 이후 4년째 되던 신룡(神龍) 2년(706) 5월 30일 이제는 성덕왕이 불사리 4과, 6치의 순금제 미타상 1구, 『무구정광대다라니경(無垢淨光大陀羅尼經)』 1권을 석탑의 제2층에 봉안하는 불사를 일으켰다.

---

79) 이는 후술하듯이 신문왕을 위해 세운 (전)황복사지의 석탑에 효소왕과 신목태후의 추복을 위해 『무구정광다라니경』을 넣은 사리장치를 안치하는 개탑 행사가 순원의 주도로 이루어진 사실에서 저절로 드러난다. 게다가 순원은 성덕왕 후비와 효성왕의 첫 왕비 아버지로서 중첩된 혼인관계를 맺은 데서도 감지된다.

80) 혜명은 『삼국유사』에서는 진종(眞宗)의 딸이라 하였으나 『삼국사기』에 따른다.(김수태, 앞의 책, p.86)

81) 여기서는 편의상 부득이하게 국가의 지정 명칭을 그대로 따라 잠정적으로 (전)황복사라 부르지만 사실 사리함이 출토된 탑을 황복사탑으로 비정한 것은 명백한 오류이다. 이에 대해서는 곧바로 뒤이어서 다루기로 한다.

새로운 탑을 세운 지 겨우 10년 남짓 만에 탑을 다시 열어서 보완하는 조치를 취한 것은 특이 사례로서 손꼽을 만하다. 비교적 짧은 기간에 같은 사원의 동일한 탑을 대상으로 두 차례에 걸쳐 불사를 잇달아 일으킨 자체가 유난스럽다. 아마도 거기에는 어떤 내밀한 사연과 함께 각별한 목적이 깃들었을 것이라 추정케 한다.

앞서 언급하였듯이 신문왕과 효소왕 부자의 사망에 즈음해 후계 구도를 둘러싼 정치적 다툼이 잇달았다. 3층석탑과 관련한 2차례의 불사는 그런 왕위 승계 문제와 전혀 무관하지가 않았을 성싶다. 특히 당에서 이제 막 한역(漢譯)된 『무구정광대다라니경』이 2년 뒤인 706년 신라에 유입되자마자 곧장 탑에 봉안된 사실도 예사롭지가 않다.[82] 마치 그를 석탑에 봉안시키려는 목적으로 불사가 행해진 듯한 느낌이다.

그와 관련하여 「사리함기」의 내용 중 최후의 불사를 주도한 인물이 '금주대왕(今主大王)', 즉 성덕대왕임을 내세운 사실 또한 눈여겨볼 대목이다. 성덕왕의 생모는 이미 앞서 다룬 바 있듯이 쫓겨난 신문왕의 첫째 왕비이다. 그는 신문왕의 왕자였지만 정치적으로 희생양이 되어 마침내 오대산 방면으로 도피하였다가 복귀해서 즉위하기에 이르렀다. 과거 그 형제를 내몰고 이공, 즉 효소왕의 즉위를 주도한 사람이 신목태후였다.[83]

---

82) 성덕왕 즉위 2년 당에 사신으로 파견된 아찬 김사양(金思讓)이 이듬해 돌아와 전형적인 호국 경전의 하나인 『최승왕경(最勝王經)』, 『금광명경(金光明經)』을 가져와 국왕에게 바쳤다는데 아마도 『무구정광대다라니경』은 이때에 함께 가져왔으리라 여겨진다.

83) 『삼국사기』나 『삼국유사』 어디에도 성덕왕의 어머니가 신목태후 혹은 다른 누구라고 밝혀둔 기록이 전혀 보이지 않는다. 이는 효소왕의 어머니를 두 사서에서 모두 공통적으로 신목태후임을 드러낸 것과는 무척 대조된다. 그러면서도 유독 '신문왕의 둘째 아들로서 효소왕의 동모제'라고만 적시하였다. 이는 여타 대부분 국왕 관련 기록의 방식과는 달라 상당한 작위성이 스며들었음을 느끼게 하는 대목이다.

오래도록 거듭된 정쟁으로 갖은 고난을 겪은 성덕왕은 즉위한 뒤 그 동안의 정치적 갈등과 혼란을 원천적으로 종식시켜 내부 안정화를 도모하기 위한 대통합의 필요성을 절감하지 않았을까 싶다. 그러질 않고 아직 수성의 토대가 그리 굳건하게 다져지지 못한 형편에서 잠정적인 휴전(休戰), 혹은 정전(停戰)한 상태의 당과 자칫 전면전이 벌어지기라도 한다면 커다란 위기가 된다.

그래서 성덕왕은 즉위하자마자 가장 먼저 내부 갈등과 대립의 해소를 도모한 무마책을 강구하였다. 그런 실상은 당시 실시한 일련의 시책을 통해서도 유추해 볼 수 있다. 이는 즉위와 동시에 이루어진 전례 드문 조치였다.[84]

첫째, 먼저 사면(赦免)을 크게 단행한 사실이다. 이는 앞서 언급하였듯이 국인이 그를 맞아서 즉위시켰던 사실과도 맥락이 닿는다. 만일 성덕왕이 별다른 탈 없이 정상적 승계 과정을 밟았다면 그런 사면조치는 매우 이상스럽다. 이는 대통합을 겨냥한 일로서 여겨진다.

둘째, 같은 해에 문무관료 전체를 대상으로 관작(官爵)을 일률적으로 1급씩 높여준 사실이다. 이 또한 마찬가지로 성덕왕의 즉위가 정상적으로 이루어졌다면 순조롭게 이해하기 곤란할 정도로 이색적이다. 성덕왕의 즉위 자체가 특이하였으며 나아가 대통합을 겨냥한 시책의 일환이었음을 의미한다.

셋째, 그와 동시에 모든 지방민 대상으로 1년간의 조세를 면제해 준 사실이다. 단순히 순조로운 즉위였다면 이런 조치가 마련된 점을 이해하기 어렵다. 아마도 성덕왕이 힘든 과정을 밟아 국인의 추대로 즉위하게 된

---

84) 『삼국사기』8 신라본기 성덕왕 원년조.

까닭에 대통합을 통해 내부의 안정을 도모하려고 추진한 시책의 하나로서 풀이할 수밖에 없을 것 같다.[85]

이처럼 성덕왕은 즉위 직후부터 전무후무한 시책을 펼쳐 내부의 통합을 극력 추구하고 나아가 외환에 대비하여 당 및 일본과의 관계를 개선하는 데도 적극 나섰다. 특히 당과의 관계를 원래처럼 되돌리는 데에 전례 드물게 힘을 쏟았다. 즉위 2년째에 아찬 김사양(金思讓)을 파견한 뒤부터 재위 기간 내내 거의 해마다 거르지 않고 당에다 사신을 보내었다. 심지어는 공식 사절을 연중 3~4차례까지 파견한 적도 있었다. 이런 추세는 성덕왕이 얼마나 당과의 관계 개선을 위해 노력하였던가를 입증해 준다. 때마침 그러던 도중 기회가 도래하였다.

발해가 733년 산동성 등주(登州)를 공격하려고 하자 당은 즉시 신라에 도움을 요청하였다. 그에 부응해 신라는 수만 명의 병력을 파견하였다. 구체적인 경과나 결말은 뚜렷이 드러나 있지 않으나 원병 파견을 계기로 두 나라의 관계가 한결 긴밀해지고 이로써 전시 상황은 완전히 종결되기에 이르렀다. 당이 그 보답으로서 패강(浿江) 이남의 땅을 신라의 영토로서 정식 인정해 준 데서 확인된다.[86] 이로써 신라가 오래도록 희구해 오던 영토상의 통일까지도 이루어진 셈이다.

이처럼 성덕왕은 즉위하면서부터 문무왕과 신문왕의 통일정책을 이어받아 수성을 다지는 데에 크게 힘썼다. 즉위 4년째 되던 706년에 이르러서 아버지 신문왕과 왕비 신목태후 및 배다른 아우인 효소왕을 기리기 위한 불사를 실시한 것도 바로 그런 통합과 결속을 위한 시책의 연장선상에서 이루어진 일이었다. 이런 과업의 제반 실무를 주도한 인물이 바

---

85) 배재훈, 앞의 글, pp.278~279 참조.
86) 『삼국사기』8 신라본기 성덕왕 34년조.

로 소판(蘇判) 순원이었다.

그의 이름은 「사리함기」에 등장한다. 게다가 상태가 그리 온전하지 못해 확정 짓기에는 일말의 불안감이 남지만 당해 사찰 출토의 비편에 '~伊浪金順~'으로도 보인다. 김순원이 불사의 실무 책임자로서 등장함은 이미 신문왕 및 그 후예들, 특히 성덕왕과도 매우 긴밀한 관계였음을 시사해 준다. 이는 순원이 혈연적으로도 성덕왕과 효소왕 사이의 화해 분위기를 추진할 수 있는 위치였기에 가능하였다.

그런데 문제는 신문왕 일족과 관련한 불사가 행해진 사찰의 명칭 및 성격이다. 그곳을 흔히 황복사일 것으로 추정하면서 이를 큰 전제로 온갖 다양한 논의가 전개되기에 이르렀다.[87] 현재 사지(寺址)의 형태로 남았으나 유일하게 본래의 모습 그대로를 온전히 갖추고 있는 3층석탑 속에서 「사리함기」가 나온 뒤 이 절을 황복사라고 추정한 모든 논의는 다음의 몇 가지 점에서 근본적인 문제점을 안고 있다.

황복사라고 확정지으려면 다른 무엇보다도 먼저 신문왕과 사찰의 관련성을 제대로 밝혀내는 작업을 선행함이 올바른 순서였다. 신문왕 및 그 일족과 전혀 무관한 사찰을 원찰로서 삼으려고 하였을 리는 만무한 일이기 때문이다. 관련 불사가 두 차례나 진행된 데에는 어떤 방식으로든 본 사원이 신문왕과 깊이 연계된 데서 가능한 일이었다. 그런 기본적인 사항은 도외시한 채 그냥 지나쳐버렸다. 그럼에도 명확한 근거가 없는 상태에서 무조건 황복사일 것으로 추단해서 접근한 시도는 원천적인 문제점을 갖고 있다.

---

87) 김복순, 「경주 황복사지의 역사적 가치 및 특성-신라 중대 왕실의 종묘가람과 선원가람으로서의 특성을 중심으로」『신라문화』60, 2022 ; 윤선태, 앞의 글, 2000. 이밖에 적지 않은 논자들이 비슷한 입장을 갖고 있다.

실제로 황복사는 신문왕과 연계시킬 만한 어떤 고리가 없다. 황복사와 신목왕후 및 효소왕의 경우도 마찬가지이다. 그럼에도 이들의 원찰적인 성격이 강하게 묻어나는 사찰을 황복사라고 단정한 것은 방법상의 잘못이다.

황복사는 유력한 진골귀족 출신인 의상이 29세 되던 해인 진덕여왕(眞德女王, 647~654) 7년(653) 머리를 깎았다고 전해지는 바로 그 사찰이다. 의상이 황복사에서 출가하였다면 창건 시점은 그보다는 훨씬 앞서겠다. 실제로 황복사를 비롯해 황룡사, 분황사, 황성사 등 '황(皇)' 자(字)가 붙은 사명은 모두 통일 이전에 창건된 사찰이며, 이후 건립되어 비슷한 이름을 가진 사례는 단 한 건도 찾아지지 않는다. 아마도 황복사의 창건 시점은 전반적 흐름으로 보아 아무리 늦추어 잡더라도 선덕여왕대나 혹은 그보다 앞서는 어느 시점으로 추정된다.

당으로 유학을 떠난 의상은 10년 만인 670년 전쟁이 머지않아 시작되리라는 첩보를 입수하고서 급거 귀국해 신라 정부에 알려주고는 한동안 황복사에 머문 듯하다. 이후 황복사의 향방을 추적할 만한 기록은 달리 찾아지지 않는다. 다만, 8세기 중엽 경덕왕대에 이르러서 의상의 직계 제자,[88] 혹은 손제자로[89] 추정되는 화엄승려 표훈(表訓)이 불국사의 창건을 주도한 김대성(金大城)과 함께 황복사에서 화엄경을 문답하였다는 기록이[90] 거의 유일한 사례로서 전해질 따름이다.[91]

---

88) 김상현, 『신라 화엄사상사연구』, 민족사, 1991.
89) 김복순, 「표훈」 『가산학보』 3, 1994 ; 『한국 고대불교사 연구』, 민족사, 2002. 의상의 사망 시점이 702년인 점, 표훈의 본격적인 활동 기간으로 볼 때 후자가 타당할 듯싶다. 아마도 표훈을 의상의 제자라고 여긴 것은 상원(上元)이란 연호에 대한 착각으로부터 비롯한 것 같다.
90) 균여, 「십구장원통기」 하.
91) 『삼국유사』 1 왕력 경명왕조에는 국왕의 주검을 화장한 곳으로 황복사가 보인다.

사실 황룡사처럼 중고기에 창건된 어떠한 사찰도 중대 불교계의 주축으로는 자리 잡지를 못하였다. 특히 '황(皇)'자 이름이 붙은 사원은 어느 것 하나도 성전사원으로 선정되지를 않았다. 황룡사의 경우처럼 중고기에 호국의 중추적 역할을 맡았던 사찰들이 중대에는 의도적으로 배제된 듯한 느낌이다. 그런 측면을 고려한다면 황복사를 신문왕과 연계시킴은 아무래도 석연하지가 않다. 뚜렷한 근거가 거의 없음에도 (전)황복사지를 황복사로 확정한 것은 대단히 설부른 판단으로 간주할 수밖에 없다. 이는 접근 방법상의 잘못으로 빚어진 결과이다.

신목왕후가 주도해서 신문왕을 위한 건탑 불사가 행해진 사찰을 황복사로 추정하는 데에 동원된 유일한 근거로서 활용된 것이 명문기와이다. 일제 말기인 1942년 '황복'이란 명문이 새겨진 기와가 낭산자락 일원에서 발견되고, 또 이후 1950년대에는 '왕복(王福)'이란 명문기와도 수습되었다고 한다.

그런데 이들의 구체적 발견 지점은 확실하지가 않다. 그저 막연하게 낭산 일대로만 알려졌을 따름이다. 그럼에도 이들을 모두 3층석탑 1기만이 남아 전하는 사지의 것으로 단정하고 한 걸음 더 나아가 이를 곧 황복사로 확정 짓기에 이른 것이다.

사실 애초에는 지명만을 활용해 조심스럽게 구황동사지, 혹은 낭산 동록의 사지 정도로만 불렸다. 그러다가 언제부터인가 (전)황복사란 명칭이 추가되었다가 근자에는 아예 황복사로 단정하려는 경향성을 강하게 보여주고 있다. 여기까지 이른 데에는 「사리함기」의 명칭이 큰 몫을 하였던 것 같다.[92]

---

92) 이와 같은 흐름과 경향에 대해서는 김지현, 「경주 황복사지 삼층석탑의 건립과 사지와의 관계」『경주 황복사지』(역사적 의미 및 발굴성과 조명을 위한 학술대회), 성림문화재연구원·신

1962년 사리함기의 일괄유물을 국보로 지정하면서 그것이 출토된 탑을 (전)황복사탑이라고 잠정 명명하였다. 그럼에도 이후 오래도록 3층석탑이 위치한 사지 자체는 그처럼 불리지를 않았다. 그러다가 점차 시간이 흐를수록 사명은 황복사 쪽으로 기울어지고 이제는 거의 굳혀져 버린 듯한 느낌이다. 특히 발굴을 거치면서 그런 경향성이 한층 두드러졌다.

하지만 전면적인 발굴 결과를 통해서도 그렇게 확정 지을 만한 단서는 단 한 건도 출토되지 않았다. 오히려 아닐 것으로 결정할 만한 근거가 한층 더 늘어났다. 그럼에도 황복사라고 부르는 데에는 큰 문제점이 내재되어 있는 것이다.

몇 차례의 발굴로 고고학적 측면으로 미루어 극히 일부분을 제외하면 사찰의 전모가 이제 거의 드러난 상태이다. 초창기를 비롯해 이후 내부의 구성이나 구조 전반이 변경되는 대대적인 불사가 벌어진 사실도 밝혀졌다. 물론 아직 그런 변화 시점이나 이유, 양상 등 모두가 온전히 그려지는 단계에는 이르지 못하였다. 따라서 앞으로 논란할 소지가 적지 않게 남아 있다.

그런데 발굴을 통해 몇몇 명문이 더해진 사실은 각별히 눈여겨볼 필요가 있는 대목이다. 그 가운데 특히 사명(寺名)이 새겨진 기와와 함께 목간까지 출토되었다. 기왕에 비편으로 알려진 사명까지 포함하면 다양한 소재에서 절 이름이 여럿 확인된 것이다. 이는 본래의 사명을 찾아가는 데에서 각별히 주목해 볼 대상이었다. 다만, 그런 절 이름 가운데에는 황복사임을 입증할 만한 어떤 편린도 나오지 않았다. 이는 당해 사지를 황복사로 단정하기 곤란함을 증명하는 명백한 증거이다.

라문화유산연구원, 2022에 잘 정리되어 있다.

황복사로 잘못 비정되었음은 낭산에 들어선 첫 사찰이 679년 완공된 사천왕사란 사실로부터도 방증된다. 사천왕사의 창건 연기설화에 따르면 낭산이 새롭게 신라인의 이목을 끈 계기는 중턱에 647년 사망한 선덕여왕의 무덤이 들어서면서부터였다.

이전까지는 낭산 자체가 산악신앙의 대상으로서 매우 신성시되었으며 특히 남쪽 끄트머리는 산신들이 내려와 노는 곳처럼 여겨져 신유림(神遊林)으로[93] 불렸다. 그래서 통일기에도 낭산을 신성하게 여기는 인식은 그대로 이어졌던 것이다.

낭산은 신라 산악신앙의 중핵으로서 국가의 대사(大祀)가 행해지는 이른바 삼산(三山) 가운데서도 으뜸의 위치를 차지하였다. 그런 배경 때문에 통일기의 문무왕대에 호국을 대표하는 사원인 사천왕사가 들어설 수 있었다.[94] 말하자면 낭산은 전통적인 산악신앙의 중추로서 기능하다가 통일기에 이르러서는 그 위에 다시 불교적 세계관이 덧씌워졌다. 이처럼 낭산은 여러모로 오래도록 무척 신성시하게 여겨진 공간이었다.

그런데 중고기에 낭산자락 일원에 사찰이 들어선 흔적은 전혀 찾아지지 않는다. 낭산에 세워진 사찰의 사례로서는 사천왕사가 첫 사례에 속한다. 이런 사정으로부터도 통일기 이전 창건된 황복사를 낭산, 그것도 그 북편의 귀퉁이에 치우친 위치에다 비정하는 것은 아무래도 너무나 멀리 나아간 느낌이다.

황복사의 '황(皇)'이란 뜻 자체는 황룡사가 원래 '황(黃)'에서 비롯한 설

---

93) 『삼국사기』3 신라본기 실성이사금 12년조. 비편에도 '遊林'이란 단어가 보여 주목된다. 아마도 북편의 사찰 관련 내용을 설명하면서 남쪽 신유림에 세워진 사천왕사의 창건 배경을 동원한 데서 비롯한 것으로 추정된다.
94) 『삼국유사』1 기이1 「선덕왕지기삼사」조.

화가 풍겨주 듯이[95] 왕경의 중앙부 일원을 가리킨다. 말하자면 왕궁이 있고 황룡사가 존재하는 주변 일대를 왕경의 중앙부에 해당한다고 여겨 황(黃), 황(皇)이라 칭하였다. 인근의 분황사도 그래서 그처럼 지어졌다. 황룡사와 황성사(皇聖寺)란 '황'자가 들어간 두 절이 왕궁을 중간에 두고 위치한 사실도[96] 그런 사실을 방증해 준다. 그런 측면에서 낭산의 북쪽 귀퉁이, 그것도 왕경 중앙부가 조금도 시야에 들어오지 않는 후미진 곳을 황복사라고 비정함은 명백한 잘못이라 진단할 수밖에 없다.

사실 정식 발굴 작업을 거쳐 확보된 자료가 아닌 지상에 노출된 상태로 수습된 자료의 경우 언제나 조심스럽게 다루어져야 함은 지극히 상식적인 일에 속한다. 이들은 여러 다양한 자연적 혹은 인위적 요인 때문에 손쉽게 옮겨질 수 있는 성질의 것이기 때문이다.[97]

더욱이 수습된 지점조차 특정하기 어려운 막연한 자료를 결정적인 근거로 삼아 사명을 확정 짓는 행태는 정도를 벗어나도 한참 지나쳤다. 오래도록 구황동사지 혹은 (전)황복사지라고 불려 온 것도 바로 그런 측면을 우려한 때문이었다. 따라서 이곳이 어떤 사찰인가는 달리 검토함이 바람직하다.

일단 당해 사지에서 출토된 명문에 등장하는 여러 절 이름을 주요 대

---

95) 『삼국유사』 3 탑상 「가섭불연좌석」조.
96) 『삼국유사』 2 기이 2 「문호왕법민」조.
97) 왕경 안에서 당해 건축물 관련 명문이 그와 별로 관련성이 없는 전혀 다른 곳에서 발견된 사례는 일일이 열거하기 힘들 정도로 많다. 남산 보리사에서 황룡사 명문기와가, (전)천관사지에서 창림사명 기와가, 원원사지에서 영묘사명이 출토되었다(이근직, 앞의 논문). 이 밖에도 남궁지 인이나 동궁아 관련 명문도 여러 곳에서 출토된 바가 있다. 이는 명문기와가 여러 요인으로 당대는 물론이고 뒤에도 계속 이동하였음을 의미한다. 따라서 발굴로 확보된 물품에 보이는 내용을 당해 지역과 바로 직결시키는 것은 너무도 위험한 발상이다. 당해 물품을 출토지와 직결시키기 위해서는 다양한 측면을 아울러서 고려함이 온당한 접근이다.

상에 포함시켜 다룸이 가장 기본적인 접근을 터이다. 지금껏 명문으로 알려진 사명은 비문의 '△德太宗寺', '△聖神忠寺' 및 목간에 보이는 '上△寺', 그리고 명문기와에 '鄭(?)元寺', '仁伯寺' 그리고 여기에 「사리함기」에 보이는 '宗廟聖靈禪院伽藍'까지 포함하면 도합 6개에 이른다. 그동안 왜 이들 중 하나가 본 사찰의 사명에 해당할 수 있음을 고려하지 않았던지는 너무도 의아스럽다.

그 가운데에는 시기가 전혀 다르거나 혹은 당대의 것이더라도 다른 지역일 여지를 가진 것도 당연히 포함되었을 것이다. 이를테면 '鄭(?)元寺'가 새겨진 기와는 나말여초에 제작된 것이라고 하며, 인백사명 기와도 고려시대의 것으로 추정되고 있다. 따라서 일단 이들은 대상에서 제외시켜도 무방하겠다. 게다가 목간은 본디 제작지가 아니라 다른 위치로 쉽게 옮겨질 수 있는 성질의 것이어서 거기에 쓰인 上△寺도 당해 현장이 아닐 공산이 크다.

그렇지만 비편이나 「사리함기」의 경우는 그와는 본질적 성격이 다르다. 먼저 비문에 등장하는 사찰의 경우 당해 불사와도 일정한 상관성이 있음은 의심할 여지가 없다. 그 자체가 바로 당해 사찰일 수 있고 혹여 그렇지 않다면 그곳에서 행해진 어떤 불사를 지원한 사찰일 가능성도 있겠다. 이를테면 9세기 후반이기는 하지만 한참 오래도록 기울어진 상태 그대로 두어져 있던 황룡사 9층목탑을 개탑한 사실을 기록한 「찰주본기」에서 그런 사례가 보인다.

그때 국가의 공적인 기구인 성전이 황룡사 개탑과 관련해 중심의 역할을 맡았으며 구체적인 실무는 임시 조직이라 할 도감전(都監典)과 속감전(俗監典)이 감당하였다. 이 중 도감전은 승려들로 구성된 조직인데 물론 당해 사찰 소속의 승려가 주축이었다. 다만, 그들만에 의해서 모든 작업이 이루어진 것은 아니며 인근의 보문사(普門寺)나 감은사 소속의 승려까지 동원되었다. 비슷한 사례들은 경향 각지에서 이루어진 여러 불사에서도 확인된다.[98]

이런 실상을 고려하면 출토된 비편으로부터 추출되는 두 사찰 가운데 어느 하나가 바로 해당 사명일 수도 있겠다. 그런데 일단 그들 가운데 판별의 일차적인 기준은 신문왕과의 관련성 여하에서 찾아봄이 적절한 순서이겠다. 그런 측면에서 두 절 가운데 '△德大宗寺'는 일단 고려의 대상에서 자연히 제외된다.

이미 지적된 것처럼 '△德大宗寺'가 봉덕사의 원명일 가능성이 매우 크다. 봉덕사가 성덕왕이 태종무열왕을 위해서 창건하였다는 기록이 있고,[99] 그와는 다르게 효성왕이 부왕인 성덕왕을 기리기 위해 창건하였다는 엇갈린 기록도[100] 보인다. 일단 사명만으로 보면 전자의 가능성이 한층 클 것 같다.

그것은 여하튼 봉덕사는 신문왕과 아무런 상관성이 없으며 또 건탑의 불사가 이루어지던 당시에는 아직 존재하지 않은 상태였다. 따라서 고려의 대상에서 제외함은 지극히 당연하겠다. 따라서 시점을 특정하기는 어렵지만 당해 비를 세우는 내용과 관련한 불사에 봉덕사(물론 개개의 승려일 수도 있고 봉덕사 성전일 수도 있겠다)도 동원되었다고 풀이해도 무방할 듯 싶다.

당시 불사에는 당해 사찰이 당연히 중심이었겠으나 인근의 몇몇 사찰

---

98) 이를테면 창녕에 세워진 「인양사비(仁陽寺碑)」에는 802년 행해진 불사에 왕경의 봉덕사, 영흥사, 천암사(天巖寺), 보장사(寶藏寺) 등이 참여한 사례가 보인다.

99) 『삼국유사』 2 기이 2 「성덕왕」조.

100) 『삼국유사』 3 탑상 「황룡사종·분황사약사·봉덕사종」조.

도 기술이나 재정 지원 등의 문제로 동원되었을 가능성은 충분히 상정된다. 그것은 여하튼 당해 사찰을 봉덕사라고 단정하기는 어렵겠다.

그러나 '△聖神忠寺'의 경우는 사정이 다르다. 만약 이 사명이 원래의 봉성사임을 가리킨다면 일단 신문왕에 의해 창건되었다는 점에서 양자가 깊은 상관성이 있음은 확실하다. 이미 다루었듯이 봉성사는 국가이건 개인이건 치병을 전문으로 삼은 밀교 승려인 혜통의 건의에 의해 창건을 본 사찰이다. 따라서 신문왕 혹은 그 일족을 위한 원찰로서 기능할 만한 여건은 충분히 갖춘 셈이 된다.

그와 같은 추정을 보완해주는 것이 당해 비편에 성전조직이 보이는 사실이다. 앞서 소개한 비편의 온전한 내용은 '△聖神忠寺슈伊'인데 이 '슈'은 봉성사의 성전조직 존재를 암시해준다.[101] '伊'는 '령'이란 직명을 칭한 인물의 관등 이찬(伊湌)일 듯싶다. 또 다른 비편인 '奈麻新金季~' 또한 성전사원이 과업의 주축으로서 역할하였음을 보강해준다.

이미 누차 언급하였듯이 봉성사는 신문왕 5년 창건의 과정에서 성전이 두어진 사찰이다. 이 사찰을 황복사일 것으로 추정한 일부 견해는 황복사도 『삼국사기』에서 누락된 성전사원의 하나일 것으로 과감하게 추측하기도 하였다. 하지만 황복사를 성전사원으로 간주할 만한 근거는 어디에서도 없다. 황복사라고 전제한 자체로부터 비롯한 논리적 비약이며 따라서 결정적인 실착을 범한 셈이다. 이는 어디까지나 봉성신충사, 즉 봉성사가 『삼국사기』의 기록 그대로 성전사원임을 입증해 주는 자료일 따름이다.

사실 본 사찰이 봉성사임을 보여주는 주요 근거는 역시 「사리함기」 안

---

101) 윤선태, 앞의 글, 2000.

에서도 찾아진다. 이해의 편의상 그 중 유관한 부분만을 적출해서 원문 그대로를 소개하면 다음과 같다.

B) ① 神文大王 五戒應世 十善御民 治定功成 ② 天授三年七月二日昇天 所
以神睦太后孝照大王 奉爲宗廟聖靈禪院伽藍 建立三層石塔

위의 기사는 제시된 괄호 안의 숫자처럼 일단 두 부분으로 나누어 이해된다. 앞부분은 신문왕의 불법(佛法)에 바탕한 치적의 성공을 압축적으로 예찬한 장면이고, 뒷부분은 692년의 사망으로 신목태후와 효소왕이 3층의 석탑을 건립한 사실을 밝힌 대목이다. 신목이나 효조는 모두 시호이므로 당대가 아닌 「사리함기」가 작성된 706년 현재의 표현인 셈이다.

그런데 지금껏 남아 전해지는 3층의 석탑이 세워진 사찰을 '奉爲宗廟聖靈禪院伽藍'으로 지칭한 사실이 유의된다. 이는 당해 사원의 성격이 '종묘의 성령을 받들기 위한' 것이었음을 함축적으로 드러내어 주기 때문이다. 그렇다면 이 사원의 주요 핵심 대상은 곧 성령에 두어졌으며 이들을 받들기 위한 선원가람인 셈이 된다.

이 표현으로부터 봉성이란 단어까지 그대로 추출된다. 앞서 이미 언급하였듯이 봉성사의 원래 명칭이 '봉성신충사'라면 '성신충'은 곧 종묘 성령에 해당한다. 이는 명칭상이나 성격상으로 미루어 당해 사원이 바로 봉성사임을 여실히 입증해 준다. 말하자면 원래의 정식 사명을 온전히 나타낸 것이 '봉위종묘성령선원가람'이며, 이를 줄여서 '봉성신충사'라 하였고, 다시 이를 더 압축적으로 표현해서 봉성사라 불렀다. 당해 사찰이 성전사원이란 점은 봉성사가 성전사원의 두 번째에 위치하는 사실과도 그대로 상통한다.

봉성사명 납석제

기왕에 봉성사의 구체적인 위치를 두고서 견해가 몇몇으로 엇갈려 논란해 왔다. 첫째, 경주시 인왕동의 옛 교육청부지에서 발견된 '永泰二年~北方奉聖寺'란 명문이 새겨진 납석제의 그릇 뚜껑을 근거로 삼아 바로 그 출현 지점이라 간주하는 견해이다.[102]

그러나 당해 자료 자체의 직경이 겨우 7.9cm에 불과해 언제 어떤 곳으로라도 쉽게 옮겨질 수 있는 성질의 것이다. 그런 측면을 고려하면 발견 지점이 곧 명문에 등장하는 사찰의 위치라고 단정함은 지나친 추정이다.

둘째, 5층의 석탑이 위치한 나원리사지로 비정하려는 견해이다.[103] 이는 봉성사가 성전사원으로서 북쪽에서 왕경의 중앙부로 진입하는 관도(官道) 상에 위치해 국가의례가 거행될 수 있었다는 점, '북방봉성사'란 명문이 곧 봉성사의 위치가 북쪽임을 나타내는 점, 사천왕사의 북쪽 대척 지점이라는 점 등을 주요 근거로 삼았다.

하지만 이미 여러 측면에서 적절한 비판이 제기되었듯이[104] 나원리의 5층석탑은 8세기 중엽 무렵 건립된 것으로 추정되는 점,[105] 북방을 가리

---

102) 박홍국, 「『영태 이년 봉성사』명 납석제 개 소고」『불교고고학』2, 2002, p.105 ; 이근직, 앞의 글

103) 윤선태, 「신라 중대의 성전사원과 국가의례 – 대·중·소사의 제장과 관련하여」『신라 금석문의 현황과 과제』(신라문화제학술논문집 23),

104) 이근직, 「경주 나원리사지의 가람배치와 석탑건립연대」『경주에서 찾은 신라의 불국토』, 학연문화사, 2017.

105) 한정호, 「경주지역 신라 전형석탑의 전개과정에 관한 연구」『불교고고학』4, 2004.

킬 때의 기준이 모호해서 이것만으로 무조건 왕경의 북쪽임을 단정 짓기 어려운 점, 조선 초기의 기록이지만 『신증동국여지승람』에는 봉성사의 위치를 '부(府)의 동쪽 5리(里)'라 하여 북쪽 방면과는 전혀 어울리지 않는 점 등으로 받아들이기 곤란하다. 게다가 거기에서 출토된 『무구정광대다라니경』을 근거로 건탑 이후 2차에 걸쳐 사리장엄의 매납이 이루어졌다고 풀이한 추정도 아무런 근거가 되지 못하는 지나친 억측이다.

그 밖에도 조선시대의 경주읍성을 기준으로 방향과 거리를 막연하게 제시한 『신증동국여지승람』을 주요 근거로 삼아 성동동에 소재한 전랑지(殿廊址)라고 추정하는 견해, 성동동의 옛 경주역 일원의 어떤 사지로 추정하는 견해, 알천 남쪽 천변 일원으로 비정하는 견해 등 여럿으로 엇갈려 있다.106) 알천의 남쪽 일대로 본다는 측면에서 대체로 비슷한 입장이다.

근자에 이들과는 달리 지금껏 문제로 삼아온 (전)황복사 사지가 바로 봉성사임을 밝히려는 견해가 새롭게 제기되었다.107) 필자 또한 동일한 지면(紙面)에서 공교롭게도 비슷한 견해를 제시한 적이 있고108) 얼마 뒤에는 좀 더 구체적인 논증 작업을 별도로 시도한 바 있다.109)

당시 낭산이 원래 산악신앙의 주요 대상이었는데 특별히 통일 직후 사천왕사가 남쪽 자락에 들어서면서 불교의 성소 중심으로 바뀌면서 신라국가를 지켜주는 호국의 구심으로서 기능하였음을 강조하였다. 그를 위해 동원된 세계관이 밀교인데, 낭산 남쪽의 사천왕사가 명랑의 밀교,

---

106) 이런 주장 전반에 대해서는 이근직, 앞의 글.
107) 김지현, 앞의 글 참조.
108) 주보돈, 앞의 글(2022).
109) 주보돈, 앞의 글(2024).

북쪽의 봉성사가 혜통의 밀교로서 서로 대응됨을 지적한 것이다. '북방 봉성사'란 표현도 바로 낭산의 북쪽임을 의미하는 것으로 풀이하였다.

요컨대 봉성사의 위치는 여러모로 낭산 북쪽의 귀퉁이로서 지금껏 (전)황복사지, 또는 (전)황복사로 불린 사지였음이 확실하다. 신문왕이 뒤늦게나마 국가를 위해 헌신하고 목숨까지 바친 혼령, 즉 성령들을 추복해 줌으로써 통일의 성과를 온전히 지켜내기 위한 대단원으로서 건립한 사찰이 바로 봉성사였다. 그 자체는 장기간의 전쟁이란 국가의 병고(病苦)를 원천적으로 치유하려는 의도에서였다. 그런 의미에서 이 또한 다른 형식의 호국이었다.

당에서 갓 한역된 『무구정광대다라니경』을 얼마 전에 세운 탑을 열어 넣었던 것도 바로 그런 사정 때문이었다. 이 경전은 6개의 다라니로 이루어졌는데 그 작법에 따라서 의례를 진행하면 여러 공덕을 쌓을 수 있다고 한다. 그 첫째가 근본(根本)다라니인데 이에 의거해 탑을 세우면 국토에 나쁜 일을 없애주고 하늘의 선신이 나라를 수호하고 각종 질병과 다툼이 없어져 나라가 평안해진다는 호국의 공덕을 다루고 있다. 신라국가가 그 점에 주목함으로써 널리 성행하였던 것이다.[110] 이 또한 석탑이 세워지고 다라니경이 출토된 바로 그곳이 봉성사임과 동시에 호국적인 성격의 사찰이었음을 방증해준다.

그런데 신문왕과 그 일족을 위해 두 차례나 치른 석탑 관련 추복 불사로 말미암아 봉성사가 국왕, 혹은 왕실의 사원인 듯이 여겨지기 시작하고 이후 창건된 성전사원은 그로부터 영향을 받았을 듯싶다. 출발기의 성전사원이 호국에 초점을 맞춘 것과는 뚜렷하게 차이가 난다. 그런 점

---

110) 주경미, 「무구정광대다라니경의 유행」 『문자와 고대한국』2, 주류성출판사, 2019, pp.389~390.

을 보여주는 사례가 바로 봉덕사와 봉은사였다.

봉덕사는 앞서 잠시 소개하였듯이 성덕왕이 태종무열왕을 위해서 창건하였다는 기록과 효성왕이 아버지 성덕왕을 추복하기 위해서 창건한 것이라는 기록으로 서로 엇갈린다. 이를 두고 선택적으로 보거나 아니면 양자를 정합적으로 풀어보려는 등 여러 견해가 나왔다.

그들 가운데 두 기사 중 어느 한쪽이 아닌 양자를 모두 살려내어 태종무열왕을 위해 건립을 시작하였으나 완공할 즈음 성덕왕의 추모를 위한 원찰로 바뀌었다고 풀이하는 이해가[111] 주목된다. 하지만 그처럼 장기간의 작업을 거치면서 미처 완성을 보기도 전에 목적 자체가 벌써 달라졌을까. 그렇다면 그것까지 구태여 기록으로 남길 필요가 있었을까.

두 기록을 선택이 아니라 함께 살려서 정합적으로 이해해 보려는 시도는 적절하지만 약간 달리 풀어볼 소지도 있을 성싶다. 태종무열왕의 추복지소로서 시작하여 일단 창건이 완료되었다. 하지만 성덕왕의 사망 후에는 효성왕이 오히려 자신의 아버지를 위한 추복지소로서 삼은 것이다. 그렇다면 이는 성전사원 운영과 관련해 기왕과는 약간 다른 해석도 가능해지게 한다.

첫째, 이미 언급하였듯이 성전사원은 애초에는 특정 국왕의 원찰이 아닌 호국에 초점을 맞추어 출발하였지만 봉덕사 창건 이후부터는 오히려 전자 쪽으로 차츰 무게가 실린 사실이다.[112] 어쩌면 원래 호국 영령들 대상의 원찰로서 출발한 봉성사에다 신문왕 사후에 원찰로서의 성격이 가

---

111) 이호영, 「신라 중대왕실과 봉덕사」 『사학지』8, 1974 ; 『신라삼국통합과 여·제 패망원인 연구』, 서경문화사, 1997.
112) 채상식, 「신라통일기의 성전사원의 구조와 기능」 『부산사학』8, 1984, p.19에서 성전사원이 단순히 왕실의 사적인 원당으로 기능한 것이 아니었다는 지적은 적절하다.

미된 것이 주된 계기였을 법하다. 이후 창건된 성전사원은 국왕의 원찰적인 성격을 띰으로써 '봉'이란 표현 사명에다 붙여진 것이다.

둘째, 봉덕사가 성덕왕의 추복지소로 바뀐 뒤 태종무열왕은 어떻게 되었을까가 무척 궁금해지는 대목이다. 이를 어떻게 풀이하느냐에 따라 원찰로서의 성전사원에 대한 이해까지 달라질 수 있을 성싶다.

혜공왕대에 주조를 마친 성덕대왕신종이 봉덕사에 봉안된 사실로 미루어 성덕대왕 원찰의 기능은 이때까지 이어졌음은 분명하다. 하지만 태종무열왕의 향방은 추적할 만한 어떤 실마리도 찾아지지 않는다. 성덕왕으로 교체가 완결되었다면 성전사원은 특정 국왕 1인으로 한정하였던 셈이 된다. 그렇지 않고 이후 태종무열왕의 원찰로서의 기능까지 그대로 이어졌다면 복합적이었다고 이해할 소지도 없지 않다.

그 점과 관련해 봉은사의 경우를 잠시 주목해 볼 필요가 있다. 『삼국사기』 신라본기에 따르면 봉은사는 원성왕 10년(794) 창건되었다고 한다. 하지만 직관지에서는 유독 혜공왕대에 봉은사 성전의 장관인 금하신(衿荷臣) 1인이 처음 두어졌음만 명시해두었을 따름이다. 이런 사실을 근거로 삼으면 앞의 봉은사 창건 기사에는 어떤 문제점을 안고 있는 셈이 되므로 다른 방식의 이해가 요구된다.

성전사원의 창건에 앞서 오직 장관직만을 설치한 사례는 달리 찾아지지 않는다. 이에 대해 봉은사의 창건 작업은 혜공왕대로부터 시작해 원성왕 10년(794) 완성을 본 것으로 풀이한 견해가 있다.[113] 이처럼 두 사료를 정합적으로 이해할 소지도 엿보인다.

그런데 봉은사의 원래 사명은 진지대왕사(眞智大王寺)였던 사실이 눈

---

113) 이영호, 앞의 글.

길을 끈다. 나말의 명유 최치원(崔致遠)이 찬문한 「대숭복사비(大崇福寺碑)」의 협주에는 봉은사가 원래 진지대왕의 추복지소였다가 어느 시점에 봉은사로 바뀌었다는 풀이가 있다.[114] 이는 771년 주조된 「성덕대왕신종명」에 진지대왕사란 사명이 등장하는 데서 방증된다. 다만, 진지대왕사의 창건은 771년 이전일 것으로 막연히 추정해 볼 수 있을 따름이다.

그렇다면 원래 어느 시점부터 진지대왕의 추봉을 위해 성전사원이 창건되었고 특이하게 왕명을 사명으로 삼았다. 애초 진지대왕사의 성전 구조는 뚜렷하지 않지만 혜공왕대에 장관 금하신을 처음 두어 위상을 드높였던 것 같다. 그런데 중대정권이 무너진 뒤 진지대왕사를 봉은사로 바꾸는 작업이 추진된 것이다.

만일 이런 풀이가 정당하다면 사명이 봉은사로 바뀌면서 추복의 대상은 어떻게 되었을까가 무척 궁금해진다. 아마도 봉성사나 봉덕사의 전례처럼 '봉'을 넣은 사명으로 고쳤을 때 추봉의 대상이 달라졌을 수가 있다. 특히 하대로 전환하면서 왕통 계보에 큰 변동이 일어난 사실을 고려하면 더욱 더 그러하다. 혜공왕대에 금하신의 설치와 함께 진지대왕사의 위상은 한결 높아졌지만 하대에 들어와서는 자신들 중심의 원찰로 바꾸면서 사명 자체까지 봉은사로 고친 것이라 하겠다.

이렇게 보면 특정 국왕의 원찰이라도 마냥 그대로 이어진 것이 아니라 일정한 시간이 경과하거나 제반 사정이 달라지면 대상도 교체되고 사명이 바뀌기까지 하였을 것으로 짐작된다. 그런 측면에서 효성왕대에 추복지소로서 봉덕사의 추복 대상이 태종대왕에서 성덕왕으로 바뀌었다고 이해해도 무방할 듯싶다. 성덕대왕을 위하여 특별히 주조된 신종(神

114) 위와 같음.

鐘)이 봉덕사에 봉안된 것도 바로 그런 사정 때문이라 하겠다.

통일 이후 신라국가의 기반이 어느 정도 안정을 찾아가자 성전사원도 호국의 기능 일변도에서 벗어나 국왕 또는 왕실의 원찰적인 기능이 덧씌워져 복합적인 성격을 띠어갔다. 이는 호국의 내용에도 일정한 변화가 뒤따랐기 때문이다. 9세기 후반 신라가 안팎으로 위기의 국면을 맞으면서 그에 따른 적절한 변화가 요구되었다. 바로 그때에 부상한 호국의 문제 때문에 새로이 주목을 끈 것이 황룡사였다.

황룡사는 중대에 들어와 호국 용도의 성전사원이 선정되면서 대상에서 제외되었다. 이는 황룡사의 호국적인 기능이 신라의 삼국통일로 소임을 다한 데서 비롯한 일이었다. 그래서 이후 황룡사는 교학불교의 중심지로서의 역할을 감당하였다.

그러다가 경문왕(景文王, 861~875)대에 이르러 오래도록 중고기 신라국가 호국의 상징인 황룡사 9층목탑이 수십 년 동안이나 기울어져 있던 상태를 바로 세우는 개탑 작업을 추진하면서 성전을 설치하였다. 아마도 황룡사를 새롭게 성전사원으로 삼은 것은 물론 전면적 개탑이 계기가 되었지만 그 자체가 호국을 겨냥한 과업이었다.

경문왕의 즉위 자체는 무척 뜻밖의 결정이었다. 전임자 헌안왕(憲安王, 857~861)에게는 두 딸만 있어 정당한 후계자를 확정 짓지 못한 상태였다. 신무왕(神武王, 839) 외에 균정(均貞)의 또 다른 아들인 헌안왕은 정치적으로 적대적 경쟁관계였던 헌정(憲貞) 계통의 경문왕을 사위로 삼아 즉위시켰다. 이와 같이 예상치 못한 과감한 결단으로 말미암아 내부의 반발이 심하게 벌어지기도 하였다.

하지만 그것은 일시적이며 잠정적인 현상에 불과하였다. 아마도 헌안왕으로서 한결 우려스럽게 여긴 것은 만약 원성왕계 후예들 사이의 갈등과 다툼이 그대로 더 깊어진다면 신라사회의 앞날 자체를 보장하기 어렵겠다는 판단에 따른 것이었다. 일종의 정치적인 대타협이 이루어졌다. 경문왕은 헌안왕의 그런 기대를 충족시키기 위해 각고의 노력을 기울였다. 그 가운데 하나가 바로 황룡사 9층목탑의 개건이었다.

당시 중원 지역은 물론 북방의 분위기도 심상치 않게 돌아갔다. 이처럼 바깥 세계의 움직임에 대처함과 동시에 내부의 정치적인 갈등을 잠재우고 결속력의 강화를 도모하기 위해 황룡사가 본래 지녔던 호국적인 성격을 되살려 활용해 보려는 의도로 9층목탑을 개건하고자 하였다. 그를 추진하기 위해 황룡사를 성전사원으로 삼았던 것이다. 이는 곧 그동안 중대 성전사원의 호국적인 성격이 퇴색한 데에 따른 대응책이기도 하였다.

6. 나가면서

삼국통일을 계기로 신라사회는 여러모로 큰 변모를 겪었다. 그것은 삼국을 통합함으로써 온갖 분야가 양적인 성장은 물론 질적인 발전까지 담보되었기 때문이었다. 그 가운데 두드러지게 바뀐 사례로서는 불교와 국가의 관계를 손꼽을 수 있다.

법흥왕대에 공인된 불교는 이후 중앙집권적 지배체제가 정립되어 가면서 정치와 깊게 밀착해 갔다. 국왕이 불경에 보이는 전륜성왕임을 표방하거나 왕족의 혈통이 석가모니의 혈통을 이었다는 의식과 함께 그에 따른 성골의 출현 등 신라는 불교를 지배체제 유지를 위한 이데올로기로서 받아들였다. 한마디로 신라가 불교를 국교로 삼았다고 해도 무방할 정도였다. 중고기에 불교식 왕명의 사용은 그런 실상을 뚜렷이 입증해 준다.

그와 같은 추세 속에서 유학이란 이데올로기가 새롭게 움트고 있었다. 마침내 그를 이념적 무기로 삼은 새로운 세력이 출현하고 정권까지 장악함으로써 새로운 시대를 열어갔다. 이들에 의해 적극 추진되어 마침내 성공을 거둔 것이 통일전쟁이었다. 이후 이들은 유학을 지배이데올로기로 삼아 지배질서를 본격적으로 재구축 해보려고 시도하였다.

그렇다고 해서 오래도록 쌓여진 불교의 영향력은 물론 터전까지 무시된 것이 아니었다. 불교가 역할한 호국의 기능이 성공을 거둠으로써 오히려 비중은 더욱 더 커져간 듯이 비쳐졌다. 다만, 제반 여건이 완전히 바뀐 만큼 불교의 기능과 역할도 이제 달리 요구되고 있었다. 말하자면 국가와 불교 관계의 전면적인 재편이 진행된 것이다. 그로써 마련된 것이 국가사찰로서의 성전사원이었다.

성전사원은 사원에다 성전이란 국가의 관부가 두어져 특별하게 관리한 사찰을 가리킨다. 통일 이전의 사원도 뒤늦게 대상에 포함시켰지만 중심축을 이룬 것은 중대에 창건된 사찰이었다. 사천왕사를 비롯한 감은사, 봉성사 등 이른바 7대 사원이었다.

이 가운데 그동안 창건의 목적, 성격, 위치 등을 놓고 크게 논란해 온 것이 봉성사였다. 이는 봉성사 관련 자료가 빈약하고 그 잔존 형태에 근본적인 문제가 있었던 데서 말미암았다. 그 때문에 출발부터 잘못을 안고 있었고 이후 그로부터 생겨난 파장은 그 자체만으로 끝나지 않았다. 봉성사의 위치를 전혀 잘못 판단하는 데에도 영향을 크게 미쳤다. 심지어는 황복사의 위치를 잘못 비정하고 이를 기록상에 보이지 않는 성전사원이었다고 풀이하는 착각도 범하였다. 한번 어그러진 잘못이 어떤 결과를 가져오는지를 여실히 보여주는 실례로서 기억됨 직하다. (새글, 2025)

4. 낭산과 밀교(密敎)

1. 경주분지의 경관과 낭산

신라 왕경이 자리하였던 경주는 주변이 비교적 높은 산지로 겹겹이 에워싸인 전형적인 분지 지형에 속한다. 중앙부 평지는 울산과 양산 방면으로 달려가는 두 단층(斷層)이 만들어낸 구조곡(構造谷)이 서로 교차하는 지점이다. 분지의 중앙부는 말하자면 두 구조곡이 교통로로 기능하면서 서로 만나는 위치의 이른바 결절지(結節地)에 해당하는 셈이다.[1]

바깥 세계의 곳곳에서 선후하면서 생겨난 다양한 갈래의 이주민이 집단을 이루어 단속적으로 교통로를 따라서 경주분지 일원으로 들어와 정착해 갔다. 이는 경주분지가 바깥으로부터의 이주자들이 모여들기에 여러모로 안성맞춤의 입지(立地)였던 까닭이다. 초기국가 사로국(斯盧國)이 경주분지 일원에서 형성되어가던 시기에 이주민과 관련한 기록이 적지 않게 등장함은[2] 그런 실상을 여실히 입증해 준다.

---

1) 이희준, 『신라고고학연구』, (주)사회평론, 2007, pp.177~184.
2) 박혁거세를 비롯해 초기기록에서 유이민의 사례가 적지 않게 확인된다. 한편 경주분지 일원을 기반으로 삼은 초기국가 사로국의 실상을 반영하는 목관묘가 대체로 중심부가 아닌 주변부의 교통로에 분포함은 그런 사정의 일단을 고고학적으로 보여준다.

그와 같은 지리적인 특성을 지닌 신라 왕경을 이해하는 데에 주목해 볼만한 대상으로는 경주분지를 둘러싼 산악과 함께 중앙부 평지를 관통하며 흐르는 시내[川]를 들 수 있다. 산악 가운데 방위상 마치 대칭처럼 서로 마주 보는 듯한 동서의 토함산(吐含山)과 선도산(仙桃山), 그리고 남북의 남산(南山)과 금강산(金剛山)은 언제부터인가 함께 엮여져 왕경 5악(4악)으로[3] 불렸다. 이는 바로 인근의 다른 산악들에 견주어 이들이 유난스러울 정도로 신라 왕경인의 삶과 깊이 밀착하였음을 뜻한다.

한편 경주분지 중앙부의 남북에는 동쪽, 혹은 동남쪽 방면 일원에서 발원한 북천과 남천이 서쪽으로 흐르다가 서천과 합류한다. 서천은 남쪽의 내남(內南) 방면에서 시작해 줄곧 북류(北流)하면서 남천과 북천을 비롯한 크고 작은 여러 하천을 곳곳에서 받아들이면서 경주분지의 서쪽으로 치우쳐 흐르다가 포항에 이르러 동해로 들어간다. 경주분지 일원에서는 서천으로 불리지만 국가 하천의 정식 명칭은 형산강(兄山江)이다. 서천 및 남천과 북천의 세 하천이 구획해서 만든 경주분지 중앙부 일대가 바로 신라 왕경의 핵심 구역에 속한다.

신라인들은 그와 같은 몇몇 유력한 산천마다 각기 신(神)들이 평소 머문다고 여겼다. 이는 곧 그들이 전통적인 산천신앙의 주요 대상지로서 기능하였음을 의미한다. 이 지명들은 뒷날 지어진 것이 아니라 신라 당대부터 나와서 지금껏 그대로 이어진다는 측면에서 무척 특이한 면모라 할 수 있다.

당대의 지명 대부분을 거의 잃어버린 마당에 그들만이 지금껏 이어져

---

3) 5악 가운데 중악은 황룡사를 상징하거나 아니면 낭산일 공산도 커 쉽게 확정 짓기 곤란한 측면이 있다. 이에 대해서는 주보돈, 「신라 왕경5악의 형성과 금강산」『신라 왕경의 이해』, 주류성, 2020 참조.

낭산의 남쪽 사천왕사지

온 사실 자체는 차지하는 중요도와 비중을 암시한다. 경주분지를 주된 배경으로 삼은 사람들의 삶은 상당 부분 이들 산천에 크게 의존해온 것이다. 신라 왕경은 물론 신라 역사 전반을 제대로 이해하려면 가장 먼저 이들 산천에 주목해야함은 바로 그런 사정에서 말미암는다.

경주분지 안에서도 평지 속에서 비교적 높이 치솟아 전체를 내려다 볼 수 있는 지점으로서는 3곳 정도가 확인된다. 하나는 현재 북천 이북의 황성공원 안의 자그마한 독산(獨山)이다. 금강산에서 서쪽으로 그리 멀지 않은 곳에 자리해 있다. 인근에는 유일하게 (전)호원사(虎願寺)란[4] 사찰 터가 전하지만 독산 관련 기록은 달리 찾아지지 않는다. 신라 당대는 물론 이후에도 독산이 별반 주목을 끌지 못한 탓이겠다.

4) 『삼국유사』4 감통 「김현감호」조.

한편 남천에 바짝 붙어 있는 월성(月城)은 자연 상태 그대로가 아니며 뒷날 정치적 목적이나 방어적 필요성에 따라 상당 부분 쌓아 올려진 듯하다. 하지만 원래부터 주변 일대에 견주어 지대가 약간 높아 중앙부 일원을 내려다볼 수 있는 곳이었음은[5] 분명하다. 그와 같은 자연지형이 결국 월성을 정치적 핵심의 공간으로 이끈 주된 요소로서 기능하였을 것임은 더 이를 나위가 없는 일이겠다.

세 곳 중 신라 당대부터 산악신앙은 물론 불교 신앙의 측면에서 각별히 주목을 끈 것이 낭산(狼山)이었다. 낭산은 경주분지 중앙부의 동편에 치우쳐 남북으로 길게 병풍처럼 펼쳐진 모습을 하고 있다. 최고봉이더라도 겨우 해발 100m 남짓에 불과해 그리 높은 편은 아니며 야트막한 구릉지이다.

낭산은 경주분지 일원 전반을 대충이나마 조망(眺望)하기 가능한 위치이다. 그곳에서는 앞의 4악은 물론 3천까지도 바라볼 수가 있다. 낭산이 경주분지 일원에서 상당히 중요하게 여겨질 만한 입지였음을 뜻한다. 그 동쪽에는 신라국가의 지배체제가 갖추어져 가는 과정에서 중요시되었으며 5세기 말 한때 13년 동안이나 임시의 왕궁으로 기능한 명활산(明活山)이 자리해 서로 마주하고 있다.

낭산은 뒷날 신라국가가 설정한 각종 산천제사 가운데 제일급이라 할 대사(大祀)가 치러진 삼산(三山)의 하나로서[6] 설정되었으며, 이후 불교와도 깊게 밀착됨으로써 각별한 취급을 받았다. 낭산이 오늘날 연구자들의 주목을 끈 것도 바로 그런 사정 때문이었다. 다만, 기왕에 관심 대부분

---

5) 최근 월성의 고고학적 현황에 대해서는 장기명, 「사로국 시기 월성 취락이 제기하는 쟁점」 『월성 이전 사로국 시기 취락 전문가포럼』 (국립경주문화유산연구소, 2024) 참조.
6) 이에 대해서는 주보돈, 「신라 낭산의 역사성」 『신라문화』 44, 2014 참조.

이 주로 낭산 부근 일원에 자리한 몇몇 역사문화유산에만 초점을 맞추어 깊이 천착해 보려는 정도에 그쳤다.

그런 까닭으로 정작 낭산 전반은 물론 그들 사이의 상호 관련성을 종합적으로 그려내지 못함으로써 실상을 온전하게 드러내는 데에는 일정한 한계를 보였다. 게다가 특히 (전)황복사(皇福寺)처럼 잘못 비정한 대상을 주요 근거로 삼아 낭산을 다루기도 함으로써[7] 알게 모르게 실착을 범하거나 실상으로부터 완전히 비껴나 버린 경우까지 없지 않았다.

여기서는 그런 점을 반성적으로 되새김질하면서 신라 통일기 낭산의 진면모에 좀 더 가까이 다가가 보고자 한다. 산천의 위상이란 마냥 불변의 상태로 고착된 것이 아니며 정치사회적인 변동과 맞물려 일정한 변천을 겪게 마련이다. 낭산도 거기에서 예외일 수가 없겠다.

큰 시야에서 보면 낭산은 원래의 산천신앙에서 출발해 차츰 불교신앙 중심으로 전화(轉化)하여 갔음이 뚜렷이 확인된다. 특히 통일기에 접어들어서면서 낭산의 위상과 성격은 엄청나게 달라졌다. 여기서는 낭산이 어떤 배경 아래 어떻게 진화해 간 것인지, 거기에 어떤 의미가 깃들어 있는지를 점검해 보려 한다.

2. 신라의 내분 양상과 통일전쟁

동아시아 세계에서 7세기는 흔히 격동의 세기라고 일컬어진다. 각 국가마다 쌓여진 내부의 구조적 모순이 일시에 분출됨으로써 국가 사이의

---

[7] 윤선태, 「신라의 사원성전과 금하신」 『한국사연구』 108, 2000 ; 김복순, 「경주 황복사지의 역사적 가치 및 특성-신라 중대왕실의 종묘가람과 선원가람으로서의 특성을 중심으로」 『신라문화』 60, 2022.

국지전(局地戰)이 빈발하고 그것이 마침내는 동아시아 세계의 국제전(國際戰)으로까지 비화(飛火)해 간 사실은 그런 면모를 여실히 보여준다. 전후하면서 전쟁에 연루된 여러 국가는 이후 일정 정도의 차이는 있었으나 내부적으로 상당한 변혁을 겪을 수밖에 없었다.

그와 같은 소용돌이의 한가운데에서 신라는 하나의 중심축 역할을 감당하였다. 사실 동아시아 국제전은 신라가 방아쇠를 당기면서 본격화하였다고 해도 지나치지 않을 성싶다. 신라는 642년 백제의 강공을 받아 낙동강 이서(以西)의 주요 군사 거점이던 대야성(大耶城)을 비롯한 옛 가야 영역 대부분을 상실함으로써 안팎의 긴박한 위기 상황에 내몰렸다.

이에 당면 난관을 극복해 내기 위한 방편으로서 신라는 주변의 유력 국가를 대상으로 적극적인 외교활동을 펼쳤다. 그 결과 삼국 사이의 싸움은 전면전으로 커져가고 급기야는 인근의 국가들까지도 참전함으로써 국제전의 양상으로 치달았다.

삼국 사이에는 오래도록 패권 경쟁이 치열하게 벌어져 대소의 국지전은 거의 끊어질 날이 없다시피 해왔다. 그러다가 640년대 무렵 삼국 각각은 모두 공교롭게도 앞뒤를 다투는 듯이 비슷한 성격의 내부 정변(政變)을 겪었다. 지배세력 사이의 경쟁이 빚어낸 정치적 알력과 대립은 노골화해 가고 그와 함께 바깥으로부터의 압박까지 더해짐으로써 긴장 국면이 크게 고조되었다. 그동안 각 나라마다 자체 내부의 축적된 에너지가 언젠가 한꺼번에 폭발할지도 모를 지경에 다다랐다. 그런 분위기 속에서 전면전의 기폭제 기능을 한 것이 바로 대야성 싸움이었다.

이 싸움이 먼저 백제와 신라 사이의 국지전을 전면전의 양상으로 내닫게 하였다. 그 직후부터 본격화하기 시작한 신라의 끈질긴 외교적 노력으로 오래도록 무조건 고구려 대상의 선공(先攻)만을 고집하던 당(唐)

이 백제 선공 쪽으로 입장을 선회함으로써 659년 나당연합군이 결성되고 마침내 본격적인 국제전의 양상으로 돌입하였다.

나당연합군의 공세를 받은 백제는 660년 멸망하였다. 뒤이은 백제 부흥운동 추진 세력의 요청을 받아 우여곡절을 거친 끝에 663년 뒤늦게 왜(倭. 아직 당시에는 일본이란 국호가 나오기 이전이므로 당분간 그렇게 부름)까지 참전함으로써 삼국 사이의 전쟁은 동아시아 5국 사이의 국제전으로 비화해 갔다. 668년에는 나당연합군의 양면 공격을 받은 고구려도 역시 역사의 뒤안길로 사라졌다. 이로써 한반도는 물론 동아시아 세계 전반이 새로운 국면을 맞았다.

사실 신라는 전쟁에 승리함으로써 일단 설정해 둔 일차적인 목표를 달성하기는 하였다. 하지만 오래도록 쌓여져온 내부의 기본 모순까지 저절로 해소된 상태는 아니었다. 그것은 크게 국왕 정점의 집권(集權)을 지향한 일파와 귀족 중심의 정치 운영을 추구하려는 전통 보수적 귀족 사이의 다툼이 오래도록 만들어낸 내부 분열상이었다.

근본 입장을 달리 하는 두 정치세력이 빚어낸 마찰과 대립은 6세기 초 무렵 권력의 분점을 추구하던 성격의 부체제적(部體制的)인 지배질서로부터 국왕 정점의 집권화(集權化)를 도모해 새로운 지배체제를 구축하려고 하는 데서 시작하였다. 전자가 이후에 탄생하는 이른바 귀족[8] 중심의 집단적 정치를 운영하려는 입장의 출발이라면 후자는 왕권 정점의 집권적 지배질서 구축의 뿌리에 해당하는 셈이다.

기나긴 역사의 흐름 속에서 후자 쪽이 전반적으로 대세를 잡아가는 추세였지만 그런 속에서 전자의 반발 또한 만만치 않았으며, 매우 끈질

---

8) 주보돈, 「삼국시대의 귀족과 신분제-신라를 중심으로-」『한국사회발전사론』, 일조각, 1992 참조.

졌다. 사실 전근대사회의 정치 운영에서 일반적으로 드러낸 군권(君權) 중심과 신권(臣權) 중심 지향의 두 축은 바로 그런 경향의 연장선상에서 찾아진다.

두 집단 사이의 이해관계가 구체적 대결의 양상을 띠고 처음 노골적으로 표출된 것은 진지왕(眞智王, 576~579)이 재위 4년 만인 579년 국인(國人)에 의해 폐위당한[9] 사건이었다. 국인의 실체는 화백회의와 같은 귀족회의체의 다른 표현이다. 당시 겉으로 내세워진 폐위의 명분은 진지왕이 범한 실착에 있었지만 그 밑바닥에는 사실 정치 지향과 운영을 달리하는 두 세력 사이의 갈등과 대결이 빚어낸 구조적 모순이 작용하고 있었다.

진지왕 폐위 사건에 의한 진평왕(眞平王, 579~632)의 즉위는 물론이고 이후 신라 최초의 여왕이라 할 선덕여왕(善德女王, 632~647)이 즉위하기에 이르기까지 그와 같은 갈등적 요소가 줄곧 정치 운영에 투사되고 때로는 지나칠 정도로 크게 표출되기도 하였다. 장차 신라가 추구해 나가야 할 지배질서의 구도와 방향을 놓고서 근본 입장을 달리한 두 세력이 고비마다 첨예하게 대립·대결한 것이다.

그런 가운데 때로는 적정 수준에서 타협하기도 하고 때로는 상호 견제함으로써 일정한 균형 상태가 이루어지기도 하였다. 하지만 오래도록 그런 과정을 겪으면서 조금씩 쌓여져온 구조적 모순이 일정 수준을 뛰어넘어 끝내는 폭발할 구체적 시점만을 남겨둔 상황에 다다랐다.

특히 초유의 여왕 즉위 문제를 두고서 두 입장은 치열한 접전을 벌였다. 진평왕이 사망하기 바로 직전 해인 631년 이찬 칠숙(柒宿)과 아찬 석

---

9) 『삼국유사』 1 기이 1 「도화녀비형랑」조.

품(石品)의 모반사건은[10] 그 신호탄이었다. 이 사건에는 여왕의 즉위를 반대하는 기치가 내걸렸지만 사실상 지배질서와 연계된 근본적인 입장의 차이를 바탕에 깐 정국 운영의 주도권 다툼이었다. 안팎의 심각한 위기 국면 때문에 만약 그런 상황이 지속된다면 자칫 공멸(共滅)할지 모른다는 인식을 공유하게 됨으로써 마침내 적정선에서의 타협이 이루어져 전면적인 싸움으로 발전하지는 않고 선덕여왕의 즉위도 가능해졌다.

그래서 선덕여왕의 재위 기간 내내 두 세력 사이는 정치적으로 견제와 균형의 형식을 유지해 갈 수밖에 없었다. 하지만 그와 같은 팽팽한 균형은 자칫 약간의 틈이라 생긴다면 깨어지게 될 지극히 불안정한 상태였다. 그런 내부의 정세 속에서 벌어진 대야성 함락 사건은 곧 신라와 백제가 전면전 시작의 방아쇠를 당긴 꼴이었다. 이로 말미암아 신라는 안팎으로 심각한 위기의 국면을 맞았다.

이로부터 얼마 지나지 않은 647년에는 선덕여왕의 사망에 직면하여 거듭 여왕의 즉위를 반대하면서 상대등 비담(毗曇)이 자신의 즉위를 겨냥한 반란을 일으켰다. 팽팽한 견제와 균형 속에서 이어지던 두 세력 사이의 다툼이 절정에 다다라 벌어진 사건이었다. 반란이 진행되던 와중에 선덕여왕은 사망하고 4촌동생인 진덕여왕(眞德女王, 647~654)이 즉위하였다.

이처럼 여왕의 즉위 문제를 놓고 두 세력은 두 차례나 직접적인 대결을 잇달아 펼쳤다. 그럴 때 각자 나름의 적당한 명분을 내세웠으니 바로 '성골남진론(聖骨男盡論)'과 '여주불능선리론(女主不能善理論)'이었다.

전자가 여왕 즉위의 정당성과 당위성을 표방한 것이라면 후자는 여왕

---

10) 『삼국사기』4 신라본기 진평왕 53년조.

의 즉위를 반대하는 강경파가 내건 구호였다. 두 세력은 각자 나름의 명분을 앞세워 치열한 다툼을 벌였다. 어느 편에도 가담하지 않고 관망하는 중도적인 입장도 적지 않았음은 물론이다.

전자가 주로 새로운 유학적 지향을 지니며 기존 지배체제에 대해 강한 반감을 갖고서 왕권 중심의 새로운 집권체제를 지향하려고 하였다면 후자는 기존 지배질서를 그대로 잇되 귀족 중심의 공동 정치 운영을 표방한 보수 성향의 전통 귀족들 입장이었다.[11]

전자가 대체로 진지왕의 폐위 사건 이후 한동안 정치 핵심에서 밀려난 이른바 비주류였다면 후자는 귀족 중심의 정치 운영을 추구하려는 주류의 기득권층이었다. 이들 각각이 지닌 기본적 입장의 차이는 하루아침에 해소될 수 있는 성질의 것이 아닌 데에 문제를 안고 있었다. 이는 정치적 입장 차이에 따른 갈등 구조가 그만큼 깊고 커진 상태였음을 의미한다.

결국 선덕여왕과 진덕여왕의 즉위 과정에서 두 세력은 두 차례나 직접 맞닥뜨렸다. 새로운 지향성의 정치세력이 마침내 승리함으로써 새로운 주류로서 자리 잡았다. 내부의 정치세력이 교체되는 변동이 일어난 것이다. 신라사회는 근원적인 변화를 크게 겪어가고 있었다.

이들을 이끈 대표자라 할 김춘추(金春秋)까지 진덕여왕을 뒤이어 즉위함으로써 사실상 신흥의 세력이 세 차례나 맞붙은 대결 국면에서 모두 승리한 셈이었다. 하지만 그렇다고 해서 오래도록 누적된 내부의 구조적 모순까지 말끔히 해소·정리된 상태가 아니었다. 김춘추의 즉위를 계기로 반대세력의 반감은 오히려 더욱 커지고 극단화하는 경향을 보였다.

---

11) 이와 관련한 내용 전반에 대해서는 주보돈, 『김춘추와 그의 사람들』 지식산업사, 2018 참조.

김춘추는 전통 귀족들에 의해 폐위된 진지왕의 손자였다. 폐위의 근본적인 사유야 어떻든 이후 김춘추 일가는 그를 주도한 중심 세력들과는 저절로 대립·갈등할 수밖에 없는 입장이었다. 주류 귀족들도 그들을 정치 핵심으로부터 밀어내는 데에 갖은 노력을 기울였다.

　진지왕의 아들로서 김춘추의 아버지인 용춘(龍春, 또는 龍樹)은 진평왕과는 사촌간이면서 동시에 사위이기도 하였다. 혈연관계로 보아 진평왕의 후계 구도에 가장 근접하는 자격을 갖추었지만 즉위에로의 길은 원천적으로 차단 당하고 있었다.

　그런 점은 아들인 김춘추까지 역시 순조로운 즉위하기를 기대하기란 불가능한 상황이었음을 의미한다. 이런 사정을 잘 알고 있던 김춘추도 정상적인 과정을 밟아서는 자신의 즉위란 애초부터 꿈꾸기 어려움을 절감하고 장기적인 기획 아래 내밀하게 작업을 추진할 수밖에 없었다.

　김춘추는(넓게는 그의 집안) 금관가야 왕족의 후예로서 신라 주류사회로부터 계속해서 철저히 소외당해 온 비슷한 처지의 김유신(金庾信)과 동병상련의 입장에서 끈끈한 동지적 관계를 맺었다. 그 밖에도 두 집안을 여러모로 결속시켜 준 주요한 매개고리는 기존 지배질서를 대체하기 위한 새로운 지배이데올로기로서 유학(儒學)의 지향이란 공통분모였다.

　그들은 구체제가 지닌 한계와 문제점을 유학으로 극복하려는 뜻을 다 같이 품었다. 온갖 우여곡절을 겪으면서도 양자의 견고한 협력을 발판으로 김춘추는 마침내 즉위하게 되었으니 바로 무열왕(武烈王, 654~661)이다. 그의 즉위는 곧 직전의 중고기와는 결을 크게 달리하는 이른바 중대(中代)정권의 출범이었다.

　중대정권이 왕통의 계보 상 중고의 방계이지만 그 직계와도 그리 멀지 않았으므로 사실상 혈연으로만 따지면 그대로 이어진 것이나 다름없었다. 하지만 정치 지향이나 이념, 운영 방식 등에 대해서는 커다란 차이를 보였다. 중대정권은 그동안 각 방면에서 소외되어 온 세력을 적극 포용하고 중용함으로써 주류의 근간을 원천적으로 바꾸어나가려는 입장을 강고하게 견지하였다. 이는 그들이 신라사회를 전면적으로 재편할 꿈을 꾸고 있었음을 뜻한다.

무열왕이 정치적으로 영원한 동지적 관계였던 김유신을 660년 상대등으로 선택한 사실은[12] 기존 중고정권에서는 상상조차 불가능할 정도의 대단히 과감한 결단이었다. 바로 직후에 백제와의 전면전을 시작한 사실로 미루어 그런 결정의 밑바탕에는 김유신으로 하여금 전쟁 추진 일체를 맡기려는 기획이 작동한 것 같다.

한편, 불교계에서는 경산(慶山) 지방 출신인 원효(元曉)의 중용 사실이 주목된다. 무열왕은 과수(寡守)로서 홀로 살던 자신의 딸과 혼인시켜 사위로 삼았을 정도였다. 원효는 원래 백고좌회의 참여를 추천받았으나 기본 불교계 주류의 방해를 강하게 받았다.[13] 이후 스스로 파계(破戒)의 길을 걷게 된 파행도[14] 그런 사정과 무관하지 않았다. 이는 원효가 불교계의 주류로부터 심한 견제를 받고 있었음을 뜻한다.

이런 측면은 유학 방면에서도 역시 마찬가지 양상이었다. 대가야계로서 중원(中原) 지역 출신인 강수(强首)가 외교 문서 작성에 탁월한 능력을 보유하였음에도 무열왕이 뒤늦게 만났음을 무척 애석하게 여긴 것도[15] 원효의 경우와 비슷한 면모가 간취된다.

---

12) 『삼국사기』5 신라본기 무열왕 7년조.
13) 『송고승전』4 의해 2-1 「당신라황룡사원효전」.
14) 『삼국유사』4 의해 「원효불기」조.
15) 『삼국사기』46 열전 강수.

이들은 비록 지방민으로서 낮은 신분에 속하였지만 당해 분야에서 매우 뛰어난 능력의 보유자였다. 그럼에도 그동안 출신 성분 때문에 보수적인 주류사회로의 진입을 원천적으로 차단당하면서 주목받지도 못한 채 소외당해 왔다. 이들이 무열왕에 의해 발탁되고 중용된 자체는 장차 중대정권이 나아갈 방향 어떠할지를 가늠할 수 있게 해주었다.

왕명(王名)에서 짐작할 수 있듯이 중고정권은 불교를 지배이데올로기로 삼았다. 반면 새로 출범한 중대정권은 이제 그 대신 유학을 전면에 내세웠다. 이는 신라사회의 근간을 크게 바꾸어보려는 의지의 두드러진 표명이었다. 어쩌면 여러 방면에 걸쳐 뛰어난 능력을 지녔음에도 배제당한 인물들을 적극 중용하려 한 것도 그런 인식의 연장선상이었다.

김춘추와 김유신 두 사람이 변함없는 동지적 관계를 맺고서 끈끈하게 결속할 수 있었던 바탕도 사실 유학의 이상을 구현하려는 데에 뜻을 같이함으로써 비로소 가능해진 일이었다. 물론 그렇다고 해서 중대정권이 불교를 일방적으로 무조건 배척하였다거나 억압하려는 입장을 견지한 것은 결코 아니었다. 오히려 불교를 현실 정치와 곧장 직결시키지 않고 종교의 고유성을 지키면서 적절한 관계를 새로이 맺으려고 하였다. 말하자면 정교분리나 정치 우위의 입장에서 불교계의 전면적인 재편을 도모하려는 것이었다. 구체적인 실상에 대해서는 뒤에서 다시 다루기로 하겠다.

새로운 지향의 구축과 아울러 소외당해 온 세력의 적극적인 중용은 내부 반발을 저절로 불러올 수밖에 없었다. 비록 김춘추는 오랜 기획을 갖고서 추진하여 천신만고 끝에 즉위할 수 있었지만 그렇다고 해서 정치적인 적대세력까지 완벽하게 제거한 상태가 아니었다. 아직 그들을 제압할 만큼 자신의 정치적 실력은 튼실하게 갖추어지지 못하였다.

전통적인 귀족세력의 기반은 매우 강고해서 하루아침에 깨어질 수 있는 성질의 것이 아니었다. 진덕여왕이 사망한 직후 현실의 실권자인 김춘추가 아닌 상대등 알천(閼川)이 국인들에 의해 임시 섭정(攝政)으로 먼저 추대되었다. 하지만 알천은 그를 거절하고 대신 김춘추를 천거하였다. 김춘추가 처음 제안 받은 자리는 왕위가 아닌 섭정인 사실이 주목된다. 그 때문에 세 차례나 거절하는 중간의 과정을 거쳐 마침내 즉위하기에 이르렀다.[16]

이상과 같은 사실이 시사해 주듯이 김춘추의 즉위에 반발하는 적대세력은 만만치 않게 온존하였다. 김춘추가 즉위하기는 하였으나 불안정한 정국은 그대로 이어진 셈이었다.

이런 내부의 문제점들을 장차 완벽하게 해소해 내지 못한다면 차후 중대정권의 순조로운 항진은 물론 왕위 계승도 보장하기 어려웠다. 무열왕으로서는 소외 세력의 중용과 유학의 지향을 감당할 안정적인 토대의 구축과 아울러 이를 제대로 정착시키는 일이 절실한 과제였다. 그렇지 못한다면 자신이 일군 일체의 성취는 일시에 물거품으로 돌아갈 가능성이 컸다.

무열왕으로서는 정치적 적대세력의 제압이 무엇보다도 당면의 급선무였다. 그 기반을 뿌리째 뽑아내어 더 이상 준동하지 못하도록 조처하지 않으면 안 되었다. 게다가 바깥에서 내부 불안정을 부추기는 백제와 고구려의 위협까지도 함께 해결해야만 하였다.

당시 삼국 사이에는 전쟁의 분위기가 강하게 감돌았다. 645년 당태종이 직접 출정하였다가 실패한 뒤에도 당은 고구려 공격의 계획을 포기하

---

16) 동상 5 신라본기 무열왕 즉위년조.

지 않고 있었다. 한편 백제는 시종 신라를 대상으로 강한 압박을 가해왔다. 신라와 백제, 당과 고구려 사이의 두 전장(戰場)이 각기 운용되던 국면이었다.

무열왕은 즉위 직후부터 외부로부터 가해지는 군사적 압박과 함께 내부의 정치적 적대세력을 동시에 해결하는 유일한 방책은 전면전을 치르는 길밖에 없다는 결론에 다다른 듯하다. 이는 그동안 폭넓은 외교 활동의 경험을 통해 국제동향과 함께 흐름을 제대로 간파한 뒤 최후로 얻어낸 단안이었다.

김춘추는 적극적인 외교활동을 매개로 자신의 정치적 입지 강화에 성공하고 마침내 즉위까지 하였으나 안팎의 사정이 여러모로 매우 불안정하게 돌아가고 있었다. 양자를 동시에 해결하지 못한다면 자신들의 장래를 보장받기 어렵다고 인식하였다.

내재한 문제의 근원적 해결 방안으로써 최후로 선택한 것이 백제와의 한판 결전이었다. 무열왕은 마침내 자신(후예까지 포함)의 장래는 물론 신라국가의 명운까지 건 승부수를 던졌다. 그 결과는 신라의 승리로 끝났다. 하지만 바로 뒤이어 극복해 내지 않으면 안 될 또 다른 몇몇 난제가 기다리고 있었다. 그 가운데 가장 시급한 과제는 당과의 문제였다.

3. 대당(對唐) 전쟁의 발발과 밀교(密敎)의 부상

1) 당과의 갈등과 전쟁

사실상 신라는 자신들의 현실적 군사력만으로는 당장 백제와 직접 맞선다면 승산을 장담하기가 쉽지 않다고 진단한 듯하다. 그것은 7세기에 접어들면서부터 백제와 지리산(地理山) 자락을 중심으로 벌여온 전투에서 계속 밀리다가 급기야는 낙동강 이서 지역 전체를 빼앗긴 경험에서 비롯하였다.

신라는 그를 계기로 한반도 내에서의 고립은 물론 당면 위기 상황을 극복하려면 반드시 강대국인 당의 힘을 빌려야 한다는 결론에 이르렀다. 그래서 한편으로는 백제의 공세에 적절히 대처해나가면서 다른 한편 머지않아 전면전이 불가피하다고 여겨 당나라 대상의 외교활동을 적극 펼쳤다.

오랜 기간에 걸쳐 줄곧 대당 교섭을 추진해 오던 끝에 659년 드디어 당과의 군사동맹을 성사시키기에 이르렀다.[17] 이로써 백제는 물론 고구려와 장차 벌이게 될 전쟁에서의 승리를 예상하면서 상당한 기대감을 가질 수 있게 되었다.

이미 언급하였듯이 두 나라와 벌인 전면전에서 신라는 승리를 거두었다. 그렇다고 해서 내재하던 문제 일체까지 완전하게 해소되지는 않았다. 전쟁을 시작한 요인의 하나였던 내부의 적대세력 제거 문제는 아직껏 완결 짓지 못한 상태였다. 전쟁 도중 여러 차례에 걸친 시도를 하였으나 말끔하게 정리되지 않았다.

나당연합군을 결성하고 백제와의 전쟁을 이끈 무열왕이 661년 사망함으로써 남은 과제는 후계자인 문무왕에게 넘겨졌다. 문무왕은 전쟁이 한창 진행 중일 때 군법을 어긴 중범죄가 아니었음에도 거짓으로 병을 칭하면서 책무를 다하지 않는다는 매우 막연하고 사소한 죄목을 앞세워 최고 군사지휘관인 대당총관(大幢摠管) 진주(眞珠)와 남천주총관(南川州摠管)인 진흠(眞欽)을 처형하고 일족까지도 연좌시켰다.[18]

---

17) 동상 6년조.
18) 『삼국사기』6 신라본기 문무왕 2년조.

어쩌면 명분으로 내건 죄목조차 사실이 아닌 적대적 세력의 제거를 위해 억지로 만들어낸 듯이 여겨진다. 유능한 지휘관이 한 명이라도 더 절실한 상황에 그와 같은 방식을 동원해 척결을 도모한 것은 유례를 찾기 어려운 특이 사례에 속한다. 이제부터 적대세력의 제거를 노골화 시켜가려는 공언(公言)을 한 것이나 다름없는 조치였다.

그것은 여하튼 갓 출범한 중대정권이 정치적인 적대세력을 두고 얼마나 심각하게 고심해 왔던가의 일단을 방증한다. 그럼에도 고구려와의 전쟁이 모두 끝난 668년 무렵까지도 여전히 적대세력은 온존한 상태였다.

당은 고구려가 멸망되자마자 평양에다 옛 땅의 지배를 위해 안동도호부(安東都護府)를 설치하였다. 당이 한반도 전체를 총괄하려는 용도의 군사기지인 셈이었다. 당과의 갈등이 노골화되기 시작한 것이다.

당은 그곳을 거점으로 지리적으로 가장 가까워 접촉이 용이한 신라 한성주(漢城州) 일대를 주요 공략 대상으로 삼았다. 신라와의 전쟁을 본격화하기에 앞서 한성주도독으로 하여금 신라 중앙정부에 반기를 들도록 물밑작업을 행하였다. 이를테면 한성주도독 박도유(朴都儒)와 수세(藪稅) 등이 일으킨 반란사건이 바로 그런 사례에 속한다.

당과의 전쟁이 거의 마무리된 뒤에도 중대정권에 반감을 가진 세력은 만만치 않았다. 뒷날 문무왕이 사망에 직면하였을 즈음 그런 점을 각별히 우려해서 태자인 정명(政明)으로 하여금 자신의 구전(柩前)에서 즉시 즉위하도록 유언할 정도였다. 이는 갓 출범한 중대정권에 반발하는 세력의 뿌리가 얼마나 넓고 깊었던가를 보여준다.

그런 정황에서 이제는 동맹관계로부터 적대관계로 입장이 완전히 뒤바뀐 당까지도 신라의 내분 상태를 교묘히 이용하려 하였다. 신라로서는 기왕에 전혀 예기치 못한 국면을 맞이하게 된 것이다. 668년 고구려가 멸망한 직후부터 신라와 당 두 나라의 관계는 눈에 띄게 달라지면서 심상찮은 분위기로 나아가고 있었다.

사실 그럴 만한 조짐은 이미 660년 백제와의 전쟁이 막 시작하던 무렵부터 약간씩 나타냈다. 예상치 않게 황산벌 싸움이 크게 벌어져 신라가 약속 잡았던 군기(軍期)를 부득이하게 어길 수밖에 없게 된 사건을 트집 잡아 당의 총사령관인 소정방(蘇定方)이 신라 독군(督軍)인 김문영(金文穎)의 목을 베려 하였다.

이때 신라군의 총사령관 김유신이 당의 내심을 알아차리고서 백제와 전투를 시작하기에 앞서 당과의 한바탕 싸움까지 불사하겠다는 강경한 입장을 내비쳤다가 겨우 무마된 적이 있었다.[19] 당이 전쟁에서 주도권을 장악하려고 할 뿐만 아니라 이후의 입장까지도 얼핏 내비친 사건이었다. 앞으로 전후의 처리 문제를 놓고 어떤 일이 벌어질지 예고되고 있었다. 실제로 전쟁 도중 두 나라는 근본적인 입장의 차이로 말미암아 종종 마찰을 빚기도 하였다.

백제가 멸망하고 부흥운동까지 거의 마무리되어 갈 즈음 그 영토의 처리 문제를 두고 두 나라의 기본 입장과 본심이 본격적으로 표출되었다. 앞으로 고구려와의 전쟁까지 모두 끝낸 뒤에 어떤 결말이 지어질지의 일단을 내비친 것이었다. 최후로 겪게 될 필연의 수순으로서 두 나라의 대결이 이미 드러나고 있었다. 다만, 바로 눈앞에 강적인 고구려를 공동의 적으로 둔 마당이어서 섣불리 동맹관계를 깨면서까지 바로 대결하기는 어려웠다.

두 나라 사이의 대립·갈등이 노골화한 것은 고구려 멸망 직후부터였

---

19) 동상 5 태종무열왕 7년조.

다. 신라는 이때부터 머지않은 장래에 당과의 한바탕 대결이 불가피함을 느꼈다. 그래서 공동작전을 펼쳐 고구려와 싸우던 도중에도 신라는 그를 위한 전략적인 대비책을 마련해 나갔다.

신라로서는 오랜 기간 당과 직접 접촉하고 다방면으로 수집한 정보를 매개로 당의 군사작전과 역량을 충분히 간파하고 있었다. 그럼에도 실제로 최후의 결단을 내릴 시점이 차츰 다가오자 대비책 마련에 부심해온 문무왕의 고민은 한층 깊어져갈 수밖에 없었다. 그 가운데 먼저 추진한 방편이 싸우지 않고서 해결하려는 외교였다.

두 나라가 전쟁을 시작한 시점과 계기를 놓고 약간의 논란이 있어 단정하기는 곤란하다. 명시적인 기록이 보이지 않기 때문이다. 그러므로 고구려 멸망 직후부터 두 나라의 관계가 전개되어 가는 일련의 과정 추적을 통해서 대강을 유추해 낼 수밖에 없다.

문무왕은 재위 9년(669) 김유신의 아우인 각간 흠순(欽純)과 파진찬 양도(良圖)를 느닷없이 사죄사(謝罪使)로 삼아 입당시켰다. 당시 이들을 왜 하필이면 사죄사라고 칭한 것인지는 선명히 드러나 있지 않았다. 그것은 여하튼 신라로서는 두 나라 사이에 생긴 갈등과 마찰을 가능한 한 외교적 방식으로 해결해 보려는 노력의 일단이었음은 분명하다. 하지만 당은 그들을 곧장 감옥에 가둠으로써 자신들의 기본 입장을 적극 내비쳤다.[20]

이듬해 670년 봄 당은 흠순은 풀어주어 신라로 돌려보내었으나 양도는 옥사(獄死)하고 말았다. 그때서야 비로소 문무왕이 백제 땅과 그 유민을 멋대로 취한 탓에 당 고종(高宗)의 노여움을 샀다는 사유가 나타난

---

20) 『삼국유사』 4 의해 「의상전교」조에서 감옥에 갇힌 흠순이 귀국하는 의상에게 그와 같은 정보를 알려준 데서 유추해 낼 수 있다.

다.[21] 이는 두 나라가 백제의 옛 영토에 대한 처리 문제에 대해 서로 타협점을 찾아내기 어려울 정도의 근본 입장 차이로 첨예하게 대립해 왔음을 의미한다.

아마도 백제 영토의 문제에 대해서 바로 그 무렵부터 신라는 김춘추가 648년 당 태종과 직접 만나서 맺은 밀약의 내용을 정당한 명분으로 당당하게 내세웠을[22] 가능성 크다. 당 태종은 김춘추에게 '(백제와 고구려) 두 나라를 평정하게 되면 평양 이남의 백제 땅은 신라에 주어서 영원히 편안하게 해주겠다.'는 뜻을 명백하게 밝힌 바 있다. 아마도 그런 결정의 밑바닥에는 당 태종이 고구려 공략에 신라를 적극 동원하려는 방책을 깐 듯하다.

전쟁이 막 시작된 671년 7월 26일 대당총관(大唐摠管) 설인귀(薛仁貴)가 신라에게 선전포고 성격의 글을 보낸 데에[23] 대해 문무왕이 즉시 회신한 답서(答書)의 첫머리에 그런 내용을 의도적으로 내세웠다. 멸망된 고구려의 땅은 당이 차지하되 백제의 땅은 신라가 갖는다는 것이 골자였다. 사실상 그것이 바로 신라가 당과 연합해서 백제·고구려를 공략하려는 목표이며 뒷날까지 끝내 지켜내려는 기본적인 입장이기도 하였다.

신라는 그런 인식 아래 고구려와의 전쟁을 치르는 도중에도 백제의 옛 땅을 확보하려는 데에 꾸준히 힘을 쏟았다. 아마도 거기에는 웅진도독부(熊津都督府)를 설치하는 등 당이 백제의 땅을 단독으로 차지하려는 내심을 노골화한 데에 대한 반발심이 강하게 작동한 듯하다. 게다가 당은 본국으로 데려간 의자왕의 아들 부여융(扶餘隆)을 앞세워 백제유민까

---

21) 『삼국사기』6 신라본기 문무왕 10년조.

22) 동상 11년조.

23) 동상.

지 포섭하여 신라를 견제하는 데에 활용하려고 하였다. 이에 신라는 당의 궁극적인 의도가 어디에 있는가를 간파해 내고서는 그에 대한 대비책을 적절히 강구해 간 것이다.

신라는 고구려의 멸망 무렵에는 웅진도독부 중심부 일원의 일부 지역을 제외한 옛 백제 땅 거의 대부분을 차지하였다. 신라는 668년 고구려를 멸망시키자마자 곧장 군공 포상을 대대적으로 실시하였으며 같은 해 11월 고구려의 포로 7천명을 거느리고 종묘로 나아가 조상신에게 그와 같은 사실을 알렸다.[24] 아마도 이는 신라가 안팎으로 전쟁의 승리와 종료를 공식 선언한 조치나 다름없었다.

바로 이듬해에 문무왕은 군신회의를 열어 사면(赦免)을 대대적으로 단행하고 전시 중 개인이 부득이 지게 된 부채와 이자를 탕감해 주는 등 전후의 문제를 과감하게 처리하였다.[25] 직후에 흠순과 양도를 당에 사죄사로 파견한 것이었다.

이런 사정으로 미루어 흠순과 양도를 사죄사로 파견한 것도 당의 예상과는 달리 신라가 백제의 옛 영역을 낱낱이 장악해 간 데에 있었음이 분명하다. 사실 사죄사의 파견은 당과의 전쟁 시작이 그리 멀지 않음을 예상한 일종의 사전 명분 쌓기이기도 하였다.

669년 겨울 당은 사죄사의 파견에 대응해 신라에다 사신을 보내어 질책의 내용을 담은 듯한 국서를 전달하였다. 아마도 당도 장차 벌어지게 될 전쟁의 명분을 쌓아가려는 의도에서였을 성싶다. 이때 당의 사신은 각별하게 신라의 목노(木弩) 제작기술자인 구진천(仇珍川)을 대동하고서 귀국하였다. 이는 당이 공식으로 요청한 데에 따라 신라가 부응한 것이

---

24) 동상 8년조.
25) 동상 9년조.

었다. 이 또한 신라로서는 가능한 한 직접적인 군사 대결만은 끝까지 피해보려는 외교적인 유화책의 일환처럼 여겨진다.

당의 고종은 신라의 기술자 구진천으로 하여금 2천 보(步)쯤 날아가는 목노를 제작하도록 지시하였다. 그는 몇 차례 제작을 시도해 보았지만 끝내 성공하지 못하였다. 아마도 구진천이 당의 목적을 간파하고서 의도적으로 실패를 거듭한 것 같다.[26] 이 사건은 당시 사죄사를 옥에 가두어 둔 상태에서 진행된 일로서 목노 제작의 궁극적 의도가 어디에 있었던가를 암시한다. 당은 내부적으로 신라와의 전쟁을 치르기로 이미 결정해 둔 상태였다.

사실 구진천의 목노 제작 사례로 미루어 당도 신라의 군사력을 그리 만만하게 생각하지는 않았던 것 같다. 오랜 기간 연합 군사작전을 펼치면서 김유신을 비롯한 신라 명장들의 지휘력이나 작전 수행 역량, 그리고 신라 군사력의 정도, 특히 발달한 병기에 대한 내용 등을 직접 접촉하면서 만만치 않은 수준임을 알고 있었던 것이다.

신라는 그 직후에 두 지역 대상의 군사 작전을 감행함으로써 먼저 싸움을 걸어 당의 내심을 타진하였다. 이로써 사실상 두 나라 사이의 전쟁은 서막이 오른 셈이었다. 흠순과 양도를 옥에 가둔 사실 및 당 고종이 보낸 조서를 통해서 당의 입장을 점검한 최종적 결과였다. 게다가 바로 이 무렵 당나라에 유학하였다가 먼저 귀국한 의상은 흠순으로부터 당의 전쟁 준비 관련 정보를 얻어 신라 정부에 전달하기도 하였다.

신라는 670년 3월 사찬 설오유(薛烏儒)로 하여금 고구려 출신인 태대형 고연무(高延武)와 함께 압록강을 건너 몇몇 요새를 공격하였다.[27] 이

---

26) 동상.
27) 동상 10년조.

는 사실상 신라가 당나라 대상의 선수를 친 격이었다.[28] 신라로서는 고구려 유민을 지원해 가능하면 요동반도 지역을 주전장(主戰場)으로 삼으려는 전략을 세웠을 성싶다.

그와 동시에 같은 해 7월부터는 백제의 옛 영토 가운데 아직 장악하지 못한 웅진도독부 관할 지역을 제압하는 작전을 본격적으로 펼쳤다. 신라는 바로 그에 앞서 만약의 사태에 대비해 안승(安勝)을 중심으로 한 고구려 유민을 적극 받아들여 전북 익산(益山)인 금마저(金馬渚)에다 안치시켰다.[29] 이는 당과는 정반대로 고구려 유민을 적극적으로 활용해서 백제 유민을 제압하려는 의도에서였다. 그런 뒤에 웅진도독부 대상의 직접 공격을 단행한 것이다.

신라의 적극적 공세에 직면하자 심각함을 느낀 웅진도독부에서는 일단 사마(司馬)인 예군(禰軍)을 보내어 화의를 요청하였다. 신라는 그를 거부하면서 예군을 돌려보내지 않고 붙들어둔 상태로 웅진도독부에 대대적인 공세를 가해 63성을 확보하고 그 주민은 모두 내지(內地)로 옮겼다.[30]

이어서 671년 정월부터 다시 공격을 재개해 6월에 이르기까지 웅진도독부 관할 지역을 장악하였다. 신라는 백제의 옛 땅 거의 전부가 이제 신라의 실질적 영역으로 편입되었음을 선언하고 이를 안정적으로 다스린다는 의지의 표명으로서 소부리주(所夫里州)를 설치해 아찬 진왕(眞王)을

---

28) 그와 같은 사정은 『삼국유사』 2 기이 2 「문호왕법민」조에 670년 당 고종이 당시 당나라에 머물던 김인문을 불러 '너희들이 우리들을 불러 고구려를 멸망시키고서는 도리어 우리를 해치려는 것은 무엇 때문이냐'고 따져서 힐책한 데에서 묻어난다.

29) 『삼국사기』 6 신라본기 문무왕 10년조.

30) 동상.

도독으로 삼았다.[31)]

이로써 당과의 본격적인 전쟁은 시작되었다. 귀국하지 않고 옛 고구려 땅에 그대로 주둔하던 대당총관 설인귀가 앞서 소개한 선전포고 성격의 글을 문무왕에게 보냄으로써 당도 전쟁을 공식화하였다.

2) 사천왕사 가설(假設)과 밀교의 부상

줄곧 외교적 방책으로 해결을 모색해 온 신라로서는 당이 전쟁을 결정한 이상 더 이상의 회피가 불가하다고 진단하였다. 이에 당과의 한바탕 전면전 실행을 위한 전략을 치밀하게 세워나갔다. 그 결과 오히려 선공을 감행한 셈이었지만 문무왕은 내심 심각한 고민에 빠지지 않을 수 없었다.

국내의 현실 상황이 오랜 기간에 걸친 전쟁으로 염전(厭戰) 의식이 팽배해진 데다가 특히 지배층 사이의 고질적인 내분 또한 커다란 문제였다. 당과의 전쟁이 본격화하게 된다면 자칫 민심의 이반을 불러올 뿐만 아니라 그런 기회를 이용한 정치적 적대세력의 내분까지 폭발할 경우 모든 것이 끝장난다.

그래서 문무왕은 민심을 견고하게 결집시키고 가능한 한 내부의 분열상을 잠재우면서 불안정안 상황을 가능한 한 완화시키기 위한 적절한 방안을 강구해나가야 하였다. 전쟁을 준비해 가던 670년 군신회의를 열어 논의하였다.

이때 각간 김천존(金天尊)이 나서서 명랑법사(明朗法師)가 비법을 당에서 가져왔다고 하면서 추천하였다. 문무왕의 앞으로 불려나온 명랑은 불

---

31) 동상 11년조.

력을 빌기 위해 낭산의 남쪽 자락 신유림(神遊林)에다 사천왕사(四天王寺)란 새로운 사찰을 창건하도록 권유하였다. 바로 이 무렵 당군이 신라의 바다에서 순회하고 있다는 급보가 전해졌다.

이에 긴급하게 채색의 비단으로 엮은 임시의 사천왕사를 먼저 가설하였다. 거기에 오방신상(五方神像)을 만들고 명랑을 비롯한 유가명승(瑜珈明僧) 12인을 모아 다 함께 문두루비밀법(文豆婁秘密法)을 지었다. 그러자 즉시 신라의 영해로 들어와 시위하던 당나라의 배가 미처 싸워보기도 전에 모두 침몰하였다고 한다. 그 이듬해인 671년에도 당의 수군을 동일한 비법으로 침몰시키는 일이 벌어졌다.[32]

사실 신라와 당 사이의 수전(水戰)이 『삼국유사』 관련 기록에서는 670년과 671년 벌어진 일로서 되어 있다. 그렇지만 『삼국사기』에서는 바로 그때로 연결시킬 만한 어떤 기사도 확인되지 않는다. 따라서 실제로 어떤 수전을 가리키는지 분명하지 않다.

『삼국사기』에 따르면 수전 관련 기사는 673년 대아찬 철천(徹川) 등에게 병선 일백 척을 주어 서해를 제압한 사건에서 처음 확인된다. 이때 당병과 북쪽 변경 일원에서 아홉 차례나 싸워 신라가 모두 승리하였다고 전한다. 당시 적지 않은 당병이 호로하(瓠瀘河)와 왕봉하(王逢河)의 물에 빠져 죽었다.[33]

675년 9월에는 당장(唐將) 설인귀가 숙위학생 풍훈(風訓)을 향도로 삼아 천성(泉城)을 공격해 오자 신라 장군 문훈(文訓)이 맞서 1천 4백여 명

---

32) 『삼국유사』 2 기이 2 「문호왕법민」조. 한편 같은 책 4 의해 「의상전교」조에서는 의상을 통해 당의 침공을 미리 안 조정에서 명랑에 명하여 밀단법(密壇法)을 만들어 기도해서 당병을 물리쳤다고 하였다.

33) 『삼국사기』 7 신라본기 문무왕 13년조.

의 목을 베고 병선 40척까지 확보하였다.[34] 676년 11월에는 사찬 시득(施得)이 거느린 신라 병선이 설인귀가 이끈 당의 해군과 소부리주 기벌포(伎伐浦)에서 싸워 대승을 거두었다.[35]

신라가 당과 벌인 싸움 전반을 일별하면 육전(陸戰)에서는 대체로 밀고 밀리는 양상이었지만 수전에서는 대부분 승리를 거두었다. 특히 서해의 기벌포에서 신라가 대승한 직후 당이 평양의 안동도호부를 요동 방면으로 옮겨간 사실이 주목된다. 이 싸움은 사실상 사천왕사의 문두루비법을 통해 가장 두드러지게 발현된 효과로서 상당한 의미를 지니고 있다. 그 효용성과 함께 밀교의 호국성이 문무왕의 뇌리에 강하게 각인된 것이다.

사실 기벌포 싸움은 당과 상당한 기간 전개된 전쟁에서 하나의 획을 그은 일대 사건으로 여겨진다. 두 나라 사이의 전시 상태가 비록 아직 완전히 종결된 상태는 아니었지만 이후 어떤 전투로 이어진 적이 없었기 때문이다. 이 해전(수전)을 기점으로 당병이 일단 한반도로부터 철수한 사실 자체가 신라에게는 마치 승리인 듯이 느껴졌을 법하다.

그로 말미암아 당 대상의 호국 중심 사찰인 사천왕사는 물론 명랑의 밀교 위상도 크게 드높아졌을 것임이 틀림없다. 바로 직후부터 사천왕사의 정식 창건 작업이 시도되고 마침내 679년에 이르러 장엄한 모습으로 완공된 것은 그런 실상을 여실히 반영한다.

당과 치르게 될 전쟁에 대비하는 방안으로서 새로운 사찰의 창건이 시작된 것은 약간 생뚱맞은 느낌도 든다. 다만, 외환의 위기에 시달리자 크게 불안해진 내부 민심을 수습할 목적에서 황룡사 9층목탑을 건립한

---

34) 동상 15년조.
35) 동상 16년조.

사실을 떠올리면 구체적 양상에서는 뚜렷한 차이를 보이지만 비슷한 맥락에서 이해해도 무방할 성싶다.

황룡사 9층목탑은 백제와 고구려의 멸망으로 원래 앞세웠던 목적은 달성하였으므로 이제 그 역할은 효력을 다한 셈이 되었다. 그래서 또 다른 성격의 위기감이 고조되자 대안으로서 새로이 창건을 본 것이 사천왕사였다. 따라서 일단 사천왕사의 창건 목적이나 취지도 불력으로 심히 불안정한 상태의 민심을 수습해 내고 결집시켜 대당 전쟁의 승리 전망과 희망, 자신감을 불러일으키려는 용도로서였다고 풀이해도 좋을 듯하다. 말하자면 호국의 구심이 황룡사 9층목탑으로부터 사천왕사로 옮겨간 것이었다.

이는 여러모로 기왕과 확연하게 달라진 환경과 여건에 부응해서 마련된 방식이었다. 다만, 차이라면 각별히 문두루비밀법을 앞세운 사실이다. 문두루비밀법은 밀교 경전의 하나인 『관정경(灌頂經)』에 근거한 비법으로서[36] 일단 물과 깊게 연관한 주문을 외운다는 사실이 주목된다. 이는 장차 수전(水戰), 해전(海戰)을 크게 고려한 데서 나온 발상인 점이 유의된다.

앞서 소개한 사천왕사 창건과 관련한 설화성 짙은 내용 속에 얼마나 사실성이 담보되었을지는 가늠해 내기 쉽지 않다. 670년과 671년 두 차례에 걸쳐 신라와 당 사이에 대규모 수전이 벌어진 흔적은 『삼국사기』에서는 확인되지 않기 때문이다. 다만, 그렇다고 해서 거기에 보이는 기본 골간까지 무조건 부정할 필요는 없다. 낭산, 사천왕사지는 현재까지도

---

36) 박태화, 「신라시대 밀교 전래고」 『효성조명기박사화갑기념 불교사학논총』, 1965 ; 옥나영, 「관정경과 7세기 신라 밀교」 『역사와 현실』63, 2007 ; 김연민, 「신라 문무왕대 명랑의 밀교사상과 의미」 『한국학논총』(국민대 한국학연구소) 30, 2008.

실재하며, 김천존과 명랑법사도 다른 데에서도 등장하는 실존 인물임이 분명하기 때문이다.

여하튼 낭산 자락에 위치한 사천왕사의 창건 설화 속에 보이는 내용의 상당 부분이 사실성을 지녔음은 부정하기 어렵다. 그렇다면 그를 주도한 승려인 명랑이 왜, 어떤 배경으로 추천을 받았을까. 그리고 김천존이 어떻게 그를 천거하였을까가 무척 궁금하게 여겨지는 대목이다. 이는 사천왕사의 성격을 제대로 이해하는 데에 풀어내야 할 과제로 여겨진다.

명랑이란 인물에 대해서는 『삼국유사』에서 하나의 독립 항목으로 다루어져 있어 그리 자세하지는 않더라도 대략의 짐작이 가능하다. 그의 아버지는 사간(沙干, 沙飡) 재량(才良)이며, 어머니가 남간부인(南澗夫人)이다. 남간부인은 고승 자장(慈藏)의 누이기도 하므로 명랑과 자장은 숙질 지간인 셈이다.

자장과 남간부인이 소판 무림(茂林)의 자식이므로 명랑의 외가는 중고기 말까지 신라 최고의 유력 귀족가문 중 하나였다. 아버지 재량의 최후 관등이 겨우 사찬에 머물렀는데 이는 아마도 그가 비교적 이른 시기에 사망한 데서 비롯했을 가능성이 농후하다. 물론 신분 자체가 낮았을 여지도 전적으로 배제할 수는 없겠다. 명랑 외에 두 형까지도 출가한 사실로 미루어 그의 집안 자체는 불교계와 두터운 관계를 맺고 있었음을 유추해 낼 수 있다.

명랑은 632년 당나라에 유학하였다가 3년 만인 635년 귀국하였다. 이후 호국 문제의 해결을 위해 천거될 때까지의 행적은 거의 드러나 있지 않다. 다만, 그가 귀국할 때나 그 직후 행한 일만이 매우 설화적 형식으로 전해진다. 그 자체 사천왕사의 창건 의미나 성격을 이해하는 데에 연관성이 있는 듯해 약간의 음미가 필요한 대상이다.

명랑의 당나라 유학 기간 중 실상에 대해서는 거의 알려진 바가 없다. 다만, 금광사(金光寺)의 사적기로 추정되는 「금광사본기」에는[37] 귀국하는 도중에 명랑이 겪은 이야기가 설화성 짙은 단편의 형식으로 전해질 따름이다.

이에 의하면 명랑은 귀국 길에 해룡(海龍)의 초청을 받아 (서해)용궁(龍宮)에 들러서 비법(秘法)을 전해주고[38] 그 대가로서 황금 1천 냥을 시주받아 땅 밑으로 잠행(潛行)해서 자신의 집 우물을 통해 나왔다 한다. 그러고서 자신의 집을 절로 만들고 용왕이 희사한 황금으로 탑과 불상을 장식하였더니 광채가 유난하여 절 이름도 금광사(金光寺)로 지었다고 한다.

이 설화 자체가 사실일 리는 만무한 일이겠다. 그렇다고 해서 그 속에 담긴 명랑의 불교적 속성이나 자세 등까지 구태여 부정할 필요는 없을 성싶다. 그 가운데 유념해 볼 대상은 문두루비법을 비롯하여 그것이 서해용왕과 연관되며, 금광사 창건이 보여주듯이 황금으로 불탑과 불상을 화려하게 보이도록 치장한 점이다. 이런 요소들이 사천왕사 창건에서 보이는 상황과도 상당한 연관관계가 엿보이기 때문이다. 당시 밀교의 몇몇 특성이 함축되어 있는 듯한 느낌이다.

그런데 명랑을 문무왕에게 추천한 사람이 김천존인 점도 주목된다. 김천존은 『삼국유사』에는 그밖에 어디에도 보이지 않는다. 하지만 『삼국사기』에 비교적 자주 등장하는 김천존(金天存)이 비록 한자 표기에서는 차이가 나더라도 흔히 동일 인물일 것으로 추정되고 있다. 그가 군신회

---

37) 『삼국유사』5 신주 「명랑신인」조.
38) 기록에 따라 비법을 전해 받았다고 풀이할 여지도 엿보인다. 하지만 여기서는 황금 1천 냥을 대가로 받은 사실로부터 비법을 전해준 것으로 풀이함이 온당할 듯싶어 이런 견해에 따랐다.

의에 참가한 사실로 미루어 타당하다고 여겨진다.

『삼국사기』에 의하면 김천존은 649년 김유신과 함께 백제와의 도살성(道薩城) 싸움에 참전한 것으로 처음 등장한다. 이후 명랑을 추천하는 670년에 이르기까지 대소 규모의 온갖 전투에 참가하였다. 그러다가 679년 정월 서불한으로서 시중에 임명되었다가 8월에 사망하였다.[39] 사천왕사가 완공을 보기 바로 직전이었다.

김천존의 행적 전반을 추적하면 전장에서 무척 긴 시간을 보내었으며 백제와 고구려 대상의 싸움에서 승리하는 데 크게 기여하였다. 그래서 마침내 시중을 역임할 정도로 문무왕과 밀착하였음이 확인된다. 특히 여러 차례 김유신 휘하에서 전장(戰場)을 누빈 사실은 그냥 지나칠 수 없는 대목이다. 김천존은 김유신과도 상당히 가까운 관계였음이 증명된다. 이로 미루어 김천존의 명랑 추천은 그만의 발상에 의한 것이 아니었을 공산이 크다. 김유신의 뜻이 뒤에서 배경으로 강하게 작용하였을 여지가 상정된다.

김유신은 673년 79세의 나이로 사망하였다. 풍병으로 병상에 오래 있었으나 670년 당과 전쟁을 막 시작한 시점까지는 생존하였다. 따라서 전략 수립과 같은 중대 사안의 결정에 상당한 영향을 미쳤을 가능성은 충분히 상정해 봄직하다. 특히 밀교승 명랑이 추천된 사실은 그런 추정을 보증해 준다. 왜냐하면 김유신도 밀교적 성향을 강하게 갖고 있었기 때문이다.

김유신이 금강사와 함께 통일기에 세워진 대표적인 밀교 계통 사찰 가운데 하나로서 손꼽히는 원원사(遠源寺)의 창건 발원자 가운데 한 사람

---

39) 동상 19년조.

으로 등장함은[40] 그런 실상을 시사한다. 물론 시점상으로 보아 이는 후대에 가탁된 것임이 분명하나 어디까지나 김유신이 밀교와 밀착한 데서 비롯한 일이었다. 그의 인척인 수천(秀天)이란 인물이 악질(惡疾)을 앓고 있을 때 대단한 신통력을 지닌 어떤 늙은 거사를 보내어 치료하도록 한 사실도 있었다.[41]이 늙은 거사는 밀본이거나 혹은 같은 계통의 인물이었을 것으로 추정된다.

이처럼 유독 김유신의 이름이 밀교 승려만을 다룬 편목인 신주편(神呪篇)의 3항목 가운데 2항목에서나 등장함은 예사로워 보이지 않는다. 김유신은 어떤 형태로건 밀교 계통과 깊이 밀착해 있었음은 의심할 바 없다. 그가 어린 시절 중악에서 홀로 수련하는 도중에 만난 난승(難勝)이란 도인으로부터 삼국통합의 비법을 전수받았다거나[42] 그 자신이 고구려의 점술가 추남(楸南)이 환생한 것이란 이야기는[43] 모두 밀교와 연루된 데서 나온 설화로 여겨진다.

물론 당시에는 아직 밀교가 제대로 체계를 갖춘 상태는 아니었다. 하지만 새로운 불교 계통의 하나로서 이제 막 유입되기 시작한 사실 자체가 기존 지배질서에 강한 반감을 품어온 김유신으로서는 유학(儒學)과 마찬가지로[44] 충분하게 매력을 느낄만한 대상이었을 것이다.

김유신의 휘하에서 오래도록 함께 활동한 김천존도 저절로 그를 매개로 밀교 분야와 접촉할 기회를 갖게 되었을 터였다. 그가 제시한 방안을

---

40) 『삼국유사』 5 신주 「명랑신인」조.
41) 동상 「밀본최사」조.
42) 『삼국사기』 41 열전 김유신전 상.
43) 『삼국유사』 1 기이 1 「김유신」조.
44) 주보돈, 앞의 책 참조.

선뜻 받아들인 문무왕 또한 김유신을 통해서 사전에 명랑을 익히 알고 있었을 듯하다. 문무왕에게는 김유신은 외숙인 동시에 전장에서 온갖 생사고락을 같이한 영원한 우상이기도 하였다.

그처럼 사전에 준비가 갖추어진 상태였기에 김천존이 명랑을 추천하였을 때 문무왕도 선뜻 받아들였다. 664년 사찰에다 멋대로 재화(財貨)와 전지(田地)를 시주하지 못하게 한 법령을 공포하면서[45] 기존 불교계의 변화를 도모하려고 시도한 문무왕도 밀교를 대안으로 선택하였을 공산이 크다고 여겨진다. 이에 대해서는 잠시 장을 바꾸어 살피기로 하겠다.

4. 낭산과 밀교적 세계

1) 사천왕사의 창건과 낭산

임시로 긴급하게 가설한 사천왕사는 문무왕 19년(679) 정식의 완공을 보았다.[46] 이때 신라 제일의 신묘한 승려 장인인 양지(良志)가 사천왕사 목탑 하부 기단부에 부착한 팔부신장(八部神將)을 만든 사실이[47] 주목된다. 지금껏 알려진 거의 유일한 사례에 속한다.

근자에 행해진 발굴을 통해서 사천왕사의 구조 전모는 대충 드러났다. 금당을 중심으로 앞쪽에는 동서 쌍탑이 배치되었으며 뒤편 강당과의 사이에는 금당을 기준으로 쌍탑과 남북 대칭되는 위치에 동서로 단석지(壇

---

45) 『삼국사기』6 신라본기 문무왕 4년조.
46) 동상 19년조.
47) 『삼국유사』4 의해 「양지사석」조.

사천왕사 추정 석단 건물지

席址)라고 추정되는 특이한 건물지[48]가 배치되어 있다. 달리 유례를 찾아
보기 어려운 특이 구조이다.

　사천왕사는 현재까지 신라 최초의 쌍탑 사찰로서 여겨지며 게다가 전
반적인 장식 또한 매우 유별나다. 이미 『삼국유사』 「양지사석」조의 기록
과[49] 함께 기왕에 지표로부터 수습된 녹유신장벽전(곧 팔부신장)의 존재
가 널리 알려져 있었다. 그런데 발굴을 통해서 두 탑의 기단부에 각기 다

---

48) 단석 건물지가 문두루비법과 관련이 있는 것으로 추정되고 있다. (장충식, 「신라 낭산유적
　　의 제문제(I)-사천왕사지를 중심으로-」『신라와 낭산』(신라문화제학술발표회논문집 17),
　　1996, p.28) 이를 경루와 종루 등으로 풀이하려는 견해도 있지만 남아 있는 초석의 상태로
　　보아 특이 건물에 속해 문두루비법과 관련이 있는 것으로 봄이 온당할 성싶다. 다만, 처음 가
　　설의 건물지 그대로라고 단정하기는 어렵다. 위치는 문두루비법을 행하였을 때와 같았을 터
　　이나 사천왕사의 완공과 함께 새롭게 치장하였을 공산이 클 것으로 여겨진다.

49) 『삼국유사』4 의해 「양지사석」조.

복원된 사천왕사 목탑 기단부

른 3종의 상을 각 면마다 3구씩 배치해 탑 하나당 24구, 두 탑 합쳐 전체 48구를 서로 대칭되도록 장식한 사실이 확인되었다.

최초의 목조 쌍탑인 데다 24구의 녹유소조신장상을 기단부 4면에 똑같은 모습으로 둘러진 모습이 예사롭지가 않다. 탑신부의 구체적 모양은 상상할 도리가 없지만 기단부가 그렇다고 할 때 탑신부 전면의 화려한 장식 역시 추정하기 어렵지 않다. 너무나도 장엄한 모습을 띠었으리라 추정된다.[50] 녹유귀면와를 비롯한 특수기와가 적지 않게 출토된 사실은[51] 그를 뚜렷하게 입증한다. 금광사가 금빛 찬란하도록 장식한 모습과

50) 김동하, 「신라 사천왕사 창건가람과 창건기 유물 검토-발굴조사 성과를 중심으로」 『한국고대사탐구』23, 2016 ; 「경주 사천왕사지 출토 녹유수파형전에 대한 검토」 『불교미술사학』28, 2019 참조.

51) 최장미·강정미·김수희, 「사천왕사지 발굴조사 성과와 의의」 『신라 호국의 염원 사천왕사』, 2008, pp.33~34. ; 국립경주문화재연구소, 『경주 사천왕사지 瓦』, 2011.

일맥상통하는 데 그와 같은 화려 장엄한 모습이 여기에도 투영되었을 공산이 크다.[52]

이처럼 최초인 목조의 쌍탑을 화려하게 보이도록 한 장식한 사실, 그리고 유례를 찾기 힘든 석단의 존재만으로도 사천왕사가 그 이전과는 현저히 다른 구조와 성격의 특유 사찰이었음을 짐작게 한다. 이런 점들이 당면한 호국 행위와 어떻게 직결되는지는 특정하기 어려우나 문두루비법의 실행과 떼어내기 어려울 정도로 관련성이 깊었을 듯하다.

신라는 당은 물론 일본의 공격이 장차 해로(海路) 방면일 것으로 예측하였다. 당병이 백제를 공격할 때 서해를 건넌 사실, 백제부흥운동군을 지원하기 위해서 출병하였다가 백강 하구의 해전에서 침몰한 사실 등으로 미루어 당면의 두 외적(外敵)은 바다를 건너 왕경을 곧장 겨냥해 공격해 올 가능성이 큰 것으로 진단되고 있었던 것 같다.

신라가 실제로 그런 점을 매우 우려했던 실례가 확인된다. 668년 고구려 멸망 직후 웅진도독부에서 당의 함선 수리 소식을 전해 듣고서 신라는 '겉으로는 왜국을 정벌할 것이라는 명분을 내걸었으나 실제로는 신라를 치기 위한 것이라'고 해석하면서 백성들까지 심히 두려워하고 불안해하고 있다고 항의하였다.[53] 이는 신라가 당이 바다를 통해 공격해 올 가능성이 큼을 벌써부터 예상하고 있었음을 의미한다. 육로로는 기왕에 어느 정도 방어망이 구축된 상태이고, 또 지리지형에 익숙한 자신들이 유

---

52) 이와 관련하여 1936년 사천왕사 터에서 출토되었다고 전해지는 몇몇 금동장식품이 주목을 끈다. 그 가운데 하나에는 '東塔西'라고 판독되는 명문이 새겨져 있다. 이는 두 탑 가운데 동탑 서편에 붙인 장식품의 일부일 것으로 추측되고 있다.(국립경주박물관·국립경주문화재연구소·성림문화재연구원, 『낭산 – 도리천 가는 길』, pp.122~123) 동서 두 목탑의 전면에 걸쳐 비슷한 형식의 장식을 화려하게 보이도록 부착하였다고 해도 지나친 추정이 아닐 듯싶다.

53) 『삼국사기』7 신라본기 문무왕 11년조.

리하다고 여겼을지도 모른다.

이상과 같이 보면 당과 왜국이란 새로운 외적의 위협에 직면해 명랑이 발탁된 것은 물과 관련성이 깊은 문무두비법을 구사할 수 있다는 데에 있었다. 특히 명랑이 용신신앙과 밀착한 사실도 크게 주목을 끌었을 듯하다. 귀국 길에 서해용궁을 다녀왔다는 설화가 만들어진 것도 그런 사정에서 비롯한 것으로 여겨진다. 바다를 관장한 용왕의 도움을 빌어 외적을 방어하려고 염원한 것이다. 이는 뒷날 문무왕이 동해용왕이 되었다거나 감은사를 창건하는 사실과도 서로 맥락이 닿는다. 이에 대해서는 뒤에서 다시 언급하기로 하겠다.

사천왕사는 밀교계의 입장을 수용해서 창건된 사찰임이 분명하다. 명랑이 당면한 당의 공세에 대비해 추천받은 것은 그가 물, 용신신앙과 깊이 연루되었기 때문이었다. 그래서 문두루비법이 바다를 통해서 들어오는 외적을 물리칠 유력한 방편처럼 여겨졌다.

밀교승려 명랑의 주도 아래 긴급히 낭산 자락에 임시 가설 형식의 사천왕사를 세워 문두루비법을 짓자마자 곧바로 효과가 나타났다. 때마침 근해에 들어와서 시위하던 당의 함선이 신라와 미처 싸워보기도 전에 모두 침몰하였다. 비슷한 일이 이듬해 다시 한 차례 더 벌어졌다고 한다.[54]

사천왕사의 창건 과업이 모두 마무리된 679년이란 해는 각별하게 눈여겨볼 대상이다. 그동안 간헐적으로 추진된 궁궐에 대한 대대적인 중수 작업이 일단락됨으로써 대단히 화려한 겉모양새가 갖추어졌다. 게다가 이때 태자의 거소인 동궁(東宮)까지도 왕궁(대궁)과는 별도의 경역에 세워지고, 동시에 왕궁 소속의 각종 건물 별로 출입문의 액호(額號, 각 출

---

54) 『삼국유사』 2 기이 2 「문호왕법민」조.

입문의 이름이 붙여지고 문마다 편액을 단 것을 의미)까지 정하였다. 비상시의 임시 피난왕궁으로서 기능해온 남산신성까지도 바로 같은 해에 증축되었다.[55]

이로써 신라 왕궁은 물론 왕경 전반이 새로운 통일왕국으로서의 외양에 어우러지도록 치장된 모습으로 크게 바뀌어졌다. 거기에는 금광사나 사천왕사처럼 장엄함을 추구하려는[56] 밀교적인 성향이 강하게 투영된 결과였을 것 같다.

그와 관련해 바로 이 무렵 왕경 일원에 걸쳐 세워진 대형 건물의 기와에 공통적이다시피 활용된 '의봉사년개토(儀鳳四年皆土)'명도 주목해 볼 만하다.[57] 바로 679년 시점에 사천왕사가 완공되었고 여기에서도 그런 기와가 사용된 사실은 무심히 보아 넘기기 어렵다. 신라로서는 그 자체가 통일전쟁의 승리와 함께 종료를 밝힌 일종의 선언이나 다름없는 조치였기 때문이다. 다만, 아직 전쟁이 완전히 종식되지는 않았으며 전시 상황은 진행 중이었다.

사천왕사의 완공으로 그것이 자리한 낭산의 위상도 크게 달라졌을 것임은 상상키 어렵지 않다. 이는 낭산의 본질적 성격에서 변화가 뒤따랐음을 뜻한다. 그런 사실은 낭산이 변모해 가는 양상을 더듬어보면 저절로 드러난다.

---

55) 동상 19년조.
56) 윤선태, 「신라 중대 성전사원과 밀교 - 중대 국가의례의 시각화와 관련하여 -」『선사와 고대』 44, 2015.
57) 최민희, 『『의봉사년개토』글씨기와를 통해 본 신라의 통일의식과 통일기년」『경주사학』21, 2002 ; 이동주, 「신라 '의봉사년개토'명 기와와 納音五行」『역사학보』220, 2013. 두 견해가 '의봉사년개토'명 기와를 놓고 배치되는 듯이 비쳐지지만 전자가 679년의 의미를 강조한 반면, 후자는 개토의 본래적 의미에 초점을 맞추어 해석한 데에서만 차이를 보일 따름이다.

사천왕사가 들어선 낭산의 남편 일대는 원래 신유림(神遊林)이라고 불린[58] 신성한 숲의 공간이 자리하고 있었다. 실성왕 12년(413) 8월 거기에서 운무가 일어나 누각(樓閣)처럼 보이면서 향기가 자욱하게 번지는 신이 현상이 벌어졌다. 이후부터는 아무나 멋대로 낭산에 출입을 하지 못하도록 조치하고 나무를 베는 등의 일체 훼손 행위를 금지시켰다.

이는 바로 이 무렵부터 낭산이 공식적인 신성 구역으로 탈바꿈하였음을 뜻한다. 흔히 지적되고 있듯이 뒷날 자연물 대상의 국가제사 가운데 최고 대사(大祀)의 으뜸인 나력(奈歷)이 낭산이라면[59] 아마도 그런 설정의 시작 시점이 바로 이때가 아닐까 싶다. 이후 낭산의 향방이 오랜 기간 달리 기록상 등장하지 않는다.

그러다가 낭산이 재차 주목을 끌기 시작한 것은 선덕여왕의 무덤이 낭산의 중턱에 조영되면서부터였다. 법흥왕대부터 중고기의 국왕을 비롯한 최고 지배층의 무덤은 여전히 집단을 이루어 왕경의 중앙부에서 선도산자락으로 옮겨갔다. 그와 동시에 다른 혈연집단들의 무덤도 주변의 산지로 무리를 지어 뿔뿔이 흩어졌다.[60]

그런데 선덕여왕은 즉위하자마자 자신의 아버지 진평왕의 주검을 선도산의 공동묘지로부터 멀리 떨어진 한지(漢只)란 곳에다 단독으로 묻었다.[61] 어떤 연유로 그처럼 무덤의 조영 위치를 바꾸는 조치가 감행된 것인지는 뚜렷하지 않다.[62]

---

58) 『삼국사기』 3 신라본기 실성이사금 12년조.
59) 주보돈, 「신라 낭산의 역사성」 『신라문화』 44, 2014 참조.
60) 황종현, 「신라 횡혈식석실묘의 수용과 전개」, (계명대박사학위논문), 2020.
61) 『삼국사기』 4 신라본기 진평왕 54년조.
62) 진평왕의 아버지 동륜이 즉위하지 못하고 별도로 묻힌 사정과 연관될지도 모르겠다.

여하튼 그것은 이후 하나의 당연한 관례처럼 뿌리내린 근간을 무너뜨리는 일종의 파격이나 다름없는 일이었다. 이후 왕릉만은 군집의 형식을 벗어나 왕경의 이곳저곳에 흩어져 조영되었다.[63] 아마도 그와 같은 과감한 결정의 밑바닥에는 선덕여왕의 의지가 강하게 작용하였을 듯하다. 이는 자신의 장지를 죽기 전에 미리 지정한 데에서 유추되는 사실이다.

특이하게도 선덕여왕은 아직 멀쩡하게 살아 있을 때 자신이 사망할 구체적 시점을 미리 알려주면서 장차 주검을 도리천(忉利天)의 아래에 묻어달라는 당부를 마치 유언처럼 남겼다. 당시 선덕여왕은 도리천의 위치가 낭산임을 지목하였다. 뒷날 낭산의 아래 남쪽 입구에 사천왕사가 들어섬으로써 선덕여왕의 예견은 사실로서 입증되었다고 한다.[64]

이 설화는 선덕여왕이 재위 중일 때의 사실이라기보다는 예지의 능력을 입증해 주기 위한 방편으로 뒷날의 결과를 소급 적용시킴으로써 만들어졌을 공산이 크다. 사후에 입증되었다는 설정 자체가 그런 측면을 강하게 풍긴다. 다만, 자신의 장지(葬地)는 미리 지정하였을 여지는 충분하다. 당시 낭산 자체가 그럴 만큼 신성한 공간으로 여긴 데서 말미암았을 터였다.

그런데 선덕여왕의 장지 선정과 사천왕사의 창건은 밀교적인 성향이 강한 승려 안함(安含)이 앞서 예견한 적이 있었다. 그렇다면 안함은 그런 사정과 관련해서 잠시 떠올려 봄직한 인물이다.

『해동고승전』에 따르면 원광(圓光)이 중국에서 유학하고 귀국하던 해

---

63) 그런 의미에서 어렵게 즉위한 무열왕의 무덤을 다시 왕릉을 나란하게 조영한 것도 사실상 남다른 의미가 있다. 그것을 필자는 갓 시작한 오묘제와 연관된 왕릉의 조영으로 풀이하였다.(주보돈, 「선도산과 서악고분군」 『신라 왕경의 이해』, 주류성, 2020)
64) 『삼국유사』1 기이 1 「선덕왕지기삼사」조.

인 601년 안함은 신라국가에 의해 선발되어 수(隋)나라로 유학하였다. 거기에서 10승(乘)의 비법과 『법화현의(法華玄義)』를 두루 익힌 뒤 5년 만인 605년 서역(西域) 출신의 몇몇 승려들과 함께 귀국하였다. 그는 미래를 내다보는 신통력을 지녀 선덕여왕이 장차 도리천에 묻힐 일, 사천왕사가 창건될 일 등등을 예견하였다고 한다.[65] 이로 보면 선덕여왕의 장지와 도리천 관련 구도 전반은 이미 안함에 의해서 창안되었을 것으로 여겨진다.

안함은 『삼국사기』에는 전혀 등장하지 않는 인물이다. 반면, 『삼국유사』에서는 신라 불교의 융성에 크게 이바지한 공로로서 흥륜사의 금당에 별도로 봉안된 이른바 10성(聖) 가운데 한 사람으로 들어가 있다.[66]

그런데 『해동고승전』의 저자 각훈(覺訓)은 활동 시점에는 일정한 시차를 보이지만 『삼국사기』에 잠깐 등장하는 안홍(安弘)의 행적이[67] 안함과 비슷하다고 여겨 두 사람을 동일인으로 추정하였다. 이후 이런 견해가 대체로 동의를 얻고 있다.[68]

해동의 명현으로 두루 알려진 안홍(안함)은 「동도성립기(東都成立記)」를 지었다는데[69] 이는 「해동안홍기」라고도[70] 불렸다. 이에 따르면 안홍

---

65) 『해동고승전』2 유통 「안함」조.

66) 『삼국유사』3 흥법 「동경흥륜사금당십성」조.

67) 『삼국사기』4 신라본기 진흥왕 37년조.

68) 고익진, 『한국고대불교사상사』, 동국대출판부, 1989 ; 신종원, 「안홍과 신라불국토설」『신라초기불교사연구』, 민족사, 1992. 『삼국사기』에서는 편집 방식이 편년을 가름하기 어려운 경우 특정 국왕의 말년에 몰아서 기록하였다. 안홍 관련 내용이 실린 진흥왕 37년조는 대표적인 사례로서 손꼽힌다. 시작의 시점을 특정하기 곤란한 원화제와 화랑제까지 함께 싣고 있음도 참고가 된다.

69) 『삼국유사』3 탑상 「황룡사구층탑」조.

70) 동상1 기이1 「마한」조.

은 외침을 물리치기 위한 필요성에서 황룡사에 9층목탑의 건립을 건의 하였다고 한다. 안함의 행적과 어우러질 만한 내용이다.

사실 「동도성립기」는 신라 말기에 이르러 참위설에 매우 능한 안함(안 홍)에 가탁해서 지어진 것으로서 그가 자장에 앞서 황룡사 9층목탑의 건립까지 실제로 제안한 것인지 어떤지는 확실하지 않다. 『해동고승전』에 는 그런 내용이 보이지 않기 때문이다. 어쩌면 사천왕사가 호국의 사찰로서 성공한 사례를 근거로 삼아 중고기의 대표적 호국 사찰인 황룡사의 9층목탑 건립까지도 그에게 부회시켰을 여지가 없지 않다.[71] 여하튼 안함이 미래를 내다보는 탁월한 예지적 능력을 보유하였음은 신라 일대를 통해서 널리 알려졌음이 틀림없다.

일단 안함이 여러모로 생전에 선덕여왕과 깊게 밀착해 있었음은 확인된다. 그래서 그의 장지를 미리 선정해 주면서 그곳이 곧 현실의 도리천이란 인식을 만들어내기 위해 바로 아래쪽에다 사천왕사의 창건까지도 제안하였을 듯하다. 이를 근거로 뒷날 선덕여왕의 예지 능력을 높이려는 또 하나의 방편으로서[72] 발의의 주체를 선덕여왕으로 대체하고 사망하기 훨씬 앞서 자신의 무덤을 도리천 아래라고 적시함으로써 사천왕사 창건에 의해 입증되었다는 설화를 만들어낸 것으로 여겨진다.

그것은 여하튼 안함이 선덕여왕과 무척 가까웠던 인물인 것만은 분명하다. 그와 같은 안함을 밀교와 밀착된 인물로 여기고 있음은[73] 주목되는 사실이다. 안함이 미리 주장한 낭산의 사천왕사를 명랑 주도로 창건

---

71) 옥나영, 앞의 글, pp.257~259에서는 자장의 9층목탑 건립을 안함에게서 영향을 받은 밀교적 성격이 강하였을 것으로 풀이하였다.

72) 『삼국유사』1 기이1 「선덕왕지기삼사」조에 따르면 이미 생전에 두 차례나 예견해서 맞추었던 일이 있었다.

73) 그와 관련한 연구 동향에 대해서는 옥나영, 앞의 글 참조.

한 사실도 그와 연계시켜 이해해 봄직하다. 두 사람의 관계를 뚜렷이 밝혀내기는 힘들지만 사천왕사의 창건을 매개로 유추하면 상호 친밀한 관계였음은[74] 충분히 상정 가능하기 때문이다. 사천왕사 창건은 물론 선덕여왕의 무덤 위치 선정에도 안함의 밀교적 요소가 깊숙하게 스며든 결과였다.

그 점과 관련하여 또 하나 주목해 볼 대상은 금곡사(金谷寺)에 거주하였다는 밀본(密本)이란 승려이다. 밀본은 『삼국유사』에서 밀교 승려를 대상으로 삼은 특이 편목인 신주편(神呪篇)에만 등장한다.[75] 삼국통일 전쟁이 진행되던 도중 김유신 휘하에서 오래도록 활동하다가 670년 그의 동생인 김흠순과 함께 사죄사로서 당에 파견되었다가 옥사한 양도가 어린 시절 귀신 들린 이상한 병을 앓았을 때 밀본이 찾아가서 귀신을 내쫓아 금방 낫게 해주었다고 한다.

선덕여왕은 깊게 병들어 백약이 무효해지자 치병(治病)의 사례로서 명성이 자자한 밀본을 대궐로 불러들였다. 궁궐에 들어선 밀본이 신장(宸杖)[76]의 밖에서 『약사경(藥師經)』을 읽자마자 갖고 온 육환장(六環杖)이 저절로 왕의 침실 안으로 날아 들어가 거기에 있던 여우 한 마리와 치료사인 흥륜사의 승려 법척(法惕)을 찔러서 뜰 아래에 거꾸로 내려치자 선덕여왕의 병은 즉시 나았다고 한다.[77]

밀본의 행적은 더 이상 추적해 볼 길이 없지만 초기 밀교 수용과 정착

---

74) 장지훈, 「신라 불교의 밀교적 성격」 『선사와 고대』16, 2001, p.227.

75) 『삼국유사』5 신주 「밀본최사」조.

76) 신장의 뜻은 분명하지는 않으나 궐내에서 큰 기둥이 세워진 장소를 지칭하는 듯하다.

77) 『삼국사기』5 신라본기 선덕왕 5년조에는 여왕이 병이 들었으나 의술과 기도가 아무런 효험이 없어 황룡사에서 백고좌회를 열어 『인왕경』을 강론하고 승려 일백 명의 출가를 허락한 사실이 보인다.

과정에서 치병 활동 등을 통해 상당한 역할을 하였음은 분명하다. 활동 시기와 내용 등으로 미루어 밀본을 특정 승려의 이름이 아닌 '밀교의 본질'로 풀이해 최초의 본격적 밀교승인 안함과 동일인으로 이해하려는 견해도[78] 있다.

이상과 같은 몇몇 사례로 미루어 선덕여왕 개인이 밀교와 깊이 연루되어 있었음은 분명하다. 그의 치병이나 장지의 지목 사실 등은 그를 뚜렷이 입증해 주는 사례이다. 이로 미루어 보아 대단히 병약했던 선덕여왕 자신이 치병 문제로 평소 안함을 비롯한 몇몇 밀교 계통의 승려들과 가까운 관계를 맺었을 여지도 충분히 상정된다.

뒷날 밀교승려인 명랑이 낭산에다 사천왕사를 창건함으로써 이미 들어서 있던 선덕여왕의 장지가 도리천이 되도록 만든 자체로부터도 그런 설정이 가능하다. 안함을 비롯한 밀교 계통 승려들이 토착적인 산악신앙을 대표하는 낭산을 강하게 의식해서 이를 수미산과 도리천의 세계로 꾸며보려는 오랜 기획 아래 선덕여왕의 무덤을 조영하고 명랑이 사천왕사를 창건함으로써 마침내 구현한 것일지도 모른다.

2) 감은사와 낭산

낭산의 밀교적 성격과 관련하여 또 하나 주목해 볼 대상은 감은사(感恩寺)의 창건이다. 감은사 창건 작업은 원래 문무왕이 생전에 시작한 일이었으나 도중에 사망함으로써 뒤를 이은 아들 신문왕이 마무리 지은 중대의 또 다른 대표적 호국 사찰이다. 문무왕은 일본이 머지않은 장래에 동해연안을 통해 침공하리란 예상을 하면서 사천왕사와 마찬가지로

---

78) 장활식, 『「삼국유사에 나타나는 밀본의 실체」』 『신라문화』47, 2016. 전혀 가능성이 없는 추정만은 아닐 성싶다.

불력을 빌어 물리치려고 감은사의 창건을 추진하였다. 당의 침공을 의식해서 창건한 사천왕사와 대비된다.

동일하게 외적(外敵)을 겨냥하였으면서도 구체적 대상이 달라 호국 용도의 두 사찰을 별도로 세운 사실이 유의된다. 아마도 두 주적이 여러모로 성격과 위상 차이가 뚜렷한 데서 비롯한 발상이 아니었을까 싶다. 그래서 호국의 방편과 대응도 달리해야 한 까닭에 두 사찰을 별도로 창건하였을 듯싶다. 모든 외적을 다함께 겨냥한 황룡사 9층목탑과는 전혀 다른 면모이다.

그런데 문무왕이 감은사를 창건하던 도중에 사망함으로써 약간의 변수가 생겨났다. 문무왕 스스로 자신의 주검을 서국식(西國式)으로 화장하고 동해안에다 묻도록 유언하였기 때문이다.[79] 흔히 동해구(東海口)에 위치한 대왕암(大王岩)을 그 무덤으로 추정하고 있다.

문무왕의 무덤이 대왕암에 마련되고 감은사를 그와 연계시킴으로써 금당의 구조도 전례가 없는 독특한 모양새로 갖추어졌다. 게다가 최초의 쌍탑 구조인 점에서는 사천왕사와 다름없지만 목탑이 아닌 석탑인 점,[80] 단석이 없는 점, 석탑인 만큼 겉이 화려하지 않고 단순 소박한 점에서는 차이를 보인다. 이 또한 사찰의 위치는 물론 겨냥한 외적의 대상이 달랐던 데서 기인할 소지가 있다.

문무왕이 특이한 장의(葬儀) 절차로서 화장해서 그 뼈를 동해 연안에다 묻도록 조치한 것은 선덕여왕의 무덤 조영을 훌쩍 뛰어넘는 엄청난 파격이었다. 장례의 방식은 물론 무덤의 위치까지도 유례가 전무후무한 면모였다. 이는 외적 방어에 대한 문무왕이 가졌던 고심의 일단을 웅변

---

79) 『삼국사기』 7 신라본기 문무왕 21년조.
80) 한정호, 「신라 쌍탑 가람의 출현과 신앙적 배경」 『석당논총』 46, 2010 참조.

감은사 원경

해 준다. 달리 말하면 백제 망명정부의 추동을 받은 일본의 침공을 죽으면서까지 우려하였던 것이다.

그런 점은 사후 동해의 용왕이 되려는 생각을 내비친 데서도 확연히 드러난다. 그와 같은 파격을 단행한 것은 외적, 특히 일본을 주요 표적으로 삼은 호국 의지의 강고한 표현이었다. 그렇게 결행함으로써 외침의 위협에 따른 격심한 불안감을 지닌 민심을 수습하고 이를 극복해 보려는 희구에서였다. 물론 거기에는 내부의 정치적 적대세력을 제거하려는 의도까지 깊숙이 깔렸음 직하다.

사실 문무왕의 무덤 위치와 장의 방식의 독특함이 파격적이란 점에서 선덕여왕과도 매우 닮은 측면도 엿보인다. 특히 사후에 동해용왕이 되려고 한 데에는 상당한 의미가 깃들었다. 행적이 불분명한 지의법사(智義法師)가 문무왕에게 용이란 한갓 축생에 지나지 않는다며 반대 의사를 강하게 표명하였다.[81] 이는 내부적으로 문무왕의 정책을 반대하는 입장이 만만치 않았음을 시사해 준다. 이는 사망에 직면해 내린 유언을 통해서도 방증된다.

사실 문무왕이 스스로 동해의 용왕이 되려고 한 데에는 명랑의 생각과 깊은 연계가 있었을 성싶다. 이제 문두루비법으로 몇 차례 해전에서 거둔 승리를 매개로 밀교의 효용성을 충분하게 인지한 문무왕이 강고한 호국의 염원 아래 죽은 뒤 스스로 동해용왕이 되겠다고 선언하였다. 이미 앞서 언급한 것처럼 명랑이 귀국 길에 서해의 용궁을 찾아 용왕을 만나고 문두루비법을 전해준 사실과도 맥락이 닿아있다.

명랑이 서해용궁으로 들어간 자체가 문두루비법이 곧 바다, 물과 밀접한 상관관계가 있었음을 보여준다. 문무왕이 사후 동해용왕으로서 거듭나려는 발상은 바로 그와 같은 명랑에게서 비롯하였을 가능성이 크다. 계통을 달리하였을 지의법사가 반대한 데에는 그와 같은 사정도 작용하였을 것 같다.

문무왕이 사후 동해용왕으로 변신함으로써 신라에서 전례 없던 용신신앙(龍神信仰)을 크게 부상(浮上)하도록 이끈 셈이 되었다. 그 자신이 창건한 동궁과 월지가 용신신앙 및 그 제사의 대표적 중심지로서 자리 잡았다.[82] 동해용왕이 월지로 출몰한다고 여긴 데서 비롯된 일이었다.

그런 동해용왕 의식이 사천왕사와도 연결되었을 것임은 두말할 나위가 없다. 이와 같은 착상도 바로 명랑에서 비롯하였을 공산이 크다. 문무왕의 사망이 사천왕사 창건 직후이고 보면 서국식의 화장이나 동해안의

---

81) 『삼국유사』2 기이 2 「문호왕법민」조.
82) 『삼국사기』39 잡지 직관 하 내성 소속의 동궁관 산하에 월지전 및 월지악전과 함께 용왕전이 들어 있는 것은 바로 그런 점을 보여준다. 이에 대해서는 미발표의 별고를 준비해두었다.

무덤 조영, 동해용왕 의식 등 일체가 명랑의 제안에 따른 것이었을 가능성이 짙다.

두 사찰이 모두 처음 시도한 쌍탑인 점에서도 그런 면모가 엿보인다. 말하자면 두 사찰과 관련

사천왕사 앞의 문무왕릉비 귀부

한 일련의 과업들이 각기 별개로 추진된 것이 아니라 하나의 큰 기획 아래 상호 연계된 것이었다. 말하자면 동해안 감은사 창건, 문무왕의 무덤 조성, 동해용왕 의식 등 일련의 시책들은 모두 중대 초기의 정권과 밀착한 밀교 계통으로부터 비롯한 일이었다.

사천왕사와 감은사가 하나의 묶음으로 운용된 사실은 그런 추정을 강력하게 보강해 준다. 문무왕 주검의 화장터는 논란되고 있지만 「문무왕릉비」가 특이하게도 호국사찰인 사천왕사에 세워진 사실이 주목된다. 이는 달리 유례를 찾기 어려운 사례이다. 바다, 주로 물을 겨냥한 새로운 성격의 호국 도량인 사천왕사와 감은사의 두 사찰은 화장(火葬)과 수장(水葬)을 통해서 별개가 아닌 낭산을 중심으로 하나로 엮여 기능한 것이었다.

3) 봉성사의 창건과 낭산의 밀교적 세계관

낭산은 도리천 신앙을 중심으로 한 사천왕사와 용신신앙을 근간으로 한 감은사가 주축이 된 밀교적 세계관을 구현하는 구심이었다. 이로부터 낭산은 한동안 통일기 호국의 성소이면서 총본산으로 자리매김 되었다.

신문왕이 신라의 내부 안정과 화평, 그리고 왕위승계의 정당성을 보증해 주는 상징이라 할 중대의 두 보물인 만파식적(萬波息笛)과 흑옥대(黑玉帶)를 동해용왕으로부터 받았던 자체는 통일에 따른 일종의 호국적 질서체계가 완성되었음을 의미한다. 바로 얼마 전 신문왕이 즉위하던 해에 김흠돌(金欽突)이나 김군관(金軍官)과 같은 오랜 정치적 적대세력을 뿌리째 뽑은 사건은[83] 그와 밀접하게 연관되었을 듯하다. 이로써 통일기 초기에 호국의 구심으로 기능한 사천왕사는 물론 낭산의 위상도 저절로 드높아져 갈 수밖에 없었다.

그와 같이 변모한 낭산의 위상을 최후로 보증해 준 것이 봉성사(奉聖寺)의 창건이다. 봉성사는 신문왕 5년(685) 창건을 본 사찰이다. 『삼국사기』신라본기에 창건 기사가[84] 실릴 정도이고 보면 예사롭지 않은 사찰임은 충분히 가늠된다. 신라 중앙관부의 전반을 다룬 같은 책 직관지(상)에 실린 7대의 성전사원(成典寺院) 가운데 봉성사가 중대 제일의 호국 사찰인 사천왕사에 바로 뒤이은 둘째에 배치되어 있음은 그를 입증해 준다. 하지만 거기에는 더 이상 봉성사의 창건 배경이나 연혁 관련 기록이 보이지 않는다.

그런데 봉성사의 창건과 관련한 의외의 내용이 『삼국유사』에 보인다. 이에 따르면 밀교 승려인 혜통(惠通)의 건의로 신문왕이 창건하였다고 한다.[85] 그런데 사명을 봉성사가 아닌 '신충봉성사(信忠奉聖寺)'라고 하여 약간의 차이를 보인다.

그와 같은 사명을 갖게 된 배경으로서 설화성이 매우 짙은 내용 역시

---

83) 『삼국사기』8 신라본기 신문왕 원년조.
84) 동상 5년조.
85) 『삼국유사』5 신주 「혜통항룡」조.

같은 기사에 보인다. 혜통이 병든 신문왕을 치료하면서 즉위하기 전에 왕이 재상(宰相)이었을 때 행한 판결의 잘못으로 선량한 신충을 노비로 만든 데에 대한 원한 때문이라 풀이하였다. 그 원한을 풀어주려면 사찰의 창건이 필요함을 주문하였다. 이로써 신문왕의 병도 나았다고 한다.

사실 이 설화에는 여러 요소가 마구 뒤섞여 실제로 일어난 사실성의 여하를 뚜렷이 가려내기란 쉽지 않아 크게 논란하고 있다. 특히 신충은 매우 특이한 인물로서 실제로 여러 왕대에 걸쳐서 이름이 등장하기 때문이다.

효성왕은 즉위 직전 신충과 궁궐의 잣나무 아래에서 바둑을 두면서 만약 차후 자신이 즉위한 뒤 '그대를 잊는다면 이 나무가 증언할 것'이라 약속하였다. 하지만 효성왕은 정작 즉위한 뒤 공신을 포상하면서 신충은 빠트렸다. 이에 신충이 원망하는 노래를 지어 불렀더니 잣나무가 갑작스레 시들었다. 이 사실이 효성왕의 귀에 들어감으로써 비로소 신충은 등용되었다. 신충은 뒤이은 경덕왕대에는 두 친구와 약속하여 벼슬을 버리고 남악(南嶽)으로 들어가 단속사(斷俗寺)를 짓고서 금당에다 경덕왕의 진영을 내걸고 축원하였다고 한다.[86]

『삼국사기』에 의하면 신충은 효소왕 3년(739)부터 경덕왕 3년(744)까지 시중으로 활동하였고, 경덕왕 16년(757)부터 동왕 22년(763)까지는 상대등을 역임하였다. 신충이 상대등직을 물러난 직후에 그와 관계있던 대나마 이순(李純)도 관직을 떠나 경덕왕을 위해 단속사를 지었다.[87] 이로 보아 신충이 단속사를 지었다는 데에는 약간의 혼선이 빚어진 느낌이다.

마찬가지로 신문왕이 전생담의 신충 때문에 신충봉성사, 즉 봉성사를

---

86) 동상 피은「신충괘관」조.
87) 『삼국사기』9 신라본기 경덕왕 22년조.

창건한 것이라는 데 대해서도 의심이 간다. 봉성사는 유력한 성전사원이
므로 특정 신하를 위해서 지어졌다는 설정에 대해 이미 적절한 비판이
나와 있듯이[88] 그대로 받아들이기 어렵다. 신충봉성사가 성전사원인 봉
성사와 전혀 다른 사찰일지는 모르겠다.

다만, (전)황복사지에서 출토된 비편에 보이는 '△聖信忠寺'가 바로 성
전사원인 봉성사라면[89] 원래의 정식 명칭이 전자이며 후자는 그 약칭
일 가능성이 있다. 또 같은 비문의 다른 비편에 보이는 '△德大宗寺'가
태종의 원찰인 봉덕사라면 '△聖信忠寺'를 간략화한 사명을 봉성사라고
하였을 수가 있기 때문이다. 대왕흥륜사를 흥륜사 혹은 대왕사라고 약
칭한 것도 비슷한 면모이다.

그렇다면 거기에서 봉성사를 신충과 연계시키는 혼선이 빚어졌을 여
지가 엿보인다. 말하자면 '신충봉성사'의 신충이 곧 뒷날 효성왕과 경덕
왕대의 인물과는 아무런 상관관계가 없었음에도 명칭만으로 서로를 그
와 연결시켜 버린 것이다. 그래서 신문왕대에 세워진 신충봉성사의 신충
을 바로 같은 인물로 간주하였다.

그렇게 보면 신충이 지나치게 오랜 기간 활동한 셈이 되므로 전생담
까지 만들어내어 마치 '봉성사' 자체가 신문왕이 신충을 위해 창건한 사
찰인 듯이 연결시켰다. 사실상 신충봉성사는 뒷날의 신충이란 인물과는
아무런 관련성이 없다.

그런데 문제는 봉성사의 위치이다. 그동안 낭산 북쪽에 위치한 이른바
구황동사지를 어느 틈엔가 (전)황복사라 부르다가 이제는 마치 정말 황

---

88) 이근직, 「통일신라 봉성사와 절원당」 『신라사학보』 7 2006 ; 『경주에서 찾은 신라의 불국토』,
　　학연문화사, 2017.
89) 윤선태, 앞의 글 참조.

복사인 듯이 확정 지어 논리를 전개시키려는 경향까지 나타났다. 하지만 이미 적절한 지적이 나와 있듯이[90] 그를 입증하기 위해 동원된 근거는 일제강점기에 발견 지점이 매우 불명확한 '황복'이란 문자가 새겨진 기와와 동아대학 소장의 '왕복'이 새겨진 평기와가 유일하다. 그밖에 당해 지점에서 발견된 여러 금석문에는 사찰명이 무려 5~6개나 알려졌으나[91] 그 중에는 황복사와 직결시킬 만한 어떤 편린도 보이지 않는다. 따라서 이는 잘못 비정한 것이므로 시정됨이 마땅하다.

사실 그와는 달리 (전)황복사를 봉성사로 간주할 만한 근거는 적지 않다.[92] 여기서 낱낱이 본격적으로 논증할 겨를은 없지만[93] 황복사로 단정할 수 있으려면 다른 무엇보다도 창건자인 신문왕과의 관련성이 유난스레 깊었음을 먼저 밝힘이 올바른 수순이다. 기왕에 황복사와 연결시키려고 시도한 견해에서는 그 점을 무심히 넘겨버렸다.

신문왕이 (전)황복사와 깊은 관계가 있음은 (전)황복사 3층석탑 안에서 출토된 「금동사리함기」에서 확인된다. 692년 신문왕이 사망하자 왕비 신목태후(神穆太后)와 아들 효소왕이 부왕을 위해 탑을 세웠다. 이 탑은 금당과는 별도의 위치여서 양자가 이원화된 특이 구조에 속한다. 구조상의 특이함에서 사천왕사와 감은사의 쌍탑 첫 도입 사례와도 대응된다.[94]

---

90) 김지현, 「경주 황복사지 삼층석탑의 건립과 사지와의 관계」 『경주 황복사지』, 성림문화재연구원·신라문화유산연구원, 2022, pp.78~79.

91) 주보돈, 「낭산과 황복사」 『경주 황복사지』, 성림문화재연구원·신라문화유산연구원, 2022, p.23.

92) 김지현, 앞의 글 및 주보돈, 위의 글.

93) 그에 대한 자세한 논증은 본편의 3장에서 다루었으므로 그 쪽으로 할애한다.

94) 그와 관련하여 당과의 전쟁이 벌어지면서 당이 사천왕사 대상의 시비를 걸어온 데에 대응하기 위해 세운 망덕사(望德寺)의 두 목탑이 13층인 점도 그와 관련지어 음미해 볼 대상이다.

700년에 신목태후가, 702년에는 효소왕까지 사망한 뒤 성덕왕의 주도 아래 706년 진신사리 4과와 순금제미타상 1구 그리고 『무구정광대다라니경』 1권을 2층 탑신부에 새롭게 봉안하였다. 이로 보면 이 탑은 물론 사찰 자체가 신문왕과 깊이 연관되었음을 쉽사리 유추해 낼 수 있다. 신문왕을 낭산의 동쪽에 장사 지냈다는 각별한 기록도[95] 그를 방증한다.

그와 같은 실상에 견주어 황복사의 경우 기록상 신문왕과 관련지을 만한 어떤 편린도 찾아지지 않는다. 게다가 '황'의 뜻이 중앙이란 점과 함께 '황'이 들어간 사찰이 모두 왕궁 부근의 중앙부 일원에 위치한다는 점을 떠올리면 왜 낭산 북쪽 귀퉁이에, 그것도 중앙부 쪽에서는 눈에 띄지도 않는 후미진 곳에다 통일 이전에 사찰을 세우면서 황복사라 부른 이유도 반드시 밝혀냄이 마땅한 과제이다.

낭산에 호국의 전형적 사찰로서 사천왕사가 들어서기에 앞서 그런 의식과 관련성이 거의 보이지 않는 황복사가 들어섰다는 자체부터 선뜻 이해가 되지 않는다. 따라서 이를 황복사라고 쉽게 결론지음은 너무도 성급한 판단이었다. 거기에 세워진 비문에 봉성사(비록 봉성신충사라고 하였지만)가 등장함도 지나칠 수가 없는 대목이다.

봉성사가 신문왕이 세운 사찰임은 각별히 유념해볼 대상이다. 그와 함께 창건을 건의하고 주도한 인물이 밀교 승려 혜통이란 점 또한 주목되는 사실이다.

혜통은 당나라에 유학하였다가 밀교를 접한 뒤 665년 사신으로 왔던 정공(鄭公)과 함께 귀국하였다. 귀국 후의 향방은 잘 드러나 있지 않으나 치병 활동 등을 통해서 널리 알려졌던 듯하다. 그러다가 신문왕의 병을 성공적으로 치료함을 계기로 깊은 관계를 맺고 마침내 봉성사의 창건

---

95) 『삼국사기』8 신라본기 신문왕 12년조.

을 건의하기에 이르렀다. 혜통의 활동을 고려하면 봉성사도 밀교적 성격이 강한 사찰이었음이 분명하다. 이는 706년 탑을 열어 704년 막 한역된 『무구정광대다라니경』을 처음으로 봉안한 데서도 입증된다.

신문왕은 봉성사 창건 바로 직전 신라의 전체 영역을 9주(州) 5소경(小京)으로 재편하였다.[96] 봉성사 창건이 그와 같은 조치와 연계된 것인지 어떤지는 단언하기 어렵지만 낭산을 기준으로 남편의 사천왕사와 대척점이라 할 북편에다 세운 사실에는 상당한 상징성이 깃든 느낌이다. 하필이면 중앙부가 아닌 동쪽을 바라볼 수 있는 북편의 귀퉁이 위치를 선정한 자체가 매우 의도적이란 느낌이다.

북편의 봉성사 창건을 매개로 해서 이제 낭산은 밀교적 세계관의 중심으로서 일종의 완성된 모습을 갖추게 되지 않았을까 싶다. 최고 정상부를 수미산으로 인식하면서 이를 기준으로 남쪽으로는 신덕여왕릉이, 입구에는 사천왕사가 갖추어지는 한편, 북편의 대척 지점에는 봉성사가 자리함으로써 일직선상에 놓이도록 배치하였다. 이로써 낭산은 물론 왕경 전반을 수호해 낸다는 관념체계가 구축된 것으로 여겼을 듯싶다.

이상과 같이 보면 낭산은 뒷날 두 계통으로 정리된 밀교적 세계관의 결속과 융합으로 하나의 완결된 모양새를 갖춘 셈이 된다. 그동안 고질(痼疾)인 듯한 정치세력의 내분과 외적의 위협에 따른 불안정성까지 완전하게 극복할 수 있는 기반이 마련된 것이었다. 사실상 통일기의 지배체제에 어우러지도록 낭산도 완전하게 정리되기에 이르렀다. 만파식적과 흑옥대의 출현은 바로 그런 정황에 무척 어우러진다.

하지만 아직 내부적으로 어떤 문제점이 있었던 것인지 신문왕은 재위 9년(689)째 되던 해에 달구벌(達句伐)로의 천도를 시도하다가 성사시키

96) 동상 5년조.

지 못하였다.[97] 바로 뒤이은 시점에 당이 무열왕의 태종 묘호 사용에 시비(是非)를 걸어왔다.[98] 안팎으로 안정을 찾아 태평을 구가해가던 때에 심각한 위기의 순간을 만난 것이다.

그런 와중에 신문왕이 사망하는 일까지 벌어졌다. 효소왕이 겨우 7세의 어린 나이로 신문왕의 뒤를 이은 사실이나 모후인 신목이 섭정한 일은 예사롭지가 않다. 앞서 봉성사 창건을 주도한 밀교 승려 혜통과 정공이 효소왕 일파와 크게 갈등, 마찰을 빚은 사건은[99] 그런 실상을 여실히 시사해 준다. 특히 정공은 신문왕의 장례 운구가 나아가는 길을 막은 집 앞의 나무를 베지 못하도록 하였다는 이유로 죽임을 당하였다. 이는 신문왕과 밀착한 정공이 효소왕의 즉위에 반발하였다는 풀이가 가능하도록 한다.

이 사건에 평소 정공과 가까이 지냈음 직한 혜통도 연루되어 한바탕의 소동이 벌어졌다. 그 뒤 결국 혜통과의 화해가 이루어지고 정공 역시 곡절 끝에 해원(解寃)되기는 하였으나 신문왕의 죽음과 함께 효소왕이 즉위하는 과정에서 순조롭지 못한 중대한 정치적 사건이 있었음을 의미한다.

그와 관련하여 신문왕의 아들인 보질도(寶叱徒)와 효명(孝明)이란 두 형제가 오대산(五臺山)으로 피신하였다가 마침내 효명이 왕경으로 되돌아와 즉위하였다는[100] 설화성이 강한 이야기도 그냥 보아 넘기기 어려운

---

97) 동상 9년조.
98) 동상 12년조 및 『삼국유사』1 기이1 「태종무열왕」조.
99) 『삼국유사』5 신주 「혜통항룡」조.
100) 『삼국유사』3 탑상 「명주오대산보질도태자전기」조.

대상이다.[101] 신문왕의 사망이나 뒤이은 효소왕의 즉위 자체가 순탄하게 진행된 것이 아님을 암시해 주기 때문이다.

그런 사정과 관련해 바로 이때 만파식적이 분실된 사건 또한 유의해 볼 대목이다. 효소왕이 즉위하던 그 해에 국선(國仙)으로 지명된 화랑 부례랑(夫禮郞)이 무리와 함께 금란(金蘭)으로 놀러 갔다가 북명(北溟) 땅에서 북적(北狄)에게 붙잡혀간 사건이 벌어졌다. 그를 찾아 나선 낭도 안상(安常)도 뒤이어 사라졌다. 바로 그때 궁궐의 보물창고인 천존고(天尊庫)에 갈무리해 둔 두 보물인 거문고와 피리까지 없어지는 사건도 벌어졌다.

이에 부례랑의 아버지 사찬 대현(大玄)이 백률사(栢栗寺)의 관음보살상 앞에 나아가 여러 날 빌었더니 어느 날 갑작스레 향탁(香卓)의 위에 거문고와 피리가 나타났으며 부례랑과 안상 두 사람은 불상의 뒤에 와있었다고 한다.[102] 국가에서는 잃어버린 두 국보를 되찾은 공로로서 백률사에 크게 시주하였으며 관계자들에게도 각각 포상하였다.

이때 분실된 피리가 바로 신적(神笛)인 만파식적이다. 이를 불면 적병이 물러가고 온갖 풍파도 잠잠해진다고 하여 그처럼 불렸다. 만파식적의 분실 사건은 곧 효소왕 즉위 직후 안팎으로 심각한 위기 상황에 직면하였음을 상징한다.

앞서 언급한 신문왕 말년과 효소왕 즉위 과정은 물론 당이 문제를 제기한 묘호 시비 등으로 당면한 안팎의 위기가 거기에 반영되어 있다. 보물을 되찾았음은 곧 어떤 형태로건 위기 국면을 일단 벗어났음을 의미한다. 그래서 신라국가에서는 이후 피리를 만만파파식적(萬萬波波息笛)이란

---

101) 신종원, 「신라 오대산사적과 성덕왕의 즉위 배경」『최영희선생화갑기념한국사학논총』, 탐구당, 1987 참조.
102) 『삼국유사』3 탑상 「백률사」조.

이름으로 책봉하였다고 한다. 여기에는 신라국가가 일신해서 새롭게 출발한 사실이 함축되어 있다.

그런데 이 사건의 결과로써 특별히 주목해 볼 대상은 백률사의 주지를 봉성사로 옮기도록 조치한 사실이다. 이는 피리, 즉 만파식적이 원래 봉성사와도 무관하지 않고 상당히 깊은 관계에 있었음을 시사하기 때문이다. 만파식적 탄생과 관련 깊은 감은사가 사천왕사와 일체의 관계였음을 떠올리면 만파식적을 매개로 봉성사도 그와 연계된다고 유추해 볼 수 있다. 낭산을 중심으로 이들 세 사찰은 밀접한 관련성을 맺고 있었던 것이다. 그 밑바탕에는 모두 밀교 계통에 의해서 창건된 사찰이란 점을 공유하고 있다.[103] 낭산은 이로써 밀교 세계관의 구심으로서 자리 잡았음을 상징한다.

5. 신주편과 낭산 - 맺음말에 대신하여

사서로서의 『삼국유사』 체제는 대단히 특이한 구조인 까닭에 이를 둘러싸고 오래도록 다양한 해석이 시도되어 논란해 왔다. 크게 9개의 편으로 구성되었는데 그 가운데 왕력과 기이편을 하나의 묶음으로, 흥법(興法) 이하의 효선(孝善)에 이르는 7편을 또 다른 하나로 묶는 이해가 가능하다. 전자가 『삼국사기』 본기(本紀)를 염두에 둔 편년체 형식의 정치사와 연결된다면 후자는 고승전, 특히 『해동고승전』을 강하게 의식해서 정리한 불교 관련 부분으로 여겨진다.[104]

---

103) 정병삼, 「7세기 후반 신라불교계의 사상적 경향」『불교학연구』9, 2004에서 7세기 후반 불교계를 주도한 것이 밀교 승려였다고 보았음은 적절한 이해라 여겨진다.
104) 주보돈, 「『삼국유사』를 통해본 일연의 역사 인식」『영남학』63, 2017.

한편 그러면서도 어떤 사서(史書)는 물론 고승전에서도 찾아볼 수 없는 독특한 편목의 명칭을 사용한 사실은 무척 이색적이다. 그 가운데 신주편도 다른 어떤 책에서도 보이지 않는 『삼국유사』만의 특이 편명이다. 신비한 주문, 주술, 다라니란 뜻인 신주란 용어 자체가 밀교적 특성을 함축해 일연이 애써 창안해 낸 표현인 것 같다. 일연은 그런 용어를 사용함으로써 이 편목에다 나름의 상당한 의미를 부여하려고 의도하였다.

신주편은 신라 불교 가운데 치병과 기복, 그리고 호국 신앙을 주요 특징으로 삼은 밀교 분야의 승려만을 모아서 다룬 일종의 전기(傳記)에 해당하는 셈이다. 비록 다른 편목에 견주어 수량이 월등히 적어 겨우 3조항밖에 마련하지 못한 탓에 얼핏 미완성인 듯한 느낌도 풍기지만 반드시 그렇게만 단정할 수는 없다. 신라 통일기 전후 무렵부터 갓 수용되어 가던 초기에 집중해서 다룬 특징을 보여주고 있기 때문이다. 아마도 거기에는 고려시대 두 갈래의 밀교 종파인 신인종(神印宗)과 총지종(摠持宗)의 뿌리를 찾아보려는 의도가 작용한 듯싶다.

그런데 신주편의 3항목을 일별하면 모두 낭산과 어떤 방식으로건 일정하게 연계되었음이 도드라진다. 밀본은 선덕여왕의 치병을 매개로, 명랑은 사천왕사 창건을 매개로, 혜통은 봉성사 창건을 매개로 낭산과 연관된다. 이들의 공동 분모는 밀교이다. 말하자면 마치 통일기의 밀교가 낭산을 겨냥해서 집결한 모양새이다. 게다가 또 다른 호국 사찰인 감은사는 문무왕을 매개로 해서 사천왕사 나아가 낭산과도 간접적으로 연결된다.[105]

---

105) 그런 의미에서 일찍이 문명대, 「신라 신인종의 연구 신라밀교와 통일신라사회」 『진단학보』 41, 1976에서 감은사를 사천왕사나 봉성사의 창건에 참여한 승려들이 주관하였다고 지적한 점은 참고가 된다.

한편 참위설에 밝은 초기의 밀교계통 승려인 안함 또한 일찍이 선덕여왕의 무덤 조영 및 사천왕사의 창건을 예견해 그들과 연결된다. 안함의 제안을 시발점으로 밀교 계통이 상당한 기간에 걸쳐 낭산을 향해 집중해 간 느낌이 든다.

그런 의미에서 통일기 초기에 낭산은 마치 신라 밀교의 성지와도 비슷한 기능을 하였던 것 같다. 어쩌면 낭산 관련 수미산이나 도리천 인식은 모두 밀교적 세계관의 소산인 듯이 여겨진다. 낭산은 통일기를 기점으로 밀교를 기반으로 한 불교 중심의 세계로 탈바꿈하면서 호국의 성지로 자리 잡아나갔다고 할 수 있겠다.

낭산은 원래 신유림에서 출발해 산악신앙의 첫째인 대사(大祀)의 대상지로, 마침내 그들을 모두 아우른 불교 신앙으로 전화해 갔던 것이다. 낭산도 다른 주변의 산악신앙이 불교 중심으로 바뀌는 것과 매우 비슷한 궤적을 밟았다고 할 수 있다.

당시 낭산 중심의 호국 불교와 관련해 주목되는 것은 사천왕사, 봉성사, 감은사의 세 사찰이다. 이들 셋은 위치상 문무왕의 용신신앙 및 만파식적과 결합하여 일종의 삼각 구도를 이루고 있다. 특히 세 사찰이 『삼국사기』 7대 성전사원 가운데 가장 먼저 기록된 사실이 주목된다. 사천왕사, 봉성사, 감은사가 통일기 초기 한창 호국과 수성의 기치를 내건 문무왕과 신문왕대에 창건되어 국가 사찰인 성전사원으로 지목된 사실은 유의해 볼 점이다.[106)]

성전사원의 성(成)은 수공업을 의미하며, 전(典)은 관부의 뜻이다. 따라서 성전사원은 국가의 관장 아래에 놓인 사찰인 셈이다. 통일기 호국을

---

106) 채상식, 「신라통일기의 성전사원의 구조와 기능」 『부대사학』 8, 1984, p.9.

겨냥한 대표적 사찰인 세 사찰이 성전사원의 첫 머리에 순서대로 배치된 사실도 예사롭지가 않다.

이들이 모두 호국의 사찰로서 출발하였던 만큼 그래서 함께 성전사원으로 삼았을 가능성이 크다. 물론 이후 신라국가가 안정기에 진입하면서 이들이 특정 국왕의 원찰적(願刹的)인 성격으로 바뀌어져 가지만 처음부터 그런 성격이었던 것은 아니다. 이렇게 보면 성전사원도 밀교와 연결해서[107] 새롭게 음미해 볼 만한 대상으로 부각된다.

* 이 글은 2024년 11월 국가유산진흥원이 주관한 「신라 낭산의 시간 미래로 잇다」란 주제의 학술대회에서 발표한 내용을 수정 보완한 것이다.

---

107) 조원영, 「신라 불교 석조부조상 연구」 부산대박사학위논문, 2022, pp.135~137 참조.

토함산과 불국토

Ⅲ

1. 토함산(吐含山)의 역사성

1. 들어가면서

경주의 시가지 일각에서 동쪽 저 멀리 바라보면 아스라하게 봉우리 부분만을 수줍기라도 한 듯이 약간 드러내어 보이는 산이 있다. 특히 해거름 무렵 때때로 산꼭대기의 주변에 흰색의 구름이라도 걸리는 날이면 무척 신비스럽게 느껴지는 장면이 연출된다. 바로 경주의 진산(鎭山)이라 불러도 좋을 토함산(吐含山)이다.

토함산은 글자 그대로 무엇인가를 머금었다가 토해낸다는 뜻을 가진 산 이름이다. 무엇을 머금었다가 토하려는 것인지 알 도리가 없으나 주변의 경관을 떠올리면서 막연히 구름과 안개일 것으로 풀이하는 그럴싸한 견해가 있다.

그렇지 않고 신라 제4대 탈해왕(脫解王)을 일명 토해(吐解)라고 한 사실을 근거로 탈이나 토가 모두 달로 발음되어 월성(月城)을 그처럼 표현하였다고 이해해 보려는 독특한 뜻풀이도[1] 있다. 토함산에서 다시 동북쪽으로 몇 킬로미터 떨어진 곳에 위치한 함월산(含月山)이 '달을 머금은 산'

---

[1] 문경현, 「신라 건국설화의 연구」『대구사학』4, 1972 ;『증보 신라사연구』도서출판 춤, 2000, p.49.

의 뜻임을 감안하면 토해낸다고 여긴 것이 바로 달(月)일지도 모르겠다.[2)]

그것은 어떻든 토함산은 높이 745미터로 경주분지 동쪽 일원에서는 가장 높은 산에 속한다. 그 주변 일대에서 살면서 늘 보고 또 접촉한 사람들에게 일찍부터 주목을 크게 끌 수밖에 없었던 것도 바로 그런 요소 때문일 터이다. 그런 의미에서 토함산은 온갖 애환과 역사를 품은 명산으로 단정하여도 좋겠다. 신라국가가 형성·발전·전개되어 가는 과정에서 토함산과 관련해서 생긴 각종 이야기들이 켜켜이 쌓여왔다. 어쩌면 오래도록 품고 있다가 언젠가 토해내기를 기다리는 내용도 바로 그와 같은 역사일지도 모른다.

그런데 지금 현재 토함산을 말하면 누구라도 선뜻 떠올리게 되는 것은 아무래도 불국사(佛國寺)와 석굴암(石窟庵)이 아닐까 싶다. 정작 토함산이 품은 다른 여러 면모는 이들의 유난스런 명성에 가려져 거의 바래져 버린 느낌이다.

사실 불국사나 석굴암만으로 토함산을 인식하는 것은 올바르다고 여겨지지가 않는다. 토함산이 먼저 있었기에 오히려 그처럼 두드러진 사원이 들어선 지극히 단순한 사실을 떠올리면 오히려 거꾸로 접근함이 온당하다고 여겨진다. 역사적 흐름으로 보아 토함산을 중심에 놓고 다가갈 때만 비로소 불국사와 석굴암의 진면모까지도 제대로 우러날 수 있을 것으로 기대된다.

토함산은 신라국가의 형성 과정에서 바깥의 어떤 세계로부터 동해 연

---

2) 그런 의미에서 1024년(고려 현종 15)에 작성된 「불국사무구정광탑중수기(佛國寺無垢淨光塔重修記)」나 1038년(고려 정종 4년)에 작성된 「불국사서석탑중수형지기(佛國寺西石塔重修形止記)」에는 토함산을 월함산(月含山)으로 부른 사실에 눈길이 간다. 신라가 아닌 고려에서 토함산을 그처럼 부르게 되었다고 하더라도 머금은 것을 달로 인식하였음을 보여주는 실례이다.

안으로 이주하고 이곳을 기반으로 삼아 경주분지의 중앙부로 진출해서 마침내 성공하기에 이른 석탈해(昔脫解)와 연결되면서부터 역사성을 강하게 품기 시작하였다. 이후 대체로 왜(倭)의 빈번한 침입과 연관해서 토함산은 비교적 자주 기록상에 등장하곤 하였다.

통일기에 이르러 신라는 전체 영역 안의 널리 알려진 산천을 대상으로 삼은 국가의 공식적 제사 체계를 일괄 정비하면서 비중에 따라 크게 대·중·소의 세 등급으로 나누었다. 그럴 때 중사(中祀)의 첫머리에다 전국의 5악을 배치하면서 토함산을 동악(東岳)으로 삼았다. 이는 토함산이 신라 영역 전체에서 차지하는 중요도가 어떠하였던가를 여실히 보여준다. 그러다가 8세기 중엽의 경덕왕(景德王)대에 이르러 불국사와 석불사(石佛寺, 석굴암의 원래 명칭. 이하에서는 편의상 석굴암이라 부르기로 함)가 토함산에 들어서면서 그 위상은 최고조에 달하였다.

이처럼 신라국가가 형성·발전되어 가는 과정에서 토함산이 상당한 역할을 감당하였음은 의심할 여지가 없다. 자연지리적인 요소 이외에 어떤 역사적 배경이 작용하였기에 그처럼 되었을지 무척 궁금하게 여겨지는 대목이다. 그럼에도 지금껏 토함산에 대해서는 종합적이고도 체계적인 이해를 갖지 못한 채 방치해버린 듯한 느낌조차 든다. 주로 석탈해나 불국사·석굴암이 거기에 조영되었다는 결과론적 사실 중심으로만 이해해 왔을 따름이다.

하지만 그것은 토함산에 대한 일면적인 이해에 지나지 않는다. 신라사의 전개 과정에서 토함산이 갖는 의미는 그 정도로만 그치지 않기 때문이다. 아래에서는 토함산을 중심에 놓고 거기에 어떤 역사성이 깃들었을까를 커다란 흐름 속에서 짚어보고자 한다. 그럴 때 토함산이 지닌 진면모도 선명히 드러날 것으로 믿는다.

2. 토함산과 석탈해

두루 알다시피 토함산이 역사무대에 처음 등장한 것은 석탈해(昔脫解)의 출현과 관련한 장면을 통해서이다. 따라서 토함산의 실상에 접근하려면 무엇보다도 먼저 석탈해의 활동과 연계해서 살피지 않을 수가 없다.

탈해가 바깥의 어떤 세계에서 경주분지로 진출해서 마침내 패자(覇者)로 부상하기까지의 과정에 대해서는 『삼국사기』[3]와 『삼국유사』[4]의 두 사서에 설화적인 형식이지만 비교적 소상하게 소개되어 있다. 두 사서를 서로 대조하면 내용상 공통성과 함께 약간씩 차이를 가져 문제가 된다.

두 사서의 기록에서 확인되는 설화의 내용은 동일한 대상을 다룬 것이어서 아무래도 공통분모가 많음은 지극히 당연하지만 낱낱이 대조하면 차이점도 적지 않게 발견된다. 이를테면 탈해가 난생(卵生)으로 태어났음을 불길하게 여겨 바로 버려진 설화 구성의 기본 골간에서는 일치하지만 원래 출생한 나라의 이름이나 위치 등 세부사항에 대해서는 여러모로 이설(異說)이 적지 않게 제기되어 있다.

한편 탈해를 넣은 궤짝을 실은 배가 바다에 띄워져 마침내 동해 연안에 이르게 되는 과정도 구체적 모습에서는 기록마다 약간씩 차이를 드러낸다. 도중에 가락국(駕洛國),[5] 혹은 금관국(金官國)[6]을 잠시 들른 사실은 엇비슷하지만 이들을 맞아들이거나 서로 접촉하는 방식에 대해서도 기록마다 일정한 차이를 보인다. 단순히 그곳을 지나쳤다는 기록도 있지만

---

3) 『삼국사기』1 신라본기 탈해이사금 즉위년조.
4) 『삼국유사』1 기이 1 「제사탈해왕」조.
5) 『삼국유사』1 기이 1 「제사탈해왕」조 및 기이 2 「가락국기」조.
6) 『삼국사기』1 신라본기 탈해이사금 즉위년조.

토함산에서 바라본 동해

그렇지 않고 탈해가 가락국의 수로왕과 왕위를 놓고서 한바탕 다툼을 벌였다는 등 전혀 색다른 양상의 기록도 찾아진다.[7]

탈해를 태운 배가 마침내 동해안 바닷가의 어떤 포구에 다다랐을 때 그곳에 살던 노모가 궤짝을 발견하고 그로부터 동자(童子)가 나오는 사실 등은 서로 엇비슷한 구성이지만 이후의 성장이나 경주분지의 중앙부로 진출하는 과정에 대해서는 역시 뚜렷하게 차이가 난다. 특히 토함산의 관련성 유무는 두드러지게 차이를 보이는 요소로서 지적할 수 있다.

『삼국사기』에서는 해변의 노모가 탈해를 거두어 길렀는데 커가면서 풍모가 준수하고 여러모로 남다른 뛰어난 면모를 보였다고 한다. 탈해는 고기잡이를 생업으로 삼으면서도 꾸준하게 학문에 정진해 실력을 쌓고

---

7) 『삼국유사』 2 기이 2 「가락국기」조에서는 금관국왕 수로(首露)와 다투었다가 패배당해 물러났다는 점에서 매우 다른 성격 내용이다.

지리지세에도 대단히 밝게 되었다. 마침내 그런 능력을 배경으로 중앙부로 진출해 뒷날 왕궁이 들어서는 월성(月城)에 이미 먼저 자리 잡아 살고 있던 왜계(倭系) 출신의 호공(瓠公)에게서 꾀로써 빼앗아 자신의 거처로 삼았으며 곧이어서 박혁거세에 의해 발탁되어 유력자로 부상해갔다. 여기에서는 토함산과 관련한 어떤 편린도 비쳐지지 않는다.

한편 그와는 다르게 『삼국유사』에서는 동해 연안에 다다른 탈해가 배에서 내려 기껏 7일 동안만 거기에 머물렀다고 하였을 따름이다. 탈해는 이후 곧장 노비 2명을 데리고 토함산으로 올라가 거기에서 다시 7일 동안 머물면서 주변 동향을 살펴 살만한 곳을 찾아본 뒤 즉시 꾀를 내어서 호공이 살고 있던 월성을 빼앗았다고 한다. 여기서는 사실상 이미 장성한 모습으로 동해안에 나타난 상태의 탈해가 그려지고 있는 셈이다.

이처럼 바깥 세계로부터 난생하여 우여곡절을 겪고 마침내 동해안에 이른다는 구성의 골격은 비슷하지만 여기에서 경주분지로 나아가는 과정은 기록에 따라 크게 차이를 보인다. 이들은 물론 모두 설화적인 형식을 띠었으므로 어느 쪽의 기록도 그대로가 사실일 리는 만무하다. 하지만 그 속에 스며있는 일정한 역사적 상징성까지 일거에 모두 허구로 돌려서 부정할 필요는 없을 터이다. 다만, 어떻게 얼마나 역사성을 품은 것인지를 가늠해 내기는 그렇게 쉽지 않은 일이겠다.

그런데 탈해설화에 담긴 역사성을 분석한 여러 논자들이 적출해 낸 사항에는 몇 가지 공통점이 찾아진다. 이를테면 탈해는 물론 그가 이끈 집단이 외래계통의 이주민인 점, 원래 해양을 주된 생활의 기반으로 삼은 점, 스스로 야장(冶匠)임을 내세우고 또 가락국(금관국)의 수로와도 온갖 변신술(變身術)로서 다툰 사실 등을 근거로 해서 발달한 선진의 철기문화를 보유한 세력으로 추론한 점 등등을 들 수 있다.

전반적 양상으로 미루어 대체로 받아들일 만한 적절한 지적이라 여겨진다. 구체적으로는 탈해의 원주지를 흉노,[8] 예(濊)계 등으로 보거나 울산 지역에 기반을 가졌던 세력으로 보는[9] 등 여러 갈래로 엇갈려 있다. 사실 설화를 매개로 해서 더 나아간 구체적인 실상과 정보를 캐내려는 시도 자체는 자칫 무모한 일이란 느낌도 짙다.

탈해가 실체를 갖추어 등장할 즈음을 전후하여 신라사회의 주도 세력으로 부상해간 집단은 대부분 외래계통인 듯한 모습이다. 가장 먼저 경주분지에 선주한 이주민으로서 초기국가의 기반을 닦은 이른바 6촌장(村長)을 비롯해 이후 매우 다양한 계통이 바깥 세계로부터 잇달아 들어왔다.

이런 양상은 『삼국사기』와 『삼국유사』는 물론 『삼국지』 등 여러 사서를 통해서도 뚜렷이 확인되는 사실이다. 당시 목관묘(木棺墓) 문화의 발생과 목곽묘(木槨墓) 문화로의 이행 등 고고학적인 흐름 전반을 통해서도 뚜렷하게 입증된다.[10]

이들 이주민들은 각종 기록에서 추출하면 대체로 단군조선계, 위만조선계, 낙랑계, 진(秦)계, 연(淵)계, 선비족의 모용(慕容)씨계, 부여계, 백제계 등등으로 나뉜다. 북방에서 벌어진 각종 정치 파동의 결과 여러 갈래의 이주민이 끊임없이 생겨나 선후하면서 남하하고 마침내 지리적 여건으로 거의 종착지나 다름없는 경주분지에까지 다다라 결합한 것이다.

석탈해도 원주지나 계통은 뚜렷하게 간파해 내기 곤란한 실정이지만

---

8) 천관우, 「삼한의 국가형성(상)」 「삼한고」 제3부 『한국학보』2, 1976 ; 『고조선사·삼한사연구』, 일조각, 1989 참조.

9) 선석열, 「석탈해의 출자와 세력의 성장과정」 『신라국가 성립과정연구』, 혜안, 2001, pp.295~279.

10) 이희준, 「사로국의 성립과 성장」 『신라의 건국과 성장』(신라 천년의 역사와 문화 02), 경상북도, 2016.

아마도 그런 일파 가운데 하나라고 단정해도 좋을 성싶다. 다만, 대부분 육로를 타고 내려왔지만 오직 탈해 집단만이 해로(海路)를 통해 경주분지까지 들어온 점은 주요한 특징이라 지적할 수 있다.

이와 같이 볼 때 신라국가 형성 초기에는 다양한 갈래의 이주민과 그들이 보유하였음 직한 선진 문물이 경주분지에서 마구 뒤섞여 켜켜이 쌓였다고 추리해도 무방할 듯싶다. 말하자면 이는 신라국가의 형성을 살피는 데에는 유이민에 대한 이해가 매우 긴요한 대상임을 의미한다.

그 가운데 오직 탈해만은 바다를 거쳐서 들어왔을 뿐만 아니라 대단히 인간적인 면모를 띤 데에서[11] 특징적 측면이 엿보인다. 이는 신라 건국의 주도세력으로서 뒷날 서로 치열하게 경쟁하는 관계였던 박씨 족단의 혁거세(赫居世)나 김씨 족단의 알지(閼智) 설화와 대충 견주어 보아도 저절로 드러난다.

박혁거세는 기원전 69년[12] 하늘로부터 경주분지 양산(陽山)의 나정(蘿井) 곁 숲으로 내려왔는데 그의 출현을 말[13](白馬[14]라고도 함)이 알려주었다고 한다. 혁거세도 역시 난생이었지만 탄생 지점이 경주분지인 점에서 탈해의 출생과는 전혀 다른 면모이다.

한편 알지는 서기 65년 월성 가까운 곳에 위치한 시림(始林) 숲 속의 나무에 걸린 황금 궤짝에서 동자의 모습을 하고 태어났는데, 그의 탄생을 닭[15](흰닭[16])이 알려주었다고 한다. 황금의 궤짝 속에서 나왔다는 사

---

11) 최광식, 『한국고대의 토착신앙과 불교』, 고려대출판부, 2007, p.95.
12) 『삼국유사』1 기이1 「신라시조 혁거세왕」조.
13) 『삼국사기』1 신라본기 시조혁거세거서간 즉위년조.
14) 『삼국유사』1 기이1 「신라시조 혁거세왕」조.
15) 『삼국사기』1 신라본기 탈해이사금 9년조.
16) 『삼국유사』1 기이1 「김알지·탈해왕대」조.

실은 좀 각별한 편에 속한다. 이때 이미 난생이 아닌 동자의 모습으로 경주분지에 출현한 점은 혁거세의 탄생과는 다른 면모이다.

이상 간략하게 살핀 혁거세나 알지의 탄생 설화에 견주면 탈해의 경우는 매우 사실성을 띤다는 점에서 뚜렷한 차이를 보인다. 그런데 이런 요소가 도리어 탈해 설화의 원초적인 부분이 상당한 훼손을 거친 뒤 적지 않은 부회의 과정을 거치면서 덧붙여졌다는 인상을 떨치기 어렵도록 만든다.

물론 탈해 설화의 전부가 그럴 리 만무하지만 그처럼 도드라진 사실성 속에는 후대의 어떤 작위적인 요소가 강하게 스며들었음을 의미한다. 특히 경주분지로 진출하는 과정이 토함산과 관련된 데에서 그런 측면이 강하게 묻어난다.

탈해는 동해 연안을 겨우 7일 동안만을 스쳤을 뿐 아니라 토함산에 올라서도 석총(石塚)을 만들어 역시 7일간 머물면서 경주분지의 지세를 관찰하였다고 한다. 먼저 7일이란 요소에도 어떤 강한 작위성이 들어간 듯하다.

토함산에서는 월성을 제대로 볼 수 없음에도 마치 눈앞에서 보는 것처럼 묘사하고 있다. 이는 탈해가 뒷날 토함산과 일정한 연관 관계를 맺게 된 뒤의 사실을 토대로 거꾸로 정리된 결과라 여겨진다. 오히려 『삼국사기』처럼 동해안에서 일정한 기반을 구축한 뒤 시세를 엿보아 중앙부로 진출하였다는 구성이 한층 설득력을 지닌다.

물론 후술하듯이 탈해가 토함산과 전혀 무관한 것은 아니었다. 다만, 진출하는 과정에서부터 토함산과 직접 관계를 맺은 것이 아니었을 따름이다. 그 점은 토함산과 관련된 내용을 구체적으로 살피면 저절로 드러난다.

『삼국사기』에서는 탈해의 출현과 관련해서 토함산이 등장하지 않지만 즉위 뒤에는 관계를 맺어간 몇몇 기사가 찾아진다. 즉위 3년(59)째의 봄 3월 탈해왕이 토함산에 오르자 검은 구름이 피어올랐는데 마치 덮개처럼 그의 머리에 잠시 떠 있다가 흩어지는 이변을 보였다고 한다.[17] 이는 탈해가 즉위 이후 토함산과 어떤 긴밀한 관계를 맺었음을 시사해 준다. 이런 현상이 이후의 어떤 이상스런 조짐을 예견해 주는 듯한 느낌이다. 구체적 실상을 가늠해 내기는 곤란하지만 그와 관련하여 같은 해 여름 8월 왜국(倭國)과 우호관계를 맺고서 사신을 교환한 사실이 유의된다.

왜와 관련해서는 『삼국사기』 신라본기 혁거세 8년(기원전 50) 처음 기록상에 등장한 뒤 침입 관련 기사가 대종을 이룬다. 이후 줄잡아 30여 차례에 걸쳐서 신라를 공격한 사실이 확인된다.[18] 거의 대부분이 계절풍을 이용한 변경, 특히 동해 연안 일대에서 벌인 약탈적인 성격이지만 경주분지 중앙부로까지 진출해 왕궁, 왕성을 에워싸고 신라(사로)를 위협한 사례도 있다. 일시적이지만 왕성을 빼앗은 경우도 있었다. 그런 모습은 399년 나물마립간이 북쪽으로 피난하였다가 400년 고구려의 도움을 받아 원상을 회복한 사실을 전하는 「광개토왕비」에서도 확인된다.

이상과 같은 사정 전반에 견주어 탈해 이사금 3년 왜와의 우호관계 체결과 사신 교환은 매우 이례적인 일에 속한다. 물론 이후 대립·갈등의 양상 속에서 일시적인 우호를 맺기도 한 적이 없지는 않으나 위의 기사처럼 탈해왕이 토함산에 직접 올라 신비한 체험을 겪은 직후 왜국과 우호관계를 맺은 사실은 예사롭지 않다. 물론 그 자체가 당시 있었던 사실

---

17) 『삼국사기』1 신라본기 탈해이사금 3년조.
18) 이기동, 「우로전설의 세계」 『한국고대의 국가와 사회』, 역사학회, 1985 ; 『신라사회사연구』, 일조각, 1997, p.33.

그대로라고 단정하기는 어렵겠지만 탈해왕과 토함산, 그리고 왜와의 우호관계가 어떤 일련의 선상에 놓였음을 보여주는 점에서 일단 유념해 둘 대상이다.

그와 함께 토함산을 둘러싸고 전개된 왜와의 관련성도 각별히 주목된다. 신라의 변경이나 중앙부를 침입하는 왜의 실체나 주거지에 대해서는 명확한 기록이 없고 너무도 모호하게 설정된 까닭에 다양한 해석이 엇갈려 있는 상태이다. 왜의 거주지로서 확실하게 손꼽을 수 있는 것은 오로지 대마도(對馬島) 하나뿐이다.

왜의 일부가 대마도를 전진기지로 삼았음은 의심의 여지가 없다. 이는 실성이사금(實聖尼師今)이 재위 7년(408) 대마도에 병영을 두고 군량을 비축해서 공격해 온다는 첩보를 얻자 그에 대응해 오히려 선공하려 한 사실로부터 알 수 있다.[19] 당시 일본열도는 하나의 국가로 통합된 상태가 아니었다. 따라서 여러 정치세력들이 각지에 난립하면서 신라 대상의 약탈을 자행하였다. 그럴 때마다 활용된 거점 가운데 유력한 곳이 대마도였을 터이다.

이들이 신라 변경을 침범하는 데 활용한 통로는 매우 다양하였다. 이에 대해서는 구체적인 지점을 매개로 약간 추정해 볼 여지가 있다. 기록상으로 확인되는 구체적인 지명만 대충 간추려도 목출도(木出島),[20] 일례부(一禮部),[21] 사도성(沙道城),[22] 풍도(風島),[23] 토함산,[24] 금성(金城),[25] 명

19) 『삼국사기』3 신라본기 실성이사금 7년조.
20) 동상 1 신라본기 탈해이사금 17년조.
21) 동상 2 신라본기 유례이사금 4년조.
22) 동상 9년조.
23) 동상 흘해이사금 37년조.
24) 동상 3 신라본기 나물이사금 9년조.
25) 동상 38년조 및 눌지마립간 28년조.

활성(明活城),[26] 월성(月城),[27] 활개성(活開城),[28] 삽량성(歃良城)[29] 등을 손 꼽을 수 있다. 그밖에 왜적의 공격에 대비하여 임해(臨海)와 장령(長嶺)의 2진(鎭)을 따로 설치하였다는 기사도[30] 확인된다.

경주분지 일원을 제외한 대부분이 동해연안이지만 구체적인 위치 비 정은 크게 논란하고 있어 확정짓기 힘든 상황이다. 오로지 왕경 부근의 것만 대략적 위치 추정이 기능할 뿐이다.

왕경 중심부의 금성과 월성은 왜의 주요 표적이었고 그 길목에 명활 성이 위치한다. 아마도 이쪽으로 진출할 때의 통로가 토함산자락이었음 을 보여준다. 이 방면의 남북 어느 쪽이든 지리적으로 토함산은 거치지 않으면 안 되는 곳이었다. 특히 명활성은 그런 추정을 명확하게 해준다. 이는 다음의 기록을 통해서 보증된다.

A) (남해차차웅)11년(14) 왜인이 병선 백여 척을 보내어 해변의 민호를 노략 질하자 6부의 날랜 병사를 보내어 막았다. 낙랑은 (신라의) 내부가 비었다고 여겨 금성을 매우 급히 공격하였다. 밤에 유성이 적의 진영에 떨어지니 두려 워 물러나 알천(閼川)에다 진을 쳐 돌무더기 20개를 만들어두고 갔다. 6부병 이 추격하여 토함산으로부터 알천에 이르러 돌무더기를 보고 적의 무리가 많다고 여겨 그만두었다.(『삼국사기』1 신라본기 남해차차웅조)

---

26) 동상 실성이사금 4년조 및 눌지마립간 15년조.
27) 동상 자비마립간 2년조.
28) 동상 5년조.
29) 동상 6년조.
30) 동상 소지마립간 15년조.

탈해왕릉

왜의 병선 백여 척이 동해 연안을 노략질하자 신라는 6부병을 이 방면으로 급파하였다. 이런 사정을 틈타 낙랑이 금성을 공격하자 동해안에 나갔던 6부병은 그를 막기 위해 되돌아왔다는 내용이다. 낙랑은 신라본기 초기기록에서 왜인 다음으로 신라에 자주 침입하는 세력으로 등장하는데 그 실체를 두고서 크게 논란하고 있다.[31]

그것은 여하튼 위의 기사는 해안으로 출정나간 6부병이 토함산 일대에서 왜병과 대치하였다가 되돌아오는 통로가 알천의 상류 방면임을 짐작게 해준다. 이로부터 경주분지로 나아가는 도중에 명활성이 있음을 고려하면 동해안으로부터 신라 왕경을 공격하는 데에 주로 활용된 경유지가 토함산 자락이었음은 쉽게 짐작된다.

---

31) 강종훈, 「『삼국사기』 초기기록에 보이는 '낙랑'의 실체-진한연맹체의 공간적 범위와 관련하여」『한국고대사연구』10, 1995 ; 『삼국사기 사료비판론』, 여유당, 2011, pp.56~75 참조.

이로 미루어 앞서 탈해가 토함산에 올랐다가 신이한 경험을 한 뒤 왜와 우호관계를 맺은 사실이 어떤 인과관계가 있었음은 충분히 유추해 볼만하다. 탈해가 토함산에 올랐던 자체가 바로 왜의 움직임과 전혀 무관하지 않았음을 시사한다.

사실 저 멀리 동해안을 볼 수 있음과 함께 경주분지 중심부 일각도 동시에 내려다볼 수 있는 유일한 위치가 토함산의 꼭대기이다. 토함산은 두 방면의 움직임을 일거에 관찰할 수 있는 대단히 중요한 군사적 요충지였다. 잦은 왜병의 침입에 미리 대처하기에 안성맞춤이었다. 아마도 뒷날 왕경은 물론 신라국가 전체를 지켜주는 진산(鎭山)으로써 토함산이 5악 가운데 동악으로 선정된 요인도 단순히 높았기 때문만이 아닌 그럴 만큼의 지리적·군사적으로 중요한 지점인 데서 말미암은 일이었다.

이미 소개하였듯이 탈해가 토함산을 일시적이나마 근거지로 삼은 흔적이 『삼국사기』에는 보이지 않고 오직 『삼국유사』에서만 확인된다. 이 기록을 실마리로 삼아 석씨 족단이 토함산 방면에다 세력 기반을 구축하였다고 추론하는 견해도 있다. 현재 그 진위 여부를 가늠하기는 곤란하지만 토함산이 동해안과 경주분지를 연결하는 매개 지점의 역할을 한다는 점에서 이 방면으로부터 중앙부로 진출한 석씨 족단이 이후에도 중요시하였음은 부정하기 어렵겠다.

그와 관련해 주목해 볼 대상은 석우로(昔于老)의 활약상이다. 우로는 나해이사금(196~229)의 아들로서 조분이사금(230~246)을 거쳐 첨해이사금대(247~261)대에 이르기까지 활발한 군사 활동을 통해 군공을 혁혁하게 세움으로써 일세를 풍미한 영웅적 인물이다.[32] 포상팔국(浦上八國)과

---

32) 이기동, 앞의 글 참조.

의 싸움을 비롯하여 왜 및 고구려와의 싸움, 감문국(甘文國) 격파, 사벌국(沙伐國) 복속 등 수많은 대규모의 전투를 치렀다.

이처럼 우로는 오래도록 전장에서 치열한 삶을 영위하였거니와 마침내 첨해이사금 7년(254) 왜에 잡혀 불에 태워지는 비극적인 최후를 맞았다. 그 얼마 뒤의 미추왕대에 이르러 그의 아내는 신라에 온 왜국의 사신을 유인해 자신의 집에서 불태워 죽임으로써 원수를 되갚았다고 한다.[33]

군공을 크게 세운 석씨계의 우로는 왜인에 의해 동해 연안에서 죽임을 당하였다. 이는 뒷날 왜에 볼모로 건너가 있던 나물왕의 왕자 미사흔(未斯欣)을 구출하다가 죽음을 맞게 되었던 충절의 표상 박제상(朴堤上)과 비슷한 면모이다. 다만, 그와는 다르게 우로가 사망한 지점이 왜가 아닌 동해 연안인 점은 각별히 주목을 끄는 대상이다. 이 방면은 그의 직계 조상인 탈해가 들어온 통로이기도 하였기 때문이다.

이러한 사례는 석씨 족단과 동해안, 특히 이 방면으로 출몰하는 왜와의 각별한 관련성을 떠올리기에 충분하다. 탈해가 뒷날 하필 동악산신으로 선정되고 고려시대에 동악대왕으로서 널리 숭앙을 받게 되는 것도 바로 그런 사정이 크게 작용하지 않았을까 싶다. 구체적인 양상에 대해서는 문무왕과 탈해와의 연관성을 살피는 가운데 다시 더듬어보기로 하겠다.

3. 문무대왕과 토함산

이상과 같이 석씨 족단이 여러모로 동해 연안 방면과 깊은 관계를 맺

---

33) 『삼국사기』45 열전 석우로전. 신라본기에서는 그와는 다르게 우로가 사망한 해를 첨해이사금 3년(249)이라 하였다.

어왔음은 쉬이 유추해 볼 수 있다. 그런데 우로의 아들인 흘해이사금 (310~356)의 뒤를 나물마립간(356~402)이 이음으로써 왕위승계는 김씨 족단에게로 넘어갔다. 이후 석씨 족단이 쇠퇴하면서 동해안과의 연결 고리도 점차 미약해져갔다.

4세기에 접어들어 사로국이 주변의 진한 동료국가들을 병합해 신라 국가로 전환하면서 김씨 족단 중심의 지배체제는 더욱 굳혀졌다. 반면 석씨 족단은 존재감조차 느끼지 못하는 지경에 다다랐다.

그런데 이상스럽게도 이후 『삼국사기』와 『삼국유사』 등의 사서를 통틀어 석씨란 성씨를 가진 인물로서는 겨우 실성이사금(402~417)의 어머니 이리(伊利)부인과 그녀의 아버지인 석등보(昔登保) 아간(阿干)만이 확인될 따름이다. 이 두 사람을 끝으로 석씨는 더 이상 국내의 기록상에 등장하지 않음이 그런 실상을 여실히 보여준다.[34]

이처럼 석씨 족단은 쇠락해 역사의 뒤안길로 차츰 사라진 것처럼 보인다. 그런 현상과 관련 관련하여 다음의 기록은 매우 간단하지만 잠시 음미해 볼 대상이다.

B) (실성이사금) 15년(416) 여름 5월 토함산이 무너지고 샘물이 높이 3장(丈)
이나 치솟았다.(『삼국사기』3 신라본기 실성이사금 15년조)

내용이 무척 막연하고 소략하지만 하필 416년의 시점에 별다른 사유도 없이 토함산이 갑작스럽게 무너진 특이한 기사가 등장함은 예사롭

---

34) 『삼국사기』3 신라본기 실성이사금 즉위년조. 『삼국유사』1 왕력 「제18실성마립간」조에는 왕의 어머니가 예생(禮生)부인이며 등야아간(登也阿干)의 딸로 되어 있다. 양자는 표기상 차이가 날 뿐이므로 동일한 대상을 가리킴이 분명하다.

지 않다. 어떤 사정으로 산이 무너졌을 때 그렇게 된 정황이나 구체적 요인을 전제함이[35] 일반적인 기술 방식이나 여기서는 아무런 이유도 없이 토함산이 무너졌다고만 지적하였을 따름이다.

물론 토함산 자체가 실제로 무너졌을 리는 만무하다. 그러므로 거기에는 어떤 상당한 정치적 함의(含意)가 깔린 것이 아닐까 추정함은 지극히 자연스럽다. 이에 대해 이미 적절한 지적이 나와 있듯이[36] 토함산과 긴밀한 관계를 맺고 있었던 석씨 족단에게 닥칠 어떤 내밀한 사정, 즉 쇠락의 조짐을 미리 예고해주는 듯한 인상이 짙다.

김씨 족단의 일원이었으나 어디까지나 비주류(非主流)로서 고구려의 강력한 후원을 받아 즉위할 수 있었던 실성왕은 재위기간 동안 전왕인 나물왕의 장남으로서 당시 주류의 대표자라 할 눌지(訥祗)와 줄곧 심각하게 대립·갈등할 수밖에 없는 국면이었다. 그러다가 토함산이 무너진 이듬해인 417년 이번에는 눌지가 거꾸로 고구려의 도움을 얻어 실성왕을 내몰고 즉위해 정권교체를 이루었다.

아마도 그런 과정에서 석씨 족단을 모계(母系)로 한 실성왕은 그동안 이들에게서 적극적인 지원을 받았을 것임은 상정키 어렵지 않다. 그러다가 실성왕이 정치적 다툼에서 패배함으로써 석씨 족단 전반이 몰락의 길을 걸었다고 봄은 매우 온당한 합리적 추론이겠다. 이후 석씨를 칭한 인물이 기록상에서 완전히 사라지다시피 한 것도 바로 그런 사정과 깊이 연관된다.

그런데 이로부터 한참 세월이 흐른 뒤인 8세기 전반 국내의 사서(史書)

---

35) 이를테면 『삼국사기』3 신라본기 자비마립간 8년(465)조에 '큰물로 산이 16곳이나 무너졌다.'와 같은 방식으로 드러낸다.
36) 김철준, 「신라 상대사회의 Dual Organization(상)」 『역사학보』1, 1952 참조.

가 아닌 『속일본기(續日本記)』 속에 신라의 석씨로서 유일하다시피 한 인물이 확인되어 주목을 끈다. 양로(養老) 7년(722)조에 등장하는 한나마(韓奈麻, 大奈麻)인 석양절(昔楊節)이다. 이때 같은 한나마 관등을 보유한 김정숙(金貞宿)이란 인물이 정사(正使)로서 15인으로 구성된 신라 사신단(使臣團)을 이끌고 일본에 파견되었다. 당시 석양절은 부사(副使)로서 이름을 올린 것이다.[37]

이는 석씨 족단이 5세기 초 이후 쇠락의 길을 걷기는 하였지만 그 기반까지 완전히 소멸된 것은 아니었음을 시사한다. 여하튼 국내 사서에는 석씨가 전혀 등장하지 않음과 함께 석양절의 경우처럼 보유 관등이 겨우 대나마에 불과한 사실로 미루어 이미 상당한 수준으로 쇠락한 상태였음은 분명하다.

그런데도 통일기 초기에 탈해가 다시 새롭게 부각하게 되는 특이한 양상을 보이므로 잠시 주목해 볼 만하다. 거기에는 그럴 만한 시대적 사정이 강하게 작용한 것으로 여겨지기 때문이다. 다음의 기사는 그런 실상을 살피는 데에 유력한 실마리를 제공한다.

C) ① 탈해가 (상략)왕위에 있은 지 23년 만인 건초 4년(79) 기묘에 돌아가시니 소천구(疏川丘)에다 장사 지냈다. 뒷날 신(神)으로서 '나의 뼈를 조심해서 묻어라.'고 지시하였다. 그 머리뼈의 둘레는 3척(尺) 2촌(寸), 몸뼈[身骨] 전체의 길이가 9척 7촌이며, 이빨은 뒤엉켜 마치 하나처럼 된 듯하고 뼈마디[骨

---

37) 기왕에 『속일본기』9 원정기(元正紀) 양로(養老) 7년 8월조에 일본에 파견된 신라 사절단의 부사로서 석양절(昔楊節)이란 인물이 거의 유일한 사례였다. 그런데 최근 중국 산동성의 효당산석사(孝堂山石祠)에서 신라 사신으로서 7세기 중엽 당으로 가던 석거구(昔居丘)란 새로운 인명이 확인되어 주목된다.(남민구·하일식, 「중국 산동성에 남은 신라 사신의 흔적-제남시 장천구 효당산석사의 새김글」『역사와 현실』122, 2021, pp.127~128)

節]가 모두 잇대어져 이른바 천하의 대적할 바가 없는 역사(力士)의 뼈였다. 이를 부수어서 소상(塑像)을 만들어 대궐 안에다 안치하였다. 신이 또 말하기를 '내 뼈를 동악(東岳)에 두어라.'고 지시하므로 그렇게 하게 하였다.(『삼국유사』1 기이1 「제사탈해왕」조)

② 일설에는 돌아가신 지 27대가 지난 문무왕대의 조로(調露) 2년(680) 경진 3월 15일 신유(辛酉) 밤에 태종(太宗)의 꿈에 노인이 매우 사나운 모습으로 나타나 '나는 탈해이다. 나의 뼈를 소천구에서 파내어 소상을 만들어 토함산에다 안치시켜라.'고 하므로 왕은 그 말에 따랐다. 그래서 지금에 이르기까지 나라의 제사로서 끊이지를 않았으니 곧 동악신이라 한다.(동상)

위의 기사 C)①에 따르면 탈해는 재위 23년 만인[38] 서기 79년 사망하였는데 이때 소천구에 묻혔다 한다.[39] 반면 『삼국사기』에서는[40] 장지(葬地)를 성북(城北)의 양정구(壤井丘)라고 하여 미묘한 차이를 보인다. 소천구나 양정구가 같은 곳인지 다른 곳인지, 이들의 구체적인 위치가 어디인지 등등 기본적 사항을 제대로 확정하기 어렵다. 상고기(上古期) 국왕의 무덤 가운데 박혁거세부터 파사왕(婆娑王)에 이르기까지 박씨왕 4대가 모두 사릉원(蛇陵園)에 묻힌 기록이 보이지만 오로지 탈해만은 그와는 달리 양천구(소천구)라고 하여 무척 대조적이다.

이처럼 혁거세 이후 최초 5대까지의 장지만이 각별히 명기되었을 뿐 이후 22대 지증왕대(500~514)에 이르기까지는 국왕의 무덤 관련 기록이

---

38) 사망한 연도는 같으나 재위 기간은 『삼국사기』가 24년이어서 1년 차이가 난다. 이는 즉위기년의 문제 때문으로 보인다.

39) 『삼국유사』1 왕력편 제4대 탈해이사금조에는 미소소정구(未召疏井丘)에 수장하였다고 하여 약간 차이를 보인다.

40) 『삼국사기』1 신라본기 탈해이사금 24년조.

달리 없다. 이는 논리상 초기의 장지가 후대의 부회나 작위(作爲)에 의한 것임을 의심케 하는 대목이다.

여하튼 그것을 액면 그대로 사실로서 받아들이기에는 심히 주저된다. 석씨 가운데 오로지 탈해의 장지만을 밝혀두고 있는 점도 후대의 부회라고 의심을 불러일으키기에 충분하다. 말하자면 탈해가 소천구나 양정구에 묻혔다는 기록을 당대의 사실로 간주하기는 어렵다.

그와 관련하여 주목해 볼 대상은 C)①의 말미에서 다시 소상을 토함산에 안치하라고 지시한 신탁(神託)이다. 전반적 내용으로 미루어 보면 이때의 신이란 바로 동악산신으로서 탈해를 가리킴은 분명하다. 탈해는 신의 이름을 빌어 자신의 유체(遺體)를 소천구에다 묻도록 지시하였다가 뒷날 어떤 국왕으로 하여금 그의 무덤에서 뼈를 파내어 소상으로 만들고 이를 궁궐 안에 안치하도록 지시하였다고 한다.

앞뒤의 문맥상으로 미루어 이때 뼈를 파내어 소상으로 만든 사실은 약간 돌출적인 느낌이 들지만 역시 탈해의 신탁에 따른 것임이 분명하다. 이는 위의 기사가 소상을 만든 사실에 무게 중심을 두고 이를 이끌어 내기 위한 용도로서 과거 소천구에다 묻힌 듯이 일부러 만들어낸 듯하다. 말하자면 보여주려는 내용은 신탁을 명분으로 삼은 소상의 제작에 초점이 놓였으며 이때에 장지도 상정(想定)되었으리라 여겨진다.

그런데 위의 기사 C)①에서는 탈해의 신탁을 받아 일체의 사항을 추진한 인물이 누구인지가 드러나 있지 않다. 반면 C)②에서는 탈해가 현몽(現夢)해준 상대가 태종(太宗) 무열왕인 듯이 되어 있다. 하지만 전후맥락으로 보면 태종이 아닌 문무왕의 잘못임이 틀림없다. 탈해의 신탁을 받아 소상을 만들고 이를 토함산(동악)에다 안치해서 국가제사의 대상으로까지 삼은 일체는 모두 문무왕의 주도 아래 추진된 일이었다. 그 시점을 문무왕의 사망 바로 1년 전인 680년이라고 명시한 점도 주목해 볼 대상이다.

바로 이때는 문무왕이 통일을 달성한 이후 왕궁 및 왕경 전반을 재정비하는 등 현실 상황에 어우러지도록 지배질서를 새롭게 구축하려는 큰 그림을 그려나가던 도중이었다. 특히 왕경의 여러 주요 대형 건물지마다 출토되는 '의봉사년개토(儀鳳四年皆土)'의 명문기와로 미루어 짐작하면 의봉 4년, 즉 679년은 대단한 기념비적인 해로[41] 판단된다. 물론 그와 관련된 일체의 과업이 당시가 아닌 바로 뒤이은 신문왕(神文王, 681~691)에 의해 마무리 지어졌다.

문무왕이 생존 당시 적극 추진한 시책 가운데 하나가 삼국통일로 엄청나게 불어난 영역 전체에 어우러지도록 국가 차원의 산천 제사를 체계적으로 재정비하는 일이었다. 아마도 위의 기사 C)②에서 680년으로 명기된 이 시점은 내용상 중사(中祀)의 수위(首位)에 놓인 5악(岳)을 설정하면서 토함산을 동악으로 지정한 해이거나, 아니면 적어도 이때 탈해를 동악의 산신으로 추대해 국가제사의 대상으로 삼았음을 공식 선언한 시점으로 여겨진다. 그렇다면 문무왕이 소상을 만들기 위해 탈해왕의 무덤을 소천구로 비정한 것도 그와 관련성이 있지 않을까 싶다.

그것은 여하튼 위의 기사로부터 추출될 만한 핵심적인 사항은 문무왕이 왜 하필 이때에 탈해를 동악의 산신으로 드높여 국가제사의 대상으로 삼았을까 하는 점이다. 이를 매개로 해서 석탈해의 존재감이 다시 크게 부각되어졌을 것임은 상상키 어렵지 않다.

이미 언급하였듯이 5세기 초 정치적 다툼에서 패배한 실성왕의 죽음

---

41) 최민희, 「'의봉사년개토' 글씨기와를 통해본 신라의 통일의식과 통일기년」 『경주사학』 21, 2002.

을 계기로 석씨 족단은 급속히 쇠퇴·영락하는 길을 걸었다. 그들의 세력 기반이 거의 없어지다시피 할 정도로 몰락하고 탈해가 가졌던 위상도 저절로 저하되었을 것으로 추정된다. 그렇다면 탈해가 이 시점에서 다시금 각별한 모습으로 부상하는 요인이나 배경은 무엇일까. 이는 당시의 실상과 관련하여 무척이나 궁금증을 불러일으킨다.

전후 사정으로 미루어 탈해의 재부상에는 석씨 족단 자체의 두드러진 성장과 직결시킬 수 있을 만한 요인은 거의 찾아지지 않는다. 그것은 이미 소개한 바 있듯이 국내외 기록을 통틀어서 무려 수백 년에 걸치는 동안 석씨는 겨우 대나마 관등을 보유한 석양절과 석거구만이 확인될 따름이기 때문이다. 그러므로 탈해가 동악산신으로 재부상한 요인이나 배경은 달리 찾음이 온당할 듯싶다.

그럴 때 선뜻 눈에 들어오는 것은 당시 동해안 방면을 대단히 중요시한 문무왕의 시책이다. 삼국 간의 통일 전쟁을 개시한 태종무열왕의 장남인 문무왕은 즉위 이전 이미 태자로서 대백제전에 참전해 상당한 기여를 하였다. 이후 국왕으로서도 고구려와의 싸움은 물론 마침내 연합국인 당나라와의 싸움까지 주도해 승리를 이끌었다. 그래서 이후 문무왕이 명장 김유신과 함께 신라 삼국통일의 두 원훈으로서 널리 칭송되었음은[42] 익히 아는 바와 같다.

그런데 당면의 통일이란 일대 과업을 완수한 문무왕으로서는 두 가지 심각한 과제에 직면하였다. 하나는 어떻게 하면 내부의 지배체제를 견고하게 구축해서 영속시켜 나갈 수 있을 것인가 하는 점이었다. 흔히 창업보다 수성(守成)이 더 어렵고 까다로운 일이라고 말하듯이 문무왕의 당

---

42) 『삼국유사』 2 기이 2 「만파식적」조 참조.

면 관심사는 자신의 아버지 태종무열왕이 힘들게 일구어낸 중대 정권의 기반을 어떻게 하면 안정적으로 유지할 수 있을까 하는 현실적인 숙제였다. 무열왕이 삼국통일 전쟁을 시작한 배경의 하나도 바로 그를 수단으로 삼아 신라사회 내부의 심각한 모순 구조를 해소시켜 나가려는 데에 있었다.

태종무열왕은 태생적인 한계 때문에 정상적 과정을 밟아서는 즉위가 불가능한 상황이었다. 그래서 오랜 기간 착실하게 쌓아온 역량을 토대로 해서 마침내 즉위할 수 있었지만 이를 반대하는 세력 또한 여전히 만만치 않게 온존한 상태였다.[43] 문무왕이 전쟁 도중임에도 유력한 야전의 최고 지휘관들을 사소한 이유로 상당수 제거하였음은 그런 정황을 뚜렷이 입증한다. 그럼에도 아직껏 완전히 제거된 상태가 아니라는 데에 심각함이 있었다.

다른 하나는 전쟁 상태가 아직 깔끔하게 마무리되지 못한 현상으로부터 비롯한 문제였다. 고구려와 백제라는 오랜 두 적대세력이 소멸됨으로써 주변 상황은 확연히 달라졌다. 그렇다고 해서 전시(戰時) 상태가 아직 해소되지를 않았다.

바로 직전까지의 주적(主敵)은 한반도 내부에서 영토를 서로 접속한 백제와 고구려였지만 이제는 통일로 외연이 확장됨으로써 바깥의 당과 일본으로 바뀌었다. 비록 심각한 상태로부터 벗어나기는 하였지만 그에 버금하는 긴장 국면은 그대로 이어지던 형국이었다. 이로 말미암아 문무왕은 전후의 문제를 처리해 나가면서 그에 대한 대응 전략을 적극적으로 마련해 두지 않으면 안 되었다.

---

43) 주보돈, 『김춘추와 그의 사람들』 지식산업사, 2018 참조.

만약 당면한 두 새로운 적대세력과 자칫 전쟁이라도 벌인다면 그들의 예상 가능한 공격로는 육로가 아닌 해로일 것임이 뻔해졌다. 당과 연합하여 백제를 공격하면서 문무왕은 그런 정황을 직접 목격하고 경험하였다.

사실 백제의 멸망 요인을 여럿 지적할 수 있겠으나 특히 당이 바다를 바로 건너오리라는 사실을 미처 예상하지 못한 판단 착오도 큰 몫을 하였다. 당은 오랜 기간 고집해 오던 내부 정치 상황의 변동으로 고구려 선공(先攻) 정책을 거두고 신라의 줄기찬 요청을 받아들이는 척하면서 백제를 선공하는 쪽으로 근본 전략을 수정하였다. 이에 따라 해로를 선택한 것이 결국 백제의 허를 찌른 셈이 되었다.

신라는 당과의 연합작전을 펼치면서 그들 내부의 전력과 함께 역량 전반을 충분히 간파한 상태였다. 670년 무렵 당과의 전쟁을 시작하면서 몇 차례의 전투를 치러 패배하기도 하였지만 승리도 경험하였다. 그러다가 당이 676년 기벌포의 해전 이후 갑작스럽게 평양의 안동도호부를 요동 방면으로 철수시킴으로써 전쟁은 일단 소강의 국면을 맞았다.

잠시 휴전 상태로 바뀐 셈이 되었지만 그렇다고 종전(終戰)으로까지 나아간 것은 아니었다. 신라로서는 당과의 전쟁이 언제 어떻게 재개될지 가늠하기 힘든 상황이었으므로 자연히 이 방면에 대해서도 바짝 신경을 곤두세우지 않을 수 없었다. 문무왕은 그런 현황을 놓고서 두 가지 방안을 마련해 대처하려 하였다.

하나는 당의 내부 동향과 내심을 꾸준히 간파해 나가면서 외교라는 수단을 적극 동원해 과거의 우호적 관계로 되돌리는 길이었다. 아마도 강대국인 당과는 가능한 한 전쟁을 비껴감에 최선의 방책을 둔 것으로 여겨진다. 그래서 본격적인 전시 중임에도 사죄사(謝罪使)를 몇 차례나 파견하는 등 최대한의 저자세 외교로 긴장 관계를 풀기 위해 노력하였다.

다른 하나는 만약의 사태에 대비해 내부의 방어체계를 단단하게 구축하는 길이었다. 외교에 극력 힘을 쏟는다고 해도 당면의 근본 문제가 원천적으로 해소되지 않는다면 전쟁은 언제라도 벌어질 공산이 뒤따랐기 때문이다. 기왕에 당이 오래도록 추진해 온 고구려 대상의 끈질긴 공세를 문무왕도 충분히 인지하고 있었다. 그래서 외교적 노력을 꾸준하게 추진해 나가면서도 유학생이나 유학승 등을 통해 당 내부의 동향 정보를 재빨리 수집하면서 철저한 방어대책을 마련해 갔다.

그런데 오랜 기간의 전시 상태를 아직 말끔히 종결짓지 못한 채 내부는 대단히 불안정하였다. 그래서 문무왕은 승전 의식을 고취시키고 민심을 달래어 결집해 내기 위하여 일단 불력(佛力)의 도움을 빌리는 방안을 선택하였다. 사천왕사(四天王寺)의 창건은 그런 의도 아래 추진된 결과물이었다.

사천왕사는 당과의 전투가 한창 진행되던 와중에 밀교계통 승려인 명랑법사(明朗法師)의 권유를 받아서 왕경 동남쪽에서 중앙부의 시가지로 들어가는 입구에 해당하는 낭산(狼山) 바로 남편 아래의 신유림(神遊林)에다 임시로 다급하게 지어졌다. 사천왕사는 전적으로 당에 대항하기 위해 세운 전형적인 호국 용도의 유난스런 사찰이었던 셈이다.[44]

이를 주도한 명랑은 사천왕사에서 문두루비법(文豆婁秘法)을 지음으로써 이제 막 서해상에서 풍파(風波)를 일으켜 해전을 벌이려던 당병을 모

---

44) 사천왕사의 동서 목탑의 사방에 악귀를 밟고 있는 신중상이나 사천왕 자체는 당연히 불법이나 불국토의 수호를 상징하는 것이겠지만 그 자체 내에는 신라나 왕경 수호의 의미까지 담겨 있는 듯해 상당한 시사점을 던져준다.

감은사지와 대왕암

두 수장(水葬)시켰다고 한다.[45] 뒷날 사천왕사가 국가사찰인 몇몇 성전(成典)사원 가운데 가장 맨 위에 배치된 것도[46] 당시 신라가 당에 대해 얼마나 신경을 곤두세우고 있었던가를 여실히 웅변한다. 여하튼 사천왕사는 바다를 통해서 언제 공세를 가해올지 모르는 당에 대처하기 위해 창건한 호국 구현의 대표적인 사찰이었다.

한편 또 다른 새로운 주적이라 할 일본을 대상으로 삼은 대응책은 당과는 일정한 차이를 보였다. 일본은 660년부터 벌어진 백제의 부흥운동군을 도와 무려 2만 7천에 달하는 구원 병력을 막바지 시점인 663년 파견하였으나 백강(白江)에서 벌어진 해전에서 대패하였다.[47] 이때 패망한

---

45) 『삼국유사』 2 기이 2 「문호왕법민」조.
46) 『삼국사기』 38 잡지 직관 상.
47) 『일본서기』 27 천지기 2년 8월조.

백제의 적지 않은 유민은 일본으로 도피하였다.

이들은 일본에 먼저 가서 머물던 백제 유민들과 함께 일종의 망명정부를 수립해 줄곧 백제의 재건을 꿈꾸었다.[48] 비록 백강 싸움에서 패배를 경험하였지만 언젠가 내부가 어느 정도 정비된다면 백제 유민들의 추동을 받은 일본 병력이 그들을 도와서 공격해 올지 모른다는 우려를 하고 있었다. 그래서 신라로서는 그와 같은 장래에 벌어질지도 모르는 상황을 예견하여 철저한 대비를 해두지 않으면 안 되는 국면이었다.

당시 일본도 거꾸로 신라와 매우 비슷한 생각을 갖고 있었다. 일단 한반도에서 삼국 간의 전쟁은 마무리되었지만 당과 신라의 연합군이 공격해 올지 모른다고 여겨 대비책 마련에 꾸준히 힘을 쏟았다. 만약의 사태를 예상해 백제 유민의 도움을 받아 북구주(北九州) 일대로부터 기내(畿內) 지역에 이르는 해상 교통로 상의 여러 요충지에다 산성을 쌓는 등 방어망 구축에 나섰다.

한편 그러면서도 상대방의 실제 움직임을 관찰하기 위하여 서로 간 전례 드물게 빈번히 사신을 주고받았다. 한동안 신라와 일본의 관계는 겉으로는 서로 평화로운 상태에서 우호를 유지해 나가려는 듯이 비쳐졌지만 실상 밑바닥에는 엄청난 긴장감이 감돌았다.[49]

문무왕은 일본의 동향을 예의주시하면서 대비책을 적극 마련해 가고 있었다. 그럴 때 가장 염려스런 곳은 아무래도 동해안 방면일 수밖에 없었다. 동해는 왜가 오래도록 노략질의 대상으로 삼은 주요 통로였다. 이에 대한 적극적인 대비책의 일환으로서 동해 연안에다 사찰

48) 주보돈, 「<일본서기>의 편찬 배경과 임나일본부설의 성립」『한국고대사연구』15, 1999 ; 『가야사 이해의 기초』, 주류성, 2018, pp.179~180.

49) 주보돈, 위의 글 참조.

창건을 구상해 추진하였다.[50)]

　하지만 문무왕은 끝내 완공을 보지 못한 채 681년 사망하고 말았다. 그를 이어받은 신문왕은 682년 창건을 최종 마무리하면서 절의 이름도 감은사(感恩寺)라고 지었다. 아마도 이 사찰을 매개로 동해안을 적극 지켜냄으로써 아버지 문무왕의 은혜에 보답하겠다는 의지의 표명이었다고 풀이된다.[51)]

　감은사는 왕경으로부터 상당히 멀리 떨어지고 평소 사람들이 별반 거주하지 않는 외딴 지역이다. 그런 곳에다 대규모의 국가 사찰을 지은 것은 예사롭지 않은 일이다. 이를 처음 구상한 문무왕이 어떤 강한 정치적 목적 아래 창건하기 시작하였음을 의미한다.

　그것은 사천왕사 창건의 사례와는 달리 단순히 불력에 기대어 침공하는 왜적을 물리친다는 수비적 자세를 뛰어넘는 공세적인 적극성까지 가졌음 직한 데서 드러난다. 이는 『삼국유사』에서 인용한 「사중기」에 보이는 '왜병을 진압하고자 하였다'는 사실로부터 그런 자세가 읽혀진다. 이를 액면 그대로 받아들이면 문무왕은 소극적인 방어책을 뛰어넘어 사찰 부근을 전진기지로 삼아 일본에 적극적인 공세를 가하려는 기획으로 창건을 추진한 듯이 여겨진다.

　여하튼 감은사는 문무왕의 고뇌가 깊게 스며든 사찰임이 분명하다. 그것은 문무왕이 죽음을 앞두고 취한 유다른 행태로부터 유추된다. 문무왕은 특이하게도 유조(遺詔)를 남겨서 후계자인 신문왕으로 하여금 앞으로

---

50) 『삼국유사』 2 기이 2 「만파식적」조에 인용되어 있는 「사중기(寺中記)」의 기록 참조.
51) 바로 위의 『삼국유사』 기사에서 신문왕이 아버지 문무왕을 위하여 감은사를 세웠다고 한 표현에서 그런 추정은 충분히 설정 가능하다.

취해야 할 정책 방향에 대한 대강을 제시하였다.[52] 마치 탈해의 신탁과도 비슷한 면모였다. 그 유조의 대강은 크게 몇 가지로 정리된다.

첫째, 전후(戰後) 문제의 처리를 위해 안으로 전사자(戰死者)들을 위로하고 내외 관작을 골고루 나누어주며, 병장기를 녹여서 농기구로 만들어 생산력의 향상을 도모하고 부세(賦稅)를 가볍게 하며 시의(時宜)에 적절치 못한 율령을 고치는 등 내치(內治)에 특히 유념하라는 내용이다. 둘째, 아직 내부적으로 안정적이지 못한 상태이므로 이에 유의해서 왕위를 잠시라도 비워두지 말고 자신의 주검 앞에서 즉시 즉위하라는 것이었다. 셋째, 자신의 장례는 근검절약하게 대단히 간소화해서 치르고 서국(西國, 즉 인도)의 방식으로 고문(庫門)의 바깥에서 화장으로 처리하라는 조치였다.

문무왕이 재위 21년 만인 681년 7월 1일 사망하자 태자 정명(신문왕)은 즉위하자마자 즉시 부왕의 유언에 따라 유해를 화장하여 그 뼈를 동해 어귀의 큰 돌 위에다 장사 지냈다.[53] 이후 유골이 안치된 바위는 대왕암,[54] 또는 대왕석으로[55] 불렸다.

국왕으로서 서국식의 화장을 실시한 것도 예사롭지 않은 일인 데다가 화장한 뼈를 다시 동해안의 물 속 바위에 묻었다는 사실도 무척 유별나다. 화장과 수장(水葬)을 겸한 특이한 형식의 장례를 치른 셈이다. 앞서 언급하였듯이 탈해의 주검 처리와도 비슷한 양상이 감지된다.

문무왕의 장례와 관련하여서는 세 가지 측면에서 대단히 파격적이었

52) 『삼국사기』 7 신라본기 문무왕 21년조.

53) 동상.

54) 동상.

55) 『삼국유사』 2 기이 2 「만파식적」조.

대왕암 전경

다. 첫째, 주검을 화장한 자체이다. 불교 공인과 함께 화장 문화도 들어왔을지 모르나 실제로 국왕으로서 화장을 행한 첫 사례가 문무왕이다. 이는 당시 그만큼 장의(葬儀) 문화가 보수성이 강한 상태였음을 반영한다. 이제 문무왕의 사례를 효시로 해서 이후 신라에서 화장이 널리 유행하게 된 것 같다. 문무왕의 유언처럼 화장은 장례를 간소화하려는 방편에서였을 터이지만 거기에는 다른 의도도 깃든 듯하다. 그 점은 다음 수장의 실행 사실과 관련된다.

둘째, 특이하게도 화장한 뼈를 다시 수장한 점이다. 화장한 뒤 골호(骨壺)에다 장골(藏骨)해서 땅에 묻거나 때로는 산골(散骨)하기도 하고, 간혹 다시 봉분을 씌운 무덤을 만들기도 하였다. 문무왕의 경우는 바닷속의 바위에다 장골을 한 유일한 사례로 보인다. 이 또한 기존 관행에 비추어 대단한 파격적인 조치라고 할 수 있겠다.

셋째, 무덤을 동해 바다에다 조영한 점이다. 그 이전까지는 오래도록 국왕을 비롯한 유력자의 무덤은 경주분지의 중앙부 공동 묘역에 조영하였다. 그러다가 6세기 전반부터 주변부의 산자락으로 옮겨서 각 집단별로 조영함이 일반적이었다. 그런 실상에 견주면 경주분지를 벗어나 왕경 중앙부에서 멀리 이십여 킬로나 떨어진 곳의 바닷속에다 조영한 자체는 매우 이색적이며 이례적인 사례에 속한다.

이상과 같이 문무왕의 사후 장례의 진행과 장지의 선정은 매우 독특하며 그 자체 일종의 파격으로 단정해도 무방하겠다. 이는 문무왕 자신이 살아 있을 때 이미 세워둔 용단에 따른 일이었다. 물론 이런 엄청난 결단이 단순히 일순간의 판단으로 나왔을 리 만무하다. 그런 결정을 내려서 실행으로 옮기게 되기까지 문무왕이 나름대로 엄청나게 고뇌하는 시간을 가졌을 것임은 상상키 어렵지 않다.

문무왕은 평소 살아 있을 때 주위의 승려 지의법사(智義法師)에게 '죽은 뒤 큰 용이 되어 불법을 받들어서 나라를 지키려 한다.'고[56] 말하였다. 굳이 동해안에다 감은사를 창건하고 수장하려는 깊은 뜻이 그 말 속에 숨겨져 있었던 셈이다. 죽은 뒤 수장해 동해의 용왕이 됨으로써 신라 국가를 지켜주겠다는 강력한 호국 의지의 표명이었다. 이는 거꾸로 당시 동해안 방면의 사정이 그만큼 심상치 않게 돌아가고 있었음을 의미한다. 만약 당과 일본이 공격해 온다면 문무왕은 바로 이 방면일 것으로 판단하고 있었던 것이다.

문무왕의 장례가 치러진 화장터가 단지 고문 밖이라고만 밝혀져 있어 구체적 위치를 둘러싸고 논란해 왔지만 필자는 「문무왕릉비」가 세워진

---

56) 『삼국유사』 2 기이 2 「문호왕법민」조.

곳인 사천왕사를 바로 그곳으로 생각하고 있다.[57] 그렇지 않다면 문무왕의 주검과 직결된 「문무왕릉비」가 하필 거기에 세워졌을 리 만무한 일이겠기 때문이다. 문무왕 사후 치러진 몇몇 신라국왕의 화장 사례가 모두 사찰에서 진행된 것도[58] 그런 추정을 보강해 주기에 충분하다.

거기다가 감은사에서 바라다 보이는 위치에 그 뼈를 묻은 사실도 그와 관련해서 주목되는 대목이다. 감은사의 금당 아래에는 동쪽을 향해 구멍이 뚫렸는데 이는 동해의 용이 내왕하도록 해주기 위한 장치라 한다.[59] 이런 지하 공간은 일반적인 사원 건축에서는 보이지 않는 특이 구조물로서 발굴을 통해 금당의 하부에서 실제로 확인된 바 있다.[60]

이처럼 사천왕사에서 화장을 하고 그 뼈를 부수어 동해안 바닷속에 묻은 것은 문무왕의 호국을 위한 과감하고 치밀한 기획에 따라 추진된 일이었다. 불력으로 당을 물리치려는 염원이 담긴 사천왕사와 왜병을 물리치려는 강한 희구가 담긴 감은사 두 쪽으로 문무왕의 혼백(魂魄)이 각기 나뉜 상태이지만 양자가 현실의 두 주적과 연관된 사실이 주목된다. 두 사찰은 문무왕의 구상으로부터 나온 대표적인 호국 용도였던 것이다.

그렇다면 문무왕이 사망하기 바로 직전 해인 680년 토함산을 동악으로 설정하고 석탈해를 동악산신으로 삼았던 것도 바로 그런 호국 의식에 대한 기획의 연장선상에 놓였던 과업으로 여겨진다.[61] 특히 거기에는 토

---

57) 주보돈, 「신라의 능·묘비에 대한 몇몇 논의」 『신라 왕경의 이해』, 주류성, 2020, p.494.

58) 주보돈, 위의 글, p.496.

59) 『삼국유사』 2 기이 2 「만파식적」조.

60) 장충식, 「토함산 석굴의 점정과 그 배경」 『석굴암의 신연구』(신라문화제학술발표회논문집 21), 2000, p.103.

61) 장충식, 위의 글, pp.92~93 및 김두진, 「신라 탈해신화의 형성기반」 『한국고대의 건국신화와 제의』 일조각, 1999, p.318.

함산이 가장 높았을 뿐만 아니라 경주분지와 동해안 방면을 동시에 바라볼 수 있는 특수한 위치라는 점이 한 몫한 것이다. 게다가 탈해가 왜계의 호공을 꾀로써 제압하였다는 사실에도 그와 같은 희구가 담긴 것으로 풀이된다. 이는 사후에까지 호국을 염원한 문무왕의 의지를 반영한 일련의 원대한 기획 아래 추진된 조치였다.

과연 그런 염원으로 동해의 용왕이 되었다는 문무왕이 천신이 된 김유신과 함께 신문왕에게 신라를 지켜준다는 호국 용도의 보물로서 만파식적과 흑옥대(黑玉帶)를 보낸 설화에는 그런 사정의 일단이 여실히 반영되어 있다.[62] 중고기의 황룡사 장육존상을 비롯한 3대의 호국 보물을 대하여 이제 새로운 중대의 호국 보물이 탄생하는 순간이었다.

이는 곧 신문왕대에 이르러 통일 이후 진행된 새로운 지배질서가 어느 정도 갖추어졌던 데서 가능해진 일이었다. 만파식적과 흑옥대는 체제 정비를 통해 대단히 불안한 내부 정국과 외환의 위기를 극복해 낸 데 대한 일종의 자신감을 드러낸 표현이기도 하였다.

4. 석굴암·불국사와 토함산

이상과 같이 5악 가운데 동악인 토함산에다 문무대왕이 당면한 위기 상황에 대비한 호국의 필요성에서 탈해를 산신으로 받듦으로써 그 자체의 성격도 크게 달라졌다. 이로부터 수십 년이 흐른 8세기 중엽의 경덕왕(景德王)대에 이르러 불국사와 석굴암이 토함산자락에 들어섬으로써 새롭게 불교신앙의 성소로서 자리매김 될 수 있었던 것도 그 때문이었

---

62) 김상현, 「만파식적설화의 유교적 정치사상」『신라의 사상과 문화』, 일지사, 1999 참조.

탈해 사당 발굴 모습(신라문화유산연구원)

다. 이를 매개로 토함산과 함께 동해안의 중요성도 새로운 측면에서 한 층 부각되어갔다.

그런데 불국사와 석굴암의 창건이란 대규모 불사가 왜 하필 토함산을 대상으로 진행되었을까 하는 점은 매우 의아스럽게 여겨진다. 이는 두 사찰의 창건 의도를 밝혀내기 위해 확연히 풀어내지 않으면 안 되는 과제이다.

널리 알려져 있듯이 두 사찰의 창건 설화는 경덕왕 당대의 제일급 명문가 태생으로서 재상(시중)까지 역임한 김대성(金大城)이 전생과 현생의 두 부모를 위해 엄청난 사비(私費)와 공력을 들인 데에[63] 초점이 맞추어져 있다. 주인공을 김대성으로 삼은 창건 설화로서는 사실성의 여하와는

---

63) 『삼국유사』 5 효선 「대성효이세부모·신문왕대」조.

전혀 상관없이 충분히 설정 가능한 내용이다.

하지만 한 걸음 더 나아가 당시 토함산이 차지하는 위상을 염두에 둔다면 순전히 김대성 개인의 주도 아래 그처럼 대대적인 불사가 이루어졌다는 데에는 상당한 의문이 뒤따른다. 물론 당시 일부 특정 귀족들은 재부를 엄청나게 소유하였으므로[64] 그런 과업을 추진할 만한 경제적 역량을 일정 정도 갖추고 있었다. 하지만 그래도 대상 지역이 동악인 토함산 자락이란 사실을 떠올리면 무조건 김대성 개인이 주도하였다는 설정은 아무래도 지나치다는 느낌이다. 그렇게 단정하기에는 몇 가지 의문을 떨쳐내기 어렵다.[65]

토함산 자체는 이미 지적하였듯이 문무왕대부터 국가 주도의 산악제사인 중사(中祀)의 대상으로 뿌리내려져 고려시대에 이르기까지 공식의 정기적인 제의가 줄곧 행해진 대단히 신성시된 공간이었다. 토함산 산신으로서 탈해가 모셔진 사당까지 산정에 들어선 상태였다. 이런 사정 전반을 고려하면 토함산 자락에는 김대성이 아무리 당대의 유력자이더라도 개인적인 기획과 재원을 투여한 대규모의 불사를 감당하였다고 보기는 심히 주저된다. 여하튼 불국사와 석굴암이 김대성 개인 주도의 불사라는 설화는 근본적인 결함을 안고 있다.

그렇다고 김대성이 창건에 일정 정도 직접적으로 관여한 사실 자체까지 부정할 필요는 없을 듯싶다. 대규모 사찰 창건의 밑바탕에는 당면 현

---

64) 『당서』 220 동이전 신라조.
65) 고유섭, 『한국미술문화사논총』 통문관, 1966.

실의 정치적 목적과[66] 함께 불교적 이념과 이상이 깔렸을 것임은[67] 당연히 상정해 봄 직하다. 그럴 때 김대성과 같은 인물이 실무적 역할을 맡았을 가능성은 얼마든지 설정해 볼 여지가 생겨난다. 그의 아버지로 추정되는 김문량(金文亮)은[68] 물론 김대성 자신도 시중을 역임한 사실을 고려하면 이들이 당시 국왕과 매우 긴밀한 관계였음을 짐작하기 어렵지 않다. 아마도 그런 사정을 배경으로 김대성은 불국사와 석굴암의 창건 실무 총책을 맡았을 법하다.

김대성은 뒷날 불국사에 주석하는 화엄종 계통의 저명한 승려인 표훈(表訓)에게서 평소 화엄경 강론을 들었다고 한다.[69] 이는 그가 불교교학에 상당한 조예를 지닌 인물이라 단정해도 무방한 근거이다. 김대성이 여러모로 거대 사찰을 창건하는 데에 일정한 역할을 감당할 만한 위치임과 함께 역량까지 갖추었다고 하여 지나친 추정은 아닐 성싶다.

표훈 또한 불사와 관련해서 주목해 볼 만한 인물이다. 그는 오래도록 아들 얻기를 희구한 경덕왕의 꿈을 실현시켜 주기 위해서 하늘에까지 내왕하면서 옥황상제를 만나는 등 크게 역할을 한 설화가 전해진다.[70] 이는 표훈이 평소 경덕왕과 매우 긴밀하게 얽힌 관계였음을 뜻한다. 얼마 뒤 표훈이 불국사에 주석한 사실도 그를 여실히 방증해 준다.

---

66) 이기백, 「신라시대의 불교와 국가」 『역사학보』 111, 1986 ; 『신라사상사연구』, 일조각, 1986, pp.255~264 및 곽승훈, 「석굴암 건립의 정치·사회적 배경」 『석굴암의 신연구』(신라문화제학술 발표회논문집 21), 2000, p.29. 다만, 불사가 정치성을 띠었다고 이를 무조건 전제정치와 직결시키는 데에는 주저되는 바가 많다.

67) 김상현, 「신라 화엄사상의 특징」 『신라화엄사상사연구』, 민족사, 1991, pp.196~199.

68) 이기백, 「신라 집사부의 성립」 『진단학보』 25·26·27, 1964 ; 『신라정치사회사연구』, 일조각, 1976, pp.168~169.

69) 균여, 「십구장원통기」 하.

70) 『삼국유사』 2 기이 2 「경덕왕·충담사·표훈대덕」조.

이상과 같은 사실로 미루어 불국사와 석굴암의 창건은 국가적 차원에서 경덕왕 주도 아래 이루어졌지만 김대성과 표훈도 일정한 역할을 감당하였으리라 여겨진다. 특히 경덕왕이 강한 정치적 목적과 종교적 열정 아래 사찰 창건을 주도하였다면 표훈은 거기에 불교적 이념과 이상, 즉 화엄의 세계관을 불어넣는 역할을 다하였으며, 김대성은 사실상 실무를 총지휘하는 일을 맡았을 것으로 보인다.

이처럼 평소 긴밀한 관계를 맺고 있던 이들 3인이 의기투합해 불국사와 석굴암의 창건 작업이 추진되지 않았을까 싶다. 이는 마치 지난 중고 말기 안팎의 위기 상황을 맞아 강한 호국 목적의 황룡사 9층목탑 건립이 선덕여왕과 승려 자장(慈藏), 그리고 김춘추의 아버지 용춘(龍春) 3인의 합작으로 이루어진 사건을 연상시킨다.

아마도 김대성은 용춘과 마찬가지로 현장에서 실무 전반을 책임진 대장(大匠)의 역할을 감당하였을 것 같다. 이는 김대성이 석굴암 건설을 진행할 때 원형의 돔을 덮는 커다란 뚜껑돌[龕蓋]이 세 부분으로 갈라진 사실을 보고 크게 고심하던 중 잠깐 잠이 든 사이에 천신이 내려와서 원상대로 복구해 두고 갔다는 설화로부터[71] 유추된다.

이상과 같이 보면 불국사와 석굴암의 창건은 특정 개인이 아니라 국가적 차원에서 기획되어 진행된 일이라 볼 수밖에 없다. 김대성은 기획과 함께 실무의 직임을 맡아 현장에서 총지휘 감독하였을 터이다. 이로 말미암아 효행을 각별히 강조한 경덕왕 당대의 전반적 분위기를 거친 뒤 어느 시기에 마치 김대성 개인이 전세와 현생의 두 부모를 위해서 창건을 발원한[72] 듯한 설화로 비화된 것이라 여겨진다.

---

71) 『삼국유사』 5 효선 「대성효이세부모·신문왕대」조.
72) 김대성에게 전생의 부모와 현생의 부모란 아마도 아버지 김문량이 재혼하여 그를 얻게 된 사

만일 경덕왕의 주도 아래 표훈과 김대성이 일정하게 관여하였다면 거기에는 어떤 공동의 목표와 함께 각자가 가진 내밀한 바람도 들어가 있었을 터였다. 김대성은 설화 자체가 암시해 주듯이 자신의 공력((功力)으로 사망한 부모에 대한 효행을 다한다고 생각하였을지 모른다. 그 점은 경덕왕도 비슷하게 가졌음 직한 희구였다. 당시 국학 교육에서 시대상 『논어』와 『효경』을 공통 과목으로 삼았고 이 분야에 가장 밝은 학생을 최상급으로 여긴 것처럼 충효(忠孝)는 당시 사회질서를 유지해 가는 데에 최상의 덕목이었다.

두루 알려져 있다시피 경덕왕 자신도 향덕(向德)이란 인물의 효행을 표창하고 이를 널리 현창할 목적으로 효행비까지 세우게 할 정도였다.[73] 경덕왕이 아버지 성덕왕을 기려서 사후 18년이 지난 뒤 엄청난 규모의 능비를 세웠을 뿐만 아니라 신종(神鍾)의 제작까지 시도하는 등 지극한 효심을 보였음은 두루 알려진 바와 같다.

그와 같은 신라의 당시 분위기 전반을 잘 알았기 때문인지 당나라 현종도 자신이 주석한 『효경(孝經)』을 경덕왕에게 보내주었다고 한다.[74] 경덕왕이 아들을 얻기 위해 혼신의 노력을 기울인 점도 바로 그런 사회 현상과 무관하지 않다. 아마도 그런 분위기가 마치 김대성 개인의 효행에서 말미암은 듯이 창건설화에 부회되었을 법하다.

한편 화엄 계통의 승려 표훈도 대규모 불사에다 희구한 바를 나름대로 투사시키려고 하였을 듯하다. 고승 의상(義湘)을 통해서 7세기 후반

실과 관련이 있어 보인다. 현생이 자신을 낳은 부모라면 전생의 부모란 곧 먼저 사망한 본부인을 가리키는 의미인 듯하다. 그런 의미에서 김문량에는 김대성이 뒤늦게 겨우 얻은 아들이 있을 것 같다. 여러모로 경덕왕의 처지와 비슷한 면모를 갖고 있다.

73) 『삼국사기』9 신라본기 경덕왕 14년조.

74) 동상 2년조.

화엄학이 전격적으로 유입되었으나 왕경에는 제대로 뿌리내리지 못한 상태였다. 새로운 신라 불교를 지향한 의상은 현실적 세가 불리하여 왕경 중심부로부터 밀려나 있었다.

그래서 의상은 당시로서는 인구가 매우 희소한 변두리 지역인 태백산 자락에다 화엄의 부석사(浮石寺)를 창건해 주석하면서 한갓 제자를 길러내는 데에만 힘을 쏟을 수밖에 없는 처지였다. 숱한 제자 양성을 왕경이 아닌 그처럼 멀리 떨어져 후미진 산간에서 진행할 수밖에 없었던 것도 바로 그런 사정 때문이었다. 그렇지만 그런 상황이 도리어 의상계의 화엄종으로서는 언젠가 신라 불교계의 구심으로 부상할 역량과 실력을 착실히 쌓아갈 수 있는 더없이 좋은 기회가 되었다.

화엄종이 그런 토대 위에서 신라 불교계의 주류로 부상해간 것은 경덕왕대에 이르러서의 일이다. 이는 『삼국유사』「현유가해화엄(賢瑜珈海華嚴)」조를 통해 유추해 낼 수 있다. 뚜렷한 시점은 드러나지 않으나 경덕왕은 심한 가뭄에 직면하자 불력의 도움을 빌어 이를 해소하는 방안을 찾았다.

경덕왕은 당시 유가유식을 대표하는 승려 태현(太賢)과 화엄을 대표하는 법해(法海)를 각각 선후하여 불러들였다. 이때 이들은 나름의 법력(法力)을 펼쳐 보임으로써 마치 서로 경쟁하는 듯한 인상을 풍겼는데, 거기에서 후자가 한결 우위를 보였다 한다.[75] 이 설화는 흔히 경덕왕대에 기존 왕경 불교계의 주류인 유식에 대해 화엄계통이 점차 우세해져간 분위기의 일단을 상징하는 내용으로 풀이되고 있다.[76]

---

75) 『삼국유사』4 의해 「현유가해화엄」조.
76) 김상현, 『신라화엄사상사연구』, 민족사, 1991, p.83 ; 김복순, 『신라화엄종연구:최치원의 불교관련저술과 관련하여』, 민족사, 1990, pp.82~83 ; 최연식, 「8세기 신라 불교의 동향과 동

여기에서 특히 눈여겨볼 대목은 창해(滄海, 이는 동해를 지칭)의 물을 갖고 동악까지 잠기도록 함으로써 왕경을 떠내려 보내려 한 법해의 발상이다. 두 세력 사이의 경쟁에서 동악을 중심으로 동해와 왕경이 하나의 묶여져 서로 연동하는 모양새이다.

그런 곳에 자리한 토함산자락에 불국사와 석굴암이 들어선 것이다. 어쩌면 이 설화는 법해로 표상된 화엄이 곧 토함산 안의 주요 거점에 창건된 불국사와 석굴암을 매개로 해서 한층 더 우위에 서게 되었음을 암시해 주는 것이 아닐까 싶다.

불국사와 석굴암은 화엄의 세계관이 깊숙하게 투영된 대표적인 왕경의 국가사찰로서 출발하였다.[77] 거기에 처음 주석한 승려가 의상의 직계제자인 화엄승려 신림(神琳)이다. 의상의 직계인가 아니면 법손인가 등 법통을 놓고 약간 논란이 있는 표훈도[78] 불국사에 주석하였다. 이로 미루어 창건 당시 불국사가 화엄계통이었음은 분명하다.

그것은 여하튼 두 거대 사찰의 창건을 주도한 사람은 경덕왕이었다. 경덕왕대는 신라 전체를 통틀어 불사가 가장 많이 이루어진 시기였다. 그 중 대표적이며 최고 절정기의 사례로서 불국사와 석굴암을 손꼽을 수 있다. 그 창건을 기획한 밑바탕에는 경덕왕이 의도한 어떤 의도가 짙게 깔렸다고 보아도 좋을 성싶다.

경덕왕은 몇몇 두드러진 시책을 통해서 짐작할 수 있듯이 기존 지배체제를 재정비·보완함으로써 신라국가를 새로이 단장해보려는 대단한 야심을 갖고 있었다. 이를테면 중시(中侍)를 당나라식의 시중(侍中)으로

아시아 불교계」『불교학연구』12, 2005, p.244~246.

77) 김상현, 위의 책, p.207.

78) 『삼국유사』5 효선 「대성효이세부모·신문왕대」조.

고치고 국학(國學)에다 여러 박사와 조교를 더 둔다거나 관리의 규찰을 맡은 정찰(貞察)을 설치하는 등 관료조직 정비 작업에 박차를 가한 사례를 들 수 있다.

이로부터 한 걸음 더 나아가 재위 16년(757)에는 관료의 월봉제(月俸制) 대신 녹읍제(祿邑制)를 부활시켰으며 지방의 지명 전반을 한식(漢式)으로 고치면서 전면적인 개편을 시도하였다. 한편 중앙의 각종 관부와 관직도 한식으로 바꾸었다. 이들을 통틀어 흔히 한화(漢化)정책이라고 일컫는다.[79]

경덕왕이 한화정책을 적극 추진한 밑바탕에는 전제왕권의 수립이란 목표가 있다는 해석이[80] 그동안 유력하였다. 하지만 오랜 전통을 갖고 있는 왕경 6부(部)나 기존의 관등 명칭은 조금도 바꾸지 않고 그대로 이어간 점에서[81] 무조건 전제왕권과 직결시키려는 이해에는 상당한 한계가 있는 것으로 평가된다.

다만, 그런 정책 추진의 배경에는 무엇인가 기존의 틀을 바꾸어보려는 강한 의지가 작동하였음은 부정할 수 없다. 특히 경덕왕이 아들 얻기를 끈질기게 추구한 사실과 연관지으면 지배질서를 안정적으로 유지해 나가기 위한 토대를 구축해 보려는 데에 초점이 맞추어진 것 같다. 물론 각종의 이해관계가 마구 뒤얽힘으로써 갈등과 마찰을 빚어낼 수밖에 없는 국면이었다. 이로 말미암아 정계에는 상당한 불안감이 감돌았다.

그런데 그런 때에 하필이면 동해안과 밀접한 관련성이 있는 토함산에

---

79) 이기백, 「신라 혜공왕대의 정치적 변혁」『사회과학』2, 1958 ;『신라정치사회사연구』, 일조각, 1974.

80) 이기백, 위의 글, pp.246~247.

81) 주보돈, 「직명·관등·지명·인명을 통해 본 6세기 신라의 한문자 정착」『한국 고대사 연구의 현 단계』, 주류성, 2009, pp.382~383.

다 엄청난 불사를 기획한 데에는 안팎의 어떤 강한 동기나 계기가 작용하였을 것으로 보인다. 이와 관련해 눈여겨볼 점은 대상이 바로 토함산이었다는 사실이다.

누차 언급해 왔듯이 이 방면은 통일 이후 왕경은 물론 신라국가 전체의 안위와 직결될 만큼 정치군사적으로 대단히 중요시된 지역이었다. 당이나 일본 등 외부 세력이 침투해 올 공산이 가장 큰 곳이었다. 문무왕이 죽으면서까지 온갖 걱정을 다하면서 대책을 마련하려고 시도한 사실을 상기하면 더 이를 나위가 없다. 만파식적과 흑옥대가 새로운 호국의 보물로서 자리 잡은 것은 그런 실상을 여지없이 입증해 준다.

사실 신라와 당 및 일본의 관계가 마냥 한결같았을 리 만무하다. 성덕왕은 702년 즉위하면서부터 거르지 않고 거의 매년이다시피 당에 사신을 파견하였다. 어떤 때는 한 해에 서너 차례나 보내기도 하였다.

733년 발해가 등주(登州)를 공격하였을 때 당이 병력을 요청하자 신라가 그에 부응해 발해를 측면 공격해 도왔다. 당은 이에 대한 일종의 보답으로 735년 패강(浿江) 이남의 땅을 신라 영토로 인정해 주었다. 두 나라 사이에는 이 조치가 마치 종전(終戰)의 공식 선언이나 다름없었다. 이로써 두 나라는 전쟁 전의 우호 관계 수준으로 돌아갔다.

그런데 일본과는 사정이 전혀 달랐다. 7세기 전쟁이 끝난 후부터 이미 겉으로는 상호 우호 관계를 표방하는 듯이 보였지만 실제로는 문무왕의 유조에서 드러난 것처럼 두 나라는 서로 간 언제 침공할지 모르는 위협 세력으로 여기고 있었다.

신라는 722년 일본의 공격을 예상해 당시 최대의 국제항구인 울산으로 나아가는 교통로의 중간 지점인 모화군(毛火郡, 毛伐郡)에다 관문성(關

門城)을 쌓았다.[82] 이는 두 나라의 기존 관계가 한결 더 심각한 갈등·대결의 양상으로 치달았음을 의미한다. 왜 갑작스레 그런 현상이 벌어졌는지를 가늠할 구체적 단서는 어디에도 보이지 않는다. 다만, 정황상으로 추측한다면 714년 신라 사신이 일본의 왕경에 들어갔을 때 전례 드물게 170명의 기병(騎兵)으로서 시위한 사실과[83] 연관될지 모르겠다.

이후 731년에는 일본의 병선 3백 척이 실제로 동해안에 출현해서 신라를 공격하려다가 패퇴 당하는 사건이 실제로 일어났다.[84] 그밖에 다른 기록이 보이지 않아 이 사건의 실재 여하를 놓고 논란하지만 관문성 축조와 연관지으면 그 자체를 무조건 부정하기는 어렵다. 특히 이후 두 나라가 본격적인 긴장 대결의 관계로 돌입하고 점차 파탄으로까지 나아간 실상을 감안하면 더더욱 그러하다.

732년 신라의 한나마 김장손(金長孫)을 정사로 삼은 40명의 사절단이 갔을 때 일본 측에서는 이제부터 3년에 한 차례씩만 오도록 요구하였다.[85] 이것이 전년도의 싸움 사건과 연동된 것인지 어떤지는 선명하지 않지만 두 나라 사이에 급전직하의 조짐이 감지된다.

그런 양상은 734년 12월 급벌찬 김상정(金相貞)이 일본에 사신으로 갔을 때에도 이어졌다. 이들은 북구주의 태재부(太宰府)에 대기하면서 일본 중앙정부로부터 허락을 얻어 비로소 왕경에 들어갈 수 있었다. 이듬해 2월 말까지 왕경으로 나아가 기다리던 김상정 일행을 일본정부는 갑작스레 신라가 왕성국(王城國)으로 국호를 바꾼 사실을 꼬투리 잡아 끝내 접

---

82) 『삼국유사』 2 기이 2 「효성왕」조 및 『삼국사기』 34 잡지 지리1 임관군조.
83) 『속일본기』 6 천명기 화동 7년조.
84) 『삼국사기』 8 신라본기 성덕왕 31년조.
85) 『속일본기』 11 성무기 천평 4년조.

견치 않고 되돌려 보내었다.

왕성국으로 국호를 교체하였다는 뜻이 구체적으로 무엇을 가리키는 것인지 뚜렷하지 않다. 그것은 여하튼 두 나라의 대립 갈등 관계가 상당한 수준에까지 이르렀음을 증명해 주는 사건이었다. 그에 대응해 신라도 737년 일본이 보낸 사신을 받아들이지 않았다.[86] 이를 계기로 일본 조정에서는 그에 직접 항의하거나 심지어는 신라를 공격하자는 소위 '정벌론'까지도 나왔다.[87] 이는 두 나라 사이가 매우 심각한 단계로 치닫고 있었음을 보여주는 증거이다.

738년에는 김상순(金想純)을 정사로 한 147인의 신라 사절단이 파견되었지만 태재부에서 머물다가 입경을 거부당한 채 돌아왔다.[88] 742년 사찬 김흠영(金欽英)을 정사로 삼은 187명으로 편성된 사절단도 마찬가지로 태재부에서 입경 허가를 기다리다가 되돌아왔다.[89]

신라가 일본의 그러한 조치에 대응한 내용이 『삼국사기』 신라본기에서도 역시 비슷하게 확인된다. 경덕왕은 즉위하던 해인 742년 일본이 보내온 사신을 접견하지 않았다.[90] 비슷한 시기에는 그런 실상과 직결시킬 만한 사례는 달리 찾아지지 않지만 아마도 흐름상 유사한 상황이 그대로 이어졌음은 충분히 추리해 낼 수 있다.

이후 두 나라 사이의 관계는 한참 소강상태를 맞았지만 신라가 먼저 긴장 관계를 해소시켜 보려고 시도한 것 같다. 752년 3월 신라는 이례적

---

86) 동상 11 천평 6년조.
87) 동상 12 천평 9년조.
88) 동상 13 천평 10년조.
89) 동상 14 천평 14년조.
90) 『삼국사기』 9 신라본기 경덕왕 원년조.

으로 왕자인 대아찬 김태렴(金泰廉)을 정사로 삼아 무려 700여 명으로 이루어진 대규모의 사절을 7척의 대형 선박에 태워 보내었다.[91]

이들은 무려 3개월 동안이나 태재부에 머물다가 6월에 이르러 그 가운데 370여 명만 입경을 허락받았다. 이때 일본 조정에서는 갑작스럽게 전왕인 효성왕대의 결례를 지적하면서 다음부터는 신라국왕이 직접 오고 그렇지 않으려면 사신은 반드시 표문(表文)을 갖고서 오도록 요구하였다.[92] 이는 사실상 신라와의 관계를 단절하겠다는 선언이나 다름 없었다.

이로써 신라가 대단히 이례적으로 왕자를 정사로 삼은 대대적인 사절단을 파견하면서까지 기대한 유화책은 완전히 무위로 돌아갔다. 신라도 이듬해인 경덕왕 12년(753) 일본이 사신을 보내왔을 때 이들의 자세가 너무나 거만하고 예의 없다는 명분을 앞세워 접견하지 않고 돌려보내었다.[93] 일본의 태도를 맞받아친 일종의 노골적인 보복 외교였던 셈이다.

이후 두 나라의 관계는 한층 더 냉각되어 파탄의 길로 내달았다. 754년 정월 당나라의 함원전(含元殿)에서 거행된 신년의 하례 의식 때 일본 사신이 신라의 사신과 석차(席次) 문제를 두고 다투는 소위 쟁장(爭長) 사건을 벌이기도 하였다.[94] 그런 연장선상에서 757년부터 일본 조정은 신라 정벌론을 재차 제기하고 759년, 762년까지 잇달아 논의하였다. 일본에서는 그를 겨냥해 군사를 점검하고 훈련을 시켰으며 심지어 신라어 전

---

91) 사절 파견의 목적과 동향 등에 대해서는 야마다 후미토, 「8세기 중반 나일관계의 추이와 김태렴 사절단의 도일」『대구사학』138, 2020 참조.

92) 『속일본기』18 효겸기 천평승보 4년조.

93) 『삼국사기』9 신라본기 경덕왕 12년조.

94) 『속일본기』19 효겸기 천평승보 6년조.

문가까지 따로 양성하기도 하였다.

실제로 도발이 있을지도 모르는 긴장의 국면이 지속된 것이다. 그런 도중에 755년 당에서 안록산(安綠山)의 난이 일어났다. 이 난은 당을 거의 멸망지경에 빠지게 할 정도로 전국적 규모에 걸쳐 10년 가까이 이어졌고 그 여진(餘震)은 주변국에까지 크게 영향을 미쳤다.

이로 말미암아 당시 동아시아 세계 정황은 심히 불안정해졌다. 이런 분위기는 신라와 일본의 관계에도 직접적인 영향을 주었으리라 여겨진다. 마치 100년 전에 벌어진 동아시아의 전쟁 상태가 재현되는 듯하였다.

어쩌면 이런 정황 속에 추진한 경덕왕의 한화정책이란 그처럼 불안정해져가는 국제 정세에 적절히 대응해 보려는 적극적인 자구책의 일환이었을 듯하다. 하지만 이런 안팎의 국면은 일본과의 관계를 한층 더 악화시키는 결정적인 요소로서 작용하였다.

이상과 같이 다소 장황하게 7세기 중엽 진행된 신라와 일본의 관계 흐름을 살펴보았거니와 두 나라 사이의 대립과 갈등 양상은 매우 심각한 수준으로까지 뻗어갔다. 바로 이 무렵 토함산 자락에 불국사와 석굴암이 들어선 사실은 그런 정황 전반과 아무런 관련성 없이 진행된 것으로 여겨지지는 않는다. 신라인들이 토함산을 동해안 방면에서 자신들을 지켜주는 진산으로 여겨온 점을 떠올리면 한갓 허황된 추정만은 아닐 성싶다.

이처럼 신라 내부에서는 외침에 대한 불안감이 크게 고조되고 마침내 전운까지 감도는 분위기였다. 불국사와 석굴암 조영에는 그런 정황이 크게 영향을 미쳤을 것으로 여겨진다. 물론 거대한 불사가 오직 그것만을 겨냥한 것은 아니며 다양한 요소가 있었을 터이나 제반 상황으로 미루어 안팎의 불안해진 정국이 가장 큰 요인으로 작용하였을 성싶다. 특히 그 대상이 하필이면 토함산이었다는 점에서 그러하다.

그를 매개로 민심을 결집시켜 내부의 안정을 도모하고 나아가 불력을 빌어 외세를 물리치고자 하는 강한 기대를 갖지 않았을까 싶다. 물론 그를 통해 토함산에서 품어온 불교적 세계관을 새롭게 구현해 보려는 의도도 당연히 작용하였을 터였다. 이는 불국사라는 특이한 사명이 보여주듯이 바로 영원한 불국의 건설이었다. 불교를 공인한 이후 신라국가가 온갖 방법과 수단을 동원해 끊임없이 추구해 온 불국토 구현의 마지막 종착점이 바로 토함산이었다.

5. 나가면서

토함산은 경주분지 일원에서 매우 높은 산에 해당한다. 봉우리는 신라 왕경의 중심 시가지와 동해안을 동시에 내려다볼 수 있는 특별한 곳이다. 왕경 중앙부에서 동쪽으로 바라보았을 때 아스라하게 봉우리만 드러내어 놓은 모습이다. 신라인에게 대단히 신령스런 산으로 비쳐져 자신들을 지켜주는 진산으로 여긴 것도 바로 그런 여건 때문이었다.

특히 토함산은 왕경의 오악 가운데 하나로 편성되었다. 통일기에 이르러 신라 전체의 영역을 대상으로 대대적인 재편을 거친 산천제사 체계에서 중사(中祀)의 대상인 5악 중 동악으로도 자리매김 되었다. 이는 토함산이 각별한 위치에 놓였음을 의미한다.

토함산 관련 신앙은 흔히 탈해와 관련해서 처음부터 나온 것으로 이해하고 있지만 사실 양자를 본격적으로 결합해서 인식한 것은 문무왕대에 이르러서의 일이다. 이때 토함산 정상부에 탈해의 소상이 안치된 사당이 정상부에 세워졌다. 이로써 탈해는 동악의 산신으로서 국가제사의 대상으로 자리 잡았다.

문무왕이 하필 그런 기획을 구상한 것은 외적의 주요 침공 통로를 토함산 방면으로 가정한 데서 말미암는다. 아마도 토함산이 왕경은 물론 신라를 외침으로부터 지켜줄 것으로 기대하였다. 자신의 주검이 동해에 묻혀 용왕이 되어서 통일된 신라국가를 지켜내려는 강한 의지를 내비친 것도 바로 그 때문이었다.

동해안을 거쳐 신라 왕경으로 들어올 만한 외적은 전후의 상황에서 당과 일본의 양자라고 설정하였다. 그런데 당과는 줄기찬 외교적 노력을 거치면서 점차 우호관계를 되찾았다. 하지만 일본과는 밀고 당기는 과정에서 끝내 적대적 관계로 굳혀졌다.

사실 일본과의 관계는 대단히 미묘하게 전개되었다. 얼핏 우호 친선관계를 맺은 듯이 비쳐지기도 하였지만 기실은 내심 서로를 의심하면서 긴장·갈등하는 관계가 이어졌다. 그런 상황에서 8세기 초 신라는 만약의 사태에 대비해 울산 방면의 간선도로에 관문성을 쌓았다. 이는 만약의 사태에 대비하려는 강한 의지의 표명이었다.

그렇게 된 배경이나 요인은 명확하지는 않지만 바로 직전 일본이 신라 사신에게 기병으로 시위한 데 대한 의구심에서 비롯하였을 가능성이 크다. 이후 두 나라의 갈등 관계는 점점 더 노골화되어 갔고 마침내 걷잡을 수 없는 지경으로 치달았다. 경덕왕대에는 돌이킬 수 없을 정도로 악화된 상태였다.

그런 상황 속에서 경덕왕은 후계 구도와 함께 내부 안정을 목적으로 대대적인 체제정비를 도모하였다. 이를 위한 다양한 시책을 추진하였는데 그 중의 하나가 바로 토함산 자락에 불국사와 석굴암을 조영하는 일이었다. 이는 당시 불교계의 새로운 주류로 부상해가던 화엄계통의 이념 구현을 겨냥한 것이었다.

이로써 토함산은 전통적 산악신앙에서 불교적 성소로 바뀌었다. 이른바 왕경의 오악이 모두 공통적으로 그런 과정을 밟았지만 토함산은 가장 뒤늦었다. 그런 의미에서 불교 공인 후 오랜 기간에 걸쳐 희구해 온 불국토 건설의 최후의 도달점이기도 하였다.

---

* 이 글은 경북일보 주관으로 2021년 「신라인의 얼을 담는다」는 주제로 열린 학술회의에서 발표한 내용을 대폭 수정·보완한 것이다.

2. 불국사 및 석굴암의 창건과 토함산

1. 들어가면서

신라의 정치와 문화가 거의 절정기에 다다랐을 즈음인 8세기 중엽 무렵 창건되어 지금껏 법등(法燈)이 이어지고 있는 불국사(佛國寺)와 석굴암 (石窟庵, 당대에 지어진 이름은 石佛寺이나 여기서는 통상관례에 따라 그처럼 부르 기로 한다)이 우리의 전통시대 사찰을 대표한다는 점에 대해서는 어느 누 구도 이의를 달지 않을 성싶다. 국내 사찰로서는 유일하게, 특히 양자가 한데 묶여져 세계문화유산으로 등재되었음은 그를 여실히 입증한다.

두 사찰의 입지나 건축은 물론 석물을 다룬 기술 수준도 예사롭지가 않다. 전체가 돌로 이루어진 석굴암은 두말할 나위가 없고 불국사 또한 정면의 축대(築臺)를 단아하게 쌓은 모습을 비롯하여 출입구의 두 계단, 대웅전 앞에 우뚝한 매우 세련된 두 거대 석탑 등은 정제(整齊)의 극치를 보여준다.

단단한 석재를 자유자재로 다룬 듯한 솜씨와 함께 뛰어난 토목건축의 기술력은 그저 놀라움을 금치 못하도록 만든다. 치밀한 수리(數理) 계산 에 입각한 과학성과 기획의 엄밀성은 물론 너무도 복잡 미묘한 불교적 세계관을 온전히 담아내었음직한 구도(構圖) 전반에 이르기까지 온갖 분야의 정수(精髓)를 총합한 결정체(結晶體)처럼 비쳐진다. 실로 세계의 역사 문화유산 가운데 최고 수준으로 꼽아[1] 아무런 손색이 없을 정도이다.

그런 실상에 견주어 두 사찰과 관련해서 알려진 역사적 내용은 너무도 빈약할 뿐만 아니라 적지 않은 의문점을 던지고 있음은 무척 아쉽게 여겨지는 대목이다. 창건의 의도나 배경, 주도자는 물론 추진 과정과 완공의 시점 등등 가장 기본적인 사항 그 어느 것 하나 시원스레 구명(究明)되지 않은 채 미해결의 과제로 남겨있는 것이다. 이들을 놓고 논자들 사이에 견해차가 꽤나 크게 표출되어 논란을 거듭함은[2] 그런 실상의 일단을 여실히 보여준다. 앞으로도 꾸준한 해명을 기다리는 내용이 적지 않은 상황이라 하겠다.

그렇게 된 일차적인 요인이 물론 현재까지 남아 전하는 유관 기록의 영성(零星)함에 있음은 두말할 필요가 없겠다. 두 사찰은 입지 여건이나 규모를 비롯한 여러 측면으로 보아 기공(起工)에서 준공에 이르기까지 엄청난 공력과 재원이 투여된 기념비적인 일대과업이었음은 틀림없다. 이로 말미암아 두 사찰의 창건과 관련한 각종 이야깃거리가 신라 당시부터 인구에 널리 회자되었음직하다.

그럼에도 어떤 연유에서인지 실상을 제대로 전해주는 기록은 너무도 드문 편이다. 당대는 물론 뒷날 정리의 과정을 거친 기록조차 빈약하기 이를 데 없는 실정이다. 이상스럽게도 고려시대의 관찬(官撰)인 『삼국사기』에는 두 사찰에 대한 어떤 편린도 내비치고 있지 않다. 사찬(私撰)의

---

1) 강우방, 「불국사와 석불사」『한국사시민강좌』23, 일조각, 1998 ; 「불국사와 석불사의 공덕주」『미술자료』66, 국립중앙박물관, 2001.
2) 석굴암을 둘러싼 논란에 대해서는 박찬흥, 「석굴암에 대한 연구사 검토」『신라문화제학술발표회논문집』21, 2000 참조.

『삼국유사』에서만 약간 확인할 수 있을 따름이며, 그나마 설화성이 매우 짙어 역사의 복원에는 뚜렷한 한계를 지닌다. 게다가 석굴암과 관련한 자료는 『삼국유사』에 실린 매우 단편적인 기사가 거의 유일하다시피 한 실정이다.[3] 이로 말미암아 기본적인 사항을 놓고도 크게 논란하고 있는 것이다.

그렇게 된 또 다른 요인으로서는 두 사찰에 대한 대부분의 연구가 미술사나 건축사 등 특정한 인접 분야에 치중되고 문헌사적인 접근은 상대적으로 매우 희소한 점이다. 물론 그런 특수 분야의 접근 방식과 시각도 반드시 필요함은 두말할 나위가 없는 일이지만 그에 앞서 모름지기 관련 사료를 치밀하게 분석하고 음미해봄이 바람직한 수순이었다.

그런 사전의 정지작업은 소홀히 해둔 채 설화적인 기록 그대를 무비판적으로 받아들인 상태에서 사찰의 현황을 고려해서 나름대로 활용해보려고 하였음이 실상이었다. 사료 이용에 앞서 기초적인 점검을 철저하게 진행하지 않은 데에 근원적인 문제점을 안고 있었던 것이다.

두 사찰은 오랜 세월 동안 헤아릴 수 없는 중건이나 수리의 과정을 거친 탓에 당연히 겉모습의 변형이 일정 정도 뒤따랐을 터이지만 기본적 골간은 원상에 가깝도록 유지되었을 것으로 봄이 일반적 이해이다. 그렇다고 하더라도 설화성이 짙은 기록을 무조건 액면대로 받아들여 현황에 맞춘 접근은 명백한 한계를 띨 수밖에 없었다. 그런 측면이 논란을 불러들인 또 다른 소인(素因)으로 작용하였다.

불국사 및 석굴암과 관련하여 현재 제기해봄직한 의문 사항 일체를

---

3) 불국사 및 석굴암 관련 자료 현황에 대한 개략은 김상현, 「불국사의 문헌자료 검토」 제9회 신라문화제학술회의 발표요지, 1990 및 「석굴암에 관한 문헌자료의 검토」 『정신문화연구』48, 한국학중앙연구원, 1992 참조. 두 논문 모두 『신라의 사상과 문화』 일지사, 1999에 전재.

모두 논의 선상에 올려놓기에는 여러모로 한계가 뚜렷하다. 다루어야 할 대상이 각종 분야에 걸쳐 있어 필자의 능력 범위를 훌쩍 뛰어넘기 때문이다. 그래서 여기서는 가능한 한 문헌사적인 접근과 시각에 한정하여 최소한의 핵심 사항에만 초점을 맞춘 논의를 진행해 보고자 한다.

다른 무엇보다도 먼저 기본 사료를 정리하면서 나름대로 치밀하게 음미해 보기로 하겠다. 설화성이 짙은 내용 전부를 그대로 사실로서 받아들이기가 곤란한 만큼 역사상을 구체적으로 더듬어보는 작업이 긴요하다. 이를 발판으로 해서 불국사와 석굴암의 조영 장소로서 왜 하필 토함산이 선정되었으며, 그 시점은 과연 경덕왕대였을까 하는 등등의 몇몇 기초적인 의문에 다가가려 한다.

두루 지적되어 왔듯이 두 사찰이 모두 전례 없는 독특한 구조를 하고 있다. 게다가 석굴암 조성에 사용된 석재가 모두 토함산 산출의 석재인 반면 불국사 건축에 소요된 주요 부재의 산지는 남산이란 최근의 자연과학적 연구 성과에도 잠시 착목해 보려고 한다. 이 두 가지 사항을 매개로 하면 나름의 창건 의도나 배경을 어느 정도 가늠해 볼 수 있으리라 여겨진다. 거기에 몇몇 수수께끼를 풀어낼 만큼의 상당한 요소가 담긴 것처럼 보이기 때문이다.

2. 「이세부모」조의 분석

이미 언급하였듯이 불국사와 석굴암이 차지하는 비중이나 중요도에 견주어 유관 사료는 예상 밖으로 극히 빈약한 편에 속한다. 『삼국사기』는 창건 사실은 물론 이들과 약간이라도 연관시켜 볼 만한 어떤 기사도 싣지 않았다. 조선 초기에 이르러 관찬의 『(신증)동국여지승람』이 불국

불국사 전경

사를 처음 다루었으나(여기에서도 석굴암은 전혀 취급하지를 않았다) 대체로
『삼국유사』에 실린 내용 그대로를 축약해서 소개하는 정도에 그쳤을 따
름이다.

　다만, 불국사에는 석교(石橋)가 둘 있다면서 이를 청운(青雲)과 백운(白
雲)이라 부른다고 밝힌 대목은 무척 흥미를 끈다. 이는 크게 참고해 보아
야 할 대상이다.[4] 이후 정리된 일부 자료는 모두 이를 그대로 옮긴 데에

4) 지금껏 『신증동국여지승람』의 기사를 별로 주목하지 않은 사실은 너무도 이상스럽다. 청운교
　와 백운교의 두 명칭은 후술할 『삼국유사』에서 '운제(雲梯)'라고 한 표현을 근거로 해서 붙여졌
　거나 그 이전의 다리 명칭을 근거로 해서 찬자가 그처럼 운제라고 축약해 표현하였을 가능성이
　크다. 그런데 각별히 눈길을 끄는 점은 두 다리의 존재만을 제시해서 이를 청운교와 백운교라
　고 부른 사실이다. 이는 지금까지와는 달리 자하문(紫霞門) 앞의 계단이 청운교라면 안양문(安
　養門) 앞의 다리가 백운교로 불렸을 가능성을 시사해 주기 때문이다. 그럴 때 동쪽을 청, 서쪽을
　백으로 인식한 오방색의 방위와도 부합한다. 현재처럼 두 다리가 자하문으로 올라가는 다리를
　상하의 둘로 나눈 것을 가리킨다거나 혹은 안양문으로 올라가는 다리를 연화교(蓮花橋), 칠보

지나지 않는다.

불국사 관련 사항만을 집중적 대상으로 삼은 「불국사사적(佛國寺事蹟)」이나 「불국사고금창기(佛國寺古今創記)」와 같은 별도의 사찰 자료가 존재한다. 양자 모두 조선 후기에 정리된 데다가 극심하게 부회된 내용이 포함된 까닭에 사료로써 적극 활용하기가 무척 꺼려진다. 특히 「불국사사적」의 경우 찬자를 일연으로 돌리거나 내용이 매우 허황된 것으로 미루어 사료로서의 가치는 거의 없는 편이다.[5]

다만, 「불국사고금창기」는 불국사 창건 이후 중창과 중건을 연대기적으로 기록한 것으로서 오랜 시간이 흐른 뒤의 것이더라도 그와 관련한 일부 사항만은 약간 참고할 여지가 엿보인다. 여기에는 최치원(崔致遠)이 지었다는 「비로불병이보살상찬병서(毘盧佛幷二菩薩像讚幷書)」, 「아미타불상찬병서(阿彌陀佛像讚幷書)」 등 불국사와 관련된 글 5편이 실렸으나 내용상의 착오나 가필 및 오류 등이 찾아져 사료로써 활용하기에는 상당한 한계를 보인다.[6] 특히 나말의 시점에 한정하였을 뿐이어서 창건기의 실상을 밝히는 데에는 별다른 도움이 되지 않는다.[7]

한편 무척 다행스럽게도 근자에 불국사 대웅전 앞의 동서 두 석탑(기

교(七寶橋)로 부르게 된 것은 그 뒤 조선 후기에 이르러서의 일이었음을 보여준다. 따라서 이에 대한 원천적 차원의 재점검이 필요하다. 후술하듯이 그 점에서 고려 초기에 석가탑을 서탑, 다보탑을 무구정광탑이라고 불렀다는 두 탑의 「중수기」가 적지 않은 시사점을 던진다.

5) 김상현, 앞의 글 (1990), p.464.

6) 김상현, 위와 같음.

7) 다만, 나말까지 불국사가 화엄종 계통의 사찰인 사실을 알게 해주어 주목된다. 이에 대해서는 김상현, 「석불사 및 불국사에 표출된 화엄세계관」『신라화엄사상사연구』, 민족사, 1991 참조. 그동안 불국사의 소속 종파를 둘러싼 논란이 치열하였지만 최근 소개된 불국사 석탑의 두 「중수기」를 근거로 고려 초기에 이르러 화엄계통에서 유가계통으로 바뀐 사실이 드러났다. 당대 기록이 어떻게 기능할 수 있는가를 여실히 보여주는 실례이다.

왕의 석가탑과 다보탑을 지칭)을 대대적으로 수리한 뒤 진행된 경과 일체를 정리한 석가탑 출토의 묵서지편(墨書紙片)에서 확보된 「서탑중수기」(1038)와 「무구정광탑중수기」(1024)에는 사찰 창건과 관련해 단편적이나마 약간 색다른 내용이 보여 주목을 끈다. 여기에서는 대성 각간이 경덕왕 즉위년(742)에 불국사를 창건하기 시작하였다고 해서 시점을 『삼국유사』보다 10년쯤 앞서는 것으로 정리해 두고 있다.

대성이 보유한 관등을 각간(角干)으로 명시한 사실은 후대적인 부회가 들어갔음을 유추케 해주지만 일단 불국사 창건과 관련해서는 재음미해 볼 일말의 단초가 된다. 게다가 불국사가 화엄이 아닌 유가계통의 사찰이라거나 석가탑을 서탑, 다보탑을 무구정광탑이라고 하는 등 기존에 알려진 것과는 다른 내용도 크게 참고가 된다.

이상과 같이 불국사 및 석굴암 관련 사료 현황 전반을 대충 훑어보면 불국사 및 석굴암의 창건 관련한 문제는 아무래도 거의 유일하다시피 한 『삼국유사』 효선(孝善)편의 「대성효이세부모 신문대(大城孝二世父母 神文代)」(이하에서는 편의상 「이세부모」조로 줄인다)가 중심적인 위치를 차지함이 자명해진다. 그밖에는 의해(義解)편의 「의상전교(義湘傳敎)」조에 불국사에 주석하던 표훈(表訓) 대덕이 천궁을 왕래하였다는 지극히 간단한 내용만이[8] 확인될 따름이다.

불국사와 석굴암 관련 내용을 효선편에서 다룬 점은 각별히 되새겨 봄직한 대상이다. 『삼국유사』 전편을 통해 추출되는 기본적인 편집 방침으로서는 그런 항목은 아무래도 탑상(塔像)편에 들어감이 어울릴 터이기

---

8) 『삼국유사』 4 의해 「의상전교」조. 이 기사는 기이2 「경덕왕」조의 표훈이 천제와 만나는 기사에서 가져왔을 가능성도 엿보인다.

때문이다. 일연도 앞서 두 사찰의 현장을 직접 찾아보았던 듯하나[9] 그럼에도 이상스럽게 탑상편이 아닌 효선편에다 넣어서 다루었다. 여기에는 어떤 강한 의도성이 작동하였음을 짐작게 해주거니와 두 사찰 관련 사료가 설화성이 짙은 것도 그런 사정과 연관되었을 듯싶다.

그것은 여하튼 불국사와 석굴암 두 사찰의 창건 문제와 관련해서는 「이세부모」조에 전적으로 의존할 수밖에 없는 형편이다. 내용이 약간 길어 번잡하다는 느낌을 떨치기는 어렵지만 세세한 분석과 음미 때문에 편의상 전문을 소개해 둘 필요가 있다. 내용 전반을 염두에 두면서 나름대로 단락을 지어서 제시하면 다음과 같다.

A) 대성(大城)이 두 세상의 부모님께 효도를 함[大城孝二世父母] 신문대(神文代)

B) (가) - ① 모량리(牟梁里)[어떤 곳에는 부운촌(浮雲村)이라고 하였다]의 가난한 여인 경조(慶祖)에게 아이가 있었는데, 머리가 큰 데다 정수리가 편평해 성(城)처럼 생겨 이름을 대성(大城)이라고 지었다. 집안이 가난해서 제대로 살아가기 어려워 부자인 복안(福安)의 집에 품팔이하였다. 그 집에서 몇 이랑의 밭을 나누어 주어 입고 먹는 밑천으로 삼았다.

- ② 때마침 개사(開士)인 점개(漸開)가 흥륜사(興輪寺)에서 육륜회(六輪會)를 열려고 시주를 권하면서 복안의 집에까지 이르자 복안은 베 50필을 시주하였다. 점개가 소원을 빌어주며 말하기를 "시주님께서는 보시를 좋아

---

9) '불국사의 운제와 석탑의 돌과 나무를 아로새긴 솜씨는 동도의 모든 절 가운데 더 나은 것이 없다(其佛國寺雲梯石塔彫鏤石木之功東都諸刹未有加也)'는 표현은 실물을 직접 찾아본 사실을 암시해 준다.

하시니, 천신(天神)이 항상 보호하고 지켜주시어 하나를 베풀면 만(萬) 배를 얻도록 하여 안락하게 오래 살 것입니다."라고 하였다. 대성이 이를 듣고 뛰어 들어가 그 어머니에게 말했다. "제가 스님이 문에서 웅얼거리며 되뇌는 말씀을 들어보니, '하나를 베풀면 만 배를 얻는다.'고 합니다. 생각하건대 우리는 틀림없이 지난 세상에서 지은 숙업이 없었기 때문에 이처럼 곤궁함을 겪는 것입니다. 지금 또 시주하지 않으면 다음 세상에서는 더욱 어려움을 겪게 될 터이니, 제가 품팔이를 해서 얻은 밭을 법회에 시주하여 훗날의 보응(報應)을 도모함이 어떻겠습니까."고 하였다. 어머니가 "좋다"라고 말씀하셔서 이에 점개에게 밭을 시주하였다. 얼마 지나지 않아 대성이 죽었다.

(나) - ① 그날 밤 나라의 재상 김문량(金文亮)의 집에 하늘이 외치는 소리가 들렸다. "모량리의 대성이란 아이를 지금 너의 집에 의탁하노라." 집안사람들이 깜짝 놀라 모량리의 대성을 찾아보게 하였더니 과연 죽었는데, 바로 그 날이 하늘이 외치던 때였다. 임신을 해서 아이를 낳았는데, 왼손을 꽉 쥐고 펴지를 않다가 이레째에 비로소 펴니, 금으로 된 패쪽[簡子]에 '대성(大城)'이란 두 글자가 아로새겨져 있어 이름을 그렇게 지었다. 그의 어머니(경조)도 집으로 맞이하여 함께 봉양하였다.

- ② (대성은) 장성(壯盛)하자 놀며 사냥하기를 즐겼다. 하루는 토함산(吐含山)에 올라가 한 마리의 곰을 잡은 뒤 산의 아랫마을에서 잤다. 꿈에 곰이 귀신으로 변해서 꾸짖었다. "너는 왜 나를 죽였느냐? 내가 도리어 너를 잡아먹어야겠다." 대성이 두려워하면서 용서해 주기를 청했더니, 귀신이 말했다. "나를 위하여 절을 지어줄 수 있겠느냐?" 대성이 맹서하며 말했다. "그리 하겠습니다." 잠에서 깨어나자 땀이 흘러 요를 적셨다. 그 뒤에는 벌판에서 사냥하는 것을 그만두고 곰을 위해 잡은 곳에다 장수사(長壽寺)를 지었다.

(다) - ① 그런 일을 겪으면서 느낀 바가 있었고 자비로운 서원(誓願)이 더욱더 돈독해졌다. 이에 현생의 두 어버이를 위하여 불국사(佛國寺)를 짓고, 전세의 아버지와 어머니를 위하여 석불사(石佛寺)를 지어, 신림(神琳)과 표훈(表訓) 두 성사(聖師)를 청해서 각기 머무르도록 하였다. 불상의 설비[상설(像設)] 등을 성대하게 갖추어 길러주신 수고를 갚았으니, 한 몸으로써 두 세상의 부모에게 효도한 것은 옛날에도 또한 드문 일이었다. 착한 보시의 효험을 믿지 않을 수가 있겠는가.

- ② 장차 석불을 아로새기려고 하였다. 하나의 거대한 돌을 다듬어 석굴의 덮개를 만드는데, 돌이 갑자기 세 조각으로 갈라져 버렸다. 화가 난 상태로 어렴풋이 잠들었는데, 밤중에 천신(天神)이 내려와서 다 만들어놓고 돌아갔다. 대성이 막 잠자리에서 일어나 달려 남쪽 고개를 넘어가 향목(香木)을 불살라서 천신에게 올리고 그곳을 향령(香嶺)이라고 이름을 지었다.

(라) 불국사의 운제(雲梯)와 석탑(石塔)의 돌과 나무를 아로새긴 솜씨가 동도(東都)의 여러 절 가운데 이보다 더할 곳이 없다.

C) (가) 고향전(古鄕傳)에 실려 있는 내용이 위와 같으나 절에 있는 기록[사중유기(寺中有記)]은 다음과 같다.

(나) "경덕왕(景德王) 때 대상(大相)인 대성이 천보(天寶) 10년 신묘(辛卯, 751)에 불국사를 창건하기 시작했다. 혜공왕(惠恭王)의 치세를 지나면서 대력(大曆) 9년 갑인(甲寅, 774) 12월 2일 대성이 죽자, 나라에서 완성하였다. 처음 유가의 대덕(大德) 항마(降魔)를 초청하여 이 절에 머무르게 하였는데, 지금껏 이어지고 있다."

D) '사중기'의 내용은 '고전(古傳)'과 같지 않은데, 어느 것이 옳은지 자세히

알 수가 없다.

그리 짧지 않은 기사를 체계적으로 분석해 내려면 크게 몇 단락으로 나누어 접근함이 바람직할 듯싶어 일단 위와 같이 정리해 보았다. 전체적인 흐름을 일목요연하도록 드러냄이 그 속에 깃든 역사성을 들추어내는 데에 유용하다고 판단하였기 때문이다.

전반을 일별하면 원래 하나가 아닌 여러 갈래의 향전 자료를 뒤섞어 일어난 시점을 기준으로 시차(時差)에 따라 맥락이 닿도록 흐름을 정리한 데에 특징이 엿보인다. 이를테면 대성이란 인물의 전생, 출생과 어린 시절, 장성한 뒤 사찰을 창건하기에 이르는 과정 등이다. 그 각각의 사이에는 B)(라), C)(가), D)처럼 찬자인 일연이 자신의 소감이나 필요한 설명문을 끼워 넣는 방식으로 전체를 정리하였다. 다만, 그렇다고 편년체적인 입장에서 서술한 것은 아니었다.

A)는 본문에는 들어가 있지 않은 별도의 독립된 표제어에 해당할 따름이지만 특별히 '신문(왕)대'란 단서가 붙어있어 잠시 음미해 볼 필요가 있어 여기서는 마치 하나의 단락처럼 다루었다. 어쩌면 거기에 추정 이상의 정보가 담겨졌을지도 모를 일이기 때문이다.

전체 5개 항목으로 이루어진 효선편 가운데 둘째에 해당하는 「이세부모」조를 비롯해 중간 3개 조항의 표제어 끝부분에는 모두 왕명(각각 신문왕대, 경덕왕대, 흥덕왕대)을 공통적으로 붙이는 형식이 취해졌다. 이는 소개하려는 내용의 전부, 아니면 그 중의 특정 핵심 사항이 당해 국왕의 재위 기간 동안 벌어졌음을 드러내려는 수법인 듯싶다.

하지만 효선편의 첫째 항목인 「진정사효선쌍미(眞定師孝善雙美)」조와 마지막의 「빈녀양모(貧女養母)」조에서만은 왕명을 따로 달지 않았다. 이는 본문 속의 내용이 여느 특정 왕대로 확정 짓기 곤란할 정도로 여러 시기에 걸쳤거나 아니면 착각하여 누락시켰을 수도 있겠다.

그것은 어떻든 일단 표제어의 맨 뒤에다 신문(왕)대를 넣어 전체 내용이 마치 그 시기에 벌어진 듯이 내세웠지만 정작 내용상에서는 그와 연계시킬 만한 어떤 실마리도 찾아지지 않는다. 오히려 본문 가운데 '사중유기'를 인용한 C)(나)에서는 두 사찰의 창건이 신문왕대보다 한참 뒤인 경덕왕대로부터 시작해 혜공왕대에 마무리되었음을 밝혀두어 상당한 시차를 드러내고 있다. 이는 위의 사료 전반을 달리 해석해 봄직한 하나의 단서가 된다.

그렇다면 표제어에다 구태여 '신문(왕)대'를 뒤에다 붙여 넣은 이유가 과연 무엇이었을까는[10] 무척 궁금하게 여겨지는 대목이다. 관련 자료를 널리 수습·정리하면서 표제어까지 직접 지었을 법한 찬자 일연이 그런 문제점을 인지하면서도 신문(왕)대를 아무런 의미 없이 그저 막연하게 넣었을 것 같지는 않다.

전체를 신문왕대에 일어난 일로서 간주하기 곤란하다면 일단 일부만이라도 그 시기와 연관이 있다고 간주함이 올바른 진단일 듯싶다. 그 시점과는 전혀 무관한 C), 즉 '사중유기'를 인용한 부분은 저절로 고려의 대상에서 제외되겠다. 그 외 나머지 B), 즉 '고향전'에서 인용한 부분은 일단 신문왕대의 일로서 상정할 여지가 엿보인다. 여기에는 그럴 만한 약간의 단초가 있기 때문이다. 일연 자신은 실제로 향전에 근거해서 내

---

10) 신문왕대를 김대성의 탄생 시기라고 추정하는 견해도 있으나 774년 사망한 사실로 미루어 그처럼 단정하기에는 간단하지가 않다. 한편, 불국사의 전신이 이미 문무왕 말년 신문왕대 무렵 현재의 비로전지에 세워졌고 그로부터 비롯하였을 것이란 견해도 있다.(박남수, 「김대성의 불국사 조영과 그 경제적 배경」 『불국사의 종합적 고찰』(신라문화제학술발표회논문집 18), 1997, p.57)

용 전체를 신문왕대에 벌어진 일이라고 여겼을 가능성이 없지 않다.

하지만 구체적으로 들여다보면 반드시 그렇지 않았음이 드러난다. 그렇게 단정하는 데에는 B)(나)의 '재상 김문량'이란 인물이 약간의 걸림돌로 작용하기 때문이다. 김문량은 흔히 대성의 아버지로서 성덕왕(聖德王) 5년(706) 대아찬으로서 중시(中侍)에 임명된 바로 그 사람과 동일인으로 추정되고 있거니와[11] 그렇다면 이 부분은 신문왕대란 시간적 범위에서 약간 벗어난다. 이 또한 B) 전체를 일괄 신문왕대로 간주하기 어렵도록 만드는 근거가 된다.

이상의 사실로 미루어 B)의 전부가 아닌, 그 가운데 시점에서 가장 앞서는 (가)만이 신문왕대의 일로 상정할 수밖에 없다는 결론에 다다른다. B)(가)가 만약 신문왕대라면 전체 내용으로도 아무런 문제가 발생하지 않는다. (가)의 내용은 주인공인 대성이 태어나 활동한 현세가 아닌 전생에서 벌어진 일로 되어 있기 때문이다. 위의 사료 전체를 그대로 받아들이는 한 주인공 대성은 빨라야 성덕왕대 초반 무렵 태어나 경덕왕대를 거쳐 혜공왕대까지 산 셈이 된다. 그러므로 이런 구조적인 측면에 의하면 대성의 전생은 신문왕대로 비정할 수밖에 없다.

이처럼 사료 전체의 표제어로서 제시될 정도로 신문왕대 대성의 전생은 대단히 중요한 의미를 갖는 대상으로 부각된다.[12] 달리 말하면 일연은 B)에서는 각별히 (가) 부분에다 방점을 찍어두고서 자료 전반을 정리하였던 것 같다. 이 부분이 차지하는 분량이 적지 않은 점도 그런 추정을

---

11) 이기백, 「신라 집사부의 성립」 『진단학보』 25·26·27, 1964 ; 『신라정치사회사연구』, 일조각, 1974, pp.168~169.

12) 김상현, 앞의 글(1992), p.431에서는 전생담을 김대성의 위대성을 강조하기 위해 덧붙여진 것으로 풀이하였다.

보강해 준다.

B)에서는 (가)를 제외한 나머지는 김대성의 현생과 관련된다. 전생에 속하는 (가)는 다시 두 부분으로 나뉜다. (가)-①은 전생의 대성이 가난하게 살아간 현실 상황이라면 ②는 죽어서 환생하는 계기로서 작용한 보시 행위와 관련한 내용이다.

결국 (가)는 가난하게 산 전자(①)보다 후자(②)인 보시 행위에 초점이 맞춰진 셈이 된다. 뒷날 대상이 현생에서 벌인 일체 효행의 원천을 이 보시 행위에 두고 있다.[13] 달리 말하면 보시는 내용 전체를 규정짓는 출발점이면서 동시에 가장 핵심적 사항이라고 할 수 있다. 이 조항을 탑상편에 넣지 않고 굳이 효선편에서만 다룬 것도 바로 그 때문으로 여겨진다. 이때의 보시 행위에 깔린 의미에 대해서는 뒤에서 다시 다루기로 하겠다.

(나)는 ①주인공인 대성의 출생 당시의 모습, ②어린 시절의 성장과 배경이 간단히 소개된 부분이다. 그 가운데 대성이 토함산을 중심으로 곰 사냥을 하고 그 결과로써 장수사란 절을 창건하게 된 사실이 주요 내용을 이룬다. 위치는 불분명하나 장수사란 구체적 사명은 사실성을 일정 정도 담보한다. 장수사의 창건에 내재된 의미도 뒤에서 다시 살피기로 하겠다.

(다)-①은 대성이 장성한 뒤 마침내 전세와 현세의 부모에 대한 효성을 다한 뒤 최후의 실행으로서 불국사와 석굴암 두 절을 창건하게 된 사실이다. 이미 살펴본 바처럼 전생에 행한 보시의 결과에 상응하여 효선을 적시한 사실성이 가장 강한 부분이다. 그런 의미에서 본문 중의 본문이

---

13) 김상현, 『신라화엄사상사연구』, 민족사, 1991, p.194.

라 단정해도 무방하겠다. 전생의 보시 행위를 내세워 두 사찰의 창건 사실을 정당화하려는 데에 초점이 맞추어져 있다. 다만, 사찰을 창건하기에 이르는 배경과 과정에 대해서는 구체적으로 다루지 않은 채 오직 결과만을 내세운 점에 특징이 엿보인다.

그와는 다르게 (다)-②에서는 불국사 관련 내용은 일절 취급하지 않고 오직 석굴암만을 대상으로 삼았다. (다)를 두 부분으로 나누어 이해할 필요성은 바로 여기에 있다. 석굴암 관련 내용 전반이 아닌 문제가 발생한 천정석의 수리 사실만을 다루어 약간 생뚱맞다는 느낌도 든다. 이 점은 원래 (다)-①과는 계통이 다른 사료임에도 석굴암의 천정이 특별함을 강조하려는 의도로 말미암아 한데 묶어서 정리한 듯하다. 이는 석굴암이 불국사와 창건의 시점이 다르다고 볼 여지를 제공해 준다.[14] 내용 전부가 하나의 특정 향전이 아닌 여러 갈래의 향전 자료에 의거하였음을 시사해 주는 것이기도 하다.

(라)는 불국사의 운제, 즉 올라가는 두 돌계단과 석탑의 현상을 실견한 뒤 꼭 찍어서 특별하게 강조한 부분이다. 이는 여느 특정 향전에 따른 것이 아니라 일연이 불국사의 현장 전반을 직접 목도하고 난 뒤의 느낌을 일종의 감상(鑑賞)처럼 첨부한 부분이다. 따라서 여타의 내용과는 성격을 달리한다고 하겠다. 여기에서는 석굴암에 대해 전혀 언급하지 않았음이 특징적이다.

이어지는 C)의 첫머리인 (가)에 의해 바로 앞부분인 B)의 내용 전반이 고향전 자료에 의거하였음이 비로소 확인된다. 다만, 그 가운데 끝부분인 (라)만은 별도이다. 이처럼 B) 가운데 (가)(나)(다)의 출전은 향전이었음

---

14) 김기흥, 「깨어진 석굴암의 천개석」 『역사와 현실』 74, 2009, pp.41~43 ; 한정호, 「『삼국유사』 석굴암 창건기록의 미술사적 타당성 검토」 『문물연구』 26, 2014, p.107.

이 확실시된다.

그럼에도 '향전에 이른다(云)'와 같은 직접화법의 방식이 아닌 C)의 첫 머리에 제시되어 있듯이 전체 내용을 소개한 뒤에 이들 전부가 마치 향전에 의거하였음을 드러내는 이른바 간접화법의 수법이 동원된 점이 특이하다. 그냥 향전이 아닌 '고향전'으로 표현한 점도 그와 연관된 특이한 수법에 속한다.

어쩌면 이는 하나의 특정 향전으로부터 B)의 내용 전부를 그대로 가져온 것이 아니라 여러 갈래의 옛 향전을 수집 종합 정리해서 시차별로 마치 하나인 듯이 엮어내었음을 보여주기 위해서가 아니었을까 싶다. 앞서 언급한 것처럼 (가)에서 전생을 전혀 별도로 다루었다거나 (다)의 ①과 ②가 계통이 다른 듯이 비쳐진 사실도 그런 추정을 보강해 준다. 말미의 (라)에서 향전이 아닌 일연 자신의 판단을 따로 덧붙인 점도 비슷한 면모이다. 그런 정리 과정에서 일연은 시점이 가장 빠르며 사찰을 창건한 원천으로써 진단한 (가) 부분을 각별히 강조하였을 법하다.

요컨대 B)는 내용 전반을 살피면 사찰의 창건보다 오히려 보시 행위에 무게 중심을 둔 듯한 인상을 짙게 풍긴다. 두 사찰의 창건 사실을 다룬 (다)①의 말미에다 '착한 보시의 효험을 믿지 않을 수가 있겠는가.'라는 형식으로 재차 강조해 마치 중간 마무리를 지으려는 듯한 구절을 삽입한 것도 바로 그런 맥락에서 이해된다. 이 항목을 탑상편에 싣지 않고 효선편에다 넣은 사실도 그런 사정과 연관될 성싶다.

C)는 '사중유기'로부터 직접화법의 형식으로 인용한 부분이다. 고향전에 의거한 B)가 간접화법의 형식을 취한 방식과는 대조적이다. 이는 거꾸로 고향전이 하나가 아닌 여러 향전에 근거하여 조합하였다는 추정을 보증해 주는 것이기도 하다. 만일 하나의 향전에만 의거한 것이라면

구태여 간접화법의 방식이 취해졌을 리 만무한 일이기 때문이다.

C)는 B)와는 다르게 사찰 사료인 '사중유기'를 빌어 불국사의 창건 사실만을 다룬 점에서 두드러진 차이를 보인다. 특히 B)에 들어있지 않은 사실, 즉 창건의 시작 시점이 경덕왕(景德王) 재위 10년(751)임과 함께 혜공왕(惠恭王)대까지 계속되다가 774년 12월 2일 주도자인 대성의 사망으로 나라에서 이어받아 드디어 완공한 사실을 적시하고 있다. 그리고 불국사의 창건 작업을 모두 마무리 지은 뒤 유가(瑜伽) 대덕(大德)인 항마(降魔)를 불국사에 머물게 하였는데[15] 지금껏(고려 후기) 이어진 사실을[16] 밝혀두었다.

두 사찰과 관련하여 B)와 C)를 서로 대비해 보면 간단하지만 두드러진 차이를 보인다. B)에서는 김대성이 석굴암과 불국사의 두 사찰을 각각 전세와 현세 부모를 위해 창건하였다고 하면서 마침내 화엄계통의 두 승려인 신림과 표훈을 주석하게 하였다고 한다. 반면 창건의 시작 시점이나 경과 등의 사실은 전혀 드러내지를 않았다. 단지 결과만을 대충 언급하는 정도로 그쳤을 따름이다.

한편 C)에서는 김대성이 경덕왕 10년(751) 불국사의 창건을 시작하였으나 끝을 맺지 못한 채 혜공왕대까지 이어지다가 대성이 도중에 사망함으로써 국가가 이어받아 완공한 사실을 보여준다. 그리고 화엄계가 아닌 유가계통의 승려 항마를[17] 초치해 주석게 하였다고 하여 B)에서 화엄계

---

15) 최병헌, 「삼국유사에 나타난 한국고대불교사인식-불교교학과 종파에 대한 인식문제를 중심으로」『삼국유사의 종합적 검토』, 한국정신문화연구원, 1987, p.201.

16) 이 부분은 후술하듯이 그동안 논란되어 왔으나 두 「중수기」의 출현으로 그처럼 제대로 풀이할 수 있게 되었다. 새로운 자료 출현이 가져다 준 효과인 셈이다.

17) '사중유기'로부터 인용한 '初請瑜伽大德降魔住此寺繼之'를 승려 이름으로서는 항마가 이상하므로 대덕을 승려의 이름, 항마를 동사로 풀이하려는 견해(김상현, 앞의 책, 1991)도 있다. 그

의 신림과 표훈이 완공 후 주석한 사실과는 근본적 차이를 보인다. 이는 창건의 주도자, 시작 시점, 결과 등과 관련하여 내용을 달리하는 자료가 적지 않았음을 드러내는 것이므로 잠시 주목해 볼 대상이다.

일연도 D)에서는 두 기록에서 드러난 차이를 명확히 인지하면서도 함께 제시해 어느 쪽이 옳은지의 판정은 일단 유보해 두었다. 다만, 차이점의 대상은 구체적으로 적시하지 않은 탓에 약간의 논란을 불러일으킨다. 그래서 C)의 내용 전체가 B)와 다르다고 보는가 하면[18] 그 가운데 특정 부분에만 한정시켜 이해하려는 견해도[19] 있다. 이는 어느 사실의 하나만을 꼭 짚어서 제기하지 않았으므로 내용 전반이 다름을 지적한 것이라 풀이함이 순조로울 듯싶다. 그 속에는 표제어에 창건 시점을 신문왕대라고 내세운 것과 함께 실제로는 경덕왕대였던 사실도 당연히 포함된다.

이처럼 「이세부모」조는 일정한 목표를 겨냥해 하나가 아닌 여러 갈래의 향전 자료를 나름대로 하나의 틀 아래 엮어내는 방식으로 정리한 것이다. 그를 위해 성격이나 내용에서 서로 다르고 차이를 보이는 향전류와 '사중고기'의 두 계통을 섞어 정리해서 제시한 것이다.

향전류는 '고향전'이라고 칭한 것처럼 하나가 아닌 여러 갈래의 자료

런 측면을 배제하면 문장 구성상으로는 본문처럼 해석하는 쪽이 온당하다. 여기서는 신림과 표훈이 화엄계통 승려이고 그에 대응되는 유가 대덕이 두 사찰에 주석하였다고 하여 대조되는 데에 초점이 맞추어져 있다. 근자에 알려진 불국사의 두 「중수기」에는 불국사를 유가계통 사찰로 명시하고 있으므로 후자가 올바른 해석으로 여겨진다. 다만, 이는 어디까지나 고려 초기 이후의 일이므로 원래는 화엄계통 승려인 신림과 표훈의 주석이 타당하다고 보고 있다. 신라 왕조가 멸망하고 고려 왕조로 교체되어 간 과정에서 자연히 불교계에서도 변동이 크게 벌어졌고 그때에 불국사도 화엄계통에서 유가계통으로 바뀌었다고 풀이함이 온당할 듯싶다.(최연식, 「석가탑 발견 묵서지편의 내용을 통해 본 고려시대 불국사의 현황과 운영」 『불교학보』 61, 2012, pp.244~245)

18) 최병헌, 앞의 글 ; 한정호, 앞의 글, p.109.
19) 임영애, 「석굴암 조성 시기는 언제인가」 『신라학리뷰』 창간호, 2022.

를 한데 묶었기에 그처럼 표현한 듯한데, 이들 대부분이 화엄계통이었을 것으로 짐작된다. 반면, '사중유기'는 향전류와는 달리 고려시대의 불국사 관련 자료 여럿 가운데 특정 시점에 유가계통에서 정리한 것으로 짐작된다.[20] 양자의 계통이 다른 만큼 내용상에서 보이는 차이도 적지 않다.

이런 측면은 위의 사료를 활용하려면 낱낱이 비판적으로 점검해야 할 명백한 근거가 된다. 그동안 사료가 빈약하다는 이유만을 명분으로 앞세워 대충 활용해 왔으나 이는 매우 무모한 접근 방식이었다. 앞서 소개한 두 「중수기」 내용이 보여주듯이 불국사의 창건 시작 시점을 경덕왕 즉위년인 742년이라거나 완공된 뒤 화엄계통에서 맡았지만 고려 초기에 이르러 유가계통의 사찰로 바뀐 사실이 확인됨은[21] 그런 실상을 여실히 입증한다.

「이세부모」조의 원전 자료 수집·정리는 물론 표제어까지 창안한 사람이 찬자 일연이었겠지만 그 과정에서 자신이 지닌 입장까지 저절로 스며들었을 터였다. 기실 일연은 불국사 및 석굴암의 창건 사실이나 종파보다는 불교 중심의 보시와 함께 효행에 초점을 맞추어 정리하였을 따름이다. 그 때문에 불가피하게 역사성이 결여된 부분도 자연스레 생겨날 수밖에 없었을 터이다.

이처럼 「이세부모」조는 보시 행위와 그 최종 결과인 효행을 겨냥해 여러 갈래의 자료를 적절히 섞어 편집한 데에 주된 특징이 있다. 그러므로 거기에 담겨진 역사성을 제대로 추출해내려면 사료를 낱낱이 음미하는 길밖에 달리 방법은 없다.

---

20) 최병헌, 앞의 글.
21) 최연식, 앞의 글.

3. 「이세부모」조에 담긴 역사성

「이세부모」조는 사실상 대성이란 특정 인물의 일생을 놓고 시간의 흐름을 주요 기준으로 삼아 단계화해서 정리한 기록이다. 주요 내용은 보시 행위로부터 시작해 마지막 업보(業報)인 사찰 창건에 이르기까지를 기본 축으로 삼았다. 시점을 크게 전세와 현세로 나누고, 전세는 다시 가난한 삶과 보시 행위, 그리고 현세는 환생과 생장 및 불국사·석굴암의 창건 등의 세 시기로 구분해서 정리하였다.

출발 지점인 전생의 내용 그 자체가 역사적인 사실일 리는 만무하겠다. 설화는 전부 합리적으로 해명해 낼 수 있는 성질의 것도 아니다. 거기에는 그야말로 단지 설화에 지나지 않는 허구성이 강한 부분을 비롯해 약간이나마 역사성을 띤 것, 양자가 마구 뒤섞인 것 등이 어우러졌을 터이다. 그로부터 옥석을 제대로 가려내기란 쉽지 않을 성싶다.

하지만 아무리 설화성이 짙더라도 의도적인 목적 아래 조작한 것이 아니라면 이들 각각에는 일정한 역사성이 깃들어 있다고 풀이해도 어긋나지는 않을 것 같다. 역사성이 들어간 설화 자체는 어떤 특정 목적을 겨냥해 상징적, 은유적으로 표현하는 속성을 띠게 마련이다. 그런 입장에서 위의 설화에 숨겨진 역사성을 잠시 나름대로 들추어보고자 한다.

이 조항의 핵심적 키워드는 아무래도 전생의 보시 행위가 되겠다. 그것이 대성의 현생에서 벌인 모든 일의 원천으로서 작용하기 때문이다. 보시는 대승불교에서 불심을 깨달아가는 온갖 수행 가운데 가장 기본적 요소이며, 최고의 행위로서 인식되어 왔다.[22] 그래서 불사에 보시한 대

---

22) 장성우, 「『우바세계경』의 보시 연구」『세계불학』02, 2023, p.98.

성이 사망한 뒤 즉각 환생하고 양 부모에 대한 효성을 쌓아가다가 마침내 엄청난 공덕 불사인 사찰 창건을 감행함으로써 대단원을 짓는다는 구성이다.

신라 최초의 사찰인 흥륜사가 육륜회를 매개로 보시 행사를 추진한 사실은 각별히 눈여겨볼 대목이다. 육륜회는 달리 사례가 없어 분명하지 않으나 점찰법회(占察法會)의 하나일 것으로 추정되고 있다.[23] 그렇다면 미륵을 주존으로 삼은 흥륜사에 매우 어울리는 법회가 될 수 있겠다. 흥륜사에 소속한 승려인 점개는 실존 여부조차 가려내기 곤란하다.

그렇다고 실재한 흥륜사가 어떤 명분을 내세워 보시 행사를 대대적으로 펼친 사실까지 부정할 필요는 없겠다. 흥륜사 주도 아래 진행된 보시 행사가 결국 대성이란 특정 인물을 매개로 해서 불국사 및 석굴암의 창건으로까지 이어진다는 졸가리는 곧 양자 사이의 어떤 인과관계를 상징해 준다고 풀이해 볼 여지가 생겨난다.

그동안 불국사와 석굴암의 창건을 오로지 대성 개인의 보시 행위 쪽으로만 돌림이 일반적이었다. 하지만 전반적인 추이로 미루어 그것은 너무 편향된 추정이다. 물론 기록 자체가 대성 개인의 역할에만 초점이 맞추어진 까닭에 일견 당연한 일처럼 비쳐지나[24] 전후 사정을 고려하면 그대로를 모두 사실인 양 받아들이기는 곤란하다.

그것은 이미 앞서 소개한 두 「중수기」에 불국사를 최종 완성한 주체가 국가임을 암시한 데에서 저절로 드러난다. 이로부터 신라국가가 나서서 불국사 창건을 주도한 사실을 어렴풋하게나마 간취해 낼[25] 수 있기

---

23) 김영태, 「석굴암의 교리적 이해」 『정신문화연구』48, 1992, p.89 ; 한정호. 앞의 글, p.105.
24) 김상현, 앞의 책.
25) 최연식, 「표훈의 일승세계론과 불국사·석굴암」 『불교학보』70, 2015, pp.109~110.

때문이다. 여러모로 신라국가의 역할을 빼고서는 두 사찰에 대한 창건의 기획과 추진은 상상하기 어렵다.

물론 그렇다고 대성이란 인물이 두 사찰의 창건이나 수리 등에 상당한 수준으로 관여해서 크게 기여한 사실 자체까지 부정할 필요는 없겠다. 하지만 창건 관련 불사 일체를 전적으로 대성 개인만의 역할과 업적으로 돌림은 지나치게 멀리 나아간 느낌이다. 왜냐하면 거기에 소요된 재력이나 들였던 공력과 기간은 어느 누구라도 혼자서 감당할 만한 수준을 훌쩍 뛰어넘기 때문이다.

당시 유력한 진골 귀족이 보유한 경제력의 정도가 만만치 않은 수준이었음은 부정하기 어렵다. 이를테면 '재상가에는 녹(祿)이 끊이지 않았으며 노동(奴僮)은 삼천으로 갑병(甲兵) 및 소·말·돼지[牛馬猪]도 그만큼'이란 『당서』 신라전에[26] 보이는 내용이나 이른바 엄청난 부윤대택(富潤大宅)을 지칭한 35금입택(金入宅)의 존재는[27] 그런 실상을 방증해 준다. 실제로 진골이 아닌 6두품 신분 출신으로서 집사부의 차관직인 시랑(侍郎)이란 관직을 최후로 역임한 뒤 은퇴한 김지성(金志誠)조차 자신만의 재력으로 남월산(南月山) 아래에다 집안의 원찰인 감산사(甘山寺)를 창건했을[28] 정도였다.

이런 사례로부터 유추하면 가장 유력한 진골 귀족의 경제력은 상상 이상의 수준에 달하였을 것으로 짐작해도 무방하겠다. 가령 왕경 소재의 무장사(鍪藏寺), 곡사(鵠寺)를 비롯해 법광사(法光寺), 단속사(斷俗寺), 갈항사(葛項寺), 동화사(桐華寺), 해인사(海印寺), 보림사(寶林寺) 등 지방 곳곳에

---

26) 『당서』 220 열전 신라전.

27) 이기동, 「신라 금입택고」 『진단학보』 45, 1978 ; 『신라 골품제사회와 화랑도』, 일조각, 1984.

28) 남동신, 「감산사 아미타불상과 미륵보살상 조상기의 연구」 『미술자료』 98, 2020.

세워진 대규모의 사찰에 모두 특정 귀족 개인의 재원이 엄청나게 투여된 사실은 그를 방증해 준다.

하지만 그런 정도의 불사는 여러모로 불국사나 석굴암에다 견주기는 어렵다. 두 사찰은 입지나 규모 등 제반 여건으로 미루어 아무리 엄청난 재력을 보유한 유력 귀족이더라도 감내할 수 있는 성질의 범위를 훌쩍 뛰어넘는 대역사(大役事)였다. 게다가 건축의 과정에 온갖 분야에 걸쳐 구사된 기술력은 당대의 어떤 귀족 개인도 쉽사리 동원할 수가 없는[29] 최고의 수준이었다.

더욱이 '불국'이란 용어는 아무리 유력한 귀족이라도 자신 집안의 원찰적인 사찰에다 함부로 사용하기에는 너무도 부적절한 표현이다. 불국사는 신라국가의 차원에서 오래도록 구현을 꿈꾸어온 불국정토에 어우러지는 절 이름으로 여겨진다. 그런 의미를 품은 표현이 사적으로 창건된 사찰명으로 사용되었다고 추정함은 시대상을 몰각한 지나친 억측이다. 그렇다면 창건의 주도자를 전적으로 대성 개인에게 돌리는 이해 또한 당연히 무리한 일이라고 단정할 수밖에 없다.[30]

한편 뒤에서 다시 본격적으로 다루겠지만 토함산은 당시 국가제사로서 중사(中祀)의 대상인 5악(岳) 가운데 동악(東岳)으로 지정된 성산(聖山)이었다. 통일기 초기에 아직 전운(戰雲)이 채 가시지 않은 극도의 긴장 국

---

29) 강우방, 앞의 글, (2001), p.10.

30) 낱낱이 언급하기는 어렵지만 그동안 불국사를 기록된 그대로 받아들여 김대성, 혹은 집안의 원찰로서 보는 입장과 국가적인 사찰로서 간주하려는 견해로 크게 엇갈려 있었다. 후자의 경우 굳이 국왕 중심의 권력 강화, 나아가 전제왕권과 직결시켜 이해하려고 하였음이 일반적이었다. 하지만 필자는 일단 종교성을 우선하고 결과적으로 그것이 국왕 정점의 지배체제 정비와 연결되었을 것이란 생각을 갖고 있다. 앞서 언급하였듯이 기본적으로 국가 주도로 창건을 시작하였으나 다양한 보시를 커다란 전제로 추진되었음을 상정한 것도 바로 그 때문이었다.

면에서 동해안 방어망 구축의 중대성을 절감한 문무왕은 과거 이 지역과 밀접한 관계를 맺었던 탈해를 동악의 산신으로[31] 모셨다. 이는 토함산이 특정 귀족 개인이 집안의 원찰을 조영하기 위해 멋대로 활용하기 힘든 성소였음을 뜻하는 사실이다. 토함산 주변의 일정 구역은 당시 탈해 사당이 정상부 가까이에 세워지고 국가 주도로 정기적인 제사가 행해지는 등 특수 성격의 명산으로서 아무나 함부로 범접할 수 있는 공간이 아니었다.

이처럼 반드시 사전에 점검해야 할 몇몇 기본적인 사항은 별로 염두에 넣지 않은 채 뒷날 보시와 효행의 관점에서만 일괄해서 정리한 「이세부모」조의 내용을 아무런 비판적 점검도 거치지 않고서 무조건 사실이라고 인식한 자체는 한계가 뚜렷하다. 신라국가가 직접 두 사찰의 창건을 위해 적절한 기획 아래 체계적으로 추진하였다고 봄이 올바른 접근이다. 다만, 그렇다고 대성이 거기에 어떤 형태로건 깊숙하게 관여한 사실 자체까지 부정할 필요는 없겠다. 아마도 대성은 실무를 추진해 가는 과정에서 크게 활약한 인물로 봄이 온당할 듯싶다.

그와 같은 추정은 당대의 대표적 국가사찰인 황룡사의 9층목탑 건립 사례로도 보강된다. 황룡사 9층목탑은 7세기 중엽 당나라에 유학하였다가 갓 귀국한 고승 자장(慈藏)의 건의에 따라 세워졌다. 무열왕 김춘추의 아버지 용춘(龍春, 龍樹)이 감군(監君)으로 지명되어 실무 추진을 맡았다.[32] 어쩌면 김대성도 용춘과 비슷한 역할을 감당하지 않았을까 싶다.

불국사의 창건에 투여된 재원이나 규모, 소요된 기간 등을 고려하면 거기에 쏟은 김대성의 공력이 쉽게 무시될 수 없음은 자명하다. 그런 사정 때문에 창건의 전반까지도 마치 그가 주도한 것처럼 여겨져 설화가

---

31) 『삼국유사』 1 기이 1 「제사탈해왕」조.
32) 국립경주박물관, 『특별전 황룡사』, 2018 부록편 「황룡사찰주본기」 참조.

만들어졌을 공산이 짙다. 완공 이후 두 사찰과 관련한 갖가지 이야기들은 널리 퍼져갔을 터이다. 앞서 지적한 바처럼 그런 인식 아래 다양한 갈래의 향전이 나와 이들이 「이세부모」조가 보여주듯이 김대성을 주인공으로 삼은 하나의 일관된 기준 아래 시차별로 정리되었을 터이다.

이상에서 언급해 온 바처럼 두 사찰, 특히 불국사의 창건은 신라국가가 본격적으로 주도해서 기획하고 추진하였음이 분명하다. 유력한 귀족 김대성은 그럴 때 실무 전반을 도맡아 책임졌을 듯하다. 물론 그가 실무적으로 가장 크게 공헌한 인물이었으나 처음부터 끝까지 모두를 감당해 낸 것은 아니었다. 그렇다면 그와 관련한 전생의 보시는 과연 어떤 의미를 가진 것일까.

먼저 보시 행사를 주도한 사찰이 흥륜사였음은 각별히 눈여겨볼 대목이다. 부자인 복안까지 동참한 사례가 시사해 주듯이 당시 오로지 어린 대성 혼자만이 보시를 행한 것이 아니었다. 기록의 초점이 주인공인 대성 1인에게 맞추어졌지만 흥륜사의 주도 아래 보시 행사가 대대적으로 펼쳐진 쪽으로 잠시 눈 돌릴 필요가 있다. 이런 측면은 불국사나 석굴암의 창건 배경이나 출연된 재원을 생각하는 데에 참고삼을 필요가 있기 때문이다.

육륜회와 같은 공식 법회를 매개로 해서 국가사찰인 흥륜사가 어떤 특정한 목적을 겨냥해서 보시 행사를 실시했을 가능성은 충분히 상정해 봄직하다. 9세기 초에 흥륜사는 법흥왕대 불교를 공인하는 과정에서 순교한 이차돈(異次頓)의 현창 사업을 대대적으로 펼쳐 금강산자락에다 사당(祠堂)과 함께 순교비(殉教碑)까지 세우고 매달 정기적인 추모 법회를 열었다.[33] 이후 신라 불교의 흥륭에 크게 공헌한 10성(聖)을 따로 선정해서 흥륜사의 금당에 봉안하는 등의[34] 현창 사업도 펼쳤다.

이와 같은 대대적인 불사는 여러 최고위직의 귀족 관료와 승려가 동참해서 합작한 일이었다. 「이세부모」조에는 대성만의 단독 시주자로서 결과적으로 두 사찰의 창건으로까지 이어진 것처럼 설정하고 있지만 사실상 다른 여러 단월(檀越)들도 동참하였다고 상정함이 올바를 듯싶다. 두 편의 「사중기」와 함께 발견된 「불국사탑중수보시명공중승소명기(佛國寺塔重修布施名公衆僧小名記)」에서처럼 고려 초기 두 탑의 중수 불사에 수많은 사찰 및 단월이 보시한 점도 그렇게 추정하는 데에 참고가 된다. 말하자면 흥륜사의 대대적인 보시 행사에는 다수가 참여하였고 그런 실상이 어떤 형태로건 불국사나 석굴암의 창건까지 이어졌으리라 여겨진다.

물론 당시 흥륜사의 보시 행사 자체가 곧장 불국사와 석굴암 창건과 연관된다고 단정할 만한 직접적인 매개 고리가 있는 것은 아니다. 하지만 흥륜사 주관의 보시 행사에 참여한 대성 개인이 불국사와 석굴암 창건까지 맡았다는 설화 속에서 수많은 시주자들도 함께 동참한 사실을 암시해 주는 것으로 풀이할 여지는 충분하다고 하겠다.

이처럼 두 사찰의 창건 작업은 국가적인 과업으로 추진되었으나 그렇다고 공적인 재원만이 일방적으로 투여된 것이 아니었다. 다수의 개인이나 단체 시주자까지 참여하는 형식으로 추진되었으리라 여겨진다. 대성은 당연히 그와 같은 시주자의 한 사람이면서 동시에 실무를 맡아서 감당한 제일의 공로자였을 따름이다. 유난스레 대성 개인의 시주 행위와

---

33) 『삼국유사』 3 흥법 「원종흥법 염촉멸신」조.
34) 『삼국유사』 3 흥법 「동경흥륜사금당십성」조.

공력을 강조한 설화도 그런 사정에서 말미암았을 듯하다. 그처럼 풀이할 때만이 불국이란 사명에 합당하게 신라국가가 현실에서 불국정토를 구현해 내려고 한 사실과도 어울리지 않았을까 싶다.

국가사찰인 흥륜사 주도 아래 이루어진 보시 행사가 불국사나 석굴암의 창건과 일정한 연관성을 갖는다면 그 자체는 곧 국가가 깊숙하게 개입하였음을 보이는 것이기도 하다. 나아가 황룡사는 물론 여타 당시 국가사찰인 성전(成典)사원에도 어떤 형태로건 다수가 동참하였을 여지도 있다. 그럴 때에 비로소 불국이란 사명은 적절히 어우러질 듯싶다. 말하자면 두 사찰의 창건은 국가 주도 아래 불교계 전반이 관여한 일대 과업으로 진행되었다고 하겠다.

이상과 같이 불국사와 석굴암의 창건은 사실상 신라국가 주도 아래 불교계 전반이 동참한 일대 역사였다. 실무 책임자로서 선임된 김대성이 국가사찰인 황복사(皇福寺)에서 화엄승려인 표훈(表訓)을 직접 만나 『화엄경』의 삼본정(三本定), 즉 세 종류의 근본적인 삼매(三昧)에 대한 이야기를[35] 내밀히 나누는 장면은[36] 그런 실상을 어렴풋하게나마 반영해 주고 있다.

토함산에다 두 사찰을 창건한 사실은 특정 개인은 물론 국가의 일방적 주도로만 이루어진 것이 아니었다. 신라가 오래도록 꿈꾸어온 불국정토를 당면 현실에서 구현해 내기 위해 국가가 주도하고 전체 주민이 자발적으로 동참해서 일구어낸 성과였다. 물론 국가의 의도와 목적이 밑바탕에 깊숙하게 작용한 것임은 두말할 나위가 없는 일이겠다.

「이세부모」조에서는 대성의 전세 어머니를 모량리에서 가난하게 살

---

35) 김상현, 앞의 책, p.207.
36) 균여, 『십구장원통기』 권하.

아가던 경조로 설정하고, 현생의 아버지를 재상(宰相)인 김문량이라고 하였다. 전생에서는 아버지, 현생에서는 어머니의 이름이 등장하지 않는다. 대성은 얼마 뒤 죽고 김문량댁에서 다시 태어나자마자 곧장 전생의 어머니 경조도 자신의 집으로 옮겨 살게 하였다 한다. 일종의 합가(合家)와 같은 형식이 취해졌다. 이와 같은 내용은 어쩌면 김문량이 모량리 출신의 여성인 경조를 맞아들여 혼인하였음을 암시하는 것이 아닐까 싶다.

다만, 현생의 어머니를 매개로 해서 태어났다는 속에는 김문량이 경조와 뒤늦게 재혼하였음을 강하게 풍겨준다. 중대의 여러 국왕들이 유난스레 아들 낳기에 집착하고 실패하였을 경우 이혼과 재혼을 거듭한 사례가[37] 여럿 찾아진다. 감산사를 창건한 김지성은 물론 그의 아버지도 재혼하였다. 물론 후자의 경우는 본부인의 사망에 따른 일이었다.

이런 점을 상기하면 김문량도 아들 얻기에 무척 노력하였으나 실패하다가 마침내 모량리 출신의 경조란 여성을 후처로 맞아들여 대성을 낳지 않았을까 싶다. 마치 고승 자장의 아버지나 고려 초기의 신라계통 유학자 최승로(崔承老)의 아버지가 관음 앞에 나아가 빎으로써 그들이 태어났던 것처럼 대성의 탄생 또한 김문량이 흥륜사와 깊은 관계를 맺은 데서 비롯하였을 가능성이 엿보인다.

이런 사정 전반은 경덕왕이 아들 얻기에 집착한 사실을 언뜻 연상시켜 준다. 즉위 이전 태자로서 이미 결혼한 상태의 경덕왕은 아들을 얻지 못하자 이혼하고 곧바로 재혼하는 과정을 거쳤다. 그럼에도 다시 오래도록 아들을 얻지 못하자 경덕왕은 이제 막 부상하기 시작한 화엄계통의 승려 표훈을 적극 활용하였다. 뒷날 불국사에 주석하기도 한 표훈은 천

---

37) 주보돈, 「남북국시대의 지배체제와 정치」 『한국사』3(고대사회에서 중세사회로(1)』, 한길사, 1994, pp.324~325.

궁(天宮)을 왕래해 천제(天帝)를 만나 담판한 결과 마침내 혜공왕으로 즉위하는 건운(乾運)이 태어났다고 한다.[38]

이때의 천궁이 바로 석굴암을 상징한다고 풀이한 견해를[39] 받아들인다면 표훈이 그곳을 적극 활용해서 결국 경덕왕이 아들 건운을 얻은 셈이 된다. 건운의 탄생 시점은 특이하게도 『삼국사기』에 구체적인 연월일까지 명시되어 있다.[40] 이는 건운의 탄생이 당대에 유별나게 중시된 일대 사건으로 기억되었음을 뜻한다.

아마도 이를 매개로 표훈은 물론 석굴암의 위상도 크게 부상해갔을 것 같다. 이를 고려하면 일단 석굴암은 불국사의 완공에 한참 앞서 존재하였음이 분명해진다. 석굴암은 불국사와 동시 창건된 것이 아니며 선후한다고 간주함이[41] 적절할 듯싶다. 불국사가 현세부모의 원찰인 반면 석굴암을 전세부모의 원찰로서 설정한 점도 그와 같은 추정을 보강해 준다.

이런 사정 전반과 대성의 출생이 마구 뒤섞인 설화가 만들어지면서 결과적으로 석굴암과 불국사도 대성 개인이 동시에 창건한 듯이 인식되기에 이른 것일지도 모른다. 불국사 창건 설화는 혜공왕과 대성의 출생은 물론 경덕왕과 표훈의 관계까지도 뒤섞여져 만들어진 느낌이 든다.

그와 관련해 장수사란 사찰의 존재도 잠시 음미해볼 만하다. 장수사가 실재한 사찰이라면 그 위치는 일단 토함산자락일 터이며 거기에 원래부

---

38) 『삼국유사』2 기이 2 「경덕왕·충담사·표훈대덕」조.

39) 남동신, 「천궁으로서의 석굴암」『미술사와 시각문화』13, 2014 ; 신영훈, 「석불사 석실금당 구조론」『정신문화연구』48, 1992, p.45.

40) 『삼국사기』9 신라본기 경덕왕 17년조.

41) 강인구, 「석탈해와 토함산, 그리고 석굴암」『정신문화연구』82, 2001, pp.131~137.

터 곰과 관련한 창건 연기설화가 있었으리라 유추된다. 꿩과 관련한 연기설화를 가진 사찰의 창건과도[42] 비슷한 면모이다. 창건의 시점은 성덕왕대임이 분명하며 사실상 대성이 아닌 그의 아버지 문량과 연관될 듯싶다. 토함산자락 아래의 주변부 일대에는 적지 않은 사찰의 존재가 확인되나[43] 현재 창건 시점이 확실시되는 최초의 사례는 앞서 소개한 감산사를 들 수 있다. 장수사도 아마 비슷한 시기에 유사한 목적과 배경 아래 창건되었을 여지를 보인다.

바로 직전 국가사찰로 지정되기 시작한 성전사원이 특정 국왕의 원찰로 전환되거나 이후 처음부터 그와 같은 용도로서 창건되기도 하였다. 그런 영향을 받아 재원이 풍부한 유력 귀족들도 다투어 집안의 원찰 건립에 나섰을 것 같다. 장수사도 김문량 집안의 원찰로서 세웠으며 그것이 곧 대성의 탄생과 직결될 소지도 엿보인다. 다만, 장수사가 대성이 깨달음을 얻게 되는 데에까지 직접 영향을 미쳤을지 모르나 그 자체를 창건하였거나 그것이 불국사와 석굴암의 창건과 상관관계를 가졌던 것은 아니었을 듯하다.

4. 토함산의 근본적 성격 전화(轉化)와 석굴암

1) 토함산의 위상 변화

앞서 검토한 바처럼 설화성 짙은 「이세부모」조에도 역사성이 상당하게 담겨져 있음은 두말할 나위가 없다. 일단 몇몇 지명과 사명 등의 고유

---

42) 『삼국유사』3 탑상 「영축사」조.
43) 박방룡, 「토함산의 신앙유적」(경북문화포럼 발표문, 2021). 다만, 이때 토함산의 범위를 국립공원으로 지정된 구역으로 무척 넓게 설정하고 있다.

명사가 지금껏 이어진 점이 그와 같은 추정을 가능하게 해준다. 게다가 김문량과 김대성이 『삼국사기』에 각각 성덕왕과 경덕왕대에 시중(侍中)을 역임한 바로 그 인물이라면 더욱더 그러하다.

이미 지적하였듯이 신라 최초의 사찰인 흥륜사가 두 사찰의 창건과 일정한 관련이 있는 것으로 추측되지만 더 이상의 추적은 곤란하다. 결과적으로 앞의 기사 전반을 제대로 이해하기 위한 관건은 토함산과 불국사 및 석굴암의 관계 여하에 달린 것으로 여겨진다.

그럴 때 가장 먼저 떠오르는 의문은 왕경 주변에서 오래도록 신성하게 여겨온 여러 산악 가운데 왜 하필이면 토함산이 두 사찰의 입지로 선정되었을까 하는 점이다. 거기에는 여러모로 어떤 내밀한 의도가 깔렸으리라 짐작된다. 두 사찰이 각기 토함산의 동쪽과 서쪽 서로 대척 지점에 자리한 사실은 저절로 그런 의문을 불러일으킨다.

두 「중수기」에 따르면 토함산이 늦어도 고려 초기에는 월함산(月含山)으로도 불렸음이 확인된다. '토함'은 머금고 있던 무엇인가를 토해낸다는 뜻이다. 머금은 실체는 월함산으로도 불린 사실로부터 유추하면 월, 즉 달, 달빛을 은유한 듯한 느낌이다.

신라 왕궁(본궁)을 월성(月城), 거기에 딸린 연지(蓮池)를 월지(月池)라 부른 사실을 떠올리면 토함산도 역시 그를 염두에 넣어 지어졌을 것으로 상상된다. 동해에서 떠오른 둥근 달이 이제 막 토함산을 넘어가면서 신라 왕경의 중앙부를 향해 마구 뿜어대는 듯한 멋진 장면을 연상시킨다. 훤히 내리비치는 달빛 아래에 잠긴 신라 왕경의 정경은 너무도 아름답고 신비스런 장관이었을 법하다.

그것은 여하튼 토함산은 신라 왕경인들에게 유난스럽게 여겨진 산악이었다. 신라 왕경의 동쪽 일원에서 가장 높은 점에서도(745m) 그러려니와 실제로 그럴 만한 풍모와 역사성을 품은 영산(靈山)이기도 하였기 때문이다.

설화에 의하면 뚜렷하지 않은 어떤 외부 세계로부터 출발해 동해 연안을 거쳐 마침내 경주분지의 중앙부로 진출한 석탈해(昔脫解) 족단이 바로 직전까지 한동안 머물렀던 곳이 토함산 자락이었다. 흔히 탈해 족단은 여러모로 해양문화를 기반으로 해서 발달한 철기문화를 보유한 세력으로 여겨지고 있다. 선진문물을 갖고서 경주분지 일원으로 뒤늦게 진입해 한창 성장일로에 있던 사로국의 여러 구성 세력 가운데 하나의 유력한 세력으로 부상하면서 처음 근거지로 삼았던 곳이 월성이다. 이후 그들은 자신들과 깊은 관계가 있던 토함산 일원을 매우 신성시하였을 법하다.

그와 관련하여 토함산 정상부가 경주분지 중앙부와 동해안을 동시에 내려다볼 수 있는 유일한 위치란 사실도 아울러서 참작해 볼 사실이다. 거꾸로 경주분지 중앙부로부터 동쪽의 먼 곳을 올려다보면 우뚝하게 솟아난 토함산의 봉우리는 매우 신비스런 모습이다. 게다가 산봉우리에 빛을 내뿜는 둥근 달과 함께 약간의 옅은 구름이 정상부에 걸리기라도 하면 더 이를 나위가 없는 경관이 연출된다. 이런 면모 또한 토함산을 영산이라고 여길 만한 요인으로 작용하였을 듯하다.

그런데 삼국통일 직후부터는 토함산의 본래 성격에 커다란 변화가 뒤따랐다. 668년 고구려의 멸망과 함께 오랜 기간에 걸친 삼국 간의 전쟁은 끝난 듯하였으나 전시(戰時)가 완전히 종식되지 않은 상태가 이후까지 한동안 이어졌다. 신라로서는 이제 당면의 주적(主敵)만이 달라졌을 따름이었다. 기존의 군사동맹국 당도 이제 주적의 하나로 바뀌었다. 이는 당이 고구려와 백제의 옛 영토를 장악하려 함은 물론 신라까지도 직접적인 영향력 아래에 두려는 야욕을 드러낸 때문이었다. 이로써 두 나라의 우호관계는 완전한 파탄을 맞았다.

670년 무렵부터 신라와 당은 전면적인 전시상태에 돌입하였다. 임진강 유역 일원에서 시작한 두 나라 사이의 싸움은 차츰 주변 지역으로 번져나갔다. 곳곳에서 승패를 다투다가 676년 소부리주(所夫里州)의 기벌포(伎伐浦)에서 벌어진 해전에서 패배한 당은 옛 고구려 땅을 지배할 목적으로 평양에 설치한 안동도호부를 갑작스레 요동 방면으로 옮겼다. 이후 두 나라 사이의 전투는 오래도록 소강의 국면을 맞았다. 물론 그렇다고 해서 전시상태가 완전히 해소된 것이 아니었다. 언젠가는 싸움이 재발할 불안정한 국면은 지속되었다.

한편 일본으로부터의 재침 위협도 여전히 온존한 상태였다. 멸망당한 백제 지배층의 상당수가 663년 자신들의 부흥운동을 지원하기 위해 나섰다가 백강(白江) 하구에서 벌인 싸움에서 대패하고 물러나는 왜병(일본)을 따라 도일(渡日)해 임시망명정부를 세웠다. 이들은 이후 오래도록 백제 재건의 꿈을 버리지 않고 호시탐탐 신라 침공의 기회를 노렸다.[44] 이로 말미암아 당의 재침과 함께 백제 망명 세력의 추동을 받은 왜병의 공세가 머지않아 진행될 것임을 예상한 신라로서는 만반의 준비 태세를 갖추지 않으면 안 되었다.

그럴 때 두 적대세력의 주된 공격로로서 예측할 만한 곳이 바로 동해안 방면이었다. 위치상 일본열도 쪽은 당연한 일이었겠지만 당의 공격을 이쪽으로 예상한 것은 약간 의아스럽게 여겨질지 모르나 660년 백제 공략을 위해 13만 병력이 서해를 건너온 사실이 크게 참작되었을 듯

---

44) 주보돈, 「《일본서기》의 편찬 배경과 임나일본부설의 성립」 『한국고대사연구』 15, 1999 ; 『가야사 이해의 기초』, 주류성, 2018, pp.179~180.

하다. 게다가 당이 웅진도독부에서 함선(艦船)을 제작 수리한 적이 있던 사실도[45] 그렇게 예측하는 데 작용하였을 듯하다. 이는 후술하듯이 당을 주된 표적으로 겨냥한 호국사찰인 사천왕사를 굳이 왕경의 동편 낭산 자락에 세운 사실에서도 방증된다.

삼국 통일전쟁에서 일단 승리한 문무왕은 이제 수성(守成)을 위한 지배질서 정비에 박차를 가해야 하였다. 동시에 당과 일본의 재침에 대비해 동해안 방면 중심의 체계적인 방어망을 구축하는 데에 온갖 힘을 쏟았다. 동해안의 여러 요충지에다 해군기지를 마련하고 해군력을 크게 증강시켜나갔다. 한편 불력(佛力)으로 외적을 물리치려는 염원 아래 새로운 성격의 호국사찰 창건을 추진하였다. 이는 흐트러진 내부의 결속력을 다져가는 한편 거듭된 전쟁으로 피폐해진 민심을 수습해서 내부 안정화를 꾀하려는 과업이기도 하였다.

왕경 중앙부에 위치해 가장 큰 규모의 국가제사이며 대사(大祀)인 삼산(三山) 가운데 하나로서 선정된 낭산(狼山)의 남쪽 끝자락 신유림(神遊林)에 당과의 싸움을 승리로 이끌기 위한 희구에서 밀교(密敎) 승려 명랑(明朗)의 건의를 받아들여 임시의 사천왕사(四天王寺)를 급하게 가설하였다.[46] 당시 거기에서 실시한 문두루비법(文豆婁秘法) 덕분에 직후 당과 벌인 해전에서 승리한 것으로 여긴 문무왕은 마침내 사천왕사를 정식의 사찰로서 완공시켰다.[47] 이로써 사천왕사는 통일기의 호국을 대표하는 사찰의 하나가 되었다.

문무왕은 그 연장선상에서 동해 연안에다 감은사(感恩寺)의 창건 작업

---

45) 『삼국사기』 7 신라본기 문무왕 11년조.
46) 『삼국유사』 2 기이 2 「문호왕법민」조.
47) 『삼국사기』 7 신라본기 문무왕 19년조.

도 시작하였다. 감은사는 사천왕사와는 달리 주로 왜(일본)의 침공에 대비한 사찰이었다. 문무왕이 바로 얼마 뒤 사망하자 뒤이은 신문왕이 재위 2년(682)에 완공을 보았다.[48] 신문왕은 아버지의 은덕에 보답한다는 명분을 앞세워 절의 이름을 감은사로 지었다. 사실 감은사는 문무왕을 위한 원찰로서의 성격이 강한 사찰이었다.

문무왕이 기획하고 창건을 추진한 두 절은 완공 뒤 통일기의 대표적인 호국 중심 사찰로서 자리매김 되었다. 그러면서도 사천왕사가 당을, 감은사가 일본을 각각 분담해서 불력을 빌어 신라국가를 지켜내려고 희구한 데에 특성이 있었다. 두 주적의 예상 공격로를 모두 동해안 방면이라고 추정한 데서 나온 구상이었다.

이는 곧 동해 연안 방면과 연결되는 교통로가 이제 왕경 방어망의 중심축이었음을 의미한다. 왕경과 동해 연안을 잇는 선상에 우뚝한 토함산이 차지하는 비중도 그에 맞추어 저절로 커져갈 수밖에 없었다. 왕경에서 울산(蔚山)이나 감포(甘浦) 방면으로 나아가는 교통로가 이후 크게 발전하게 되는 요인이기도 하였다.[49]

동해안 방면을 중시하는 의식은 곧 토함산의 본래 성격까지 바뀌도록 이끌었다. 그것은 문무왕이 사망하기 바로 1년 전인 680년 꿈에 탈해가 나타나 소천구(疏川丘)의 무덤으로부터 자신의 뼈를 파내어 소상(塑像)을

---

48) 『삼국유사』 2 기이 2 「만파식적」조에 인용된 협주의 '사중기' 참조.
49) 『삼국유사』 2 기이 2 「처용랑 망해사」조에 헌강왕대 왕경에서 해내(海內)에 이르기까지 기와집과 담장이 이어졌다는 표현은 그런 실상을 보여준다. 실제로 8세기 이후 사찰과 무덤이 주로 이 방면에만 조영된 사실은 그런 추정을 보강해 준다. 통일기에 왕경에서 지방으로 나아가는 간선도로망으로서 갖추어진 이른바 5통(通) 가운데 이 방면은 동해통(東海通)으로 불렸을 것으로 추정되고 있다.(井上秀雄, 「新羅王畿の構成」 『新羅史基礎研究』, 東出版, 1974, p.403.)

만들어서 토함산에다 봉안하라는 현몽으로부터 시작되었다.[50] 문무왕
은 꿈속의 지시에 따라 탈해의 소상을 빚어 토함산의 정상부에 사당을
[51] 지어서 안치하고 정기적으로 제사를 지냈다.

이제 토함산은 전통적인 산악신앙을 벗어나 먼저 탈해 중심의 신앙지
로 탈바꿈하였다. 탈해가 원래부터 동해 연안과 밀접한 연관성을 가졌으
므로 이 점이 크게 고려되어 방어체계를 강화시켜 나가려는 발상에서 나
온 조치였다.

681년 7월 1일 사망에 직면한 문무왕은 자신의 주검을 화장해서 감은
사에서 그리 멀지 않은 대왕암에다 뿌리도록 유언하였다.[52] 유언에는 사
후 자신은 동해의 용왕이 되어 신라를 지켜내려는 간절함이 절절히 묻어
나 있다. 이는 당시 긴장된 국면과 동시에 통일국가의 수성을 위해 문무
왕이 얼마나 고심하였던가를 여실히 보여준다.

감은사와 대왕암은 하나의 세트로서 운용되었다. 사후에 동해의 용왕
으로 승화한 문무왕이 감은사에까지 행차한 아들 신문왕에게 새로운 호
국 상징이라 할 만파식적(萬波息笛)과 흑옥대(黑玉帶)의 두 보물을 보내어
준 설화 속에도[53] 그런 의식이 묻어난다.

한편 신문왕은 영역을 9주(州) 5소경제(小京制)라는 군현제(郡縣制)로
재편함과 동시에 명산대천을 대상으로 삼은 제사 체계를 대·중·소의 셋
으로 크게 나누는 등 전면적인 재정비에 나섰다. 이때 삼산(三山)만을 대
사(大祀)에 포함시키고 중사(中祀)의 으뜸으로 방위에 따른 오악(五岳)을

50) 『삼국유사』 1 기이 1 「제사탈해왕」조.
51) 신라문화유산연구원, 『석탈해왕 사당지』 발굴조사보고서, 2021.
52) 『삼국사기』 7 신라본기 문무왕 21년조.
53) 『삼국유사』 2 기이 2 「만파식적」조.

배정하면서 토함산을 그 하나인 동악(東岳)으로 설정하였다.54) 이로써 토함산은 왕경의 명산으로서 유일하게 전국적 차원의 중사 대상이 되었다. 통일기에 이르러 탈해를 산신으로 모신 토함산을 얼마나 중시했던가를 입증해 준다.

이처럼 오래도록 동해안 방면 산악신앙의 중심이던 토함산은 탈해가 새로운 산신이 됨과 함께 국가제사인 중사로서 자리 잡았다. 이는 신라 국가가 동해안 방면에 기울였던 관심의 정도를 보여준다. 그와 같은 인식은 한동안 이어졌을 것이다.

이후 전운이 채 가시지 않은 긴장 국면에서도 신라는 두 적대국과 화평 관계로의 전환을 도모해 외교적인 노력을 꾸준하게 기울였다. 당에 대해서는 가능한 한 사절을 자주 파견해 과거의 우호적인 관계로 되돌아가고자 하였다. 733년 발해가 산동반도를 공략하는 사건을 일으키자 당이 때마침 신라에 도움을 요청한 사실은 직접적인 전환의 계기가 되었다. 당의 요청에 적극 부응해서 신라는 발해의 배후를 치기 위한 병력을 파견하였다. 이 사건을 계기로 당과의 관계는 드디어 파탄 이전의 상태로 돌아갔다.

한편 일본과는 겉으로는 활발한 교류·교섭 관계를 유지한 듯하였으나 실상은 각자 상대방의 내부 움직임을 줄곧 예의주시해 왔다. 두 나라는 서로 침공할지 모른다는 의구심을 가진 까닭에 밑바닥에는 긴장의 국면이 그대로 이어졌다. 이로 말미암아 두 나라의 관계는 여전히 전시 상황이나 다름없었다.

일본의 내부 동향을 줄곧 눈여겨 보아오던 신라는 722년 만약의 사태

---

54) 『삼국사기』 32 잡지 제사 중사조.

에 대비해 국제항구인 울산과 왕경을 잇는 간선도로의 중간 지점에 전국적 차원의 역역을 동원해 관문성(關門城)을 쌓아 방어망을 한결 단단하게 구축하였다.[55] 과연 예상한 대로 일본의 함선 3백 척이 731년 동해 연안에 나타나는 사건이 벌어졌다.[56] 이때 신라는 일본의 함선을 전격 대파하는 개가를 올렸다. 기왕에 오래도록 치밀하게 준비해 온 대비책이 일정한 성과를 올린 셈이었다.

이처럼 토함산은 통일기 초기부터 동해안 방면의 방어망 구축과 관련하여 대단히 중시되었다. 그런 배경 아래 왕경의 다른 산악과 마찬가지로 토함산도 차츰 불교 신앙 중심으로 바뀌는 분위기가 점차 무르익어갔다. 석굴암 창건은 바로 그 신호탄이었다.

2) 석굴암의 창건과 그 의미

비교적 이른 시기부터 토착 신앙의 주축으로 기능해 온 신라 왕경을 에워싼 주요 산악지대에는 6세기 후반 무렵부터 사찰이 차츰 들어서기 시작하면서 대부분 불교 신앙이 그를 대체해 갔다. 이를테면 남산(南山)을 비롯해 선도산(仙桃山), 금강산(金剛山) 등을 대표적인 사례로서 손꼽을 수 있다.

그런 실상에 견준다면 토함산자락에서만은 상대적으로 오랜 기간 변함없이 기존의 산악신앙이 그대로 이어져 온 셈이다. 물론 토함산의 범위를 주변 일대까지 폭넓게 잡는다면[57] 약간 다른 이해가 가능할지 모

---

55) 『삼국사기』8 신라본기 성덕왕 21년조 및 같은 책 34 잡지 지리 임관군조. 『삼국유사』2 기이 2 「효성왕」조.
56) 『삼국사기』8 신라본기 성덕왕 30년조.
57) 박방룡, 앞의 글 참조.

석굴암 입구의 모습

르나 일단 토함산 기슭으로 한정한다면 석굴암에 앞서 사찰이 창건된 사례는 거의 확인되지 않는다. 다만, 앞서 지적하였듯이 통일기에 접어들자마자 동해안의 중요성이 군사적으로 높아져간 분위기와 맞물려 토함산은 기존 산신신앙을 벗어나 탈해 중심의 신앙으로 점차 변신하는 변동을 겪었다.

그런데 이제 토함산에도 석굴암과 불국사가 들어서면서 마침내 불교신앙의 중심지로 완전히 달라졌다. 이제 왕경의 여러 산악 가운데 끝으로 토함산이 불교 중심의 성소로 전화(轉化)해 간 것이다. 특히 두 사찰이 규모나 구조 등 여러 측면에서 기왕의 사찰과 도드라진 차이를 보이는 점은 그와 관련해서 각별하게 유의해 볼 대목이다. 그런 전화에는 단순한 불교 중심 신앙의 수준을 훨씬 넘어서는 내밀한 의미가 담겨져 있기 때문이다.

일단 토함산의 성격 변화와 관련하여 석굴암과 불국사가 처음 들어선 사실 자체만으로도 주목해 볼 대상으로 삼기에 충분하다. 그런 데다가 두 사찰의 기본 구조가 워낙 유별날 뿐만 아니라 소요된 재원 또한 예사롭지 않다. 이들은 두 사찰의 창건을 계기로 토함산이 단지 불교 중심의 공간으로 바뀐 정도에 머물지 않고 신라의 불교적 세계관 전반에 커다란 변동이 뒤따랐음을 암시하는 표징이었다.

토함산 자락에 두 사찰이 들어선 시점이나 배경 등과 관련하여 언뜻 몇 가지 의문 사항이 떠오른다. 첫째, 양자가 과연 하나의 일관된 기획 아래 동시에 창건된 것일까. 아니면 그러면서도 일정한 시차를 두고 진행된 것일까,[58] 둘째, 양자가 전혀 별개의 기획 아래 추진되었으면서 창건은 동시에, 아니면 각기 선후해서 진행되었을까, 셋째, 창건 시점이 약간 빠른 듯한 석굴암이 먼저 축조된 뒤 불국사가 잇달아 세워지면서 마치 원래부터 하나의 기획이었던 듯이 끼워 맞추어진 것일까. 넷째, 이도 저도 아니라면 애초부터 아무런 상관성은 없었으나 뒷날 막연하게 하나의 기획 아래 추진한 듯이 여겨진 데에[59] 불과한 것일까.

어느 쪽인지 선뜻 단안을 내리기란 쉽지가 않다. 다만, 양자의 창건 시점에서 약간의 시차가 남은 거의 의심 없는 사실로 여겨진다. 그러면서도 토함산을 기준으로 동서 양쪽으로 나뉘어 자리 잡은 자체에는 어떤 의도성이 강하게 깃들었으리란 느낌을 갖도록 이끈다. 이를 근거로 일단 하나의 어떤 일관된 기획 아래 창건되었을 가능성을 상정해봄직하다.

실제로 「이세부모」조에서 전세와 후세의 부모를 위한 원찰로 창건되

---

58) 지금까지 양자 가운데 어느 하나라고 봄이 일반적 추세이다.
59) 신영훈, 앞의 글, p.35 ; 송은석, 「불국사와 석불사의 유기적 관계 재검토」 『미술사와 시각문화』31, 2023, p.73.

었다는 자체에서 그런 기획성이 엿보인다. 그동안 특정 경전이나 신앙에 입각한 불교적 세계관이 깊숙이 투영되고 동시에 창건되었을 것이란 상정은 그런 발상에서 나왔다. 이를테면 두 사찰을 각기 세계해(世界海), 국가해(國家海)를 표상한 것이란 해석을[60] 두드러진 사례로서 들 수 있겠다.

하지만 두 사찰의 창건 시점이 다를 뿐만 아니라 또 구조 면에 대한 새로운 이해가 가능하다면 기획의 구체적인 실상에 대해서는 약간 다르게 이해해 봄직한 실마리가 될 수 있다. 이미 소개한 두 탑의 「중수기」에서는 불국사 창건의 시작 시점이 「이세부모」조보다 10년이나 앞선다고 하였다. 그리고 강한 반론이 나온 상태이기는 하지만[61] 석굴암 창건의 시작 시점을 8세기 전반까지 올려봄으로써 불국사와는 시차를 크게 두려는 견해까지[62] 제기된 상태이다.

이런 점은 막연한 전세와 현세의 부모를 위한 하나의 기획 아래 추진되었다는 추정을 액면 그대로 받아들이기 주저하도록 만든다. 그럴 여지는 앞서 「이세부모」조를 분석, 음미하면서 잠시 지적해 둔 바 있다. 따라서 어떤 결론을 선뜻 내리기에 앞서 두 사찰의 창건과 배경, 나아가 내부의 구조 등 세부적 요소에 대한 점검을 선행함이 올바른 수순이라 여겨진다.

먼저 석굴암에 내재한 문제점을 구체적으로 추적해 보기에 앞서 유념해 둘 몇몇 사항이 엿보인다. 첫째, 현재 석굴암 창건의 구체적인 시점은

---

60) 김상현, 앞의 책, p.209.

61) 임영애, 앞의 글. ; 강희정, 「신라 중대 조각사에서 석굴암의 양식적 특징과 위상」『미술사와 시각문화』31, 2023 참조.

62) 한정호, 앞의 글 ; 「화본(畵本)으로 본 석굴암 창건시기」『불교미술사학』31, 2021.

특정하기 곤란한 실정이지만 불국사보다 앞섬은 분명하다는 사실이다. 이는 일단 전세 부모를 위해 석굴암을, 현세의 부모를 위해 불국사를 각각 창건하였다는 전제로부터도 유추된다.

그럴 때 창건의 시작 시점을 김대성의 아버지 김문량이 시중으로 활동한 성덕왕대까지 올려볼 여지가 없지 않다. 그것은 여하튼 완공 시점은 아무리 늦추어 잡더라도 표훈이 천궁을 찾아 천제를 만나본 뒤 마침내 혜공왕이 출생한 경덕왕 17년(758) 이후로는 결코 내려가지 않을 성싶다.[63] 이로 보면 석굴암이 불국사보다 빨리 토함산자락에 들어선 최초의 사찰이었음은 거의 의심할 나위가 없다. 그렇다면 석굴암의 창건은 곧 토함산의 성격 변화를 알리는 신호탄처럼 작용한 셈이 된다.

둘째, 석굴암이 토함산 일원의 사찰 가운데 가장 높은 지점에 위치한 사실이다. 이후 그 위쪽으로는 어떤 사찰도 들어서지 않았다. 토함산자락에 최초로 들어선 석굴암이 시종 가장 높은 곳에 자리한 사실은 그냥 지나칠 수 없는 대목이다. 이는 단순한 지리 지형적인 요인 때문만은 아니었기 때문이다. 거기에 석굴암의 창건에 어떤 강한 목적성과 상징성이 깃들었을 만한 소지가 엿보인다.

당대인들이 석굴암을 천궁(天宮), 도리천궁(忉利天宮)으로 여겼다는 최근의 해석을[64] 받아들인다면 그 위쪽으로 다른 어떤 건축물이 끝내 들어서지 않은 이유도 저절로 유추된다. 일단 토함산 산정이 불교식 관념으로 가장 신성한 공간처럼 여겨진 때문이었다. 어쩌면 석굴암을 창건할

---

63) 표훈이 경덕왕의 명령을 받고 아들 얻기 위해 천궁을 왕래할 때 주석한 곳을 『삼국유사』 4 의해 「의상전교」조에서는 불국사라고 하였으나 이 시점은 아직 창건 도중이었으므로 적절하지 않다. 앞서 김대성이 표훈과 『화엄경』에 담긴 의문을 풀기 위해 문답한 곳이었던 황복사로 봄이 온당할 듯싶다.

64) 남동신, 앞의 글, p.93.

당초부처 토함산을 불교적 세계관의 구심인 수미산(須彌山)처럼 생각하였거나 이후의 어느 시점에 이르러 그처럼 인식하였을 공산이 크다.

그렇다면 문무왕대에 사천왕사가 들어선 뒤 낭산(狼山)을 수미산처럼 여긴 기존 인식에 근본적 변화가 뒤따랐음을 뜻한다. 말하자면 불교 세계관의 구심이 낭산에서 토함산으로 옮겨졌음을 나타내는 것이다. 바로 얼마 뒤 토함산의 서쪽 자락에 들어서는 사찰에 불국이 붙여진 것도 그와 밀접한 상관성이 엿보인다. 여하튼 석굴암 창건을 계기로 토함산의 기본적 성격이 불교의 성소로 전화하는 변동이 일어난 것이다.

셋째, 석굴암은 후원부의 중앙 본존을 기준으로 해서 동향(東向)한 사실이다. 거기에는 창건 당초부터 어떤 강한 목적성이 깃들었음을 뜻한다. 물론 석굴암이 동향으로 배치된 점은 토함산의 동쪽 자락에 자리 잡은 지리적 사정에서 말미암은 당연한 결과일 수도 있겠으나 처음 들어선 사찰을 구태여 동해 연안을 바라보는 곳에다 선정한 것은 결코 우연한 일로 돌리기는 어렵다.

이후에도 토함산 언저리에서 유일한 동향의 사찰로서 존재한 자체도 석굴암이 어떤 강한 기획 아래 구상되었으리란 추정을 보강해 준다.[65] 문무왕대부터 토함산이 외적에 대비한 방어망의 주축으로 기능한 사정과 맞물려서 진행된 것이라는 느낌을 떨치기 어렵도록 한다.

이처럼 토함산에, 더욱이 그 동쪽 자락에 자리한 석굴암의 창건은 상당한 기획성을 갖고 추진된 일대 과업이었다. 그 속에는 토함산의 본질적인 성격 변화가 담겨진 것이었다. 석굴암이 사찰로서는 토함산 자락에

---

65) 황수영, 「석굴암의 창건과 연혁」, 『역사교육』 8, 1964 ; 정영호, 「석굴암과 동해구의 관련 신라 유적」, 『석굴암의 신연구』(신라문화제학술발표회논문집 21), 2000, ; 장충식, 「토함산 석굴의 점정과 그 배경」, 『석굴암의 신연구』(신라문화제학술발표회논문집 21), 2000, pp.93~95.

가장 먼저 들어선 점, 그러면서 가장 높은 곳에 자리한 점, 나아가 동향인 점 등은 그런 실상을 여실히 방증해 준다.

석굴암 창건에 들어가 있는 어떤 기획성은 내부 구조에까지 반영되었음 직하다. 이는 석굴암의 몇몇 특이함을 통해서도 유추된다. 석굴암의 내부 구조 전반에 전례가 드문 몇몇 특징을 보이므로 주목할 필요가 있다.

첫째, 신라에서 전무후무한 형식의 석굴사원이란 사실이다. 물론 이보다 약간 앞서 비슷한 범주로 분류할 수 있는 대상으로는 경주 남산 소재 불곡(佛谷)의 석불 및 군위(軍威)의 석굴사원 등을 들 수 있다. 약간 뒤늦은 시기이지만 골굴사(骨窟寺) 등도 비슷한 사례에 속한다.

하지만 이들은 석굴암과는 두드러진 차이를 보인다. 자연암반을 그대로 파내어 조성하였으며, 구태여 비교가 불필요할 정도로 규모도 그리 크지 않다. 반면 석굴암은 자연 석재를 하나하나씩 다듬어 축조(築造)하는 방식이란 점에서 그들과는 근본적인 수법이 다르다. 한편 구체성에서도 차이가 난다. 석굴암은 비슷한 전례가 없거니와 이후에도 그를 모방하려는 시도조차 일어나지 않았다.

그런 의미에서 석굴암은 사실상 첫 사례임과 동시에 절정기의 작품이라 평가해도 지나치지 않을 성싶다. 최고조의 경지에 도달한 예술적 성취와 함께 강한 기술력의 뒷받침 없이는 이루어내기 힘든 일종의 완성품이었다. 이후 비슷하게 만들려는 시도조차 나오지 않은 것도 그런 사정에서 말미암았을 공산이 크다. 석굴암 창건을 당대 최고도의 기술력 동원이 가능한 국가가 주도했다고 진단할 수밖에 없는 이유의 하나도 이런데에 있다. 그런 실상은 석굴암의 내부 구조에서도 확인된다.

둘째, 석굴암의 전체 구조가 전방부(전실)와 후원부(후실)의 두 부분으

석굴암 본존과 천정

로 이루어진 이원성을 보이는 사실이다. 이는 두루 지적되다시피 천원지방(天圓地方)을 상징한다. 그 가운데 예불 대상의 주요 공간이 후원부임은 더 이를 나위가 없겠다. 후원부의 천정은 궁륭형이어서 마치 둥근 하늘, 즉 천궁임을 드러내려는 의도였음은 충분히 짐작해볼 만하다. 이미 지적하였듯이 이는 토함산 꼭대기를 천궁 위의 수미산처럼 여긴 관념과도 맥락이 닿는다.

셋째, 석굴암 내부에 무려 39구에 이르는 환조, 부조, 고부조의 부처 보살상이 각양각색으로 구현된 사실이다. 앞서 하나의 금당 내부에 가장 많은 부처 보살상이 봉안된 황룡사조차 전부 19구였던 데에 견주면 무려 그 두 배에 달하는 사실은 주목하기에 충분한 대상이다. 석굴암은 신라에서 가장 많은 수치의 불보상이 봉안된 사찰이었다.

하나의 구획된 공간 속에 그처럼 엄청나게 많은 부처 보살상이 함께한 사실은 석굴암의 또 다른 특징적인 면모이다. 그 속에다 각종 불교 경전에 등장하는 석가모니불과 연관된 분야별 대표성을 지닌 보살상을 모두 그려내려고 시도한 인상이[66] 짙다. 기왕에 주존(主尊)의 실체를 놓고

---

66) 강우방, 앞의 글, pp.71~72.

크게 논란해 왔지만 어떻든 하나의 공간에 나름의 총합, 총체를 드러내려고 의도하였음은 확실하다. 석굴암 속에다 당대의 불교적 세계관을 종합적으로 정리해 보려는 강한 목적성을 띠었음을 암시한다.

넷째, 주존을 기준으로 바로 뒤에 배치된 11면 관음보살상과 이어지는 일직선을 하나의 중심축으로 삼아 가능한 한 양쪽이 대칭되도록 구상한 점이다. 이런 대칭적 구도의 시원과 전형은 평지 사찰인 황룡사에서 찾아볼 수 있다.

황룡사는 중심 구역 전반의 건축물이 모두 남북의 중심 축선을 기준으로 정확하게 동서 대칭이 되도록 설계하였다. 뿐만이 아니라 금당 내부의 19구에 달하는 불보살의 배치까지도 완벽한 대칭적인 구도이다. 중심부의 주존 3존상을 기준으로 양쪽에 나란히 각각 5구씩, 이들의 바로 앞쪽으로 약간 떨어진 동서 양편의 끝에는 각각 3구씩의 보살상이 서로 마주 보도록 배치시켰다. 이런 구도는 다량의 불보살 수치와 함께 석굴암과 황룡사 사이의 어떤 상관성을 떠올리게 한다. 말하자면 위치나 입지, 소재 등 겉으로는 엄청난 차이가 나지만 석굴암은 사실상 황룡사를 강하게 의식하면서 조성한 듯한 느낌이 짙다.

다섯째, 석굴암의 축조에 소요된 부재는 대부분이 석재이며 그 산지가 토함산이란 사실이다. 공급지와 수요지의 위치 관계를 고려하면 지극히 당연한 일이겠지만 뒤에서 다루게 될 불국사의 주요 석재 산지가 멀리 떨어진 남산이란 사실과는 무척 대조적이다. 이는 창건 시점에서 차이가 남을 시사해 주기도 하지만 석굴암의 조영에 토함산의 석재만을 사용한 데에는 상당한 의도가 깃들었으리란 추정을 가능하게 하는 대목이다.

이상 석굴암에서 드러나는 특징적 요소를 몇몇 지적하였거니와 이를 참작해서 종합 진단하면 어떤 큰 기획성이 들어갔음이 분명하다. 거기에는 종교성과 아울러 정치성까지 포함되었을 법하다. 이는 통일에 따른 지배체제가 새로이 정비된 뒤 상당한 시일이 경과하고 또 그동안 신라를 둘러싼 국제동향에서도 일정한 변화가 일어난 데에 따른 당연한 결과였을 성싶다. 게다가 신라 불교계 내부에서 화엄계통이 새롭게 부상해 유가계통과 주도권을 놓고 경쟁해 가던 분위기도 그와 같은 변화를 추동시키는 데에 크게 작용하였을 것 같다.

이제 기존 정치와 불교의 관계 전반은 새롭게 재편이 요구되는 분위기였다. 그에 따라 황룡사나 사천왕사 중심의 호국 불교계에도 변화가 불가피해졌다. 그래서 양자에 내재한 기능은 이제 토함산으로 옮겨 전면적으로 재편을 거치기 시작하였으니 그 시발점이 바로 석굴암의 창건이었다. 앞서 지적하였듯이 석굴암의 내부 구조가 황룡사를 강하게 의식한 점이나 토함산을 수미산이라 여긴 데에 그런 양상의 일단이 엿보인다.

이제 토함산에 석굴암이 들어섬으로써 기존 불국토의 관념이나 호국의식에 근본적인 변화가 뒤따랐다. 이에 불국정토의 구심도 불국사의 창건으로 본격적으로 구현되었다. 그런 면모는 이미 불국사란 사명에는 물론 기본적 구조에도 반영되어 드러났다. 그와 관련한 실상은 불국사의 점검을 통해서 구체적으로 확인해 볼 수 있다.

5. 불국사의 특이 구조와 그 의미

불국사는 토함산의 동쪽 자락에 위치한 석굴암과는 반대편의 서쪽 산기슭 중턱에 자리하고 있다. 석굴암보다는 고도(高度)가 약간 낮은 곳이기는 하나 산간이면서도 편평한 입지여서 평지 사찰의 형식을 취한 점에서 일단 구조상의 특징이 엿보인다. 토함산을 기준으로 삼으면 동서의 배치 상태뿐만 아니라 안팎의 구조, 불보살의 배치, 소요 재원 등에서도 두 사찰은 상당히 양상을 달리한다.

이런 두드러진 차이점은 토함산을 기반으로 하였으면서도 두 사찰의 창건 지향이나 배경 등이 달랐고 서로 보완적일 수 있을지 모른다는 막연한 상상을 불러일으킨다. 특히 석굴암에 이용된 석재의 산지가 토함산 자체인 반면 불국사의 주요 석재가 남산 산출이라는 점은 그런 추정을 하는 데에 참고로 삼을 만하다.

「이세부모」조에서는 불국사가 당나라의 천보(天寶) 10년, 즉 경덕왕 재위 10년(751)부터 창건 과업을 시작해서 혜공왕대에 이르러 완성을 보았다고 한다. 반면 두 「중수기」에는 완성의 구체적인 시점은 드러나 있지 않지만 기공(起工)을 경덕왕 즉위년(742)이라고 하여 그보다 대략 10년쯤 앞선다. 일반적 관례대로라면 두 기록 가운데 모름지기 후자 쪽에다 무게 중심을 두고 접근함이 온당할 듯하나 이 자료 또한 당대가 아닌 고려 초기에 정리된 것이어서 어느 한쪽만을 선뜻 고집하기는 심히 주저된다.

게다가 전자와 후자 사이에는 각각 근본적 입장이 다른 이른바 화엄계통과 유가계통(법상종)의 인식까지 깊숙하게 스며든 점 또한 고려하지 않을 수가 없다. 『삼국유사』 의해편 「현유가 해화엄(賢瑜珈海華嚴)」조를 통해서 유추되듯이 경덕왕 무렵에 이르러서는 두 계통이 치열하게 우열 경쟁을 벌이던 중이었다.[67]

그에 따르면 당시 유가계통을 대표하는 승려로서 두루 알려진 태현(太

---

67) 최병헌, 앞의 글. 김복순, 『신라화엄종연구:최치원의 불교관계저술과 관련하여』, 민족사, 1990. 김상현, 앞의 책. 최연식. 「8세기 신라 불교의 동향과 동아시아 불교계」『불교학연구』 12, 2005. 곽승훈, 「석굴암 건립의 정치·사회적 배경」『석굴암의 신연구』(신라문화제학술발표회논문집 21), 2000, p.17.

賢)이 이름조차 생소한 화엄승려 법해(法海)와 벌인 법력(法力)의 대결에서 현저하게 열세에 놓였을 정도였다. 거기에 동해와 함께 동악이 잠기는 내용을 하나의 사례로써 활용한 점도 불국사의 창건과 관련하여 두 계통 사이에 갈등이 벌어진 듯한 인상을 강하게 내비친다.

비록 설화적인 형태이기는 하나 전후 추이로 미루어 거기에는 당시 불교계의 동향이 일정 정도 반영되었을 것으로 짐작된다. 고승 의상(義湘)이 670년 당나라에서 화엄불교를 배워 귀국한 뒤 곧장 왕경에 뿌리내리지를 못한 채 변경지대인 태백산 방면으로 밀려났다. 이후 의상의 화엄계통은 그곳을 주요 기반으로 삼아 꾸준하게 성장을 거듭하다가 마침내 경덕왕대에는 유가계통을 누를 수 있을 수준에 다다랐다.[68] 이런 정황으로부터 신라국가 주도로 이제 막 추진되기 시작한 불국사 창건 작업에도 두 계통이 참여 경쟁을 치열하게 벌였을 가능성도 당연히 상정해 봄직하다.

「이세부모」조에 인용된 '고향전'에서는 불국사가 완공된 뒤 화엄계통의 승려인 신림과 표훈이 주석하였다고 한 반면 '사중유기'에는 '유가대덕항마(瑜伽大德降魔)'가 주석하였다고 해서 다른 내용을 싣고 있는 점으로 미루어 전자에는 화엄계통의 입장이, 후자와 함께 「중수기」에는 유가계통의 입장이 반영되었음이 확실시된다.

그처럼 당시 두 계통이 벌인 헤게모니 다툼은 불국사의 창건에도 직접적인 영향을 미쳤을 법하다. 이를 바탕으로 불국사의 창건을 과감하게 추정해 보면 742년 당시 우세한 입장이었던 유가계통이 작업을 시작하였으나 751년 무렵 새로이 부상한 화엄계통으로 주도권이 넘겨진 데에

---

68) 김복순, 위의 책, pp.36~41.

불국사 전면(계단)

서 그와 같은 10년의 격차가 생겨났을 수가 있다. 대성이 불국사의 건설 작업을 한창 진행하던 중인 760년 황복사에 주석하던 화엄승려 표훈을 찾아가 『화엄경』의 강론을 들었다는 사실에도[69] 그런 주도권 교체 양상의 일단이 얼핏 내비쳐져 있다.[70]

그것은 여하튼 앞으로 어떤 새로운 결정적인 사료가 달리 출현하지 않는 한 쉽사리 어느 쪽으로 결론짓기는 힘든 국면이다. 창건의 시점이나 추진 과정, 그리고 주도권과 관련한 문제는 앞으로도 지속적으로 관심을 갖고 지켜보는 길밖에 없다.

---

69) 『법계도기총수록(法界圖記叢髓錄)』 卷上之一(大正藏 45).

70) 그런 의미에서 불국사를 창건 당시부터 특정 종파에 속하는 사찰로 규정할지는 의문스럽다고 한 지적은 약간의 참고가 된다.(김남윤, 「불국사의 창건과 그 위상」 『불국사의 종합적 고찰』(신라문화제학술발표회논문집 18), 1997, pp.38~44)

불국사 창건의 시작 시점이야 어떻든 혜공왕대에는 일단의 완공을 보았음이 틀림없다. 그렇다면 이는 「성덕대왕신종」의 경우와 매우 흡사한 면모이다. 동종(銅鐘)의 주조는 경덕왕대부터 시작되었으나 끝내 이루지 못하다가 혜공왕대에 이르러 완성을 보았다. 거기에 동종을 주조한 의도와 배경 및 과정을 보여주는 글이 새겨져 있으나 불국사에는 당대의 관련 기록이 전혀 남아 있지 않다. 따라서 부득이 완공된 뒤의 여러 정황을 매개로 해서 그와 연관된 사항을 풀어나가는 방법밖에 없다. 그것은 일단 불국사에는 다른 사찰과 두드러지게 차이 나는 몇몇 현상을 추출해 볼 수 있는 데서 가능해진다.

첫째, 평면의 구조 전반에 걸쳐 확인되는 면모가 매우 특이한 사실이다. 석굴암과는 달리 남향한 불국사 정면의 출입문이 둘로서 나란하게 위치한다.(현재 각각 자하문과 안양문으로 불린다). 두 개의 출입문은 다른 어떤 사찰에서도 찾아볼 수 없는 독특한 모양이다. 문을 지나 내부로 들어가기 위해 반드시 올라야 하는 계단 또한 둘이다.[71] 계단을 두 쪽으로 나누기 위해 중앙부에다 별도의 분리 구간을 마련하였다.

오르는 계단과 출입문이 둘인 것은 금당이 둘로 이루어진 데서[72] 비롯한 지극히 당연한 결과라고 할 수가 있겠다. 하지만 이는 거꾸로 불국사가 하나의 사찰임에도 애초부터 금당 자체뿐만 아니라 그 밖의 일체도 완전히 둘로 구성되도록 기획하였음을 입증하는 것이다.

---

71) 현재 이 계단을 넷으로 분류하지만 앞서 지적하였듯이 그것은 조선 후기에 이르러서의 일이다. 『신증동국여지승람』에 보이듯이 넷이 아닌 둘로 봄이 올바르다. 기왕에 계단을 넷으로 단정함으로써 둘인 점을 간파해 내지 못하고 지나쳤다.

72) 현재에는 극락전, 대웅전, 비로전 등 크게 3개로 나뉘어져 마치 3원식인 듯이 보이나 회랑으로 둘러쳐지지 않은 비로전 등의 공간은 만약 창건 당시의 것이더라도 별도로 이해함이 온당할 듯하다.

그처럼 하나의 사찰에서 두 개의 금당과 함께 모든 구조를 이원화(二元化)시킨 형식은 그 이전은 물론 이후에도 유례를 달리 찾아볼 수 없으며 오로지 불국사에서만 확인할 수 있는 독창적인 구상이다. 하나의 사찰 내부에 3개의 금당이 나란하게 혹은 품(品)자 모양으로 배치한 사례는 불국사에 앞서도 존재하였다. 이를테면 황룡사가[73] 전자에 속한다면, 분황사의 경우는[74] 후자에 해당한다.

하지만 출입문까지 둘로 나뉘고 거기에다 회랑까지 별도로 둘러쳐져 각각의 경역을 뚜렷하게 구획한 완벽한 이원적인 구조는 어디에서도 찾아볼 수가 없다.[75] 이처럼 불국사가 유일무이한 특이 구조를 한 데에는 어떤 내밀한 의도와 목적이 깃들었다고 상정해도 무방할 듯싶다.

둘째, 금당의 이원적 구조와 비슷한 면모가 축대(築臺)를 통해서도 확인되는 점이다. 불국사를 정면에서 바라보았을 때 오른편(동편)의 금당(현재의 대웅전) 쪽에 쌓은 축대가 2단인 반면, 왼쪽(현재의 극락전) 금당의 축대는 낮아 한 단쯤의 차이를 보인다. 두 금당의 높낮이까지 서로 다르게 보이는 축대 쌓기를 함으로써 평면과 함께 바깥으로 드러난 입면(立面)의 구조까지도 이원적 구성임을 나타내려는 의도였다.

그것이 단순한 지형적인 요인에서 비롯한 것으로 해석할지 모르겠으나 여타의 몇몇 요소를 아울러서 감안하면 반드시 그렇지 않았음이[76] 저절로 드러난다. 애초부터 두 금당의 높낮이까지도 어떤 치밀한 구상

---

73) 문화재관리국 문화재연구소, 『황룡사 발굴조사보고서』, 1984.
74) 국립경주문화재연구소, 『분황사 발굴조사보고서』, 2005.
75) 다만, 고선사지를 비롯한 (전)황복사지, 창림사지, 나원리사지 등은 금당원과 탑원으로 이원화되어 있지만 금당이 이원적인 것과 같은 방식은 아니다.
76) 남동신, 「불국으로서의 불국사」『불국사』, 2018, p.231.

아래 설계되었음이 분명하다. 역시 두 개의 금당을 별도로 구획한 기획과 맞물려서 나온 착상으로 여겨진다.

그처럼 두 금당 사이의 평면 구조와 높낮이의 대비는 올라가는 계단(현재에는 다리라고 불리지만)의 높이와 수치상에도 그대로 반영되었다. 동서의 두 계단이 얼핏 겉으로 드러난 모습은 유사하지만 세부적으로는 차이가 뚜렷이 확인된다. 동편 계단(현재의 자하문으로 오르는 계단)은 상하 2단으로 구성되었지만 하단(현재 백운교라고 불림)은 18계, 상단(현재 청운교라 불림)은 16계로서 높이 차이가 약간 나며, 중간 부위의 밑받침은 전형적인 홍예(아치형)의 형식을 취하고 있다. 의도적으로 상하를 둘로 나누어 구조를 달리한 것이다.

한편 서편의 계단(현재 안양문으로 오르는 계단) 역시 상하 2단으로 이루어졌으나 하단(현재 연화교라 불림)은 연화무늬를 새겨 장식한 10계, 상단(현재 칠보교라 불림)은 아무런 장식이 없는 8계로서 양자 또한 동일하지 않다. 상하의 두 계단을 연결하는 밑받침 부위도 동편처럼 역시 홍예의 형식인 듯하나 거의 평면에 가까운 모양새이다.

동서 두 계단의 외양은 비슷한 듯이 보이나 높이는 물론 계단의 수치 및 구조도 매우 다르다. 이는 양자의 높낮이가 차이가 나는 데서 기인한 당연한 결과일 수도 있겠으나 전반적으로 의도적인 기획이란 느낌을 떨치기가 어렵다.

셋째, 두 금당을 서로 대조하면 전체 평면 구도에서도 뚜렷하게 차이가 난다는 점이다. 한 단계 높은 동편의 금당(현재 대웅전)은 상대적으로 낮은 곳에 위치한 서편 금당(현재 극락전)보다 너비는 물론 전체 규모도 훨씬 크다. 게다가 두 금당의 평면 구성 전반에서도 차이가 도드라진다. 그것은 석탑 및 강당(현재 無說殿)의 유무가 완연하게 입증해 준다.

동편 금당의 바로 앞에
는 각기 모양새를 전혀 달
리하는 두 탑을 나란히 동
서에 서로 대칭되도록 배
치하였다. 한편 금당의 뒤
편에는 강당으로 짐작되
는 건물(현재 무설전으로 불
림)을 따로 둠으로써 그
자체가 하나의 평지 사찰
로서 완결되는 구성이다.

반면 서편의 낮은 구역
에 위치한 금당에는 다른
별도의 부속 건물이 없음
은 물론 석탑까지도 아예

불국사 석가탑

두지를 않았다. 구조를 매우 단순화시킴으로써 동편의 금당과 강하게 대
비가 되도록 의도한 느낌이다. 여러모로 불국사가 두 개의 금당을 서로
나란하게 두는 방식으로 이원화시켰지만 동편에다 한결 무게 중심을 실
었음을 뜻한다. 동편 금당의 규모가 더 크고 경역 또한 한층 넓은 점도
그를 방증한다.

넷째, 정확하게 동서 대칭을 이루도록 자리한 동편 금당 앞 두 석탑의
모양새가 전혀 다른 점이다. 통일 초기에 이르러 소요된 재질 여하와는
아무런 상관없이 쌍탑의 형식은 처음 출현하거니와 그럴 경우 거의 예
외 없이 쌍둥이 모양의 두 탑이 서로 대칭되도록 배치함이 일반적 경향
이었다. 그러나 오로지 불국사의 쌍탑만은 서로 대칭적 위치에 두면서도

불국사 다보탑

겉모습이 전혀 닮지 않아 극명한 대조를 이루는 점이 대단히 이색적이며 파격에 해당한다.

서탑(현재 석가탑, 혹은 무영탑이라고도 불림)이 전형적인 3층의 석탑으로서 매우 세련되고 단아하며 안정적 자세라면 동탑(현재 다보탑이라 불리지만 원래 동탑, 혹은 무구정광탑으로 불렸다.)은 마치 목탑을 그대로 모방한 듯이 매우 화려하고 다양하며 복잡한 구조를 한 이형(異形)의 전형이다. 쌍탑의 형식이라면 양자가 대체로 극히 미세한 부분에서만 차이가 남이 일반적 경향이나 그처럼 겉으로 양식과 계통이 전혀 다른 것으로 여겨질 만큼의 정형과 이형의 쌍탑을 서로 나란하게 배치시킨 사례는 전무후무할 듯싶다. 여기에 또한 강한 의도성이 깃들었음을 느끼게 해준다.

이상과 같이 불국사의 구조와 배치 등에 내재된 몇몇 특이 요소를 대충 짚어보았다. 그 결과 불국사는 하나의 사찰이면서도 내부의 세세한 부분이 둘로 이루어졌으며, 이들 또한 대칭인 듯하면서도 모양새를 서로 간 달리해 비대칭이 되도록 한 점에 유난한 특징이 엿보인다. 이런 양상은 사례가 전무후무하다는 점에서 지극히 이색적이라 단정해도 무방하겠다. 이원적인 구조를 하면서도 세부적인 요소에서는 어느 하나도 같지 않고 비대칭으로 기획한 것이 불국사만이 가진 주요 특징이다.

이처럼 불국사는 외양 전부가 서로 다른 둘인 듯이 비치면서도 결국 사명이 보여주는 것처럼 하나의 완결된 불국(佛國)을 지향한 느낌이 강하게 든다. 겉으로는 둘인 듯하면서도 실제로는 하나로 일체화된 이른바 불이(不二)의 구도가 결국 불국사를 매개로 구현해 내려고 의도한 세계가 아니었을까 싶다. 말하자면 불국사는 불이의식을 근간으로 해서 하나의 특정 세계관을 지향한 특별한 성격의 사찰이라고 단정해도 무방할 것 같다.

이는 기존 사찰에 내재한 불교적 세계관과는 성격을 달리하는 일종의 파격처럼 비쳐진다. 불국사를 굳이 토함산에, 그것도 이미 들어선 석굴암과 대척적인 위치와 방향, 그리고 전혀 다른 입지와 모습으로 창건한 것도 파격의 불이적인 의식과도 상관관계를 갖는다.

그런 양상은 금당의 본존(本尊)으로 여겨지는 두 불상을 통해서도 확인된다. 불이적인 의식은 어쩌면 애초에 본존을 둘로 내세우려는 기획으로부터 시작되었을 공산이 크다. 그에 따라 서로 다른 모습과 구조를 한 금당이 세워지면서 결국 모든 세부적인 구성에 이르기까지 이원화되도록 설계하지 않았을까 싶다. 이런 사실은 불국사 금당의 두 불상을 구체적으로 점검해 보면 저절로 드러난다.

현재 불국사에는 국보로 지정된 두 점의 불상이 소장되어 있다. 하나는 국보 제26호로 지정된 금동비로자나불상(이하 비로자나불로 약칭함)으로서 비로전에, 다른 하나는 국보 제27호인 금동아미타불좌상(이하 아미타불로 약칭함)으로서 극락전에 각각 본존으로 모셔져 있다. 두 불상이 동시 제작이란 점에 대해서는 어떤 이견도 없다. 다만, 두 불상은 원래부터 현재의 금당에 각기 봉안된 것이 아니었다.

두 불상의 구체적인 조성 시점을 놓고서는 8세기 후반부터 9세기 말까지로 비정하는 등 논자들 사이에 편차의 폭이[77] 매우 크다. 물론 그런 추정이 모두 정곡을 얻었을 리는 만무한 일이겠다. 그 중 어느 한쪽만이 맞을지 모르겠으나 모두가 잘못을 범하였을 여지도 충분하다. 아무런 명문이나 문헌기록이 없는 상태에서 각자가 내세운 양식론(樣式論)을 주요 입론의 근거로 삼아 그처럼 접근한 사실이 가져다준 지극히 당연한 결과이다.

9세기 말로 추정하는 견해는[78] 앞서 소개한 최치원의 상찬문을 주요 근거로 삼았으나 거기에는 조성의 연대와 직결시킬 만한 어떤 내용도 보이지 않으나 단순히 그처럼 여겼을 따름이다. 그래서 기왕에 이미 비판을 강하게 받은 바 있다.[79] 한편 8세기 후반이나 9세기 중반 무렵으로 추정한 견해도 모두 절대연대로 삼을 만한 기준이 없는 상태에서 막연하게 도출해 낸 추론에 지나지 않는다는 점에서 한계가 분명하다.

그런데 9세기 이후로 늦추어보려는 견해들은 저절로 이들 두 불상이 불국사 창건 시점의 금당 본존과는 아무런 상관성이 없다는 결론에 다다른 셈이 된다. 그러면서도 불국사 원래의 본존 유무는 물론 그 향방에 대해서까지 아무런 의문을 품지 않았음은 너무도 의아스럽게 여겨진다. 창건기의 본존 여하는 도외시해버린 채 오로지 현전하는 금동불의 연대에

---

77) 그와 관련한 다양한 입장과 견해에 대해서는 서지민, 「불국사 금동아미타불상과 금동비로자나불상 신연구-도상 재고와 존격의 화엄교의적 해석을 중심으로」『불교미술사학』31, 2021.

78) 문명대, 「불국사 금동여래좌상 2구와 그 조상찬문(비명)의 연구」『미술자료』19, 1976.

79) 최영성, 「최치원찬「불국사비로자나문수보현상찬」,「불국사아미타불상찬」과 불국사 비로자나여래좌상·금동아미타여래좌상의 관계재론-문명대교수의 소론에 대한 반론」『한국철학논집』20, 2007.

만 관심을 두면서 교체를 당연하게 여겨왔던 것이다.

그와 같은 인식은 사건·사실의 인과관계 파악을 본령으로 삼는 역사학의 입장으로는 근본적으로 문제가 될 수밖에 없다. 원래 불국사의 두 금당에 봉안된 본존은 분명하지는 않더라도 일단 언제 어떤 연유로 왜 교체된 것인가를 추적함이 바람직한 수순이다. 그래야만 두 불상에 대한 연대관도 자연히 설득력을 얻을 수 있기 때문이다. 그처럼 먼저 해명해야 할 중간 과정은 빠트린 채 불확실한 연대관에만 초점을 맞추어 본존의 교체를 당연시한 접근은 쉽게 납득되지 않는다.

사실 당대 명문이나 별도의 명시적 기록이 없는 한 금동불의 제작 연대를 적확하게 꼬집어내기란 쉽지가 않다. 겨우 상대적인 편년의 추출만이 가능할 따름이다. 두 금동불에 대한 연대관이 무려 100년 이상의 편차를 보이는 자체가 그런 실상을 여실히 입증해 준다. 그럼에도 두 금동불이 불국사의 두 금당에 봉안된 원래의 본존일지 모른다고 주목해 본 시도는 거의 없었다.[80]

현존 두 불상의 연대가 분명하지 않은 현황에서 불국사의 원래 본존을 가늠해 내려면 기왕과는 접근 방식을 달리할 필요성이 제기된다. 그럴 때 이미 지적하였듯이 불국사가 두 개의 금당으로 이루어진 사실과 함께 평면 구조는 물론 일체의 세부 구성이 이원적이면서 비대칭이란 특이한 사실을 잠시 떠올려 봄직하다. 그런 측면이 두 불상에서도 그대로

---

80) 본 원고를 거의 마무리 지었을 무렵(2024) 두 불상을 불국사 창건 시점의 본존으로 보려는 견해가 제기되었다. 석굴암 본존의 연대를 8세기 초반으로 올려보는 견해를 좇아 이를 기준으로 불국사의 두 금동불 조성 시점을 8세에 중엽으로 보고서 얻어낸 결론이다. 본고와는 접근 방식이 다르지만 불상 연대관의 정확성 여하를 떠나 두 불상을 불국사 창건기의 본존으로 간주함은 참고가 된다.(민병찬, 「기조강연; 통일신라 불교조각의 제문제 - 석굴암 조성시기를 중심으로 -」『다시 찾은 신라의 빛 - 선림원의 금동보살입상』 국립춘천박물관, 2024).

국보 제26호 불국사 금동비로자나불좌상

적용됨은 본존으로서 고려해 볼 대상으로 삼을 충분한 근거가 되기 때문이다.

현재 비로전에 모셔진 불상은 크기가 대략 177cm이며, 수인(手印)은 왼손으로 오른손 검지의 끝을 감싸는 특이한 모습의 지권인(智拳印)을 한 비로자나불이다. 오른손으로 왼손의 검지를 쥐어 둘러 감싸는 일반적 경향을 비켜난 일종의 파격이다.

한편 극락전의 아미타불은 대략 166.3cm의 크기로서 비로자나불보다 약간 작으며, 미타정인(彌陀定印)의 수인도 오른손과 왼손의 모양이 일반적인 양식에 견주어 좌우가 뒤바뀐 자세여서 이 또한 일종의 파격인 셈이다. 양자 모두 수인이 일반적인 형식과는 거꾸로인 점에서 공통성을 보여준다. 양쪽 모두에는 어떤 작위성, 의도성이 짙게 작동한 느낌이다.

이런 양상은 앞서 지적한 불국사 전반에 걸쳐 나타나는 사실과도 무척 닮아있다. 하나의 사원에 두 개의 금당이 전혀 별도로 존재한다는 것 자체부터 일반적이지 않은 일이다. 게다가 축대의 단, 올라가는 계단의 높이와 수치, 석탑의 유무 및 전혀 다른 모양의 두 탑 등까지 머리에 떠올리면 두 금동불상의 경우도 대단히 비슷한 양상을 보임은 충분히 유념해 볼 대상이다. 어느 것 하나 기존의 일반적인 형식을 벗어나지 않은 것

이 없다고 하여도 좋다. 두 불상
도 동일한 연장선상에 놓여 있는
셈이다.

국보 제27호 불국사 금동아미타여래좌상

연대관의 논란으로 통설의 마
련이 요원한 마당이라면 두 불상
의 외양이나 크기가 다르고 일종
의 파격을 보이는 점만으로도 불
국사의 두 금당에 봉안한 본존
의 용도로서 필요조건을 충분하
게 갖춘 것으로 진단된다. 게다
가 현재 두 불상의 연대를 8세기
후반으로 비정하려는 견해도[81]
있는 만큼 그처럼 상정해도 그리
어긋나지 않을 성싶다.

사실 8세기 후반의 제작이라면 두 불상을 원래 두 금당의 본존으로 간
주하지 않으면 너무도 이상스런 모양새가 된다. 그렇지 않다면 불국사
의 본존은 사찰에 애초부터 봉안되지 않았거나 완공되자마자 곧장 교체
해버린 결과로 이어지기 때문이다. 만일 그렇다면 그 시점과 이유 및 배
경은 반드시 부각시켜 논의함이 지극히 마땅한 일이겠다. 기왕의 접근이
문제라면 당연히 두 금동불상을 원래 본존의 용도로서 제작되었다고 간
주함이 온당하다고 여겨진다.

불국사가 창건될 즈음 황동이나 청동과 같은 광물 자원을 소재로 한

---

81) 서지민, 앞의 글, pp.39~46 ; 정진영, 「불국사 금동비로자나불좌상과 금동아미타불좌상의 조
    성과 의미」『미술사학연구』298, 2018, pp.8~13 참조.

불상이나 동종이 적지 않게 주조된 상황도 그와 연관하여 음미해 봄직하다. 이를테면 황룡사의 대종(경덕왕), 성덕대왕신종(혜공왕)을 비롯하여 분황사의 약사불(경덕왕) 등의 사례를[82] 손꼽을 수 있다. 이들의 조성도 불국사의 창건이나 금동불의 제작 시점과 거의 비슷하게 맞물려 진행되었다.

특히 거기에 소요된 기본 재료인 구리의 경우 당시의 사정을 고려하면 산지는 신라가 아니며 수입되었을 공산이 크다. 금동불이 그렇게 많이 제작되지 않았으며 소조(塑造)는 물론 뒷날 철불(鐵佛)까지 일시 유행한 것도 흔히 재료의 수급 문제 때문으로[83] 이해되고 있다. 따라서 그와 같은 전후 사정을 아울러서 살피면 불국사의 금동불이 8세기 후반 본존의 봉안을 위한 용도로서 제작되었다고 하여 하등 이상스러울 바가 없다.

그렇다면 불국사의 금당이 둘이면서 모양과 구조가 서로 다르며 크기에서도 뚜렷하게 차이를 보이는 사실도 결국 전혀 다른 성격의 두 불상을 각각 봉안한 데서 비롯한 지극히 당연한 결과였다. 두 금당의 크기나 주축을 고려해서 추정하면 큰 법신(法身)의 비로자나불을 동쪽에, 작은 아미타불을 서쪽에 봉안하였을 터이다. 두 금당을 나란히 배치한 특이 구조도 결국 두 불상을 매개로 영원한 불국토의 중심권을 토함산 자락에다 세우려는 데에 있었다고 하겠다.

요컨대 불국사는 두 개의 금당으로서, 그에 따라 모든 구성물도 둘로 이루어졌으나 실상은 대칭이 아닌 비대칭으로 표현함으로써 사실상 둘

---

82) 『삼국유사』 3 탑상 「황룡사종·분황사약사·봉덕사종」조.

83) 그를 둘러싼 여러 논의에 대해서는 권보경, 「신라 하대 철불의 연원과 의미」 『미술사학연구』 318, 2023, pp.6~10 참조.

이 아님을 나타낸다. 둘이 아님은 곧 여럿일 수도 있겠으나 불국이란 하나의 이름 아래 그 모두를 포괄해 냄으로써 결국 하나로 귀결된다. 금당이 둘인 만큼 비로자나와 아미타의 두 불상을 각기 나누어 봉안하였지만 역시 중심축은 전자에 놓여있었다.

불국사는 불이의식을 내세워 비로자나불 주축의 화엄 불국을 구현해 내려는 의도 아래 완공을 본 것으로 여겨진다. 이는 결국 창건 당시 화엄 계통이 유가계통보다 한층 우세해진 사정과도 밀접히 연관된다. 다만, 보완적이기는 하지만 비로자나불 일변도가 아닌 아미타불이 함께 또 다른 금당에 봉안된 사실로 미루어 다른 불국 세계까지도 아우르는 의식을 바탕에 깐 것으로 여겨진다. 그런 측면은 신라에서 불국정토 구현의 과정을 살피면 자연스레 드러나리라 생각된다.

6. 영원한 신라 불국정토의 구현

불국사는 둘이면서 동시에 여럿이며, 이것이 결국 하나로 귀결되는 이른바 불이의식 아래 창건한 유난한 성격의 사찰이었다. 불이의식에는 세속적으로 삶과 죽음, 성과 속, 선과 악, 빛과 어둠(그림자), 미몽과 깨달음 등 서로 대립·상충하는 듯이 비쳐지는 둘이 기실은 불교적으로는 둘이 아닌 하나의 일체라는 은유를 포함하였겠지만, 결국 비로자나불과 아미타불로 대표되는 불국정토가 하나임을 표방한 것이었다. 그와 같은 불국정토가 곧 현실의 신라 땅, 바로 토함산 자락에 온전히 구현된다고 여겼다. 석굴암에 이어서 창건을 본 절의 이름을 불국사로 지었음은 바로 그런 불이정토세계를 안팎으로 선언한 것이나 다름없었다.

석굴암이 먼저, 뒤이어 불국사가 들어섬으로써 이들도 둘이지만 결국 토함산을 기준으로 합체되어 하나가 되었다. 토함산의 동쪽과 서쪽 자락에 각각 자리한 석굴암과 불국사 또한 둘이면서도 하나의 불국정토로 귀결된 것이다.

두 사찰은 불교적 세계관의 핵심인 수미산으로 새롭게 인식된 토함산을 매개로 하나가 된 불국정토의 두 중심축이었다. 비로자나불과 아미타불의 두 불상이 불국사에서 하나의 (사실상 가상적) 불국세계로서 결속한 것이라면, 석굴암의 본존은 구체적 모습을 띤 응신의 석가모니로서[84] 현실의 (실재를 겨냥한) 불국세계를 상징하는 것으로 생각된다. 이로써 각종 부처가 다스리는 불국정토는 모두 토함산자락에 총결집해서 하나의 세계로서 일체화되기에 이르렀음을 보여준다고 하겠다.

그렇다고 토함산에서 종합 정리된 신라 불국정토 의식은 이때에 이르러 비로소 출현한 것이 아니었다. 불교 공인 이후 불국정토 세계를 구현해 내기 위한 노력이[85] 끊임없이 기울어져 온 최종의 도달점이었을 따름이다. 오랜 기간에 걸쳐 다양한 노력과 인식, 경험의 온축이 토함산자락 중심의 불국사와 석굴암 창건으로 종합 정리되어졌다. 그동안 추구해 온 신라 불국정토 구현의 완결판인 셈이다.[86]

신라 지배세력은 불교 공인 이후 신라 땅에다 현실의 불국정토를 구현해 보려는 희구를 줄곧 꿈꾸어왔다. 그를 위해서 불교의 교리와 신앙 자체를 기반으로 정치성이 짙은 온갖 수단과 방법을 동원하기까지 하였

---

84) 강우방, 앞의 글, 1998, p.64.
85) 불국정토의 연구 동향에 대해서는 박광연, 「신라 중대의 정불국토 인식과 의미」『불교학보』 68, 2018 참조. 다만 필자의 불국토에 대한 이해와는 근본적 차이를 보인다.
86) 강우방, 앞의 글, 2001, p.7.

다.[87] 이를테면 법흥왕과 진흥왕이 표방한 전륜성왕의식이나 진평왕이 그를 대신해 내세웠던 석가족 신앙 등을 사례로서 들 수가 있다. 천축(天竺)인 인도를 서축(西竺)이라 하고 이에 대응해 신라를 동축(東竺)으로 내세운 착상도 같은 연장선상이었다.

처음에는 황룡사가 신라 땅을 현실의 불국토 구현을 위한 구심의 역할을 감당하였다. 황룡사의 본존을 전륜성왕을 상징하는 장육존상으로 조영한 사실이나 그 자리가 바로 전세불(前世佛)인 가섭불(迦葉佛)이 설법한 곳으로 여긴 설화에는 그런 인식의 일단이 반영되어 있다. 뒷날 황룡사에 호국을 위한 9층목탑이 들어선 것도 비슷한 발상에서였다.

한편 전륜성왕을 대체하여 신라의 핵심 왕족을 석가모니의 일족이라고 여긴 이른바 석가족 신앙을 앞세운 진평왕이 재위 13년(591) 임시피난을 위한 왕궁의 용도로서 축조한 남산신성은 남산 전체를 부처와 보살이 상주하는 불국정토로 바꾸는 전기(轉機)로서 작용하였다. 이로부터 남산이 그 자체 불국정토이면서 구현의 또 다른 구심이란 인식이 생겨났다. 남산성을 굳이 '남산에 있는 새로운 성'이란 이름을 붙인 데에 그런 의식이 담겨 있었다.

이제 남산도 진평왕이 내세운 석가족 신앙과 밀착함으로써 산악신앙으로부터 불교적 세계관의 성소(聖所)로 바뀌어져갔다. 남산신성을 축조한 직후부터 남산을 에워싼 주변 평지 일대는 물론 내부 곳곳에 대소의 불사(佛事)가 엄청나게 이루어졌음은 그런 실상을 여실히 보여준다. 남산에는 온갖 부처와 보살이 머문다고 여기고 마침내 이를 만불산(萬佛山)이라고도 일컬을 정도였다.

---

87) 이에 대해서는 신동하, 「신라 불국토사상의 전개 양상과 역사적 의의」(서울대박사학위논문), 2000 참조.

한편 당나라에 유학하였다가 귀국한 자장은 새로운 불국토 세계관을 가져왔다. 불력을 빌어 신라국가를 지켜낼 수 있다는 명분 아래 황룡사에다 9층목탑을 세운 사실이나 문수보살의 주처(住處)로서 오대산신앙을[88] 수용한 것이다. 이로써 왕경 중심 불국토의 외연은 점차 주변지역으로까지 확산되어갔다. 통일기 무렵 밀교 중심의 새로운 호국의식을 수용해 일단의 목적을 이룸으로써 이제 사천왕사 중심의 낭산이 또 다른 불국토 구현의 구심으로 부상하였다.

이처럼 그동안 신라 땅에서 구현하려는 불국토의 내용은 물론 그를 추동하는 역할이 언제나 하나로 고정된 것이 아니었다. 정치사회적 사정에 따라 불국정토 구현의 방편은 물론 구심도 불교의 성장 발전에 맞추어 계속 덧붙여져 다양해짐으로써 중첩되고 산만해질 수밖에 없었다. 그것은 신라 불국토 관념이 하나의 완결된 개념으로서 정립되지 못한 채 출발한 사실이 빚어낸 불가피한 현상이었다. 이는 결국 불국정토의 내용은 물론 구심이 아직 분산적·파편적이었음을 뜻한다.

하지만 불경에 대한 체계적인 이해나 신앙, 그리고 교학체계가 급속하게 발전하면서 신라 불국정토 내용이나 의식은 통일적 체계를 갖추는 방향으로 자연스럽게 나아갔다. 특히 정치사회적으로 큰 변혁이라 할 삼국통일은 그를 위한 전환의 결정적인 계기였다.

삼국통일 이후의 혼동상을 차츰 극복하고 지배질서가 안정되어 나가면서 불국토 의식에서도 기존의 분산성·분립성이 지양되고 통일성과 획일성을 갖출 만한 분위기가 점차 무르익어갔다. 그런 움직임은 경덕왕대에 이르러 최고조에 다다른 듯하다. 당시 본격적으로 추진된 이른바 한

---

88) 김복순, 「신라 오대산 사적의 형성」『강원불교사연구』, 1996 ; 『한국 고대 불교사연구』, 민족사, 2002.

화정책(漢化政策)은 그런 실상을 방증한다.

삼국통합으로 영토와 주민이 엄청나게 불어났을 뿐만 아니라 여러 방면에 걸쳐 이질성이 강한 요소가 유입되고 마구 뒤섞임으로써 일시적이나마 혼란의 국면을 맞았다. 이후 통일과업의 마무리 작업으로서 그에 걸맞은 지배체제를 전면적으로 재정비해 나갈 수밖에 없었다. 하지만 전반이 일시에 통일성, 획일성을 완전하게 갖추어내기는 곤란한 일이었다. 그래서 당면의 긴급한 대상에만 초점을 맞추어 체제 정비를 우선시하고 불요불급한 대상은 잠시 유보해 둘 수밖에 없었다.

지배질서가 상당한 안정기로 접어든 경덕왕대에 이르러 그동안 미루어둔 제반 분야의 재정비 과업이 본격화되었다. 구체적인 실례가 관부나 관직의 명칭을 비롯한 지방의 지명까지 모두 통일성을 겨냥해 한식(漢式)으로 바꾸려는 시책이었다. 이를 흔히 한화정책이라고[89] 부르고 있다.

물론 이때의 한화정책은 전면에 걸친 것이 아니어서 상당한 한계를 지녔다. 이를테면 전통성이 강한 6부명(部名)이나 관등에 대해서는 전혀 손을 대지 않았는데[90] 이는 반발을 예상한 데서 나온 일종의 타협적인 유화책이었을 듯하다. 그럼에도 한화정책을 추진해 나가는 데에서는 작지 않은 저항에 부닥쳐 어려움을 겪었다.

이는 한화정책이 단순히 용어만을 그럴 듯하게 포장한 겉치레의 시책에 그친 것이 아니었음을 뜻한다. 국왕을 정점으로 삼은 지배질서의 강

---

89) 이기백, 「신라 혜공왕대의 정치적 변혁」『사회과학』2, 1958 ; 『신라정치사회사연구』 일조각, 1974.

90) 주보돈, 「직명·관등·지명·인명을 통해 본 6세기 신라의 한문자 정착」『한국 고대사 연구의 현단계』 주류성, 2009.

화책은 결국 왕경의 유력한 귀족 관료 및 지방 세력의 이해관계와 상충하게 됨으로써 반발을 적지 않게 불러온 것이다. 정책의 추진 과정에서는 일종의 타협안으로서 실무 책임자를 바꾸기도 하였다. 하지만 경덕왕이 사망하자 일시에 원상으로 되돌아갔음은 반발의 정도가 어떠하였던가를 가늠케 해준다.

혜공왕 4년(768) 전국에 걸쳐 발생한 이른바 96각간, 즉 대공(大恭)·대렴(大廉)의 난을 매개로 한화정책의 지향성이나 범위 정도가 어떠하였던가를 짐작할 수 있다. 사실상 한화정책은 지배질서의 재편은 물론 중앙권력의 지방 침투와 그에 따른 유력자들의 현실적 이해관계까지 연계된 대단히 혁신적인 시책이었다.

한화정책의 성패(成敗) 여하를 떠나 비슷한 양상이 불교계에도 일어났을 것으로 상정함은 매우 적절한 일이겠다. 이미 언급하였듯이 당시 화엄계통의 성장과 부상으로 불교계 내부의 갈등과 마찰이 빚어져 이를 정리하지 않으면 안 되었다. 그런 과정에서 아직 제대로 정립되지 못해 분산적이며 산만한 상태의 불교계 및 불국정토 세계관의 재정리가 절실해졌다.

어쩌면 한화정책을 추진하기에 앞서 불교계의 재정비를 먼저 꾀하였을 여지도 보인다.[91] 석굴암의 창건 작업이 언제부터 시작된 것인지는 불명확하다. 경덕왕 이전부터 추진되었을 가능성도 충분하다. 이미 통일기 초기부터 동해안 방면이 중시됨과 아울러 불교계의 중심권도 토함산으로 옮겨질 기반이 점차적으로 무르익어갔을 터이기 때문이다. 이후 어

---

91) 그런 의미에서 불이의식 속에는 마음 안(내부)을 강조하는 불교(종교)와 당시 지배이데올로기로 자리하여 마음의 밖에 비중을 둔 유학(정치)도 결국 하나라는 의식이 깔린 것으로 여겨진다. 유학과 불교를 상호 보완해서 이해하려는 경향성을 보였다.

느 시점부터 석굴암 창건 작업이 시작되었을 수도 있다. 그것은 여하튼 석굴암 창건의 시작과 함께 토함산이 불교 신앙으로 전화하는 첫발을 내디딘 셈이 되었다.

이미 언급한 것처럼 석굴암의 조영으로 낭산을 수미산이라 여겨온 인식은 이제 토함산으로 대체되어 갔다. 그와 함께 동해안을 바라보도록 잡혀진 구도, 온갖 불보살의 내부 배치, 이들이 좌우의 대칭인 점 등등으로 미루어 황룡사와 함께 낭산 및 사천왕사가 가졌던 일체의 기능까지도 옮겨가면서 쇄신한다는 생각을 갖지 않았을까 싶다.

불국사 창건도 전례를 전혀 찾을 수 없을 정도로 새로운 구도와 구조를 갖춘 파격이란 점에서 석굴암과 비슷한 면모이다. 구체적으로 들여다보면 여러모로 차이가 작지 않지만 그 가운데 특히 주요 석재의 산지가 토함산 자체가 아닌 남산이란 사실이 각별히 유의해 볼 대목이다. 앞서 지적하였듯이 거기에는 단순하지 않은 깊은 의미가 담겨진 듯한 느낌이 들기 때문이다.

이미 「이세부모」조에서 '불국사의 운제(雲梯)와 석탑(石塔)의 돌과 나무를 아로새긴 솜씨가 동도(東都)의 여러 절 가운데 이보다 더할 곳은 없다.'고 일연이 적시하였듯이 입구의 두 계단과 두 석탑은 불국사의 석물 가운데서도 유난스레 도드라진 모습이었다. 이 두 석물의 산지는 이상하게도 모두 남산이란 특징을 보였다.[92]

그렇다면 왜 하필 불국사를 조영하면서 석굴암과는 달리 주요한 석재

---

92) 이찬희외, 「불국사 다보탑의 암석학적 특징과 보존과학의 진단」『지질학회지』39-3. 2003 ; 조기만, 「경주지역 석조문화재의 석재공급지에 관한 연구」『한국지역지리학회지』11-4, 2005 ; 박성철외, 「불국사삼층석탑에 사용된 석재의 암석학적 연구」『암석학회지』24-1, 2015.

의 부재를 남산의 돌로 사용하였을까는 당연히 가져봄직한 의문이다. 두루 지적되어 왔듯이 이들 양자는 불국사의 여러 석물 가운데서도 압권이라 해도 무방할 정도로 세공의 기술도 뛰어나다. 이는 그만큼 공력과 관심을 크게 기울였음을 뜻한다. 왜 그랬을까?

아마도 거기에는 남산의 기능과 함께 가졌던 역할 일체를 불국사로 옮긴다는 상징성을 내포하지 않았을까 싶다. 이미 황룡사나 낭산에 내재된 의미는 석굴암 창건으로 옮겨져 표상되었다. 이제 또 왕경 내에서 또 다른 불국토 구현의 구심으로 기능해 온 남산이 지닌 모든 것을 불국사, 토함산으로 옮겨간다는 인식 아래 그렇게 시도하지 않았을까 싶다.

엄청난 소요 경비는 물론 시간과 공력을 적지 않게 들이면서까지 주요 부재를 남산 산출의 석재로서 활용한 것은 그런 측면을 고려하지 않고서는 도저히 납득하기 어렵다. 왕경의 평지에서도 첨성대나[93] 월정교 및 춘양교를[94] 비롯한 각종 불상과 불탑 등의 석물이 남산 산출의 돌을 사용하였지만 거기에 내재된 의미와는 질적으로 다르다. 아마도 불국사의 창건으로 남산이 가진 불국토의 구심을 옮겨갈 뿐만 아니라 이를 계기로 토함산 중심의 불국정토세계를 체계적으로 정립해 보려는 의도를 깔지 않았을까 싶다. 이후 남산의 안팎으로 무덤 조영이 난무해진 사실은 그런 변동과 함께 기존의 기능과 성격이 근본적으로 달라졌음을[95] 증명해 준다.

---

93) 국립문화재연구소, 『석조문화재의 안전관리 방안 연구보고서 - 첨성대를 중심으로 -』, 2011.
94) 김동하, 「월정·춘양교의 석재와 신라 석축·석공 기술」『경주의 춘양교지』, 경북문화재단 문화재연구원, 2023.
95) 주보돈, 「신라의 남산과 불교, 그리고 천룡사」『천룡사지 조사성과와 과제』, 신라문화유산연구원·화랑문화재연구원, 2024.

불국사는 오래도록 꿈꾸어온 신라 불국정토 구현의 최종 도달점이자 완결판이었다. 물론 그것은 자체로서만이 아닌, 토함산을 중심으로 석굴암과 하나로 짝한 데서 비로소 완성을 볼 수 있었던 것이다. 그동안 제대로 정제(整齊)되지 못하고 정립되지 않아 분산성을 면치 못하던 불국정토 의식, 각 시기마다 비중과 구심이 바뀐 불국정토 의식 전반을 융합시키고 하나의 일체화된 모습을 갖추어 통합하려는 최종적인 목표가 토함산의 불국사에 온전하게 투영된 것이었다.

경덕왕은 여러 갈래로 흩어져있던 신라 불국정토를 토함산에 한데 모아 정리해 보려고 시도하였다. 그래서 종지부를 찍는다는 선언적 의미에서 사명을 전무후무하게 불국사라고 당당하게 내세우지 않았을까 싶다. 이로써 신라 국가 불교의 중심권은 인간 중심의 세계인 왕경 중앙부를 벗어나 주변부인 토함산자락으로 옮겨져 새롭게 출발하였다. 거기에는 신라 문화와 함께 화엄교학불교의 발전이 바닥에 작용하였음은 물론이다.

7. 나가면서

이상에서 석굴암과 불국사가 토함산에 들어선 배경과 함께 그 함의를 대충 짚어보았다. 신라국가가 오래도록 추구해 온 불국정토 구현의 구심을 분산적·분립적인 상태의 왕경 중앙부에서 토함산 방면으로 한데 모음으로써 최종의 완성 단계에 다다른 것으로 풀이하였다. 논의된 내용 모두가 정곡을 얻었다고 단정하기는 곤란하겠으나 나름의 문제 제기로서는 일정한 의미를 가지리라 여겨진다.

되돌아보면 석굴암과 불국사는 신라의 역사와 문화에서는 물론 오늘날에 이르기까지 여러모로 큰 비중을 차지한다는 데 대해서는 누구도 부정하기 어려울 터이다. 그에 견주어 우리가 알고 있는 사실은 지극히 미미할 뿐만 아니라 앞으로도 풀어내어야 할 수수께끼 또한 산적한 상태로 보인다. 현재까지 도달한 연구는 예상 밖으로 미흡하고 미진한 수준에 그쳤을 따름이다. 연구의 결실을 충실하게 담아낸 단행본도 하나 제대로 갖추지 못한 현황은 그를 여실히 증명해 준다.

그렇게 된 일차적 요인은 당연히 관련 문헌의 빈약함에 있다. 그나마도 설화성이 매우 짙고 단편적이어서 한계가 뚜렷하다. 그럼에도 치밀한 분석적인 접근을 토대로 사실성 유무를 점검하고 역사적 사실을 가려내려는 노력을 선행하지 않은 채 액면 그대로를 무조건 사실인 듯이 받아들여 활용한 데에 또 다른 문제점을 안고 있었다.

기실 불국사와 석굴암이 간직한 무게나 성격으로 미루어 그 실상을 제대로 구명해 내는 데에는 모쪼록 여러 유관 분야의 종합적이며 융합적인 접근이 긴요하다. 그럼에도 분산적 수준의 연구와 인식에 머물렀음이 실상이었다. 현행과 같은 방식으로서는 한 단계 진전된 연구 성과를 기대하기는 힘들 것이다.

차후 조금이라도 현황의 극복을 바란다면 유관 분야의 종합적 학제적인 연구가 절실히 요망된다. 불교 공인 이후 신라사회가 줄곧 추구해 온 불국정토의 구현이 다다른 총체를 보여주는 것과는 정반대로 연구 방법은 분산적·파편적이며 특정 분야에 치우쳐온 느낌을 떨치기 어려웠다.

서탑 출토의 묵서지편인 「중수기」가 처음 소개되면서 그와 같은 정체적 분위기로부터 벗어날 기회를 가졌다. 거기에는 몇 가지 측면에서 기왕에 알려진 것과는 현저하게 차이가 나 철저하게 음미를 기다리는 내용이 들어가 있었기 때문이다. 이를테면 불국사 창건의 시점이나 주도의 주체 등 전혀 새로운 내용이 보인다.

게다가 심지어는 두 탑명(塔名)이 기존과는 다른 사실까지도 알려졌다. 현재 불국사와 연관된 각종 세부 명칭은 당대의 것이 아니며 이들은 어디까지나 조선 후기에 이르러 새롭게 붙여진 것이 대부분임이 명백해졌다. 이를테면 석가탑은 서탑, 다보탑은 무구정광탑(혹은 동탑)으로 불렸다. 이로써 현재의 명칭에 근거해 불국사에 담긴 사상성을 여러 갈래로 추출해 온 시도는 방법론에서 근본적인 문제가 있음을 드러낸 셈이 되었다. 이를 뚜렷이 증명해 주는 실례의 하나로서 청운교와 백운교의 명칭을 손꼽을 수 있다.

토함산 중심의 불국사 및 석굴암의 위상과 성격 그리고 그 의미를 제대로 밝혀내려면 앞으로 기존의 고착된 관념을 말끔히 떨쳐내고 새롭게 출발하려는 자세가 요구된다. 모쪼록 그동안 여러 분야별로 추진해 온 분산적인 접근을 완전히 탈피해서 서로 소통하고 종합적으로 논의하여 새롭게 가다듬어 나갈 필요가 있다. 코끼리의 전체 모습을 무조건 여러 분야별로 분담해서 그려놓은 최종적인 성과가 과연 제 모습을 갖추기나 하였을까를 곰곰이 스스로에게 묻고 따져보아 답해야 마땅한 시점이다.

(새 글, 2024)

지은이 | 주보돈

펴낸이 | 최병식

펴낸날 | 2026년 4월 20일

펴낸곳 | 주류성출판사

주소 | 서울특별시 서초구 강남대로 435 주류성빌딩 15층

전화 | 02-3481-1024(대표전화) 팩스 | 02-3482-0656

홈페이지 | www.juluesung.co.kr

값 35,000원

ISBN 978-89-6246-572-3 93910